编纂委员会

顾问：翟　隽　张　明　卢沙野　钟建华　曹忠明　王　克

委员：（以姓氏笔画为序）
　　　　王逸舟　曲　星　朱立群　朱威烈　许孟水　刘中民　刘友法
　　　　刘青建　刘贵今　刘鸿武　李安山　李伟健　李绍先　吴锋民
　　　　张永宏　张宏明　张忠祥　陈德喜　杨　光　杨立华　杨洁勉
　　　　郭宪纲　贺文萍　钟伟云　顾建新　秦亚青　徐　辉　徐今雅
　　　　徐伟忠　梅新林　盛红生　舒运国　舒　展　楼世洲

主编：刘鸿武

教育部哲学社会科学发展报告

Annual Report on the Development of Africa
非洲地区发展报告
2011

刘鸿武 主编

中国社会科学出版社

图书在版编目（CIP）数据

非洲地区发展报告 2011 / 刘鸿武主编 .—北京：中国社会科学出版社，2012.11

ISBN 978 - 7 - 5161 - 1696 - 8

Ⅰ.①非… Ⅱ.①刘… Ⅲ.①经济发展—研究报告—非洲②政治—研究报告—非洲 Ⅳ.①F140.4②D74

中国版本图书馆 CIP 数据核字（2012）第 263488 号

出 版 人	赵剑英
责任编辑	张　林
特约编辑	金　泓
责任校对	孙洪波
责任印制	戴　宽

出　版		中国社会科学出版社
社　址		北京鼓楼西大街甲 158 号（邮编 100720）
网　址		http://www.csspw.cn
		中文域名：中国社科网　010 - 64070619
发 行 部		010 - 84083685
门 市 部		010 - 84029450
经　销		新华书店及其他书店
印　刷		北京君升印刷有限公司
装　订		廊坊市广阳区广增装订厂
版　次		2012 年 11 月第 1 版
印　次		2012 年 11 月第 1 次印刷
开　本		710×1000　1/16
印　张		44.5
插　页		2
字　数		751 千字
定　价		98.00 元

凡购买中国社会科学出版社图书，如有质量问题请与本社联系调换
电话：010 - 64009791
版权所有　侵权必究

教育部区域和国别研究基地、
浙江省哲学社会科学重点研究基地研究成果

目　录

Summary ……………………………………………………………（1）
主编前言：非洲发展大势的中国观察与阐释 ……………… 刘鸿武（1）

第一篇　年度热点

北非变局及其对地区政治进程的影响 ……………………… 刘　云（25）
非洲粮食安全发展报告2011 ………………………………… 胡　美（42）
非洲"大选年"及政治生态变化 …………………………… 贺文萍（57）
气候政治与非洲的诉求报告2011 ……………… 刘青建　张　凯（68）
南苏丹独立及其对非洲国际关系的影响 …………………… 姜恒昆（77）
科特迪瓦危机及其影响报告2011 …………………………… 李鹏涛（88）
非洲年度人物报告2011 ……………………………………… 刘　云（100）

第二篇　政治与国际关系发展态势

非洲政治与国际关系年度形势概述2011 ……… 余文胜　徐伟忠（121）
非洲地区武装冲突与维持和平行动 ………………………… 盛红生（133）
非洲的非传统安全态势及其影响 …………………………… 王学军（144）
世界大国、新兴国家与非洲关系态势 ………… 刘青建　王朝霞（159）
非洲地区组织与政治安全一体化进程2011 ………………… 周玉渊（170）

非洲国家"向东看"发展趋势报告2011 ………………………… 罗建波(179)
2011年撒哈拉以南非洲反政府武装发展概述 ………………… 王　涛(187)
南部非洲国家政治发展报告 …………………………………… 李鹏涛(209)
非洲之角的安全局势报告2011 ………………………………… 肖玉华(219)
索马里海盗问题 ………………………………………………… 刘　军(230)

第三篇　投资贸易与经济发展态势

非洲经济发展报告2011 ………………………………………… 舒运国(239)
国际对非发展援助报告 ………………………………………… 胡　美(256)
非洲金融发展报告2011 ………………………………………… 张小峰(271)
非洲农业发展报告 ……………………………………………… 张　哲(286)
非洲工业发展报告 ……………………………………… 朱华友　孙义飞(311)
非洲能源与资源发展报告 ……………………………………… 梁益坚(323)
非洲旅游经济发展报告2011 …………………………………… 骆高远(338)
非洲区域经济合作发展报告2011 ……………………………… 张　瑾(352)
南非与外部世界经济关系 ……………………………………… 张忠祥(361)
南非金融发展报告2011 ………………………………… 张春宇　唐　军(371)
尼日利亚经济发展报告2011 …………………………………… 李文刚(381)
安哥拉经济发展报告2011 ……………………………………… 安春英(391)
毛里塔尼亚经济发展报告2011 ………………………………… 亚黑亚(399)

第四篇　人文与社会发展态势

非洲教育与人力资源发展报告2011 …………………… 李育球　周志发(407)
非洲低碳发展报告2011 ………………………………………… 张永宏(419)
非洲宗教发展报告2011 ………………………………………… 马恩瑜(429)
非洲非政府组织发展报告2011 ………………………………… 周术情(440)
非洲文学发展报告 ……………………………………………… 夏　艳(449)
南部非洲民族问题发展报告 …………………………………… 徐　薇(462)

尼日利亚民族问题发展报告 ………………………… 蒋　俊(471)

第五篇　中非关系发展态势

中非经济合作发展报告2011 ………………… 梁　明　王　泺(483)
中非政党交流与合作发展报告 ………………………… 周国辉(497)
中非合作论坛对非洲影响报告2011 …………………… 张忠祥(504)
中国参与非洲和平与安全建设报告2011 ……………… 王学军(515)
中非教育合作发展报告2011 …………………………… 牛长松(526)
中非文化交流合作新趋势2011 ………………………… 周海金(535)
中国在非领事保护发展报告 …………………………… 夏莉萍(544)
中国在非企业社会责任发展报告 ……………………… 刘青海(559)
博茨瓦纳华人发展报告 ………………………… 徐　薇　周海金(573)
在广州非洲人商贸与社会生活发展报告2011 ………… 许　涛(581)
在义乌非洲人商贸与社会生活发展报告2011 …… 龚苏娟　李海涛(591)

第六篇　非洲年度专题数据

一　非洲政治与国际关系领域的相关数据 ………………… (601)

二　非洲社会与文化领域的相关数据 ……………………… (603)

三　中非交流相关数据 ……………………………………… (614)

四　非洲经济相关数据 ……………………………………… (629)

Contents

Summary ··· (1)
Preface
Observation on the General Trend of the Development of Africa
　　Continent ·· *Liu Hongwu*(1)

Research on the Annual Hot

Political movement in North Africa and its influence on regional
　　politics ··· *Liu Yun*(25)
Annual Report of African Food Security ································ *Hu Mei*(42)
Africa Election Year and the Changes of Political Ecology
　　··· *He Wenping*(57)
Climate Politics and Africa's Claims 2011 ······ *Liu Qingjian, Zhang Kai*(68)
The Independence of South Sudan and Its Impacts on African
　　International Relations ··································· *Jiang Hengkun*(77)
An Analysis of the Cause and Implication of the Côte d'ivoire
　　Crisis 2011 ··· *Li Pengtao*(88)
Noticeable African Characters in 2011 ····························· *Liu Yun*(100)

Research on Politics and International Relations

Africa's political development and international relations
　　in 2011 ····································· *Yu Wensheng, Xu Weizhong*(121)
The Armed Conflicts and Peacekeeping Operations in
　　Africa ·· *Sheng Hongsheng* (133)

Non-Traditional Security Issues in Africa and Its Consequence
.... Wang Xuejun (144)
The Africa's Relations with Great Powers and Emerging
　　Countries .... Liu Qingjian , Wang Zhaoxia (159)
African Regional Organizations and Political-Security
　　Integration: 2011 .... Zhou Yuyuan (170)
African Countries "Looking east" and its development trend
.... Luo Jiangbo (179)
Current Situation of Sub-Saharan African Rebels in 2011 ⋯ Wang Tao (187)
Annual Report on the Politics of Southern African Countries
.... Li Pengtao (209)
Security in the Horn of Africa .... Xiao Yuhua (219)
Tactical and Strategic Analyze on Piracy in Somalia .... Liu Jun (230)

Research on Economic and Development

Annual Report on African Economic Development 2011 ⋯ Shu Yunguo (239)
Annual Report of International Aid to Africa .... Hu Mei (256)
Development Report on Financial Sector of Africa
　　(271011—2012) .... Zhang Xiaofeng (271)
African agriculture development report .... Zhang Zhe (286)
African Industrial Development Report .... Zhu Huayou , Sun Yifei (311)
A Report on the Development of African Energy and Resources
.... Liang Yijian (323)
The Report on African Development of Tourist Economy
.... Luo Gaoyuan (338)
Annual Report on Regional Economic Cooperation in
　　Africa 2011 .... Zhang Jin (352)
Economic Relations between South Africa and Outside
　　World .... Zhang Zhongxiang (361)
Financial Development Report of South Africa in 2011
.... Zhang Chunyu , Tang Jun (371)
Nigerian Economic Report 2011/2012 .... Li Wengang (381)

Annual Report on Angola's Economic Development 2011
.... An Chunying(391)
Annual Report on Mauritania's Economic Development
2011 .... YAHYA(399)

Research on Society and Culture

African Education and the Development of Human Resources
in 2011 .... Li Yuqiu, Zhou Zhifa (407)
Africa's Low-carbon Development in 2011 .... Zhang Yonghong(419)
The report of African religions in 2011 .... Ma Enyu(429)
African NGOs Report 2011/2012 .... Zhou Shuqing(440)
A Report on the Development of African Literature .... Xia Yan(449)
The ethnic issues in Southern Africa in 2011 .... Xu Wei(462)
Report on Ethnic Issues of Nigeria .... Jiang Jun(471)

Research on Sino-African Relations

China-Africa Economic Cooperation Development Report 2011
.... Liang Ming, Wang Luo(483)
Report on Sino-African Inter-Party Exchanges and Cooperation
.... Zhou Guohui(497)
FOCAC's Role in African Development 2011 .... Zhang Zhongxiang(504)
Review on China's engagement in African Peace and Security
2011 .... Wang Xuejun(515)
Development Report on China-Africa Education Cooperation
2011 .... Niu Changsong(526)
Sino-Africa Cultural Exchange and Cooperation 2011 ...... Zhou Haijin(535)
Report on Consular Protection of Chinese Citizens in
Africa .... Xia liping(544)
China's Corporate Social Responsibility in Africa 2011 ...... Liu Qinghai(559)
The Chinese People in Botswana .... Xu Wei, Zhou Haijin(573)
The Commercial Situations and Social Relations of African 2011

Merchants in Guangzhou, China ·················· *Xu Tao*(581)
Development Report of African People in Yiwu 2011
·················· *Gong Sujuan*, *Li Haitao*(591)

The Specialized Annual Data on Africa
The Related Data on the Politics and IRs of Africa ············· (601)
The Related Data on the Society and Culture of Africa ········· (603)
The Related Data on the Sino-African Exchanges ·············· (614)
The Related Data on the Economy of Africa ··················· (629)

Summary

Preface: Observation on the General Trend of the Development of Africa Continent

Author: Liu Hongwu, Qianjiang Scholar (Chair Professor), General Director of Institute of Africa Studies, Zhejiang Normal University, doctoral supervisor, Vice-Chairman of the Chinese Society of African Studies, member of the Chinese Association of Asian and African Studies, member of the China Association of Middle East Studies, director of the Center for African Studies at Yunnan University. Liu Hongwu was visiting scholar at the University of Lagos in Nigeria and the University of Dar es Salaam in Tanzania, he has accomplished a number of projects funded by the State Social Sciences Foundation. He has published over 100 academic papers and more than 10 books and has won several state-level awards for teaching achievements.

Abstract: In the year of 2010, the Ministry of Education of P. R. C started up the compilation project of "Report on Development of Philosophy&Social Science" which is sponsored by national finance. Hereinto, the compilation work of "Report on Regional Development of Africa" is undertaken by the research team from the Institute of African Studies, Zhejiang Normal University, headed by Prof. Liu Hongwu. More than 40 experts from other 12 Chinese institutions participate in the compilation of this report. This reflects African studies receive increasing attention and support from Chinese academic institutions.

"Report on Regional Development of Africa" observes political and economic situation and international relations in African continent from the macro and strategic level, and comments on the latest progress on China-Africa relations and China's policy towards Africa. This report indicates that, generally speaking, African continent is entering the upward and downward era, and these two trends spiral to form the times of two twisted power of evolution and lasting unrest. The future of African continent, the differentiation of each nation, brightness or dark, all of these are subject not only to the volition, determination and efforts of African people, but also to the change trend of international environment and the change of African relation. At present, China and other booming and emerging countries have increasingly become the positive promoting power of the development of African continent, and China is playing more and more important role in African development.

In the preface of this report, the editor-in-chief, Prof. Liu Hongwu summarizes the origin and background, theme and conception, thought and principles of the compilation and the theoretical thinking and interpretation of relevant problems.

This report consists of 5 parts, a total of 40 chapters. Part I "Annual hot and focus issues in Africa", mainly analyzes the basic situation of hot and focus events happened in Africa in current year. Part II "Annual African politics and international relation", mainly analyzes the new development and characteristics of political evolution and regional international relation in African continent and key nations in current year. Part III "Annual investment, trade and economic development situation in Africa", focuses on analyzing African general economic situation in current year and the economic development situation in key areas and representative countries. Part IV "Annual humanities and social development situation in Africa", focuses on analyzing the new situation in the areas of religion, nation, education, technology, culture, society living and conception in current year. Part V "Annual China-Africa cooperative relations situation", mainly analyzes the significant progress, achievements and facing problems in various areas of China-Africa relations in current year. The appendix "African annual subject database" provides some latest practical and valuable information to facilitate the understanding of Africa for readers in various areas.

Political Movement in North Africa and its Influence on Regional Politics

Author: Liu Yun, male, professor of North African politics and international relations at The Institute of Africa Studies, Zhejiang Normal University. Email: liuyun@ zjnu. cn

Abstract: A large-scale political turbulence appeared in the North Africa countries at the beginning of last year, and three regimes in North Africa were overthrown in the middle of the turbulence, and also populace demonstrations appeared in Algeria and Morocco. The reasons of the North African political movements which Western scholars referred as "jasmine revolution", lie in: a) unemployment, inflation and Pauperization in the North Africa countries; b) political individual dictatorship and its corruption; c) Also the world economical crisis had worsen the these countries' economy and their social environment; d) Moreover the Western values' long-term seepage also played a indispensable role during this turbulence. "The jasmine revolution" has caused a new tendency of the North Africa national and international politics.

Annual Report of African Food Security

Author: Hu Mei, a researcher from Institute of African Studies, Zhejiang Normal University, PhD on history, research interests are focus on the relations between China and Africa, the history and reality of Chinese aid in Africa, the issues of African development, had published several papers on the field of foreign aid in academic magazines like *World Economy and Politics*, *the Quaterly research of America*, *Contemprary International Relations*, *Research of International Issues* and so on, host a project from National Social Research Funding on Chinese aid in Africa.

Abstract: In 2011, food insecurity problems such as hunger and food shortages attacked the African continent. Due to the arid climate, the East Africa region was facing the most severe famine in the past 60 years, and then food crisis happened in Sahel area, until early 2012, food crisis was alarmed in East Africa once again. A series of food crisis in Africa is the combined effect of a number of factors of the falling of food supply, rising food prices in the world market and long-term uncertain situation internal and international in Africa. To alleviate the food crisis in Africa, the continent of Africa, the international communities and the Chinese government had taken positive measures to provide food relief to help the development of agriculture in Africa, to enhance Africa's food production capacity, had increased food production, cultivated the capacity for independent development of agriculture in Africa, and brought new vitality and hope for the food security in Africa.

Africa Election Year and the Changes of Political Ecology

Author: He Wenping was born in 1966. She She received Ph. D. in law from Peking University, and now is Professor and Director of African Studies Section at the Institute of West-Asian and African Studies (IWAAS), Chinese Academy of Social Sciences (CASS). She has also served as a visiting scholar at Yale University, London University, the Nordic Africa Institute based in Sweden and German Development Institute based in Bonn. Specializing on African politics and African international relations.

Abstract: The year of 2011 is the election year in Africa, and more than 30 African countries have held all kinds of elections. General speaking, although the relevant African countries have passed through the election year in a stable and smooth way, beneath the surface, however, the political ecology in Africa is undergoing a quiet and imperceptible change. While maintaining the overall stability on the surface, there is turbulence of violence and terror. African multi-party democracy has been constrained and challenged by "election" itself, a vital tool used to be regarded as the indication of democracy. After the end of the Cold War, not only the chaos and social unrest in Africa have the close links with the disputes related with elections, even the North African countries also could not regain the stability through the election after the "Arab Spring" in 2011. African Union's effort for collective security has also suffered setback in the election year. The African leaders have shown the differentiation in their opinion for political development and foreign policy. The reality of some African countries' separation and self-rule intention has conflicted with the dream and goal of African Renaissance and the integration.

Climate Politics and Africa's Claims 2011

Authors: Liu Qingjian is a professor in the school of international studies in Renmin University, whose research focus is on international relations theories, political economy and diplomacy of developing countries. Zhang Kai is a PhD candidate in the school of international studies in Renmin University, whose research focus is on international relations theories and South Africa's foreign relations.

Abstract: Climate change is one of the fundamental challenges faced by human being currently and future. Facing the threats caused by climate change, the African continent is in the edge of extreme vulnerability. The African continent was the least contributor to climate change. However, it suffered the most negative influences because of its own ecological characteristics and capable vulnerability. Actually, climate change has impacted on the continent's natural environment, social survival and economic development severely. The issue of climate change is increasingly politicalized and securitized after the end of the Cold War. The international society's game around the issue of climate change has become more and more serious. Any rules formed around the governance of climate change will have a profound impact on Africa.

The Independence of South Sudan and Its Impacts on African International Relations

Author: JIANG Hengkun, PhD, an Associate Professor and Director of the Center for African Politics and International Studies, Institute of African Studies, Zhejiang Normal University, is currently a Postdoctoral Fellow at Shanghai Normal University. Dr. JIANG's areas of interest include Sino-Africa relations, African studies, with focus on Sudanese issues. At present, he is directing the research projects on "The Darfur issue and its Impacts on China's Diplomacy" funded by National Fund of Social Sciences, "The Darfur Issue and its Impacts" funded by Youth Research Sponsorship Program on Art and Social Sciences Fund of Ministry of Educationand "History of Sudan" funded by the Post-doctoral Research Program at Shanghai Normal University. Dr. JIANG is the co-author of two books (*Sudan* and *Darfur Issue in the Global Perspective*), and he has published, among others, over ten papers on Sudanese issue. He can be reached at: jianghk@ zjnu. edu. cn.

Abstract: The Republic of South Sudan declared on July 9, 2011 its independence from Sudan, and the boundaries of the African countries inherited by colonization have thus been changed again. Despite the fact that some pending issues have been still haunting the normal relations between Sudan and South Sudan, the north-south separation brings about them relatively stable ambient environments to solve their internal problems of stability. At the regional level, the independence of South Sudan will lead to a new international setup of North and East Africa, and Sudan will integrate further with the Arab-Islamic North Africa, in the meantime South Sudan will be on track towards East Africa; on the continental level, north-south divisions makes Africa lose a "natural corridor" of communication and exchange among different civilizations, and thus the dividing line between Sub-Saharan Africa and the northern Arab Islamic Africa becomes clearer. Although Sudan's north-south separation has not produce the so-called "Domino Effect", the unanimous endorsement of the international community to the independence of South Sudan will probably inspire the separatist forces of some African countries.

An Analysis of the Cause and Implication of the Côted'Ivoire Crisis 2011

Author: Dr Li Pengtao, associate researcher of the Institute of African Studies at Zhejiang Normal University (IASZNU), mainly interested in African politics and history. Email: lipengtao1981@ gmail. com

Abstract: In the November 2010, Laurent Gbagbo and Alassane Dramane Ouattara simultaneously declared wined the presidential election, which escaled into political crisis and even led to civil war. This essay seek to understand the cause and the implication of this crisis. The recent Ivorian crisis is largely driven by political and social grievances over citizenship, with the "Ivoirité" notion at the center of crisis. During Houphouët-Boigny's presidency, he deliberately played down the importance of citizenship issue, so as to assimilate migrant workers and to keep economic growth and social stability. However, with economic decadence and the introduction of multiparty politics in the 1990s, President Bédié created the destructive "Ivoirité" notion so as to exclude the northerners and to consolidate power, which finally leads to the outbreak of civil war in 2002. Under the leadership of President Ouattara, Côte d'Ivoire is staggering towards stability. Nevertheless, the situation remains fragile. The political, regional and ethnicity cleavage still might lead to serious conflict in the post-election era. The new government must not underestimate the threats that will long jeopardise peace and must avoid the narcotic of power that has caused so many disastrous decisions over recent decades. True reconciliation could be feasible only with the complete clearance of the vicious impact of "Ivoirité".

Noticeable African Characters in 2011

Author: Liu Yun, male, professor of North Africa politics and international relations at The Institute of Africa Studies, Zhejiang Normal University. Email: liuyun@ zjnu. cn

Abstract: the year of 2011 witnessed massive political movements in North Africa countries, which have overthrown Qaddafi regime of Libya and Mubarak regime of Egypt. Qaddafi and Mubarak then become noticeable characters in Africa political arena in 2011. Other two noticeable characters in the sub-Saharan African countries in 2011 were Gbagbo of Côte d'Ivoire and Sata of Zambia. In November 2010 after presidential election in Côte d' Ivoire, Gbagbo and the former Prime Minister Ouattara declared the winner and were sworn as president, Côte d'Ivoire plunged into civil war, at last Gbagbo was defeat and arrested. Michael · Sata, Zambian political activist, after 11 years of opposition, finally won a majority of votes in the elections in September 2011 and became president of Zambia.

Africa's Political Development and International Relations in 2011

Authors: Yu Wensheng was born in 1970. She was graduated from University of Foreign Studies in Beijing. She has engaged in African studies since

1995. She was a visiting scholar in the Center of Black African Studies in the University of Bordeaux IV of France. Her research areas include African politics, security and international relations. She is now an associate research professor in China Institutes of Contemporary International Relations. XU Weizhong was born in 1962. He has engaged in African studies since 1983. Prof. Xu has visited more than 20 African countries and could speak English and French quite fluently. He is now a research professor and deputy director of the Institute of Western Asian and African Studies of China Institutes of Contemporary International Relation. He is also vice-president of China Association of African Studies and a member of the Center for African Studies of China Foundation for International Studies.

Abstract: 2011 is an important year in the history of Africa's political development and international relations. Usually Africa's north is stable and its south is not. the situation changed in 2011. With the "Arab Spring", North Africa is entering in a period of turmoil and change, while an unusual stability was witnessed in Sub-Saharan Africa. which had stood the test of not only the "year of election" but also the spillover effect of the "Arab Spring" into the region. Although Sub-Saharan Africa was in general stable, it still suffered from its hot issues and a number of non-traditional security problems in 2011. Africa got some progress in its regional integration economically and politically, but its capability to solve its own problems was negatively affected by Cote d'Ivoire and Libyan crises. Western countries consolidated its military presence in Africa by involving in hot issues of the region, while the emerging powers strengthened its relations with Africa mainly by economic means, the competition between big powers in Africa is still intense in 2011.

The Armed Conflicts and Peacekeeping Operations in Africa

Author: Sheng Hongsheng is professor of international law at the School of Law and Politics, Zhejiang Sci-Tech University. He read law at the School of Law, the University of Wuhan, China for his Ph. D. (1996). From April 2004 to April 2005, he worked for the United Nations as Military Expert on Mission for MONUC in the Democratic Republic of the Congo, serving as team leader of the United Nations Military Observers in the field, and then as senior liaison officer at the MONUC headquarters, and was appointed Chairman of an Independent Board of Inquiry to review four international criminal cases as well. Up to now, he has had over 60 scholarly articles published in leading academic journals both in China and abroad and six monographs. His academic interests are focused on African studies, international security, international law, international organizations, international humanitarian law and international criminal justice.

Abstract: The year of 2011 witnessed Africa in profound turmoil and instability. Both traditional and non-traditional security challenges existed concurrently, armed conflict and a series of problems have imposed grave threats to the miserable continent, such as internal war broke out in Cote d'Ivoire following general elections, food and health crisis were caused by critical natural disasters, Somali piracy kept rampant, war refugees from some States burst into their neighboring States, armed conflict was triggered between Sudan and South Sudan, and consecutive coup d'etats took place in Guiné-Bissau and Mali and so on and so forth. The latest particular development in these aspects was that on 2 May 2012, the United Nations Security Council called on Sudan and South Sudan to immediately end hostilities and resume negotiations within two weeks to resolve all outstanding issues, and voiced its intention to take appropriate measures, if the parties do not comply. In a unanimously adopted resolution, the 15-member Council determined that the prevailing situation along the border between Sudan and South Sudan constitutes a serious threat to international peace and security. Meanwhile, however, the international community as a whole, via the United Nations and regional organizations like the African Union, has undertaken a series of peacekeeping operations in general to defuse the intensity of security situation in Africa, amongst which, China's contribution in this regard has been prominent in particular. In prospect of the forthcoming 2012, it is submitted that the security situation in Africa will remain challenging. On a whole, the African States need to strive to maintain peace and facilitate economic and social developments, in which zigzag path, failure or even setbacks would occur beyond expectation.

Non-Traditional Security Issues in Africa and Its Consequence

Author: Dr. Wang Xuejun is an associate research fellow serving in Academy of African Studies of Zhejiang Normal University, his research interests cover African security, Sino-African relations and EU&US's policies towards Africa.

Abstract: There are interweaved and numerous security issues In Africa. Except for traditional conflict resulting from ethnic tension, nature resource dispute and power competition, African continent is also confronted with new non-traditional security issues which has been exist or emerging in recent years and posing challenges to peace and security of Africa. These new issues include terrorism, piracy, food insecurity, climate change, health threat, monetary issues. All of them interact with and contribute to each other, which leads to the complicated and hard security situation of Africa.

The Africa's Relations with Great Powers and Emerging Countries

Authors: Liu Qingjian is a professor in the school of international studies in Renmin University, whose research focus is on international relations theories, political economy and diplomacy of developing countries. Wang Zhaoxia is a PhD candidate in the school of international studies in Renmin University, whose research focus is on international relations theories and Sino-Africa relations.

Abstract: Though there is no strict definition on great power or emerging country, the member state of G20 should be at least included. The following five countries, the United States of America, France, India, Brazil and Russia, which are the most active and characteristic actors in African international relation, represent different types in world stage: the developed country (U.S and France), the developing country (India and Brazil), and the transition country (Russia). The United States of America continued to promote democracy and good governance and improved its military presence in Africa. France interfered in African affairs and acted as a democratic defender. India established multi-faceted cooperation strategy and safeguarded the African national interests. Brazil gave full play to its advantages and deepened cooperation with Africa. Russia pursued pragmatic diplomacy and built new cooperation mechanism.

African Regional Organizations and Political-Security Integration: 2011

Author: Dr. Zhouyuyuan, Researcher at the Institute of African Studies, Zhejiang Normal University (IASZNU), Post-Doctorate researcher at the School of International Studies, Peking University. Research area involves FOCAC, African Regional Organizations and African regional integration, the theory and motivations of African development, EU's institutional cooperation with Africa. The program Dr. Zhou now is conducting includes: FOCAC and China's supply of international institutions; constructing the Model of African Development: thoughts, Strategy and Motivations.

Abstract: Since its inception of AU (OAU), regional integration has been taken as an important strategy for African countries to achieve developments, counter internal and external threats, and level up international discourse. Under the objective of African Economic Community established by the Treaty of Abuja signed in 1991, the AU and Regional Economic Communities have developed a systematic institutional framework, and strengthened interaction among AU and RECs or within RECs. However, conflicts and severe political situation in several African Countries are big hindrance to African integration, which leads to the consensus that it is imperative that African integration must depend on good political and secure environment. Therefore, political and security integration is regarded as an important mean to achieve economic integration, respectively through good governance, legal institutions, African Governance Architecture and African Peace and Security Architecture. This has led to an outstanding difference of African integration compared with the integration of other regions, to say, political and security integration is an important tool to promote economic integration, compared to that EU integration is a process for Low politics of economic integration to High politics. The year of 2011 is of great significance in the African political and security process, since great changes have taken place this year. From 'Popular Revolution' in Tunisia to the military coup in Mali, from the civil war upgrading to war between states in Sudan, from terrorism in Somalia to the famine in the horn of Africa, Africa keeps showing different pictures of its political and security issues. These new changes has presented new agenda for African integration, on one hand, the Role of AU and RECs in political governance and security is being tested, the other hand, the above-bottom political and security institution designing of AU and RECs is also being tested. Has the process of improving its institutions and policies increased AU's ability of action? How are AU and RECs relevant to the reality of African countries' political and security situation? These are core questions of the legitimacy and effectiveness of African regional organizations, and also of whether African integration could be achieved.

African Countries' "Looking East" and its Development Trend

Author: Dr. Luo Jianbo is an associate professor and Director of Research Office of African Studies, Center for International Strategic Studies of the Central Party School. His Study covers African Integration, Sino-African Relations, China's Development Aid to Africa. Three books have been published: Sino-African Development Cooperation: Studies on the Theories, Strategies and Policies, The Road to Renaissance: African Union and African Integration, African Integration and Sino-African Relations. He has also published more than 100 articles in Review of International Studies (Cambridge University Press), World Economics and Politics, Foreign Affairs Review, West Asia and Africa, China Daily, and other periodicals. He has made many academic visits and reports at abroad.

Abstract: With the fast development of some Asian rising countries since the start of the 21st century, the African countries begin to enhance more cooperation with Asian countries like China and India. In 2008, the western countries manifested their sluggishness in fighting the financial crisis, while the new rising countries in Asia regained its momentum of development in a very short period. This triggered the second wave of African countries' "looking east". Ever since 2011, the African countries have been deepening collaborations with these Asian countries, which, as a result, is exerting a far-reaching influence on the world arena.

Current Situation of Sub-Saharan African Rebels in 2011

Author: WANG Tao, was born in 1983. He is lecturer and doctor in Centre of Africa Studies, Yunnan University. He has studied history in University of Zambia in 2008 and 2009. He has been to Namibia, Tanzania, Uganda and Kenya. Currently, his research areas are Sub-Saharan African rebels and Eastern African international relationship.

Abstract: The problem of rebels in Sub-Saharan Africa is the accumulated product and the performance of various contradictions in the process of development. In return, activities of these rebels further intensify contradictions. The problem of rebels is a big challenge which need spend lots of resources to resolve. Since the 21st century, with the end of Angolan Civil War, rebels are mainly concentrated in the West, East and Central Africa regions. Among them, focused problems are in the Horn of Africa, the Great Lakes region, the Sahel region of West Africa, and Nigeria. In 2011, there are a group of rebels in above regions. They do great harm to African society.

Annual Report on the Politics of Southern African Countries

Author: Dr Li Pengtao, associate researcher of the Institute of African Studies at Zhejiang Normal University (IASZNU), mainly interested in African politics and history. Email: lipengtao1981@gmail.com

Abstract: Under the background of global economic crisis, several of Southern African countries suffered serious crisis because of backward financial regulation and natural disasters. Zambia and Congo (Kinshasa) had hold presidential elections, Zimbabwe, Angola and Madagascar are preparing for presidential elections, the death of Malawi president Bingu Wa mutharika led to the power transition to opposition party. In South Africa, the contentious National Secrecy Protection Bill had aroused much chaos in South African society, while the fall of Julius Sello Malema is one of the most important issues in 2011 South Africa. Botswana and Mozambique has maintained socio-economic development, but still needs to do more to make sure that the mineral exploitation will compel economic sustainable development and local people can benefit.

Security in the Horn of Africa

Author: Dr. Xiao Yuhua is a research associate with the Institute of African Studies at Zhejiang Normal University and a visiting scholar at Addis Ababa University for the year 2012. His research interests include peace and security in the Horn of Africa and corporate China in Africa.

Abstract: The security situation in the Horn of Africa is growing increasingly complicated. Factors inducing insecurity has disrupted the successful implementation of the development agendas of concerned countries in the region, making politically-marginalized and economically-disadvantaged groups bear the brunt of corresponding miseries. The security situation in the Horn in the past two years show the following characteristics: unbalanced socio-economic development coupled with chronic food shortage; ethnic secessionism disrupting nation-buidling process; inter-state conflicts taking its toll on national power; regional integration and conflict manage mechanisms constrained by pull-back factors; external powers increasingly intervening in regional affairs, creating opportunities and challenges.

Tactical and Strategical Analyze on Piracy in Somalia

Author: Liu Jun is Ph. D. Associate Research Fellow at the Institute of International Relations of Yunnan University. His academic interests are focused on Asian and African international politics.

Abstract: So far, Somali piracy is still rampant and showed new characteristics, such as rang expansion, target diversification, covert activities, industrialization, and enduring. Chinese naval fleets defending Somali waters against pirate is of great tactical significance, indicating that China is willing to undertake international obligations, help to build China's national image, help to strengthen military cooperation with other countries, help strengthen the Chinese Navy ocean-going training, and help to safeguard China's national interests. Somalia is a strategic highland in Africa, Africa is a global strategic highland, the Indian Ocean rim is a strategic springboard for China's peaceful development. In consideration of these factors, the Chinese naval fleets defending Somali waters against pirate also has great strategic significance.

Annual Report on African Economic Development 2011

Author: Shu Yunguo, Ph. D, a professor from China-Africa Business school, Zhejiang Normal University.

Abstract: 2011 was an eventful year in Africa. Political unrest in North Africa, the influence of Debt crisis of Europe on Africa, and natural disaster in some area of Africa, have caused some difficulties for African economic development. African countries have taken active measures, such as to accelerate the economic development strategy of Africa, to make great effort to play the power role of natural resources, and to strengthen the relations with developing countries, especially the emerging nations. Thus African countries won the development opportunity and it's economy still developed.

Annual Report of International Aid to Africa

Author: Hu Mei, a researcher from Institute of African Studies, Zhejiang Normal University, PhD on history, research interests are focus on the relations between China and Africa, the history and reality of Chinese aid in Africa, the issues of African development, had published several papers on the field of foreign aid in academic magazines like *World Economy and Politics*, *the Quaterly research of America*, *Contemprary International Relations*, *Research of International Issues* and so on, host a project from National Social Research Funding on Chinese aid in Africa

Abstract: Many donors in the world focused their attention to the rehabilitation and development of domestic economy, reduced the development assistance to Africa after the financial crisis in 2008. World witnessed the huge changes happened in North Africa and the Sudan, under the shrinking background of international aid to Africa, the donors were still strengthening assistance to these areas, the aid to these areas kept increasing though financial crisis, with the common feature of these assistance, their assistance is closely related to the reform of the new regime and democracy. From 2011 MDG goals entered into the final stage, although with these successes in the MDG, a lot of development assistance funds and project funds are not in place because of the impact of financial crisis, have done direct affect to the MDG target of African countries in 2015. Now, how to deal with these problems have become the new topics of the United Nations and the governments of donors. With the development issues in Africa because of the reduction of aid funds, many donors paid attention to the improve of the efficiency of the use of aid funds by emphasizing the innovative forms of assistance. In addition, with the drought in Horn of Africa and the following severe famine, food assistance to horn of Africa became focus of donors. The development cooperation with Africa of emerging countries was deepening and became a strong force for the further development of Africa.

Development Report on Financial Sector of Africa (2011—2012)

Author: Zhang Xiaofeng, PhD on economics, Dean Assistant of the China-Africa International Business School in Zhejiang Normal University, director of the Center for African Economic Studies, Institute of African Studies, research interests are focus on the cooperation in investment and financing between China and Africa.

Abstract: Benefited from a slow economic growth, the performance in financial sector of Africa countries is generally stable in 2011. But the retrenchment in banking sector retrenchment status led by international financial crisis can not be ignored. Parts of Africa developed economies exchange rate volatility caused by USD fluctuation will influence the development of Africa economy. Accompanied by overall trend of growth of the Africa economy, the increasing improvement on trade terms and the measures for accelerating of domestic resources mobility for the purpose of improving the financial situation, we do believe that the overall financial development in the whole continent will keep steady and slow growth.

African Agriculture Development Report

Author: Zhang Zhe was born in 1971. She was graduated from University of DONGBEI Financial and Economic in Dalian. She is now an associate professor in Institute of African Studies in ZJNU. Her research areas include African economy and trade, African regional economy and regional trade, African agriculture development.

Abstract: In Africa, there are 58% of the population for the agricultural population,, economic activity 55% of the population engaged in agriculture, therefore, the agriculture in African countries in the course of development, plays an important role of with strategic position. The development of agriculture can promote the growth of the economy of African countries, increase people's incomes and improve the people's living standards, reduce poverty and improve food security. The United Nations world food and agriculture organization (FAO) published in 2012 low-income countries lack of grain list has 66, including Africa has 39, So to develop agriculture, especially for food crops, to reduce poverty in Africa, and stable world food prices is a great significance.

African Industrial Development Report

Author: Zhu Huayou, male, born in 1967, is a Ph. D. and Professor whose main research directions are the development of regional economy. He is selected to "new century 151 talents of second levels" in Zhejiang and is a young academic leader in Zhejiang Normal University.

Sun Yifei, male, was born in 1986. His main research directions are the regional economic and industrial cluster.

Abstract: The world financial crisis hit African economy heavily in 2008, and industrial development sped slowly. With the acceleration of the process of world industrialization in 2010, African industry also recovered rapidly, but the difference was bigger among countries. Oil exporter was higher than the import country, and West Africa and East Africa higher than other regions. Since 2011, as the European debt crisis broke out and spread, as well as political turbulence occurred in some African countries, such as the Tunisian Jasmine revolution, Egyptian President Hosni Mubarak and President of Libya Al-qaddafi to step down, South Sultan independence, the civil war in Somalia and so on, African industrial development got very big impact. But benefiting from the emerging economies of the strong recovery and development, African industry still achieved remarkable growth, and basically returned to pre-crisis levels. Even so, African industrial development still faces serious challenges.

A Report on the Development of African Energy and Resources

Author: Dr. Liang Yijian, research fellow, Center for African Studies, Yunnan University, China, whose research field is African economical development, China-Africa economic and trade cooperation and industrial cooperation. , email: liangyijian@ live. com

Abstract: Africa has abundant natural resources. Although there are valuable resources in Africa, they did not get the peace and tranquility in the past. In recent years, Africa's oil and natural gas proved reserves continue to increase. With the sustained economic growth in Africa, Africa's future refining capacity, and consumption ability and export growth are relatively large space. Africa's renewable resources have great advantages for development. It has the characteristics of large reserves, development of small and suitable for large-scale development. Africa are abundant in the solar power, wind power, hydropower and biomass reserves. This provided a broad space for development for renewable energy in Africa. Africa's mineral resources are also very rich. This provides many conditions for the large-scale development and establishment of a comprehensive industrial base.

The Report on African Development of Tourist Economy

Author: LuoGaoyuan, male, the Hans, was born in Yiwu, Zhejiang Province in 1964. He is a doctor, famous for teaching in the Zhejiang colleges and universities. In addition, Mr. Luo works as a professor in Zhejiang Technical Institute of Commerce, also a master's tutor and part-time researcher in College of Geography and Environmental Science and Institute of African Studies respectively (both attached by Zhejiang Normal University) . He is devoted to geography, working on evaluation, plan and development of tourist resources, etc. In greatefforts, he has brought himself admirable achievements, including 150 academic dissertations and 10 books at least. Among others, Mr. Luo was ever provided with invitation from South Africa and Kenya for academic reports and further investigations.

Abstract: It is widely known that Africa has won renown as the cradle of mankind evolution and civilization. This land is endowed with long history, vast territory, and abundant resources. Moreover, it has a large population characterized by unique culture. However, there is no denying that Africa has still been scourged by extreme poverty across the globe, with a result in great need of growing economy. Needless to say, tourist economy has become a top choice, in terms of African development. Based on African practical considerations, inbound tourism, as a perfect mode, has been featuring prominently in developing African tourism. Therefore, we should give us an in-depth, comprehensive insight into where these visitors come from, for the purposes of a good mastery of African tourist situation and its whole dynamics in the future. It is believed that African nations will usher into an unprecedented age, which holds excellent opportunities in store, when their society and economy remain healthy and growing. If so, Africa will not be a forgettableland in that travel is building a promising bridge between Africa and the world, particularly China.

Annual Report on Regional Economic Cooperation in Africa 2011

Author: Zhang Jin, Assistant Professor, Institute of African Studies at Zhejiang Normal University; whose research field is African economy History and Regional Economic Integration in Africa.

Abstract: In order to overcome the drawbacks of the legacy of the colonial era and to deal with the influence of the debt crisis in Europe more effectively, African countries intensified their efforts in alliance and self-improvement. They strengthened regional economic cooperation, which integrated the small and fragmented markets into bigger ones for scale effect, thus to promote the integration of Africa. In 2011, regional cooperation strategy in Africa was pushed further forward, the Tripartite Free Trade Area started a new chapter for regional economic cooperation in Africa, infrastructure constructure became major projects of regional cooperation, regional organizations took flexible and practical reform measures, which are expected to contribute to a solid foundation for the future development of Africa.

Economic Relations betweenSouth Africa and Outside World

Author: Prof. Zhang Zhongxiang, Deputy Director, Centre for African Studies of Shanghai Normal University. His main research areas are African Issues and China-Africa relations.

Abstract: South Africa is a middle-income, emerging market. In 2011, South Africa's GDP (official exchange rate) was 422 billion US Dollars, it is biggest economic body in Africa. In 2011, South Africa's per capita GDP was 8342 US Dollars. But unemployment rate in South Africa was very high, near 25 per sent in 2010. Impacting with global financial crisis, South Africa's economic growth rate became slow. President Jacob ZUMA government has opened *the New Growth Path: the Framework*, the main idea of this paper is to increase jobs and improve people's living. In the area of economic cooperation with outside world, South African government maintains cooperation with traditional powers, strengthens cooperation with emerging powers, and pushes African Integration.

Financial Development Report of South Africa in 2011

Author: Zhang Chunyu was born in 1980. He is a research fellow of the Institute of World Economics and Politics, Chinese Academy of Social Science. He focuses on energy issue, African economy and China-Africa economic operation.

Tang Jun was born in 1982. He is a candidate of Doctoral Degree from Department of Economics, Graduate School of the Chinese Academy of Social Science.

Abstract: South Africa is the country with the most developed financial sector in the continent of Africa, and it is one of the countries with comparatively advanced financial service in the world. With the continuation of the revival process in the post-crisis era, South African financial sector has a stronger performance. Compared to 2010, South Africa's financial sector in 2011 has got more bright spots in its performance. Meanwhile, South Africa's financial sector is in face with new challenges. Generally speaking, under the negative shock brought by the International Financial Crisis, the financial sector of South Africa has showed comparatively strong anti-risk and risk management capability. It is expected that South Africa's financial sector will maintain the robust momentum of development in 2012.

Nigerian Economic Report 2011

Author: Dr. Li Wengang is Associate Research Fellow with Institute of West Asian and African Studies (IWAAS), Chinese Academy of Social Sciences (CASS). He got his master's degree from Nankai University in 1998 and his PhD from Peking University in 2008. He started African studies after joined IWAAS in 1998. In 2007, he paid short academic visits to Nigeria and France. In 2009, he was academic visitor at Centre of African Studies, School of Social and Political Science in University of Edinburgh, Scotland. His main research interests include Nigerian ethnic/religious issues, social and economic developments; African Islam; China-Nigeria, China-Liberia bilateral relations. He has published several articles on Nigeria and edited a book on Liberia (2006).

Absttact: As the most populous and leading oil-producing country in Africa, the volume of Nigerian economy is the second largest, only next to South Africa. In 2011, economic reforms in Nigeria made some progresses, and the economy experiences strong growth rate at 7.69%, driven mainly by rapid growth in non-oil sectors. The federal government maintained prudent macroeconomic policies, boosted financial institutions, and slowly began reforms in economic structure. Owing to high oil prices, macro economy improves remarkably with inflation falling and strong GDP growth. Despite achievements in 2011, Nigerian economy still faces sever challenges: over-dependence on oil sector and imbalance of economic structure; high unemployment rate among youths; absolute poverty; inadequate infrastructure; poor security situations in oil-producing South and Boko Haram stricken North. However, under the prosperous situations in non-oil sectors, Nigerian economy will remain strong growth in 2012.

Annual Report on Angola's Economic Development 2011

Author: An Chunying is Senior Editor, Institute of West-Asian and African Studies (IWAAS), Chinese Academy of Social Sciences, whose research field is African economy, poverty reduction, and sustainable development issues.

Abstract: Since the civil war was over in Angola, it has been one of the fastest growing economies in Africa, and its real gross domestic product (GDP) growth was more than 10% in recent years. Because the international financial crisis and European debt crisis have had negative impact and shock upon Angola, it led to a sharp decrease on economic development. Till the first quarter of 2012, Angola's economy realized recovery growth, which GDP was just 3.7% in 2012. In view of above all, Angola's government has taken a lot of measures on stimulating economic growth in order to speed up the upward trend as soon as possible.

Annual Report on Mauritania's Economic Development 2011

Author: Yahya Ould Mohamed Mahmoud, From Mauritania, He got his PhD degree from Shanghai Fudan University in 2011 on Economics and started African studies in The Institute of African Studies at Zhejiang Normal University (IASZNU), He published many articles about China and Afriaca relations.

Abstract: Mauritania, rich in natural resources, rebounded vigorously from the global crisis, spurred by the commodity price boom of the past two years. More recently, however, the recovery has slowed amid the drought that hit the Sahel region and lower external demand from Europe. A comprehensive reform agenda aims at lowering unemployment and poverty, which are stuck at high levels, and at fostering private-sector development, which is lagging.

African Education and the Development on Human Resources in 2011

Authors: Dr. Li Yuqiu is an assistant professor in the Center of African Education, Institute of African Studies at the Zhejiang Normal University. His major research is on modernity of African education and the Sino-African relation。 Email: liyuqiu@ zjnu. cn

Zhou Zhifa, male, Assistant professor, Institute of African Studies, Zhejiang Normal University, Ed. D. , Main Research: African Education and Politics.

Abstract: It was important for African education and human resources development in 2011. Last year, many educational events happened, such as The Swaziland Education and Training Sector Policy released in Swaziland, National skill development strategy III and Revised Strategic Plan 2010/2011—2014/2015 issued by The Department of Higher Education and Training in South Africa, New Strategy for Prevocational Education published by The Department of Education and Human Resources in Mauritius, Pan-African University established by African Union, and so on. General speaking, it is undeveloped and exist many problems in human resources development and Human Development Index in Africa. Africans face great challenge, but have a hope of success. As the key factor of human resources development, African education emphasizes human resources development and intergration of individual, skill, economy and national state and pursuits the construction of modern Africa. It took on the characters of totalization, strategy and intergration last year.

Africa's Low-carbon Development in 2011

Author: Zhang Yonghong is a professor of institute of international studies in Yunnan University. He is committed to studies of development problems of African countries, Sino-Africa Relations, South-South Cooperation, and North-South Relations.

Abstract: In 2011, African countries promoted low-carbon development around the UN Climate Conference (COP17) in Durban, and achieved some advances: looking upon the problems of climate change as a matter of life and death, taking measures to promote low-carbon development, obtaining the support of Chinese government. The prelude of low-carbon development has been started in Africa. In the future, African countries' changes will create new opportunity to Sino-African cooperation.

The Report of African Religions in 2011

Author: Ms. Ma Enyu, Ph. D. born in 1978, got her Ph. D. degree of sociology in 2008, is a researcher at the Institute of African Studies at the Zhejiang Normal University. Her research focuses on religious sociology, African religion and African immigrants.

Abstract: Africa is a continent which has dense religious atmosphere, long religious tradition and comprehensive religious influence. On the continent, there living thousands of devoted believers who sincerely believe in animism, Christ and Islam. In the long history of Africa, the politics, culture, society, livelihood, custom, all has intimate relations with religions. In the international context of religious resurgence, Africa raised religious resurge wind. When we focus on the significant historical transformations, social conflicts, nationalities disputes, economic development, culture inherit, we can feel the power of religions at the back of these phenomena. The report of African religions in 2011 wants to analyze the mutual influence pattern of contemporary African religions and African society from different perspective by reading the African big stories.

African NGOs Report 2011/2012

Author: Dr. Zhou Shuqing is an assistant professor of the Institute of African Studies, at Zhejiang Normal University (IASZNU), whose research interests include African politics, Sino-African relations. He is currently engaged in African oil and African NGOs research.

Abstract: Africa attracted the worldwide attention in 2011; Africa was "troubled" in 2011. Africa is not only experienced a presidential election and the referendum on the constitution of many countries, but also to withstand drastic changes in North Africa, North and South Sudan disputes arising from pain. In order to adapt to the new situation, the African NGOs have been taking self-adjustment continuously. They have undergone profound changes in the fields of activities and the methods of work. Wider scope of its activities, more political and social participation and greater influence on the world would be the fundamental feature of the African NGOs. A simple analysis based on the data of the African NGOs in 2011 will be put here in order that we could draw a map of their trends and distinctive characteristics.

A Report on the Development of African Literature

Author: Xia Yan, a lecturer and a doctor of African research center, Yunnan University, and her research field is African literature.

Abstract: With the emergence of postcolonial African literature subsequent to political independence in most African states in the 1960s, a large number of distinguished writers have come into prominence in the African continent. To date, four African writers have won the Nobel Prize in literature; and there are also many African writers that have won international prizes for literature such as the Man Booker International Prize; the Prix Goncourt, etc. Africa itself has many literature awards, including the Caine Prize for African Writing; the Soyinka Literature Prize; the Noma Award for Publishing in Africa, etc. Two famous international book fairs with a lot of excellent works collected and exhibited are held in Egypt and South Africa annually. Since the 1980s, trends in African writing, with particular reference to the novel, have shown close correlation and parallels with global literary currents. Within this development, African writers have comprehensively explored the rich history and complex realities of social conditions in African countries; and they have also extensively explored the intricate relations between African countries and the "developed" countries of Europe and North America. These cross-cultural writers-writers without borders and postcolonial novelists-constitute the emergent cosmopolitan current of African writing in the last twenty to thirty years. African literature has contributed world class writers to the world literacy arena. One clear indication of this is the fact that African writers have continuously won significant international awards in world literature. Thus, African literature at the present time comprises a well-balanced inter-generational body of young, middle-aged and older writers. One of the highest African literature awards, the Caine Prize for African Writing, has been successfully held annually for twelve sessions till the year of 2011. Half of the winners are women writers and most of the winners are young and middle-aged writers. This indicates that African literature has entered a positive cycle and will have greater development in the future.

The Ethnic Issues in Southern Africa in 2011

Author: Xu Wei was born in 1981. She was graduated from Minzu University of China in Beijing and got the doctor's degree in Anthropology. She is living in Gaborone as a visiting scholar at the University of Botswana now. Her research areas are the transitions of traditional tribes in Botswana and the Chinese conditions in Southern Africa. She is now an assistant researcher in the Institute of Africa Studies at Zhejiang Normal University.

Abstract: The Southern Africa is always called "the cradle of mankind", which is the birthland of many ethnics and cultures. Archaeological discoveries confirmed that the earliest human walked from here. This area has a long history and abundant natural resources, but also has many inner problems, especially the ethnic problems. Many conflicts among African countries were aroused by the tribal and ethnical disputes. This report is introducing and analyzing the ethnic constitutions and issues in Southern Africa.

Report on Ethnic Issues of Nigeria

Author: Dr. Jiang Jun is Associate Research Fellow at Center for African Historical and Cultural Studies, Institute of African Studies in Zhejiang Normal University. He got his PhD from Xiamen University in 2008. He has focused on ethnic history and culture of Africa, especially Nigeria. He paid 6-month academic visits to Nigeria, studying in Ahmadu Bello University. He has published over ten articles, hosted or participated several projects at all levels.

Abstract: Nigeria is the most typical multinational country in Africa. Its loose ethnic structure produces ethnic diversities and low integration, which easily causes the state of disorder and inevitable ethnic conflicts. It can be seen now that the most complex and tough affairs happening in the south of Niger Delta and the ethnic-religious based communities of middle and north Africa. The year of 2011 saw the ethnic issues of Nigeria in the state of "stable in south and exciting in north", because the south was under the control of the federal government while election things flare up the ethnic conflicts in north which caused a lot of casualties and property damages.

China-Africa Economic Cooperation Development Report 2011

Author: Liang Ming, Ph. D. in Economics and the Associate Research Fellow in the Institute of Asia and Africa Studies (IAAS) and the China-Africa Research Center (CARC) under the Chinese Academy of International Trade and Economic Cooperation (CAITEC), Ministry of Commerce, P. R.. China. Dr. LIANG was born in 1980 and graduated from Renmin University of China in 2008. Dr. LIANG's main research fields focus on World economics, Macro economics, International trade and Sino-Africa economic and trade relationship.

Abstract: China-Africa economic cooperation got a continuous, fast and healthy development in 2011. China-Africa trade got a new high in 2011 and its share in China's foreign trade rose continuously. China's outward FDI to Africa grew rapidly and its share in China's total outward FDI rose further. The Africa's outward FDI to China also got a new high in 2011. At the same time, China's contracted projects and labor services in Africa countries also got a good achievement in 2011 and the year on year growth rate rose rapidly. The practice of China-Africa economic cooperation proves that China-Africa cooperation is equal and mutual beneficial.

Report on Sino-African Inter-Party Exchanges and Cooperation

Author: Zhou Guohui, born in September 1973, is the Division Director of the Bureau of African Affairs of the Central Committee of the Communist Party of China. He is a graduate of the School of Government of Peking University. Mr. Zhou is now a part time doctorate candidate of Zhou Enlai School of Government of Nankai Universtiy, majoring in International Relations.

Abstract: Exchanges between the Communist Party of China (CPC) and African political parties have been booming in the recent years and have become an important component and political foundation of China-Africa relations. Party-to-party relations have played an important role in the formation, enrichment and development of the New Type of Strategic Partnership between China and Africa. Despite the profound and complicated changes in the international community and the political turbulences in North Africa and some other countries since the beginning of 2011, the CPC and African political parties have been working together in maintaining the momentum of exchanges and cooperation by seizing every opportunity and coping with all the challenges and have made new contributions to the development of China-Africa relations.

FOCAC's Role in African Development 2011

Author: Prof. Zhang Zhongxiang, Deputy Director, Centre for African Studies of Shanghai Normal University. His main research areas are African Issues and China-Africa relations.

Abstract: Since FOCAC was founded in 2000, it has been very important platform of China-Africa cooperation in new situation. Win-win cooperation is the biggest characteristic of FOCAC. About FOCAC's role in African development, I think it has three points: FOCAC lifting Africa's international position; FOCAC promoting African economic development; FOCAC pushing African integration. Meanwhile, FOCAC meets challenges, China and Africa two sides need to push FOCAC sustainable development.

Review on China's Engagement in African Peace and Security 2011

Author: Dr. Wang Xuejun is an associate research fellow serving in Academy of African Studies of Zhejiang Normal University, his research interests cover African security, Sino-African relations and EU&US's policies towards Africa.

Abstract: Ever since the creation of FOCAC, China African cooperations on peace and security issues have been one important area of multi-dimensional relations between the two sides. Up till now, Through participating in peacekeeping, combating pirates, international efforts in no profile of weapons and post-conflict reconstructing in Africa, China has gradually become one of critical external actors involving in constructing African peace and security. China not only contributes a lot to African peace and security, but she also acquires many international reputations. Those activities expand the meanings of China's new security concept and non-interference principle, and propel China's African policy towards the process of becoming more successful. Meanwhile, China is also confronted with many difficulties and challenges needed to reflect. All of those signal that China-African relations is stepping into new stage in which strategy considerations are needed while China's security policy towards Africa is made.

Development Report on China-Africa Education Cooperation 2011

Author: Niu Changsong is Associate Professor at the Institute of African Studies, Zhejiang Normal University. Her research interests focus on South African Higher Education, educational aid to Africa, China-Africa educational cooperation, African education and social development. She has been a visiting scholar at University of Zimbabwe and Nagoya University.

Abstract: Since 2000 Forum on China-Africa Cooperation (FOCAC), education cooperation and exchange between China and African countries has made rapid progress and new development. The bilateral education cooperation has extended to many fields and has showed the features of multi-actor, multi-level, multi-field and multi-approach. The Sino-Africa education cooperation is effective in the areas of human resources training, student exchanges, higher education cooperation, Chinese language teaching and school construction. Focusing on equality, mutual benefits and common development, China-Africa education cooperation benefits the African common people and grassroots, facilitates the mutual understanding and knowledge between China and Africa, promotes the capacity building and internationalization of higher education and strengthens the higher education institutions' ability of serving the social and economic development.

Sino-Africa Cultural Exchange and Cooperation 2011

Author: Zhou Haijin was born in 1977. She was graduated from Nanjing University. She has engaged in African studies since 2008. Her research areas include African culture, African religion, and the Chinese in Africa. She is now an associate researcher in the Institute of African Studies in Zhejiang Normal University.

Abstract: The Sino-Africa cultural exchange and cooperation has made great progress in 2011, and all the aspect of the cooperation relation on humanities was expanded widely. Based on the traditional modes, the Sino-Africa cultural exchange and cooperation contained new contents and forms in 2011. The Sino-Africa cultural exchange and cooperation of inter-governmental and between non-governmental organizations have increasing, the cooperation of Sino-Africa Think-Tank Form was promoted, and the academic and scholarly exchange was enhanced, the Chinese government actively exploring the channels of cultural cooperation, the hit TV series were be translated into Africa native language in Africa spread, and became a new and popular form of cultural exchange that year. In the future of Sino-Africa cooperation relations, although the cultural exchanges and cooperation impossible, such as political and economic cooperation in the short term to obtain remarkable result, but the role of the exchange and cooperation in humanity and social development in the China-Africa relations will attend more and more attention in China, and will be step execution and advance steadily in the power range of Chinese government.

Report on Consular Protection of Chinese Citizens in Africa

Author: Xia Liping, born in October 1972, is professor and deputy dean of the Department of Diplomacy, China Foreign Affairs University. The focus of her research is on Consular Affairs and Overseas Chinese, Diplomatic History of Contemporary China. She is also member of the council of China Association of African Studies and Asia-Africa Development and Exchange Society of China.

Abstract: Consular protection has become one of the hot issues in China in recent years. Africa, an important continent where Chinese enterprises implement the "Going Out Strategy", has attracted more and more Chinese citizens. Compared with other parts of the world, security situation in Africa is more complex and volatile, and how to safeguard the security of Chinese citizens in Africa constitutes a subject worthy of public attention and research efforts. 2011 is an important year in the history of China's consular work. China's consular protection mechanism stood the tests of upheavals in Tunis, Egypt and Libya at the beginning of this year. The Chinese government evacuated more than 30,000 citizens from Libya, which was acclaimed as a great success in terms of scale and efficiency.

China's Corporate Social Responsibility in Africa 2011

Author: Liu Qinghai, a Ph. D in Economics. She was graduated from University of Xiamen in 2010. Her research areas include African economy, Investment cooperation between China and Africa. She is now a lecturer in Institutes of African Studies, Zhejiang normal university.

Abstract: Recently, Chinese companies step up their pace to invest in Africa. By the end of 2011, all kinds of investment has summed up US $ 40 billion, among it includes US $ 14. 7 billion direct investment, and the number of companies is more than 2,000. With the development of Chinese investment in Africa, the situation of their corporate social responsibility has been paid more and more attention. Through investigation on 20 Chinese companies in Senegal, Nigeria, Zambia and so on, the report tries to reveals the real condition of their corporate social responsibility.

The Situation of Chinese Migrants in Africa 2011: the Case of Botswana

Author: Xu Wei was born in 1981. She was graduated from Minzu University of China in Beijing and got the doctor's degree in Anthropology. She is living in Gaborone as a visiting scholar at the University of Botswana now. Her research areas are the transitions of traditional tribes in Botswana and the Chinese conditions in Southern Africa. She is now an assistant researcher in the Institute of Africa Studies at Zhejiang Normal University. Zhou Haijin was born in 1977. She was graduated from Nanjing University. She has engaged in African studies since 2008. Her research areas include African culture, African religion, and the Chinese in Africa. She is now an associate researcher in the Institute of African Studies in Zhejiang Normal University.

Abstract: More and more Chinese people come to Africa because of the growing close relation between China and Africa. According to incomplete statistics, there are now over 1 million Chinese people in Africa. With the sustained growth of Chinese migrants, the Chinese government and academic world attaches more attention to the situation of Chinese people in Africa. Taking Botswana as an example, currently about 30000 Chinese people living and working in Botswana, many of them engaged in small commodity wholesale and retail, distribution of various towns and villages in Botswana. The Chinese-funded companies had provided more than 20000 jobs for Botswana people, and made many contributions to the construction and development of Botswana. However, because many Chinese did not understand English in the past, they lived in isolation and avoided public places in the host country, therefore, to the local people caused a Chinese and local society isolated impression, but these impressions in the gradual change, some young English-speaking Chinese, with local government cooperation and exchanges, and many local people become friends, and slowly remove the misunderstanding of local people to Chinese.

The Commercial Situations and Social Relations of African 2011 Merchants in Guangzhou, China

Author: Xu Tao was born in 1981, he obtains PH. D. Degree in 2006, after graduating from Sun Yat-sen University, he works as a lecturer in the school of law and political science, Zhejiang Normal University. He focuses on the studies of migrants and social development. Recently, he has engaged in the studies of the African merchants in China.

Abstract: Since the reform and opening up, in close contact with the Chinese economy and the world economy, more and more foreigners go to work and live in China, in recent years, due to the rapid development of China-Africa economic and trade exchanges, Africans Guangzhou for business grew rapidly, and has become a concerning group, their commerce situation and social interaction attract a lot of people. This article finds that most of the Africans are male and engage in Sino-Africa trade. After nearly 10 years of development, its business transformed from individual to the coexistence of large-scale purchases and individual purchases. The procurement mode shifts from traditional intermediary procurement to the coexistence of direct intermediary procurement coexist. In daily social interaction, the relationship between African and Chinese shift from co-operation to the coexistence of cooperation and competition There are some contradictions and conflicts between them and the ordinary Chinese residences, but they can be resolved by the joint efforts of both sides.

Development Report of African People in Yiwu 2011

Author: Gong Sujuan, female, born in 1966 in Yiwu, Zhejiang province. Ms. Gong is now an associate professor and director of the International Office of Yiwu Industrial & Commercial College. She is also dean of School of International Education and director of Yiwu Center, the Institute of African Studies at Zhejiang Normal University (IASZNU). Her research areas include international education and intercultural communication.

Li Haiqing, male, born in1981 in Chibi, Hubei Province. Li is now a lecturer of Yiwu Industrial & Commercial College.

Abstract: As a county-level city, Yiwu is renowned as the world's largest wholesale market for commodities. 65% products in the Yiwu market are export-oriented and are exported to 219 countries and regions in the world. In 2011, the number of enter-exit the border in Yiwu was about 440,000 person times, a record-high number according to Yiwu Bureau of Exit and Entry Administration, among which 16% is from Africa. At the moment, over 2,400 African people have been living in Yiwu for more than three months, which occupies 17.3% among 14,000 people in Yiwu from around the world. They have already had some social inclusion here in Yiwu. As Africa has become one of the most important global trade partners of China, Yiwu will play a more important role in Sino-African trade. The bilateral trading between Yiwu and African is expected to get further promoted and RMB settlement will increase in trading.

主编前言

非洲发展大势的中国观察与阐释

刘鸿武

《非洲地区发展报告》是浙江师范大学非洲研究院牵头组织国内多家学术机构编纂的一部观察分析非洲大陆政经局势与内外关系、评述解读中国对非战略及其政策选择的著作。但凡做非洲研究的人都知道，非洲乃一地广、国多、人众之大陆，其国情民状千差万别，发展水平高低不同，时局更是变幻不定。对于如此广袤复杂之大陆，如何能以一部著述对其发展大势作出既具足够宽广的知识覆盖面与整体视野，同时又主线清晰、重点突出、取舍得当的描述把握，实需有周全恰当之编纂思考与结构安排。故而开卷之初，笔者就如何观察和阐释非洲发展之大势，如何设定本报告之编纂宗旨、取舍原则与叙事路径等问题，略加阐释说明，以为全书之序言。

一 非洲发展的新动力与新机遇

21世纪第一个十年，非洲大陆获得了自上世纪60年代以来少见的持续十年之久的经济相对稳定增长时期，给世人以新的期待与希望。但进入新世纪的第二个十年，非洲大陆政经局势风云再起，发展走向迷雾重现。自2010年北非局势发生重大变故并波及于撒哈拉以南非洲国家以来，这块大陆的历史车轮，似乎又再次来到了前途未卜的十字路口上。

总体上看，这块大陆正处在向上提升与向下沉沦两种力量盘旋起落、走向发展与深陷动乱两种趋势胶着缠绕的复杂状态中。伴随着非洲大陆这一发展与动荡两种力量与趋势相持不定的复杂进程的推进，非洲大陆各国家与各地区间发展的不平衡性与不同步性将日见明显，部分国家将可能率先兴起成为非洲大陆的"新兴国家"和"发展动力国"，并进而成为带动非洲地区与次地区逐渐走向稳定与发展的积极力量，而一部分国家则可能在内外因素作用下持续动荡，兵连祸接，甚至进一步坠入分裂瓦解的深渊。因而从长远的发展走向看，非洲大陆很难作为一个大陆整体性同步走向发展，五十多个国家发展进程与发展道路的分化与多样化将是一个总的趋势。

1. 非洲发展的新趋势

积极的趋势自然十分明显。21世纪第一个十年，非洲大陆获得了自上世纪60年代以来少见的持续十年之久的经济相对稳定增长时期。在过去十年的大部分年份中，非洲大陆GDP都保持了4%到5%的稳定增长，总体水平高于全球，相当一批非洲国家的发展速度更快。仅以2011年为例，这一年全球经济增长最快的十个国家，有六个集中在非洲大陆，位于西非的加纳，更以13%的增长速度位置全球榜首，而这一年，绝大多数欧洲国家经济增长都不到1%，美国也只勉强超过1%。预计2012非洲大陆的经济增长将达到6%，大体上与亚洲持平，成为全球经济增长最快的区域之一。虽然非洲大陆经济增长较快的一个基本原因是其原有的起点很低，但这种持续的相对快速而稳定的增长，却确实让外部世界的人们对这一块大陆的未来产生了非同寻常的期待与想像。

2011年，南非加入金砖国家行列，成为非洲大陆第一个迈入全球新兴大国俱乐部的非洲国家。紧随其后的还有若干个"非洲新兴国家"。首先是资源与人口大国尼日利亚，这个曾被称为"跛腿的非洲巨人"国家，在过去十年间也似乎开始加快了前进的步伐。按照这个国家过去几年持续保持的7%的经济增长速度，它的领导人和精英们普遍自认为尼日利亚将是非洲下一个新的"金砖国家"。到2015年，尼日利亚可能成为世界第三人口大国，而它的目标是到2030年建设成为世界经济强国。此外，安哥拉、加纳、毛里求斯、刚果（金）、刚果（布）、埃塞俄比亚、苏丹、赞比亚、博茨瓦纳、莫桑比克、坦桑尼亚等国家，都在不同的层度上逐渐显示出成为"非洲大陆新兴国家"的发展势头。

从长远看，非洲五十多个国家不可能同步发展，国家间地区间的发展分化趋势将日见明显，一些国家可能会进一步沉沦衰败甚至瓦解分裂，而另一部分国家，可能成为此轮增长中的先行者与受益者，成为非洲大陆区域或次区域的新兴国家。这些非洲新兴国家之所以获得快速发展的动力可能来自不同的方面，但一个基本的特点是在保持政局稳定的前提下，借助与全球新兴国家的日见紧密的经贸合作，特别是与亚洲新兴国家形成的新型南南合作关系而逐渐成长起来，并进而带动非洲大陆区域与次区域的整体发展。

近年来，非洲大陆不经意的变化还发生在许多方面。当欧洲债务危机持续不断且四处漫延时，一些资源富足且政局稳定而获得开发的非洲国家，通过多年的快速发展已经开始由债务国成为债权国。比如石油资源丰富的安哥拉在2011年已经开始向它昔日的殖民宗主国葡萄牙提供贷款，以支持这个南欧国家摇摇欲坠的国家财政体系保持稳定。

世事时局之变，可谓一叶知秋，颇有特殊的象征意义。

2. 日见呈现的非洲发展优势

从全球中长期发展的总体格局上看，非洲大陆有许多发展的巨大潜力与特殊优势，其中的一些潜力与优势，近年来随着南方国家发展进程的推进，特别是全球新兴国家的拉动而日见明显地呈现出来。

首先，非洲在人口与劳动力方面的发展潜力。非洲目前54个国家共有人口约10亿，其人口结构与发展特点是年轻化与增长快。按照非洲目前的人口增长速度，到2030年，全球新增加的30岁以下的年轻人口中的60%将集中在非洲大陆。到2040年，非洲的劳动力将接近11亿，超过中国、印度这两个世界大国。相对于世界其他地区日益严重的人口老龄化及不断攀升的劳动力成本，若非洲大陆政局保持稳定且提升劳动力素质的基础教育与职业教育的投入不断增加，则非洲大陆未来可用于经济发展的人口红利颇为可观。

其次，非洲农牧业发展前景十分广阔。非洲大陆拥有90多亿亩可开发利用的土地，但实际利用率不到四分之一，目前全球60%的未利用可耕地集中于非洲大陆。仅刚果（金）一国可开发的土地就达18亿亩，与中国必须守护的土地总量最低红线相当，而其人口6700万仅为中国人口（13亿）的约5%左右。这样广袤的土地资源如果能开发利用起来，对非洲大陆和世界的粮食安全、民生改善来说，意义都是不言而喻的。

第三，非洲大陆在许多经济发展的战略性资源、能源储备方面也极为有利，虽然非洲投资风险高，但回报率也很高。非洲拥有全球黄金储量40%、石油储量10%、铬和铂金的80%—90%。另外，非洲广袤的草原，清澈的江河湖海，洁净的空气，独特的文化，壮阔的山川，从经济发展的综合角度上看，都具有特殊的意义。事实上，过去许多年，虽然往往面临种种政局动荡、战乱不已之风险，但非洲大陆一直是世界上投资回报率相对较高的地区，总体上比中国、印度、越南这些发展较快的亚洲国家都要高。

第四，非洲的市场发展潜力也很巨大。2011年，非洲大陆整体GDP达到1.6亿美元，相当于巴西或俄罗斯。非洲的城市化水平则与中国基本相当，城市人口规模快速提升。目前非洲大陆拥有三亿多购买力相对稳定并不断提升的中等收入群体（或曰"中产阶级"），未来20年进入这一阶层的非洲人的数字将增长到8亿以上，非洲大陆由此而有望成为世界上最有潜力的新兴世界市场。

第五，唯其相对的落后，非洲未来提升的空间就很大。虽然从全球比较的角度上看，目前非洲大陆经济与社会发展水平尚十分低下，处于全球发展序列的最底层，但正因此，其未来向上提升的空间与规模十分巨大。目前非洲大陆特别是撒哈拉以南的非洲大陆，人均GDP尚不足1000万美元，未来20年到30年，这一数字即使只提升到3000—4000美元这样并不太高的水平，但作为一块大陆，非洲的发展也必定会给世界带来巨大的变化与影响。

3. 非洲发展的新动力

从根本上说，推进此轮非洲大陆发展的核心动力，来自非洲内部自身积极因素的长期积累与成长，以及这些内部因素与外部拉动力量的有机结合与良性互动。以中国的观察角度与立场来回顾考察过去百年非洲大陆的艰难历程，我们认为，经过漫长曲折的探索徘徊，进入21世纪后，支持非洲大陆在未来逐渐进入"新发展时期"的一些成长要素的累积，已经攀升到了一个历史的关键阶段上。这些内部因素的积累与成长，外部环境的变化及拉动，日益构成了新世纪里推进非洲大陆走向发展的新动力与新机遇。

首先，从现代国家建构、民族聚合与文化认同的角度上看，经过独立建国以来半个多世纪的曲折发展，许多非洲年轻国家都获得了普遍的历史性进步。尽管在过去数十年间经历了太多的战乱、冲突与动荡，但绝大多数非洲国家都生存了下来，并保持了国家的统一存在和团结。随着国家统一建构的推进，随着国家观念的逐渐形成和深入人心，在许多非洲国家中，一些更为内隐的积极变化，一些从长远来看能更有力地推进国家现代发展的基础性力量与结构性要素，都在悄然不觉的历史进程中一点点地积累起来，并在世界格局发生变化的背景下开始呈现出其特殊的积极意义。比如，在一些非洲国家，现代国家政治建构与政府执政能力的提升，现代主权国家观念的形成，国内民众对国家归属感与认同感的增强，区域一体化进程与地区合作组织的发展，非洲人民的自尊意识与开放意识、主体意识与自立意识、各国知识精英与政治精英的爱国情感与政治责任意识等文化与心理方面的现代发展要素，等等，都在过去数十年几代人的努力与追求中缓慢但却有力地积累和成长起来。

第二，历史的发展是有其内在的规定性与自然演进过程的，它会按照自身的内在逻辑过程一步一步向前推进。上述一系列源自非洲内部的变化，让非洲国家日见蓄积起一些内生的发展动力，一些源自内部的精神自信与追求，也使相当一批非洲国家的国家结构与行动能力逐渐趋于成熟和稳定。以政治发展的角度看，在经过长期的磨合与尝试之后，一些具有非洲本土特点的多党政治制度已经逐渐在非洲成长起来。近年来，大多数非洲国家都较为顺利地举行了多党竞争的全国选举，在世人的担心中完成了新一届政府的轮替。审视整个非洲大陆，可以看出，今日有超过三分之二的非洲国家其政府是通过选举上台执政的。虽然非洲大陆"逢选必乱"的宿命还在延续，但总体上看，多党选举似乎已经成为非洲国家政权更迭的主要方式，且越来越被各国各阶层的人民所接受，这对非洲国家在政治上保持相对稳定与温和的体制会有积极的意义。

第三，在经济上，非洲大陆的上述发展潜力，因为与世界新兴国家日益加强的经济合作而正在由潜在优势转化成现实的优势。过去近二十年，中国、印度、巴西和其他来自亚太、南亚、拉美、中东地区的一系列新兴国家，在能源、矿产、农业、金融、电信、基础设施建设方面的对非合作日益扩大，对非洲的资源、市场、劳动力、土地的需求日见强烈，这明显提升了非洲资源国际竞争平台，延长了非洲发展要素的价值链。今天，在亚非世界之间正在形成一种新型的南南合作关系，来自亚洲新兴国家的资源需求和投资贸易正日益成为非洲大陆实现经济增长的一个重要的动力源。

第四，从全球发展的良性互动角度上看，如果世界经济体系的演变能更加的包容与开放，在成熟形态的西方发达国家、快速崛起的全球新兴国家、具有巨大潜力的非洲国家这"三个世界"之间，如能形成一种良性互动的格局，在合作中寻求多边互利共赢的世界新格局，则非洲大陆将有可能进入一个持续发展的新时期。在此意义上，非洲大陆正在多方面地向世界展示出它所蕴藏着的巨大潜力与未来的希望，并使得国际社会越来越倾向于认为在未来的20年或30年中，非洲大陆将成为世界经济的"增长新大陆"，成为未来一个更长时期中全球经济新一轮发展提升的希望所在。就此来说，谁拥抱了非洲，谁就拥抱了未来。

二　非洲发展的不确定因素及主要障碍

然而，我们在看到非洲发展的积极因素的同时，对非洲发展的障碍与困难也要有充分的估计。事实上，在过去十年经济获得相对较快发展的同时，制约和阻碍非洲发展的消极因素依然普遍存在，非洲总体状态依然困难重重，前景更充满众多的不确定因素。在内外因素作用下，不排除多个国家和地区发生灾难性冲突并引发非洲发展情势重大逆转的可能。

抑制非洲发展的消极因素与障碍来自许多方面，概而言之，如下方面最为突出。

首先，虽然非洲近十年来获得相对较快的经济发展，但远没有改变非洲总体处于世界最落后末端的不发达状态。目前，全球最不发达国家有四分之三集中于非洲大陆，贫困与饥饿、战乱与冲突依然是这块大陆普遍存在的状态。虽然经过多方努力，但联合国拟定的千年发展目标在非洲众多国家都远未实现，严重的失业、文盲、疾病、环境恶化等基本民生问题并未有根本的改善。同时，近年来非洲一些国家的经济增长普遍带有依靠资源、能源初级产品出口拉动的特点，在此资源主导型增长模式下，不仅发展的外部制约因素很多，而且由粗放型增长体现出来的GDP增长对于普通民众生活改善和国家经济结构提升的作用往往并不明显。即便是像尼日利亚这样发展势头强劲的国家，其国内族群间和地区间的矛盾与冲突、政府官员的腐败与低效、分配不公和贫富鸿沟等问题都有扩大之势，发展中的隐忧不少。

其次，非洲经济在总体上依然严重依赖于西方发达国家及其主导的国际市场，发展的基础十分脆弱而不稳定。2008年开始的欧洲金融危机对非洲的冲击是多方面且持续的。最近几年，西方经济持续低迷，对非投资、贸易、援助持续大幅下降，许多非洲国家外部经济环境趋于恶化。在此背景下，经济上高度从属于欧洲的北非国家首当其冲，内忧外患叠加在一起导致北非政局在2010年突变，从马格里布国家到埃及、苏丹再到东非之角的索马里，可谓动乱迭起，兵连祸接。未来一段时间，非洲一些国家的主权统一与政权安全将面临新的挑战。

第三，外部干涉与强权介入让非洲未来充满太多不确定因素，一些非洲国家安全局势十分严重，分裂崩溃危机明显加剧。2011年的利比亚战争虽然没有在非洲引发连锁反应，但对非洲地区和平与安全局势造成许多"暗伤"，消极恶果的溢出效应和深层次影响不断显现。目前利比亚内乱远未平息，东部分裂倾向加剧，南部沙漠深处的族部各行其是，这个国家在战争过后面临瓦解分裂的命运。而利比亚战争造成大量难民和武装分子涌入周边国家，与当地的原动荡因素结合在一起，造成萨赫勒地区的安全形势趋于恶化。近期西非国家马里发生军事政变，东北部的提格雷人宣布独立建国，马里国家面临分裂危险。2011年西方国家和北约组织以"保护的责任"和"人道主义干预"为名，武力干预利比亚国内冲突和科特迪瓦选举危机，使得非洲再次面临西方新干涉主义和新殖民主义卷土重来的威协。

第四，近年来，西方的所谓人道主义干预不仅使非洲国家主权安全面临新的挑战，更助长了一些非洲国家反对派的抗争意识，政府权威与统治的有效性受到空前挑战而趋于瓦解。2011年南苏丹宣布独立，建国五十年的苏丹终于没有逃过分裂肢解的命运，苏丹也由此成为非洲大陆自上世纪六十年代独立建国以来第二个分裂的国家。然而分裂后的苏丹并未获得真正的和平，围绕着石油利益分配与边界划分问题，南北苏丹纷争甚至武装冲突不断，达尔富尔危机也有再次恶化的趋势。事实上，如果非洲国家的主权得不到有效的维护，非洲国家发生分裂瓦解的连锁反应，在未来的十多二十年间，各种形式的内部冲突与外部干预可能导致更多的非洲国家被进一步肢解成碎片小国，非洲的复兴将更无希望。

第五，非洲团结遭受多方面挑战，一体化进程步履维艰，非洲政治碎片化危险加剧。当代非洲政治格局支离破碎，或国小民穷，资源贫乏，或困于内陆深处，交通不便，几乎没有自立生存的条件。当年非洲大陆是作为一个整体成为西方奴役掠夺的对象的，在西方主导世界的今天，面对西方的集体霸权与联合干涉，单个的非洲国家也不可能摆脱这种命运。加纳首任总统恩克鲁玛曾说过："非洲要么统一，要么死亡"。但非洲的统一团结与一体化并不容易，由于殖民宗主国的影响长期存在，非洲年轻国家在外部国际关系上各有属主，形成利益的外部拉动格局。在外部大国的利诱下，非洲仍很容易发生分化而各事其主，各为原宗主国利益充当代理人，并引发非洲大陆的"代理人战争"。2010以来，在对待利比亚冲突和外部军事干涉问题上，以及之前的对待国际刑事法院制裁苏丹总统巴希尔等问题上，非洲国家内部分化加剧，非盟因意见分歧而处境尴尬，本已经脆弱的权威、合法性与有效性受到普遍质疑与挑战。在此背景下，非洲的集体安全体制明显受到削弱。

第六，近年来，非洲非传统安全问题上升，粮食危机，干旱肆虐，艾滋病蔓延，生态环境恶化，武器扩散，都在一些非洲国家引发严重的社会危机。同时，近年来非洲恐怖主义活动进入新的活跃期，在东非、北非、西非都有明显抬头之势，尼日利亚的"博克圣地"活动猖獗，埃及、尼日利亚、苏丹等国教派冲突升级。这些混乱与动荡的局势如得不到有效控制，非洲国家统一建构进程可能发生逆转，导致一系列非洲国家走向瓦解和分裂，整个地区局势有可能陷入新一轮的动荡危机期。

第七，从更深层次的制约因素来看，抑制非洲实现可持续发展的另外一种制度或文化上的障碍，是国家能力与政府执政功能的长期缺失，部分非洲国家日益处于"有社会而无国家"的国家体系消解与政府功能退化状态中。由于国家整合能力与政府执政能力及有效性的长期缺失，一些非洲国家的民族融合进程一再被打断，有效的中央政府权力往往无法渗透到基层社会和边远地区，国家统一行动能力十分弱小。在此背景下，一些非洲国家的国民认同与爱国情感塑造尚远未提升到国家意识形态与文化建设的核心位置上来，爱国精神与国家观念日益淡漠，而照搬西式的竞争性自由主义政治理念又往往造成尚保留广泛传统部族文化传统的非洲国家在精神生活领域的分裂解体。国家统一体制的消解和政府管理能力的丧失导致了巨大的灾难。在今日非洲许多国家和地区，政府能力严重缺失，基层政权形同虚设，看不到条块分明、上下联通的功能化的政权网络与管理系统，在"有部族社会而无中央政府"的状态下，千千万万的百姓苍生在广阔无边的草原和沙漠中陷入一种无助的、自生自灭的艰难处境中。虽然今日非洲国家拥有巨大的人力资本，有大量的年轻人口，却因缺乏政权组织者和动员机制将他们组织成国家的建设大军，庞大的人口资源无法转化为服务国家建设的人力资源与生产要素，人口红利远未得到发挥利用。

因此，非洲国家要实现发展，尚有许多障碍要克服，有漫长道路要探索。今日的非洲，尚需要在下述方面作出自己持久的努力。第一，非洲国家在某种意义上需要一场新的思想解放运动，即需要结合非洲实际情况，认真思考属于非洲自己的发展道路，探寻非洲问题的非洲化解决。第二，非洲必须形成自主思想与独立精神，提升本土知识分子独立观察与思考自己国家发展道路的意愿与能力，振兴本国本民族的思想文化，形成独立自主的知识精英阶层。第三，国家能力建设是非洲发展的根本前提，非洲国家必须高度重视国家能力建设，提升政府的行动与管理能力。今天非洲国家还特别需要培养爱国精神，为国家与民族奋斗的精神，把国家利益与民族利益放在首位，形成齐心协力的国家团结精神，而不能让国家陷入分裂与破碎化的状态中。第四，非洲国家应该把国家工作的重心转移到经济建设上来，以经济发展为中心来建设国家的能力。创造财富比任何政治理想更富于现实的理性精神，从根本上说，非洲的安全、和平建设只能通过经济发展、社会团结才能最终实现。第五，非洲国家需要一个长期的国家发展策略，稳定而持续地追求国家发展目标，并且坚持独立自主、艰苦奋斗的精神。非洲的问题不可能一天解决，任何政治家和政治方案都需要通过实践来推进，实实在在的奋斗比任何华丽的口号与演讲都更加重要。第六，非洲国家需要走出政治迷信的误区，不执迷于选举崇拜，不就政治谈政治，而是从经济的角度来谈政治，一心一意谋经济发展，一心一意求国家稳定。

值得关注的是，过去十年，西方对非洲的看法还发生了具有讽刺意义的戏剧性变化。十年前的2000年5月，英国著名杂志《经济学家》(The Economist)发表了一篇题为《绝望的大陆》(The Hopeless Continent)的文章，标题被十分显赫地印在杂志封面上的这篇文章，形象地描述了西方社会对于非洲大陆自然和人为灾难交织并发不幸画面的悲观看法，"莫桑比克的洪水、埃塞俄比亚的饥荒、卢旺达的大屠杀、塞拉利昂的内乱，整个大陆的战争一触即发"，非洲成为世界的"麻烦中心"，前景一片黑暗与绝望。然而具有反讽意味的是，十年后的 2010 年 1 月，同样是该杂志发表了《一个更有希望的大陆：狮子国度?》为标题的文章，对非洲的看法发生了大逆转，非洲被看成是世界上最有希望的大陆，其地位与重要性获得了多年来少见的吹捧。当然，许多西方人都普遍认为，非洲大陆这些积极现象的发生，使非洲变得有希望，其根源则是十多年来西方民主制度在非洲大陆的移植，是西方主导的所谓全球治理模式逐渐获得了推广。

然而，在我们看来，这种理解非洲的观察与方法却过于简单化主观化了。正如十年前将非洲大陆视为"绝望的大陆"一样是错误的，今日将非洲大陆捧上天也是不适当的。事实上，非洲大陆的情况依然十分的复杂，简单的悲观论或乐观论都难以准确把握非洲的真实情况。

总体上看，非洲大陆正在进入一个向上提升与向下沉沦两种趋势盘旋起落、逐渐发展与持续动乱两种力量胶着缠绕的时代。非洲大陆前途怎样，命运如何，各国如何分化，光明还是黑暗，既取决于非洲大陆各国人民自己的意志、决心与努力，也取决于国际大环境的变动趋势及与非洲关系的变化。近年来，随着中国在非洲的存在日益广泛，中非合作越来越成为影响非洲发展的一个重要因素。在此背景下，如何着眼于全球变局与中非合作现实需要，在长期跟踪观察、深入研究的基础上深化对非洲发展问题的认知，准确判断非洲大陆的现状与未来，观其大势，举其大要，并在此基础上形成具有战略指导意义的思想成果和知识系统，从而把握住中非发展合作的战略大局与战略机遇，坚定不移地推进中非发展合作，完善中非发展合作的机制与政策，无疑具有特殊的意义。

三 《非洲地区发展报告》的立意与宗旨

2010 年，中国国家教育部正式启动了"哲学社会科学发展报告"编纂项目。这一项目的启动，旨在鼓励中国的高校组建跨领域跨学科的联合创新团队，围绕国家经济社会发展及国际领域的重大发展问题，在长期跟踪的基础上，开展战略性、前瞻性、政策性研究，并在此基础上编纂出版具有学科前沿性、理论探索性、实践指导性的各领域年度研究报告。年度报告的编纂将作为一个协同创新的平台，推进中国的高校成为服务国家和区域发展的高水平智囊团和思想库。

从2010年和2011年两个年度立项情况来看，列入教育部哲学社会科学研究年度发展报告资助的项目，多为涉及当前国计民生的重大命题，如"中国金融发展报告"、"中国民生发展报告"、"中国文化软实力发展报告"等。这显示学术研究的选题与国家发展重大需求间的互动关系日益明显，国家也越来越支持和鼓励哲学社会科学研究围绕国家经济发展关键领域与重大问题来开展联合攻关研究。其中，在国际问题研究领域，2011年教育部哲学社会科学发展报告中首次列出了"非洲地区发展报告"选题。按照教育部的设想，通过几年的协同研究与编纂实践，"非洲地区发展报告"应该建设成为推进中国非洲研究界学科建设与队伍建设的高端平台，成为中国学术界在非洲研究领域的国际知名品牌。经过面向国内学术机构招标竞争，并经专家评审，以刘鸿武教授为首的浙江师范大学非洲研究院团队承担了"非洲地区发展报告"的编纂任务。之后，浙江师范大学非洲研究院组建起由国内12家科研机构共40多位专家组成的编纂团队，以协同方式开展了相应工作。

1. 本报告的编纂立意与写作主旨

那么，如何才能准确而全面地把握非洲发展大势呢？中国古人讲，"工欲善其事，必先利其器"。[①] 要编纂一部体系严谨、结构完善、角度新颖、取舍妥当的非洲地区发展报告，应该有一个统摄本项研究工作的目标宗旨，有一个可以观察把握和叙述非洲大陆发展大势的观察角度与叙事原则。

长期以来，非洲大陆的经济与社会发展问题，地区安全与和平建设问题，世界强国大国的博弈角逐问题，一直具有超出非洲大陆本身而牵动全球战略格局与安全局势变化的意义。唯其如此，国际社会各种力量基于不同的战略诉求与观念差异而纷纷卷入非洲事务，在这块大陆上设定战略目标，寻求合作伙伴，谋取战略利益，非洲与外部世界的关系也因此变得越来越复杂多样。在如何实现非洲大陆的和平、安全与稳定，如何加速非洲大陆各国各民族的经济增长与社会进步方面，近年来国际中各种思想理念与政策方案争雄诘辨，来自东西南北的不同观念与思潮此消彼长。非洲发

[①] 《论语·卫灵公》。

与道路之争论与研究，日益成为国际思想竞争与知识碰撞的高地。在这些复杂的国际思想竞争与话语权竞逐的背后，包含着国际社会各种发展模式、发展理念与发展权益之正当性与有效性的竞逐。

　　非洲大陆的发展问题及其认知，有一系列复杂而特殊的问题必须把握好。非洲乃一地广国众之大陆，其驰地有三千余万平方公里，大约相当于中国、美国、欧洲面积之总和，列国则更在54个之众，占联合国会员国之四分之一强，更有多达10亿以上的分属于两千多个群集团或语言共同体的人口。如此广土国众人多之大陆，其政经形态，国情民状，自然是千差万别，难以一言以蔽之。加之政局动荡不定，经济旋起旋落，要清晰准确把握非洲发展大势，说清道明非洲内政外交现状，确非易事。

　　因而，非洲地区发展报告的编纂必然不同于一个国家发展报告的编纂，它即不应该是非洲大陆各种事项的杂陈罗列，也不应是非洲各国年度国情民状的简单相加。我们需要在注重非洲问题研究的微观、个案、实证与田野调查的基础上，充分发挥中国学术重视追寻"大道"、探究"天人之际"、"古今之变"的思想传统，透过非洲大陆纷乱复杂的当下迷局，看清这块大陆面临的根本性、普遍性问题是什么，思考这块大陆的根本出路在哪里，举其纲要，观其大势，从而对非洲大陆之现状与未来作出具有历史眼光与战略高度的把握。[①]

　　同时，一部适当的非洲地区发展报告，在体系结构与内容安排上需要对非洲大陆之整体性与区内众多国家之差异性这两种并存的现象，有一个周全之把握与适度之安排，努力做到点面结合，宏观与微观结合。从古迄今，非洲大陆内部各地区之间、国家之间、民族之间始终存在巨大差异，其与外部世界关系之亲疏状态也各有不同，因而我们必须高度重视非洲研究的国别、个案、微观研究的原因，对非洲大陆任何问题的研究分析，都需要处理好整体性与多样性之关系，既有大陆的覆盖面又突出重点。但另一方面，非洲大陆作为一个相对统一的自然地理单位，其历史文化形态与政治经济特征，还是具有某种内在的联系性、整体性与一致性，一些明显

[①] 宋代学者苏轼曾说，"天下之事，散在经、子、史中，不可徒得。必有一物以摄之，然后已用。所谓一物者，'意'是也。"（见葛立方《韵语阳秋》）这"意"，大致应该就是散布于各知识领域背后的统一灵魂与核心精神，统摄各种专门知识与研究活动的相互联系与整体结构。

有别于外部世界其他文明与文化的共同特征，一些有别于欧美、中东、南亚与东亚文明的属性。这些内在的联系性与整体性，使我们可以也有必要将非洲大陆作为世界文明体系中的一个相对统一的整体来进行把握，来探索研究非洲大陆共同面临的发展问题，也为我们提供了建构一门具有中国特色的、具有统摄性整体性把握非洲问题的"非洲学"的可能性与现实基础。

具体而言，我们在本报告在编纂过程中，努力追求如下目标与境界。

首先，点面结合，重点突出，取舍恰当，以观察非洲大陆如何追求和实现发展为核心主线，以此统摄非洲问题之观察及其内容之取舍。从全球发展格局上看，与欧洲、亚洲、美洲、大洋洲都具有南北关系不同，非洲大陆是一块"南方大陆"，54个非洲国家全都是发展中国家或南方国家，发展问题的普遍性与紧迫性，赋予了这块大陆所有国家与人民共同的身份与命运，也是我们把握非洲问题的着眼点与出发点。作为世界上发展中国家最集中的大陆，发展问题在今日和今后相当时期内，始终会是这块大陆所有问题的纽结、焦点与源头。今日之非洲，看似纷乱不定，动荡不居，各国之情况亦千差万别，但万变不离其宗，贫穷落后，经济衰退，民生艰辛，实是万乱之源。经济与社会发展是解决非洲内部复杂矛盾与冲突的基本途径，因而无论何种理论，何种妙方，其合理性只能从是否有助增进非洲实现发展这一根本要求来判定。为此，必须形成一门以发展为核心理念、以发展为核心宗旨的相对统一的学科，形成可以解释、促进并适合于非洲大陆现实需要的现代知识与思想体系。

第二，广采众长且追求创新，兼容并包而又彰显个性，在开阔的视野下突出非洲问题观察的中国立场与中国眼光。在观察研究非洲问题方面，中国相对西方是一个后来者，但后来者也有后来者的优势。特别是在观察研究非洲发展问题领域，中国学者应该有更多的机会，围绕非洲发展问题和中非发展合作实践来建构有中国眼光的非洲学理体系与知识平台，从而在全球的非洲研究领域形成独特的"中国学派"。自近代以来，中国与非洲经历过相同的历史命运，并且今日在总体上依然属于发展中国家，面临着相同或相似的发展要求与变革动力，这种共同的时代经历与国家身份，使得中国可以将心比心、感同身受地来体会理解非洲国家面临的种种问题，可以动用自身在过去数十年经历和积累起来的种种有关发展的正反经验与教训，来理智观察、综合思考与内外比较今日非洲大陆的发展困境及与发展相关的种种问题，从非洲的实际需要来探寻非洲问题之解决方案。这是中国学者认知非洲问题、编纂非洲地区发展报告的一个优势。中国人时常强调中国问题的解决要从中国的实际出发，由此推己及人，中国人也就一直认为，非洲问题的解决也一样只能从非洲的实际出发，按照非洲的实际需要和可能来解决。因而我们要研究非洲，要理解非洲，就不能从书本知识与抽象概念出发，先照搬某种"理论"、"主义"来解释非洲，而只能到非洲去，扎根于非洲，以个人的观察和体验来感受非洲，读懂非洲，融入非洲。学术研究是需要主体性的介入与个性化特征的形成的，需要学者自己心灵的感悟与体验。中国人因自己的历史传统与文化个性，长期以来一直与那块遥远的非洲大陆有一种情感上的相互尊重，中国也一直对非洲大陆的现实与未来，持一种历史主义的期待与信心，因而从不自居思想与道德高地，对非洲发号施令，而是主张中非之间平等对话，相互学习，交流互鉴。这是中国的对非政策不同于西方对非政策的地方，是中国的非洲研究应该长期秉持的原则，同时更是中国非洲研究实现学术创新，摆脱长期以来对西方思想与知识的跟随依附状态的机会所在。

第三，既重视非洲问题的地域差异，国别差异，又重视非洲问题的总体趋势与普遍问题，关注非洲追求一体化的努力及其面临问题与挑战。长期以来，非洲大陆一直在努力寻求自己的共同属性并为实现非洲大陆的统一而奋斗，以非洲统一联盟和非洲各次地区性组织为基础的非洲统一运动与一体化也在不断推进。今日非洲大陆的 54 个国家中，约三分之二以上的国家还是世界上最不发达的国家。长期以来，这些国家一直普遍深受政局动荡、经济落后、战乱频发、灾害肆虐之苦，在和平、安全、发展、稳定等领域面临着紧迫的任务。同时，这些问题在非洲大陆各国间、各区域间，往往相互影响，渗透性强，传导快，单个的国家几乎不可能独立解决上述问题。正因为如此，长期以来，虽然非洲大陆内部有许多地区差异、国别差异、民族差异，但非洲国家和国际社会在许多时候往往还是将非洲大陆作为一个相对统一的整体、一个相对统一的国际关系行为体来认知、交往与对待。比如中非合作论坛，就是中国将非洲大陆作为一个整体而建立起来的中国与非洲大陆 54 个国家的一种特殊的"国家—地区"关系。非洲发展问题的这种"大陆性"、"整体性"，非洲对发展、安全、和平目标追求的"一致性"与"共同性"，使得我们必须也有可能将非洲大陆作为一个整体，组织跨学科研究力量，编纂出针对非洲大陆发展进程中的一般性问题的，具有严密逻辑体系与知识联系性的《非洲地区发展报告》，以从宏观上把握非洲大陆的年度发展大势与基本特点。

第四，在动用多学科知识、理论与方法的基础上努力寻求各种"非洲研究"之综合化与一体化，积累非洲研究的思想智慧与知识系统。作为以整个非洲大陆为观察研究对象的工作，非洲地区发展报告涉及的知识领域十分宽泛，但凡非洲之政治、经济、社会、文化、外交、环境，皆需要统筹关照，有所涉及。在任何情境下，非洲研究者往往需要来自不同的学科领域，具有明显的学科分散性、交叉性。然而从非洲大陆的历史与社会现状的考察研究过程中，从对当代非洲经济社会发展这一复杂问题的分析研究中，我们仍然可以找到各种各样的"非洲研究"（诸如非洲政治研究、非洲经济研究、非洲文化研究、非洲教育研究、非洲国别研究、非洲区域研究、非洲专题研究等）的内在关联性。因而我们需要以一种整体和联系的眼光，将各种各样之"非洲研究"统摄起来，将非洲的"区域问题研究"、"领域问题研究"、"国别问题研究"结合起来，形成一门具有跨学科、交叉学科属性的"统一的非洲学"，这是我们编纂非洲地区发展报告的学理基础与创新方向。

2. 本报告的叙事路径与内容取舍

基于上述思考，我们编纂的这部非洲地区发展报告遵循了如下的叙述路径与原则，并作出相应的内容取舍。

第一，非洲大陆地域广阔，国家众多，民族复杂，发展情况千差万别，要编纂一部能综合把握非洲大陆地区基本态势的年度发展报告，需要对非洲大陆的整体发展格局与核心问题进行充分而准确地概括与提炼，并依此形成一个框架严谨、取舍适当、张弛有度、点面结合的编纂大纲与写作架构，既在宏观上高度概括出非洲大陆本年度的总体发展趋势与基本特点，又能在重点与细节上充分顾及非洲各特殊地域、重点国家、专门领域的热点焦点情况，让读者一册在手，就能对这块大陆的基本发展格局及最新发展态势有准确的理解与把握。

第二，非洲大陆是一块正在转型变革中的大陆，地区局势动荡多变，年度焦点热点问题层出不穷，突发事件此起彼伏，但另一方面，在看似变化莫测的时局下，非洲大陆却又有一些特有的政治经济与文化力量在持久发生作用，让非洲大陆在变动不拘中又有一些基本的趋势可以把握。因而，本报告不能写成一部非洲大陆年度时事的流水账或大事记，而需要精心建构起一个富有深度与弹性的编纂框架，准确把握住非洲大陆的这一变与不变共存的特殊现象，从而既能及时跟踪报道非洲大陆的年度热点、焦点及最新态势，又有专深的研究实力去透过变幻莫测的纷乱时局，看清非洲大陆潜在涌着的时代命脉与发展大势，从而对非洲大陆的发展进程作出战略性、前瞻性的把握。

第三，撰写当代非洲地区发展报告，既需要有整个大陆的整体观察与宏观眼光，也需要有大陆内部之次区域、国别、民族的微观眼光。既需要从整体上把握非洲大陆的战略态势与基本走向，作出战略性与理论性思考，也需要对非洲内部的地区结构、国别结构、民族结构进行微观个案的实证调研。既需要及时跟踪报道非洲大陆的年度热点与焦点，又需要深度思考分析非洲大陆发展进程中的战略性全局性问题，从而编纂出一部融研究性、学术性、知识性、时效性为一体的《非洲地区发展报告》。

第四，长期以来，中国的非洲研究面临的一个难题是不易赴非洲做实地的长期调研与考察，因而往往借助西方二手资料，故而研究之观念与材料易受其影响。但近年来，在国家的支持下，各学术机构的努力下，中国学者赴非洲调研的机会日益增多，参与本地区发展报告的学术团队，无论是浙江师范大学非洲研究院的科研人员，还是友情参与的各位学者，大都有了赴非洲国家实地调研考察、与非洲学者合作的机会与经历。《非洲地区发展报告》在编纂过程中，也充分利用这一优势，及时派出科研人员赴非洲跟踪调研，掌握第一手资料，并与非洲学者开展重点问题的合作研究，努力形成具有自主知识原创性研究成果。

第五，编纂非洲地区发展报告是一项常年性的专门化工作，它应该具有较强的可运用性，侧重于提供知识性、应用性的非洲区情国情的知识与数据，因而在编纂过程中，我们还努力做到如下几点，一是每篇报告的撰写都以问题为导向，避免平铺直叙。二是倡导坚持长期跟踪研究、持续研究，从而在某个专题领域有扎实的基础研究积累，做深做透，报告写得有创新性。三是以最新数据和材料为支撑。强化数据采集分析，重视定量研究，避免单纯的定性分析与描述。四是强化报告的实践性、针对性和应用性，避免过于学理化、概念化、学究化。

3. 本报告的结构安排与内容组合

本报告在叙事路径与结构框架上作了精心的安排与设计，提供了一个可达致上述目标的编纂体例与铺叙结构，旨在对非洲大陆的发展问题进行专题深入的跟踪、观察、研究与报道，深入探究非洲大陆的政治经济与社会发展问题，思考非洲追求经济增长与现代化发展的新路径。同时，本报告特别重视研究者对非洲的实地考察与田野调研，注重研究者本人对非洲大陆社会发展环境的个人体验和感受。因而报告内容多建立在实证调研与文献梳理相结合的基础上，最大程度上掌握和利用第一手的调研资料，以确保报告内容的真实性。

《非洲地区发展报告》的体系结构安排如下。

作为报告总序的"主编前言"，概述了本报告的由来与背景、编纂主旨与立意、编纂的思路与原则，及对相关问题的理论思考与阐释。

正文分为六篇，共计48篇文章，最后是年度数据库。第一篇"非洲年度热点"，主要分析本年度非洲发生的热点焦点事件基本情况。第二篇"政治与国际关系发展态势"，主要分析本年度非洲大陆地区和重点国家的政治演变、地区国际关系的新发展及特点。第三篇"投资贸易与经济发展态势"，集中分析非洲本年度的总体经济情况及重点领域与代表性国家的经济发展情况。第四篇"人文与社会发展态势"，集中分析本年度非洲大陆人文与社会领域的基本情况，特别是在宗教、民族、教育、科技、文化、社会生活、观念思潮领域的新情况新趋势。第五篇"中非关系发展态势"，主要分析本年度中非战略合作各领域的重要进展、突出成就与面临的问题。

本报告中的附录部分是一些重要的非洲年度专题数据。我们编辑加工了一些有实用价值的非洲最新数据，包括整理本报告的基本数据、提炼加工重要国际组织有关非洲的年度统计数据、中非合作关系最新数据等。这一部分的内容，将根据不同年份非洲情况的变化而有所调研，而在首次出版的本报告中，我们尽量广泛地选取了相应的资料数据，以方便不同领域的读者对非洲各方面情况的了解。

四　非洲发展研究：期待与展望

思想创造与知识优势的获得，对于今日亚非世界的复兴和发展，越来越具有关键性的意义。在经过百多年努力后，非西方世界的现代发展已程度不等地取得了重大进展，逐渐地开始拥有了自己的现代性发展经验与精神自信。但非西方世界当代发展经验与智慧的价值尚未得到内部世界认真的自我总结和外部世界的普遍认可，非西方世界的思想原创能力与话语掌持能力，尚远不能保证其发展进程的独立性与可持续推进。在有关现代性或现代文明的各种基本原则、基本理念的诠释方面，在有关现代性或普世性原则的解说方面，亚非世界总体上处于十分羸弱和被动的境地。虽然亚非世界今天也有自己的大学、科研机构、学术团体，有自己的知识群体，但以现代的标准衡量，与国家民族生存发展环境以及全球的时代变迁相比，现实生活中亚非世界的知识创造与思想建构总体上还处于落后水平，与西方发达国家占据的优势相比，亚非世界的劣势依然十分明显。

今天，学术研究与思想创新日益成为国家与民族之间展开竞争与合作的巨大舞台，而在国际学术竞争与合作的背后，其实包含着巨大的国家发展与安全利益。从冷战开始以来半个多世纪的东西方世界、西方与非西方世界关系的交织起伏的复杂进程看，思想力量的竞争与话语体系的掌握，生存与发展模式、道德正当性的获得，对国家或国际关系行为体的竞争能力，始终具有长期和战略性的影响。特别是对于后起的、在发展模式与道路选择上可能或必须选择有别于西方道路的非西方国家、发展中国家来说，对自我发展道路与模式的自我认别、体认、解说及其理论化能力，对自主发展权利与发展道路正当性的阐释能力，将在很大程度上直接影响这些国家后续的发展。

中国古人说过："名不正则言不顺，言不顺则事不成"。[1] 总体上看，今日的亚非世界，包括中国在内，还没有能与自己悠久历史与丰富现实经验相衔接的、能指导中国亚非世界各国各族人民有效从容地参与全球变革及其挑战，参与国际思想与制度建构，从而也能有效促进亚非世界与西方

---

[1] 《论语·子路》。

进行平等对话和有效沟通的系统全面的现代人文科学与社会科学理论的产生与传播。这将是一个长期抑制亚非世界现代复兴真正获得推进和持续提升的基础性障碍，也是西方得以长久保持其对国际体系主导与支配地位的重要根源所在。

近年来，中国的非洲研究有了明显的进步，但是，与中非合作关系的快速发展及现实要求相比，与西方发达国家百年积累的研究成果相比，与中非合作关系所受到的西方话语优势的压力相比，目前中国的非洲研究在学术质量、学科建设、研究方法和社会服务功能等方面，还有大力加强、调整、改善的必要。在一些重大的核心理念与精神形态方面，还需要作出深入思考与精心安排。从总体上说，中国的非洲研究不能脱离中国和平发展战略和中非双方追求民族复兴的伟大目标的指引，也难于置身于激烈的国际政治和思想文化竞争之外。在这一点上，毋庸讳言，非洲研究中的某些特定领域，是具有高度政治关切性的国际性学术研究。在此背景下，学术与政治、个人与国家、思想与现实之多重关系如何处理，是一个特别需要明晰智慧与开阔心胸来把握的复杂问题。中国在国际交往中奉行五项原则，不搞意识形态对抗，不对外输出意识形态，但是，从人类发展普遍追求和国际政治发展的现实出发，从非洲发展要求和中国非洲政策的本意出发，中国可以以合理而善意的方式，努力发挥发展中大国的作用，以创造性的积极方式去帮助非洲国家实现思想自立、政治稳定、经济增长，推进非洲的改革、开放和发展。这样做符合中国和非洲的根本利益，符合中国既定的和平外交政策的精神和原则。

因此，中国的非洲研究应从国家民族复兴大业、中非双方战略合作与亚非思想智慧重建的时代背景上来理解自身的目标宗旨，积极主动地为国家民族的复兴与中非发展合作提供精神启示与战略性的思想支持。就此来说，今日中国的非洲学术事业与人才培养，特别需要有一种主体性的思想建构，一种开阔通达的战略眼光，一种整体宏观的发展布局与清晰畅达的路径选择，并由此境界上逐渐形成非洲研究的中国学派与中国气度。进而言之，中国的非洲学，中国对非洲发展问题与中非关系的研究，既要有"形而下"的工具层面、器物层面、操作层面的个案微观研究，也要有"形而上"的价值层面、精神层面、战略层面的整体宏观研究，既要有田野村头的调研考察与微观实证研究，又要有宏观理念与精神境界方面的战略追求，所谓"执两而用中"，努力把握好"道与器"、"体与用"、"虚与实"之平衡与协同。

编纂非洲地区发展报告是一项基础性、长期性的工作。我们期待通过这一项目的实施,形成跨领域跨学科的联合团队,围绕着非洲发展问题与中非合作关系的重大问题,在长期跟踪的基础上开展战略性、前瞻性、政策性的研究,并在此基础上形成具有学科前沿性、理论探索性、实践指导性的研究成果,努力追求非洲发展问题研究的中国理论创新与话语体系建构。[①] 非洲地区发展报告的编纂得到了国内众多学术机构和专家的支配与配合。在编纂过程中,除浙江师范大学非洲研究院及相关学院的科研人员外,还有来自中国社会科学院西亚非洲研究所、世界经济与政治研究所、中国现代国际关系研究院西亚非洲研究所、商务部国际经济合作研究院、中联部非洲局、中国人民大学国际关系学院、外交学院非洲研究中心、中共中央党校国际战略研究所、上海师范大学非洲研究中心、云南大学非洲研究中心、浙江理工大学法政学院、浙江义乌工商管理学院的12家科研机构的共四十多位专家参与了编纂工作,并得到外交部相关部门领导的顾问与指导。这使我们能形成一个较好的编纂团队,协同开展工作,这反映了非洲研究日益受到中国学术机构和政府的重视与支持。

我们感到,近年来国内高校的各类学生对非洲知识的渴望和对非洲研究的兴趣都在不断增加,许多高校为本科生开设的有关非洲方面的课程都受到了普遍的欢迎。毕竟,社会需求的日益增加,终究会形成持续的动力推动一门学科的形成与发展。但尽管如此,中国的非洲研究事业要获得持续进步发展,除上述提及的理论自觉与学科建构需要有更加主动的追求外,还需要在这样一些基础性工作方面作出努力。

第一,需要采取切实有效的步骤,努力在国内各大学和社会上建立起一批实体性的、能长期稳定存在并有相应资金支持与政策保障的非洲研究专门机构,这些机构应该努力集人才培养、学术研究、政策咨询、国际交流功能为一体。目前中国非洲研究的得与失、成就与不足,与国外研究相比的优势与劣势,人们都看得很清楚,但天下之事,知易行难,重在付诸行动,重在持续努力。所谓与其"临渊羡鱼,不如退而结网"[②]。何况非

---

① 相关论述详见刘鸿武、罗建波《中非发展合作:理论、战略与政策研究》,导论部分,中国社会科学出版社2011年版,第1—35页。
② 《汉书·董仲舒传》。

洲研究是一个涉及五十多个国家之内政与外交、政治与经济、文化与社会、天文与地理等众多领域的综合性、交叉性学科，可谓包罗万象，涉及百科，如此繁复广阔之学术领域，绝非个体行为、单个学者所能尽为，必得有一些专门化的、长期存在的学术机构与研究平台，在一些基础性条件方面作出持久之努力与投入，从而逐渐积累起相应的科研教学、人才培养和国际交流的成果。

第二，今日的中国非洲研究，特别需要培养起一大批专门化的、热爱非洲研究事业、长期致力于非洲研究事业的人才队伍。这些人需要来自政治学、历史学、教育学、社会学、人类学、经济学、管理科学甚至自然科学与技术工程等不同的学科背景，具有长期扎根于非洲、或有在非洲多个国家访问、考察、调研的经历，对非洲文化、文明及生活有切身之感受，熟习非洲民风民情，既了解中国，也了解非洲，可以从不同角度，以不同的风格，开展非洲问题的专深研究、宏观研究或跨学科协同研究。

第三，需要大力加强中国高校涉及非洲研究领域的各专业研究生的培养，逐渐扩大招生规模，提升培养层次。各涉非专业的研究生能有多种途径在校期间赴非洲国家实习与考察，或与非洲大学联合培养，在当地学习非洲本土语言，感受当地社会与文化，以为将来进行更具学术深度和个人风格的专门研究建立基础。这方面，可与国家汉办赴非汉语教师、志愿者的选派结合起来，从涉非专业研究生中选派赴非汉语教师，利用赴非汉语教学机会感受非洲，收集资料，完成硕士论文的调研与写作。

第四，需要有长期投入的机制，在各研究机构逐渐建设起能培养高水平非洲研究人才的专业条件与硬件环境，包括开放式的非洲专业图书资料中心、专业化的非洲博物馆、非洲图像影视中心、非洲网络数据库，并做好系统化的开发、建设、管理与使用工作。在一些有条件的大学还可建立非洲翻译馆，以开展系统性的中非文献互译、出版和推介工作。

第五，利用中国援外资源，加强对非洲国家的学术与思想"软援助"，包括积极支持非洲国家的大学、政府机构、NGO 组织建立各种类型的中国研究中心，争取在非洲重要国家的名牌大学中建立一系列中国非洲研究中心。同时，积极推进孔子学院的本土化进程，将汉语教学纳入非洲所在国家的国民教育体制中，让孔子学院转化成当地大学的外语学院，就如同目前中国大学的外语学院一样。

第六，在非洲建立中非联合报社与合作出版机构，联合电台或电视台，扩大与非洲国家文传、媒体、出版、音像领域的产业合作。借助这些平台，推进中国国内发展经验的国际化进程，汇通和整合21世纪发展中国家的新的发展理念和发展经验，并逐渐将中国知识与中国智慧转换成一种可被外部世界理解感受的话语形态，让非洲国家的人民有更畅达有效的途径来接触了解中国。

但愿《非洲地区发展报告》的编纂工作，如添砖与加瓦，探路与架桥，成为上述期待与努力一部分。

作者简介

刘鸿武，浙江省"钱江学者"省特聘教授，浙江师范大学非洲研究院院长。兼任外交部中非联合研究交流计划指导委员会委员，中国非洲问题研究会副会长，中国非洲史研究会副会长，中国非洲人民友好协会理事、中国民间组织国际交流促进会理事，达沃斯世界经济论坛非洲议程理事，外交学院兼职教授，云南大学非洲研究中心主任。主要从事非洲问题与中非关系研究。

第一篇

年度热点

北非变局及其对地区政治进程的影响

刘 云

2010年底至2011年,北非国家发生了大规模的政治动荡,突尼斯、埃及、利比亚现政权被推翻,阿尔及利亚、摩洛哥也发生了较大的群众示威游行。这场西方学者称之为"茉莉花革命"的政治风潮,其原因在于北非国家国内经济结构失衡引起的失业、通货膨胀和贫富分化;政治上的个人独裁和政权腐败;还有世界经济危机恶化了北非国家的政治经济与社会环境。另外西方价值观的长期渗透也在此次动荡中起了不可或缺的作用。"茉莉花革命"引起了北非国家政治体制与政治发展趋势的新变化。

2011年伊始,一场声势浩大的群众示威运动席卷北非所有国家,并最终导致突尼斯、埃及、利比亚政权更迭,并对地区政治发展产生了深远影响。这场运动的起因是什么?具体过程如何?引起了怎样的后果与影响?本文拟进行全面探讨。

一 北非变局的原因分析

西亚北非变局是内外因素共同作用的结果,内部原因包括北非国家长期以来社会经济结构的失衡、国内威权政治之下的腐败问题与政治高压。外部因素最明显的就是美国长期以来在西亚北非地区推广"民主"价值观,同时世界经济危机恶化了西亚北非地区的经济形势。

1. 经济结构失衡与金融危机的打击

北非国家曾经是整个非洲最具经济竞争力的国家。2003年至2007年，突尼斯的GDP年均增长率达5.46%，埃及经济保持了平均6%左右的增长。① 尽管北非国家近十年来经济发展较好，但其经济结构的失衡始终没有得到改变，因此衍生出的失业、通货膨胀等问题比比皆是。北非国家大都属于资源型国家，经济上对欧洲严重依附，对外贸易的主要伙伴是欧洲国家，外商投资也主要来自欧洲，旅游业更是以欧洲游客为主；北非国家经济发展和出口贸易严重依赖石油天然气产业，易受国际石油价格波动的影响。突尼斯外贸依存度高达114%，近80%的产品出口欧洲，其中纺织业占全国工业出口额的36%。

国际金融危机发生之后，北非国家与欧盟的进出口贸易急剧下降。2009年阿尔及利亚对欧盟的进口下降9%，出口下降42%；埃及对欧盟进口下降6%，出口下降29%；突尼斯对欧盟进口下降24%，出口下降21%；利比亚对欧盟的进口增加4%，出口下降了44%。② 由于欧洲进出口贸易的下降，直接打击了北非各国的国内经济增长。北非各国实体经济下滑，其传统的旅游、侨汇、石油天然气等支柱产业在欧洲经济危机的作用下均呈现萎缩态势。2008年埃及GDP增长率为7.16%，2009年下降为4.67%，2010年埃及经济仍然低迷，GDP增长率为5.15%。利比亚2003年至2007年GDP年均增长率为8.38%，由于利比亚经济对石油出口的依赖，世界经济危机与国际石油价格的下跌削弱了利比亚的经济增长力。2008年和2009年，GDP增长率分别为3.38%和1.76%，经济增长速度急剧下降。扣除物价上涨因素，2009年利比亚实际经济增长率为 -0.7%，2010年略有回升，GDP增长率为4.16%。③ 突尼斯实际经济增长率2008年为4.5%，2009年为3.1%，2010年为3.7%。④

北非国家由于人口的持续增长，本来就存在着较高的失业率，经济危机的打击使本来就不乐观的就业形势雪上加霜。2008年北非国家失业人

---

① 参见经济观察网（http://www.economywatch.com/economic-statistics/country/）。

② WTO 网站：Merchandise trade of the European Union (27) by origin and destination, 2010, http://www.wto.org/english/res_e/statis_e/its2011_e/section1_e/i14.xls。

③ http://www.state.gov/r/pa/ei/bgn/5425.htm。

④ http://www.economywatch.com/economic-statistics/country/。

口达到 700 万以上,① 特别是青壮年失业率达 23.8%。② 2008 年底,埃及失业人数达 214 万,失业率为 8.7%,在年龄分布上,20 岁到 24 岁年龄段的失业率达 51.1%,25 岁到 29 岁年龄段的失业率为 22%;其中高中毕业生失业率达 55%,大学毕业生失业率为 31.7%。③ 阿尔及利亚 2010 年的青年失业率为 22%,160 万失业人口中,25 岁以下失业人员占 45.6%。阿尔及利亚 30 岁以下的年轻人 70% 没有工作。④ 突尼斯 2010 年失业率达到 17%,大学生失业率超过了 52%。政府对年轻人灵活就业并没有进行鼓励,反而进行限制。民间非正规经济的发展对地方经济和就业问题有很大帮助,而政府却严禁这类经济形式的存在。大批大学毕业生处境艰难,正是这些失业的年轻人成了骚乱的主力,他们走上街头抗议示威,呼唤变革。

北非国家没有解决好社会财富的分配问题,普通百姓并未充分享受经济发展成果。以埃及为例,富裕阶层占人口总数的 20%,但却拥有社会财富总量的 55%;埃及的穷人占人口总数的 60%,但却仅占社会财富总量的 18%。近年来埃及政府采取的经济改革措施并没有使普通百姓的生活有所改善,反而个人平均生活水平每年下降,贫富差距继续扩大。在全球金融危机造成的后遗症持续发酵之时,2010 年的欧元区主权债务危机又令北非经济形势雪上加霜,直接打击了北非国家的出口经济和支柱产业,导致物价上涨、人民生活水平普遍下降,加剧了民众的不满情绪。2009 年突尼斯的通胀率为 3.4%,2010 年前十个月通胀率超过 4.5%。北非地区的变局最初由民生问题引发的抗议活动,后来受民众的政治诉求和旧有政治势力的推动,才逐渐演变为政局动荡。

2. 威权政治的高压与腐败

2011 年之前,威权统治是北非国家的普遍特点,党和国家领导人的

---

① International Labour Organization. Global Employment Trends [M], Geneva: International Labour Office, 2009: 45.
② 陈杰:《浅析阿拉伯国家的失业率问题》,《阿拉伯世界研究》2009 年第 6 期。
③ 《埃及妇女和青年人失业率高》,2009 年 5 月 4 日(http://news.xinhuanet.com/newscenter/2009 - 05/04/content_ 11306549. htm)。
④ Chris Zambelis. China's Inroads Into North Africa: An Assessment Of Sino-Algerian Relations [J], China Brief, January 7, 2010. p. 12.

终身制长期存在，政府换届问题没有制度化，处于无序状态。这是北非国家的历史与现实发展的结果。但在政治全球化的今天，威权统治带来的政治、经济、社会问题日益明显，威权体制内在的矛盾日益激化。北非国家威权统治的特征是，虽然这些国家在独立后大多建立了共和政体，但一党独大和个人长期执政的现象非常普遍，在国家最高领导人的继承与换届问题上没有形成机制化的约束；这些国家存在选举制度，但选举过程往往被权威人物操纵和控制，选举结果并不能代表人民意愿。随着城市化的发展，越来越多的人口从农村涌入城市，教育、就业、分配等方面的问题日益突现，加上全球民主化浪潮的冲击，威权统治在内外问题夹攻之下捉襟见肘，显得不合时宜。

北非地区在独立之前，是英国、法国、意大利的殖民地。第一次世界大战及其后，北非各殖民地人民掀起了民族解放斗争的高潮，许多叱咤风云的民族英雄在民族解放斗争中涌现出来。正是在这些人的领导之下，北非的民族解放斗争终于在第二次世界大战之后取得了最终胜利，20世纪五六十年代北非民族独立国家体系得以建立。独立之后，民族解放运动领导人高举民族主义的大旗，反对新殖民主义，捍卫了民族独立和国家主权，又领导了推翻君主制的斗争。由于他们在民族主义斗争和推翻君主制的斗争中的突出地位和作用，加上北非君主制传统政治文化的影响，这些领导人长期得到本国人民的广泛拥护，终身执政和一党独大的现象随之产生且成为常态。埃及的纳赛尔、突尼斯的布尔吉巴、阿尔及利亚的布迈丁都是终身执政。虽然大多数北非国家都实行多党制，但一党独大和一党长期执政的现象非常普遍，多党制形同虚设。埃及的民族民主党（阿拉伯社会主义联盟）、阿尔及利亚的民族解放阵线、突尼斯的宪政民主联盟都是长期执政。虽然北非国家独立后的第二代领导人没有第一代领导人那样的个人魅力，但他们同样热衷于终身执政。利比亚的卡扎菲1969年通过军事政变上台至今，执掌国家权力达40年之久，穆巴拉克1981年继任总统至今30年，突尼斯总统本·阿里1987年通过政变上台，至今执政23年。卡扎菲、穆巴拉克等人都想把国家领导人的职位交给自己的儿子，实行家族统治。在共和制的旗帜下打造世袭王朝之举，必然引起民众、有识之士、在野党、公民社会组织的不满。

政治制度的僵化及其相伴而生的腐败问题、社会不公、贫富分化日益严重，从根本上瓦解了政权的合法性基础。[1] 个人长期执政使"总统家族"垄断了北非国家的政治权力和经济利益，下层民众很难得到经济发展带来的实惠。本·阿里靠着贪腐和裙带维持统治，总统家族掌控着酒店、媒体、房地产、金融、旅游等行业，并将赚得的利润转移到了海外。在当政的30年里，穆巴拉克及其家人，以及围绕他们形成的利益集团都依靠他们的政治力量，通过埃及的大公司赚得盆满钵满。据2011年2月4日英国《卫报》报导，穆巴拉克家族将搜刮的财富以各种形式存在国内和瑞士、英国银行的账户中，另外还在伦敦、纽约、洛杉矶、巴黎、法兰克福、马德里、迪拜以及埃及的红海度假地沙姆沙伊赫都拥有豪华住宅和酒店等不动产。除总统家族之外，穆巴拉克政府的各级官员也是大肆贪污、明目张胆地攫取国家财产。埃及军政各部门腐败成风，官商一体贪污盛行。穆巴拉克政府的总理纳齐夫、旅游部长祖海尔·贾拉纳、住房部长艾哈迈德·马格拉比、贸易与工业部长穆罕默德·拉希德、内政部长哈比卜·阿德利等政府高官，在穆巴拉克下台后都因贪污与腐败问题受到埃及检查机关的起诉。卡扎菲在利比亚的统治已经演变为一种家族统治。尽管利比亚拥有丰富的资源优势，但普通百姓却没有因此而过上富裕的生活，大量的财富汇集到了卡扎菲家族手中。卡扎菲共有7子1女，他们涉足石油、燃气、酒店、媒体、通信、社会基础设施等产业，长期把持着利比亚的社会经济命脉。卡扎菲大儿子穆罕默德是利比亚电信业的"掌门人"，任职利比亚邮电总公司主席。卡扎菲的三儿子萨阿迪担任利比亚足球协会主席，还是阿拉伯利比亚国外投资公司的幕后老板，他把所赚的钱都用来购买欧洲一些足球俱乐部的股份。

根据透明国际的研究，北非国家普遍存在着严重的腐败问题，政府廉洁指数都非常低，其中2010年摩洛哥廉洁指数为3.4，埃及为3.1，阿尔及利亚为2.9，利比亚为2.2，突尼斯为4.3。[2] 都位于全球腐败最严重的国家之列。腐败现象严重损害了政权的合法性基础，破坏了政府在民众心中的形象，引起了民众的不满，造成了政治动荡与不稳定，加速了政权的

---

[1] George Friedman. Revolution and the Muslim World [EB/OL]. February 22, 2011, http://www.stratfor.com/weekly/20110221-revolution-and-muslim-world.

[2] 透明国际廉洁指数以10分计，请参见 Corruption Perceptions Index 2010, http://www.transparency.org/publications/publications/other/corruption_perceptions_index_2011.

灭亡。

北非的独裁和腐败政权不能有效地解决社会经济发展中出现的各种问题，民众与政府的对立日益严重，政府只好靠高压政策和镇压措施来维持统治。穆巴拉克当政时期，长期以来不实行有效政策缓解社会矛盾，只靠军警"以压维稳"。埃及每次大选前都要进行一次"严打"，大批的反对派成员被关进监狱，在2006年大选时，穆巴拉克将数千兄弟会领导人关进监狱；2010年大选中，穆巴拉克政府再次打压兄弟会，先后有1200名参选人被逮捕。穆巴拉克还以打击恐怖主义为由，长期实行紧急状态法，民众的基本权利遭到极大的破坏。卡扎菲更是对反对派残酷镇压。卡扎菲上台后禁止成立任何政党与社会组织。1973年4月，数百名反对卡扎菲政策的共产主义者、阿拉伯复兴社会党人和穆斯林兄弟会成员被捕入狱。为了加强对反对派的镇压，1975年8月17日，利比亚颁布法律规定，凡是企图以暴力或其他被禁止的手段改变现存秩序者、在国内传播旨在改变宪法的基本原则或社会组织的基本结构的思想观念者，均判处死刑。卡扎菲时期，利比亚人不经审判而被长期监禁的现象普遍存在，许多对卡扎菲不满的人总是莫名其妙地失踪，之后尸体往往在利比亚沙漠中被人发现。

3. 美国意识形态的输出与"民主"价值观的传播

北非国家局势动荡的出现，虽然美国不是直接策划者与直接幕后推手，但美国十多年来在该地区竭力推行的"民主改造伊斯兰世界"的措施与行动，尤其是美国"民主"价值观的传播，是导致部分国家局势剧变的诱因与关键。

9·11事件后，新保守主义把推进民主看成是解决恐怖主义问题的根本途径，认为民主国家不容易滋生恐怖主义和宗教极端主义，只有在中东国家推行"民主"、"自由"，才能彻底解除恐怖主义对美国的威胁，维护美国在中东的利益。[①] 新保守主义把反恐与防核扩散同推进中东地区的"民主改造"结合起来，作为美国安全战略的当务之急。小布什的外交哲学深受新保守主义熏陶。在他看来，所有社会都要经历同样的、普遍性的发展阶段，而美国正好处在这个进化过程的终点位置上。因此，其他国家

[①] 王林聪：《民主化还是美国化——解析美国对中东地区的政治整合与"民主改造"》，《世界政治与经济》2004年第9期。

所能做的就是效仿美国模式，而美国也负有某种"天定命运"去救助和推动落后国家向这一方向前进，在必要时甚至可以采取干涉和高压的方式输出民主理想。"9·11事件"发生后，小布什更加确信，美国必须采取"一种新政策，一个推动中东自由的战略"①。这种"新政策"最明显的体现，就是美国在2004年2月推出的全面改造中东的"大中东计划"。

  实现中东地区"民主化"，美国要促进这一地区的"民主"改革，推动和帮助"自由选举"，扶持新的独立媒体，培养"有文化的新一代"。美国及西方盟国增加了对该地区民主、人权、媒体和妇女等组织的资助及培训。美国通过各种基金组织向中东青年进行渗透，用美国的价值观和民主原则重新塑造中东青年的政治观、社会观和价值观，将"网络与青年的结合"转变为一支促进中东国家变化的"巧力量"，适时促使它们发动大规模网络舆论战，并迅速转为现实的反政府游行示威活动。考虑到美国在中东地区的负面形象，华盛顿方面借助于美国国内的一些非政府组织，精心策划对中东、北非当地一些所谓"人权"、"民主"和"非暴力"的人士与组织进行培养，通过举办各种研讨与文化活动，对他们进行较为系统的培训，加上资金与技术等各种手段的支持，引导他们如何"创造性地"运用新兴媒体和数字科技工具作为动员民众的主要方式，煽动和激发当地青年与部分对社会不满人员的极端情绪，进而造成社会动荡，国家政权的更迭，以实现美国改造并全面控制伊斯兰世界的全球性主导战略。

  2009年美国国务卿希拉里·克林顿在其演讲中也明确表示，要利用互联网技术推进美国的外交目标。②"脸谱"、"推特"、Youtube等全球性网站在一定程度上已成为美国政府的延伸。它们通过技术优势传输美国政府的意识形态，煽动他国民众非法聚集，最终导致多国爆发动乱，甚至带来大规模杀戮。在此次西亚北非事件中，"脸谱"、"推特"等新兴媒体网站扮演了极为关键的重要角色。这些美国商业公司与美政府有着千丝万缕的联系，已经成为美国政府推行美国"民主"外交的工具。西亚北非地区动荡发生后，西方媒体积极响应。骚乱中，突尼斯、埃及等国采取封网

---

  ① Amy Hawthorne, "Is Civil Society the Answer," Edited by Thomas Carothers, Marina Ottaway, *Uncharted Journey*, Carnegie Endowment for International Peace, 2005, p. 81.
  ② 宋文富：《警惕中东、北非动荡局势的幕后推手》（http://world.gmw.cn/2011-03/23/content_1744576.htm）。

断网措施后,美国务院认为这是一种"干涉",将"损害公民社会认识新技术价值的能力"。美国国务卿希拉里·克林顿第二次"互联网自由"的讲话,充分肯定互联网是加速政治、社会和经济变革的巨大力量。此外,"记者无国界组织"、"全球之声"、"保护新闻记者委员会"和"电子自由基金会"等组织成为强大的"后援团",纷纷指责突尼斯、埃及等国压制新闻自由,并呼吁为其国内激进分子提供技术支持,以躲避政府的网络监控。①

美国长期在中东地区宣传和推广西方民主价值观和人权理念,同时对西亚北非国家非政府组织和公民社会组织施加影响,促进了西亚北非地区公民意识和民主权利意识的觉醒,尤其是在青年群体中引起了共鸣。在西亚北非政局动荡中,民众的诉求很快由改变民生转化为改变政权、实行民主,可以说是西亚北非地区群众民主意识与公民意识觉醒的结果。

二 北非国家政治剧变过程

北非变局是贯穿2011年全年的世界焦点事件。事件肇始于突尼斯,之后,埃及、阿尔及利亚、摩洛哥、利比亚等多国都被波及。其中犹以埃及、利比亚的局势最受外界关注。

1. 突尼斯"茉莉花革命"与本·阿里流亡

2010年12月17日,突尼斯南部地区西迪布吉德一名26岁的街头小贩遭到警察的粗暴对待,该青年自焚抗议。这名青年的过世,激起了突尼斯人长期以来潜藏的对失业率高涨、物价上涨以及政府腐败的怒火。民众走上街头与国民卫队发生冲突,逐步形成全国范围内的大规模社会骚乱,局势严重恶化。2011年1月12日,政府在首都及周边地区实行宵禁。次日,本·阿里总统承诺不参加2014年连任选举,14日,又宣布解散议会。但这些措施并未能缓解国内的紧张局势。最终,在小贩自焚后的第29天,总统本·阿里于2011年1月14日深夜飞往沙特阿拉伯,统治突尼斯达23年之久的阿里政权宣告终结。

本·阿里垮台之后,突尼斯宪法委员会宣布,由众议长福阿德·迈巴

---

① 唐岚:《社交网络:"中东波"的有力"助推器"》,《世界知识》2011年第9期。

扎担任代总统，由加努希总理组成过渡政府，并宣布六个月内举行大选，选出新总统。迫于民众压力，突尼斯过渡政府宣布开放党禁、解散宪政民主联盟、冻结宪政民主联盟的资产、对前总统阿里及其家族腐败案展开调查。2月27日，由于示威群众要求解散过渡政府，加努希被迫辞职。前众议长贝吉·埃塞卜西出任总理。经过各方努力和各种势力的博弈，突尼斯终于在2011年10月23日举行制宪议会选举，民众踊跃投票。突尼斯骚乱一开始并没有引发国际社会的足够关注，但正是这一事件揭开了阿拉伯世界大变局的序幕。

2. 埃及示威游行与穆巴拉克下台

突尼斯抗议示威活动很快蔓延到埃及。2011年1月25日开始，埃及多个城市发生民众大规模集会，要求总统穆巴拉克下台。示威活动在开罗和亚历山大最为激烈，而开罗的示威游行活动主要在位于内政部大楼和执政党民族民主党总部附近的解放广场进行，参加抗议者达45000人。在亚历山大有20000人参加抗议，伊斯梅利亚有2000人参加抗议。另外，阿斯旺、大迈哈莱等城市都对首都的抗议活动进行了响应。这一天的游行被称为"警察日"游行。抗议刚开始时，政府采取强力措施进行驱散。但示威者并没有因此屈服，并逐渐发展成为骚乱。穆巴拉克虽然命令军队将坦克和装甲车开进市区进行镇压，但军队并没有出现大规模向市民开枪的举动。1月30日，司法系统的数百名法官和埃及武装部队司令穆罕默德·坦塔维出现在广场上，表示了对革命群众的支持。1月31日，军方正式发表声明："武装部队将不会诉诸武力以对付我们伟大的人民。你们的军队知道你们要求的合法性，并愿意承接责任保护国家和公民，并保障每个公民以和平方式表达的言论自由。"① 由于抗议浪潮日益高涨，政府的态度也开始由镇压转变成妥协，穆巴拉克先后要求总理辞职，并任命情报局局长奥马尔·苏莱曼为副总统，民航部部长艾哈迈德·萨菲克为新总理，并表示自己不再寻求连任，自己的儿子也不会参加总统大选，并推进一些改革措施。

关键时刻，作为穆巴拉克盟友的美国态度开始发生转变。美国总统奥

---

① Egypt army: Will not use force against citizens, http://www.arabianbusiness.com/egypt-army-will-not-use-force-against-citizens-377654.html.

巴马2011年2月1日也发表讲话，敦促埃及必须从现在开始实现有意义的和平的过渡。此言一出，外界认为奥巴马已经放弃了穆巴拉克。2月10日，穆巴拉克表示将继续执政到9月总统大选。结果激起了示威者更大的愤怒，民众要求穆巴拉克立即下台。2月11日，穆巴拉克辞职，将权力移交给军方。穆巴拉克下台之后，以坦塔维为首的军方组成最高军事委员会，接管政权，并解散了议会。但埃及局势并没有平静下来，11月19日，埃及民众再次走上街头要求军方交权。11月28日，埃及终于举行议会选举。

3. 利比亚内战与卡扎菲之死

利比亚的情况一开始是示威活动，但后来发展成为内战。2011年2月15日开始，利比亚民众举行和平示威活动。最初的示威抗议从利比亚第二大城市班加西开始，并逐渐向全国蔓延，民众要求卡扎菲下台并进行民主变革，但遭到政府军的武力镇压。2月18日，卡扎菲发表电视讲话，声明自己不会下台，也不会离开自己的国家，表态要将示威民众消灭。之后，政府出动军警镇压示威者，导致和平示威演变成武装起义，反对派武装力量同利比亚政府军展开激烈军事冲突。其中，有不少政府军士兵倒戈支持反对派，一些军事将领跑到海外发表声明，宣称将加入反对派进行反卡扎菲武装斗争。2月26日，联合国安理会通过1970号决议，决定对利比亚实行武器禁运，禁止卡扎菲及其家人出国旅行，并冻结卡扎菲及其家人的海外资产。同时，利比亚驻外大使纷纷表示断绝与政府的关系。而反对卡扎菲的政治人物也在班加西组织全国过渡委员会，以推翻卡扎菲和举行选举为宗旨。政府军出动飞机、坦克等重型武器进攻反政府军。由于反对派武装力量弱小，根本不是政府军的对手。3月中旬，政府军节节推进，很快逼近反对派大本营班加西，反对派力量危在旦夕。就在这个关键时刻，法国等西方国家推动联合国安理会在3月17日通过1973号决议，授权成员国在利比亚设置禁飞区，以保护利比亚平民和平民居住区免遭武装袭击。决议还规定，会员国可以采取派遣地面部队之外的一切必要措施保护利比亚平民。3月19日，美国、法国、英国、意大利、加拿大等国组成的联军开始对利比亚发动代号为"奥德赛黎明"的军事行动。法国战机率先发动对卡扎菲武装的攻击行动，随后美国发射巡航导弹摧毁卡扎菲政府军事目标。西方的介入使利比亚战事发生逆转。3月31日，北约接管对利比亚军事行动的指挥权,北约战机对利比亚政府军展开持续轰炸。由于北约没有派遣地面部队进入利比亚,而对反对派武装的培训需要时间,政府军和反对派之间经过一段时间的僵持阶段。到了8月份,形势发生显著变化,8月22日反对派攻下首都的黎波里。卡扎菲逃往自己的老家苏尔特。10月20日再次出逃时被杀。10月23日,全国过渡委员会宣告全国解放,战斗结束。

4. 阿尔及利亚与摩洛哥的动荡

除埃及和利比亚之外,突尼斯的政治抗议风暴还蔓延到阿尔及利亚和摩洛哥。2010年12月,阿尔及利亚发生了民众自焚事件。2011年1月,阿尔及尔与其他主要城市发生了大规模群众游行。2月12日,主要由自称"全国争取变革和民主"的团体和反对党"争取文化与民主联盟"组织在首都阿尔及尔举行集会游行,警方部署大量警力维持现场秩序。集会达数百人。警方逮捕了数十名示威者。反对党和社会团体要求政府推行改革,废除实施了近二十年的紧急状态法。2月22日,政府经内阁会议讨论后宣布取消紧急状态法。由于政府的让步,政府与反对党之间的矛盾缓和下来,阿尔及利亚的局势趋于稳定。

在摩洛哥,2011年1月30日出现自焚事件,2月20日,三万多人在各地举行和平示威,要求修改现行宪法、罢免首相、解散议会以及减少国王权力。3月9日,摩洛哥国王穆罕默德六世宣布成立修宪委员会,推进宪政改革,承诺总理将由选举产生而非王室委任,建立独立自主的司法制度,扩大公民自由,重视人权。但是,民众的示威活动并没有停止。自4月22日起,摩洛哥再次出现大规模示威游行,人民的主要诉求是希望国王交出权力,实行政治革新及释放全部政治犯,杜绝贪污腐败,废止酷刑,并要求解决失业问题。抗议活动横跨摩洛哥境内78个城市和乡镇。4月24日,游行示威达到高潮,摩洛哥局势出现动荡。在摩洛哥最大的城市卡萨布兰卡,约有1万名民众走上街头;在首都拉巴特,也有数千名示威者参与游行。这次示威游行一直持续到5月下旬。庆幸的是,在整个游行示威过程中,摩洛哥并没有出现军警大规模镇压民众的事件。6月初,修宪委员会将新宪法草案提交给国王,并获得内阁会议通过。

三 变局之后的北非政治发展趋势

此次北非国家群众抗议运动的一个重要特征就是政治民主化的诉求非常明显,群众运动的矛头实际上直接指向了独裁政体和独裁者。①

1. 民主化已成为北非政治不可改变的趋势

这次事件是群众性的自发的民主运动,对北非国家的政治现代化进程具有重要意义。政治变局之后,北非各国反对党的势力会进一步发展,一些新的政党也会出现。北非政治可能会呈现多党轮流执政或联合执政的景象。民主制度的建设不可能一蹴而就,北非国家在民主化进程中可能还要经历政治动荡。②

不但突尼斯和埃及制订了新宪法,甚至阿尔及利亚和摩洛哥也修改宪法。修改宪法的目的,旨在限制国家元首和政府首脑的任期,从而避免个人独裁再次发生。国际社会的干预最终会使利比亚的专制政权寿终正寝,利比亚人民将拥有建设民主政治的机会。2011年2月26日埃及宪法修改委员会公布宪法修改草案,主要内容包括限制总统任期和放宽总统候选人条件。根据修改内容,今后埃及总统每届任期缩短至四年且只能连任一届,总统和议会选举今后应接受司法监督;新当选总统应在就职后60天内任命副总统;限制使用紧急状态法。③ 包括反对派在内的埃及社会普遍认可这份草案。2011年3月19日,埃及就宪法修正案举行全民公决,宪法修正草案获得77.2%的投票者支持而获得通过。④

2011年6月17日,摩洛哥国王穆罕默德六世发表全国电视讲话,宣

---

① Michele Penner Angrist. Morning in Tunisia: The Frustrations of the Arab World Boil Over [EB/OL]. January 16, 2011, http: //www.foreignaffairs.com/articles/67321/michele-penner-angrist/morning-in-tunisia? Page = show.

② George Friedman, Egypt: The Distance Between Enthusiasm and Reality [EB/OL], February 14, 2011, http: //www.stratfor.com/weekly/20110213-egypt-distance-between-enthusiasm-and-reality.

③ Constitutional Declaration 2011, http: //www.egypt.gov.eg/english/laws/constitution/default.aspx.

④ Egyptian constitutional referendum, 2011, http: //en.wikipedia.org/wiki/Egyptian_constitutional_referendum,_2011.

布了由修宪委员会提交的新宪法草案修改条款。与原宪法相比，国王将放弃一些重要权力，而首相和议会的权力将扩大。根据新宪法草案，首相将由在议会选举中领先的政党产生，首相作为"政府首脑"拥有解散议会，提名和罢免大臣、政府行政和公共部门负责人等多项重要权力。而原宪法中这些权力均为国王所有，且首相也由国王任命。新宪法还将议会的权限扩大，加强两院中众议院的主导地位。在新宪法草案中，摩洛哥国王仍为国家元首、武装部队最高统帅和宗教领袖。同时国王还保留任命"关键部门"政府官员的权力，并担任新设立的"国家最高安全委员会"主席一职。6月26日，约百万民众举行游行支持新宪法草案。7月1日，摩洛哥在全国范围内就新宪法草案举行全民公投。约1300万摩洛哥登记选民开始在全国近4万个投票站投票，整个投票过程井然有序。新宪法草案以98.49%的赞成票获得通过。[①]

2011年4月15日，阿尔及利亚总统布特弗利卡在国家电视台播出的讲话中宣布，一个包括宪法专家的委员会将对国家宪法进行修改。布特弗利卡说："该委员会将遵从社会基本价值提出建议，然后再递交给国会审议或者让民众投票表决。"布特弗利卡还说为了加强民主，宪法必须作出"必要的改变"。[②] 布特弗利卡表示，他决定在下届立法选举之后向议会提交宪法修正案草案，因为他希望下届立法选举能"完全透明"，使选举产生的新议会能够代表国内现有各主要政党力量。布特弗利卡说，宪法修正案草案将视情况由议会通过或经全民公投通过。

阿拉伯之春后，北非国家旧的政治势力退出政治舞台，各种新的政治力量开始登上北非国家的政治舞台，尤其是发生了革命的突尼斯、埃及、利比亚更是如此。同时，一党独大的现象将消失，多党轮渡执政的局面将会出现。

2. 伊斯兰主义的崛起将成为北非政治的明显特征

在多党制的条件下，伊斯兰主义政治势力在北非兴起，将在以后的北

[①] Marina Ottaway, The New Moroccan Constitution: Real Change or More of the Same? http://carnegieendowment.org/2011/06/20/new-moroccan-constitution-real-change-or-more-of-same/5l.

[②] Algerian president announces the constitution will be revised, http://articles.cnn.com/2011 - 04 - 15/world/algeria.constitution _ 1 _ islamist-party-insurgency-algerian-president-abdelaziz-bouteflika? _ s＝PM：WORLD.

非政治生活中发挥重要作用。2011年10月23日突尼斯制宪议会选举举行，这是突尼斯近代史上第一次真正意义上的民主选举，也是首次由独立选举机构组织和领导的全国大选。根据最终选举结果，伊斯兰复兴运动在217个议会席位中获89席，保卫共和大会获29席，人民请愿党获26席，争取工作与自由民主论坛获20席，民主进步党获16席。

利比亚议会选举将在2012年6月举行。虽然伊斯兰主义政治势力并没有在革命战争中发挥主导作用，但战争结束后，利比亚的伊斯兰主义势力的政治作用日益明显。2011年11月28日，数十名利比亚著名伊玛目和伊斯兰人士要求利比亚以伊斯兰"沙里亚"法为基准，制定利比亚国家新宪法。利比亚全国过渡委员会主席穆斯塔法·贾利勒指出，中正的伊斯兰"沙里亚"法将是新生的利比亚立法的主要法源。

阿拉伯之春以来，伊斯兰政党崛起成为北非政坛一个引人注目的现象。在突尼斯和摩洛哥，温和的伊斯兰政党已分别在选举中获胜，而在埃及举行的人民议会和协商议会选举中，自由和正义党及光明党得票大幅领先。其原因主要是民众对以前世俗派当政者的表现失望，转而寄希望于伊斯兰势力。这些伊斯兰政党需要接受时间和选民的考验。埃及穆斯林兄弟会承诺他们会努力将埃及建设成一个现代民主国家，尊重个人自由、实行自由市场经济、遵守既定的国际条约包括与以色列签订的条约。穆斯林兄弟会表示他们要促进埃及的民主，他们新组建的自由与正义党并不是宗教性的。穆斯林兄弟会前议会党团的主席莫哈迈德·卡塔尼说："我们反对宗教政府。"突尼斯伊斯兰复兴运动强调自己的伊斯兰和阿拉伯属性，这与本·阿里政权否认突尼斯的阿拉伯属性、有意与伊斯兰宗教拉开距离截然不同。对该党而言，如何应对国内各种政治势力，同时兑现其包括降低失业率、改善民生和惩治腐败等竞选承诺，将给其执政能力和治国策略带来严峻考验。

3. 北非国家的对外政策将更具独立性与民族性

在北非国家变局之前的对外关系中，与美国及欧洲国家的关系居于主导地位，与中国关系的重要性显然不及美国和欧洲国家。长期以来，埃及因在阿拉伯与非洲的地位，与美国形成了相互借重的密切关系，埃及需要美国的经济和军事援助，美国则通过埃及来推动其中东战略，埃及每年从美国得到20多亿美元的援助。美国出于维护自己的能源利益、反恐及推动阿以和谈的需要，埃及则出于获得美国的政治、经济、军事援助的需要，双方发展了非常密切的合作关系。阿尔及利亚、摩洛哥、突尼斯曾是法国的殖民地，独立以后仍然与法国保持着密切的经济与政治关系，特别是近二十年来，这些国家与法国在政治、经济、军事、安全、国际事务等方面的合作获得了全方位的发展。利比亚在摆脱了联合国与美国的制裁之后，出于发展自身经济的需要，大踏步地向西方靠近，尤其是与其前宗主国意大利的关系尤为密切，2008年利比亚37%的石油出口到意大利，14%出口到德国。本世纪以来，利比亚石油天然气领域的对外开放，卡扎菲政府进行了四轮石油区块的招标，改善同以美国为首的西方国家关系的政治考量显然成为影响投标结果最重要的因素。① 北非国家经济上对欧洲严重依附，对外贸易的主要伙伴是欧洲国家，外商投资也主要来自欧洲，旅游业更是以欧洲游客为主。通过各种协定、援助、贷款等，北非国家已经与欧洲、美国建立了非常密切的关系。例如，2010年，突尼斯与欧盟的贸易额占其外贸总额的60%以上。②

北非国家变局的发生，虽然对北非国家的对外关系产生了冲击，但并没有改变非洲与阿拉伯世界的国际关系格局，变局之后的北非国家对外关系的变化与调整显然只是在原有的国际关系格局基础上进行，美国与欧洲国家仍然是变局之后北非地区的主要外来角色和玩家，北非国家对欧美的经济依附和政治合作依然会长期存在。摩洛哥正义与发展党在竞选纲领中明确表示，要发展与美国、欧盟持久和更为平衡的双边关系，同时注重发展与其他非洲国家和阿拉伯国家的关系。埃及穆斯林兄弟会承诺遵守既定的国际条约包括与以色列签订的条约。兄弟会的领导人经常公开表示埃及与美国建立平等的合作关系的愿望。有人将美国与兄弟会的这种关系称作美国与阿拉伯之春后中东地区新上台的伊斯兰政党重塑关系的第一步。突尼斯伊斯兰运动领导人表示要保持突尼斯外交关系的连续性，承认本·阿里时期签订的各项国际条约，宣布要保护和扩大外国直接投资和对外贸易，其中包括西方国家的投资与贸易。③

---

① 刘云：《利比亚经济改革：背景、进程与效果》，《西亚非洲》2011年第1期。
② Alexis Arieff, Political Transition in Tunisia, Congressional Research Service, December 16, 2011, p. 18.
③ Alexis Arieff, Political Transition in Tunisia, Congressional Research Service, December 16, 2011, p. 21.

但阿拉伯之春给北非国家的对外关系带来了巨大的冲击也是不争的事实。埃及总统穆巴拉克、突尼斯总统本·阿里都是美国与西方在本地区的忠实盟友。卡扎菲虽然长期与美国作对，但近几年来却积极向西方靠近，与美国等西方国家的关系正在正常化。北非地区这些与美国为盟的独裁者现在全部倒台，极大地冲击了美国与西方在本地区的利益，无疑会对北非国家与美国为首的西方国家的关系模式产生重大影响。总体而言，阿拉伯国家的变革和伊斯兰势力的崛起，将会使美国、欧洲、以色列面临更大的压力。由于意识形态的差异，北非伊斯兰政权与美国的关系发展不可能一帆风顺。突尼斯新的执政集团已经多次表示，坚决反对外国势力干涉，特别是军事干涉阿拉伯世界的内部事务。新任突尼斯总统马祖吉指出，突尼斯将重新审视国家的外交政策，将对外交进行"决定性"的改革。埃及穆斯林兄弟会的领导人质疑美国是否会致力于促进阿拉伯世界的民主。穆斯林兄弟会领导人厄尔扬认为，美国应该重申其对国际法的承诺，不要干涉其他国家的内部问题，尊重别国国家主权，美国政府需要表明对其他文化和其他国家利益的尊敬。[①] 兄弟会的另一位领导人莫哈迈德·卡塔尼表示："我们欢迎与美国建立关系。但是这种关系不包括也不应建立在对埃及内政的干涉之上。"[②] 毫无疑问，穆斯林兄弟会对美国的霸权主义存在着强烈质疑。"阿拉伯之春"后，北非国家长期压抑的民族主义情绪得以释放，将更加看重发展与伊斯兰国家的关系。埃及军政府在第一时间批准了伊朗军舰通过苏伊士运河的申请，紧接着又恢复了与伊朗的大使级外交关系，并放开了对加沙地带拉法口岸的封锁。

穆巴拉克下台后，埃及与以色列关系波折不断。在议会选举中领先的自由和正义党与光明党均主张修改埃以和平条约。伊斯兰政党在多个阿拉伯国家上台可能会助长阿以冲突。目前，阿拉伯民众推动政府进行民主改革，未来他们可以同样向政府施压采取措施反对以色列，并且将会更加公开、坚定地支持巴勒斯坦建立独立的国家。阿拉伯国家的变革和伊斯兰势力的崛起，让以色列面临压力，越发孤立。北非局势的新发展给阿以冲突

[①] Issam al-Iryan, In Search of Legitimacy and an Agenda [N]. Al-Sharq Al-Awsat, Dec. 16, 2005.

[②] Mary Beth Sheridan, U.S. to expand contacts with Muslim Brotherhood [N]. the Washington post, July 1, 2011.

带来越来越多的不确定性，阿拉伯国家伊斯兰政党上台让以色列越来越感到不安。西方必须意识到，伊斯兰主义将在北非国家长期存在。可以预见，变局之后的北非国家同西方的关系必定会发生某种程度的"疏远"，美国在北非地区再也不会有本·阿里和穆巴拉克那样亲美的盟友了。这些国家将会奉行对外开放的政策并奉行多方位外交。北非国家不但会更加看重与伊斯兰国家的关系，而且会与中国、俄罗斯、印度等新兴国家展开密切合作，吸引这些国家的资金和技术来发展国内经济，与这些国家维持稳定的关系。

作者简介

刘云，男，历史学博士，浙江师范大学非洲研究院教授，主要研究方向为北非国家政治与国际关系。

非洲粮食安全发展报告2011

胡 美

2011年,饥饿和粮荒等粮食不安全问题考验着非洲大陆。由于干旱,东非地区面临着60年来最为严重的饥荒,此后萨赫拉地区的粮食危机接踵而至,此起彼伏的非洲粮食危机是粮食的供应量下降、世界粮价的上涨和非洲长期动荡不安的国际局势等一系列因素共同作用的结果。为缓解非洲的粮食危机,非洲、国际社会和中国政府采取了积极的措施:提供粮食救济、帮助非洲发展农业、提升非洲粮食的生产能力、提高粮食产量、培育非洲农业的自主发展能力等,为非洲的粮食安全带来了新的生机和希望。

一 非洲粮食安全问题的现状

作为世界上土地资源最丰富的大陆,非洲拥有6.3亿公顷的可耕地,农业是其经济主体,其45%的GDP和60%的出口来自农业,76%的非洲人以农业为生。[①] 然而,就是这样一块农业资源和农业人口丰富的大陆,至今仍有50%的人口日均生活费用在1.25美元以下,贫困人口的绝对数

[①] FAOSTAT database. Production: Crops, *Food and Agriculture Organization of the United Nations*, 2009, http://faostat.fao.org/site/569/default.aspx., April 20, 2009.

从 1981 年的 2 亿人翻番至 2005 年的将近 3.8 亿人。① 撒哈拉以南非洲的饥饿人口占世界总饥饿人口的 1/3。(如图 1)

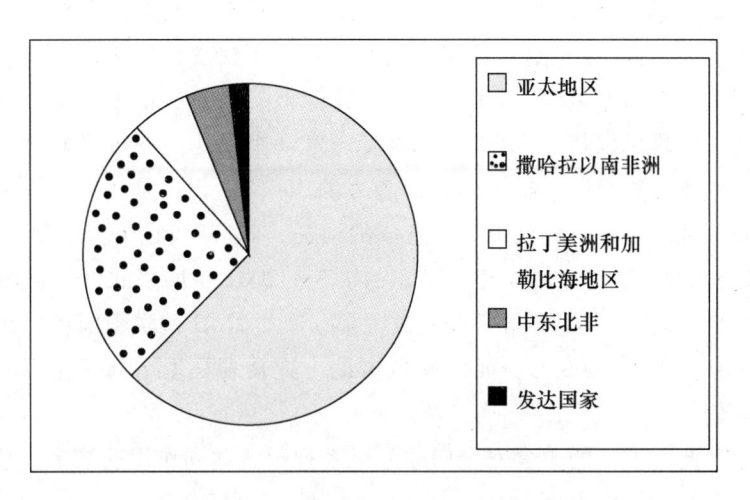

图 1　粮食短缺人口的世界分布图

资料来源：FAO. *The State of Food Insecurity in the World*, Rome: Food and Agriculture Organization, http://www.fao.org/docrep/013/i1683e/i1683e.pdf。

非洲的粮食供应紧张状况，在近年有愈演愈烈的趋势。以南部非洲地区为例，1998 年，生活在贫困中的人口比例为 31.5%，到 2008 年，这一比例达 43.5%。1990—2009 年，刚果民主共和国、斯威士兰和津巴布韦的饥饿人口在迅速上升。目前，南部非洲地区平均饥饿率在 20% 以上，15 个南部非洲国家中，有 9 个国家的饥饿率在警戒线之上。② 2011 年，东非遭受了 60 年来最为严重的旱灾，继而引发了大范围的粮食短缺而造成的饥荒。2011 年 7 月 20 日，联合国宣布索马里南北一些地区处于饥荒状态，数以万计的人饿死，并呼吁各界采取措施防止饥荒的进一步恶

---

① World Bank, *The World Bank Group Support to Crisis-Hit Countries at Record High*, World Bank.
② U.S. Government Working Document, *Southern African FY 2010 Implementation Plan*, p. 5, July 1, 2009.

化。① 联合国粮农组织（FAO）于 2011 年对南部索马里 11 个地区的一项调查表明，这一地区的严重营养不良率超过了 20%，其中，九个地区高达 38%，在最严重的三个地区，竟然超过了 50%。美国疾病控制中心随后证实了这一数字。② 这一数字已经远远超出了粮食计划署的饥荒指标的阈阀。在整个东非之角，1200 万人急需食物、水和居留之所，为此，索马里地区的难民以每天 1200 人的速度向索马里的达达布难民营迁移，该难民营的难民数量已经超出其容纳能力的 300%。无论是死亡的人数，还是营养不良的水平，此次饥荒所造成的损失，其广度和严重程度都超过了此前较大的饥荒。如 2005 年尼日尔的饥荒、2001 年埃塞的饥荒、1998 年苏丹的饥荒以及 1992 年索马里的饥荒等。7 月 21 日，联合国粮农组织呼吁国际社会组织 7000 万美元的紧急援助，挽救索马里南部正在不断扩大的饥荒危机。

非洲此起彼伏的粮食安全问题是一系列因素共同作用的结果，总体来说可以归结为三个方面：

其一，粮食供应的下降。粮食供应的下降与粮食生产密切相关，粮食生产则受到全球气候变暖、生物质能源开发、农业技术应用和人口等因素的影响和制约。干旱是非洲地区经常出现的气候现象，半干旱地区也不少见，东非之角和撒哈拉以南大部分地区，都在长期经受降水不均的影响。索马里 2010 年第二雨季的气候反常，2011 年第一雨季雨量的不足，直接导致了索马里南部地区庄稼的减产、劳动力的需求减少、牲畜状态不佳以及众多动物死亡等后果。

有限的农业投入进一步弱化了非洲的粮食生产能力。研究表明，非洲的农业生产率每增长 10%，能够在短期内消除 4% 的贫困，在长期来看，将消除 19% 的贫困。然而，联合国粮农组织的数据表明，非洲农业投入相当有限，人均农业面积最大的非洲，由于缺乏基本的灌溉基础设施、基础的农业技术和农业投入，农业灌溉面积和施肥数均远低于世界平均水

---

① 联合国粮食计划署关于饥荒的最新定义为：30% 的儿童营养不良，20% 的人口无法获得食物，每天 2/10000 的成人死亡率和 4/10000 的儿童死亡率。实际上，早在 2010 年 11 月，粮食计划署的"饥荒早期预警系统"就警示，东非地区将发生较为严重的饥荒。

② *Somalia Famine-FAO Emergency Call for Funds*, http：//www.fao.org/fileadmin/user_upload/horn_africa/docs/Somalia_Famine-FAO_Emergency_Call_for_Funds_21_july_11_ _.pdf, July 2011.

平，农业基本处于靠天吃饭的原始阶段（如表2）。撒哈拉以南非洲地区的化肥使用严重低于世界其他地区，导致农业产量低。亚太地区每公顷施肥190公斤，中东北非地区73公斤，撒哈拉以南非洲地区13公斤。

表2　　　　世界各地区的农业面积、灌溉和肥料使用情况

地区	人均农业面积（公顷/人）	灌溉面积	施肥（公斤/公顷）	谷物产量（公斤/公顷）2002—2004
撒哈拉以南非洲	1.47	3.7	14.6	10709
亚太地区	0.31	33.7	171.6	34590
拉丁美洲和加勒比海地区	1.46	11.0	89.3	30121
西亚北非	1.11	28.7	73.1	23609
世界总体	0.8	18.0	100.8	31675
发达国家总体	1.34	10.6	82.6	38038
发展中国家总体	0.66	23.0	114.3	28363

Source：FAO (2005). *The State of Food and Agriculture：Agricultural Trade and Poverty-Can Trade Work for the Poor*? Rome：FAO, 2005, p.179.

非洲人口增长带来的粮食刚性需求增加与土地拥有量减少之间的矛盾难以调和。快速增长的人口创造了丰富的劳动力资源和庞大的消费市场，也让非洲各国在粮食安全、教育、医疗、就业等问题上面临更沉重的压力。虽然说人口的增长并不是粮食短缺的根本原因，但显然，这一因素增加了稳定粮食供应能力的压力。复兴资本公司2011年公布的一份报告说，在撒哈拉以南非洲，预计到2040年，15岁至24岁的年轻人人数每十年将以15%至20%的速度增长。[①] 在很多地方，人口的增长还与人均土地拥有量息息相关。在埃塞，由于人口的迅猛增长，人均土地面积锐减。90

---

① 《非洲：人口快速增长　机遇挑战并存》，人民网（http：//world.people.com.cn/GB/157278/16070048.html，2011年10月30日）。

年代，人均土地面积从 1.2 公顷降至 0.8 公顷。[1] 由于农业生产力的有限，人均土地面积的下降无疑意味着人均粮食产量和消费量的相应减少。

其二，世界粮价的强势上涨。自 2006 年后，世界粮价相继出现少有的剧烈波动，并且呈现出波动频率增加、振幅增加的情况，粮价的剧烈波动严重影响了经济能力低下的非洲人民持续获得粮食的能力。（见图 3）

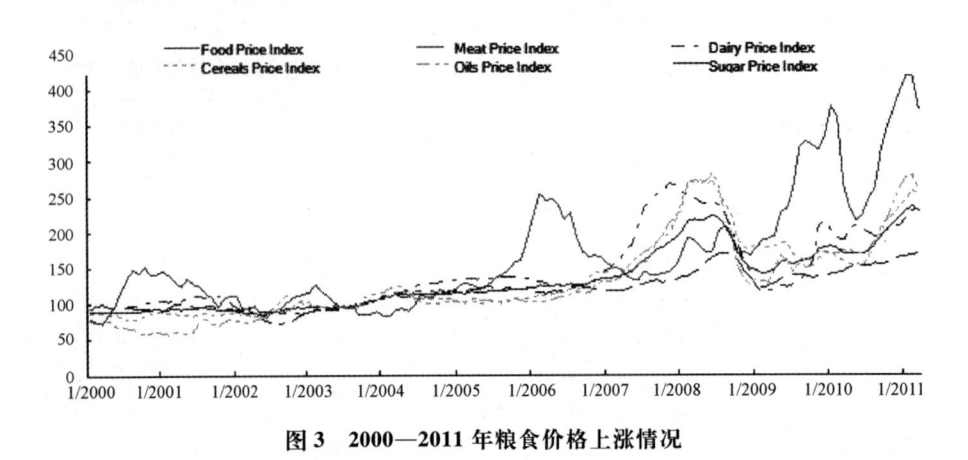

图 3　2000—2011 年粮食价格上涨情况

资料来源：FAO. *Global Information and Early Warning System*. http：//www.fao.org/giews/english/index.htm。

从图 3 可以明显看出，2006 年前，世界粮价保持了基本的稳定，自 2006 年开始，粮价连续出现剧烈波动，在 2006 年、2008 年和 2010 年、2011 年出现了高峰，从图标上看，目前粮价仍处于高位运行阶段。根据世界银行、联合国粮农组织和美国农业部的报告，粮食的价格上涨势头将会一直延续到 2015 年。[2] 粮食在撒哈拉以南非洲地区居民的消费中的比例达 50% 以上，有的地区甚至高达 75%。由于自 19 世纪殖民时期开始，非洲的农地都被殖民者规划用来种植经济作物，农民习惯在市场上购买粮食，粮食的消费过于依赖国际市场，加上粮食的需求弹性系数小，粮价的上涨也就直接影响了该地区人民的粮食消费。在东非地区，当地的粮价高于平常，一些地区较之 2010 年增加了 2—3 倍，并且还在持续上涨，最终

---

[1] The New Face of Hunger, *The Economist*, April 17, 2008.
[2] World Bank, *Rising Food Prices: Policy Options and World Bank Response*, April 2008.

可能导致所有贫穷的家庭都不能得到基本的食物，形势十分严峻。

粮食用途拓宽拉动了世界性粮食需求的增长，打破了世界粮食供求的平衡状态。生物质能源开发拉动了玉米的生产和消耗。应该指出，近几年虽然世界玉米产量增长较快，如2007年美国玉米产量达到33209万吨，但由于一些国家加快以玉米为原料的生物质能源开发和利用，打破了世界玉米供求平衡，供给缺口反而扩大，玉米价格出现大幅上涨。

其三，长期战乱的影响。绝大部分的饥荒均始于自然灾害对粮食供应的严重影响，在造成非洲严重粮食危机的因素中，人祸大于天灾。因而有人指出，饥荒的人为因素大于自然因素。2003年，非洲有25个国家面临粮食危机，有15个与冲突相联系。一方面，战争和政治动乱是饥荒的主要根源，不仅影响到国家，而且危及每个家庭，轻者，农业生产被打断；重者，遭受毁灭性破坏。由于冲突不断，刚果民主共和国营养不良的人口在近年里增加了三倍。另外，饥荒不仅是战争的副产品，而且往往成为政治的工具。正如世界粮农组织指出的，与恐怖主义相比，饥饿才是国际社会面临的最大的问题。

在非洲，长期的政局不稳甚至长期的战争导致了基础设施的严重破坏，破坏了各地区之间的交通联系和市场，而交通不便和市场化程度的低下使得缓解粮食危机的地区性措施难以奏效。与此同时，长期的战乱还导致饥荒发生后的救济无法按时抵达，进一步加剧了粮食危机。美国驻联合国大使苏珊·奈斯也指出，由于青年党控制了遭受严重旱灾的索马里中部和南部地区，他们通过征税、袭击、杀害甚至绑架援助人员等种种方式阻止援助物资进入这一地区。[①] 由于青年党对大量援助物资的劫掠，为了防止援助物资为恐怖分子所获，美国自2009年大规模减少对索马里地区的援助，援助的规模从2008年的1.5亿美元降至2011年的1300万美元，降幅达88%。[②] 这使得危机更加难以缓解。可以说，伊斯兰圣战组织阻止

[①] Michele Kelemen, *Terrorists, U. S. Policy Hinder Famine Aid To Somalia*, http：//www. npr. org/2011/07/22/138596343/terrorists-u-s-policy-hinder-famine-aid-to-somalia, July 21, 2011.

[②] *UN declares first famine in Africa for three decades as US withholds aid*, http：//www. telegraph. co. uk/news/worldnews/africaandindianocean/somalia/8648296/UN-declares-first-famine-in-Africa-for-three-decades-as-US-withholds-aid. html, July 20, 2011.

援助物资进入的行为实际上"正在创造一个更大的灾难"。[1]

二 非洲应对粮食安全的措施

为应对非洲的粮食危机,非洲国家领导人通过各自努力或联合协作的方式,努力寻找消除饥荒的临时和长久之道。

1. 改进和增加农业投入,增加农业生产产量,提高农业生产力

"非洲农业综合发展计划"(CAADP)试图通过增加政府投入实现农业发展,减少饥饿和贫困,促进经济增长和繁荣。这项于2003年推出的非洲农业发展计划,是由"非洲新发展伙伴计划"(NEPAD)和援助者共同体倡导成立的,以四项关键性领域为主要目标的一项框架性政策,包括土地和水资源管理、市场准入、粮食安全和饥饿问题以及农业研究。该计划倡导后,得到了众多非洲国家的拥护和采纳,到2011年,已有16个非洲国家完成了农业规划,并签订了非洲农业综合发展计划协定,其中15个国家目前已经处于不同的实施阶段,十个国家也即将开始进入实施层面。[2] 非洲农业综合发展计划最具突破性的意义在于,它将小农纳入到非洲农业发展的前期战略规划之中来。

2006年成立的非洲农业发展非政府组织非洲绿色革命联盟(AGRA),以推广绿色信贷、消除非洲农业贫困为宗旨,通过提供农业贷款、传授农业知识、发展灌溉等技术,帮助非洲振兴农业。非洲绿色革命联盟先后启动了培训非洲农业科学家项目、恢复非洲土壤肥力等项目,努力将非洲农业科学家留在非洲本土,以更好地开发适合非洲的农作物种子,服务于非洲农业。经过几年的努力,非洲绿色革命联盟获得了可喜的成绩。自2006年开始,非洲绿色革命联盟已经在14个国家发挥了作用,数以万计的农民获得了改良的粮食种子、肥料、市场、获得改良水土的金融方面的支持等。在布基纳法索、马里和尼日尔,295000名农民接受了定量给肥

---

[1] Oren Dorell, *Terror group blocking aid to starving Somalis*, http://www.usatoday.com/news/world/2011-08-14-somalis-famine-terrorists-block-aid-groups_n.htm Aug 17, 2011.

[2] CAADP, *Countries with Compacts/Investment Plans Status Update*, CAADP: Midrand, South Africa. November 2011.

的培训、有效改良土壤的方法等。[①] 2011年，非洲绿色革命联盟启动了资助莫桑比克农业发展计划，资助莫桑比克贝拉走廊改善粮食安全、提高农户收入、加快私营部门投资、促进贝拉走廊粮食生产的能力。

2. 建立地区性的粮食安全计划，在地区范围内保障粮食安全

南部非洲共同体自1997年开始就关注粮食安全问题。南部非洲共同体部长会议提出了一个粮食安全框架，由三个战略组成：提高粮食的利用率、改进粮食的获得途径、增强营养。[②] 为应对粮食危机，东非共同体成立了"农业和粮食安全部"（EAC-AFSD），并形成了"农业和农村发展政策"（EAC-ARDP）。东非共同体"粮食安全行动计划"（EAC-FSAP）是东非共同体实现粮食安全的重要基础，虽然目前粮食安全行动计划依然处于草案的阶段，但已经被用来指导东非共同体内有关粮食安全问题的行动。"政府间发展组织"（IGAD）形成了一系列有关粮食安全的战略和计划，其战略包括详细的成员国的食品安全政策的检测、有关提高地区粮食安全的建议等。目前政府间发展组织与众多国际和地区组织有着密切的联系与合作，如欧盟、非洲发展银行、非盟、粮农组织，等等。"大湖地区国际会议"（ICGLR），作为一个地区性的和平与安全组织，除了关注和平与安全事务外，也关注农牧渔业的发展。"国际合作发展基金会"实施了一项地区性的"催化计划"，与大湖地区国际会议的五个成员国在土地改良、种植快速成长的树木培育森林等方面开展合作。

非洲地区组织也在试图通过打通地区贸易，增加商业基础设施的投资，充分发挥地区差异性，让粮食在各个地区之间流动起来，以便互通有无。以南部非洲地区为例，他们在尽力通过改进南部非洲地区的交通状况，培育一体化的市场减少相互间粮食贸易的税收障碍，实现南部非洲地区粮食的自由流动，减少某一地区发生局部粮食危机的风险。

此外，非洲新发展伙伴计划也在非洲农业发展和粮食供应上积极行动，保障非洲的粮食供应和安全。2011年11月9日非洲新发展伙伴计划

[①] *AGRA and NEPAD partner to increase food security in Africa*, http://www.afrol.com/articles/34657, November 9, 2011.

[②] U. S. Government Working Document, *Southern Africa FY 2010 Implementation Plan*, p. 9. 2010.

和非洲绿色革命联盟联合宣布开启一项新的伙伴关系，共同帮助非洲国家政府发展如种子、土壤状况、政策和市场等方面的农业发展计划，重点关注非洲种植粮食的小农的生产力提高和主要产粮区的发展潜力，携手提升全非洲范围内的农业生产力和国家层面的粮食安全。

3. 采取紧急措施应对随时出现的粮食不安全状况

为应对粮食供应的紧张和随时可能出现的粮食危机，非洲国家的自我应对危机的能力显得格外重要。玉米是喀麦隆的重要粮食作物，为了保障充足的粮食供给，提高玉米生产效率，喀麦隆大力推广农业机械化，提高玉米产量。喀麦隆农村人口比例从85%—90%降至当前的45%，要养活占总人口55%的城市人口，农业生产技术的改进势在必行。为此，喀麦隆开始推广农业的机械化操作，改良玉米种子，提高农业生产力和粮食产量。政府支持玉米行业发展项目资助使用优良品种的措施，已经使得使用优质种子的玉米种植户数量由2000年占玉米种植户总数的5%增加至2010年的30%—35%。

为应对随时出现的粮食危机，非洲国家也在积极提供粮食救济。继2011年非洲之角的严重饥荒后，马里、尼日尔、毛里塔尼亚和乍得等撒哈拉国家出现了较为严重的饥荒。南非政府宣布，为应对目前的粮食危机，向上述四国提供紧急人道主义援助。具体包括：向尼日尔提供：800吨肥料，11000吨牲畜饲料，5000升生物肥料，12000套农药喷洒防护用品，100000吨粟和高粱；向马里提供：45000吨粟、高粱、种子、马铃薯片和营养食品；南非还计划对毛里塔尼亚和乍得两国的粮食危机进行评估后提供具体援助。

三 国际社会应对非洲粮食安全之策

针对非洲出现的粮食不安全状况，国际社会积极参与为减少和降低非洲的粮食不安全而努力，主要的行动包括：

1. 应对粮食危机的紧急救济和针对减少饥饿的援助计划

紧急救济是世界应对粮食危机的最直接的反应。美国乐施会早在大规模的旱灾发生之前就已经在埃塞、肯尼亚和索马里等地开展救济活动，饥荒发生后，乐施会计划为 300 万灾民提供生命救济，主要用来打井、建公共厕所，提供资金帮助灾民购买食物，与此同时还将为灾区提供改善当前水源的相关援助。① 此外，英国、法国等国也是非洲粮食救济的重要提供者，美国以 7.5 亿美元的援助额成为东非粮食危机最慷慨的援助者。

在东非粮食危机发生后，联合国粮农组织、联合国儿童基金会、世界卫生组织和其他国际 NGO 并非一味通过粮食救济来应对危机，还在积极执行以工代赈的项目，帮助非洲当地的人民渡过难关。作为紧急援助的一部分，联合国粮农组织购买了 1617 吨耐旱种子分发给肯尼亚当地的农民，以确保农民在短暂的雨季将种子种下去，超过 20 万个脆弱的家庭受益于这些种子，恢复了生产。以工代赈项目让受灾家庭可以购买当地的食品，并且能够刺激当地的经济复兴，帮助恢复当地的农牧业基础设施。通过以工代赈修复的基础设施包括：731 公里的 193 水渠，411 公里的 39 分支线路，438875 立方的 159 积水设备，一共为 20 万头动物提供 90 天的饮水，修复一个烧焦的村庄，620 户（3720 人）受益。②

此外，一系列针对动物的紧急治疗、监控和疫苗注射活动也在积极展开。从 2011 年 9 月开始，联合国粮农组织开始了进行反对内外寄生虫、普通传染病和血液寄生虫的为期五周的治疗运动。一共开展了 400 万次的治疗，257 头牲畜受到治疗，让 12.12 万家庭（72.72 万人）受益。2011 年 11 月，联合国粮农组织也在采购疫苗和兽医设备，准备为 1000 万头动物注射抗巴斯德菌病和小反刍兽疫的疫苗。

2. 尝试发展非洲的长远粮食发展能力

国际社会正在积极通过援助非洲农业的可持续发展，帮助受灾国迅速走出危机的机制和计划，为非洲的长远粮食发展能力提供铺垫和准备。

2008 年世界银行集团确立了"全球粮食危机反应计划"（GFRP），为遭受高粮价影响的国家提供紧急救济。全球粮食危机反应计划共筹集的资金为 12.389 亿美元，其中 2.024 亿美元是用于 27 个国家的"应对

---

① *International Aid and the Horn of Africa*, http://www.voanews.com/learningenglish/home/world/International-Aid-for-the-Horn-of-Africa-133038893.html, November 01, 2011.

② *FAO's new Director-General prioritizes Horn of Africa*, http://www.fao.org/africa/raf-news/detail-news/en/item/122415/icode/?no_cache=1&nocache=1, p.3, February 3, 2012.

食品价格危机信托基金",其中17个国家来自非洲。①欧盟参与协助非洲自救计划,为这些自救计划提供资金支持。欧盟与非洲建立起非洲欧洲伙伴关系,并决定在洲、地区和国家的层次上支持非洲农业综合发展计划。第一行动计划(2008—2010)期间,针对非洲农业和食品安全方面实施七个方面的行动以推动双边合作。其中包括一个对非洲农业综合发展计划机制和流程的能力建设(EU提供500万英镑),各种农业研究项目(捐款2600万英镑),对农民组织和农业政策的支持(捐助500万英镑),非洲农业资讯服务论坛(捐助150万英镑)。②

  2011年非洲的粮食危机爆发后,联合国制订了一个为期三年的援助计划,决定于2012年给予非洲2.88亿美元的援助,2013年给予3.84亿美元用于受灾国家的经济复兴,2014年给予12亿美元用于提高应对长期干旱的能力,提高粮食产量和农业生产力。从联合国的援助计划来看,其目的并不仅仅在于帮助非洲缓解当前的困境,而在于为其未来长期的抗旱能力作准备。欧盟成立了"欧洲发展基金",为非加太地区提供以实现MGD1(减少贫困和饥饿)的发展援助。始于2008年的第十期"欧洲发展基金"注资228亿英镑,将重点放在食品安全、农村发展和基础设施复兴方面,其中4000万英镑用于非洲农业和农村发展。欧盟还推出了"推进非洲农业"(AAA)战略,在该战略下,对非洲农业综合发展计划给予500万美元的信托基金,给予国际农业发展基金500万美元用于帮助非洲地区性农业组织的能力建设。

  围绕着减少饥饿和贫困的目标,美国哥伦比亚大学地球研究所发起了"千禧村庄计划",为十个非洲国家的13个地区提供农业和农村发展方面的援助和外部支持。在马拉维的一个村庄,"千禧村庄计划"为其准备了现代化的种子、足够的化肥、用于储存粮食的房子,农业专家亲自到场指导农民的日常农业活动。最终,农民每公顷可以收获的粮食从0.5吨上升到5.5吨。

  2009年3月,针对当时出现的农业和粮食安全方面的投资不足、

---

  ① *Food Crisis, What the World Bank is Doing*, http://www.worldbank.org/foodcrisis/bankinitiatives.htm, Sept 15, 2011.

  ② *Boosting agriculture, eliminating hunger*, http://www.africa-eu-partnership.org/successstories/boosting-agriculture-eliminating-hunger.

全球粮价的急剧上升以及经济危机，美国在 G20 峰会上发出了"未来粮食保障计划行动倡议"（FTF），认为必须采取行动实现全球持续粮食安全的目标。奥巴马提议，从 2009 年开始，三年内投资 35 亿美元推动全球粮食保障，全球总共投资 220 亿美元来应对粮食方面的挑战。① 这项全球的集体行动是以改善粮食安全、农业生产和营养供应为核心的，被视为"一种应对饥饿和贫困的更精明的途径，发展援助更具创新性的方法"。②

3. 增加农业方面的投资，提高非洲粮食的自主生产能力

市场驱动型粮食生产能力被视为是对抗饥饿和粮食短缺问题的最佳办法，围绕着非洲粮食生产水平和贸易水平的提升，国际社会采取措施推进非洲粮食的市场驱动力的发展。研究表明，农业方面的投资在减贫和减少饥饿方面具有更高的回报。③ 因而，近年来投资农业引起了国际社会的关注，成为发展非洲农业的一项重要举措。2011 年，美国国际开发署与六个合作伙伴宣布成立"非洲农业资本资金"，首期注资 2500 万投资非洲的中小企业，帮助非洲资金不足的农业部门获得资金，以振兴生产和利润。这一资金意在降低私营部门投资非洲的障碍，旨在鼓励私营部门加大在非农投资，推动公私合营模式在农业领域的发展，以提高非洲农业产量和农民收入，培养本地农业技术人才。美国试图通过建立一个非洲管理团队，借助美国的管理经验，并使其成为一个可持续的投资，长期投资于非洲大陆。④

提高粮食生产和分配效率的基础工程建设工作也在逐步推进。因为没有可靠的储藏技术和设备，粮食在收获后的储藏和分发的过程中损失掉 30%—40%。"未来粮食保障行动倡议"投资耐旱性和抵御疾病能力

---

① *Celebrate, Innovation and Sustain, Towards 2015 and beyond, The United States' Strategy for Meeting the Millennium Development Goals*, p. 19, Sept. 2010.

② *Feed the Future Initiative is a Smarter Way to Fight Hunger and Poverty*, http://www.one.org/c/us/pressrelease/3328/, May 20, 2010.

③ *Feed the Future Initiative is a Smarter Way to Fight Hunger and Poverty*, http://www.one.org/c/us/pressrelease/3328/, May 20, 2010.

④ *USAID Collaboration Results in African Agricultural Fund*, http://www.usaid.gov/press/releases/2011/pr110927.html, September 27, 2011.

更强的种子，完善通向市场的基础设施，让更多的人和过剩粮食顺利进入市场，这种途径也在刺激农业的可持续发展。非洲绿色革命联盟还与日本国际协力机构（JICA）在2009年联合发出一项倡议，通过改进非洲的水稻品种，使非洲水稻到2018年实现翻番，目前这一计划正在实施之中。

四 中国应对非洲粮食安全之策

1. 紧急粮食救济

自2005年起，中国就成为仅次于美国和欧盟的世界第三大粮食援助国，也是非洲粮食救济的重要参与者。非洲之角粮食危机爆发后，中国政府和其他国际组织密切合作，共同减缓饥荒带来的严重后果，2011年8月，中国宣布向联合国粮农组织提供总价值1600万美元的物资援助。这笔援助可以维持包括10万个15岁以下营养不良儿童在内的170万人一个月的口粮。9月24日，中国外交部长杨洁篪在纽约联合国总部出席联合国"非洲之角饥荒问题"部长级捐助国大会时透露，中国政府在半个多月内两次宣布提供紧急粮食援助和粮援现汇，总额共计4.432亿元人民币，这是新中国成立以来中国政府对外提供的最大一笔粮食援助。

2. 关注中非农业发展合作，谋求通过实现非洲农业自主长远发展来摆脱饥饿

随着农业在非洲发展中重要性的凸显和非洲粮食问题的日益严重，农业已成为当前中非合作的优先领域。2011年《中国与非洲的经贸合作》白皮书说，粮食安全关系到非洲的稳定发展和脱贫减困，中国始终将帮助非洲解决粮食安全问题作为中非农业合作的根本目的。非洲国家和国际社会都对中非合作解决非洲农业问题寄予了很高的期待。联合国世界粮食计划署中国办公室主任布内特·雷尔森表示，粮食计划署正继续努力寻找与中国政府合作，期望中国成为其发展伙伴，"让中国政府、非洲各国政府和非洲之角的非洲人民都致力于加深计划署在非洲的急救作用，也希望大家能够一起推进非洲的灾后重建工作——特别是运用中国在开发其边远地

区的成功经验。"① 在津巴布韦,中非农业合作在 2011 年成效显著。皖津农业发展有限公司在西西农场经营的中非农业合作示范性农场,经过七个月的合作经营,种植的 700 公顷小麦获得了大丰收,产量提高了 1 倍。北京名田公司在津中部进行的一项棉花合作种植,在中方技术人员的精心指导下,获得了丰收,收获价格更是翻了将近三番。②

3. 通过投资非洲的农业,增加中非粮食生产技术的交流,提高非洲的粮食供给

在加强对非农业援助的同时,中国还通过优惠性贷款、中非发展基金等政策措施,积极支持中国企业到非洲投资农业项目。2010 年 8 月,在北京召开"中非农业合作论坛"就如何加强双方在农业领域的务实交流合作交换看法,论坛结束时通过并发布《北京宣言》,表达中非开展农业合作的共同意愿。目前有 26 家中资农业企业在赞比亚经营,领域涵盖粮食种植、棉花种植加工、蔬菜种植、禽畜养殖等,其中比较有代表性的有中赞友谊农场、中垦农场、中非棉业等。这些农业企业为赞比亚带来了先进的农业技术和管理理念,增加了粮食供应量,提升了其应对粮食危机的能力。中国农业和禽畜养殖业的到来,结束了赞比亚鸡蛋靠进口的历史。

五 结语

随着非洲粮食问题的日渐突出,非洲的粮食安全已成为当前非洲非传统安全领域的一项重要内容,日益引起国际社会的关注和重视。从目前国际救济的情况来看,虽然国际社会给予了一定程度的重视,但救济并不足以从根本上解决非洲的粮食问题,农业的发展在实现非洲粮食安全方面具有非同寻常的意义。然而,国际对非农业援助展示出重救济轻发展的趋

---

① 李连星:《中国粮食援助非洲抗击饥荒》(http://news.xinhuanet.com/world/2011-10/21/c_122185407_3.htm,2011 年 10 月 21 日)。

② 《中非农业合作前景广阔》,国际在线(http://gb.cri.cn/27824/2011/10/24/5311s3411916.htm,2011 年 10 月 24 日)。

势,据统计,非洲农业方面所得到的援助比例还不到非洲发展援助的5%。[①] 虽然国际社会也在尝试增加粮食的市场化建设,但市场化的信心和勇气明显不足,虽然越来越多的公司关注对非洲农业的投资,但出于风险考虑,绝大部分的农业投资企业仍处于观望阶段。非洲从国家和大陆两个层面上采取了缓解粮食安全问题的自助措施,但在资金的供给上,仍不得不受制于发达国家的制约。非洲粮食问题的解决有赖于非洲粮食安全体系的确立,从目前的情况看,非洲建立自己的粮食安全体系尚需时日。

作者简介

胡美,浙江师范大学非洲研究院非洲政治与国际关系研究所副研究员,博士,主要从事中非关系、中国对外援助历史与现状、非洲发展问题等的研究,先后在《世界经济与政治》、《美国研究》、《国际问题研究》、《现代国际关系》等刊物上发表论文数篇,目前主持国家社科基金项目一项。

---

① FAO (2006) Food Security and Agricultural Development in Sub-Saharan Africa: Building a case formore public support Policy Brief No. 2 Conceptual and Empirical Framework; FAO, Rome.

非洲"大选年"及政治生态变化

贺文萍

  2011年是非洲的"大选年",有三十多个国家举行了各类选举。虽然相关国家总体而言较平稳顺利地渡过了"大选年",但在总体平稳和顺利举行大选的背后,非洲的政治生态却在经历着虽不易察觉但却悄然而生的变化。非洲局势在稳定的表象之下存在着动荡和恐怖活动的暗流。非洲多党民主建设自身受到"选举"的制约和挑战。不仅冷战后非洲地区出现的动荡仍持续与选举产生的纠纷密切相连,"不选也乱"的北非政治动荡也并未因"后强人时代"的选举而实现稳定。非盟自主集体维和的努力在"大选年"遭受挫折,非洲统一和复兴的理想及理念与一些非洲国家分裂和分治的现实相冲突,非洲国家领导人在政治发展及对外政策取向上也出现了分化。

  2011年是非洲的"大选年"。据非洲民主选举可持续研究所统计,在这一年里,非洲举行选举的国家有31个,各类选举50余次,其中共有17个国家原定要举行总统选举。[①] 在这17个国家中,除北非的埃及外,

---

[①] 这17个原定要举行总统选举的国家分别为中非共和国、尼日尔、乌干达、贝宁、吉布提、尼日利亚、乍得、塞舌尔、圣多美和普林西比、佛得角、赞比亚、喀麦隆、利比里亚、冈比亚、刚果(金)、马达加斯加和埃及。参见非洲可持续民主选举研究所网站(http://www.eisa.org.za/WEP/calendar.htm。African election calendar 2011,Electoral Institute for the Sustainability of Democracy in Africa)。

其余 16 个国家均为撒哈拉以南的非洲国家。而且除马达加斯加的总统选举推迟至 2012 年外，其余 15 个国家的总统选举均已成功举行，可以说比较顺利地渡过了"大选年"。

回想自 2010 年岁末以来波及多个北非国家的剧烈政治变革和同期西非国家科特迪瓦的选举争端以及非洲联盟和西非经济共同体对该国局势多次调停努力的失败，人们曾对非洲"大选年"能否顺利度过捏了一把汗。但 4 月份非洲第一人口和石油大国尼日利亚的总统和议会选举总体上得以顺利举行又很大程度上给非洲选举年的形势注入了不少乐观情绪，直至 10 月底刚果（金）总统和议会选举在争议中仍较平稳地落幕，11 月利比里亚的女总统瑟利夫再次成功赢得连任，人们对非洲大选年的担忧之心才得以释然。其实，在总体平稳和顺利举行大选的背后，非洲的政治生态却在经历着虽不易察觉但却悄然而生的变化，在稳定的表象之下有动荡和恐怖活动的暗流，非洲多党民主建设自身受到"选举"的制约和挑战，在非洲统一和复兴的旗帜下却呈现出成员国的分化甚至分裂。

一 稳定表象下的动荡和恐怖活动暗流

2011 年年初从突尼斯发轫的北非国家政治动荡无疑是当年甚至今后较长时期的一个标志性历史事件，对非洲大陆、中东地区乃至大国的利益格局等均造成了强烈的影响和撼动。美国《时代》（Times）杂志也因此把 2011 年"年度人物"（Person of the Year）的桂冠送给了"阿拉伯之春"的"抗议者"（The Protester），而非此前大热的前任苹果公司总裁乔布斯。

由于发生政治动荡的北非国家与撒哈拉以南的黑非洲同处非洲大陆，并且长期以来享有许多黑非洲国家不曾有并梦想着的长期政治稳定和经济繁荣。突然之间，稳定并且富裕的北非阿拉伯兄弟国家"乱了"，而原本就冲突较多并且相对落后的黑非洲却要在这个节骨眼上迎来密集选举的"大选年"，这自然引发了人们对相关非洲国家政局能否在"大选年"保持稳定的强烈担忧。人们担心北非多国政治剧变对撒哈拉以南黑非洲的影响，担心会不会有所谓的"多米诺骨牌效应"的发生。

1. 黑非洲国家受北非政治动荡的影响低于中东国家

值得庆幸的是，北非阿拉伯国家的政治风暴此次更多呈现的是"横向东扩"（即向同为阿拉伯国家和信仰伊斯兰教的中东威权国家蔓延，如巴林和叙利亚），而不是"纵向南移"（即跨越撒哈拉沙漠冲击到南部的黑非洲国家）。究其原因，主要由于中东北非等地区的阿拉伯国家在政治治理结构（如强人的长期统治）以及面临的经济挑战（如高失业率和物价上涨）等方面都具有极大的同质性和相似性，突尼斯、埃及等国发生的事态自然容易得到中东其他阿拉伯国家民众的高度关注甚至是效仿。但若把目光放到撒哈拉以南，虽然北非阿拉伯国家和黑非洲国家同处非洲大陆，但撒哈拉沙漠南北的黑非洲国家与阿拉伯国家无论在政治生态、宗教信仰、民族构成，还是经济结构和民众受教育程度等方面都有很大的区别。特别是和北非阿拉伯国家比较高的教育普及率和因特网使用率相比，黑非洲国家由于经济发展程度更低以及国家对教育的投入不足等各种原因，教育（特别是高等教育）的普及率并不高，网络通信技术也很不发达。而且，大多数黑非洲国家在冷战结束后已经陆续走上了民主化的道路，个人或家族的长期统治现象只在极少数国家存在。正因为有上述差异，虽然在乌干达、塞内加尔、安哥拉和津巴布韦等少数黑非洲国家也出现了一些要求领导人下台的抗议游行活动，但规模较小，持续时间也不长，并未对这些国家的政权构成严重冲击。

2. 黑非洲国家政治总体稳定的表象下也隐含着动荡因素

虽然黑非洲地区受北非政治动荡的影响程度远低于中东地区，但并不说明黑非洲地区对此轮北非阿拉伯国家的政治动荡具有天然和完全的免疫能力。事实上，虽然非洲"大选年"总体表现的平稳和顺利，但若剥开外表包裹的"美丽糖衣"，便不难品尝到不少国家与选举相伴的暴力和冲突所带来的苦涩。毫无疑问，这其中最苦涩和最血腥的非科特迪瓦莫属。科特迪瓦的危机始于2010年11月举行的总统大选，时间上早于2010年12月中旬开始的突尼斯"茉莉花革命"。持续四个月之久的冲突造成科特迪瓦国内严重的人道主义危机，共导致3000多人丧生和几十万人流离失所。虽然科特迪瓦危机的初始爆发与北非政治动荡并无直接联系，但科特迪瓦危机的深化以及其后法国军队直接卷入科特迪瓦内战，用武力直接把瓦塔拉送上总统宝座的过程则与法国领导北约等西方国家武力干涉利比亚有紧密的联系。而且，法国军队在科特迪瓦"牛刀小试"的成功也反过来更坚定了萨科齐武力推翻卡扎菲政权的决心。

在尼日利亚，大选后发生的暴力事件导致至少121人死亡。由于南方基督徒乔纳森当选总统打破了尼日利亚执政党内"南北轮任、各任两届"的惯例，尼日利亚的南北矛盾不断加剧，在南北方民族、基督徒和穆斯林杂居的高原州首府乔斯市等地宗教冲突不断发生。被称作"尼日利亚塔利班"的极端伊斯兰军事组织"博科圣地"（Boko Haram，当地豪萨语，意为"西方教育的罪恶"）也乘势扩大其袭击目标的范围和层次，不断在尼日利亚境内制造血腥的爆炸事件。刚果（金）的大选也进行得并不顺利，选举前后都有不同程度的骚乱发生，并致数十人死伤。反对党候选人齐塞凯迪拒绝接受选举结果，曾宣布自己为当选总统。乌干达等国家还因为大选结果推迟公布而引起反对派不满并造成冲突。

3. 恐怖活动的蔓延对非洲国家的政治稳定构成威胁

北非动荡虽然在政权层面未在黑非洲国家引起大的"蝴蝶效应"，但却在安全层面间接壮大了恐怖组织的活动网络，使恐怖活动在黑非洲国家有进一步的蔓延。2011年下半年以来，黑非洲地区的恐怖活动出现了明显的蔓延和升级（如2011年12月25日圣诞日当天，尼日利亚境内就发生了五起爆炸事件，造成至少29人死亡）。种种迹象显示，在北非动荡之后，尼日利亚的"博科圣地"已出现了与"基地"组织北非分支"伊斯兰马格里布基地组织"（该组织以非洲萨赫勒地区为大本营，恐怖活动范围过去主要涵盖阿尔及利亚、马里、毛里塔尼亚和尼日尔等四国）以及索马里"伊斯兰青年党"联手的趋势。而一旦这三大恐怖组织合作的趋势继续向撒哈拉沙漠以南纵深发展，这将对非洲的和平、安全与政治稳定构成极其严峻的挑战。无怪乎，就连美国负责非洲军事事务的指挥官卡特·哈姆将军也担忧，北非"伊斯兰马格里布基地组织"、尼日利亚的"博科圣地"和索马里"伊斯兰青年党"这三大非洲伊斯兰激进组织已经开始合作，这不仅对非洲而且对美国和西方国家均构成了威胁。①

---

① 《美国担忧非洲三大伊斯兰激进组织开始合作》（http：//news.sina.com.cn/w/2011 - 09 - 16/080523164940.shtml）。

二 非洲民主建设所遭遇的"选举"挑战

在西方的民主思想语境里,"选举"通常被认为是"民主政治"的一个重要指标,是否能够定期举行"选举"被视为一国"民主"与否以及"民主"程度的试金石。但西方民主研究中很少反过来考察"民主选举"对"民主"本身所带来的冲击和挑战。

1. 冷战后非洲地区出现的动荡往往与选举纠纷有关

之所以2011年非洲"大选年"的到来会引发人们对非洲稳定的担忧,正是因为冷战后非洲地区出现的动荡往往与选举纠纷有关。近年来比较突出的例子有2008年初肯尼亚因大选争议而导致的社会动荡和大量人员伤亡(共导致1500人死亡),2009年3月几内亚比绍和马达加斯加相继发生的因反对派和执政党在选举角力中的纠纷而引发的政权"突变",以及2010岁末因对总统选举结果产生歧义而出现"一国两主",并最终展开武装冲突的科特迪瓦。总起来看,这些因选举纠纷而引发的冲突表面多起源于竞选双方在得票率上的接近并因而互不相让,大选过程中出现的一些舞弊和不透明现象,等等,但深层的原因则是由于非洲民主发展的不成熟、"胜者全得"的政治心态以及传统部族政治和现代民主政治的异形嫁接。

如在科特迪瓦,虽然因选举而起的内战最终在法国军队的介入下得以平息,得到法国支持的原总理、反对派"民主人士联盟"领导人阿拉萨尼·瓦塔拉已经就任科特迪瓦总统一年多,而原总统、"科特迪瓦人民阵线"领导人洛朗·巴博则锒铛入狱,被移送到在荷兰的国际刑事法院接受审判,但科特迪亚长期积累的社会矛盾、宗教冲突、部族分歧、土地权纠纷和建设统一军队等问题并未因领导人的更换就得以解决。科特迪瓦自1960年独立后,在"国父"、开国总统博瓦尼的带领下,一度是非洲发展最为迅速并享有长期稳定的国家,被誉为"西非的橱窗"和"非洲成功的典型"。但1990年宣布实行多党制后,130多个政党突然涌现,而且政党政治还与地区化、部族化,甚至军事化相结合,使科特迪瓦的政党斗争、部族纠纷和军事冲突相互影响,成为影响科特迪瓦政局稳定和经济发展的重要因素。从2000年至2001年的短短一年时间内,科特迪瓦就因总统大选发生过五次未遂军事政变；2002年9月再次发生的军事政变还点燃了内战，并随后形成了科特迪瓦南北割据的分裂局面。2010年11月举行的总统选举已经一拖再拖长达五年，最后在西方推动和反对派的压力之下"仓促上马"，并再次形成了选举危机和内战局面。

2. "不选也乱"的北非政治动荡并未因选举而实现稳定

和我们相对熟悉的上述黑非洲国家"因选而乱"或"逢选必乱"有所不同的是，虽然2011年发生的突尼斯、埃及、利比亚等北非阿拉伯国家社会动荡和政府垮台并不是直接因选举问题而产生的，属于"不选也乱"，动荡和冲突的发生具有突然性、自发性、内生性、剧烈性和传染性等几大特征，但上述国家在经历政治转型和通过"选举"建设后强人时代的政治秩序的过程中同样遭遇到了"选举"对民主建设本身甚至是国家统一所带来的冲击与挑战。

历经近七个月的利比亚战争虽然以卡扎菲政权的垮台而宣告落幕，但并未迎来一个崭新、民主和自由的利比亚，却仿佛正在应验此前悲观论者甚至是卡扎菲本人的预言（卡扎菲曾说过："没有我的利比亚将走向分裂！"），开始出现了分裂和"索马里化"的苗头。据英国路透社报道，目前在利比亚不少地方，军阀割据的苗头已经显现，效忠各个部落的武装民兵纷纷设卡抽税。"拥有军队，占领地盘，获得财源，扩大军队"的军阀割据方程式正在持续蔓延。[1]

不仅利比亚在卡扎菲之后呈现出一派乱象和可能的分裂趋势，其他经受"阿拉伯之春"洗礼的北非国家也同样在经历艰难的国家秩序重建和民主建设历程。一方面，原有威权的消失以及过去国家政权中一系列护法机构的瘫痪，使得这些国家的社会治安普遍出现下滑趋势。不仅犯罪分子有恃无恐，格外嚣张，甚至过去治安良好的一些国家的首都，如开罗都出现了武装团伙在大白天拦路抢劫和绑架外国人质的恶性事件；另一方面，"革命"和"选举"也不可能自动带来经济情况的改善和人民生活水平的提高。上述国家在"革命"落幕一年来，各项经济发展指标均不尽如人意（如物价上涨快、青年失业率更高等）。

---

[1] 转引自田剑威《"地方自治"可能使利比亚走向分裂》，《新民晚报》2012年3月22日（http://news.ifeng.com/gundong/detail_ 2012_ 03/22/13378500_ 0. shtml）。

另外，突尼斯、埃及、利比亚等北非国家在"革命"过后，还都匆忙放开党禁，已经出现了党派林立（如突尼斯仅1千多万人口如今却拥有117个政党）以及伊斯兰主义的宗教性政党走向权力舞台中心的情况。在突尼斯、埃及、利比亚以及通过宪政改革巩固王权的摩洛哥，伊斯兰政党均已通过"选举"迅速崛起并成为主要的政治力量。伊斯兰政党之所以能够赢得选票，主要由于这些政党在过去强人政权时期均受到打压，与曾受宠于旧政权的政治势力以及腐败严重的原执政党相比，伊斯兰政党因受到严厉的教法约束，组织和纪律较严明，较少腐败，在基层民众中有较高的信誉和威望；但另一方面，又由于伊斯兰政党的领导人过去大多流亡国外，因此在走上政治前台的同时也伴随着执政经验的缺乏和对社会国情了解的不足。在掀翻强权压迫体制的"政治狂欢"逐渐冷却之后，伊斯兰政党未来能否满足民众对经济发展、生活改善和社会权利提升的要求现在仍是个问号。

3. "选举"不是万灵药，重视民生才是社会稳定之源

2011年突尼斯、埃及、利比亚等北非国家看似稳定但却潜伏着深刻的社会、经济和政治矛盾的政局，突变再次揭示了一个简单但却深刻的真理，那就是"民可载舟，亦可覆舟"。其实，不管是威权国家，还是民主政体，都必须把人民的福祉放在首位。放眼当今世界，既有新加坡这样的人民行动党一党长期执政，但人民生活富裕安宁的国家，也有非洲一些多党竞争并出现选举乱象、民不聊生的国家。

说到底，不管是"变革"也好，"革命"也罢，"选举"和"多党制"终归只是政治变革的手段，"选举"和"革命"的终极目的都应当是改善和提高人民的生活水平及经济与政治权利。曾记得，当年乌克兰等国"颜色革命"的发生曾使得一些争"自由"、争"民主"的人士"热血沸腾"，但当尘埃落定，热闹的"革命"过后近十年里，这些国家的人民生活反而不进反退。因此，问题的核心并不在于采取"一党"还是"多党"的政治体制，也不在于国家领导人是否通过"选举"的方式产生，而是执政党和政治力量需要高度关注民生，通过解决好国家的发展问题来巩固转型国家仍然脆弱的"民主"。在很大程度上，"民生"与"民主"的相关关系比起"选举"与"民主"的相关关系似乎更为紧密。放眼撒哈拉以南的非洲国家，在南非、博茨瓦纳、毛里求斯、加纳等经济发展程度较

高以及民主政治文化也相对比较成熟的国家，选举一般进行得比较平稳，即使出现一些选举纠纷，各政治势力和民众也都能采取示威游行和抗议等和平、理性的方式来表达诉求。

三 非洲"统一"的政治图谱出现分化

联合自强，实现非洲一体化可以说是广大非洲国家和人民自独立以来就一直期盼实现的美好愿望和奋斗目标。一体化的目标既含有加快非洲地区的经济一体化进程，也包括在政治、外交与思想意识等方面推动"非洲复兴"，非洲国家在国际场合和国际重大事务上团结一致和用一个声音说话。

1. 非洲一体化建设的挑战更多来自政治和安全方面，非盟自主集体维和的努力遭受挫折

经济层面的非洲一体化虽然也面临各地区和各国发展不平衡、各类次地区组织机构重叠和交叉，特别是交通、通信等基础设施落后致使区内贸易运输成本高昂等各种发展"瓶颈"的制约，但一直在艰难推进，近年来在一些次地区组织范围内还取得了比较长足的进展。如涵盖从埃及到南非共计26个国家和六亿人口、国民生产总值占非洲经济总量57%的东南非共同市场、东非共同体和南部非洲发展共同体（南共体）2011年6月在南非举行峰会，宣布启动非洲最大自由贸易区的谈判，提出未来三年内将先期实现三大区域组织内的货物自由贸易。

在过去的一年里，对非洲一体化建设的挑战更多来自政治和安全方面。2010年，非洲联盟（简称非盟）曾开启"非洲和平安全年"活动，希望通过传递"和平之火"的方式，使2010年能够成为非洲共同实现和平、安全与稳定的转折点。然后，形势的发展并未契合善良而美好的和平愿望。2011年，非洲局势出现了复杂而深刻的变化，经历了科特迪瓦内战、南苏丹独立、利比亚战争、北非局势动荡等一系列事态的考验。非盟在应对危机和挑战时虽作出了不懈的努力，但由于西方大国的强力干预以及非盟自身资源与能力的局限，非盟用非洲方式解决自身问题的努力遭到挫折，甚至出现了非盟角色边缘化的危险趋势。如在利比亚战争中，虽然非盟很快提出了包括保护平民和结束敌对行动、启动不同政党间对话和政

治改革、设立过渡期等内容在内的政治解决利比亚危机的路线图倡议，而且南非总统祖马本人还不辞劳苦地几度亲赴利比亚，与交战双方会谈，但终因非盟自身力量的不足和缺乏西方大国的外交配合而屡屡受挫。

2. 非洲统一和复兴的理想及理念与一些非洲国家分裂和分治的现实相冲突

"非洲团结和复兴"是非洲自上世纪五六十年代独立以来就一直矢志追求的理想和目标。2002年非洲联盟成立以后，"非洲复兴"的思想和理念在以南非前总统姆贝基为首的非洲国家领导人的大力推动下曾在非洲乃至国际舞台上产生了巨大的影响。但自2008年9月姆贝基总统黯然提前辞职后，"非洲复兴"的提法相对转入低调，似乎一度淡出了有关非洲的话语语境。直至2010年6—7月，在南非成功举办足球世界杯的过程中，以这场体育盛事所激发的巨大热情为契机，有关非洲复兴与发展的讨论再次在非洲展开，重新点燃了非洲人民对非洲复兴与发展的热情与希望。

然而，在迈向非洲统一的理想大道上，现实版的非洲政治发展图谱却是非洲国家的分裂和政治"碎片化"的加剧。2011年年初，非洲最令世人瞩目的大事无疑是苏丹南部地区的一场针对南部是否独立的公民投票和北南苏丹的未来政治走向。不出大多数观察家所料的是，2月7日，苏丹南部公投委员会宣布的公投的最后结果是南苏丹超过98%的选民选择了独立。7月1日，在结束了6个月的过渡期后，南苏丹正式宣布独立并很快被接纳为联合国的最新成员国。南苏丹的独立不仅使苏丹这个非洲大陆面积最大的国家一分为二，非洲从此诞生了第54个独立国家，而且还会对未来非洲和阿拉伯世界地理及政治版图的改变以及该地区的稳定带来潜在的冲击和影响。

南苏丹的独立是继1993年厄立特里亚独立之后又一个新非洲国家的诞生，又一次对1964年非洲统一组织提出的"边界不可变更"原则的挑战。由于非洲很多国家内部都存在要求独立的民族或部族分裂及分离主义力量（如安哥拉的卡宾达"独立"运动，尼日利亚北部伊斯兰势力与南部基督教势力的矛盾，马里北部图阿雷格的分离势力，以及苏丹国内的达尔富尔问题，等等），南苏丹的独立客观上使得很多非洲国家领导人担心这一最新的"分裂""示范"效应可能会鼓舞其他非洲国家内的分离主义。记得在南苏丹公投前的一段时间内，我在乌干达等相邻非洲国家考察时，还曾听到过非洲学者对南苏丹独立对非洲一体化事业负面影响的担忧，认为在全球化和非洲一体化的世界发展大潮流面前，非洲国家却在逆潮流而动地呈现"分裂化"和"碎片化"，这对非洲一体化的事业是一种阻碍因素。

3. 非洲国家领导人在政治发展及对外政策取向上出现了分化

虽然非洲国家自冷战结束以后即迈上了政治民主化发展的道路，加强治理和推行良政已成为非洲国家的广泛共识，但由于非洲各国国情和政治发展过程上的差异，各国领导人在政治价值理念以及对外政策取向上并非高度一致，而是出现了较大程度上的分化。总体而言，接受过西方高等教育、原为国内反对派领导人并最终在大选中击败原执政党而走上权力中心的非洲国家领导人（如获得过伦敦大学博士学位的加纳现任总统约翰·米尔斯，曾担任国际货币基金组织高官的科特迪瓦现任总统瓦塔拉，经历了2007年有争议的总统大选而上台的肯尼亚总理奥廷加，以及非洲首位女总统、毕业于美国哈佛大学并曾担任联合国开发计划署高官的利比里亚现任总统埃伦·瑟利夫，等等）大多在政治理念方面认同西方"民主"、"自由"、"人权"等价值观，对西方以"自由"和"人道主义干涉"为名打击利比亚卡扎菲等独裁者的行动表示支持，与西方的关系也比较密切。与此相对应的是，一些经历过民族解放斗争并长期执政的老一辈非洲国家领导人（如津巴布韦总统穆加贝，阿尔及利亚总统布特弗里卡，在任长达39年的加蓬总统邦戈，被国际刑事法院通缉的苏丹总统巴希尔，以及经历过反种族隔离斗争的老战士、南非总统祖马等）则更认同非洲传统的价值观和政治治理原则，对西方干预非洲事务持警惕甚至是反对的态度。

在科特迪瓦内战以及利比亚战争等近年来有关非洲的重大问题上，以及如何看待西方对津巴布韦和苏丹的制裁问题，如何面对西方对非洲国家事务的干涉甚至是赤裸裸的军事干预等问题上，上述不同背景的非洲领导人的立场自然出现了比较严重的对立与分化。在两种截然相反的意见之间，更有不少非洲国家领导人在"反对专制与独裁"的价值理念与"维护国家主权与尊严"的民族情感之间自然表现出"鱼与熊掌"不可两全时的纠结。

结　语

由于国家数目较多，非洲自冷战结束后步入多党民主化的轨道以来，每隔一个周期，都要经历大选集中的"大选年"。在经历了一个不平凡的 2011 年"大选年"之后，非洲还将进入和经历又一个选举集中的 2012 年（在这一年里非洲还将有多达 25 个国家将进行总统、议会和地方选举）。如何在当前欧美国内经济恢复乏力但却出现对外干涉主义抬头的背景下，做好非洲国家的"内功"，保持和推动非洲来之不易的经济增长和整体稳定的局面，平稳度过"大选年"的考验，这无疑是确保非洲经济一体化得以推进、非洲统一和复兴的梦想得以最终实现的一个重要政治和安全前提。

作者简介

贺文萍，女，1966 年生。毕业于北京大学国际关系学院，获法学博士学位。现担任中国社会科学院西亚非洲研究所研究室主任、研究员、博士生导师。曾在美国耶鲁大学、英国伦敦大学、瑞典北欧非洲研究所、德国发展研究所做访问研究。主要研究领域为非洲政治和非洲国际关系。

气候政治与非洲的诉求报告 2011

刘青建　张凯

气候变化是当今及未来人类社会所面临的基本挑战之一。面对气候变化所造成的威胁，非洲大陆处于极端脆弱性的边缘。非洲大陆对气候变化的影响最小，然而，由于自身的生态特点以及能力脆弱性等原因所受到的危害最大。事实上，气候变化已经对非洲大陆的自然环境、社会生存以及经济发展造成了严重影响。[①] 冷战结束后，气候变化问题日益被政治化和安全化。国际社会围绕气候变化问题的博弈愈益激烈，任何治理气候变化所形成的规则都将对非洲产生深刻的影响。

一　气候政治对非洲的影响

气候变化的政治博弈主要围绕全球气候治理规则的建构而展开。1992年6月《联合国气候变化框架公约》在联合国环境与发展大会上获得通过，从而确立了迄今为止最为全面的国际环境法律文件。由于公约过于笼统，无法保证发达国家实现减排目标，从而导致了1997年《京都议定书》的出台。《京都议定书》为发达国家确立了在2008—2012年期间其

[①] IPCC Forth Assessment Report: Climate Change 2007: Impacts, Adaptation and Vulnerability, http://www.ipcc.ch/pdf/assessment-report/ar4/wg2/ar4-wg2-chapter9.pdf, （2012年3月6日）。

温室气体排放量平均要比1990年的水平减少5.2%的目标。此外《京都议定书》还引入了联合履行、排放贸易和清洁发展三个灵活机制以应对减排和适应的压力。2005年2月《京都议定书》正式生效,此后国际谈判围绕2012年后的全球气候治理规则的建构而展开。在《联合国气候变化框架公约》与《京都议定书》的制定过程中,非洲国家处于被动接受与参与的地位。无论是议程设定还是最后规则的形成,非洲国家所起到的作用极其有限。具体表现在以下几个方面。

第一,非洲国家实力弱小,在全球气候变化谈判中处于劣势地位。诸多非洲国家被国内的政治经济问题所困扰,能力的脆弱性使其在谈判中处于被动防御的地位。由于缺乏有关气候变化的信息,外交代表缺乏谈判技巧以及财力有限等方面的原因,致使非洲国家往往无法提出自身的议程和方案,在全球气候变化治理规则的制定上只能处于被动接受或者反对的地位。诸多非洲国家的决策者把主要精力用于稳定国内的政治形势和促进经济发展方面,气候变化并没有进入其政策制定的优先议程。

第二,美国、加拿大先后退出《京都议定书》不仅使条约的合法性受到威胁,而且也使减排效果黯然失色。严格遵守《京都议定书》所设定的减排目标有利于减缓气候变化,从而有利于降低气候变化对非洲的威胁。作为世界上最大的温室气体排放国,美国退出《京都议定书》无疑给全球减排行动造成严重一击。2011年联合国气候变化德班峰会结束之时,加拿大宣布退出《京都议定书》为未来气候变化规则的建构蒙上了阴影。面对发达国家的这种单边主义行动,非洲国家一筹莫展。

第三,当前的资金分配模式和流向不利于非洲国家适应气候变化的威胁。由于发达国家注重的是温室气体减排,所以用于气候变化治理的资金主要分配给了减排。由于受到气候变化的严重威胁,所以非洲国家更加强调适应的重要性。一直以来被视为发达国家与发展中国家合作受益的清洁发展机制(CDM)在项目分配上也存在严重的地域分布不平衡。[①]如表1所示,当前按地区注册的清洁发展机制项目总共3851项,其中非洲只有

---

① 清洁发展机制的基本原理是发达国家在发展中国家投资实现低成本减排,并从产生的减排量中获得减排信用,从而减少本国境内完成的减排量。参见庄贵阳、陈迎:《国际气候制度与中国》,世界知识出版社2005年版,第106页。

81项，占到项目总数的2.10%。另外，82.58%的项目分布在经济较为发达的亚太地区。① 资金分配的不平衡使非洲国家受益较少。

表1　　　　　　　　全球清洁发展机制项目区域分布

地区	项目数	百分比
非洲地区	81	2.10%
亚太地区	3180	82.58%
东欧地区	15	0.39%
拉美与加勒比海地区	575	14.93%

数据来源：联合国气候变化框架公约清洁发展机制项目数据库（http://cdm.unfccc.int/Statistics/Registration/RegisteredProjByRegionPieChart.html）。

总之，非洲国家实力弱小，在气候变化的政治博弈中总是处于不利和边缘的地位。发达国家无论是在减排目标还是在资金与技术转移方面远没有兑现其承诺，这使得非洲国家深受气候变化的严重危害。为扭转这种不利地位，非洲国家开始在气候谈判中塑造共识，并努力推动其基本诉求在气候峰会上得以实现。

二　德班峰会与非洲的基本诉求

由于《京都议定书》关于发达工业化国家强制减排的第一承诺期将于2012年12月底结束，因此2005年议定书生效之后，国际社会便围绕后京都时代气候治理规则的构建展开了谈判。为了降低气候变化的影响并提高适应气候变化的能力，在后京都时代气候治理规则的谈判过程中非洲国家联合自强，力图用"一个声音讲话"，增强非洲大陆的政治分量以改变这种不利的边缘地位。非洲国家在气候变化国际谈判中的统一立场形成于2006年，其中非盟和非洲环境部长会议在塑造非洲国家形成关于气候变化的共识方面发挥着重要作用。2007年第八届非盟峰会开始关注气候

---

① 关于最新的清洁发展机制项目数据，参见联合国气候变化框架公约情节发展机制项目数据库（http://cdm.unfccc.int/Statistics/Registration/RegisteredProjByRegionPieChart.html）。

变化这一议题,并力求在该问题上促使非洲国家形成共识性立场。2008年11月非盟通过了关于气候变化的《阿尔及尔宣言》,该宣言确认了在新一轮的全球气候谈判进程中,应形成共同的非洲立场和用同一个声音讲话。2009年5月25—29日非洲环境部长会议气候变化特别会议在内罗毕召开,会议通过了《非洲应对气候变化进程内罗毕宣言》。该宣言全面阐述了非洲应对气候变化的立场、行动方案以及概念框架等。同年,非盟国家与政府首脑大会还成立了非洲国家与政府气候变化首脑委员会(the Committee of African Heads of State and Government on Climate Change),其功能在于在塑造非洲关于气候变化的共同立场方面发挥先锋作用。2009年7月,在利比亚召开的第13届非盟峰会对《内罗毕宣言》予以支持。

2011年11月28日联合国气候变化框架公约第17次缔约方大会在南非德班举行。德班峰会不仅使主办国南非寄予了厚望,而且其他非洲国家也对南非予以支持,并希望通过此次峰会推动非洲利益关切的实现。为使非洲国家在德班峰会上用"一个声音讲话"以实现共同利益,非洲环境部长会议于2010年9月在马里召开以讨论如何在德班峰会上推动非洲诉求的实现。由于认识到共同立场的重要性,非洲集团还于2011年6月成立了非洲集团谈判局(African Group of Negotiators Bureau)以提高非洲对气候变化的国际参与。[1] 从2009年《内罗毕宣言》签署并形成非洲应对气候变化的共同立场开始,在每次联合国气候变化大会上,非洲集团都力求发出"非洲的声音",实现非洲的诉求。此次德班峰会,非洲集团还专门成立了非洲馆(Africa Pavilion),以展示非洲国家应对气候变化的重要倡议和活动。围绕德班峰会,非洲国家的基本诉求可以概括为以下几个方面:

第一,减排的原则与目标。气候变化谈判中的非洲集团主张达成一项具有法律约束力的全球减排协议,包括鼓励关键的发展中国家削减排放,同时认识到非洲合理的发展需求。[2] 气候变化谈判应当坚持公平原则、共

---

[1] Lesley Masters, "COP17 and the Future of the African Common Position", http://www.stakeholderforum.org/sf/outreach/index.php/pre-durban/cop17sectionhome/cop17-day1-home/467-cop17-day1-item1, March 6, 2012.

[2] APF Support Unit and the NEPAD Secretariat, Climate Change and Africa, 8th Meeting of the Africa Partnership Forum Berlin, Germany 22 – 23 May 2007, http://www.africapartnershipforum.org/dataoecd/57/7/38897900.pdf, March 6, 2012.

同但有区别的责任原则以及分别能力原则。发达国家应当基于历史责任作出更大承诺率先实现减排。同时采取多种措施,鼓励发展中大国削减温室气体排放。非洲国家的减排行动应是自愿性的。应当认识到非洲地区热带雨林在调节气候方面的重要作用,因此,国际社会应当采取措施保护热带雨林,并把其纳入到减排范围中来。发达国家应当采取强有力的措施实现减排,与1990年水平相比,在2013—2017年第二承诺期期间,发达国家至少应将温室气体排放降低40%,到2050年至少降低95%。[1] 与《内罗毕宣言》中对发达国家提出的减排目标相比,此次德班峰会上非洲集团提出的减排目标更为严格。

  第二,以适应为中心。减排与适应是当前应对气候变化的两种主要手段。但是国际社会对减排的强调远远高于对适应的重视。减排与适应的资金分配存在严重的不平衡。美国旧金山研究气候变化的一所国际机构的一项研究报告显示,每年用于与气候变化相关的资金大约970亿美元,其中95%左右被用于了减排。由于受到气候变化的威胁最甚,因此非洲国家更为关注适应,并且呼吁国际社会将更多的资金分配到适应气候变化上来。非洲集团关于气候变化的共同立场也把适应作为其基本诉求的核心。非洲国家主张,发达国家应基于历史排放责任向发展中国家提供资金和技术,以提高这些国家适应气候变化的能力。同时,工业化国家用于帮助非洲国家适应气候变化的资金应当与官方发展援助的资金相区别。在非洲集团看来,发达国家的资金承诺至少应占其全球GDP的1.5%。[2] 德班峰会期间,非洲集团通过"非洲馆"向与会代表展示了非洲国家适应气候变化所作出的重要努力。2011年德班气候峰会决定启动绿色气候基金,该基金要求发达国家需要在2020年前每年拿出1000亿美元帮助发展中国家应对气候变化。可见,非洲国家对适应的强调已逐渐被认可,并且在资金分配上也开始朝着平衡的方向发展。

---

[1] Daily Graphic, "African Countries Demand Plan On Climate Change", http://www.ghana.gov.gh/index.php/news/features/9589-african-countries-demand-plan-on-climate-change, December 7, 2011.

[2] Jean-Christophe Hoste, "Where was united Africa in the climate change negotiations?", http://www.edc2020.eu/fileadmin/Textdateien/post_ COP_ 15_ briefing/Jean_ Christophe_ Hoste_ -_ Where_ was_ united_ Africa_ in_ the_ climate_ change_ negotiations_ -_ EDC_ 2020.pdf, March 18, 2012.

第三，改革不完善的碳金融机制。碳金融机制是为有效应对气候变化进行融资的一项重要工具。在非洲国家看来，当前的碳金融机制存在两个方面的基本缺陷。其一，在资金分配上不利于非洲的可持续发展。例如，大部分清洁发展项目都流向了亚太地区，而非洲地区受益较少。其二，融资不足。例如，通过对 CDM 项目征税 2% 而形成的适应基金虽然为适应气候变化提供了重要的资金，但远非充足。正如德班峰会期间，非洲环境部长会议秘书长艾米丽·马萨瓦（Emily Massawa）所指出的那样，非洲部长关心的是由发达国家所承诺的快速启动资金缺乏透明度、分配缓慢，并且这些资源中只有一小部分是新增的。鉴于此，非洲环境部长要求发达国家承诺的资金到 2020 年应达到每年 1000 亿美元。[①] 此外，发达国家应当提供技术和能力支持，并鼓励私人企业在清洁能源等方面的投资，以为非洲应对气候变化提供充足的融资。应当改革当前的碳金融安排使其更具有平衡性和透明度，提高非洲对金融资源的准入。非洲国家认为，清洁发展机制对非洲适应气候变化，实现可持续发展发挥着重要的作用，但是当前该机制的运行并不合理。改革清洁发展机制的行政审批程序，并依据脆弱性原则在项目分配上向非洲大陆倾斜，是非洲集团的一致主张。

除了在气候谈判中非洲国家不断向国际社会提出其基本诉求之外，非盟以及非洲环境部长会议都要求成员国在经济发展政策的制定中把气候变化问题考虑进来。同时，在预算分配方面，应当划拨用于应对气候变化的专项资金。创造条件鼓励私人资本对清洁发展项目的投资。事实上，非洲部分国家已经在国家层面制定了应对气候变化的战略框架。例如，南非便于 2011 年通过了《国家应对气候变化白皮书》，系统地阐述了南非政府应对气候变化的目标与原则、减排与适应手段、操作与评估等方面的内容。

经过艰苦而漫长的谈判，德班气候峰会取得了一定的积极成果。会议最终通过决议，决定实施《京都议定书》第二承诺期并启动绿色气候基金。同时设立德班增强行动平台特设工作组，以研究制定一个适用所有公约缔约方的法律工具，降低温室气体排放。正是由于达成了这一

---

① NJ, "African Ministers position paper on COP17", http://assemblyonline.info/?p=15778, December 07, 2011.

妥协性方案，所以在南非总统雅各布·祖玛看来，是非洲拯救了气候变化谈判进程。[1] 同时，也必须看到此次峰会在《京都议定书》、长远目标谈判、绿色基金方面都存在诸多残缺，且也把发展中国家"绑架"到有法律约束意义的谈判中。[2] 并且，在德班峰会上，非洲集团的立场更加接近于欧盟，这些国家支持欧盟的主张：尽快确立从法律上对所有国家具有约束力的协议。[3] 这一立场对发展中大国构成了一定的挑战。

三 非洲诉求面临的挑战

无论是在全球气候谈判中塑造一个非洲声音还是在整个大陆层面协调适应政策，非洲国家的基本诉求都面临着内外矛盾的困扰。内部矛盾是非洲国家受到气候变化的影响不同，利益并不完全一致。外部矛盾体现在非洲集团与发展中大国和发达国家之间的分歧。

第一，非洲集团的内部矛盾。虽然塑造共识是非洲集团在气候变化进程中一贯坚持的目标，但是由于集团内部国家众多，所受气候变化影响不同，对现有资源存在竞争以及具有不同的成员身份属性。这使共识立场总是受到内在分歧的影响。气候变化对非洲不同地区的影响是不同的。例如，科学显示降雨量的变化将使南部非洲气候更加干燥，增加了干旱的可能性。东部非洲降雨量增加将面临洪涝的威胁，西非将面临日益严重的干旱和荒漠化问题。[4] 由于面临的问题不同，因此各地区经济共同体采取了不同的应对措施。如何在大陆层面对地区经济共同体进行协调是未来地区一体化面临的重要挑战。当前由国际社会提供给非洲应对气候变化的资源

---

[1] Address by President Jacob Zuma to the South Africa-Mozambique Business Forum on the occasion of the state visit to the Republic of Mozambique, Maputo, http://www.anc.org.za/show.php?id=9257, 14 December 2011.

[2] 《气候谈判艰难推进 德班峰会绝处逢生》，中国气候变化信息网（http://www.ccchina.gov.cn/cn/NewsInfo.asp?NewsId=30569, 2011年12月14日）。

[3] John Vidal and Fiona Harvey, "African nations move closer to EU position at Durban climate change talks", http://www.guardian.co.uk/environment/2011/dec/08/african-eu-durban-climate-change, December 8, 2011.

[4] Lesley Masters, "Sustaining the African Common Position on Climate Change: International organizations, Africa and COP17", *South African Journal of International Affairs*, vol. 18, (August 2011), p. 261.

是不充分的，而非洲国家对这些稀缺资源也存在严重的竞争。流向非洲的大部分清洁发展项目事实上是在具有良好硬件条件的南非运行的。金融资源在非洲大陆亦存在严重的分配不平衡。此外，虽然确保共同但有区别的责任原则和分别能力原则是非洲共同立场的核心，但是在非洲集团内部存在代表不同立场的国际组织。其中最具代表性的便是石油输出国组织（OPEC），而诸多非洲产油国（如尼日利亚、安哥拉等）具有该组织的成员身份。从维护自身的石油利益出发，这些产油国主张，不能把关注的焦点只是放在适应与石油上，同时应当关注适应措施可能对产油国造成的不利影响。与石油相比，煤炭造成的污染并不逊色。这无疑对非洲产煤大国南非造成了冲击。事实上，非盟内的不同声音将影响非盟维持关于气候变化共同立场的能力。尽管就共同立场内部的主要原则达成了一致，但是也存在着大量潜在的竞争性利益和方式。[①]

第二，非洲集团与发展中大国之间的分歧。非洲大陆内部既有能力基础相对比较完善的国家（如南非），也有受气候变化威胁较严重的岛国和诸多最不发达的国家。这些岛国以及最不发达国家在坚持共同但有区别的责任原则与分别能力原则的同时，主张制定更为严格的具有法律约束力的减排承诺。同时排放大国也应当作出显著的减排承诺。事实上，这些国家的立场与欧盟较为一致。但是，这一主张对发展中大国（如中国、印度、南非和巴西等）也构成了一定压力。哥本哈根气候峰会期间非洲集团的代表梅莱斯·泽纳维（Meles Zenawi）与G77+中国集团的主席鲁姆巴·迪亚平（Lumumba Di-Aping）之间的争吵反映了发展中国家内部所存在的分歧。南非作为非洲集团的成员与作为基础四国的成员便发生了内在的紧张。在是否应当制定对所有缔约方都具有法律约束力的减排协定方面，基础四国也表现出了不同的政策立场。在适应层面，发展中大国与非洲最不发达国家对有限的金融资源（如清洁发展机制）存在竞争。这对弥合非洲国家与发展中大国之间的分歧也是不利的。

第三，非洲集团与发达国家之间的矛盾。非洲集团主张发达国家应当基于历史责任率先实现减排，同时应当在资金与技术方面给予非洲国家支

---

① Lesley Masters, "Sustaining the African Common Position on Climate Change: International organizations, Africa and COP17", *South African Journal of International Affairs*, vol. 18, (August 2011), p. 266.

持以提高这些国家应对气候变化的能力。在减排方面，作为世界上最大的温室气体排放国美国主张发展中国家也应该遵守具有法律约束力的减排协议，从而与非洲集团所坚持的历史责任原则相去甚远。美国、加拿大退出《京都议定书》无疑使非洲集团所主张的减排目标很难实现。在适应方面，发达国家远没有兑现其资金和技术承诺。用于应对气候变化的适应基金的资金并没有到位。即便是德班峰会期间已经达成的绿色气候基金，在资金来源、运行方式以及审批程序等诸多问题上仍处于谈判进程之中。金融危机以及欧洲主权债务危机将进一步限制西方工业化国家之前的资金与技术支持承诺。显然，非洲的基本诉求将受到欧洲日益恶化的经济形势的制约。

总之，气候政治是一把"双刃剑"。虽然它暴露了非洲所处的不利和边缘地位，但同时也为非洲国家在该领域加强团结，塑造共识，追求自身利益提供了机遇。过去几年气候谈判的经历显示，非洲国家通过塑造共同的非洲立场，争取用"一个声音讲话"，有利于提高自身的谈判地位和实现自身的基本诉求。面对气候政治，非洲集团一方面应当继续协调彼此的政策，塑造共识，提高自身话语权；另一方面应当在大陆层面制定应对气候变化的方略，特别是应当就如何适应气候变化进行政策协调，提高适应气候变化的整体能力。合作态势的不断提升有望改变非洲国家在气候政治问题上的边缘地位。

作者简介

刘青建：女，中国人民大学国际关系学院教授，博士生导师，研究领域：国际关系理论、发展中国家政治经济与对外关系。

张凯：中国人民大学国际关系学院博士研究生，研究方向：国际关系理论、南非对外关系。

南苏丹独立及其对非洲国际关系的影响

姜恒昆

  2011年7月9日南苏丹宣布从苏丹独立，非洲的"殖民遗留的国界"再次被变动。尽管诸多遗留问题仍然困扰着两个苏丹的正常关系，但南北分离使两国有了解决其内部和平与发展问题所需的相对稳定的周边环境。在地区层面，南苏丹独立将导致东、北非地区格局的调整，苏丹将进一步融入阿拉伯—伊斯兰北非，而南苏丹则会向东非靠拢；在大陆层面，苏丹南北分离使非洲少了一个文明间沟通与交流的"天然走廊"，撒哈拉以南非洲与阿拉伯—伊斯兰北非之间的分界线由此变得更为清晰。虽然苏丹南北分离并未产生所谓的"多米诺效应"，但国际社会对南苏丹独立的一致认可很可能会鼓舞一些非洲国家的分离主义势力。

  在苏丹南方举行公投的六个月后，也就是《全面和平协定》签署六年半后的2011年7月9日，苏丹南方与苏丹北方正式分离，建立了世界上最年轻的国家——南苏丹共和国，并成为非洲的第54个国家。7月14日，联合国大会一致通过决议，接纳南苏丹共和国为联合国第193个成员国。尽管苏丹南北双方以和平的方式实现了分离，但作为分离的依据的《全面和平协定》却是南方人经过漫长的武装斗争，用血与火的代价换来的。然而，令人失望的是，分离并未给两个苏丹带来和平，两国间的诸多未决问题也很难在短期内得到妥善处理。南北分离不仅会改变两个苏丹与其邻国的关系，而且会对东、北非地区乃至整个非洲大陆产生重要而深远的影响。

一 南苏丹的独立道路

南苏丹共和国包括分离前苏丹的南方十州，面积约 64 万平方公里，人口约 826 万（2008 年），丁卡人、努尔人、巴里人、希鲁克人、赞德人等黑人民族是南苏丹的主要民族。由于无从考证的原因，苏丹南方的早期历史鲜为人知，但早在 15 世纪之前南方就已生活着目前南苏丹丁卡、努尔、巴里、希鲁克等尼罗特人的祖先，他们以农耕或家畜饲养为生。19 世纪前期，非尼罗特的赞德人进入南方，他们建立的王国凭借出色的军事能力一直存续到 20 世纪初期。与北方人的阿拉伯—伊斯兰化不同，南方人因蚊虫、赤道气候、沼泽地等天然屏障及部落武装的抵抗而免于伊斯兰教的扩张，这使他们能够保留自己的社会、文化、宗教传统和政治制度。

贩卖南方黑奴本来就是苏丹漫长历史中的一个古老传统，北方人对南方的奴隶猎捕和南方对北方的抵抗一直是 19 世纪之前苏丹南北关系的主要特点。1821 年埃及武力征服苏丹并将苏丹南北纳入统一的版图后，埃及政府直接参与了北方人在南方的奴隶掠获活动，甚至一度垄断奴隶贸易。大规模的奴隶贸易使南方人同北方的阿拉伯人有了更多接触，也导致了他们对北方人的仇恨。此外，尽管对南方的管理也名存实亡，但当时已被英国控制的埃及却将欧洲人带到了南方，并为基督教在南方的传播打开了方便之门。基督教不仅对当代苏丹南方认同产生了重大影响，而且成为南方人对抗阿拉伯—伊斯兰北方的主要工具。

如果说南北不和睦的最初原因是北方人对南方人的奴隶贩卖，那么英国对苏丹的殖民统治则是强化南北不和的重要原因。绞杀马赫迪革命并重占苏丹后，以英埃共管为幌子的英国殖民者在苏丹北方和南方推行完全不同的管理制度，并人为加剧了南北之间的原有隔阂。英国殖民者以西式政治结构取代北方原有的集权制度，但在南方却推行封闭和孤立南方的所谓"南方政策"——禁止北方人进入南方或在南方工作；阻止伊斯兰教和阿拉伯文化向南方传播；鼓励南方黑人恢复其非洲传统文化和部落生活；鼓励传教士在南方各地建教堂，办学校和开诊所，传播基督教文化。共管时期（1899—1955 年）的"南方政策"不仅人为地割裂了南北关系，而且为日后的南北对立播下了痛苦的种子。

与许多非洲国家一样,苏丹也在二战前后兴起了民族独立运动。但是,由于北方政党在民族独立阶段的主导作用,独立前的苏丹化运动及国家制度安排和国家权力分配,未能体现南方人建立联邦制国家、公平参与国家管理等政治诉求,这直接导致了南方的武装反抗。在距离独立不到五个月的1955年8月,南方军队发起武装叛乱,第一次内战爆发,并一直持续到1972年《亚的斯亚贝巴协定》给予南方自治地位。在长达17年的第一次内战中,至少有50万人丧生,上百万人流离失所。经过11年的短暂和平后,由于对尼迈里政府取消南方自治,重划南北界线并在全国推行伊斯兰法的做法强烈不满,南方人于1983年成立苏丹人民解放运动,再次选择武装对抗中央政府,第二次内战爆发。这场内战是二战后持续时间最长和死亡人数最多的战争,22年的战火导致200万人死亡,400万南苏丹人流离失所。[①] 在政府间发展组织的倡导下,苏丹政府同苏丹人民解放运动从90年代初展开谈判,并在美国直接介入下逐渐取得突破。2005年1月9日,苏丹政府同苏丹人民解放运动签署《全面和平协定》,结束了长达22年的内战。

2011年1月9日至15日,南方依据该和平协定就其未来地位问题举行了全民公决。公投的结果是98.83%的选民选择了与北方分离,而此结果也得到了苏丹政府及国际社会的接受和承认。需要说明的是,南北分离并不是历史的必然选择。如果独立以来的苏丹政府能够尊重南北文化、种族和宗教差异,切实改变南北发展不平衡问题,如果尼迈里政府能够始终遵守结束第一次内战的《亚的斯亚贝巴协定》并保证南方的自治地位,如果民族团结政府能够全面落实结束第二次内战的《全面和平协定》,使统一更具吸引力,我们今天看到的将仍然是原来那个面积最大的非洲国家。

二 分离后的南苏丹与苏丹

尽管南北分离已满一年,但苏丹和南苏丹之间的主要问题仍未解决,

---

① Bennet J et al, 'Aiding the peace: A multi-donor evaluation of support to conflict prevention and peacebuilding activities in Southern Sudan 2005–2010', (Netherlands Ministry of Foreign Affairs, December 2010), p 22, www.oecd.org/dataoecd/3/40/46895095.pdf, accessed 29 November 2011.

这些问题包括石油收入分配、领土争端、边界划分、国民身份、资源分配、债务分摊及商品和人员的跨界流动等。从南苏丹独立至今，双方因这些问题而关系紧张，与此有关暴力冲突时有发生。两个苏丹亟需解决的首要问题是石油收入分配问题。南北分离后，南苏丹拥有了原苏丹的绝大多数石油，但是这些石油却只能通过苏丹（北方）的管道输出。铺设一条从南苏丹经乌干达到肯尼亚拉穆港（Port Lamu）的输油管道虽然可能，但其前景却因资金问题和施工难度而比较遥远。可以说，现阶段两国能否维持和平与稳定，很大程度上取决于石油收入的分配问题。然而，由国际社会斡旋的有关输油管道使用费用的谈判却屡陷僵局，双方不仅以全面战争相威胁，而且先后在阿卜耶伊（Abyei）和哈季利季（Higlig）等产油区兵戎相见。

尚未解决的另一个更重要的问题是阿卜耶伊地区的归属问题。阿卜耶伊是南北在地理、种族、文化和政治上的交结和碰撞点，是苏丹和南苏丹均有领土要求的地区。虽然面积不足20万平方公里，但该地区因拥有油田及石油管道的穿过而具有重要的经济和政治战略地位。按照《全面和平协定》的规定，阿卜耶伊地区要在南方公投的同时举行公民投票以决定其归属，但是阿卜耶伊公投却因南北双方在选民资格问题上的严重分歧而被无限期推迟。从2011年初开始，在当地定居的恩哥克—丁卡人（Ngok Dinka）与游牧的米斯里亚—阿拉伯人（Misseriya Arabs）发生多次暴力冲突，局势十分紧张；2011年5月，苏丹人民解放军对南北混编部队的袭击，以及随后苏丹武装部队对阿卜耶伊地区的报复性占领，致使10万当地居民流离失所；2011年6月双方达成协议，同意从阿卜耶伊撤军，并允许部署联合国阿卜耶伊临时安全部队。如果双方在阿卜耶伊的归属问题上不能达成妥协，该地区很可能会成为两个苏丹的"克什米尔"。[①]

可能引发两国争端的还有苏丹南科尔多凡州和青尼罗州的武装冲突。得到苏丹或南苏丹支持的若干派别及相互敌对的游牧部落都在争夺对两州产油区的控制。到2011年底，发生在这两个地区的武装冲突已造成超过10万难民（部分已逃至埃塞俄比亚），并蔓延至南苏丹的团结州和上尼罗州。南苏丹政府指责苏丹政府空袭了这两州的难民营，并且支持被怀疑在

---

① 有关阿卜耶伊问题的详细情况，参见姜恒昆、周军《苏丹南北关系中的阿卜耶伊问题》，《西亚非洲》2011年第7期。

南方石油设施附近发动袭击的南方反叛分子。南苏丹总统萨尔瓦·基尔声称,苏丹总统奥马尔·巴希尔在设法将非洲最年轻的国家拖回"毫无意义的战争"。①

除苏丹和南苏丹的紧张关系值得考虑的重要方面外,两个国家内部的问题也令人担忧。南北分离使南方各政治力量、种族和部落失去了共同的对手——北方,曾被南北对抗掩盖和弱化的内部问题重新显现并强化。南苏丹有数百个部族和数十个政党,它们有着不同甚至冲突的利益诉求,这使南苏丹的国家构建和民主与法治面临着严峻的挑战。如何实现中央与地方、执政党与其他政党的合理分权,平衡各地区、各种族和各部族的利益及有效惩治腐败,是南苏丹新生政权最为棘手的政治难题。南苏丹拥有丰富的自然资源,但因长期的被边缘化和战争破坏而极度不发达,几乎没有基础设施和基本社会服务可言。从成立自治政府到独立初期,南苏丹98%的收入来自石油,然而拥有原苏丹75%石油资源的南苏丹却因无法就运输费用问题与拥有石油管道的苏丹达成一致而被迫停止石油生产,其经济困难可想而知。此外,因牧草、水源和牲畜等资源归属问题引发的部落或部族间暴力冲突,苏丹人民解放军与数支叛军之间的武装冲突,武装匪徒的袭击和劫掠,以及圣灵抵抗军等外部武装分子的侵扰时有发生,严重威胁着南苏丹的内部安全。据联合国发布的数据,仅2011年1—6月,南苏丹就发生了330起暴力冲突,共导致2368人死亡;② 全年因部落间冲突而流离失所的南苏丹人多达35万。③ 尽管苏丹人民解放军成功消灭了几支反叛派别,谈判招降了其他几支反叛派别,联合国维和特派团也在积极调解,但南苏丹的内部冲突在2012年似乎有增无减。

南方分离对苏丹的负面影响不言而喻,使其原本窘迫的处境将变得更加困难。领土和自然资源方面,南方分离不仅使苏丹丧失了四分之三的石油资源,而且失去了自然资源相对丰富的四分之一领土;政治方面,失去非洲面积最大国家的地位和经济发展所倚重的南方资源,引发了民意分裂,大约半数苏丹民众,特别是民族主义者、世俗主义者和政治反对派对

---

① James Copnall, 'Border battles threaten the new Sudans', *BBC News*, 15 Nov 2011.
② Jeremy Clarke, "Tribal, rebel violence kills 2,300 in South Sudan-UN", http://uk.reuters.com/article/2011/07/07/uk-sudan-south-violence-idUKTRE7661F920110707, 7 July 2011.
③ Associated Press, "UN says 120 000 South Sudan residents need humanitarian aid after wave of ethnic violence", 20 January 2012.

南苏丹独立不满，甚至执政的全国大会党内部也出现了分裂迹象；经济方面，南苏丹独立意味着苏丹失去了 75% 的石油收入（相当于政府年收入的一半和国内生产总值的 20%），财政收入将减少 36%。如果不能在石油收入分配，特别是输油管道使用费用方面与南苏丹达成协议，苏丹的经济形势将会雪上加霜；稳定方面，南苏丹独立对苏丹的其他地区具有重要影响，其示范作用将会激发反叛运动活跃的达尔富尔、南科尔多凡、青尼罗州和南北争议的阿卜耶伊等地区的分离意识。①

南北分离后的诸多遗留问题是两国关系未来发展的"瓶颈"，久拖不决将加剧两个苏丹之间的矛盾和对抗。目前看来，虽然赢得了长期为之奋斗的民族和国家独立，但不发达及历史遗留问题是南苏丹面临的巨大挑战，也无疑会考验南苏丹新生政权的控局和治理能力。对苏丹而言，尽管面临严峻的内外压力，但南方分离使其得以从南北对抗中脱身，从而集中力量控制达尔富尔、南科尔多凡州、青尼罗州等地的反政府势力，解决其北部稳定与发展问题，并改善与邻国及国际社会的关系。

三　两个苏丹与其邻国的关系

尽管国际社会的目光聚焦于两个苏丹间的谈判及其日渐紧张的关系，但更为广大的地区背景也十分重要。分离前的苏丹同埃及、利比亚、乍得、中非共和国、刚果民主共和国、乌干达、肯尼亚、埃塞俄比亚和厄立特里亚等 9 个国家接壤，是邻国最多的非洲国家。同许多非洲国家一样，苏丹的内部稳定长期受到与邻国关系的制约，一些邻国甚至对苏丹的内部稳定问题，特别是南北问题有过直接影响。整体而言，除相互敌对外，南北分离使两个苏丹有了更好的睦邻关系，这将有助于两国的内部稳定及两国间未决问题的解决。

埃及是苏丹最重要的北方邻国。虽然存在海拉伊卜领土争端，由于历史文化上的"亲缘"关系及投资、贸易和尼罗河水分享等现实利益，埃

---

① 丁隆：《南苏丹独立及其影响》（http://arab.tingroom.com/wenhua/jralb/2813.html，2012 年 1 月 30 日）；Mupenda Wakengela and Sadiki Koko, The Referendum for Self-determination in South Sudan and its Implication for the Post-colonial State in Africa, *Conflict Trends*, Issue 3, 2010, p. 25.

及和苏丹有着深远而广泛的友好关系。出于对尼罗河水分配问题的考虑，埃及不赞成，有时甚至公开反对苏丹南北分离。① 但是，由于在苏丹南北和平进程中的作用非常有限，埃及无法阻挠处在其"生命线"——尼罗河上游的南苏丹国家的出现。尽管如何平衡与苏丹和南苏丹的关系将考验埃及的外交能力，但积极促进两个苏丹的和平，以确保足够且稳定的尼罗河水份额是埃及的主要战略目标。

由于对苏丹反叛运动的支持，苏丹与其北邻利比亚、西邻乍得及东邻厄立特里亚的关系一直反复无常，直到近年才得以改善。厄立特里亚曾是囊括苏丹主要反政府力量的全国民主同盟的大本营，而利比亚则在上世纪80年代初支持过苏丹人民解放运动，并与乍得同为达尔富尔反叛运动的庇护所。尽管苏厄关系受制于苏丹与埃塞俄比亚的关系，苏乍关系取决于双方能否真正停止支持对方的反政府力量，苏丹与利比亚的关系有赖于后卡扎菲政权在达尔富尔问题上的立场，但南苏丹独立无疑有利于苏丹与这三个邻国关系的良性发展。稳定的周边环境有助于苏丹集中力量解决其内部稳定问题及与南苏丹间的未决问题，但也为达尔富尔、南科尔多凡州、青尼罗州及阿卜耶伊等地区问题的和平解决及两个苏丹的未来关系增添了不少变数。

苏丹南北分离后，刚果民主共和国、乌干达和肯尼亚成为南苏丹而非苏丹的邻国。刚果民主共和国很少卷入苏丹的南北冲突，且因长期与苏丹南方一起受困于苏丹政府支持的乌干达"圣灵抵抗军"的威胁而对苏丹不满。共同的威胁为相互合作奠定了基础，南苏丹在独立后不久即与刚果民主共和国及乌干达和中非共和国一起积极参与了先后由美国和非盟倡导的剿灭"圣灵抵抗军"行动。由于跨境民族的存在，特别是乌干达总统穆塞韦尼与苏丹人民解放运动前领导人约翰·加朗的密切关系，乌干达长期与苏丹为敌并充当苏丹人民解放军的重要后方基地。南苏丹独立后，乌干达继续推行其与苏丹敌对的政策，否决苏丹加入东非共同体的请求，并再次成为反对"旧苏丹"的达尔富尔反叛组织的行动基地。② 与乌干达类

---

① International Crisis Group, *Sudan: Regional Perspectives on the Prospect of Southern Independence*, Africa Report N°159, 6 May 2010, pp. 8 – 12.

② Omer Ismail and Annette LaRocco, *The Two Sudans: A Tour of the Neighborhood*, The Enough Project, January 2012, p. 4.

似,肯尼亚也因存在跨境民族而与南苏丹关系亲近并充当苏丹人民解放军的后方基地,不同的是肯尼亚长期与苏丹南北双方同时保持外交关系,并积极推动苏丹和平进程。南苏丹独立后,肯尼亚与其新邻国的贸易关系迅速扩大。肯尼亚需要南苏丹的资源和市场,与此同时,作为内陆国家的南苏丹也需要借助肯尼亚的港口商业中心发展其对外贸易。

埃塞俄比亚和中非共和国是苏丹和南苏丹的共同邻国,但它们在两个苏丹关系中的作用却有着天壤之别:中非共和国不具地缘政治优势且因长期战乱而自顾不暇,而埃塞俄比亚则既是地区大国又是非盟总部所在国。1998年埃厄战争爆发前,特别是1991年门格斯图政权倒台前,埃塞俄比亚曾是苏丹人民解放运动的主要外部支持者。埃厄战争爆发后,出于对苏丹与厄立特里亚结盟的担忧,埃塞俄比亚改善了与苏丹的关系。埃塞俄比亚积极参与了东非政府间发展组织倡导的苏丹和平进程,但在南方公投前一直对苏丹南北分离问题持观望态度。南苏丹独立后,埃塞俄比亚因大量难民的涌入而成为两个苏丹之间及内部冲突的最大受害者。与此同时,由于严重依赖两个苏丹的石油,埃塞俄比亚又不得不以公正的态度积极推动两个苏丹的对话与谈判。埃塞俄比亚不仅组织了多轮谈判,而且还向联合国阿卜耶伊临时安全部队(UNISFA)派遣了3000名维和人员。[1]

四 南苏丹独立对非洲大陆的影响

南苏丹独立对非洲大陆的影响直接体现在非洲的地区格局的变化上。分离前的苏丹不仅是非洲面积最大的国家,而且因位于四大地区(即撒哈拉沙漠、撒赫勒地带、非洲之角和大湖地区)的交结点并与九个国家相邻而拥有极为重要的地缘战略地位。分离后,两个苏丹必将在历史和现实因素的推动下,靠拢并归属于不同的区域,由此引发非洲经济和地理格局的局部调整。

无论从民族、宗教、文化和地理环境的相似性来说,还是从国家的长远发展考虑,南苏丹都会向东非靠拢,而南苏丹也在独立后不久即开始申请加入东非共同体。在南北关系持续僵化的情况下,为摆脱在石油输出通道上对苏丹的依赖,南苏丹必然寻求新的出海口。无论是早在南苏丹独立

---

[1] *Op cit* Omer Ismail and Annette LaRocco, p. 5.

前就被提上了议事日程的从朱巴到肯尼亚拉姆港的 1400 公里输油管道，还是近期被考虑的从南苏丹经埃塞俄比亚到吉布提的输油管道，都反映了南苏丹融入东非的愿望。此外，筹建中的肯尼亚—南苏丹—乌干达—埃塞俄比亚铁路网、朱巴—蒙巴萨高速公路等东非交通网络也将大大降低南苏丹对苏丹的依赖程度，并加快南苏丹融入东部非洲的步伐。当然，东非共同体国家也欢迎南苏丹的加入，因为后者的加入不仅会使东非国家受益于南苏丹丰富的自然资源和亟待开发的巨大市场，而且会并提升东非在非洲大陆的地位。

南苏丹独立对苏丹最深远的影响或许是使后者成了名副其实的阿拉伯—伊斯兰国家。南方分离使苏丹的阿拉伯和穆斯林人口比例得以显著提升，分离前即为全国第一大民族的阿拉伯人将至少占苏丹人口的六成以上，而穆斯林在苏丹总人口中的比例则高达 98%，这在客观上扫除了一直以来阻碍苏丹完全融入阿拉伯—伊斯兰世界的障碍。为了改变政治上被孤立和经济上被制裁的困局，在因乌干达的反对而无法加入东非共同体的情况下，苏丹必然积极寻求北非、中东的阿拉伯和伊斯兰国家的支持，特别是与其北方邻国埃及和利比亚的合作。由此来看，不论是南苏丹靠拢东非并主动申请加入，还是苏丹靠拢北非并则积极支持建立"苏丹、利比亚与埃及综合体"，都将对非洲的地区格局调整和区域一体化发展产生显著影响。

或许只有非洲人才能真正体会到苏丹南北分离的对非洲大陆的深远影响：非洲不仅失去了一个原本就不多的大国，而且少了一个文明间沟通与交流的走廊。分离前的苏丹不仅在面积和人口上是非洲名副其实的大国，而且因拥有丰富的石油资源、重要的战略地位和不惧外部强权的鲜明政治"个性"而具有成为非洲强国的潜质。更具深远意义的事是，苏丹兼具阿拉伯—伊斯兰北非和撒哈拉以南非洲的不同特性，自古以来是非洲本土各文明及中东与地中海异域文明往来交汇的"天然走廊"，在整个非洲大陆具有独一无二的桥梁作用。苏丹南北分离将使撒哈拉以南非洲与北部阿拉伯—伊斯兰非洲之间的分界线变得更为清晰，这对非洲大陆的一体化事业无疑是一种损失。

南苏丹独立对非洲大陆的另一重要影响是其对一些非洲国家的分离主义势力的鼓舞作用。由于殖民时期西方列强对非洲大陆的人为分割，绝大多数非洲国家自独立以来一直存在边界争端、跨境民族问题及不同程度的分离主义威胁。除厄立特里亚于1993年成功与埃塞俄比亚分离外，不少非洲国家都存在明确要求分离的地区，如索马里的索马里兰、塞内加尔的卡萨芒斯、安哥拉的卡宾达、埃塞俄比亚的欧加登、纳米比亚的卡普里维、科摩罗的昂儒昂、坦桑尼亚的桑给巴尔、摩洛哥的西撒哈拉以及乍得、刚果民主共和国和尼日利亚等国的"南方问题"。为了应对此类问题，非洲国家长期将"不把自决权视作可行的选择"作为其治国思想，非洲统一组织（非洲联盟的前身）更是早在1964年就通过《开罗宣言》确立了"殖民遗留边界不可变动"的原则。[1] 尽管苏丹的南北分离并未成为卡扎菲所谓的"影响整个非洲的传染病"，[2] 也被一些人认为只是"例外"而非又一"先例"，[3] 但非洲联盟明确支持南苏丹独立和联合国大会一致赞成南苏丹加入联合国，无疑会鼓舞非洲乃至全世界的地区分离主义势力，给有关国家的和平与稳定带来潜在挑战。

结　　论

南方分离使苏丹南北内战成为永久的过去，但南苏丹独立并不意味着两个苏丹的睦邻友好，争端地区、边界划分、石油收入分配、国民身份、债务分担等悬而未决的问题已经并将继续导致两国的内部动荡和彼此间的尖锐对抗，甚至可能引发全面战争。南北分离使两个苏丹有了解决国内问题所需的相对稳定的周边环境，但两国的领土争端及南苏丹独立导致的尼罗河水资源再分配等地区性敏感问题，也为东北非的未来局势增加了变数。由于苏丹处在"联结"撒哈拉沙漠、撒赫勒地带、非洲之角、大湖

---

[1] *Op cit* Mupenda Wakengela and Sadiki Koko, p. 21. 1964年非洲统一组织第一次首脑会议通过的《罗马宣言》包括24条决议，其中关于边界争端的第16条决议正式宣布所有成员国均承诺尊重各自实现国家独立时存在的边界。

[2] Sudan's Partition to be a 'Contagious Disease', *AFP*, 10 October 2010.

[3] 例如, Mupenda Wakengela and Sadiki Koko, The Referendum for Self-determination in South Sudan and its Implication for the Post-colonial State in Africa, *Conflict Trends*, Issue 3, 2010; Jeff Radebe, Speech to United Nations General Assembly on the admission of South Sudan, 13 July 2011, *South African Government Information*, http://www.info.gov.za/speech/DynamicAction? pageid = 461&sid = 20239&tid = 38089; Terence McNamee, The First Crack in Africa's Map? Secession and Self-Determination after South Sudan, the Brenthurst Foundation, Discussion Paper 2012/01。

区等地域的重要位置，其南北分离将引起地区格局的变动，苏丹会进一步融入阿拉伯—伊斯兰北非，而南苏丹则会积极靠拢东非。从整个大陆层面来看，苏丹的南北分离使非洲失去了一个强化非洲"同一性"的天然走廊，撒哈拉以南非洲与阿拉伯—伊斯兰北非之间的"差异性"将由此变得更加明显。南苏丹的成功分离很可能助长部分非洲国家的分裂倾向，埃塞俄比亚、乍得、刚果民主共和国、尼日利亚等国可能面临分离主义的进一步威胁。

作者简介

姜恒昆，法学博士，浙江师范大学非洲研究院副研究员。主要从事中非关系、苏丹问题研究。

科特迪瓦危机及其影响报告2011

李鹏涛

2010年11月在科特迪瓦总统大选中，洛朗·巴博和阿拉萨纳·瓦塔拉都宣布获胜，出现了"一国两总统"的政治危机并进而引发严重的内战。此次科特迪瓦危机是2002—2004年科特迪瓦全面内战的延续，更有着深刻的历史根源。在瓦塔拉的领导下，科特迪瓦仍然在和解道路上艰难蹒跚前行，所有相互交织的政治、地区和族群间的"裂痕"都可能导致后选举时代的严重冲突，仍然很难认为长期的政治军事危机已经结束，除非真正化解科特迪瓦危机的根源——彻底清除"科特迪瓦性"对于社会的严重影响，实现社会真正的内部和解。

一　危机的爆发

2010年11月28日的第二轮总统选举中，瓦塔拉击败了巴博赢得选举，但巴博拒不接受失败，他操纵宪法法院继续掌权，以巴博派控制的宪法法院取消了支持瓦塔拉地区的超过66万张选票，并声称巴博赢得大选。

巴博因而开始了针对瓦塔拉支持者的暴力袭击，以压制抗议示威事件的发生，而瓦塔拉则与前叛军"新力量"（Forces Nouvelles）结成同盟，"新力量"武装与巴博军队在阿比让和其他地区发生了数月的冲突。2011年3月28日开始，瓦塔拉开始全国范围内的军事进攻，并最终于2011年4月11日抓获了巴博。

2011年5月21日,瓦塔拉就任总统,这为濒临内战边缘的科特迪瓦带来了希望。2011年6月1日新政府宣布成立。此后科特迪瓦政局大体稳定下来,但是2011年11月29日,巴博被移交至海牙国际法庭,这使得巴博所在的"科特迪瓦人民阵线"立场趋于强硬,在11月30日发布的公开声明中,宣布将拒绝参与所有的和解进程,这为科特迪瓦内部和解蒙上了阴影。

二 危机根源探析

此次科特迪瓦危机是2002—2004年内战的延续,有着深刻的历史根源。科特迪瓦一度被视作"西非经济橱窗",但到20世纪90年代以后出现了严重的经济衰退、政治动荡,并于2002年陷入全面内战,战事虽于2004年结束,但南北分裂局面形成,而在2010年科特迪瓦总统选举中更是出现了"一国两总统"的政治僵局。近年来的科特迪瓦危机,其核心在于"科特迪瓦性"(Ivoirité)这一具有分裂性的公民身份概念。"科特迪瓦性",简单概括就是"科特迪瓦人的科特迪瓦"(Côte d'Ivoire to Ivoirians),它试图区分"本土科特迪瓦人"和"有着移民祖先的科特迪瓦人"。

1. 殖民时代种植园经济的兴起

科特迪瓦有超过60个族群,分为阿肯(Akan)、克鲁(Krou)、南曼迪(Southern Mandé)、北曼迪(Northern Mandé)和沃尔特(Gur)等族系,大致可以划分为穆斯林主导的北方和基督教控制的南方。科特迪瓦在19世纪末逐渐沦为法国殖民地,当时被称作"象牙海岸"。从20世纪20年代起,殖民当局大力发展可可种植园经济。

法属西非(Afrique Occidentale Française)总督威廉·庞蒂(William Ponty,1908—1915年任职)大肆鼓吹"种族政治学"(politique des races),其目的是通过切断对于主导"种族"的依赖来实现"各种族"自治,以免彼此文化混杂影响到各自"特性",从而实现有效的殖民统治管理。德拉福斯(Maurice Delafosse)等殖民官员和学者还据此开展"民族志"调查工作,他们依据自己所搜集的数据对当地社会进行分类,而故意忽略前殖民时代邻近群体间的政治和经济联系。

遵循这一理念，殖民当局对于科特迪瓦各地区按照功能和族群特性来实施管理统治：首先，经济繁荣、适合从事可可和咖啡种植的东南部地区，曾与几内亚湾的欧洲贸易有着密切联系，在这里居于主导地位的阿肯族酋长们被视作潜在的企业家和种植园主；其次，北部地区适合种植咖啡，不适宜种植可可。这里的塞努福人（Senufo）被殖民当局视作温驯、适合从事农业生产的，应为南部种植园输送劳动力。曼迪族系中的部分曼丁哥人（Malinké）皈依伊斯兰教，被称作"迪乌拉人"（Dyula），他们的贸易网络覆盖了前殖民时代西非大部分地区。迪乌拉人是法国和欧洲商品早期进入当地市场的代理人，同时也是殖民者和反抗者之间的调停人；最后，西部地区是这一等级秩序的最底层，居住着贝德族（Bété）和克鲁族，这里有着适合种植园经济的广袤土地。殖民当局的这种人为的类型划分成为了"自我实现的预言"，对于科特迪瓦社会结构产生了重要影响。[①]

在地广人稀的象牙海岸殖民地，殖民者对于经济的控制是通过垄断劳动力来实现的。由于地广人稀，而欧洲殖民者只有数千名，因此他们满足于自己所控制的香蕉、咖啡和可可种植园，而并未试图垄断土地。法国殖民政府尽管声称是所有"空置或无主土地"的拥有者，但却默认了传统土地所有权，尊重当地精英对于土地冲突的调解权。因此，殖民者并未将土地视作有限资源，也未挑起与本地人口的严重冲突。相形之下，控制劳动力对于殖民者的种植园以及殖民政府的公共项目而言是极为重要的，殖民政府于1930年起实施"强制劳动法"，规定禁止非洲种植园主直接雇用劳动力，只有在欧洲殖民者和殖民政府的劳动力配额完成后，才轮到他们雇用劳动力。随着可可种植园经济在20世纪30年代以后的扩张，劳动力成为非洲人和殖民当局冲突的首要原因。[②] 在这一背景下，费利克斯·乌弗埃—博瓦尼（Félix Houphouët-Boigny）创建了非洲人农业公会（Syndicat Agricole Africain），它代表宝莱族（Baule）咖啡和可可种植园主的利益，主要诉求是修改歧视非洲种植园主的强制劳动法。

二战后，劳动力匮乏局面更趋严重。1946年，博瓦尼将非洲人农业

---

① Armando Cutolo, "Modernity, autochthony and the Ivorian nation: the end of a century in Côte d'Ivoire", *Africa*, vol. 80, no. 4, 2010, p. 529.

② A. R. Zolberg, *One-Party Government in the Ivory Coast*. Princeton, NJ: Princeton University Press, 1964, pp. 19 – 20.

公会改组为科特迪瓦民主党（Parti Démocratique de Côte d'Ivoire），将斗争矛头直指偏袒法国种植园主的强迫劳动制度。在博瓦尼的努力下，法国国民议会于 1946 年 4 月废除了海外领地强迫劳动法规，从而为 20 世纪 50 年代科特迪瓦可可经济繁荣奠定了基础。"可可繁荣"始自东南部地区，随着旧可可树产量下降以及过度开垦森林土地的压力增大而逐渐向中西部和西南部地区推进，直至 20 世纪 80 年代中期可开垦林地消耗殆尽而宣告结束。这一过程中，科特迪瓦北部的曼丁哥人、宝莱人以及上沃尔特（1961 年后改名为"布基纳法索"）、马里和加纳等邻国大量涌入的移民为科特迪瓦的经济繁荣奠定基础，科特迪瓦成为了当时法属西非的经济中心。

法国殖民统治政策对于独立后的国家建构的历史影响表现为：一方面导致殖民地社会地区差异的相对固化，从而为民族国家内部消弭分歧、实现整合带来了巨大困难；另一方面，法国殖民者同时积极鼓励整个法属西非地区内部的劳动力流动，导致"土著"与"外来"人口的对立以及二者在土地所有权和政治利益上的激烈斗争，例如在 20 世纪 30 年代阿格尼人（Agni）创建的"保护科特迪瓦土著利益协会"（Association of Defence of Autochthons Interests of Côte d'Ivoire，ADIACI），就滥用塞内加尔人和达荷美（现在的贝宁）人担任殖民地管理阶层职务而向法国殖民者抗议，同时也抱怨宝莱人和迪乌拉人同他们争夺土地。[1] 法国殖民统治政策开启了固化与流动的双重复杂进程，是土著话语产生的重要历史背景。

2. "科特迪瓦奇迹"背后

1960 年科特迪瓦独立后，博瓦尼一直担任总统直至 1993 年病逝。在这三十余年时间里，博瓦尼构建起了以种植园经济为基础的政治体系，与前殖民宗主国法国、种植园主以及大量移民劳工的结盟关系构成了这一政治体系的关键：首先，在对外关系方面，博瓦尼选择继续维持并增强与法国在军事、经济、政治和文化事务上的特殊关系。经济命脉继续控制在法国手中，法国在科特迪瓦存在之深之广，甚至超过了殖民时期。独立时，居住在科特迪瓦的法国人有 1 万人，此时增加到了 5 万人，堪称法国本土

---

[1] R Marshall-Fratani，"'The war of''who is who'：autochthony, nationalism, and citizenship in the Ivoirian crisis"，*African Studies Review*，vol. 49，no. 2，2006，p. 15.

以外最大的法国人聚居地之一。① 大量的法国人继续供职于科特迪瓦政府部门,法国常备军独角兽部队(43ème Bima)仍驻扎在阿比让,有学者甚至认为,"如果说有一个国家,其独立不过是换一面国旗,这个国家就是科特迪瓦"②;其次,对于种植园主,博瓦尼政府的口号是"耕者有其田"(land belongs to those who make it produce),这种灵活方式导致对于土地的强烈需求动力,激发了开拓运动;再者,对于广大的外来移民,博瓦尼秉持泛非主义思想,实行吸引外来移民的政策,鼓励外来移民通过他们的辛勤劳作为这个资源丰富的国家贡献力量。来自布基纳法索、几内亚、马里、尼日尔和尼日利亚等国的大规模移民被吸引到科特迪瓦,外国人占到科特迪瓦总人口的26.03%。与此同时,科特迪瓦的内部劳动力也实现了大规模流动,北部的曼丁格人来到南部,为可可、咖啡、香蕉和菠萝种植园提供了大量劳动力。③

直至20世纪80年代,博瓦尼政府同可可生产者、国内不同族群以及外来移民维持着良性互动关系,从可可和咖啡出口中所获得的巨额税收使得博瓦尼政府能够有效消除社会内部不同阶层以及各地区之间的紧张关系,通过恩庇关系(patron-client relationship)的利益分配机制来巩固自身地位,并且大力发展基础设施和农业生产,科特迪瓦因此在20世纪六七十年代成为西非经济强国,国内生产总值增长一直维持在年均7%,与周边国家当时所遭遇的严重社会政治或者经济局势形成鲜明对比。④ 博瓦尼所创立的这一政治经济体系被称作"乌弗埃主义"(Houphouëttism),它是世袭主义(Patrimonialism)、外向性(Extraversion)和家长主义(Paternalism)等的混合产物。博瓦尼清楚外来移民和北方劳动力是"科特迪瓦奇迹"的重要支柱,因此给予其较高社会地位,故意推行一种含混的公民身份政策,默许移民参与科特迪瓦政治,并模糊科特迪瓦人与非科特

---

① [英]马丁·梅雷迪斯:《非洲国:五十年独立史》,亚明译,世界知识出版社2011年版,第201页。

② Richard Banégas, "Côte d'Ivoire: Patriotism, ethnonationalism and other African modes of self-writing", *Africa Affairs*, vol. 105, no. 421, 2006, p. 548.

③ Armando Cutolo, "Modernity, autochthony and the Ivorian nation", p. 529.

④ 尤其是邻国加纳在恩克鲁玛治下所推行的计划指令经济模式遭遇惨败,加纳的人均国民生产总值在20世纪60年代逐年下滑,恩克鲁玛也于1966年被赶下台。参见Daniel Chirot, "The Debacle in Côte d'Ivoire", *Journal of Democracy*, vol. 17, no. 2, April 2006, p. 64.

迪瓦人之间的界限。

博瓦尼所奉行的自由土地政策，其实际效果是鼓励外国和国内移民，而大规模的人口流动加剧了土地所有权竞争。在移民人口较多的西南地区形成了一种"监护人制度"（Tutorat）来规范土著居民与移民之间的恩庇关系。土著居民认为任何人都有权利获得维持生计的土地，只要这些"好的陌生人"愿意接受当地社会赋予的责任，并遵守当地的社会经济秩序，土著居民就不能拒绝给予他们土地。而作为回报，移民为当地社会提供劳动力和钱财。由于土地资源较为宽裕，因而双方在很长时期内一直维持着较为融洽的关系。① 但是随着可开垦土地的逐年递减，"土著"与"外来"的对立已经成为政治辩论中的经常话题，博瓦尼政府被迫推行"科特迪瓦化运动"（Ivoirisation），专门成立了"劳动与科特迪瓦人"部（Ministry 'du Travail et de l' Ivoirisation），赋予"土著"科特迪瓦人在教育、社会住房、学生奖学金和住宿方面的"国民优先"法规。不过，这时的"科特迪瓦化运动"仍是以较为温和的方式进行的。

到20世纪80年代末，科特迪瓦面临着严重的社会和经济危机。可可繁荣达到结构极限，过去20年时间里大约1000万公顷森林被砍伐，可开垦的林地变得稀少，国际市场可可价格暴跌致使政府和种植园主收入锐减。② 更雪上加霜的是，国际货币基金组织和世界银行迫使科特迪瓦执行严厉的结构调整政策，农产品统购办公室（the Caisse de stabilisation des produits agricoles）被废除，咖啡和可可生产领域被迫对国际竞争开放。③ 此前通过新世袭主义约束政治分歧的机制被摧毁，作为博瓦尼政权基础的宝莱族种植园主和城市中产阶层面临危机，以种植园经济为支柱的"科特迪瓦奇迹"处于风雨飘摇之中。

在博瓦尼长达三十余年的统治时期，外来移民在科特迪瓦享有同样的公民权利，他们享有选举权，可以购置地产，获得政府职位。在科特迪瓦

---

① Jean-Philippe Colin, Georges Kouamé & Débégnoun Sorom, "Outside the Autochthon-Migrant Configuration: Access to Land, Land Conflicts and Inter-Ethnic Relationships in a Former Pioneer Area of Lower Côte d'Ivoire", *Journal of Modern African Studies*, vol. 45, no. 1, 2007, pp. 33 – 59.

② Dwayne Woods, "The tragedy of the cocoa pod: rent-seeking, land and ethnic conflict in Ivory Coast", *Journal of Modern African Studies*, vol. 41, no. 4, 2003, p. 648.

③ Richard Banégas, "Côte d'Ivoire", p. 539.

这样有着不同宗教群体、移民人口占全国人口四分之一左右的多族群社会，这种具有流动性的民族认同和公民身份概念是有益的，它为科特迪瓦经济发展带来生机与活力。但与此同时，"谁是科特迪瓦人？"这一民族国家建构进程中的核心问题被长期忽视，博瓦尼三十余年执政时期并未直接面对这一问题，而是故意采取模糊含混的政策，这在促进经济发展需要的同时，也为以后的发展埋下隐患。

3. "科特迪瓦性"与科特迪瓦危机

1990年，迫于内外压力，博瓦尼同意开放党禁，举行多党选举，不过还是击败了巴博（Laurent Gbagbo）所领导的科特迪瓦人民阵线（Front Populaire Ivoirien）而赢得大选。1993年博瓦尼去世后，继承问题出现了严重分歧，时任议长的贝迪埃（Henri Konan Bédié）继任总统，但面临着竞争对手瓦塔拉（Alassane Dramane Ouattara）的严峻挑战。在1995年大选前夕，瓦塔拉离开科特迪瓦民主党，成为共和人士联盟（Rassemblement Des Républicains）推出的总统候选人。

此时，结构调整政策、市场自由化以及可可价格暴跌，所有这些因素的共同作用导致博瓦尼所创立的新世袭主义权力体系根基遭受严重削弱，科特迪瓦人开始争夺此前留给外国移民的经济资源，各路政客更是纷纷鼓噪"外来人问题"的严重性，在他们的宣传中，问题的最突出表现是外国人占到总人口的四分之一以上，这使科特迪瓦土著人口面临着经济、人口和"文化"上被剥夺的危险，甚至对于国家主权也造成严重的政治威胁。在贝迪埃总统任内，穆斯林北方和基督教南方之间的分歧进一步扩大，针对移民劳工的攻击事件日益增多。

在这一背景下，贝迪埃为了巩固权力而抛出了臭名昭著的"科特迪瓦性"概念。它不仅成为了剥夺贝迪埃主要竞争对手瓦塔拉的政治借口，而且也回应了来自巴博的挑战，因为巴博早在1990年大选中既已提出了剥夺"外国人"投票权，贝迪埃只是"剽窃"了巴博的动员策略。[1] "科

---

[1] Guro Almås, "The political implications of economic adjustment crisis, reform and political breakdown in Côte d'Ivoire", in Cyril I. Obi (ed.), *Perspectives on Côte d'Ivoire: Between Political Breakdown and Post-Conflict Peace*, Discusion Paper no. 39, Nordiska Afrikainstitutet, Uppsala 2007, p. 16.

特迪瓦性"含义可以概括为"科特迪瓦人的科特迪瓦",主要基于区分"本土科特迪瓦人"和"有着移民祖先的科特迪瓦人",从而将他们等同于布基纳法索移民,暗示他们也是外国人,或者最多只能算祖先是外来移民的科特迪瓦人,这其中掺杂着仇外和仇视北方人的情绪。"科特迪瓦性"是通过选举改革和公民身份政策而实现制度化的,它实际上否认了他们的公民权。[1] 一些文人还组织起了"贝迪埃思想高校宣传组织"[2] 来宣扬"科特迪瓦性",他们的观点大致可以概括为:"科特迪瓦性"高度概括了科特迪瓦人从衣着、饮食到音乐和语言在内的文化特性;科特迪瓦人有着数百年的历史,因此真正的科特迪瓦人能够在科特迪瓦境内找到自己出生地;归化者虽然被认为是科特迪瓦人,但并不能算作"真正的"科特迪瓦人。[3]

"科特迪瓦性"概念从其诞生之日起就成为了科特迪瓦政治中的核心问题,科特迪瓦社会的"潘多拉魔盒"由此被打开了。[4] 1994 年,贝迪埃通过自己控制的国民议会制定法律,规定总统和立法机构候选人必须证明自己及其父母出生原籍是科特迪瓦。1995 年大选遭到瓦塔拉领导的共和人士联盟和巴博的科特迪瓦人民阵线的联合抵制,贝迪埃虽获胜,但并无太大合法性,这使得巴博和瓦塔拉声望日隆。值得注意的是,共和人士联盟也在操纵利用"科特迪瓦性"话语来博得北方民众支持,在他们的宣传中,瓦塔拉之所以被排斥在政治之外,是因为他是一个北方人、穆斯林。

1999 年 12 月,盖伊(Robert Guéï)发动政变推翻了贝迪埃,声称要彻底清除"科特迪瓦性"话语的政治毒害,这是科特迪瓦历史上的首次政变。然而,为了能够维持权力,盖伊在上台后迅速转变态度,为了确保能够在 2010 年 10 月总统选举中获胜,盖伊继续运用"科特迪瓦性"话语来剥夺瓦塔拉的参选资格。瓦塔拉和巴博联合抵制选举结果以示抗议,

---

[1] Abu Bakarr Bah, "Democracy and civil war: citizenship and peacemaking in Côte d'Ivoire", *African Affairs*, vol. 109, no. 437, 2010, p. 604.

[2] 法语名称为 Cellule Universitaire pour la Défense et la Promotion des Idées du Président Henri Konan Bédié, 简称 "CURDIPHE"。

[3] Henri-Michel Yéré, "Reconfiguring Nationhood in Côte d'Ivoire?", in Cyril I. Obi (ed.), *Perspectives on Côte d'Ivoire*, p. 60.

[4] R Marshall-Fratani, "The war of 'who is who'", p. 31.

而盖伊中断了选票统计,并解散了选举委员会,宣布自己当选总统。巴博支持者发动大规模街头抗议活动,迫使盖伊下台,巴博继任总统。

瓦塔拉要求根据包容性公民身份原则(Inclusive Citizenship)重新举行大选,不得剥夺北方人选举权。而巴博将自己视作"土著居民"利益代言人,继续坚持"科特迪瓦性"概念,暗示瓦塔拉并非土生土长的科特迪瓦人,因而没有资格竞选总统。[1] 2000 年修订后的宪法明确规定,总统候选人"出生地必须在科特迪瓦,其父母也必须出生在科特迪瓦。候选人必须未曾放弃过科特迪瓦国籍,也不能拥有其他国籍。候选人在选举前五年里必须不间断地居住在科特迪瓦,其在科特迪瓦居住时间不能少于十年。"这些法律条款实际上就是为北方政治领导人瓦塔拉"量身定做"的,瓦塔拉父亲被认为是来自布基纳法索,据称他曾持有布基纳法索护照,而且瓦塔拉在早年学生时代以及任职国际货币基金组织和西非国家中央银行官员时期曾长期居于国外。[2]

"科特迪瓦性"概念并不单纯是一种选举策略,更涉及国籍认定、土地分配以及公职任命政策等重大问题,对于北部地区发展产生了深远影响。作为"科特迪瓦性"概念的结果,北方人不仅感到自身在政治上被边缘化了,而且认为他们自己是政府所主导的公民身份歧视的受害者。根据 2001 年巴博政府认定的政策,"任何申请身份证件者,必须持有出生地所在村庄委员会的出生地证明,以证明自己的国籍。"[3] 然而,由于北部地区较为活跃的人口流动,再加上殖民时期和博瓦尼时代宽泛的身份界定,这一政策很难付诸实施,大量的北方人因为无法证明父母的科特迪瓦人身份而被剥夺科特迪瓦国籍。

巴博继任后试图将北方人从军队、警察和公职中清除出去,并代之以自己的支持者,"科特迪瓦性"话语的危害日益显露。"科特迪瓦性"所造成的恶果是,群体内部紧张关系本质上已经发生变化,土地和经济争端演化为政治和文化上的,南北仇视的社会动力不仅仅是社会经济上的,而

---

[1] John Akokpari, "'You don't belong here': citizenship, the state and Africa's conflicts: reflections on Ivory Coast" in Alfred Nhema & Tiyambe Zeleza (eds), *The Roots of African Conflicts: The causes and costs*, Ohio University Press, 2008, pp. 88 – 105.

[2] Jeanne Toungara, "Ethnicity and political crisis in Côte d'Ivoire", *Journal of Democracy*, vol. 12, no. 3, July 2001, pp. 63 – 72.

[3] Richard Banégas, "Côte d'Ivoire", p. 542.

且是政治、军事和宗教方面的。在"科特迪瓦性"概念主导下,所谓"外人"判断标准已经族群化,出生地、文化和宗教归属等取代了此前的经济和社会标准,而成为了身份认同的首要标准,这意味着"外人"不仅包括外国移民,也包括广大的北方民众,从而出现地缘政治集团(北方针对南方)和群体(北方人针对南方人)的严重对立。[①] 北方民众和外国移民成为了科特迪瓦危机的"替罪羊"。

2002年,巴博政府试图根据"科特迪瓦性"原则清洗军队,引起反政府军的反叛,这成为了内战的导火索。反政府军进攻阿比让和北方城市,但被政府军击败,随后退回北方。反政府军公开声称要推翻巴博政府,举行不排斥任何一方的选举,并恢复被遣散士兵职位。数支反政府武装合并成纪尧姆·索罗(Guillaume Soro)领导的"新力量"(Forces Nouvelles)武装。科特迪瓦分裂成了反政府军控制的北方和亲政府的南方,巴博支持者屠杀居住在南部的北方人,而北方反政府军也大肆屠杀南方人,到2003年底超过70万人流离失所,伤亡难以统计。[②] 自内战爆发后,土著话语表现出强烈的仇外和极端民族主义倾向,外国人和北方民众成为攻击目标,索罗坦承反政府军主要是对2000年大选结果不满,认为"科特迪瓦性"是彻头彻尾的仇外概念,他们的兵变是对于政客文人自20世纪90年代以来所鼓吹的针对北方民众的"意识形态变革"(*coup de force idéologique*)的一种反击。他们希望推翻巴博,举行不排斥任何一方的选举,从而确保北方人获得公民身份资格、平等参政,以阻止北方人的边缘化。[③]

三 危机的影响与走向

在瓦塔拉的领导下,科特迪瓦仍然在和解道路上艰难蹒跚前行,政治、地区和族群间的"裂痕"的相互交织可能导致后选举时代的严重冲突,仍然很难认为长期的政治军事危机已经结束,除非真正化解科特迪瓦

---

① Richard Banégas, "Côte d'Ivoire", p. 541.

② International Crisis Group, "Côte d'Ivoire:'The War Is Not Yet Over'", ICG Africa Report No. 72, ICG, New York, 28 November 2003.

③ Abu Bakarr Bah, "Democracy and civil war", p. 604.

危机的根源——彻底清除"科特迪瓦性"对于科特迪瓦社会的严重影响，实现社会真正的内部和解。因此，2002 年内战的教训值得借鉴。2002 年的科特迪瓦危机爆发后，包括联合国、非盟、西非国家经济共同体（ECOWAS）和法国等相关国际组织和国家的介入有效缓解了人道主义危机局势，为南北和谈创造了条件，但却未能从根本上消除科特迪瓦危机的根源。究其原因，主要在于国际社会在斡旋时所用的停火、权力分享、裁军、人权和选举等典型手段[1]，未能充分注意到公民身份和土著话语的重要性，而这恰恰是科特迪瓦危机的核心问题，因而导致一系列失败的和平协议，更引发了 2010 年的大选危机。

只有真正面对这一核心问题，才能从根本上消除科特迪瓦内乱的根源。具体而言，瓦塔拉政府当前所面临的挑战主要有：

首先，安全方面。军队是自 1999 年以来一直困扰着科特迪瓦的严重问题，军事领域改革也将是瓦塔拉政府所面临的首要任务。如果不能有效完成这一任务，那么军队中的不同派别将会继续制造动荡。2010 年 12 月至 2011 年 4 月的一系列暗杀事件导致安全机制的破裂。军队分裂使巴博支持者和瓦塔拉支持者，以及大批的机会主义者之间相互猜忌。当前最为重要的任务是将数千名的"新力量"军士兵吸纳入新的政府军之中。

其次是和解与正义问题。此前有 3000 多人死于内乱，因此实现和解是至关重要的。瓦塔拉总统上台后已经启动了对于巴博阵营中主要成员的司法调查，数名巴博支持者已经被指控，司法体系也在调查巴博阵营中多人的经济犯罪问题。然而，瓦塔拉政府必须避免作为胜利者身份来惩罚失败者，必须认识到自己阵营也存在着类似问题，但却未受到指控。

再者，避免挤压政治反对派的生存空间，从而与政治反对派实现和解。巴博领导的"科特迪瓦人民阵线"在经历选举和军事失利后，已经濒临崩溃边缘。只要它们放弃暴力和仇恨言论，瓦塔拉就应该创造条件为巴博支持者创造政治生存空间，从而为实现政治和解创造条件。令人忧虑的是，在 2011 年 12 月举行的议会选举中，瓦塔拉和盟友赢得多数席位，但是巴博支持者抵制投票。

最后，恢复满目疮痍的经济也将是一大挑战。科特迪瓦经济发展前景

---

[1] Andreas Mehler, "Peace and power sharing in Africa: a not so obvious relationship", *African Affairs*, vol. 108, no. 432, 2009, pp. 453 – 473.

良好。捐助国愿意援助这个拥有良好的基础设施和人力资源的世界主要可可生产国以及新兴的石油生产国。瓦塔拉也被认为是名谨慎的经济学家和管理者，但是他的执政团队需要遏制政府内的腐败行为，以赢得国际社会和投资者的信任。[①]

四　结语

科特迪瓦危机所反映出来的问题也在很多其他非洲国家有不同程度的反映，这折射出非洲民族国家构建进程的艰巨性和复杂性，并且对这些国家的经济和社会发展造成严重冲击。只有充分认识到这一点，才能更好地理解非洲冲突，进而探寻冲突化解的有效途径。对于瓦塔拉政府而言，最为紧迫的任务是真正实现政治和解，从而实现社会稳定，并为经济恢复与发展创造条件。

作者简介

李鹏涛，浙江师范大学非洲研究院政治与国际关系研究所副研究员，法学博士。主要从事非洲政治史研究。

---

① International Crisis Group, "A critical period for Ensuing stability in Côte d'Ivoire", *Africa Report*. No. 176, 1 August 2011.

非洲年度人物报告 2011

刘 云

2011年，北非国家风云突变，强大的群众运动推翻了利比亚的卡扎菲、埃及的穆巴拉克等政权。卡扎菲与穆巴拉克遂成为2011年非洲政治舞台上最受关注的人物。2011年在撒哈拉以南非洲国家备受关注的两个人物分别是科特迪瓦的巴博和赞比亚的萨塔。2010年11月底科特迪瓦总统选举后，巴博和前总理瓦塔拉均宣布获胜并分别宣誓就任总统，科特迪瓦陷入内战，巴博最后战败被捕。迈克尔·萨塔是赞比亚政治活动家，做了十多年反对派之后，终于在2011年9月的选举中以多数票击败班达，出任赞比亚总统。

一 欧麦尔·穆阿迈尔·卡扎菲

卡扎菲（1942—2011）是一个富有争议的人物，世人对他的评价毁誉参半。即便在被西方制裁长达十年的过程中，凭借丰富的石油资源，卡扎菲控制的利比亚成为非洲最富裕的国家之一。但长期的政治独裁和政治腐败引起的革命，又最终使他死于非命。

1. "九·一"革命

欧麦尔·穆阿迈尔·卡扎菲（Omar Mouammer al Gaddafi），1942年6月生于利比亚南部费赞沙漠地区苏尔特的一个柏柏尔人普通牧民家庭。

1963年，卡扎菲加入保卫国王的精锐部队——昔兰尼加卫队，进入利比亚皇家军事学院学习。1966年，在卡扎菲从班加西军事学院毕业的第二年，他获得了去英国培训的机会。半年的培训学习结束后，卡扎菲回到利比亚担任通讯兵团中尉军官。

1968年，利比亚国内形势急剧恶化。宫廷大臣、军政高级官员以权谋私，贪污腐败，巧取豪夺，敲诈勒索，无恶不作。黎民百姓生灵涂炭，怨声载道。当时的利比亚政局就像一堆干柴一样，一点即燃。利比亚各派政治力量都清楚地看到，伊德里斯王朝已处于风雨飘摇之中，王朝政权随时都有被推翻的可能。以卡扎菲为首的自由军官组织的领导人和骨干成员为发动政变作好了充分准备。1969年7月，伊德里斯国王去土耳其和希腊度假消夏。8月，国王在希腊首都雅典宣布退位。这一消息传到利比亚后，各种政治力量蠢蠢欲动。卡扎菲与他的战友贾卢德在的黎波里东南不远的塔尔胡纳召开了一次紧急会议，将政变时间确定为1969年9月1日凌晨2时30分。这是一场不流血的政变，卡扎菲采取的迅雷不及掩耳的行动获得了极大成功。穆萨·艾哈迈德率领的一队人马轻而易举地解除了卫队岗哨的武装，占领了军营。其他地区的政变行动基本上没有遇到抵抗。宫廷要员和军政高官基本上被拘捕。王储次日被捕后，立即表示效忠新政权。

1969年9月1日清晨6时30分，卡扎菲在班加西广播电台发布政变成功后的第一号公报。卡扎菲在公报中说："伟大的利比亚人民，为了履行你们的自由意志，实现你们崇高的愿望，诚挚地响应你们不断提出的变革要求和为之而奋斗的渴望，倾听你们对发动革命和起义的激励，你们的武装部队已采取行动，推翻了反动、落后和腐朽的制度。"[①] 卡扎菲宣布，一个新的利比亚诞生了，这是一个拥有主权的自由共和国，命名为阿拉伯利比亚共和国。一周以后，利比亚公布了由12人组成的国家最高权力机构——革命指挥委员会的人员名单。这场政变被称为"九·一"革命。

利比亚1969年12月曾颁布临时宪法。1973年，卡扎菲发动"文化革命"，宣布停止执行一切现行法律。1977年3月发表的《人民权力宣言》规定：《古兰经》为利比亚的社会法典；宣称利比亚信奉自由、社会

[①] ［英］戴维·布伦蒂：《民族领袖——卡扎菲传》，马福云译，时代文艺出版社2002年版，第77—78页。

主义和阿拉伯统一等原则。革命领导人是全国的最高政治领袖和精神领袖。这个宣言还宣布利比亚进入"人民直接掌握政权的民众时代",取消各级政府,代之以各级人民大会和人民委员会,同时在全国范围内普遍建立各级革命委员会组织。

2. 经济政策:从国有制向多元化变迁

卡扎菲上台之初,大规模推行国有化政策,将外国石油公司、外国银行、保险公司、外国人占有的农庄土地收归国有。1978年秋,政府接管了约200家私营企业;进行了住房、社会财富、土地的再分配;接管了所有商品进口企业和银行,并控制了外汇兑换。20世纪80年代初,国家又控制了全部国内批发和零售贸易,并于1984年建立了国营超市。同时,国家利用销售大量石油所得的美元建立了众多国营工矿企业和基础设施,长期实行计划经济体制。

在高度计划经济体制之下,经济效率日益下降。自20世纪70年代中期以来,政府长期忽视对石油工业的投资,导致整个80年代石油生产、石油出口、石油收入都急剧下降;人民的生活水平一直处于下降之中。经济危机带来了政治危机,引起了政治局势的动荡。1993年10月,军队中出现了一次针对卡扎菲的未遂暗杀阴谋。1996年6月14日,利特雷波利举行的一场足球比赛中,发生球迷骚乱,最后演变成了对卡扎菲的抗议活动。卡扎菲政权还面临着来自各个部落派别的反对,同时还有境外的反对派运动,政府不得不进行改革。

1988年利比亚政府根据总人民大会的要求,首先改革内外贸易体制。内容包括:取消国家对进出口的垄断,允许私人经营对外贸易;结束国内贸易管制,允许在零售贸易和服务部门建立私营企业;恢复了农产品交易市场。1993年7月,允许批发贸易自由化。[①] 1994年,为了给私人经营进出口贸易提供便利,第纳尔开始有条件地自由兑换。2003年开始,卡扎菲公开在总人民大会批评国营企业效率低下,提出当前经济改革的目标和政府工作的首要任务是实行私有化。他还鼓励外商来利兴建合资企业或独资企业,并指示对利的石油、银行、机场和国有公司进行股份化改造。卡扎菲经济改革的成就是明显的。从2003开始利经济明显好转,当年

---

① Middle East Economic Digest(MEED),18 September 1992,p.13.

GDP 为 339.32 亿第纳尔，增长率为 13%；2003 年至 2007 年 GDP 年均增长率为 8.38%。但是，利比亚的经济改革政策仍然存在着许多问题与缺陷。首先，改革政策具有很大的随意性。2002 年以来，许多改革措施都是以会议决定、政府规定、公开信函的形式对外颁布。改革法规的内容也有很大的随意性。

卡扎菲在 1969 年掌权后，依靠武力实现了国家的统一。他还迁都至的黎波里，将利比亚的政治重心向西转移，对东部基本上是不管不顾，尽管利比亚的很多石油财富都在东部。卡扎菲一定程度上利用部族之争维持了统治，并将自己的部族提拔到关键的安全岗位和决策岗位。他还通过定期改组整个政府，使潜在政治对手失去支持基础或威信，从而成功地抑制了其他政治权力中心的生长。在利比亚的政治忠诚遭受严峻考验之时，很多曾被卡扎菲冷落或压迫的部落起来反对他。瓦尔法拉的几位部落首领首先站出来，号召人们推翻卡扎菲。卡扎菲对于利比亚长达 40 年的领导并没有使得这个国家成为一个人民的国家。相反，利比亚是全世界贪污腐败问题最为严重的国家之一，卡扎菲本人在国外有着数十亿美元的存款和许多别墅，其家族经常和国家混用金钱。卡扎菲子女掌控着国家的经济命脉，他的八子一女涉足石油、燃气、酒店、媒体、流通、通信等产业。作为一个原油产量占全球份额 2% 的国家，利比亚所创造的石油财富并没有惠及普通民众，社会最下层百姓实际收入很低。

3. 统一阿拉伯的梦想与对非洲国家的外交

卡扎菲上台之后，阿拉伯统一是他魂牵梦萦的理想。但他统一阿拉伯的努力并不顺利。1969 年 12 月由纳赛尔、卡扎菲和苏丹总统尼迈里签署的"的黎波里条约"，曾经在原则上达成埃及、苏丹和利比亚实行统一的协议。但它仅是纸上的东西而不是现实的。1970 年 11 月 9 日，利比亚、苏丹和埃及宣布结成一个"联邦，以促进和发展团结合作"。叙利亚在 1971 年 4 月加入这个联邦。他们还计划把四国军队置于联合指挥之下，推选出单一的总统并设置总的联邦议会。1971 年 9 月 1 日是利比亚革命的两周年纪念日，埃及、叙利亚和利比亚的人民就他们国家的联合举行了投票，平均有 98% 的人投了赞成票。尽管人民都表示支持，但这个统一的协议从来就没能付诸实施。历史发展表明，不但阿拉伯的统一是一种不符合现实的乌托邦理想，就是利比亚与阿拉伯兄弟国家的关系也颇受挫折。联合国制裁利比亚之后，阿拉伯世界并没有支持卡扎菲。

卡扎菲反对美国的中东政策，致使利比亚与美国的矛盾不断加深。1980年，里根指责利比亚支持国际恐怖主义，宣布对利比亚实行全面制裁。1986年4月，美国对利比亚进行大规模空袭，两国关系降到了最低点。1988年12月发生的洛克比空难事件使利比亚与美国为首的西方国家的关系雪上加霜。联合国安理会于1992年4月15日开始对利比亚实行制裁，其中包括空中封锁、武器禁运、关闭利比亚航空公司等。1993年11月11日，安理会又将制裁范围扩大到冻结利比亚的海外资产、加强空中禁运、禁止各国向利比亚出售石油设备等。国际制裁使利比亚外交孤立、经济停滞、社会动荡。

为摆脱利比亚在国际社会中的孤立地位，卡扎菲急需获得新的外部支持。苏联和阿拉伯世界的支持曾经是利比亚两个主要的外交支柱，现在这两个支柱不复存在了。卡扎菲认为唯一可能从外交上支持利比亚的只有非洲国家。但是，在过去十多年来，利比亚与撒哈拉以南非洲国家的关系发展得并不顺利，卡扎菲收容了一支各国反政府势力组成的"伊斯兰军团"，要"解放非洲和第三世界"。20世纪80年代中期，利比亚多次卷入干涉别国内政事件，同许多非洲国家的关系严重恶化。

卡扎菲决心改变对非洲国家的外交关系。1988年5月25日，在非洲统一组织成立25周年之际，卡扎菲宣布愿意同肯尼亚、加蓬、扎伊尔、科特迪瓦、利比里亚、毛里求斯、塞内加尔、和冈比亚等八国恢复外交关系，作为向非洲统一组织的献礼。1992年3月，利比亚与利比里亚恢复外交关系；1994年5月，利比亚同南非正式建立外交关系。利比亚向一些非洲国家提供了适度的但非常重要的财政援助。其中1996年3月向尼日尔提供了200万美元的援助，向马里提供了20万美元的赠款。[①]

对利比亚来说，与非洲国家发展关系的意义是在它与西方国家的争端中有了一个坚强的后盾。1994年6月举行的非统组织外长会议通过决议，要求联合国取消对利比亚的制裁。[②] 1997年2月举行的非统组织外长会议宣布，在利比亚与西方国家的争端中支持利比亚。1997年6月在津巴布韦哈拉雷举行的非统组织首脑会议上，非洲国家向利比亚保证要采取行动

[①] Country Report (Economist Intelligence Unit, London), Libya, No2., 1996, p.12.
[②] Dirk Vandewalle, *A History Of Modern Libya*, Cambridge University Press, 2006, p.195.

解决洛克比争端。1998年6月在布吉纳法索举行的非统首脑会议宣布,所有成员国将立即停止对利比亚的制裁。卡扎菲随后对其他非洲国家宣布,利比亚意识形态已经从以阿拉伯世界为中心转变到以非洲为中心:"我已经将阿拉伯统一和阿拉伯民族主义的旗帜挥舞了40年,但是阿拉伯的统一并没有实现。这意味着我是在沙漠中讲话,现在我要讲泛非主义和非洲联合。"[①] 1999年4月僵局终于打破,两名利比亚公民交付给在荷兰的国际法庭以苏格兰法律进行审判,联合国随即宣布暂时停止对利比亚的制裁。同时,利比亚与欧洲国家的关系陆续恢复。由于利比亚在非洲政治舞台作用日益明显,美国也不得不考虑改善与利比亚的关系。2003年9月12日,联合国在英美的敦促下宣布解除对利比亚长达11年的制裁。2004年4月,美国也解除了对利比亚的制裁,利美关系开始朝着正常化的方向发展。

4. 利比亚内战与卡扎菲死亡

2011年发生在突尼斯的"茉莉花"革命很快波及到了利比亚。2011年2月15日开始,利比亚民众举行和平示威活动。最初的示威抗议从利比亚第二大城市班加西开始,并逐渐向全国蔓延,民众要求卡扎菲下台并进行民主变革,但遭到政府军的武力镇压。2月18日,卡扎菲发表电视讲话,声明自己不会下台,也不会离开自己的国家,表态要将示威民众消灭。之后,政府出动军警镇压示威者,导致和平示威演变成武装起义,反对派武装力量同利比亚政府军发生激烈军事冲突。其中,有不少政府军士兵倒戈支持反对派,一些军事将领跑到海外发表声明,宣称将加入反对派进行反卡扎菲武装斗争。2月26日,联合国安理会通过1970号决议,决定对利比亚实行武器禁运,禁止卡扎菲及其家人出国旅行,并冻结卡扎菲及其家人的海外资产。同时,利比亚驻外大使纷纷表示断绝与政府的关系。而反对卡扎菲的政治人物也在班加西组织全国过渡委员会,以推翻卡扎菲和举行选举为宗旨。由于反对派武装力量弱小,根本不是政府军的对手。3月中旬,政府军节节推进,很快逼近反对派大本营班加西,反对派力量危在旦夕。就在这个关键时刻,法国等西方国家推动联合国安理会在3月17日通过1973号决议,授权成员国在利比亚设置禁飞区,以保护利

---

① *Middle East Times*, 26 Sept. 1998.

比亚平民和平民居住区免遭武装袭击。决议还规定，会员国可以采取派遣地面部队之外的一切必要措施保护利比亚平民。3月19日，美国、法国、英国、意大利、加拿大等国组成的联军开始对利比亚发动代号为"奥德赛黎明"的军事行动。法国战机率先发动对卡扎菲武装的攻击行动，随后美国发射巡航导弹摧毁卡扎菲政府军事目标。西方的介入使利比亚战事发生了逆转。3月31日，北约接管对利比亚军事行动的指挥权，北约战机对利比亚政府军展开持续轰炸。由于北约没有派遣地面部队进入利比亚，而对反对派武装的培训需要时间，政府军和反对派之间经过一段时间的僵持阶段。到了8月份，形势发生显著变化，8月22日反对派攻下首都的黎波里。卡扎菲逃往自己的老家苏尔特。10月20日再次出逃时被杀。10月23日，全国过渡委员会宣告全国解放，战斗结束。

二　穆罕默德·胡斯尼·穆巴拉克

穆罕默德·胡斯尼·穆巴拉克（Muhammed Hosni Mubarak）任埃及总统30年，对埃及的政治经济发展作出了重要贡献，同时他积极推进阿以和平进程，配合美国在西亚北非地区的反恐战略，使埃及的国际地位不断提高。但是，长期的独裁带来的腐败问题和政治上的高压政策，使埃及民众对穆巴拉克政权积怨甚深，最终引发了埃及的政治动荡，宣告了穆巴拉克政权的终结。

1. 执政业绩

穆巴拉克于1928年5月4日出生于埃及曼努菲亚省。1949年、1952年先后毕业于埃及军事学院和空军学院，曾三次赴前苏联学习。1967年10月，任埃及空军学院院长，1969年6月任空军参谋长，参加了第三次中东战争并指挥空战，1972年4月出任埃及空军司令，并在同年5月兼任埃及国防部副部长。1973年1月他被阿拉伯国家联盟防御理事会任命为埃及、叙利亚和约旦三战线空军司令。1973年10月晋升为空军中将，并荣获"西奈之星"最高军事奖章。1974年4月，穆巴拉克晋升为空军上将。1975年4月任埃及副总统兼埃及军工署署长和原子能最高委员会委员。1978年他出任埃及民族民主党副主席，1980年5月兼任该党总书记。

1981年10月，埃及总统萨达特不幸遇难身亡后，时任副总统的穆巴拉克以98.46%的选票当选为埃及第四任总统，兼任武装部队最高统帅。穆巴拉克接任总统时，面临着严峻、困难的国内局势。经济不景气，通货膨胀严重，债台高筑，贪污盛行，腐败成风，社会治安恶化，暴力事件不断，恐怖活动猖獗。为了稳定国内政局，在进行政治改革的同时，把工作重心转移到国内经济建设上来。在政治方面，他强调法律的作用，要求所有人都应守法，同时又对大批政治犯和原教旨主义分子宽容处理，但对敌对分子尤其是伊斯兰原教旨主义极端分子则给予坚决打击。穆巴拉克采取的这些措施收到了一定效果，稳定了国内政局。进入20世纪90年代，他又采取一些民主化措施，坚决打击恐怖主义活动，解决了执政党与反对党之间的长期司法纠纷，国内的各种矛盾有所缓和。与此同时，他继续采取既积极又稳妥的方针，加大经济改革力度。他在财政、货币金融、汇率、商品价格、投资、改革国营企业及推进私有化等方面出台了许多新的举措，经济状况有所改观，取得了一定成绩。进入21世纪，穆巴拉克继续谨慎地推进经济改革，并已建立起开放型市场经济，私有化进程不断深入。

然而，埃及国内低迷的经济气氛令国民对经济改革的呼声越来越高。2004年埃及大选在即时，以总理奥贝德为首，大部分内阁人员宣布辞职。穆巴拉克任命新总理纳齐夫重整经济，在克服了严峻的经济形势后，新内阁取得了一定的成功。2004/2005财政年度，埃及股市增幅位居所有新兴经济体增幅之首。

不过，埃及居高不下的失业率令穆巴拉克饱受批评。同时，公众还认为，穆巴拉克只喜欢大企业以及对企业进行私有化，而对保护工人权益没什么兴趣。在埃及，私有化政策被广泛使用，大部分公共领域的公司股份都被出售了。在这种情况下，穆巴拉克仍参加了2005年新一任总统的竞选。由于国内外的双重压力，穆巴拉克在2005年2月26日要求埃及议会修改宪法，允许在2005年9月的选举中，举行有多名候选人存在的总统选举。然而，2005年9月7日的选举投票活动，被选举观察组织认为涉及大规模操纵选举。在上述组织的报告中，有观察表明穆巴拉克使用政府车辆运载公务员为他投票；同时还在贫困郊区和农村地区有给穆巴拉克投票的买票行为。厄尔尼诺—盖德党候选人（明日党）努尔对选举结果提出异议，并要求重新选举，最终努尔被判有欺诈罪，并判处五年徒刑。

2. 对外关系：积极推进中东和平进程

埃及是中东地区的一个重要国家，开罗为阿拉伯国家联盟总部所在地。埃及已与165个国家建立了外交关系，在阿拉伯、非洲和国际事务中发挥着重要作用。作为埃及的国家元首，穆巴拉克是中东地区和国际政治舞台上一位显赫的人物，备受关注。

穆巴拉克接任总统初期，基本上执行萨达特去世前的外交政策，继续奉行积极中立和不结盟政策；积极发展同美国的关系，争取美国在政治、经济、军事等方面给予更多的支持和援助；反对苏联霸权主义及其侵略扩张行径；继续执行同以色列媾和及关系正常化的政策；主动改善同阿拉伯国家的关系。[1]

穆巴拉克任总统后在外交上面临的最大困难是由于萨达特与以色列媾和，埃及被开除出阿盟，阿盟总部由开罗迁往突尼斯，多数阿拉伯国家与埃及断交，致使昔日作为阿拉伯世界中心的埃及在阿拉伯世界处于孤立状态。因此，恢复与阿拉伯国家的关系便成为穆巴拉克在外交方面的首要课题，他为实现这一目标作出了不懈努力。[2] 1987年11月在约旦首都安曼召开的阿拉伯国家特别首脑会议决定，任何一个阿盟成员国都可以根据本国的宪法和法律作出与埃及复交的决定。此后，大多数同埃及断交的阿拉伯国家相继与埃及复交。1989年5月在摩洛哥卡萨布兰卡召开的阿拉伯国家特别首脑会议通过了关于正式全面恢复埃及的阿盟成员的决议。埃及重返阿盟。

穆巴拉克支持中东和平进程，积极调解巴以冲突。但小布什入主白宫后，采取了进一步偏袒以色列的政策。以色列总理沙龙对中东和平进程采取强硬立场。"9·11"事件后，沙龙以反恐为由，不断向阿拉法特施压，多次扬言要推翻阿拉法特。2001年沙龙上台以来，埃以关系紧张。同年11月，埃及召回驻以色列大使。2002年4月，埃及宣布除为争取地区和平进程的接触外，中断与以色列的一切联系。在中东和平进程停滞的情况下，埃及难以发挥作用。

---

[1] 陈天社：《埃及对外关系》，中国社会科学出版社2008年版，第49页。
[2] 同上书，第132页。

在伊拉克问题上，埃及的态度始终是明确的。海湾危机爆发后，埃及反对伊拉克吞并科威特，认为伊拉克必须执行安理会有关决议，确保其邻国安全，同时强调伊拉克的主权和领土完整不受侵犯。主张是否改变伊拉克政府是伊内部事务，反对外来势力插手伊拉克内政。在伊拉克危机中，埃及反对美国对伊进行军事打击，认为美对伊开战将殃及伊无辜平民，对中东地区局势产生负面影响。伊拉克战争后，埃及主张尽快恢复伊拉克的主权和领土完整，由伊拉克人民管理自己的事务。

3. 突发变故：穆巴拉克下台并受审

2011年1月25日开始，由于不满物价上涨、失业率高和腐败等问题，埃及多个城市发生民众大规模集会，要求总统穆巴拉克下台。示威活动在开罗和亚历山大最为激烈，而开罗的示威游行活动主要在位于内政部大楼和执政党民族民主党总部附近的解放广场进行，参加抗议者达45000人。在亚历山大，有20000人参加抗议，伊斯梅利亚有2000人参加抗议。另外，阿斯旺、大迈哈莱等城市都对首都的抗议活动进行了响应。这一天的游行被称为"警察日"游行。抗议刚开始时，政府采取强力措施进行驱散。但示威者并没有因此屈服，并逐渐发展成为骚乱。穆巴拉克虽然命令军队将坦克和装甲车开进市区进行镇压，但军队并没有出现大规模向市民开枪的举动。1月30日，司法系统的数百名法官和埃及武装部队司令穆罕默德·坦塔维出现在广场上，表示了对革命群众的支持。1月31日，军方正式发表声明："武装部队将不会诉诸武力以对付我们伟大的人民。你们的军队知道你们要求的合法性，并愿意承接责任保护国家和公民，并保障每个公民以和平方式表达的言论自由。"[①] 由于抗议浪潮日益高涨，政府的态度也开始由镇压转变成妥协，穆巴拉克先后要求总理辞职，并任命情报局局长奥马尔·苏莱曼为副总统，民航部部长艾哈迈德·萨菲克为新总理，并表示自己不再寻求连任，自己的儿子也不会参加总统大选，并推进一些改革措施。关键时刻，作为穆巴拉克盟友的美国态度开始发生转变。美国总统奥巴马2011年2月1日也发表讲话，敦促埃及必须从现在开始实现有意义的和平的过渡。此言一出，外界认为奥巴马已经放弃了穆

---

① Egypt army: Will not use force against citizens, http://www.arabianbusiness.com/egypt-army-will-not-use-force-against-citizens-377654.html.

巴拉克。2月10日，穆巴拉克表示将继续执政到9月总统大选。结果激起了示威者更大的愤怒，民众要求穆巴拉克立即下台。2月11日，穆巴拉克辞职，将权力移交给军方。

2011年4月12日，对穆巴拉克及其次子贾迈勒的调查在沙姆沙伊赫正式开始。4月13日，穆巴拉克的儿子阿拉和贾迈勒被拘留。2011年8月3日对穆巴拉克的审判在首都开罗的一所警官学院举行。与穆巴拉克一同受审的还有他的两个儿子，以及包括前内政部长阿德利在内的七名前政府高官。

三 洛朗·巴博

2010年11月底科特迪瓦总统选举后，巴博和前总理瓦塔拉均宣布获胜并分别宣誓就任总统，科特迪瓦陷入政治僵局，暴力事件频发。联合国、非盟、欧盟等国际组织表示承认瓦塔拉当选总统，由于法国在冲突中支持瓦塔拉，加上联合国对巴博的制裁，巴博最后战败被捕。

1. 早期政治生涯

洛朗·巴博（Laurent Gbagbo）1945年5月31日出生于科特迪瓦中西部加尼奥阿省。先后获阿比让大学历史学士学位和巴黎第七大学博士学位。他曾任中学历史和地理教师以及非洲历史、艺术和考古研究院研究员，出过多本著作。1971年3月31日，因筹建独立教师工会被捕入狱，直到1973年被释放。1980年成为阿比让大学历史与考古学院主任，作为全国研究与教育工会成员，他参加了1982年的全国教师罢工，并因此而被迫流亡法国。1988年回国并秘密建立科特迪瓦人民阵线，任总书记。他曾经坚决反对菲利克斯·伍弗耶布尼（Félix Houphouët-Boigny）政府。

1990年实行多党制以后，巴博是1990年10月总统选举中唯一与伍弗耶布尼抗衡的候选人，结果他得票18.3%。在1990年10月举行的议会选举中，成为国民议会议员，人民阵线共赢得19个席位。[①] 1990年至1995年巴博一直是人民阵线议会党团主席。1992年他被以煽动暴乱罪被

---

① Robert J. Mundt, "Côte d'Ivoire: Continuity and Change in a Semi-Democracy", *Political Reform in Francophone Africa* (1997), ed. Clark and Gardinier, pp. 191–192.

判处两年监禁，但很快就被释放。1996 年他再次被乌拉加约地区（Ouragahio）选举为国民议会议员。同年他再次被选为人民阵线党主席。1999 年 7 月 9—11 日举行的人民阵线第三次普通代表大会上，巴博被推举为 2000 年 10 月总统选举的候选人。

2. 当选总统与民族和解政策

总统选举前夕，科特迪瓦军队总司令罗伯特·盖伊发动政变，并夺取权力。盖伊允许巴博成为唯一的反对派总统候选人。2000 年 10 月举行的选举中，盖伊取得绝对胜利，成为科特迪瓦统治者。总统选举的结果引发了激烈争议，两大竞选人盖伊将军和洛朗·巴博的支持者之间发生暴力冲突，盖伊被推翻，最高法院宣布洛朗·巴博在选举中获胜，巴博于 10 月 26 日就任总统。然而，50 多人在冲突中丧生。

巴博上台后，奉行民族和解政策。2001 年 10 月，巴博成立民族和解论坛，以解决造成人民对立的问题，包括国籍、土地所有权、引起争议的本届政府合法性以及安全部队的服务条件等。在论坛推动下，巴博总统、贝迪埃、盖伊将军和瓦塔拉于 2002 年 1 月 22 日和 23 日举行会议，会后发表公报，一致表示反对采取非民主手段获得政权，并使安全部队专业化。他们还商定组建一个基础广泛的国家选举委员会，并成立一个国家机构解决土地所有权问题。四位领导人同意组建新一届民族团结政府。科特迪瓦各主要反对党都参加了政府，执政党科特迪瓦人民阵线、瓦塔拉领导的共和人士联合会、贝迪埃领导的科特迪瓦民主党、沃迪埃领导的科特迪瓦工人党、盖伊将军领导的科特迪瓦争取民主与和平联盟等都参加了政府内阁。令人遗憾的是，民族和解论坛提出的建议没有全部得到执行。

3. 第一次科特迪瓦内战与和平进程

2002 年 9 月 19 日，约 800 名士兵因不愿按照计划于 2003 年上半年复员，对首都阿比让、第二大城市布瓦凯和北部城市科霍戈的军事设施同时发动袭击。政府安全部队迅速控制了阿比让的局势，但是叛军控制了布瓦凯和科霍戈，并占领了北部和西部区域的其他城镇。盖伊将军、他的几个家属以及内政部长埃米尔·博加·杜杜都在阿比让冲突中丧生。叛军打着科特迪瓦爱国运动的旗帜，要求巴博总统辞职、举行由所有派别参加的全国选举、审查宪法、结束南方人对国家事务的控制。新出现的科特迪瓦大西部人民运动以及正义与和平运动这两个武装团体于 2002 年 11 月占领了达纳内和芒恩两镇，使这场冲突变得更加复杂。两个团体宣称，其主要目标是为盖伊将军报仇，同时要求巴博总统辞职。

西非国家经济共同体（西共体）迅速采取步骤，谋求解决危机。2002 年 10 月 17 日，在时任西共体主席的塞内加尔外长谢赫·蒂迪亚内·加迪奥调停之下，爱国运动签署了停火协定，巴博总统也表示接受停火协定。2003 年 2 月 21 日，法国表示根据法科长期双边防务安排，法国的"独角兽行动"部队已在科特迪瓦驻扎。

2003 年 1 月 15—24 日，在法国的建议和推动下，科特迪瓦各政治派别和反政府武装全部派代表出席了在巴黎城郊马尔库西举行的圆桌会议。各方最终达成和平协议，同意组建民族和解政府。同年 3 月 8 日，科特迪瓦主要党派组成了包括反对派武装代表参加的民族和解政府。7 月 4 日，交战双方宣布结束内战，但解除武装计划一直未能实施。反对派武装仍控制着科北部地区，与政府军形成南北割据局面。同时，实施《马尔库西协定》的工作遇到严重障碍。科特迪瓦国防军领导人和签署《马尔库西协定》的主要政治派别领导人都拒绝将国防部长和内政部长职位分配给反叛运动，巴博总统也不愿按照协定的要求将必要的权力授予总理。2004 年 3 月 4 日，科民主党、共和人士联盟以及反对派武装等与支持总统巴博的党派矛盾激化，相继中止参与政府工作。25 日，首都阿比让爆发大规模反政府示威集会，要求全面执行《马尔库西协定》。政府出动了治安部队镇压，造成 37 人死亡，科政局再度恶化。

2003 年 7 月，在联合国、非盟和西共体以及十多个非洲国家领导人共同斡旋下，科各派在阿克拉达成了新的和解协议。根据协议，科特迪瓦应于 9 月底完成有关立法改革，并最迟在 10 月 15 日启动解除武装进程。但巴博拒绝举行所有政党候选人参选的民主选举，叛军也因此拒绝解除武装。巴博于 2004 年 11 月 6 日下令对叛军进行空中打击。在袭击布瓦凯的叛军时，法国军队的目标被击中，九名法国士兵被炸死。巴博政府声称是误炸。[1] 但法国政府认为是有意所为，并开始打击巴博政府的空中力量，

---

[1] Somini Sengupta, "Ivory Coast Violence Flares; 9 French and 1 U. S. Death", *The New York Times*, (7 November 2004).

最后几乎全部摧毁了科特迪瓦空军。[①] 2004 年 11 月 15 日，联合国安理会通过一项决议，决定立即对科特迪瓦实施为期 13 个月的武器禁运，以迫使科特迪瓦冲突各方早日重启和平进程。

2005 年 10 月 30 日，巴博的第一个总统任期届满，但他拒绝举行新的选举。而反对派和叛军反对巴博在没有选举的情况下连任总统。2007 年 3 月 4 日，巴博和反对派武装政治领导人索罗签署和平协议。双方同意在近期内组建新政府，恢复居民身份清查和解除武装进程，解散民兵组织并建立统一的军队，为早日举行大选作准备。索罗随后被正式任命为科特迪瓦政府总理。7 月 30 日，巴博在科中部城市布瓦凯主持"和平之火"仪式，正式启动科冲突双方解除武装进程，但工作进展缓慢。11 月 27 日，巴博与索罗就签署《瓦加杜古和平协议》附加协议达成一致，同意在 12 月 22 日重启解除武装进程，并在 2008 年上半年举行大选。由于科特迪瓦各方政治力量领导人认为筹备工作进展滞后，选举日期被再三推迟。

4. 2010 年总统选举与第二次内战

2010 年 10 月 31 日及 11 月 28 日，科特迪瓦举行了总统选举，而参与竞选的两个主要对手是巴博和阿拉萨内·瓦塔拉。选举举行了两轮投票。11 月 30 日，选举委员会宣布阿拉萨内·瓦塔拉赢得 54.1% 的选票。选举结果得到包括联合国、欧盟与非洲联盟在内的国际社会承认。巴博的政党抱怨选举存在欺诈，支持巴博的宪法委员会宣布选举委员会的声明无效，而且废除了九个北部地区的选票，宣布现任总统巴博获得连任，巴博随即宣誓就职。军队总司令菲利普·芒古率领一组高级官员对巴博总统宣誓效忠，并重申他们已经准备好执行总统交付的任何使命。但仍然掌控科特迪瓦北部大部分地区的前叛乱分子表示，他们不认可巴博总统的连任，并且相信瓦塔拉才是科特迪瓦的合法领导人。前总统巴博和前总理瓦塔拉的支持者分别走上阿比让街头示威游行，并多次发生暴力冲突，死伤无数。2011 年 2 月中旬以来，对立双方支持者之间的冲突逐渐在科西部地区和阿比让升级为武装对抗。支持瓦塔拉的武装人员与效忠巴博的安全部队还

[①] N. Navarro and A-H. Gnanih, "French foreign minister's visit is first since 2003", *France 24 International News*, 14 June 2008.

频繁发生重型武器交火。巴博的支持者主要来自信仰基督教的南方,而瓦塔拉的支持者主要是北方的穆斯林。

科特迪瓦的政治危机和暴力冲突引起国际社会高度关注。西共体、非盟等地区组织曾多次派代表赴科斡旋,试图通过和平方式解决危机,但均遭失败。2011年3月30日,支持瓦塔拉的反政府武装占领首都亚穆苏克罗,并威胁进攻巴博根据地、经济首都阿比让。同时,联合国安全理事会15个成员国全票通过1975号决议,"强烈谴责科特迪瓦暴力升级",敦促科特迪瓦各政治团体"尊重民众意愿和选举结果",决议要求巴博"立即下台",并决定限制巴博夫妇及巴博的三个主要助手出行,冻结他们的资产。联合国和法国维和部队则从4月4日开始配合瓦塔拉武装采取军事行动,巴博最终退守官邸内负隅顽抗。10日,为了摧毁巴博武装的重型武器,联合国和法国的部队开火攻击了巴博部队的阵地,巴博的官邸也在当天遭到联合国和法国部队的袭击。4月11日,巴博及其夫人在阿比让被瓦塔拉的士兵抓获,后被带到瓦塔拉的大本营高尔夫饭店。

2011年10月,国际刑事法院开始调查科特迪瓦选举后冲突期间的暴力行为。国际刑事法院首席检察官路易斯·莫雷诺·奥坎波(Luis Moreno Ocampo)前往科特迪瓦负责调查。最后,国际刑事法院正式对巴博发出逮捕令,指控他在2010年12月16日至2011年4月12日期间犯有四项危害人类罪:谋杀、强奸、迫害和"其他非人道行为"。国际刑事法庭在科霍戈正式逮捕巴博,并于2011年11月29日用飞机将巴博押送至荷兰海牙。巴博是第一个在国际刑事法院受审的前国家元首。

四 迈克尔·萨塔

迈克尔·萨塔(Michael Chilufya Sata)是赞比亚政治活动家,2011年9月23日起就任赞比亚第五任总统。萨塔是一个社会民主主义者,他领导的爱国阵线(PF)是赞比亚的主要政党。弗雷德里克·奇卢巴总统时期,萨塔曾任政府部长。20世纪的多党民主运动中,萨塔组织了爱国阵线,并成为政府反对派。作为反对党领袖,萨塔俗有"眼镜王蛇"之称。在2006年总统大选中,成为利维·姆瓦纳瓦萨总统的主要竞争者和对手,但被击败了。姆瓦纳瓦萨总统的逝世之后,萨塔又在2008年参加了竞选,但输给了鲁皮亚·班达总统。做了十多年反对派之后,萨塔终于在2011年9月的选举中以多数票击败班达，出任赞比亚总统。

1. 早期岁月

迈克尔·萨塔于1937年出生于北方省的姆皮卡（Mpika），并在那里长大。殖民统治期间，他做过警察、铁路职工以及工会工作。他在伦敦时也在铁路上工作过一段时间，负责打扫站台，他也曾在维多利亚火车站当搬运工。1963年，萨塔开始积极参加北罗得西亚的各种政治活动。赞比亚独立后，他通过自己的积极努力成为执政的联合民族独立党（UNIP）的成员，并在1985年任卢萨卡省省长。任省长期间，取得了许多工作成绩，街道变得清洁了，许多城市道路得到了修补，许多桥梁建造了起来。后来他因卢萨卡省卡布瓦塔（Kabwata）选区的支持而成为国会议员。虽然曾经与肯尼思·卡翁达总统关系密切，但他对卡翁达的独裁作风感到失望，并最终于1991年离开了联合民族党而加入多党政治运动。1991年弗雷德里克·奇卢巴在选举中击败了卡翁达之后，萨塔遂成为赞比亚最熟悉的面孔之一。多党民主运动执政期间，他曾多次担任劳工部、卫生部等部长。

2. 三次失败的总统竞选

2001年，奇卢巴总统提名利维·姆瓦纳瓦萨为多党民主运动总统候选人。萨塔在受到挫折后，离开了多党民主运动并成立了一个新党，即爱国阵线。他参加了2001年的选举，但并得票并不理想，爱国阵线只赢得议会中的一个席位。萨塔承认失败，并继续竞选。

萨塔再次参加了2006年9月的总统大选。面对在姆瓦纳瓦萨总统的经济改革政策，萨塔将自己打扮成一个民粹主义者，倡导改善穷人的生活条件和经济状况。在赞比亚大选中，候选人动辄以人身攻击和侮辱方式作为参选手段，萨塔的竞选言论同样非常尖刻。在一个重要的竞选活动中，萨塔在他的支持者面前撕开了一颗白菜，以此攻击姆瓦纳瓦萨总统。因为姆瓦纳瓦萨总统在1992年的一次车祸中受伤后，变得有点口齿不清，人们以白菜来形容姆瓦纳瓦萨的讲话障碍。塔萨还指责姆瓦纳瓦萨将赞比亚"出卖"给了国际利益集团。在这次竞选演讲中，他提到香港时将其称为"国家"，他还说台湾是一个主权国家。为了筹措竞选资金，年届68岁的萨塔不惜冒政治风险偷偷跑到邻国马拉维与一帮台商会面，他公开宣称如当选总统就与台湾建交,"驱逐来自中国、黎巴嫩和印度的商贩"。作为回应,中国指责了萨塔的这种不负责任的言论,并指出尽管中国对赞比亚的铜矿进行了大量投资,但如果赞比亚反对党领袖萨塔在大选获胜后与台湾建交,中国将与赞比亚断绝外交关系,并撤走全部中国资金。① 赞比亚的白人政治家、爱国阵线总书记盖伊·斯科特博士是萨塔竞选中的重要支持者。他曾在奇卢巴政府中担任过一些部长职位。萨塔同样得到了奇卢巴的公开支持。

萨塔得票在第一轮投票中处于领先地位,但在第二轮投票中姆瓦纳瓦萨占据领先地位,萨塔得票率居第三位。姆瓦纳瓦萨痛心地表示,萨塔之言行伤害了中赞纯洁友好的传统关系,违背了赞比亚"一个中国"政策。10月2日,赞比亚国家选举委员会正式公布选举结果,姆瓦纳瓦萨获得43%的选票,以绝对优势获得连任,而萨塔只获得了29%的支持。萨塔并不甘心失败,毕竟这可能是他政治生涯中最后一次机会豪赌总统宝座。不服气的他放出风来,说要组建并行政权,对抗姆瓦纳瓦萨总统领导的政府。姆瓦纳瓦萨警告萨塔说,在宪法之外另外设立政府,是叛国行为,是严重犯罪,要处以极刑。萨塔无奈中否认了组建并行政府之说,并表示接受选举结果。这场总统角逐最终还是以现任总统姆瓦纳瓦萨胜出画上句号。2006年12月初,萨塔因在8月份竞选总统时申报财产中弄虚作假被逮捕。警方对他进行了询问,最后被保释。如果罪名成立,他可能受到至少两年的监禁。作为一个犯人,他将无法担任公职。萨塔说,指控是出于政治动机,他在法庭上拒不认罪。12月14日,指控被撤销,理由是资产申报并不是竞选的必要条件。②

后姆瓦纳瓦萨遭受中风并在法国住院治疗。2008年7月15日,萨塔对姆瓦纳瓦萨的健康状况提出质疑。他声称,内阁应该派出一个医疗小组到法国对姆瓦纳瓦萨进行全面检查,以确定姆瓦纳瓦萨健康的实际状况。2008年8月姆瓦纳瓦萨在总统任上去世。8月25日,萨塔试图参加在东部省奇帕塔举行的姆瓦纳瓦萨的葬礼,然而,总统姆瓦纳瓦萨的遗孀莫琳·姆瓦纳瓦萨责令萨塔离开葬礼,她说塔萨的目的是要葬礼成为政治事

---

① "Profile: Zambia's 'King Cobra'", BBC News, 29 September 2006;《若反对派胜选 中赞可能断交》, http://news.163.com/06/0907/10/2QDLJA2C0001121M.html.

② "Zambian court quashes charges against Sata", AFP, 14 December, 2006.

件，萨塔从未与姆瓦纳瓦萨总统家族和解。保安人员将萨塔带离了葬礼现场。萨塔说他唯一的目的是哀悼姆瓦纳瓦萨，而且希望在姆瓦纳瓦萨遗体运送过程中保驾护航。他认为他与姆瓦纳瓦萨本人的和解，足以使他有充分理由参加葬礼。他还表示，莫琳·姆瓦纳瓦萨阻止他参加葬礼是不合适的。①

由于姆瓦纳瓦萨的去世，2008年后半年赞比亚将举行总统选举。在2008年8月30日举行的爱国阵线中央委员会的会议上，萨塔被一致推选为爱国阵线的总统候选人。接受提名后，他表示赞比亚需要"洗刷"和"清洗"；他还表示，姆瓦纳瓦萨的葬礼结束之前，他不会从事竞选活动。尽管2008年4月他曾心脏病发作，但萨塔说自己身体健康，状况良好。萨塔说，班达不会取得竞选胜利，因为看不出多党民主运动有任何优势可以赢得选举。他声称选举委员会和警方一直在操纵选举。虽然他在年初举行投票计票中处于领先，这反映了他在城市有大量的支持者，但随着农村地区的选票计算，萨塔的优势越来越小。11月2日的最后结果表明，班达得票超过了萨塔。班达得票率为40%，而萨塔的得票率为38%。

3. 2011年选举及其政策

2011年9月20日，赞比亚总统、议会及地方政府"三合一"选举正式拉开帷幕。总统选举无疑是此次大选的重头戏。赞比亚选举委员会最终确认，正式参选2011年总统选举的候选人共10名。现任总统、多党民主运动主席班达、爱国阵线主席萨塔以及民族联合党主席希奇莱马都是热门人选。这次赞比亚大选备受国际社会关注，美国和欧盟各派出了上百名观察员，非洲联盟、南部非洲发展共同体、东部和南部共同市场也都派出自己的观察员使团。各方都全力确保这个素有选举"和平摇篮"国家的大选平稳进行。中国成为竞选各方竞相讨论的话题。中国近年与非洲最大产铜国赞比亚商贸频繁，班达总统向来欢迎中国投资，走民粹路线的反对派领袖萨塔，则猛烈抨击中国在当地"肆意开发和剥削"。班达的竞选王牌，是赞比亚经济自他2008年上任以来急速发展，受惠于中国投资及铜价上扬，创造逾10万个职位。但这些政绩并未受穷人热烈欢迎，全国三分二人口每日收入仍少于两美元。2010年，科蓝煤矿的中方管理人员，

---

① "Zambian opposition leader, first lady clash", AFP (*IOL*), 25 August 2008.

在赞比亚矿工争取改善工资的抗议中，开枪打伤赞比亚矿工，更令中国议题尤为敏感。当地很多穷人认为，中国投资的真正受益者，只是贪腐的政府高官。75 岁的萨塔一直力争这些选民支持。2011 年 9 月 20 日赞比亚选举开始。2011 年 9 月 23 日，赞比亚全国选举委员会宣布，从 2008 年执政至今的现任总统，多党民主运动候选人班达得票 36%，萨塔得票 43% 而赢得选举胜利。曾对中国有过不友好表态的赞比亚最大反对党爱国阵线领袖迈克尔·萨塔将成为第五任总统，结束了"多民运"在赞比亚 20 年的执政。

萨塔有一个绰号"眼镜王蛇"，将他与世界上最危险的动物对比，一方面源于他犀利的言辞，另一方面源于他雷厉风行的作风。萨塔在竞选中特别强调保护劳工权益，因此他的支持者大多来自下层民众，特别是"铜带"等北方省份以及首都卢萨卡周围的年轻人。萨塔在选举结果公布前接受路透社采访时表示，如果他赢得 9 月 20 日的总统大选，赞比亚将继续保持与中国的经贸合作，并欢迎来自于任何国家的投资，承诺不会重征矿业暴利税。9 月 26 日，萨塔接见中国大使作为第一个官方活动，显示出对华和外资友好的迹象。萨塔接见中国大使周欲晓时，呼吁中国投资"要使两国民众都受益"。萨塔希望通过他上任后的首次官方正式会见，打消中国对他平常一些反华言论的担忧。萨塔说："我们欢迎你们投资，但投资应惠及赞中两国人民，这是一个双车道。我们应从金融上获益。中国投资者应遵守赞比亚劳动法。"①

作者简介

刘云，浙江师范大学非洲研究院教授。主要从事北非问题研究。

---

① 苑基荣：《赞总统称中赞是亲密盟友 欲打消中国对其反华言论担忧》，《环球时报》2011 年 9 月 28 日。

第二篇

政治与国际关系发展态势

非洲政治与国际关系年度形势概述2011

余文胜 徐伟忠

2011年是非洲政治与国际关系史上颇具特色的一年。非洲打破长期以来"北稳南乱"地区形势格局，北非出现"阿拉伯之春"，进入动荡与变革时期。黑非洲经受住北非动荡"传导"和"选举年"考验，维持了难得的稳定。但热点问题和非传统安全问题依旧突出，凸显非洲政治和安全痼疾。非洲一体化继续推进，但自主解决非洲问题的努力在科特迪瓦、利比亚等问题上遭遇严重挫折。西方借热点问题加强在非洲的军事存在，新兴国家以经济手段加强与非洲的联系，大国对非争夺依然激烈。

一 非洲大陆北乱南稳,政治形势经受严峻考验

1. 北非进入动荡和变革期

年初发端于突尼斯的民众抗议潮迅速席卷整个西亚北非地区，引发地区政治动荡"连锁反应"。此次动荡乃阿拉伯民众寻求民族复兴的一次新浪潮，对各阿拉伯国家政局形成强烈冲击，导致北非形势剧变。突尼斯、埃及和利比亚三国政权相继倒台，摩洛哥、阿尔及利亚和毛里塔尼亚虽保住政权，但被迫开启修宪、扩大民众政治参与等民主变革。此次动荡是西亚北非地区阿拉伯国家内部长期积累的政治、经济和社会等矛盾的总爆发，具有明显的"内生性"。政治上，强人长期独裁统治、贪污腐败积弊严重。本·阿里、穆巴拉克和卡扎菲分别执政23年、30年和42年，且

穆巴拉克和卡扎菲均欲让儿子接班。穆巴拉克倒台后，据中东财富评估专家统计其家族财富高达 700 亿美元。[①] 经济上，经济结构畸形、物价上涨。无论是产油国还是贫油国，均缺乏完整的工业体系，绝大多数日用品均需进口，近几年不断上涨的物价对民众生活影响颇大。社会上，失业率高、贫困加剧。阿拉伯世界 60% 的人口年龄在 25 岁以下。[②] 近十年中东北非国家失业率全球最高，普遍高达 25%—30%。[③] 从外部因素看，中东变局的产生与西方在中东推行的"民主"改造战略不无关联，而"推特"、"脸谱"、半岛电视台等信息传播工具直接起到了推波助澜的作用。

2. 北非动荡波及黑非洲部分国家

北非多国发生政治剧变对黑非洲产生传导效应，尤其对少数存在领导人或家族长期统治的国家的压力骤增。乌干达、喀麦隆、加蓬、塞内加尔、安哥拉、津巴布韦等国反对派乘机兴风作浪，要求领导人下台。但黑非洲少数国家的反政府抗议活动多属"借风扬土"，从规模、持续的时间和影响看，都无法与西亚北非动荡相提并论。北非动荡总体对黑非洲国家政治稳定冲击不大主要有以下原因。首先，黑非洲的政治氛围与阿拉伯世界有很大不同。前者已于 20 世纪 90 年代初经历了"多党民主浪潮"和政治变革的动荡期，阿拉伯世界所发出的变革诉求，多数黑非洲国家已经进行了成功或不成功的尝试。而且，黑非洲至今对当时动荡产生的破坏性后果记忆犹新，人心大都求稳，与阿拉伯世界人心思变形成很大反差。其次，黑非洲国家民众已获得参与政治、表达利益诉求的渠道。90 年代中后期黑非洲逐步建立的政治体制，允许民众在一定程度上参与国家政治，利益诉求的表达渠道也较前畅通，缓解了黑非洲不少国家政治和社会压力。而北非国家因长期强人统治，缺乏真正的政党竞争和民众参与，一旦出事，其结果往往具有摧毁性。

3. 多数非洲国家选举顺利举行

2011 年非洲进行选举的国家有 31 个，各类选举 50 余次，其中总统

---

① 《穆巴拉克家族敛财 700 亿美元》（http://style.sina.com.cn/people/p/2011-02-10/074473661.shtml，2011 年 2 月 10 日）。

② Peter Coy, "The Youth Unemployment Bomb", *Business week*, February 2, 2011, p.6.

③ 陈杰：《浅析阿拉伯国家的失业率问题》，《阿拉伯世界研究》2009 年第 6 期。

选举就涉及17国。① 除北非的埃及外，另外16个国家均为撒哈拉以南非洲国家。其中西非有6个国家，包括尼日利亚、贝宁、尼日尔、利比里亚、冈比亚、佛得角；南部非洲有3个，包括赞比亚、塞舌尔、马达加斯加；东非2个，包括吉布提、乌干达；中部非洲5个，包括刚果（金）、喀麦隆、中非、乍得、圣多美和普林西比。非洲"逢选易乱"特点和年初科特迪瓦选举争端演变成内战，令人对非洲能否安然度过"选举年"而担忧。上述黑非洲16国除马达加斯加选举推迟至2012年外，其余15国总统选举均已完成，多数国家选举顺利举行，少数国家虽有小惊但无大险。特别是4月份非洲第一人口大国尼日利亚总统、联邦议会、地方议会和州长选举总体顺利完成，及11月刚果（金）总统和议会选举避免了重现科特迪瓦式的"一国两主"和内战局面，使人们对非洲打破"逢选易乱"的怪圈重拾信心。不过在2011年黑非洲国家选举中违规、舞弊和暴力事件及反对党不接受选举结果时有发生表明，非洲民主制远未成熟，多党制与非洲国情的艰难磨合仍将持续很长时间。

二 一体化继续推进，自主解决非洲事务遇挑战

1. 经济一体化取得进展

2011年非洲继续分步骤推动大陆和各次区域经济一体化进程。非盟将"互联互通"作为推动一体化主轴之一，为强化落实，非盟于2010年启动"总统支持基础设施倡议"后，2011年1月非盟第16届首脑会议进一步落实具体项目由一国首脑负责的"包干制"。"互联互通"是非洲"一体化"和"非洲复兴"两大世纪目标的核心举措，非盟先后出台"行动计划"和"基础设施发展规划"，确定44条跨区域"交通走廊"，提出了2020年、2030年与2040年"三步走"方案。② 三个次区域组织联合行动是2011年非洲经济一体化又一重头戏，东非共同体、东南部非洲共同市场和南部非洲发展共同体6月发表联合宣言，正式启动三方自由贸易区

---

① African election calendar 2011, Electoral Institute for the Sustainability of Democracy in Africa, http://www.eisa.org.za/WEP/cal2011map.htm.

② NEPAD, African Union, AfDB, "AFRICA'S INFRASTRUCTURE OUTLOOKS 2040", http://www.pidafrica.org/Africa%20Infrastructure%20Outlook%202040.pdf, April 2010.

谈判，远景目标是建立单一共同市场，在未来三年内先期实现三大地区集团内货物自由贸易。规划中的三方自由贸易区将创造一个包括近7亿人口、国内生产总值为6250亿美元的自由市场，占非洲国内生产总值的58%。

2. 政治上努力构建和平、民主、良治、人权等共同价值观

2011年1月，第16届非盟首脑会议以"寻求共同价值，促进团结与一体化"为主题，通过了《非洲关于公共服务及管理的价值和原则宪章》，决定建立非盟委员会主导的"非洲治理平台"，强化非盟在监督和落实非洲共同价值观方面的职能。同年6月，撒哈拉以南非洲各国领导人在赤道几内亚首都马拉博召开"非洲互查机制"第15届论坛峰会。峰会前夕，已有31个国家自愿加入该机制。① 会议旨在加强非洲自主设计的集体民主监督机制"非洲互查机制"，促进非洲国家的良政建设。此外，2011年非洲还加大了对违宪政权、选举争议问题的集体干预，西共体、非盟等除继续利用中止成员国资格等措施向发生非正常政府更迭的几内亚、尼日尔等国施压，要求这些国家的掌权者"还政于民"外，还在监督尼日利亚总统选举等问题上发挥了积极作用。

2. 自主解决非洲事务遇严峻挑战

近年来，非洲在解决非洲事务中的作用有所增强，非盟、非洲次区域组织和区域性大国在津巴布韦、苏丹、索马里等问题上发挥了积极作用，尤其非洲国家在近两届欧非峰会有关制裁苏丹和津巴布韦政府等问题上显示高度一致，一定程度抵制了西方霸权。但2011年非洲自主处理政治危机遭遇较大挫折，当年非洲大陆经历了科特迪瓦、突尼斯、埃及、利比亚等多场危机，但由于成员国之间的分歧，以及西方坚持强力干预政策，非盟及非洲次区域组织并未在这些危机中发挥很大作用。在利比亚问题上，非洲遭受的挫折最大，尽管非盟提出了解决利比亚问题的路线图，但由于西方坚持改变政权、军事介入和武装反对派的做法，加之非洲各国意见不

---

① "Equatorial Guinea to become APRM's 31st member Wednesday", http://www.afrique-jet.com/equatorial-guinea-to-become-aprms-31st-member-wednesday-20110629l6845.html, 28 June 2011.

一致，尤其是安理会中三个非洲国家南非、尼日利亚、加蓬对安理会1973号决议都投了赞成票，严重冲击了非盟立场，最终非洲立场完全被西方忽视。担任2011年非盟轮值主席的赤道几内亚总统奥比昂在总结当年非盟工作时，对非盟在其中所扮演的角色感到失望，认为"由于成员国之间的分歧，非盟未能及时圆满解决每场危机，随后发生的外部势力军事干预给非洲人民带来了深重的苦难"，主张"非盟及成员国应尽快加强能力建设，避免外部势力在非洲为所欲为的悲剧重演"。[①] 事实表明，西方强权政治仍是未来非洲自主解决非洲事务难以摆脱的梦魇。

三 西方大国以军事手段加大介入非洲事务，干预主义趋向更加明显

1. 军事上加大介入非洲

2011年西方大国更加重视通过军事干预等"硬"手段推进对非洲战略，其对非政策的军事色彩和"干预"色彩明显增强。首先，武力干预非洲事务。法国军队直接卷入科特迪瓦内战和美欧对利比亚的军事打击行动，最终使西方支持的瓦塔拉坐稳总统宝座，使利比亚卡扎菲政权发生更迭。法国除带头干涉科特迪瓦和利比亚事务外，还积极参与非洲反恐。据肯尼亚军方发言人称，法军10月22日轰炸了索马里南部"伊斯兰青年运动"总部附近的一个城镇，首次证实法军直接参与打击索马里"伊斯兰青年运动"行动。[②] 其次，扩大在非洲的军事存在。美国以"反恐"为名在埃塞俄比亚、塞舌尔、吉布提等国打造无人机基地，向中非地区派遣特种部队协助乌干达打击反政府武装"圣灵抵抗军"。同时，加紧推进非洲司令部建设。目前非洲司令部已在非盟和西非国家经济共同体设立联络处，在利比里亚等国训练军队，开展反恐等安全合作。2011年新任司令卡特·哈姆就任后，重启司令部选址计划，表示非洲仍是司令部落户选择对象。法国与吉布提签署新的防卫协议，以取代1977年的协议。日本在

---

① 刘芳：《赤几总统奥比昂强调非洲不需要强加的"民主"》（http：//news. xinhuanet. com/world/2012-01/30/c_122626767. htm，2012年1月30日）。

② Abdi Guled and Tom Odula "French forces join fight against Somali militants", Associated Press, Oct. 24, 2011.

吉布提设立活动据点，系日本首次正式在海外建设自卫队活动据点。此外，增强对非洲军援和培训。美国在阿尔及利亚、布基纳法索、乍得、马里、毛里塔尼亚、摩洛哥、尼日尔、尼日利亚、塞内加尔和突尼斯等国开展反恐训练。美国向乌干达和布隆迪提供近4500万美元的军事装备，支持两国军队打击索马里"伊斯兰青年运动"；向肯尼亚军队和警察部队提供2400万美元援助，用于"打击恐怖分子、参与维和行动"。①

2. 外交上着重推广"民主"、"人权"

6月，美国国务卿克林顿访问赞比亚、坦桑尼亚和埃塞俄比亚，出席在赞比亚首都卢萨卡举行的第十届《非洲增长与机遇法》论坛。克林顿此行的目的除希望借论坛加强美非经贸联系、提高美对非影响力外，还欲借"阿拉伯之春"推动非洲民主改革。她在埃塞俄比亚非盟总部发言称，"旧的统治方式已不再适用"，非洲国家政府必须进行社会、经济和政治的全面改革，否则将同中东一样，遭"革命浪潮"冲击。② 此外，她公开指责中国在非搞"新殖民主义"，称中国对非援助和投资活动"并非始终与透明和良政等国际准则相一致"，中国的治理模式"短期、中期和长期都不值得非洲学习"。③ 11月，法国外长朱佩访问南非、尼日利亚期间，高调宣扬"民主"、"人权"。朱佩在南非国际事务研究所发表题为"新的世界治理"讲话中，指责南非拒绝在安理会谴责叙利亚巴沙尔政权，责问南非人民作为"非洲人国民大会"人权斗争的继承者"对叙利亚人民的绝望充耳不闻，对叙利亚发生的反人类罪听之任之"。④ 此外，西方还通过奖励"革命"和树立典型推进西式民主在非洲的发展。5月在法国多

---

① Jason Straziuso, "Somalia, Libya, Uganda: US increases Africa focus", http://sg.news.yahoo.com/somalia-libya-uganda-us-increases-africa-focus-205526688.html, Oct. 28, 2011.

② Matthew Lee, "Clinton presses Africa to sever ties with Gadhafi", Associated Press, Jun. 13, 2011.

③ Chris Maroleng, "Africa: Interview With U.S. Secretary of State Hilary Rodham Clinton", http://ayyaantuu.com/world/africa-interview-with-u-s-secretary-of-state-hilary-rodham-clinton/, 11 June 2011.

④ Vincent Hugeux, "Le marathon d'Alain Juppé en Afrique du Sud", http://www.lexpress.fr/actualite/monde/afrique/le-marathon-d-alain-juppe-en-afrique-du-sud_1050081.html, 11 nov 2011.

维尔峰会上,八国集团邀请已发生民主变革的埃及、突尼斯与会,宣布与西亚北非国家建立"多维尔伙伴关系",承诺将推出总计 400 亿美元的援助计划,其中 2011—2013 年向埃及、突尼斯提供 200 多亿美元援助,支持这些国家经济社会发展。[1] 八国集团还特别邀请科特迪瓦、几内亚和尼日尔领导人参加峰会。三国总统瓦塔拉、孔戴和优素福均长期为反对派领导人,近两年通过选举实现本国政党轮替。西方邀三国总统与会,有意将科特迪瓦、几内亚和尼日尔打造成非洲"民主的典范"。

四 新兴经济体不断加强对非合作,对非影响力稳步增强

1. 新兴经济体对非合作动作频频

5 月 24—25 日,第二届印度—非洲论坛峰会在非盟总部、埃塞俄比亚首都亚的斯亚贝巴高调举行,印度总理辛格率高级代表团出席,谋求与非洲国家建立新型伙伴关系,15 位非洲国家领导人与会。会上,辛格宣布未来三年向非洲国家提供 57 亿美元的贷款,修建一条埃塞俄比亚至吉布提的铁路,为数万名非洲留学生提供奖学金和网络课程,在多国修建人才培训中心,承诺支持非洲在联合国安理会获得一个席位。巴西新总统罗塞夫保持前总统卢拉对非洲的外交"热度",于 10 月 16 日至 20 日对南非、莫桑比克和安哥拉进行首次国事访问。11 月 17 日,罗塞夫宣布将在月底前向上述三国派遣促进出口代表团,以加强双边经贸合作。2011 年 12 月,俄罗斯在埃塞俄比亚举办"俄罗斯—非洲"国际商务论坛。

2. 对非洲经济影响持续增强

据 2011 年 7 月非洲开发银行等发布的《2011 年非洲经济展望》统计,在过去的十年里,非洲与新兴经济伙伴经贸关系快速发展,双方贸易额占非洲贸易总额的比重从原来的 23% 提高到 39%。目前,非洲前五大新兴经济伙伴分别是中国、印度、韩国、巴西和土耳其。2009 年中国取代美国成为非洲最大的贸易伙伴,2011 年中非贸易额突破 1600 亿美元,

---

[1] Falila Gbadamassi, "Tunisie et Egypte: le G8 leur octroie une prime à la revolution", http://www.afrik.com/article22964.html, 27 mai 2011.

对非各类投资累计超过 400 亿美元,在非投资的中方企业已超过 2000 家。据估计,中国每年对非洲经济增长的贡献达 20% 以上。非洲不少人因此认为,非洲未来将在很大程度上取决于能否善加利用"中国机遇",非洲需要依靠中国"释放经济发展潜力"。① 印度与非洲的经济关系不断加强,据印度贸易部长莎玛预测,印度与非洲的贸易额在 2015 年会从 2010—2011 年度的 450 亿美元升至 750 亿美元。俄罗斯近年来也有意经济上"重返非洲"。不久前,俄公司完成了安哥拉的"卡邦达"水电站建设,俄还准备参建埃塞俄比亚、吉布提、乌干达、博茨瓦纳、南非、纳米比亚等国的电力项目。

3. 金砖国家尝试在利比亚问题上发出一致声音

2011 年中国、印度、俄罗斯、巴西、南非同时担任安理会成员,这为金砖国家扮演更重要的国际角色提供了条件。尽管西方国家在解决非洲热点问题上依然强势,但五国在利比亚等问题上所表达的不同声音,使西方国家感觉到了压力。3 月,在利比亚设立禁飞区的联合国表决中,中国、俄罗斯、印度和巴西都投了弃权票。4 月,金砖五国发表《三亚宣言》,明确主张在利比亚问题上"各方应通过和平手段和对话解决分歧,联合国和地区组织应发挥应有作用",金砖国家"支持非盟关于利比亚问题的专门委员会提出的倡议",并再次重申避免使用武力的原则。② 6 月,在《中华人民共和国和俄罗斯联邦关于当前国际形势和重大国际问题的联合声明》中,中俄双方对利比亚危机表示关切,明确表示"为避免暴力进一步升级,有关各方必须严格遵守联合国安理会 1970 和 1973 号决议,不得随意解读和滥用"。③ 尽管金砖国家最终并未阻止西方按其意愿解决利比亚问题,但《印度快报》认为,在利比亚问题上"金砖国家在政治上对抗西方"的潜在趋势让主导世界秩序半个世纪的欧美感到非常

---

① 参见裴广江《中国机遇帮助非洲》(http://world.people.com.cn/GB/1029/42359/13567825.html,2010 年 12 月 24 日)。
② 金砖国家领导人第三次会晤《三亚宣言》(http://news.xinhuanet.com/politics/2011-04/14/c_121304907.htm,2011 年 4 月 14 日)。
③ 《中国和俄罗斯关于当前国际形势和重大国际问题的联合声明》(http://news.xinhuanet.com/world/2011-06/16/c_121546223.htm,2011 年 6 月 16 日)。

不安。[①]

五 非洲热点问题依然突出,安全形势令人关注

1. 黑非洲部分热点问题复杂难解

尼日利亚、科特迪瓦南北部族和宗教派别为争夺政治权力和经济利益长期角力,积怨颇深。南方基督徒乔纳森当选总统打破了尼日利亚执政党内"南北轮任、各任两届"的惯例,南北矛盾由此加剧,在南北方民族、基督徒和穆斯林杂居的高原州首府乔斯市等地宗教冲突不断发生。科特迪瓦选后危机引发的内战虽以外部武力干预收场,但危机背后深层次的南北部族和宗教矛盾未得到解决,迄今民族和解举步维艰。在刚果(金)东部地区,当地叛军以及来自邻国卢旺达、乌干达的武装分子不断制造抢劫、袭击等暴力事件,安全形势持续恶化。北南苏丹尽管已于7月9日正式"分家",但边界划分、石油利益分配及石油资源丰富的阿卜耶伊地区归属等问题一直悬而未决,双方不时出现紧张关系,均指责对方支持本国叛军。2011年下半年以来,苏丹政府军与亲南方的叛军"苏丹人民解放运动北方局"在南科尔多凡州和青尼罗河州不断发生武装冲突,安全形势严重恶化。据联合国统计,两州的冲突已使41.7万人沦为难民,当地的饥荒和营养不良水平已达"警戒水平"。[②] 此外,北南苏丹分离后,因双方一直未能就石油过境费达成协议,北方从12月起采取强硬措施,开始截留部分南方石油作为过境费,致使双方矛盾激化,未来双方因石油争端爆发战争的可能性增加。同时,北南苏丹各自国内安全挑战亦明显增大,苏丹达尔富尔最主要的叛军"公正与平等运动"同多支叛军组建"苏丹革命阵线",目标推翻巴希尔政府;南苏丹部落矛盾根深蒂固,琼莱州、团结州等地多次爆发部族冲突。2011年仅琼莱州部族冲突就造成1100人丧生,6.3万人流离失所。[③]

[①] 参见 C. Raja Mohan, "A Bag of BRICS", *The Indian Express*, http://www.indianexpress.com/news/a-bag-of-brics/774808/, April 12, 2011。

[②] Sudan Tribune, "Sudanese rebels say signed deal on aid", http://www.sudantribune.com/Sudanese-rebels-say-signed-deal-on, 41712, 25 Feb. 2012.

[③] AFP. "Over 3,000 killed in S. Sudan massacre", http://www.capitalfm.co.ke/news/2012/01/over-3000-killed-in-s-sudan-massacre-official-says/, Jan 7, 2012.

2. 恐怖袭击、海盗等威胁进一步增大

2011年北非"伊斯兰马格里布基地组织"、东非索马里"伊斯兰青年运动"和西非尼日利亚"博科圣地"等非洲极端主义组织活动猖獗，且相互渗透勾连趋势凸显，使北非萨赫勒地区、非洲之角、尼日利亚北部地区的安全局势继续恶化。此外，利比亚战争中原卡扎菲军队的武器大量流失扩散，有的已流入极端组织手中，令国际社会对非洲反恐形势更加担忧。据欧盟反恐协调官员戴科乔夫分析，目前"伊斯兰马格里布基地组织"影响的范围包括尼日尔北部、马里、毛里塔尼亚、尼日利亚北部以及塞内加尔南部的广大地区。该组织从前利比亚政府军军火库获得大量武器装备，实力明显增强，对地区安全的威胁升级。此外，马里北部恐怖活动、武器毒品走私和跨境犯罪十分猖獗，且"伊斯兰马格里布基地组织"在此设有训练营，被视为萨赫勒地区反恐的"薄弱环节"。卡扎菲倒台后数千名曾效力前利比亚政府军的图阿雷格族武装人员返回马里北部老家，使当地的安全形势更加令人担忧。索马里最大反政府武装"伊斯兰青年运动"一度控制首都摩加迪沙几乎所有地区及该国中部和南部的大部分地区。2011年该组织在摩加迪沙、索马里中西部和南部三条战线上与非洲联盟（非盟）驻索马里特派团和索政府军、埃塞俄比亚及肯尼亚军队作战，军事上遭遇沉重打击，继8月被迫撤出摩加迪沙后，其控制的地区迅速缩小。但该组织不愿坐以待毙，在摩加迪沙发动了一系列炸弹袭击事件。10月16日肯尼亚军队进入索马里追捕"伊斯兰青年运动"成员后，该组织扬言对肯军越境清剿行动进行报复。此后，肯首都内罗毕和北部边境地区连续发生爆炸袭击事件。被称作"尼日利亚塔利班"的"博科圣地"迅速壮大，袭击行动从以往的枪击发展为炸弹袭击，范围从尼东北部博尔诺州向首都所在的中部地区扩展。2011年该组织频繁制造恐怖袭击事件，其中8月26日对位于首都阿布贾的联合国驻尼代表处大楼发动自杀式汽车炸弹袭击，造成24人死亡；11月初在尼东北部的约贝州和博尔诺州发动五起自杀性炸弹袭击，共造成约150人死亡。更令人担忧的是，非洲上述三个极端组织之间已经建立了联系，试图通过共同训练等方式加强合作。美军非洲司令部司令卡特·哈姆9月14日表示，三个极端组织不仅对地区

安全构成"重大威胁",而且影响美国等西方国家安全。①

2011年索马里海盗未平,同时西非几内亚湾海盗问题又起,海盗对非洲安全的威胁增大。根据国际海事局的数据,2011年索马里海盗发动袭击事件237起,高于2010年的219起,占全球海盗袭击的一半以上。②索马里海盗活动范围已扩大到印度洋,所采取的攻击手段更为残暴。此外,几内亚湾海盗袭击数量增多,攻击范围扩大,暴力倾向上升,正成为世界海盗活动的新热点。国际海事局称,2011年几内亚湾发生海盗袭击64起,而2010年为45起。索马里海盗劫持人质为换取高额赎金,几内亚湾海盗以抢劫过往油轮为主,然后将货物销往当地黑市,以赚取高额利润。长期以来,几内亚湾海域是非洲石油、金属以及可可等出口贸易海上运输的主要通道,海盗袭击使西非地区每年损失20亿美元,进入贝宁科托努港的船只已减少70%。③几内亚湾海盗活动日益猖獗引起地区国家和国际社会广泛关注。继2011年9月尼日利亚和贝宁启动联合海上巡逻后,西非国家经济共同体、几内亚湾委员会等区域组织积极制定打击海盗的地区战略。10月30日安理会通过决议,对几内亚湾海盗和海上武装抢劫行为造成的威胁表示关注。

六 2012年非洲政治与国际关系趋势展望

2011年是非洲政治和国际关系史上热点纷呈的一年,稳定与动荡交织、非洲独立自主与西方强力干预不断碰撞的特点突出。展望2012年,非洲政治和国际关系领域的变化将围绕消化北非动荡带给非洲冲击、应对国际体系深刻变化带给非洲影响、继续艰难探索未来发展之路等几个方面展开,但"谋稳定、求发展"依旧是非洲未来发展的关键。

---

① Kimberly Dozier, "AFRICOM chief worries about terrorism in Africa", http://www.armytimes.com/news/2011/09/ap-military-africom-chief-worries-about-terrorism-091411/, Sep. 14, 2011.
② 裴广江:《索马里海盗去年发动袭击事件237起》(http://world.people.com.cn/GB/1029/42359/16926627.html, 2012年1月20日)。
③ 张建波、蒋安全:《美欧拟借反海盗为名扩大在西非地区军事存在》,《人民日报》2012年3月2日,第21版。

作者简介

余文胜,女,1970年生。毕业于北京外国语大学。1995年起从事非洲问题研究,曾是法国波尔多四大黑非洲研究中心访问学者。目前主要研究非洲政治、安全与国际关系,现为中国现代国际关系研究院副研究员。

徐伟忠,男,1962年生。1983年起从事非洲问题研究,访问过20多个非洲国家,熟练掌握英语和法语。目前是中国现代国际关系研究院西亚非洲研究所副所长、研究员,中国非洲问题研究会副会长,中国国际问题研究会非洲研究中心成员。

非洲地区武装冲突与维持和平行动

盛红生

2011 年，非洲大陆仍然处于深刻的动荡不安之中。传统安全和非传统安全问题并行存在，科特迪瓦国内选举导致内战、严重自然灾害导致粮食危机和公共卫生危机、索马里海盗猖獗、战争难民逃往邻国、南北苏丹之间爆发武装冲突、几内亚比绍和马里相继发生军事政变等也在继续困扰着这个多灾多难、古老而又年轻的大陆。与此同时，国际社会也通过联合国和非洲联盟等区域组织在非洲开展了一系列维持和平行动，为改善非洲安全形势作出了重要贡献，而在这其中又当以中国的独特作用最为突出。展望 2012 年，非洲地区的安全形势仍将十分严峻。从总体上看，非洲各国将在努力实现和平、促进经济发展和社会进步的过程中艰难前行，其中仍将充满着曲折、反复甚至倒退。

一　非洲地区的战争和武装冲突

自冷战结束至今，与人们的预期恰恰相反，非洲大陆的安全形势不是逐步改善，而是更加恶化了。殖民时期遗留的领土争端、[①] 宗教和种族矛

[①] 肖玉华：《埃厄边境争端与非洲之角的地区安全》，刘鸿武主编《非洲研究》第 1 卷，中国社会科学出版社 2011 年版，第 158 页。

盾等历史问题,以及贫困、[1] 落后和缺乏维持和平能力等现实问题,共同导致了非洲部分地区持续不断的武装冲突。联合国、非洲联盟等国际组织在协助非洲预防和制止冲突、促进经济发展方面作出了不懈努力,但非洲有关地区的冲突尚未平息,实现和平、消除贫困、文盲与疾病等工作仍面临很多困难。在这个宏大背景之下,2011年的非洲安全形势的确令人担忧。

1. 利比亚战争

北非国家的国内政治、社会危机积累已久,2011年初达到了顶峰并引发严重的社会动荡。受突尼斯、埃及民众通过街头政治成功推翻政府的影响,利比亚民众从2011年2月开始上街进行游行示威,起初是要求政府实施政治和社会改革,继而要求利比亚领导人卡扎菲下台。3月17日,利比亚政府军开始围攻反对派的大本营班加西。美国、英国和法国三国立即联手向联合国安全理事会施压,要求通过划定禁飞区的决议。当晚联合国安全理事会成员国以10票赞成、5票弃权的方式通过了第1973号决议,其中,俄罗斯、中国、印度、德国和巴西投了弃权票。决议要求在利比亚设立禁飞区,但不包括外国派遣地面部队占领利比亚。3月19日,法国、英国、美国等西方国家对利比亚展开了代号"奥德赛黎明"的军事行动。由此,利比亚内战升级为以卡扎菲政权为一方,以利比亚反对派和北约联军为另一方的国际战争。利比亚形势突变,多国军事干预利比亚的大幕由此拉开,成为西方大国利用联合国履行所谓"保护的责任"和进行"司法干预"[2] 的试验场。[3]

利比亚问题十分复杂,既有深刻的国内矛盾背景,又涉及利比亚与西方主要大国的关系等因素。联合国安全理事会通过的第1973号决议称"回顾其把2011年2月15日以来的阿拉伯利比亚民众国局势问题移交国际刑事法院检察官的决定,并强调必须追究那些应对袭击平民事件,包括空中和海上袭击事件负责者或合谋参与者的责任",但是当时并未明确究

---

[1] 世界经济年鉴编辑委员会编:《世界经济年鉴》(2011/2012),2012年,第162页。
[2] 宋杰:《国际关系中的司法干涉:新干涉时代来临》,《世界经济与政治》2011年第7期。
[3] 盛红生:《揭开空袭利比亚的人道主义面纱》,《法制日报》2011年4月5日,第2版。

竟通过何种法律程序将犯罪嫌疑人绳之以法。2011 年 5 月 16 日，国际刑事法院检察官莫雷诺—奥坎波（Luis Moreno-Ocampo）在海牙正式向该法院提出请求，要求对利比亚当局领导人卡扎菲及其儿子赛义夫（Saif Al Islam Gaddafi）以及利比亚情报部门负责人塞努西（Abdullah Al Sanousi）发出逮捕令。此次国际刑事法院提出对卡扎菲等人发出通缉令，显然是从法律角度配合和强化西方大国对利比亚的军事行动，对利比亚政府进一步施压，逼迫卡扎菲下台，又彻底断绝了卡扎菲等人流亡国外的退路，或许可以理解为一种"假借司法程序名义下实施的政治行动"。在另一方，2011 年 5 月 29 日，利比亚全国律师委员会在利比亚首都的黎波里召开了记者会，谴责北约的军事行动殃及无辜。并且表示由于受到死难者家属的委托，将会以战争罪正式起诉北约。至此，西方大国与利比亚之间的对抗已经从战场延伸到法庭，交战双方互相起诉的行动无疑将成为另一场新战争——法律战。① 但是由于受国际政治因素的制约，特别是国际刑事司法过程中长期存在"选择性司法"②的掣肘，期待法国和比利时两国国内法院受理利比亚起诉北约犯下战争罪的案件并最终判决北约罪名成立的可能性似乎不大。

2011 年 9 月 17 日，联合国大会接纳利比亚"全国过渡委员会"为利比亚唯一合法政府代表。③ 2011 年 10 月 20 日，卡扎菲被击毙，23 日，利比亚"全国过渡委员会"宣布全国解放。在赛义夫和赛努西分别被逮捕后，利比亚过渡政府表示将在利比亚境内对两人进行审判，并于 2012 年 4 月 10 日向公众展示首都的黎波里一处不久前修葺的法庭，以表明本国有能力审理赛义夫等人。但是国际刑事法院担心这样做是否公正，一直要求将他们引渡到海牙受审。这一国际争端迄今仍未得到解决。

2. 科特迪瓦内战

2010 年 10 月，科特迪瓦举行了十年来的首次总统选举。由于没有候选人在第一轮投票中得票超过半数而胜出，因此排名前两位的巴博和瓦塔

---

① 盛红生：《利比亚为何对北约打响法律战？》，《法制日报》2011 年 6 月 14 日，第 10 版。
② 盛红生：《"选择性司法"之困与国际刑事司法的发展》，《武大国际法评论》（第 14 卷），武汉大学出版社 2011 年版。
③ 《重建正式启幕 战事仍未结束》，《人民日报》2011 年 9 月 17 日，第 2 版。

拉进入了第二轮选举。11月28日，科特迪瓦举行了第二轮总统选举。大选结果表明，瓦塔拉战胜了现任总统巴博。次日，这一结果得到了联合国科特迪瓦特别代表崔英镇的证实。但巴博阵营控制的宪法委员会当晚宣布瓦塔拉的党派控制的北部几个地区的选票作废，并宣布巴博获胜。12月4日，巴博举行了总统就职典礼，而瓦塔拉亦宣布自己就任总统，自此出现了"一国二君"的政治僵局。两派支持者的针锋相对，迅速将政治冲突演变为街头暴力，继而升级为内战。据统计，四个月的冲突造成科特迪瓦国内严重的人道主义危机。① 据国际刑事法院检察官办公室初步调查显示，这次危机共导致至少3000多人丧生，72人失踪，520人遭到任意逮捕和拘禁，此外还有100多起强奸案的报告。2011年6月，应科特迪瓦总统瓦塔拉的要求，国际刑事法院检察官奥坎波向国际刑事法院法官提出请求，要求法院授权对科特迪瓦选举后危机期间被指侵权行为进行调查。科特迪瓦不是《罗马规约》的缔约国。这是首例国际刑事法院《罗马规约》非缔约国主动接受该法院司法管辖的案例，也是国际刑事法院迄今在非洲大陆开展的第七项"情势"调查。②

3. 索马里内战

索马里内战始于1991年，至今一直未能实现和平。在军事方面，埃塞俄比亚军队继2011年底攻占贝莱德文之后，又攻下了"青年党"武装的另一个重要据点拜多阿。拜多阿距摩加迪沙约250公里，曾经是索马里议会所在地，2009年被"青年党"占领。

2012年2月23日，索马里问题国际会议在英国伦敦举行，联合国、非洲联盟、阿拉伯国家联盟和包括中国在内的44个国家的代表参加了会议。索马里过渡政府以及该国自称独立的索马里兰和半自治的邦特兰地区都派代表与会。会议商讨了制订解决索马里问题的可持续的政治方案。参加会议的国家共同探讨了国际社会应如何进一步帮助索马里应对其国内问

---

① 《科特迪瓦国内冲突造成人道主义危机》（http：//news.xinhuanet.com/world/2011-04/09/c_121284698.htm）。
② 然而有西方学者认为非洲联盟对于国际刑事法院目前对非洲国家领导人进行调查或者提起刑事诉讼的做法缺乏公正。See Kapo Akanda, The African Union Takes on the ICC Again: Are African States Really Turning from the ICC, *European Journal of International Law Analysis*, July 26, 2011. http：//www.ejiltalk.org/page/17/，2012年4月29日访问。

题，讨论的主题包括索马里国家安全、索马里政治进程、地区安全、反恐、海盗问题、人道主义危机以及国际社会如何进行合作等7个方面。

4. 苏丹与南苏丹武装冲突

由于苏丹殖民时期南北分治导致裂痕，南北方长期在种族、宗教、文化上存在分歧，引发了南方脱离苏丹的诉求。南苏丹于2011年7月脱离苏丹获得独立。南苏丹独立后，双方在边界、石油、公民身份等诸多问题上仍有许多分歧有待解决。哈季利季油田是苏丹境内最大油田。南苏丹总统萨尔瓦·基尔2012年3月26日宣布，哈季利季地区属于南苏丹。① 其后双方在这一地区集结了军队，两国军队在哈季利季油田附近持续发生冲突。苏丹总统奥马尔·巴希尔于4月18日向南苏丹宣战，威胁推翻南苏丹现政府，夺回被南苏丹占领的石油重镇。联合国秘书长潘基文对苏丹和南苏丹持续的敌对行动深表关注，并呼吁双方立即停止战斗，尊重国际人道主义法，保护平民。南苏丹政府于2012年4月20日宣布，南苏丹总统萨尔瓦·基尔已经命令该国军队立即撤出他们占据的哈季利季油田。2012年4月20日巴希尔在庆祝收复哈季利季地区的群众集会上发表讲话说，南苏丹政府宣布部队撤出哈季利季的说法是不对的，是我们以武力赶走了他们，苏丹军队将在南科尔多凡州和青尼罗河州继续同当地反政府武装作战，直到彻底解放这些地区。在苏丹政府宣布收复哈季利季的消息后，喀土穆许多居民自发走上街头庆祝胜利。

2012年5月2日上午，联合国安全理事会通过第2046（SC. Res. 2046）（2012）号决议，确认苏丹和南苏丹边界沿线当前的局势对国际和平与安全构成严重威胁，并限时要求双方采取停止敌对行动、撤军、建立联合边界安全机制、无条件恢复和谈等一系列行动。决议草案提案国美国强调，双方如若不落实决议要求，安全理事会将考虑实施制裁，但是中国常驻联合国代表李保东在安理会投票后作解释性发言时说，中方高度关注北南苏丹局势，对双方关系近期持续恶化深感忧虑。他强调，中方一贯主张国际社会在北南苏丹问题上采取客观、公正和平衡的立场，避免选边站队或单方面施压，避免干扰非盟等有关地区组织和国家的斡旋努力。中国

---

① 《苏丹政府称南苏丹军队袭击其油田》（http://news.xinhuanet.com/world/2012-04/11/c_122958141.htm）。

对于制裁或威胁使用制裁一向持十分慎重的态度。

二 联合国和非洲区域组织的维持和平行动

自1948以来联合国实施的维持和平行动共计67项，正在进行的维持和平行动有16项，① 参加维持和平行动的总人数为98607人，其中军事人员82153人，警察人员14421人，军事观察员2033人，文职人员② 17758人，国际文职人员5468人，当地文职人员12290人，联合国志愿人员2421人。参加15项维持和平行动的总人数为118786人。参加16个由维持和平行动部指挥的维持和平行动的总人数为121046人。在维持和平行动中提供军事人员和警察人员的国家数目为117国，自1948以来在维持和平行动中死亡的总人数为2989人。

长期以来，非洲一直是联合国实施维持和平行动的重点地区。目前非洲正在进行的联合国维持和平行动就有7项。③ 联合国实施的维持和平行动对于促进在非洲地区停战停火、实现和平和维持和平发挥了重大作用。

除了联合国在非洲地区开展维持和平行动，非洲联盟也与联合国协调配合，在苏丹实施非洲联盟—联合国达尔富尔混合行动（达尔富尔混合行动）。值得注意的是，近年来非洲联盟为维持非洲地区的和平而采取的军事措施有明显扩大的趋势。2012年3月非洲联盟为打击乌干达反政府武装"圣灵抵抗军"组建了非洲联盟自己的部队。这支计划为5000人的部队由乌干达将军领导，部队分别来自乌干达、南苏丹、中非和刚果（金）。此外，欧洲联盟于2012年3月24日在南苏丹首府朱巴宣布，向近20年来遭受"圣灵抵抗军"危害的非洲人提供价值900万欧元的人道主

---

① 2012年4月21日，联合国安全理事会设立了"联合国叙利亚监督团"，自1948年以来的联合国维持和平行动共计为67项；正在进行的维持和平行动增加到16项。参见《联合国维持和平行动：维持和平概况介绍》（http://www.un.org/zh/peacekeeping/resources/statistics/factsheet.shtml）。

② 此项数据截止2011年12月31日。

③ 包括联合国南苏丹共和国特派团（南苏丹特派团）、联合国阿卜耶伊临时安全部队（联阿安全部队）、联合国组织刚果民主共和国稳定特派团（联刚稳定团）、非洲联盟—联合国达尔富尔混合行动（达尔富尔混合行动）、联合国科特迪瓦行动（联科行动）联合国利比里亚特派团（联利特派团）和联合国西撒哈拉全民投票特派团（西撒特派团）。《联合国维持和平行动》，联合国中文网站（http://www.un.org/zh/peacekeeping/operations/current.shtml）。

义援助。

　　索马里政局的变化也一直受到国际社会的密切关注。联合国安全理事会 2012 年 2 月 22 日就向非洲联盟驻索马里特派安全部队增兵的问题进行投票表决，决议获得 15 票一致赞成通过。该决议包含向非洲联盟驻索马里特派部队从目前的 12000 人增至 17731 人的增军计划，授权"采取一切必要措施"减少来自"青年党"及"基地"组织的恐怖主义行动，要求索马里当局"采取一切措施禁止木炭出口"。

　　除了非洲联盟，其他非洲地区组织在维持和平领域里也十分活跃。[①] 2012 年 4 月 26 日，西非国家经济共同体在科特迪瓦阿比让召开特别首脑会议，就马里局势与几内亚比绍问题进行磋商，决定将马里的过渡期限定为 1 年，对几内亚比绍则下达 72 小时最后通牒，并立即向两国派兵。在会后发布的最后公报中，西非国家经济共同体决定给马里 12 个月的时间进行过渡，过渡期满后举行总统大选。马里代理总统、过渡期总理及过渡政府的任期被延长至 1 年，以保障政策的延续性，使国家早日走出危机。公报敦促马里军方回到军营，履行其应尽的职责，不再横加干预国家政治，进行单方面的仲裁。西非国家经济共同体再次强调应尊重马里的领土完整，呼吁通过对话的方式解决马里北部危机，并决定分步骤地向马里派出部队，但首要任务是确保政权的稳定过渡，而不是武力介入马里北部。西非国家经济共同体还将致力于在马里北部开拓"人道主义走廊"，以方便粮食、医药用品等生活必需品的运输。在 2012 年 4 月 12 日几内亚比绍发动政变后，几内亚比绍军方一方面表示愿意恢复宪法，另一方面却同一些反对派政党达成协议，宣布组建"全国过渡委员会"，进入两年的过渡期。虽然该国首都比绍的秩序已基本恢复正常，但所有行政机关仍处瘫痪状态，包括代理总统佩雷拉与前总理戈梅斯在内的多名政府高官依然在押，国家经济社会生活受到严重影响。在本次首脑会议上，西非国家经济共同体重申对通过非民主方式篡夺权力的"零容忍"原则，再次严厉谴责几内亚比绍政变，强调不会承认违宪的"全国过渡委员会"，并要求立即释放被扣留的政府高官。根据会议公报，西非国家经济共同体向几内亚比绍军方发出最后通牒，限其在 72 小时内恢复宪法，否则将对几内亚比绍及军方相关人士实施全方面制裁。公报要求几内亚比绍在第一时间内组

---

① 郑先武：《非洲集体安全机制的创新与困境》，《社会科学》2011 年第 6 期。

建各政治派别广泛参与的过渡政府，并在 12 个月的过渡期后举行总统大选。西非国家经济共同体将尽快向该国派出近 600 人的稳定部队，以取代安哥拉的军事代表团，并为之后的政权过渡提供安全保障。据悉，该部队将由尼日利亚、科特迪瓦、多哥和塞内加尔等国的士兵组成。[①]

三 中国积极参与联合国非洲维持和平行动并发挥重要作用

特别需要强调指出的是，作为一个负责任的大国，长期以来中国为维持非洲地区和平与安全作出了突出的贡献。近年来，中国积极参与联合国维持和平行动，特别是联合国在非洲开展的维持和平行动。从 2003 年开始，中国加大了在维持和平行动上的力度和投入，[②] 向联合国在刚果（金）、利比里亚和苏丹的维持和平行动派出了成建制的非作战部队（包括工兵分队、医疗分队和运输分队）。中国维持和平人员和警察遵纪守法，素质过硬，敬业精业，受到了联合国和维持和平行动任务区东道国政府及人民的高度赞扬。迄今已有多名中国军官和警官在联合国非洲维持和平部队[③]中担任司令等高级职务。目前，中国成建制的维持和平部队主要集中在非洲，中国已成为非洲维持和平机制中的主体力量之一。中国参与的维持和平行动遍及了非洲很多国家，包括莫桑比克、塞拉利昂、刚果（金）、利比里亚、科特迪瓦、布隆迪、苏丹、埃塞与厄立特里亚等。[④]

四 总体评估

非洲地区大多数冲突的原因都是互相交织的。例如苏丹和南苏丹之间的冲突，就涉及历史、民族、种族、宗教和能源等因素。然而苏丹分裂的核心问题则在石油利益的分配上。石油是苏丹经济的主要支柱，70% 石油

---

① 《西非国家经济共同体将向马里与几内亚比绍派兵》（http://world.people.com.cn/GB/1029/42359/17768763.html）。
② 例如，2011 年 8 月中国宣布将向索马里提供价值 7000 万美元的人道主义援助。
③ 例如曾经担任联合国驻西撒哈拉全民投票特派团部队司令的赵京民少将等。
④ 王学军：《中国参与非洲和平与安全建设的回顾与反思》，《国际问题研究》2012 年第 1 期。

储量都来自几近赤贫的南方地区,不少油田产业更是分布在南北苏丹交界地带,利益关系错综复杂,而一半以上的石油收益归北方。北方是穆斯林占多数,而南方则是基督徒占多数,长期以来都是北方人在政治上占据上风。南苏丹是个内陆国家,没有出海口,要依赖从苏丹过境通过海运出口。苏丹的石油收入占本国收入的一半以上,由于内战和冲突也收到了严重影响。苏丹分裂后,南北两方的民族主义情绪极度升温,苏丹有人要求将目前居住在喀土穆的南苏丹人驱逐出境。此外,两国还有1800多公里长的边界也有待确定。

非洲地区的冲突虽然类型千差万别,但是原因却有惊人的相似性。仅以刚果(金)为例,虽然刚果(金)的局势已经有所好转,但是刚果(金)问题颇具典型性,可谓非洲问题的缩影。它外有大国利益交织、邻国武装干预的背景,内有地区、民族、党派对立,再加上军阀派系矛盾、占有资源之争和从缺乏从集权过渡到民主的制度性适应,各种问题千头万绪、纵横交织。虽然联合国已经将"联合国刚果(金)维持和平特派团"更名为"联合国刚果(金)稳定特派团",但是该国数十年来积累下来的深层次矛盾恐怕很难在短时期内从根本得到解决,实现持久和平和重建之路仍很漫长,联合国似乎在借更名进行自我安慰和自我肯定。

实践证明,解决非洲问题,促使非洲安全形势改善,除了以联合国为核心的国际社会做出努力之外,恐怕更多地还是应该依赖非洲的本土资源和力量来发挥作用。非洲联盟、西非国家经济共同体和南部非洲发展共同体等区域性组织以及有关非洲国家一直在为解决或和消除非洲武装冲突进行着不懈的努力,国际社会应以实际行动在政治、经济、财政和技术等方面提供必要的支持,帮助非洲国家提高预防冲突、维护和平、战后重建等方面的能力。某些地区和国家实现了停战和停火,但是冲突各方之间的矛盾和仇恨远非一朝一夕可以消弭。在这个方面,通过建立和实施"过渡司法"(Transitional Justice)机制,即对武装冲突发生期间大规模和严重侵犯人权的行为进行调查和清算,或者建立类似于南非"真相与和解委员会"之类的机构,达成和解,修补被撕裂的民族、种族或者族群[①]关

---

① 关于非洲地区族群冲突的问题,参见赵磊《非洲族群冲突的最新进展及冲突管理》,《当代世界与社会主义》2011年第3期。

系，对于防止和避免新的战争和武装冲突不失为一种有效的方法。[1]

综观 2011 年非洲地区的安全形势，人们可以发现有这样几个主要因素造成了非洲地区动荡的局面。首先是原先积累的国内和国际矛盾没有根本解决，突出地表现是南北苏丹关系问题。其次是世界性大国和地区大国的影响十分明显。[2] 他们在非洲有自己特殊的利益需求，或者是原先的殖民地宗主国（例如英国、法国和比利时等国），或者是将非洲地区视为重要的产品市场。经过上百年的历史进程，这种特殊的结构至今仍然未发生根本的改变。第三是各国对非洲的矿物资源和能源的需求，也从外部对非洲施加了相当程度的消极影响，同时容易引起非洲国家的强烈反弹。第四，区域性国际组织（如非洲联盟、西非国家经济合作组织和南部非洲发展共同体）在维持地区和平方面的作用虽然积极但是却极为有限，也存在某些地区大国借区域组织做大、做强称霸一方的风险。第五，影响非洲安全的根本原因短期内仍无法消除，在可以预见的未来非洲的安全形势难以从根本上得到改善。

在目前的情况下，中国政府应当高度重视非洲地区冲突的发展趋势，在联合国框架内积极参与国际社会在非洲地区实施的维持和平行动，支持非洲地区组织采取的维持和平行动和其他有助于防止武装冲突和促进和平建设的活动。在国际和平与安全问题领域，进一步扩大参与联合国在非洲的维持和平行动，以此巩固中国在非洲国家民众心目中的"爱好和平"、"伸张正义"、"主持公道"的国家形象。从宏观上看，这些努力将从根本上防止和减少非洲地区发生大规模武装冲突，对于已经基本实现和平（如刚果民主共和国）的国家维持和平状态并加快实现冲突后的重建更具有重要意义。借助于联合国或者非洲地区组织而在非洲显示中国的军事存在，在客观上也有利于中国争取在国际政治事务中的话语权，增强中国对非洲开展经济合作的政治和军事支持力度，进一步强化中国"负责任的大国"的国际形象，并从实践层面上加强维护和继续拓展中国在非洲的国家利益。[3]

---

[1] 盛红生：《论国际刑事司法机构的发展与国际法治》，《法学评论》2012 年第 1 期。

[2] 叶江：《从北约对利比亚军事行动透视美欧跨大西洋联盟新走势——兼谈西方军事同盟对外干预的新趋势》，《国际问题研究》2012 年第 1 期。

[3] Sheng Hongsheng, Empowering African States, *Beijing Review*, No. 47, November 16, 2011.

作者简介

盛红生，男，1960年10月生，浙江省高校特聘教授，浙江理工大学法政学院国际法教授，武汉大学法学博士（1996），硕士研究生导师。2004年4月至2005年4月在联合国驻刚果民主共和国维持和平特派团工作一年，任军事观察员队长、工兵参谋和联络军官等职，还被任命为"刑事案件独立复审委员会"主席审理四起国际刑事案件。一直从事国际关系和国际法教学与研究，学术兴趣主要集中于非洲问题研究、国际安全、国际组织法、国际人道法和国际刑法等领域。

非洲的非传统安全态势及其影响

王学军

非洲是一个各种安全问题交织丛生的大陆。除了部族矛盾、资源争夺、权力竞争引发的传统冲突与危机外，一些新的非传统安全问题在非洲也持续存在或增生，对非洲的和平、稳定与发展构成了严重的挑战。这些问题主要包括恐怖主义、海盗、粮食安全、气候变化、艾滋病、金融安全，等等。这些来自不同领域的问题相互交织、相互促进使得非洲的安全形势更为复杂和难以应对。

一 海盗问题

自2007年至今，非洲的海盗日益猖獗，已取代亚洲的东南亚成为世界上海盗最严重的地区。2007年，全球海盗袭击几乎一半被报告发生在非洲，尤其是索马里与尼日利亚。2008年非洲发生海盗袭击的189起，占了全球293起海盗袭击的64%；2009年为266起，占全球的64%；2010年为259起，占全球445起的比例为58%；2011年全球报告的海盗总数为439起，而发生在非洲的海盗袭击高达293起，所占全球比例为66.7%。自2008年起，全球海盗袭击的几乎60%以上发生在非洲。迪拜政经咨询公司Geopolicity最新报告指出，假如海盗问题未能有效解决，国际社会在2015年将要付出高达150亿美元的代价，较2010年增加1倍多。

非洲的海盗分布主要集中在亚丁湾、索马里为中心的非洲之角与尼日利亚为中心的几内亚湾两大地区，并且在东非与西非沿岸呈现扩散性分布趋势。东非是当前海盗最严重并且最受世界关注的地区，受海盗袭击威胁的地域从红海亚丁湾向南延伸至肯尼亚、坦桑尼亚、塞舌尔与马达加斯达及莫桑比克，向西到达印度洋、印度西岸、马尔代夫西岸等地区。与此同时，西非海盗数量与威胁性也日益上升，并呈现地区扩大化趋势，其分布从几内亚向南至刚果（布）和安哥拉。2010 年，国际海事组织开始将几内亚湾列为世界六大海盗热点地区之一。2011 年该沿海地区 9 个国家发生了 64 起海盗袭击事件，比 2010 年 7 国发生 45 起事件有所增加。

海盗问题对非洲和平发展构成了严重的影响。首先，损害非洲国家主要经济发展产业。西非的几内亚湾海盗活动不仅危及该地区沿岸国家，而且还危及依赖于海上进出口的内陆国家。据联合国的最新评估，海盗造成西非地区年经济损失达 20 亿美元。[①] 其次，妨碍非洲地区航运业与内部贸易及人道主义救援物资的运送。就西非而言，尼日利亚海上交通占了西非地区 16 国全部海上交通的 60%。尼日利亚海盗袭击大大影响了海运业的开展。就非洲之角而言，2011 年上半年，超过 500 万埃塞俄比亚人需要紧急粮食援助，2011 年索马里有 240 万人即其人口的三分之一需要粮食援助，而这些人道主义救援物资基本是通过海路运送的。由于索马里海盗袭击的风险，运送援助物资到非洲之角的成本变得更加昂贵，国际社会运送救济粮的能力大大降低。第三，加剧地区冲突与恐怖主义威胁，影响相关非洲国家的政权安全。非洲海盗与陆地上的反政府组织或恐怖组织都有一定联系。据最近联合国报告，虽然活跃于非洲之角的基地青年党可能并未与索马里海盗形成任何正式的联盟，但却存在一些共谋，包括一些临时性协议。例如，索马里基地青年党允许海盗团伙在索马里南部和中部建立基地，并向其提供武器、战斗培训与保护，以换取部分赎金和劫持获得的武器等战利品。在一定程度上，赎金和新武器可能进一步增强海盗犯罪集团或地方武装分子的实力，加剧索内部冲突，从而进一步对索马里临时政府安全构成挑战。尼日利亚海盗与尼日尔三角洲解放运动等反政府组织更是关系密切，他们往往相互勾结不仅威胁尼日利亚经济命脉石油及地区

[①]《几内亚湾海盗活动持续猖獗》，联合国新闻网站（http://www.un.org/chinese/News/fullstorynews.asp? newsID = 17293）。

航运业，而且对政权的合法性与稳定也构成直接挑战。

二 粮食安全

近年来，非洲连续出现粮食供应紧张状况，大有愈演愈烈的趋势。以南部非洲地区为例，1998年，31.5%的人口生活在贫困之中，到2008年，贫困人口的比例达43.5%。在1990—2009年间，DRC、斯威士兰和津巴布韦的饥饿人口在迅速上升。目前，南部非洲地区平均饥饿率在20%以上，15个南部非洲国家中，有9个国家的饥饿率位于警戒线之上。[①] 2011年，东非地区遭受了60年来最为严重的旱灾，继而引发了大范围的粮食短缺而造成的饥荒。2011年7月20日，联合国宣布索马里南北一些地区处于饥荒状态，成千上万的人因为饥饿而死亡，呼吁各界采取措施防止饥荒的进一步恶化。[②] 这是联合国30年来首次宣告索马里地区的饥荒。2011年对南部索马里的一项调查表明，严重营养不良在这一地域所有地区十分盛行，已经超过了20%，11个调查区有9个区严重营养不良率高达38%，在最严重的三个地区，这一比率超过了50%。美国疾病控制中心随后证实了这一结论。[③] 这一数字已经远远超出了粮食计划署的饥荒指标的域阀。在整个东非之角，1200万人急需食物、水和居留之所。为了寻找食物和水，索马里地区的难民以每天1200人的规模向索马里的达达布难民营迁移，该难民营的难民数量超出其容纳能力的300%。无论是死亡的人数，还是营养不良的水平，此次饥荒所造成的损失，其广度和严重程度都超过了此前较大的饥荒，如2005年尼日尔的饥荒、2001年埃塞的饥荒、1998年发生在苏丹的饥荒以及1992年发生在索马里的饥荒等。7月21日，联合国粮农组织呼吁国际社会筹措7000万美元的紧急

[①] U. S. Government Working Document, Southern African FY 2010 Implementation Plan, p. 5.

[②] 联合国粮食计划署关于饥荒的定义为：30%的儿童营养不良，20%的人口无法获得食物，每天2/10000的成人死亡率和4/10000的儿童死亡率。实际上，早在2010年11月，粮食计划署的"饥荒早期预警系统"就警示，东非地区将发生较为严重的饥荒。

[③] Somalia Famine-FAO Emergency Call for Funds, July 2011, http: //www. fao. org/filead-min/user_ upload/horn_ africa/docs/Somalia_ Famine-FAO_ Emergency_ Call_ for_ Funds_ 21_ july _ 11_ _ . pdf

援助，挽救索马里南部正在不断扩大的饥荒危机。

直到 2012 年 2 月 3 日，联合国才宣布索马里的饥荒结束，但联合国同时警告，当前在东非之角的饥荒虽然结束了，但东非的粮食供应状况依然紧张，外界的援助必须持续到来才能维持目前东非地区的粮食供应。就在联合国宣布索马里饥荒结束的同时，另一场饥荒正在离非洲的脚步越来越近。援助机构警告，由于撒哈拉沙漠的南移，萨赫勒地区的粮食减产，这将意味着 1200 万人需要粮食方面的援助。面对此起彼伏的非洲粮食不安全状况，美国驻尼日尔的美国援外合作署负责人约翰尼斯·斯科尔斯（Jihannes Schoors）表示，"我们需要解决粮食不安全问题的潜在原因，否则，我们将每年都面临一次危机。"[①]

根据联合国粮农组织的食品安全和营养分析数据和美国国际开发署的饥荒早期预警系统网的最新报告，显示索马里需要紧急人道主义援助的人数已从 400 万人降至 234 万人。粮农组织新任总干事 José Graziano da Silva 在新闻发布会上表示，"期待已久的雨水，大量的农业投入和六个月来的人道主义行动是带来这一改善的主要原因"，"但是，危机仍未过去。问题的解决只有在降雨继续，并且当地人建立起自我修复能力的长期行动，以及将救济与发展协调起来的行动结合起来，才有望解决这一问题"，"我们不能避免干旱但我们能够采取措施尽量低避免其发展为饥荒。"他同时强调，农业是重建这一地区合作和稳定的关键因素。

三 艾滋病问题

撒哈拉以南非洲是全球艾滋病的重灾区，至 2010 年中期，世界 68% 的艾滋病毒感染者和患者来自该地区，但这里的人口仅占世界人口的 12%。2010 年新增艾滋病感染者 70% 来自撒哈拉以南非洲，达到 190 万人，不过与 2001 年 220 万人相比，略有下降。由于采取了抗逆转录病毒治疗，艾滋病患者能够存活更久，所以 2010 年整个地区艾滋病患者的人口数在一定程度上增加了，达到 2290 万人，较 2001 年上升 12%。艾滋病在南部非洲、东部非洲及西部非洲存在三种不同的疾病流行模式。南部非

---

① Karistin Palitza, Gaet Teidouma, Lessons Unlearned: Why Another Gigantic Gamine Looms in Africa, Feb 10, 2012, http://www.time.com/time/world/article/0,8599,2106546,00.html.

洲的大多数国家艾滋病流行率一直处于高位；东非国家自 2000 年后持续下降，低于南部非洲；西非除了喀麦隆、加蓬和尼日利亚等几个国家外都处于低流行率，不超过 2%。

艾滋病对撒哈拉以南非洲和平与发展造成很大的负面影响。首先，艾滋病严重影响到许多国家的军队安全。由于军队的特殊性，精确的数据取证是困难的，但联合国艾滋病规划署估计艾滋病通过性传染在部队中高出一般人群的 2—5 倍。而且有迹象显示，艾滋病正在影响着非洲的军事力量。有学者认为艾滋病是撒哈拉以南非洲军事部队和警察部队的头号杀手，正在服役人员超过一半的死亡人口因为染上了该疾病。美国国家情报委员会评估认为艾滋病将使尼日利亚和埃塞俄比亚部队军官群体的配置复杂化。艾滋病在部队的流行产生消极的影响，大量训练有素士兵的死亡将削弱有生力量。士兵的训练不能一蹴而就，而且花费甚巨，一旦这些老兵因艾滋病而死亡，新兵训练不能及时跟进，军队难以为继。更糟糕的是，如果艾滋病传播不断扩大，部队的兵源都成问题。

其次，影响经济安全，造成严重的贫困问题。一项对布基纳法索、卢旺达和乌干达的研究统计显示，艾滋病将使得这些国家赤贫者的比例从 2000 年的 45% 增长到 2015 年的 51%。因为艾滋病斯威士兰的人类发展指数跌落明显，69% 的人生活在贫困线以下。据预测，艾滋病的迅速传播将使肯尼亚的人均收入在今后五年下降 5%，国内生产总值减少 14.5%，国民储蓄水平减少 15%。艾滋病使撒哈拉以南非洲各国政府背上了沉重的经济负担。以肯尼亚为例，由于艾滋病的盛行，现在该国每年必须拿出约 2500 万美元资金用于提供治疗服务，生产和购买药剂、安全血液制品和设备，进行人员培训，开展艾滋病宣传和研讨活动等。这些资源本可以用于经济发展，现在却只能用来填补艾滋病这个巨大的黑洞。

再次，降低平均预期寿命，劳动力大量损失，影响人口安全。艾滋病正重创撒哈拉以南非洲的劳动大军。联合国粮农组织统计，自 1985 年以来，撒哈拉以南非洲 25 个受危害最大的国家，因艾滋病导致 700 万农业人口死亡，到 2020 年时，将有 1600 万人死于艾滋病感染及其综合症。在马拉维，到 2020 年农业劳动力因艾滋病将会缩减 14%；莫桑比克、博茨瓦纳、纳米比亚和津巴布韦，国际劳工组织预计这些国家 2020 年农业劳力将丧失 20%。

四 气候变化

气候变化已经成为一种全球性挑战,非洲是对这一新威胁最敏感最脆弱的地区。它造成气候变化的责任最小,但却是气候变化最大的受害者。气候变化对非洲的影响主要取决于四个因素:气温升高的程度,降水的变化,极端天气的增加与海平面的上升。非洲在这四方面的现状与未来趋势既呈现出一些总体特点,也表现出复杂性与差异性。第一,从气候变暖的程度看,自1960—2000年间,非洲大陆气候总体上都呈现变暖的趋势,平均增温为0.7度。但气温变化各地也有差异。气温上升的地区包括萨赫勒、热带雨林区、南部非洲、东部非洲与北部非洲。非洲热带雨林的气温自1960年以来增加了0.29度,萨赫勒地区90年代期间增加了0.2—0.3度。赤道与沿海地区增温略低。在东非,沿海地区的气温呈现出降低的趋势。政府间气候变化专门委员会(IPCC)2007年评估报告的气候预测显示,在本世纪内非洲很可能变暖3—4度,高于全球气温上升的平均值。另一项研究试验显示非洲呈现更强的变暖趋势,本世纪北非6—8月气温升高9度,南部非洲9—11月升高7度。第二,从降雨量的变化看,IPCC报告的结论认为非洲的降水总体上普遍减少,但也表现出明显的地区差异性。自1960年至今,西非年度降雨量在下降,西非六国的沃尔塔盆地在1970—2002年间年降水下降了6毫升。而南部非洲不同地区,强降雨现象有所增长,东非则经历了双重降雨模式,即北部地区降水增加,而南部地区降水量下降。部分雨量增加的地区所增加的降水可能被气温增高至水蒸发而抵消。从趋势看,本世纪尽管东非地区降水可能增加7%,但在北非、萨赫勒地区(Sahel)与南部非洲降水可能大幅减少,年平均降水的减少幅度超过20%。第三,极端气候事件的增加。极端气候主要包括干旱与洪涝。非洲三分之一的人口生活在易发生干旱的地区。干旱主要影响地区包括萨赫勒、非洲之角与南部非洲,尤其是在1960年后。洪涝在有些非洲国家也常常反复发生,甚至在有些干旱地区如阿尔及利亚、突尼斯、埃及、索马里等也一直未能免于洪涝之灾。IPCC报告称,未来全球极端天气事件可能增加,到21世纪中叶,非洲旱灾可能发生的几率更高更频繁,而且持续时间则更长。最近一项研究表明,萨赫勒地区在本世纪更可能经历增加的极端干旱和洪涝灾害。从总体情况看,预计到2080年非洲地区干旱和半干旱土地会增加5%—8%。数百万人定期经历着干旱与洪涝的影响。

气候变化对非洲和平与发展也构成了不良影响：首先，影响农业生产，加剧粮食不安全。农业在大多数非洲国家在养活农村人口带动经济增长方面发挥着关键作用。农业产值占非洲GDP的20%—30%，占总出口价值的55%。85%以上的非洲人口靠农业及农业为基础的乡村活动而生存。[1] 非洲95%以上的农业是雨养农业，仅有4%的农田生产有灌溉系统，因而农业生产极易受降水变化的影响。过去50年间，由于缺乏灌溉系统、市场与政策支持、非洲农业生产力一直持续下降，是世界农业生产率最低的地区。非洲很多国家和地区的农业及粮食获得预计将因气候变化而受到严重影响。适合发展农业的地区，生长季节的长度以及生产潜能预计将降低或缩减，干旱与半干旱地区的边缘地区更为严重。到从2000—2020年，有些非洲国家的雨养农业产量可能年下降50%。这将进一步对粮食安全产生负面影响，加剧非洲大陆人口的营养不良形势。

其次，非洲一半地区将面临水资源压力。四分之三的非洲国家都将经历由于降水减少而造成的河水的大量缩减。即使在气候未变化的情况下，现在的人口趋势与水使用模式表明，非洲很多国家将在2025年前超过其可利用的陆地水资源的极限。在非洲降水总体减少的形势下，60万平方公里的地区将经历严重的水压力。到2020年大约7500万到2.5亿人口将面临由于气候变化而增长的水资源压力。到2050年，则有3.5亿—6亿人口面临水压力风险。水资源短缺问题在北非由于高人口增长率与水资源使用率而更为严重。到2025年，预计有21个非洲国家将经历水压力，9个国家面临极端缺水。

第三，气候变化影响非洲人的健康。气候变化被视为21世纪最大的全球健康威胁，其对健康的威胁将加剧贫富之间的不平等。由于营养不良、医疗条件差及清洁水或其他生活必需品的缺乏，健康威胁对乡村穷人更大，非洲在这一方面显得更为脆弱。非洲非常容易受到很多气候敏感型疾病的影响，主要有人畜共通传染病裂谷热，与洪涝与旱灾相关联的霍乱，疟疾等。由于气候变暖，这些主要的疾病杀手可能进一步扩散。例

---

[1] Shah et al. 2008，转引自Climate change and variability in Sub-Saharan Africa, trend and effect on agriculture and food security. p. 589。

如，气候变暖已经造成疟疾扩散到肯尼亚、卢旺达和坦桑尼亚等高原地区。这些因素对非洲现存的脆弱的健康医疗体系构成极大的压力。

第四，宏观经济和社会发展。气候变化的负面影响不仅体现在一些具体部门与领域，而且对非洲宏观经济发展造成不可估量的损失，而应对各种不利影响所需的巨大成本将进一步动摇非洲国家的经济与社会基础。联合国环境署估算，非洲气候变化气温增加1.5度，可能造成的经济损失相当于非洲GDP的1.7%。如果非洲平均气温到2060年增加超过2度，经济损失将超过非洲GDP的3%。到本世纪末温度增加4.1度，经济损失将达到GDP的10%。[1] 由前联合国秘书长安南、英国前首相布莱尔等人组成的"非洲进步委员会"（The Africa Progress Panel）发表报告称，如果不重视气候变化问题，非洲将无法实现大部分联合国所设定的"千年发展目标"，特别是到2015年将贫困人口减半的减贫目标。

第五，和平与冲突的后果。气候变化引起环境退化与荒漠化以及人口在一国内或跨国迁移，很容易引发不同部族、游牧民与农民之间的生存资源争夺战。而气候变化引发的日益短缺的水与土地资源往往成为诱发新冲突或加剧原有冲突的关键因素。在达尔富尔地区，近年来数十万人死于战乱，很大程度上是由于气候变化恶化了饮水和耕地的短缺（由于沙漠化），削弱了农业，造成了穷人之间对这些稀缺资源的争夺。据著名的非政府组织"国际警戒"（International Alert）的一份研究报告认为，由于气候变化，非洲有23个国家将面临"高风险暴力冲突"，另有14个国家可能发生"高风险的政治动荡"。

五 金融安全问题

非洲金融安全问题十分严重。据相关统计，1970—2007年全球共发生124次系统性银行危机（即一国金融机构遭遇挤兑、重大违约以及偿还危机，不良贷款急剧上升，银行自有资金消耗殆尽），208次汇率危机（本币30%以上的贬值或比前一年贬值10%），63次债务及债务重组危机。而在这期间，非洲54个国家中共有48个国家爆发金融危机，其中系

---

[1] AMCEN, 2011: Addressing Climate Change Challenges in Africa: A Practical Guide Towards Sustainable Development. p.121.

统性银行危机 42 次，占比 33.9%；汇率危机 72 次，占比 34.6%；债务危机及债务重组 45 次，占比 71.4%，这些比例远超过非洲经济总量在全球占比（见表 1）。

表 1　　　　　　　1976—2005 年非洲各国金融危机统计表

国家 \ 项目	系统性银行危机	汇率危机	债务危机	债务重组
合计（次）	42	72	23	22
阿尔及利亚	1990	1988，1994		
安哥拉		1991，1996	1988	1992
贝宁	1988	1994		
博茨瓦纳		1984		
布基纳法索	1990	1994		
布隆迪	1994			
喀麦隆	1987，1995	1994	1989	1992
佛得角	1993			
中非共和国	1976，1995	1994		
乍得	1983，1992	1994		
科摩罗		1976，1983，1989，1994		
刚果（金）	1983，1991，1994	1999	1976	1989
刚果（布）	1992	1994	1986	1992
吉布提	1991			
埃及	1980	1979，1990	1984	1992
赤道新几内亚	1983	1980，1994		
厄立特里亚	1993			
埃塞俄比亚		1993		
加蓬		1994	1986，2002	1994
冈比亚		1985，2003	1986	1988
加纳	1982	1978，1983，1993，2000		
几内亚	1985，1993	1982，2005	1985	1992
几内亚比绍	1995	1980，1994		
肯尼亚	1985，1992	1993		
莱索托王国		1985		

续表

国家\项目	系统性银行危机	汇率危机	债务危机	债务重组
利比里亚	1991		1980	n/a
利比亚		2002		
马拉维		1994	1982	1988
马里	1987	1994		
毛利塔利亚	1984	1993		
摩洛哥	1980	1981	1983	1990
莫桑比克	1987	1987	1984	1991
纳米比亚		1984		
尼日尔	1983	1994	1983	1991
尼日利亚	1991	1983, 1989, 1997	1983	1992
卢旺达		1991		
塞内加尔	1988	1994	1981	1996
塞拉利昂	1990	1983, 1989, 1998	1977	1995
南非		1984	1985	1993
苏丹		1981, 1988, 1994	1979	1985
斯威士兰	1995	1985		
坦桑尼亚	1987	1985, 1990	1984	1992
多哥	1993	1994	1979	1997
突尼斯	1991			
乌干达	1994	1980, 1988	1981	1993
赞比亚	1995	1983, 1989, 1996	1983	1994
津巴布韦	1995	1983, 1991, 1998, 2003		

数据来源：根据（Luc Laeven and Fabian Valencia，2008）整理。

目前，非洲金融安全依然面临很多问题，主要表现为银行体系较为脆弱、汇率波动频繁、通货膨胀率较高、债务问题依然严重。非洲的银行系统在规模上远低于国际平均水平。2009年非洲国家平均私人信贷在GDP中的比例为19%，而除非洲以外国家为49%；银行业务期限较短，风险较高，超过80%存款的期限和接近60%贷款的期限都在一年期以内；快速的银行体系扩张使得银行风险增加，在过去的10年至15年，非洲一些国家的本土银行发展迅速，南非标准银行、非洲银行和经济银行都大量增加了在非洲的分支机构。

表2　　2008—2010年部分非洲国家年均汇率（兑美元）及变化

国家	2008年	同比变化	2009年	同比变化	2010年	同比变化
阿尔及利亚	65	-5.80	73	12.31	74	1.37
安哥拉	75	-2.60	79	5.33	92	16.46
刚果（金）	559	8.12	810	44.90	906	11.85
埃及	5	-16.67	6	20.00	6	0.00
埃塞俄比亚	10	11.11	12	20.00	14	16.67
冈比亚	22	-12.00	27	22.73	28	3.70
肯尼亚	69	2.99	77	11.59	79	2.60
马达加斯加	1708	-8.86	1956	14.52	2090	6.85
毛里塔尼亚	238	-8.11	262	10.08	276	5.34
毛里求斯	28	-9.68	32	14.29	31	-3.13
莫桑比克	24	-7.69	28	16.67	34	21.43
纳米比亚	8	14.29	8	0.00	7	-12.50
尼日利亚	119	-5.56	149	25.21	150	0.67
塞舌尔	9	28.57	14	55.56	12	-14.29
塞拉利昂	2982	-0.10	3386	13.55	3978	17.48
南非	8	14.29	8	0.00	7	-12.50
斯威士兰	8	14.29	8	0.00	7	-12.50
坦桑尼亚	1196	-3.94	1320	10.37	1409	6.74
乌干达	1720	-0.17	2030	18.02	2178	7.29
赞比亚	3746	-6.42	5046	34.70	4797	-4.93

数据来源：世界银行非洲发展年鉴数据库（http：//databank.worldbank.org/ddp/home.do? Step=2&id=4&DisplayAggregation=N&SdmxSupported=N&CNO=1147&SET_ BRANDING=YES）。

在可获得数据的 46 个非洲国家当中，2008—2010 年汇率波幅超过 10% 的国家就有 21 个，其中肯尼亚、埃及、尼日利亚、南非等非洲主要大国的汇率均出现过大幅波动。而津巴布韦在 2003—2008 年期间由于其恶性通货膨胀更引发了史无前例的货币贬值。

通货膨胀率较高。部分非洲国家目前的通胀水平依然较高，个别国家经历了恶性通货膨胀。在可获得数据的 43 个非洲国家中，2008—2010 年通货膨胀率一度超过 10% 的国家就有 25 个，其中通货膨胀率较高的时间主要集中在 2008 年。2010 年非洲国家的通货膨胀率有所降低，但尼日利亚等 7 个国家的通货膨胀率依然保持在 10% 以上的高位。津巴布韦则在 2003 年至 2008 年期间经历了史无前例的恶性通货膨胀。2000 年津巴布韦的通货膨胀率为 56%，2008 年该指数恶化至 24411%。2009 年津巴布韦宣布津巴布韦元不再流通。

债务问题依然严重。据国际货币基金组织和世界银行的最新数据，2010 年撒哈拉以南非洲国家外债达 2310 亿美元。尽管这一地区每年接受 100 亿美元援助，但同时还要支付 140 亿美元以上的外债。东非共同体各成员国央行的数据显示，2010 年各成员国债务增长了 10% 至 25% 不等。南非储备银行称，南非仅 2010 年第三季度外债总额就增长了 140 亿美元，达到 939 亿美元。截至 2011 年 8 月，赞比亚外债总量较 2010 年底上升 7.7%。尼日利亚外债从 2010 年底的 45.8 亿美元上升至 2011 年 3 月底的 52.3 亿美元，3 个月内增长了 14.16%。

金融安全问题对非洲和平与发展进程的主要影响表现为：首先，金融安全问题导致非洲基础设施建设融资困难。基础设施建设薄弱是非洲和平发展面临的最主要问题。由于历史原因，非洲没有进行过相应的资本积累，导致基础设施建设面临巨大的资金缺口。据测算，目前非洲每年的基础设施建设需要约 1000 亿美元，而各国政府只能提供 530 亿美元，缺口高达 470 亿美元。由于资金缺乏，非洲大量的基础设施建设需要依靠各种金融渠道获得借贷资金，而脆弱的银行体系使得国内融资困难，沉重的外债使得流入的外资和外援不能满足非洲国家的需求，汇率波动使得吸引外来投资的能力有所不足，这些都导致非洲的基础设施建设缺乏稳定的资金来源，从而影响非洲的基础设施建设进程。

其次，金融安全问题导致本国及地区经济发展速度放缓。据统计，2001 年津巴布韦国内生产总值增长率为 0.68%，而在恶性通胀爆发的

表3　　　　　　　　2008—2010年部分非洲国家通胀率　　　　　单位:%

	2008年	2009年	2010年
安哥拉	12	14	14
博茨瓦纳	13	8	7
布基纳法索	11	3	-1
布隆迪	24	11	6
吉布提	12	2	4
埃及	18	12	11
埃塞俄比亚	44	8	8
加纳	17	19	11
几内亚	18	5	15
肯尼亚	26	9	4
莱索托	11	7	4
毛里求斯	10	3	3
莫桑比克	10	3	13
纳米比亚	10	9	4
尼日尔	11	4	1
尼日利亚	12	12	14
卢旺达	15	10	2
塞舌尔	37	32	-2
塞拉利昂	15	9	17
南非	12	7	4
苏丹	14	11	13
斯威士兰	13	7	5
坦桑尼亚	10	12	6
乌干达	12	13	4
赞比亚	12	13	9

数据来源：世界银行非洲发展年鉴数据库（http：//databank.worldbank.org/ddp/home.do?Step=2&id=4&DisplayAggregation=N&SdmxSupported=N&CNO=1147&SET_BRANDING=YES）。

2003年迅速跌至-16.95%，此后几年的增长率也为负数。在国际金融危机爆发以前，撒哈拉以南非洲、中东和北非等地区的经济都保持了5%—

7%的高速增长，而在金融危机爆发以后的2009年，两地区的经济增速分别大幅下滑至2.7%，2.6%。

第三，金融安全问题还引发非洲国家的政治危机及其他社会问题。1994年非洲法郎贬值以后，部分国家发生了劳工纠纷、示威游行和暴力冲突。在喀麦隆，公职人员因减薪而消极怠工，使得国家公职部门的运转处于半瘫痪状态。在科特迪瓦，政府实施了工资冻结和解雇的政策，工会则以自发罢工来报复。在加蓬，石油工人为了增加工资，举行不定期罢工。此外，暴力冲突使多个国家出现了流血事件。2008年国际市场粮食、原油价格飞涨导致非洲各国通胀高企，至少18个非洲国家被推向政经动荡的"临界点"。莫桑比克、喀麦隆、尼日尔、毛里塔尼亚、布基纳法索等国都因此而引发骚乱，伤亡数百人。国际货币基金组织预计金融危机导致非洲2009年增加700万的贫困人口（每天收入在1.25美元以下，折合人民币7.5元），2010年增加300万的贫困人口。

六 恐怖主义态势

过去的2011年目睹了非洲恐怖主义活动的增加，尽管近年来非洲反恐的力度比以前加大。当前非洲主要有三大恐怖主义势力：索马里的伊斯兰青年党（al-Shabaab）、萨赫勒地区伊斯兰马格里布地区（包括阿尔及利亚、马里、毛里塔尼亚、尼日尔）的基地组织（alAqaeda）、尼日利亚的博科圣地（Boko Haram）。此外，还有位于中部非洲（包括中非共和国、民主刚果与南苏丹）的圣灵抵抗军（Lord's Resistance Army）。在2009—2010年间，尼日利亚安全部队捕获并处死了数百个博科圣地成员，因而有人预言了博科圣地的终结。但从2011年情况看，该组织不但没有终结，而且成为地球上最活跃的恐怖组织，实施了更频繁威胁更大的爆炸袭击。从恐怖袭击的位置看，博科圣地恐怖袭击大都发生在尼日利亚北部，特别是迈杜故里附近地区。据不完全统计，2011年博科圣地至少实施了18起恐怖爆炸活动。影响比较大的包括2011年8月26日在联合国驻阿布贾代表处实施的严重爆炸及年末圣诞节期间组织实施的针对基督教堂的系列爆炸。

伊斯兰青年党继续在东非尤其在索马里引发人们的恐惧。这个与基地组织有密切联系的组织经常在索马里南部村庄和摩加迪沙发动袭击。最突出的事件是国外力量突然加入打击基地青年党的战斗。肯尼亚多年来不得不在内罗毕东部地区及北部应付基地青年党。2011年在游客与援建工人被绑架之后，大量肯尼亚部队开始跨越边界搜寻并破坏伊斯兰青年党的活动。

在北部非洲，过去10年，伊斯兰马格里布基地组织及该地区附近的军事极端分子实施的恐怖袭击活动增加了五倍，2009年高达204次。2011年袭击数量依然很高，达到185次。过去10年，该组织在阿尔及利亚、乍得、利比亚、马里、毛里塔尼亚、摩洛哥、尼日尔及突尼斯等国境内对国际与国内目标实施了1288起爆炸、谋杀、绑架等恐怖活动，造成2000人死亡，6000人受伤。2011年情报显示，马格里布基地组织通过恐萨赫勒地区的怖分子交易网络与拉丁美洲的卡塔尔建立了联系，进行毒品换武器的走私活动。最近还有证据显示，利比亚冲突中的武器包括地对空导弹可能落入了该组织之手。该组织对马格里布与萨赫勒地区的和平稳定构成极大的威胁。

作者简介

王学军，法学博士，浙江师范大学非洲研究院副研究员。主要从事非洲安全领域的研究。

世界大国、新兴国家与非洲关系态势

刘青建　王朝霞

世界大国、新兴国家虽然在国际关系领域没有严格的界定，但是至少应该包括20国集团的成员国。本文选择了2011年对非关系中最为活跃并各具特色的五个国家：美国、法国、印度、巴西与俄罗斯，探讨它们对非关系的态势。它们分别代表了发达国家（美、法）、发展中国家（印、巴）和转型国家（俄）。美国继续推行"民主"与"良治"，加大在非军事存在；法国干涉非洲事务，充当民主卫士；印度确立"多方位"合作策略，维护非洲国家利益；巴西发挥自身优势，深化对非合作；俄罗斯奉行实用主义外交，构建新的合作机制。

一　美国：继续推行"民主"与"良治"，加大在非军事存在

作为当今世界唯一的超级大国，美国奥巴马政府继续在民主、经济增长以及和平与安全三大领域加强与非洲国家的合作，通过经济、政治、外交等多种途径推行其"民主"和"良治"，加大对非洲的渗透。美国国务卿希拉里·克林顿在2011年6月13日非盟演讲时特别提出美国将寻求与非洲建立新的有活力的伙伴关系。[1]

---

[1] Hillary Rodham Clinton, "Remarks at African Union", http://www.state.gov/secretary/rm/2011/06/166028.htm, June 13, 2011.

针对西亚北非的政局动荡，2011年5月19日，奥巴马在国务院发表重要讲话，阐述中东北非变革冲击下的美国外交政策"新篇章"，表示美国欢迎促进自主与增进机会的变革，支持一系列普世权利，"将利用所掌握的所有外交、经济与战略手段予以支持"。在2012年国情咨文中，奥巴马表示"本地区人民的命运归根结底由他们自己决定，但我们将倡导那些使我们自己的国家受益匪浅的价值观"，同时"将支持有助于建设强大稳定的民主和开放市场的政策"。① 美国政府的具体做法是：第一，分而治之，促进地区民主变革。奥巴马已经完全改变了2009年在开罗演讲中将伊斯兰世界视作整体，寻求建立新的友好关系的思路，开始对利比亚、叙利亚、巴林、伊朗等国采取分而治之的政策。第二，给予正在向民主方向转变的国家以经济奖赏。美国要求世界银行、国际货币基金组织以及其他国家帮助埃及和突尼斯满足短期的财政需求；免除埃及10亿美元的债务，并提供10亿美元贷款担保；同国会协作建立了"创业基金"，推动海外私人投资公司（OPIC）启动了一项20亿美元的贷款计划支持对该地区的投资；推出"贸易和投资伙伴计划"等。②

2011年1月奥巴马关于中东北非政策的国会演讲和6月中旬克林顿的非洲之行，均反复强调"良政"对于非洲的发展与繁荣至关重要。

在经济领域，以《非洲增长与机遇法案》为平台，推动美非贸易持续增长。6月中旬，国务卿希拉里·克林顿出席了在赞比亚首都卢萨卡召开的第十届"非洲增长与机遇法案"论坛，强调了美非贸易对非洲的重要性和好处。③ 根据美国商务部国际贸易局统计，在《非洲增长与机遇法》下，2010年美国从非洲进口更加多样化，非石油类产品达到4亿美元，增长18%。对美出口位居前三位的国家是尼日利亚、安哥拉、

---

① The White House, Office of the Press Secretary, "Remarks by the President in State of the Union Address", http://www.whitehouse.gov/the-press-office/2012/01/24/remarks-president-state-union-address, January 24, 2012.

② The White House, Office of the Press Secretary, "Remarks by the President on the Middle East and North Africa", http://www.whitehouse.gov/the-press-office/2011/05/19/remarks-president-middle-east-and-north-africa, May 19, 2011.

③ 谢美华、穆东：《新闻分析：美国对非洲的贸易和投资政策亟待改善》（http://news.xinhuanet.com/world/2011-06/11/c_121522529.htm, 2011年6月11日）。

南非，分别占46.9%、18.4%、12.6%。① 美国从非洲的进口仍然主要集中在石油、矿产领域，真正受惠的非洲国家仅限于尼日利亚、安哥拉、南非等石油和矿物资源丰富的少数国家，美国对非洲的贸易和投资政策亟待改善。②

在军事安全领域，美国认为非洲的冲突对全球安全构成挑战，日益加大在非洲的军事存在。美国非洲司令部在军事行动中借助外交、技术协作和后勤支持与非洲国家开展合作。2011年美国在非洲的进展主要是"建立国际联盟，停止在利比亚的屠杀，并支持利比亚人民推翻了卡扎菲的统治"。③ 10月14日，奥巴马宣布派遣100名左右美军为围剿"圣灵抵抗军"（LRA）非洲多国军队充当顾问，提供情报、建议和帮助。④ 11月22日，美国与28个非洲国家参加了在摩洛哥举行的打击核恐怖主义全球倡议非洲扩大会议。⑤ 2012年2月7日，美国政府发布的"非洲事务简报"指出，其多年来的全方位战略旨在帮助乌干达、中非、刚果（金）、南苏丹以及非盟与联合国缓解和结束"圣灵抵抗军"对中部非洲安全的威胁。

二 法国：干涉非洲事务，充当民主斗士

2011年1月30日，作为自1963年以来首位受邀的法国领导人，萨科齐出席了非盟峰会开幕式并发表演讲。他呼吁通过联合国安理会等国际机构改革，提高非洲在世界政治舞台上的地位。法国尊重非洲国家的主权与民族自决权，联合国宪章与非洲联盟组织法规定的普世价值则应得到尊重

---

① Saliha J. Loucif, Sr. International Trade Specialist & David Rubin, *U. S-African Trade Profile*, Program Intern, U. S Department of Commerce, International Trade Administration, Market Access & Compliance/Office of Africa, 2010, pp. 14 – 17.

② 谢美华、穆东：《新闻分析：美国对非洲的贸易和投资政策亟待改善》（http：//news.xinhuanet.com/world/2011 – 06/11/c_ 121522529. htm, 2011年6月11日）。

③ 美国白宫官方网站（http：//www.whitehouse.gov/issues/foreign-policy, March 26, 2012）。

④ 韩曙：《美国出兵中非地区协助打击"圣灵抵抗军"》（http：//world.people.com.cn/GB/157278/15917403. html, 2012年3月26日）。

⑤ U.S Department of State, "U. S Participation in Morocco Conference on Nuclear Security and Nuclear Terrorism, http：//www.state.gov/r/pa/prs/ps/2011/11/177651. htm, March 26, 2012.

与促进。① 可是,当北非乱局发生后,萨科齐就把此言抛到了九霄云外,成为西方干涉非洲事务的急先锋。其一,直接参与利比亚战争,推翻卡扎菲政权。利比亚发生政局动荡后,3月10日,法国率先正式承认了利比亚反对派组织的"全国过渡委员会",并积极推动联合国安理会于3月17日通过了第1973(2011)号决议,在利比亚设立"禁飞区"②。随后,法国参加了对卡扎菲政府军的空中打击,扶持利比亚反对派力量,最终导致卡扎菲政权的彻底倒台。其二,军事介入科特迪瓦战乱,清除前总统巴博势力。法国明确支持瓦塔拉,并且积极推动联合国安理会于3月30日通过了要求巴博下台和对其实施制裁的第1975(2011)号决议③。之后,法国又以保护侨民为由,主张对科采取军事行动,最终活捉了巴博,并把他交给了瓦塔拉政权。以上事实表明法国的对非政策发生了较大变化,一是仿效美国输出民主,关注意识形态与价值观的推广;二是以联合国决议、授权为幌子,在欧盟、北约的组织框架内,打着人权、防止人道主义危机的旗号,对非洲进行军事干预。

在经济发展和气候变化等领域,法国继续推行新非洲政策,采取援助与合作相结合的方式。4月11日,法国政府主持召开了第16届非洲新伙伴论坛。7月,作为二十国集团轮值主席国,法国要求联合国粮农组织召开紧急会议,应对非洲之角大饥荒。根据经济合作组织统计,法国2011年官方发展援助出资额比2010年下降了5%,但同期对非洲的援助却增加了2%。④ 2011年联合国德班气候会议期间,法国政府公开表态愿意协助发展中国家应对气候变化,为此推动二十国集团峰会在征收金融交易税

---

① Nicolas Sarkozy, "African Union Summit-Speech by Nicolas Sarkozy", http://www.diplomatie.gouv.fr/en/country-files/africa/african-union-au/france-and-the-au/article/african-union-summit-speech-by. January 30, 2011.

② 《联合国安全理事会第1973(2011)号决议》(http://www.un.org/zh/focus/northafrica/s1973.shtml。2011年4月5日)。

③ 《联合国安全理事会第1975(2011)号决议》(http://www.un.org/chinese/aboutun/prinorgs/sc/sres/2011/s1975.htm。http://www.un.org/zh/focus/northafrica/s1973.shtml。2011年4月5日)。

④ France Diplomatie, "Official Development Assistant", http://www.diplomatie.gouv.fr/en/france-priorities/development-and-humanitarian/events - 2139/article/official-development-assistance-q, April 5, 2012.

方面取得进展。① 法国与肯尼亚共同发起巴黎—内罗毕气候倡议,致力于建立新能源模式,这被视为非洲在联合国气候变化框架公约第 17 次全体缔约方会议缔约方大会上的贡献。②

三 印度:确立"多方位"合作策略, 维护非洲国家利益

2011 年 5 月印度总理辛格提出对非 "多方位策略",加强印度与非洲国家的关系。该策略内容除包括与东非及南部非洲共同市场的 19 个国家签署自由贸易协定、新的信用贷款额度、从棉花生产到钻石加工的能力建构及贸易外,还有建立国际贸易机构和协助非洲大陆开发能力的建设。具体措施,一是宣布与东非及南部非洲共同市场成立一个自由贸易协定研究小组,进行自由贸易区可行性研究,二是将该模式运用到西非国家经济共同体的 16 国。此举使印度在非洲的贸易版图扩展至 53 个国家。③

为了加强印非合作,印度总理辛格亲自领衔,参加了 5 月 24 日在埃塞俄比亚首都亚的斯亚贝巴举行的第二届印非贸易峰会。峰会上印度与 15 个非洲国家及非洲联盟代表商讨了在各个领域的合作,并一致通过了《亚的斯亚贝巴宣言》和《印非加强合作框架协议》两个纲领性文件,为全面深化印非关系明确了方向。印度认为此次会议具有标志性的意义,将会引领印非合作迈向新的层次。总体而言,印度希望发挥其在基础设施建设、服务业、电信业等方面的优势,加强与非洲的经贸往来,从而夯实双

---

① France Diplomatie, "France, alongside its European partners, wants to do whatever is necessary to stave off the expected failure at Durban", http://www.diplomatie.gouv.fr/en/france-priorities/environment-sustainable/climate-change/durban-conference-28-nov-9-dec/france-priorities/environment-sustainable/climate-change/durban-conference-28-nov-9-dec/article/durban-conference-28-nov-9-dec, December 9, 2011.

② France Diplomatie, "The Issues of COP17, Durban Conference (28 Nov-9 Dec 2011)", http://www.diplomatie.gouv.fr/en/france-priorities/environment-sustainable/climate-change/durban-conference-28-nov-9-dec/france-priorities/environment-sustainable/climate-change/durban-conference-28-nov-9-dec/article/the-issues-of-cop17, December 9, 2011.

③ 《印度将加强非洲地区经贸关系》,国际商情双周刊资讯网 (http://news.cetra.org.tw/NewsAsp?id=561109, 2011 年 5 月 19 日)。

方整体合作的基础。① 双方还加强了能源方面的合作,计划在非洲建设 40 个太阳能电站和 40 个生物质能燃气工程。此外,印度希望在人员培训和能力建设方面对非洲国家提供帮助。②

除了在经济领域的全面合作外,针对恐怖主义问题,印非《亚的斯亚贝巴宣言》还谴责一切形式的恐怖主义,宣布印度与非洲将进一步加强合作,共同打击索马里海盗恐怖主义活动。为此,印度加强了与非洲国家的军事合作,已向近三分之一的非洲国家提供军事培训,积极参与国际打击海盗行动,派遣军舰赴亚丁湾、索马里海域执行护航任务。③

在加入联合国常任理事国问题上,印度继续争取非洲的支持。在《亚的斯亚贝巴宣言》中,还强调扩大安理会常任和非常任理事国是"联合国改革进程和提高联合国公信度的核心"④,非洲表示注意到印方在安理会改革问题上的立场和对"入常"的渴望,认为成员国有必要在是年的联合国大会上全力推动安理会改革进程,表达了印度和非洲对联合国安理会改革的迫切愿望。非洲联盟轮值主席赤道几内亚总统恩格玛表示支持印度争取成为联合国安理会常任理事国及改革国际治理机构的立场,认为"印度可以仰赖非洲(在安理会改革上)的协助"。⑤

在关系到非洲国家安全利益的问题上,印度批评西方国家的干涉行动,维护非洲国家的利益。2011 年 3 月 17 日,印度在联合国安理会讨论对利比亚设置禁飞区问题上投弃权票。20 日,印度外交部发表声明称,印度高度关注正在利比亚发生的暴力冲突和人道主义危机,对空袭的发生表示遗憾。声明呼吁有关各方放弃使用武力,改用和平谈判方式来解决问题。同时强调,在解决利比亚危机中应该由联合国和有关地区组织发挥关

---

① 王超:《印度的"非洲组合拳"》(http://gb.cri.cn/2784/2011/06/02/5311s3266705.htm, 2011 年 6 月 2 日)。

② 《印度加强与非洲国家新能源领域合作》,中华人民共和国科技部(http://www.most.gov.cn/gnwkjdt/201107/t20110726_88508.htm, 2011 年 7 月 29 日)。

③ Ruchita Beri, "Envolving India—Africa Relations: Continuity and Change", http://www.saiia.org.za/images/stories/pubs/occasion-al_papers/saia_sop_76_beri_20110222.pdf, February 22, 2011.

④ "Addis Ababa Declaration", http://www.au.int/en/summit/sites/default/files/Addis%20Declar-1.pdf, May 25, 2011.

⑤ 《非盟支持印度成为安理会常任国》,中评社香港(http://www.zhgpl.com/crn-webapp/doc/docDetailCreate.jsp? coluid = 169&kindid_0&docid = 101705642, 2011 年 5 月 25 日)。

键性作用。① 9月24日，印度总理辛格强烈批评西方国家使用武力来变更他国政权，并表示社会不能够由外部力量通过武力来重新定序。每个国家的人民都有权利来选择自己的命运，来决定自己的未来。②

四　巴西：发挥自身优势，深化对非合作

在对非战略上，巴西一直强调与非洲的历史联系，以民主国家的姿态来标榜自身与其他新兴国家不同的对非政策。巴西优先关注与非洲葡语国家的国际合作，主要包括安哥拉、佛得角、几内亚比绍、莫桑比克、圣多美普林西比。通过与石油生产国尼日利亚、加篷等国的贸易往来以及与西非国家经济共同体国家如塞内加尔等国展开对话，逐步加强了巴西与北部和西部非洲国家的关系。新任总统迪尔玛·罗塞夫强调巴西同非洲不仅有历史和文化渊源关系，而且非洲大陆拥有巨大的潜力和非凡的发展前景。③ 2011年10月，罗塞夫首次出访非洲，17日访问南非并参加印度—巴西—南非对话论坛首脑峰会，同时对多个国家进行了国事访问。④ 虽然罗塞夫不像前总统卢拉那样看重巴西在非洲的影响力，但仍将非洲视为重要战略伙伴，以促进巴西在脱离葡萄牙独立200周年即2022年时成长为世界第五大强国。⑤

在非洲安全事务上，巴西呼吁通过联合国安理会机制解决地区冲突，并与其他金砖国家一道协调努力。在利比亚问题上，巴西反对国际社会对利比亚采取军事行动，在联合国安理会表决关于在利比亚设立禁飞区的第1973号决议时投了弃权票。2011年8月，巴西外长帕特里奥塔表示应该由联合国安理会主导利比亚战后局势，其他任何国际组织都

---

① 胡唯敏：《印度在对利比亚动武问题上与西方国家"唱反调"》（http：//gb.cri.cn/27824/2011/03/21/5190s3192719.htm，2011年3月21日）。

② 仲伟东：《辛格批西方动武变更他国政权 称"缺乏民主"不是借口》（http：//world.huanqiu.com/roll/2011-09/2033351.htm，2011年9月25日）。

③ 吴志华：《巴西总统罗塞夫阐述新政府外交政策》（http：//world.people.com.cn/GB/14443224.html，2011年4月21日）。

④ 吴志华：《巴西总统鲁塞芙今天前往南非等国访问》（http：//world.people.com.cn/GB/15922476.html，2011年10月17日）。

⑤ Sao Paulo, "Brazil eyes strategic partnership with Africa", *The Vanguard*, http：//www.vanguardngr.com/2011/11/brazil-eyes-strategic-partnership-with-africa/, November 12, 2011.

不能取代安理会的决策作用。并与中国、俄罗斯一道共同呼吁尽早实现利比亚和平及稳定，由利比亚人民自主决定前途，尽早开启包容性政治进程。①

在发展问题上，巴西根据自身优势，深化与非洲国家在农业和社会领域的合作。其具体做法是：第一，利用农业方面的成功经验，帮助非洲制定农业科技战略。巴西的生物燃料行业正在迅速发展，既希望与非洲国家合作生产，更看重非洲的广阔市场。② 非洲国家希望加强同巴西在热带农业、热带药物、职业培训、能源和社会保护方面的合作。事实上，巴西60%的技术转让合作资源都流向了非洲。③ 第二，推广巴西与非洲共同发展项目。巴西政府一直赞扬社会发展部实施的辅助倡议，如家庭扶助金计划与零饥饿计划。这些项目有助于解决非洲面临的食品供应、艾滋病治疗与预防以及其他社会与环境核心问题。在非洲葡语国家几内亚比绍、莫桑比克与安哥拉，能够见到大量该类项目。根据联合国的统计数据，巴西的倡议计划已经从2002年在7个国家推行的21个项目上升为2011年的涵盖37个国家的300个项目。④

五 俄罗斯：实用主义外交，构建新的合作机制

2011年，俄罗斯继续在经济、政治与安全等诸多领域积极与非洲发展关系，试图逐步恢复昔日苏联在非洲的影响力。

首先，俄罗斯在处理利比亚问题上表现出浓厚的实用主义色彩。俄

---

① 《杨洁篪与巴西外长通电话 就利比亚局势交换意见》，中国新闻网（http://www.chinanews.com/gn/2011/08-24/3280629.shtml，2011年8月24日）。冯俊扬、宋洁云：《巴西外长称应由联合国安理会主导战后利比亚局势》（http://news.xinhuanet.com/world/2011-08/26/c_121915856.htm，2011年8月26日）。

② David Lewis, "Special Report: In Africa, can Brazil be the anti-China" The Reuters, http://www.reuters.com/article/2011/02/23/us-brazil-africa-idUSTRE71M1I420110223, Feb 23, 2011.

③ 《世行报告：巴西加强同非洲合作 技术转让唱主角》，联合国新闻（http://www.un.org/chinese/News/fullstorynews.asp?newsID=16828，2011年12月12日）。

④ "Brazil's economic ties with Africa continue to flourish", TheCitizen, http://www.thecitizen.co.tz/editorial-analysis/20-analysis-opinions/11855-brazils-economic-ties-with-africa-continue-to-flourish.html, June 13, 2011.

罗斯在利比亚有巨大的商业利益，俄政府与卡扎菲政府签署了大量军火合同，还在利比亚开采油气资源和修建铁路。在利比亚乱局发生后，俄罗斯的立场发生了多次改变。危机初期，俄罗斯主张在联合国安理会授权下开展斡旋，以政治外交手段和平方式解决冲突，反对西方空袭利比亚。3月17日联合国安理会表决1973号决议时，俄罗斯与其他金砖国家一道投了弃权票。对美、英、法对利比亚展开的军事行动后持批评态度，并通过对埃及和阿尔及利亚的闪电式访问，希望努力帮助尽快停止流血冲突。危机发展过程中，俄罗斯开始转变立场，与西方国家步调一致，要求卡扎菲下台，同意担任调解人。5月27日，总统梅德韦杰夫在八国集团首脑会议上表示，俄罗斯认为卡扎菲政权已失去合法性，俄愿意调解利比亚危机。[1] 8月13日，梅德韦杰夫签署总统令，采取对利比亚制裁措施。[2] 9月1日，俄罗斯外交部发表声明宣布，承认利比亚反对派"全国过渡委员会"的合法性。[3] 危机后期，俄罗斯回归多边渠道，要求在联合国机制下解决利比亚重建问题。8月25日，俄罗斯外交部发言人卢卡舍维奇表示利比亚战后重建应在联合国安理会的主导下运作。11月2日，俄罗斯外交部发表声明表示对北约在利比亚的军事行动尚存不少疑问，希望北约以及那些参与利比亚军事行动的北约成员国能作出解释。[4]

俄罗斯在其他非洲地区热点问题上表态积极，采取有选择性介入的态度。2011年6月23日，俄罗斯紧急情况部向阿比让送去36吨的人道主义救援物资，实施对科特迪瓦的救援行动。12月26日，梅德韦杰夫就西非尼日利亚发生致众多人死亡的恐怖事件向该国总统致电，表示俄罗斯愿意与国际社会积极配合同此威胁进行斗争。

其次，俄罗斯通过加强对非经济合作，积极构建新的合作机制。2011

---

[1]《梅德韦杰夫表示俄罗斯愿意调停利比亚危机》，新华网（http://news.xinhuanet.com/2011-05/28/c_121468755.htm，2011年5月28日）。

[2]《国际观察：俄罗斯强化制裁利比亚》，新华网（http://news.xinhuanet.com/world/2011-08/14/c_121856786.htm，2011年8月14日）。

[3]《俄罗斯承认利比亚"全国过渡委员会"》，新华网（http://news.xinhuanet.com/world/2011-09/01/c_121946074.htm，2011年9月1日）。

[4]《俄罗斯说对北约在利比亚的军事行动尚存不少疑问》，新华网（http://news.xinhuanet.com/world/2011-11/03/c_122229966.htm，2011年11月3日）。

年 12 月 16 日在埃塞俄比亚首都亚的斯亚贝巴举办了首届俄罗斯—非洲实业论坛，这是俄罗斯对非关系引人注目的一步。① 俄罗斯希望以自身在石油管道铺设、电力、矿山开采、运输等方面的经验和技术投资非洲大陆，并将非洲作为未来的销售市场，因此有人将该论坛称为"非洲的达沃斯"。② 12 月 18 日，利比亚新政府总理阿卜杜勒·拉希姆证实，先前同俄罗斯天然气工业股份公司以及塔特石油公司签署的所有合同仍然有效，并建议俄罗斯能源公司恢复工作。③

  总之，2011 年至今呈现出美国与法国等西方大国对非洲持续介入，印度、巴西、俄罗斯等新兴国家对非洲合作力度加大的发展态势。这不仅是因为 2011 年年初始于北非地区的政治动荡，而且还在于非洲在国际政治中的重要地位、丰富的资源以及持续增长的经济潜力。非盟主席让·平表示，尽管深受金融危机、欧债危机与非洲大陆动荡的影响，非洲 2011 年经济发展状况良好，各国经济平均增长率达到了 5.5%—6%。④ 但非洲在复兴的道路上仍然面临着诸多挑战。特别值得注意的是 2011 年西亚北非政局动荡，以美国为后盾、以法国为干将的西方国家武力干涉利比亚危机所表现的"新干涉主义"的新形式，为西方国家干涉非洲国家内部事务开了又一个不好的先例。以印度、巴西、中国为代表的新兴国家，依据自身优势与本国国情，不断拓展与非洲合作的机制与平台，在利比亚问题上，主张充分发挥联合国、非盟等多边机制的作用，以和平方式解决争端，为维护非洲国家利益作出了积极的努力，代表了国际正义的呼声，表现了新崛起国家的骨气。而俄罗斯的摇摆则表明了转型国家在非洲事务中的矛盾性。

---

① 《俄报：俄罗斯重返非洲市场》，新华国际（http://news.xinhuanet.com/world/2011-12/21/c_122458995.htm，2011 年 12 月 21 日）。
② 《俄罗斯与非洲之间的合作前景广阔》，俄罗斯之声（http://chinese.ruvr.ru/2011/12/16/62336755.html，2011 年 12 月 16 日）。
③ 《俄罗斯获准开采利比亚石油》，俄罗斯之声（http://chinese.ruvr.ru/2011/12/28/63054504.html，2011 年 12 月 28 日）。
④ 刘雅雪：《法媒：2011 年非洲克服重重困难 经济发展情况良好》，（http://intl.ce.cn/specials/zxgjzh/201201/18/t20120118_23010408.shtml，2012 年 1 月 18 日）。

作者简介

刘青建，女，中国人民大学国际关系学院教授，博士生导师，研究领域：国际关系理论、发展中国家政治经济与对外关系。

王朝霞，女，中国人民大学国际关系学院博士研究生，研究方向：国际关系理论、中非关系。

非洲地区组织与政治安全一体化进程2011

周玉渊

地区一体化是非洲国家谋求发展，应对地区内外安全威胁，提升国际地位的重要战略。2011年是非洲政治和安全发展进程中具有重要意义的一年，非洲的政治安全形势发生了重要的变化。这些变化给非洲的政治一体化进程带来了新的议题，一方面考验着非盟及次地区组织在促进非洲国家民主、治理和安全建设上的作用，另一方面则考验着由非盟推动的自上而下的政治一体化战略的相关性和合法性。非盟不断完善的制度设计是否提高了其行动能力？非盟及地区组织与非洲国家具体政治和安全现实的相关性如何？这是关系非洲地区组织合法性和效用的核心问题，也是关系非洲一体化能够实现的根本问题。

一 非洲地区组织与政治安全一体化机制的新进展

非盟是非洲一体化和地区合作的主要推动者，2011年，根据早期的安排以及形势的变化，非盟开始提出新的倡议和制度设计。2011年9月5—9日，非洲国家在内罗毕召开了第五届非洲一体化部长级会议，出台了《最小一体化项目行动计划》（MIP Action Plan），根据这一计划，在政治事务上，良治和民主选举是非洲政治一体化优先关注的重点领域。① 非洲的政治安全一体化进程开始呈现出新的特征：一是非洲地区治理的法制化程度进一步加深；二是非洲地区组织与非洲国家国内政治的联系更加密切；三是非洲洲际一体化进程与次地区一体化互动程度开始提高；四是地区组织在国家良治和安全建设的作用逐渐提高；五是非盟逐渐从强调理念和政策设计向强调政策有效执行转向。

在一体化理念上，非盟开始强调将共同价值观作为一体化的理想基础。2011 年 1 月，非盟大会第 16 次常规会议将主题定为"非洲的共同价值"，并决定把 2012 年确定为"非洲共同价值年"。为了更好地发挥共同价值观在促进非洲一体化上的重要作用，非盟将着力加强非洲治理框架（African Governance Architecture）的建设。非洲治理框架并不是构建新的机制，相反是通过整合非洲现有机制提高非盟在一体化和地区治理上的效率和水平。非洲治理框架由三个支柱构成：第一支柱是规范和理念；第二支柱是机构和机制；第三规范是互动机制和平台。第一支柱为非洲提供了建立民主、良治、稳定和繁荣大陆的目标，为实现这一目标非洲国家必须尊重人权价值观、法治、自由公平选举、反对违宪政权更迭等一系列规范。第二支柱主要包括非盟委员会、非洲保障人民权利法院、非洲保障人民权利委员会、非洲议会、非洲国家互查机制、经济社会和文化理事会、非盟反腐败谏言司、NEPAD 规划协调局以及地区经济共同体等机构和机制。通过这些机构和机制将地区治理的理念和规范内化为成员国的行为规范，使成员国的国内行为与地区层面的国际行为能够实现一致和集中。第三支柱为现有机制和机构提供了互动平台，尤其是通过在非盟机构、机制与成员国之间的协调、政策内化和执行，加速非洲的一体化进程。② 2011 年 12 月，非盟在经历三年酝酿基础上制定了《非洲人权战略》（The Human Rights for Africa），与非洲治理框架相似，《非洲人权战略》也不是制定一个新的法律文件，而是要协调和整合现有的与人权相关的法律制度和工具，加强非盟、非洲经济共同体以及成员国在人权问题上的协调，加强非盟及经济共同体机制的能力，加速成员国对人权法律工具的批准，确

---

① "First action Plan for the Implementation of the Minimum Integration Programme", Nairobi, Kenya, Sep. 8 – 9, 2011, pp. 47 – 51.

② "The African Governance Architecture", in *African Governance Newsletter*, vol. 1, issue. 1, January-March, 2011.

保人权法律工具和决定的有效执行，促进非洲人权规范在成员国的内化过程。①

在一体化的机构和制度设计上，目前非盟正在进行的一项重要改革是将非盟委员会发展成为非盟最高权力机关（AU Authority）。2005年，非盟提出了到2015年建立非洲合众国（United States of Africa）的目标。2009年，非盟第12届峰会决定将非盟委员会发展成为非盟最高权力机关，非盟最高权力机关将由一个主席、一个副主席和多个委员会成员构成。非盟国家认为，将非盟委员会发展成为非盟最高权力机构的重要目的是强化非盟机制框架以及促进非洲经济和政治一体化。为此，非盟决定对非盟宪法进行修改，非盟委员会则先后召集多次政府专家会议对此进行讨论并完善所需法律程序、制定日程和其他相关事宜。根据非盟大会第16届常务会议的要求，非盟委员会在2011年6月就非盟最高权力机构进展情况进行汇报。然而，在6月的第17次非盟大会常务会议上，非盟决定将此议题推迟到下次常务会议进行决议。在安全和防务政策上，非盟和平与安全理事会是维护非洲安全一体化的主要决策机构，同时在非盟委员会内有和平与安全处，各次区域组织也构建了自己的安全机制。

在洲际层面，非洲国家已经建立了包括《非洲集体防务和安全政策》、《非洲无核化协定》、《非洲和平与安全框架》、《非盟边界项目》、《灾后重建与发展政策》、《洲际早期预警体系框架》以及非洲常规部队等一系列条约和政策安排。在具体的政策上，2011年，非盟成员国决定接受《非盟小型轻型武器战略草案》，并呼吁非洲国家在国际武器贸易条约的谈判和签订上采取共同的立场。2011年8月2—4日，非盟与非洲次区域组织、地区冲突预防管理和应对机制举行磋商会，就起草《非洲和平与安全框架》路线图进行协商，双方同意加强彼此之间在和平与安全事务上的协商，同意非盟在各地区经济共同体和地区冲突预防管理和解决机制中建立联络办公室。这表明非盟与非洲地区经济共同体正采取具体的措施来加强彼此之间的互动和联系。

2011年，非洲地区经济共同体在次区域政治安全事务上也发挥着

---

① Department of Political Affairs of AU Commission, *Human Rights Strategy for Africa*, October, 2011. p. 4.

积极的作用，次区域一体化也获得了积极的进展。东非共同体（EAC）、东南非共同市场（COMESA）、南部非洲发展共同体（SADC）、西部非洲经济共同体（ECOWAS）已经基本建立自由贸易区，并且已经启动关税同盟项目，其中东非共同体是唯一已经建立关税同盟并启动共同市场的地区组织。2009年10月，东非共同体、东南非共同市场和南部非洲发展共同体制定了东非共同体—东南非共同市场—南部非洲发展共同体三方合作框架，目的是建立由三方成员国构成的自由贸易区，在2011年6月举行的三方峰会上，三方发布了建立三方自由贸易区的宣言，采纳了建立自由贸易区的路线图，确立了自由贸易区谈判的途径、过程和机制框架等。EAC-COMESA-SADC自由贸易区已经成为非洲一体化的典型代表，非盟最小一体化战略已经将学习和借鉴这三方的合作纳入其一体化战略的政策设计中。在政治和安全事务上，非洲次区域组织在将国际和洲际层面的条约和制度安排内化为本地区制度和法律的同时，也结合本地区的实际建立了自身的制度框架。如西部非洲经济共同体制定的《民主与良治补充条款》（2001）、《预防、处理和解决冲突及维护和平与安全条约》（1999）、西部非洲经济共同体冲突预防框架（2008）。这些制度安排使西部非洲经济共同体拥有非洲最先进的和平与安全体系，其中最明显的一点是当西部非洲经济共同体内出现人道主义灾难或者其他严重威胁时，西部非洲经济共同体可以进行政治和军事介入。[①]

二 非洲地区组织与非洲政治安全一体化的新实践

根据非盟最小一体化的政策设计，非盟在政治一体化上的重点领域是促进非洲国家的良治和民主选举。因此，当前非洲地区组织在政治一体化上的主要举措是培育共同的价值观、促进非洲国家的良治、观察和监督民主选举、抵制和处罚违反宪法的政权变更。在和平安全领域，非盟及此区域组织一方面利用现有安全框架提出政策倡议、派遣代表团进行外交斡旋等政治手段，另一方面则通过军事手段进行直接的干预，如非盟在索马里的维和行动（AMISOM），西部非洲经济共同体对科特迪瓦的直接军事介

---

① 这些威胁大体包括：人道主义灾难、次区域和平与安全面临的严峻威胁、民选政府被推翻、公民的人权受到侵犯或者威胁。

入，以及在马里和几内亚比绍的军事介入提议。

2011年是非洲大选年，非洲国家的总统和议会选举达到了创纪录的28个，根据相关议程和国家的要求，非盟向其中26个国家派遣了选举观察团，除了埃及和塞舌尔。派遣观察团不仅是保证成员国家选举公平公开和公正以及维持选举秩序的重要手段，而且也是提高成员国选举水平，强化良治和民主价值观的重要途径。根据程序，非盟选举观察团在大选开始之前会与成员国选举组织机构进行会谈，确保选举的广泛性和公平，在选举结束后会提交一份报告，对选举中存在的问题提出具体的建议。除了在少数国家和地区仍然发生暴力事件外，2011年的非洲大选总体上进展比较顺利。民选政权的顺利更替是一个国家民主化程度的重要指标，2011年的大选在很大程度上表明非洲国家的民主化进程正在朝着积极的方向发展。

2011年初发起于突尼斯的"阿拉伯之春"对非盟作为地区一体化领导者的地位和影响力带来了严峻的考验。在利比亚问题上，非盟一直致力于寻求通过政治途径进行解决，反对外部军事干涉。非盟曾提出了《利比亚危机政治解决的框架协议》，呼吁早日结束冲突、确保对平民的有效保护，要求利比亚尽快建立包容性政府。非盟还派出了南非总统祖马、乌干达总统、毛里塔尼亚总统、马里总统、刚果（布）总统以及非盟主席让·平组成的非盟利比亚问题专门委员会赴利比亚进行斡旋。非盟在突尼斯和埃及政权向民选政府过渡期间，以及突尼斯的总统选举过程中也密切关注局势发展，非盟委员会不定期汇报这些国家的形势，并向突尼斯派遣选举观察团。然而，从非盟在北非三国上的政策回应以及对三国局势的影响来看，非盟的影响力相对有限，即使南非总统祖马也承认，在利比亚问题上，非盟的方案和外交尝试并没有受到重视，利比亚局势基本上是朝着北约和西方大国预期的方向发展。

与非盟在非洲国家政治进程上的影响力相比，2011年，非盟在非洲地区安全和维上取得了积极的进展。边界的划线和划界是非盟推动非洲国家一体化、预防冲突的重要举措，2011年6月7日是非洲历史上第一个非洲边界日。《非洲边界项目》的目的是支持和促进尚没有完成边界划定的国家早日实现边界划定；利用地区经济共同体框架和其他大型项目，合作倡议加强非洲的一体化进程；提高成员国在边界管理上的能力；向成员国和非盟在边界问题上提供咨询和建议。边界划定本质上是成员国的主权事务，然而这一问题处理不当会影响非洲的一体化进程乃至地区的和平与安全。非洲国家的边界是西方殖民的产物，虽然非洲国家已经接受这一划定，但是新问题的出现还是给地区安全和一体化带来了一定的冲击，例如南苏丹独立后南北苏丹在领土归属上的分歧已经引发了严重的冲突。因此，《非洲边界项目》反映了非盟在应对地区边界问题和促进一体化上的意识和努力。目前非盟在非洲国家开展的维和行动有两个，一是非盟领导的索马里维和行动（AMISOM），一是非盟与联合国在苏丹达尔富尔开展的联合维和行动（UNAMID）。在开展军事行动的同时，非盟也强调政治解决的重要性，呼吁过渡联邦政府及其他利益相关者积极执行2011年6月签订的坎帕拉协定以及9月制定的政治路线图。AMISOM是由非盟在本地区独立领导的军事维和行动，因此具有重要的政治意义。如果索马里和东非之角的安全局势能够极大改善，那么非盟、IGAD将能够很大程度地提高其形象和在地区安全事务上的领导力，相反，如果索马里问题迟迟得不到解决，非盟在安全事务上的作用和影响力肯定会受到质疑。

三 非洲政治安全一体化的新特点

2011年，欧美债务危机使国际经济形势趋于恶化，中东北非人民革命的浪潮引发了非洲国家重大的政治变动，南北苏丹的冲突反映了非洲地区的和平前景依然充满很大不确定性，非洲之角的大饥荒以及索马里的反恐前景表明非传统安全已经成为非洲国家面临的重要挑战。一方面这些问题和威胁给非洲一体化以及非洲地区组织的领导力带来了严峻的挑战；另一方面则促使非洲国家必须采取更加团结和一致的立场来应对这些挑战，这也构成了非洲政治安全一体化持续前进的动力。总体而言，当前的非洲政治与安全一体化进程呈现出以下几个比较明显的特征。

第一，地区治理的法制化程度日益加深。自非盟成立以来，非洲国家在政治、经济、社会和安全领域的制度设计和法律构建取得了巨大的进步。非洲国家基本已经建立了类似于欧盟的超国家地区组织和机构，在这个体系框架内，不同部门已经作出了较为完善的制度设计。更重要的是，这些制度设计主要是条约、宪章、非盟大会决定、决议和宣言等形式，因此具有较高的约束力。当前在政治和安全领域，非洲地区治理法制化的一个趋势是政治和安全一体化的法制建设更加趋于细化和功能化。如果说早期的非洲一体化主要是培育合作意识，推广一体化理念和促进地区合作的话，当前的一体化则更加务实和具体。例如在民主选举、良治、人权保护、反腐、公共服务与管理、防止小型轻型武器扩散、边界划定、冲突预防、解决与冲突后重建等具体领域，非洲国家开始形成共识，并制定了相关的条约、法律和规范。从某种意义上讲，这种功能性的合作反映了非洲国家在这些问题上的共同立场和利益，其更能够推动非洲国家的政治和安全一体化进程。

第二，地区组织作为民主化施动者的作用有所提高。民主和人权已经被非盟确定为非洲国家共同的价值观，也被视为是推动非洲政治一体化的思想基础。非盟政治一体化的优先战略是促进非洲国家的良治和民主选举，具体操作上，一方面非盟积极说服成员国根据国内立法程序签署并批准涉及这一领域的条约和宪章，另一方面则改变了过去不干涉的立场，对地区内违反人权、民主尤其是违宪政权更替的行为能够快速作出反应，通过施压、制裁乃至军事手段促使相关国家遵守相应条约、规范和价值。从目前来看，非洲次区域组织比非盟在影响成员国的行为上发挥着更大和更具体的作用，例如南部非洲发展共同体对马达加斯加的制裁、西共体对马里和几内亚比绍的制裁等。

第三，从制度和政策设计到具体执行是非洲一体化面临的主要问题。当前非洲一体化的一个趋势是从强调制度和政策的设计向强调有效执行转变。[①] 实现一体化的重要前提是成员国能够切实遵守非洲地区组织在一体化上进行的制度设计和安排，虽然非洲国家已经建立了较为完善和系统的法律和制度设计，然而，在执行过程中存在着很大的问题。这主要表现在两个方面：一是成员国在非盟及地区经济共同体的法律文件上的签字和批准进程比较缓慢，截止到目前，非洲只有八个国家批准了《非洲民主、选举和良治宪章》，而16个国家既没有批准也没有签字。导致这一问题的重要原因在于非盟及非盟委员会自身权力有限，其对成员国的影响相对不强。而这从侧面也反映了成员国在一体化上的政治意愿并不是很高。其二是执行过程中，经费、资源和能力建设不足限制了非盟和次区域组织发挥更大的作用。一个明显的案例是，由于经费问题，非盟向成员国派遣的

---

① Said Adejumobi, "interview with Mrs. Julia Dolly Joiner, Commissioner for Political Affairs, African Union Commission", *African Governance Newsletter*, vol. 1. issue. 1, 2011, p. 18.

选举观察团的选举监督工作往往只局限于选举开始和结束的时段,这导致观察团并不能全面系统地对选举情况作出分析和评估,而非洲国家选举的一个重要现象是,分歧乃至暴力冲突往往出现在选举开始前或者结束后一段时间。①

第四,非洲次区域组织之间的协调合作程度加深。促进地区经济共同体之间的协调和政策一致性是实现非洲一体化的重要手段,非洲大多数次区域组织存在着成员国重叠、政策相互冲突和不一致的情况,这一问题如果不能得到解决不仅不能促进非洲的一体化进程,相反会成为一体化的阻碍因素。因此,近些年来,非洲经济共同体之间加快了合作和政策一致化的步伐。东非共同体、东南非共同市场和南部非洲发展共同体在一体化合作上走在了前列,西共体与西非经济货币联盟(UEMOA)在西非政府间组织框架下也开始加强协调,目前双方在一系列问题上已经达成共识并制订了相应的行动计划,包括贸易自由化和宏观经济政策协调。而 IGAD 和印度洋委员会(IOC)已经接受了东南非共同市场的大部分一体化政策,东非共同市场与东南非共同市场之间在政策和项目一致性上已经达成谅解备忘录,东南非共同市场与南部非洲发展共同体之间则建立了专门机构来应对共同问题并邀请对方参与各自的政策和技术会议。②

结　语

2011 年,非洲的政治和安全一体化进程积极向前推进,非洲地区组织包括非盟和地区经济共同体积极提出新的制度设计和政策倡议,其中,共同价值的提炼为非洲政治一体化进程奠定了思想基础,非洲治理框架的建立为政治一体化提供了协调的平台,最小一体化战略行动计划为未来三年内的非洲政治一体化提供了行动指南。与此同时,地区内外国际形势的变化也对非洲地区组织的领导能力和战略应对能力提出了考验和挑战,非盟选举观察团在非洲大选年发挥了积极的作用,在应对马里等国违宪政权

---

① AU, "Note on the Elections Year and Elections Observation in Africa", December 20, 2011. http://au.int/en/dp/pa/content/note-elections-year-and-elections-observation-africa.

② African Union Commission, the Status of Regional Integration in Africa, 5th Conference of African Ministers in Charge of Integration, September 5 – 9, 2011, pp. 235 – 237.

更迭上，非盟和西共体等地区组织的影响力日益显现。然而，非盟在利比亚等国问题上的倡议和政治外交努力并没有受到重视，表明非盟在非洲国家政治进程和一体化上的影响力仍面临着严峻的挑战，尤其是当外部大国介入时，非盟的影响力很容易被淡化。非盟已经将政治一体化的重点从制度设计转向政策执行，但受制于非盟和次区域组织自身的能力建设步伐，以及成员国在政治一体化上的意愿，虽然非洲政治一体化的制度设计已经取得巨大进展，但是制度和政策的执行过程依然比较缓慢，这表明非洲未来的政治一体化进程仍将面临着很大的困难。

作者简介

周玉渊，法学博士，浙江师范大学非洲研究院助理研究员，北京大学国际关系学院博士后。研究领域涉及中非合作论坛、非洲地区组织与非洲一体化、非洲发展理论与动力、欧盟对非合作模式。目前正在从事的科研项目有"中非合作论坛与中国的国际制度供给"、"非洲发展模式：理念、战略和动力"。联系方式：zhyuyuan@gmail.com。

非洲国家"向东看"发展趋势报告2011

罗建波

进入21世纪以来,随着亚洲新兴国家的快速发展,非洲国家开始更多地关注世界的东方,积极加强同中国、印度等国家的合作。2008年世界金融危机爆发后,西方国家应对乏力,同期亚洲新兴国家很快恢复了发展势头,再次凸显了其发展魅力,引发了非洲国家"向东看"的第二波热潮。2011年以来,非洲国家与亚洲新兴国家的合作关系进一步深化,亚非合作正在产生日益深远的世界影响。

一 积极推动与亚洲新兴国家的经贸合作

近年来,非洲国家的贸易多元化格局日益明显,其重要体现便是与亚洲新兴国家的经贸合作得到全面发展。据《2011年非洲经济展望》统计,在2000年到2009年间,非洲与新兴伙伴国的贸易额翻了一番,其在非洲对外贸易总额中的比重由23%上升到了36.5%,同期传统贸易伙伴所占比重却从77%下降到了63.5%。非洲与中国、印度的双边贸易额增长最为迅速,中非贸易额在非洲对外贸易总额中的比重由2000年的4.7%增至2009年的13.9%,印度的相关比重也由2.3%增长到5.1%(见表1)。

表1 非洲的传统贸易伙伴和新兴伙伴国在非洲对外贸易总额的比重　（%）

	2000年	2009年
传统贸易伙伴	77	63.5
欧盟	53.5	44.3
美国	16.1	13.1
其他	7.5	6.1
新兴贸易伙伴	23	36.5
中国	4.7	13.9
印度	2.3	5.1
韩国	2.6	2.6
巴西	1.7	2.5
其他	11.7	12.4
份额总计	100	100
贸易总额（亿美元）	2464	6734

资料来源：AfDB, OECD, UNDP, ECA, *African Economic Outlook* 2011, p.93.

2011年，非洲与中国、印度的双边贸易额继续增长。中非贸易额从2000年的105亿美元增至2008年的1068亿美元，2010年中非贸易额达到1269亿美元，2011年突破1600亿美元。自2009年以来，中国已成为非洲最大的贸易伙伴。2011年印度与非洲国家贸易额达到600亿美元，双方计划在2015年将贸易额增至900亿美元。[①] 为了扩大非洲国家对印度的出口，印度拟给予非洲所有最不发达国家的输印产品零关税待遇，并为双方企业扩大贸易往来提供信贷支持。

2011年，中国、印度对非洲的直接投资也增长迅速。根据中国商务部的统计，2011年中国对非洲直接投资额达到17亿美元，同比增长58.9%。[②] 印度对非洲投资也在快速发展，2003年至2011年间，印度对

---

① "India-Africa revise trade target to US dollar 900 bn by 2015", http://www.trademark-sa.org/news/india-africa-revise-trade-target-us-90bn-2015 (2012-5-4).

② 《中国对非洲投资增速加快 同比增长58.9%》，中非合作论坛官方网站（http://www.fmprc.gov.cn/zflt/chn/zfgx/zfgxjmhz/t898347.htm 2012-4-23）。

非洲投资项目数量的增速达到46%。① 根据肯尼亚《商务日报》的报道，中国、南非、印度和韩国已进入肯尼亚最大的五位外来直接投资伙伴国之列，其中，中国已取代英国成为肯尼亚最大的外来直接投资者。②

对于不断发展的亚非经贸合作，非洲国家给予了积极的欢迎和称赞。2011年4月14日和5月25日，南非总统祖马相继会见中国国家主席胡锦涛和全国人大常委会委员长吴邦国时，高度赞赏中国对非政策，称非中合作对促进非洲发展进步产生了重要作用。③ 2011年11月23日和12月14日，赞比亚开国总统卡翁达和赞比亚副总统、赞比亚爱国阵线副主席美伊·斯科特相继访华，其重要目的乃是推动赞中双边合作关系，寻求新的经贸合作机会。非洲国家对印非合作也抱有很高的期望，希望印度在资源开发、基础设施建设、信息技术、教育与医疗等领域加大对非洲的投资与援助。目前，南非、尼日利亚、安哥拉、利比亚、埃及、加蓬等国家是印度在非洲的主要合作伙伴。

不断发展的亚非经贸合作有力推动了非洲经济的复兴，提升了非洲的战略地位及亚非合作的世界影响。《2011年非洲经济展望》称，非洲与新兴伙伴国的商业关系是其与传统伙伴关系的重要补充。④ 这是因为，新兴伙伴国家为非洲国家提供了交换商品、技术和发展模式的新机会，从而有助于非洲国家增强它们的生产能力并提升其在全球产业链中的位置。2011年10月29日，肯尼亚《星报》发表名为《非洲：印度和中国领导对非投资》的文章，声称中国与印度在推动非洲减贫与发展进程中扮演了重

---

① 中国驻肯尼亚使馆经济商务参赞处：《新兴经济体加快对非投资，发达经济体投资稳定增长》，商务部官方网站（http://www.mofcom.gov.cn/aarticle/i/jyjl/k/201205/20120508110060.html 2012 – 5 – 9）。

② Paul Richardson, "China, India Replace U. K. as Kenya's Top Sources of FDI, Daily Nation Says", September 8, 2011, http://www.bloomberg.com/news/2011 – 09 – 08/china-india-replace-u-k-as-kenya-s-top-sources-of-fdi-daily-nation-says.html（2011 – 12 – 5）。

③ 《胡锦涛会见南非总统祖马》（http://www.chinese-embassy.org.za/chn/zxxx/t815359.htm）；《吴邦国会见南非总统祖马》（http://www.chinese-embassy.org.za/chn/zxxx/t827499.htm 2012 – 4 – 15）。

④ AFDB, OECD, UNDP, ECA, *African Economic Outlook* 2011, pp. 103 – 114, 经合组织网站，http://www.oecd-ilibrary.org/development/african-economic-outlook-2011 _ aeo-2011-en（2011 – 12 – 24）。

要角色。① 正如世界银行非洲地区经济顾问布罗德曼在其名为《非洲的丝绸之路：中国和印度的经济新边疆》一书中所认为的那样，中国、印度对非洲的贸易与投资热潮推动了南南合作的新发展，搭建了一条通往复兴的"新丝绸之路"，这一进程"正在改变世界经济发展的传统格局"。②

二　注重借鉴亚洲新兴国家的发展经验

非洲国家自独立以来，在发展政策上多受西方国家的影响。特别是20世纪80年代以来，西方国家及其主导的世界经济组织推动非洲国家实施了"经济结构调整计划"及"良治"建设，然而许多非洲国家至今仍未摆脱发展困境。因此，面对亚洲新兴国家的快速发展，非洲国家迫切希望从世界的东方找到适合自身的发展政策与减贫经验，包括在实现经济转型之时保持政治稳定的政策做法。

2008年世界金融危机爆发后，亚洲新兴国家与西方发达国家的不同经济表现更是引发了世人的广泛关注，非洲国家纷纷在西方模式之外寻找实现经济发展的成功经验。2010年8月24日，南非总统雅各布·祖马在近千人出席的"中国—南非高端商务论坛"上称，发端于西方国家的金融危机让他对发达国家金融监管感到非常失望，"以前工业发达国家打个喷嚏全球都要着凉，而这次金融危机主要影响的是发达国家"。③"向东看"是非洲寻求自身发展道路的另一种自主性的尝试，它让非洲在寻求发展道路方面多了一种可能性，一种新的选择机会。

人力资源开发已成为非洲与中国合作的主要领域，双方在治国理政经验方面的交流与互鉴正在全面展开。中非合作论坛首届部长级会议设立了"非洲人力资源开发基金"，其重要内容是举办各种类型的对非人才培训班或研讨班，涉及高等教育、行政管理、信息技术、机械制造、农业开发、医疗卫生等领域。在这一框架下，浙江师范大学于2011年10月17

---

① Okwiri Ambooka, "Africa: India and China Lead New Investment in Africa", *The Star*, October 29, 2011.

② Harry G. Broadman, *Africa's Silk Road: China and India's New Economic Frontier*, The World Bank, Washington DC, 2006, p. xix.

③ 《南非想成为"金砖第五国"》(http://www.cnr.cn/allnews/201008/t20100831_506974039.html 2012-5-5）。

日至11月16日举办了"非洲智库研修班",专门探讨中国治国理政经验及其对非洲的借鉴意义。中国相关部门同联合国开发计划署联合筹建了"中国国际扶贫中心",负责实施针对其他发展中国家的减贫能力建设项目。

中国与非洲的智库、学者和非政府组织的交流也在逐步展开,成为中非开展经验交流的又一途径。2011年10月27—29日,中国举办了首届"中非智库论坛",来自中国与非洲国家的智库、学者就中非关系及治国理政经验进行了广泛的交流。论坛在中国外交部支持下已经纳入中非合作论坛框架,将作为中非民间对话的固定机制,每年在中国和非洲各举行一次。

非洲与印度也加强了在能力建设与人力资源开发方面的合作。近年来,印度积极利用自身语言及技术优势,加强对非洲国家的技术转移与人员培训等能力建设。在印非论坛峰会的框架下,印度建立了一系列泛非层面的人力资源培训机构,包括"印非外贸学院"(India-Africa Institute of Foreign Trade)、印非钻石培训学院(India-Africa Diamond Institute)、印非教育设计与管理学院(India-Africa Institute of Educational Planning and Administration)以及印非民航飞行学院(India-Africa Civil Aviation Academy)。[①] 2011年5月,印度宣布将为非洲提供7亿美元,用于培训项目和新建食品加工中心、综合纺织中心和中期气象预报中心等多个研究机构;将享受印度政府奖学金的非洲学生名额从目前的250名增至500名;将接受"印度技术与经济合作项目"培训的非洲工人名额从500名增至900名等。目前,有约1700名非洲学生利用印度政府奖学金在印学习。

三 创新与亚洲新兴国家的合作机制

非洲国家注重与亚洲新兴国家一道创建新的对话与合作平台。进入新世纪以来,非洲与亚洲新兴国家相继创建了"中非合作论坛"、"印度—非洲论坛"、"韩国—非洲论坛"和"土耳其—非洲合作峰会"。其中,中非合作论坛自2000年创建以来,已成为中国与非洲国家间开展集体磋商

---

① Rajeev Sharma, "India boosts Africa Presence", March 18, 2012, http://the-diplomat.com/indian-decade/2012/03/18/india-boosts-africa-presence/ (2012 - 4 - 15).

与对话的重要平台,第五届部长级会议将于 2012 年在北京举行。"印度—非洲论坛"创建于 2008 年,每三年举行一次会议,印非双方于 2011 年 5 月 25 日在埃塞俄比亚首都亚的斯亚贝巴召开了第二届"印度—非洲论坛"峰会,会议以"共同的愿景:加强伙伴关系"为主题,以期深化首届印非峰会上达成的合作成果。2008 年,首届印非合作峰会通过了《德里宣言》和《印度—非洲合作框架协议》,提出印非在 21 世纪建立"全天候伙伴关系"的框架和蓝图。

非盟与亚洲新兴国家的合作机制也在稳步发展。2008 年 11 月,中国—非盟战略对话会议正式启动,成为非洲国家与中国进行对话与合作的新平台。2011 年 5 月 4 日,外交部副部长翟隽和非盟委员会主席让·平共同主持了中国—非盟第四次战略对话会议,探讨了中国与非盟共同关心的重大问题及双边合作事宜。中国—非盟关系的机制化发展,将为双方往来搭建起更为坚实的合作框架,推动中国与非盟的关系更为稳定地发展。2011 年 5 月 21 日,在印度—非洲贸易部长会议召开期间,非盟委员会主席让·平呼吁印度发挥自身优势,继续加强对非洲国家的帮助。

非洲国家还注重以次地区的形式开展与地区外国家的合作。2011 年 2 月 20 日,西非经济与货币联盟制定新的经贸规则,以共同的政策和姿态承接来自中国的企业和投资。① 2011 年 7 月 20—21 日,安哥拉在其首都罗安达承办了第七届中国和葡语国家企业家经贸合作洽谈会,来自中国和葡语国家的 400 多名企业家聚首一堂,探讨和寻找中国企业与葡语国家企业的合作商机。安哥拉副总统多斯桑多斯在致辞时表示,安哥拉政府高度重视在中葡论坛框架内加强与会国企业合作,希望进一步促进与会国转让技术、知识和资本,提升安哥拉产品竞争力,扩大出口,创造就业。②

南非作为非洲最大的经济体,积极开展同地区外发展中大国的横向合作。2003 年 6 月,南非与印度、巴西共同发起首届印度巴西南非对话论

---

① "West African Union drafts new trade code for Chinese investment", http://www.miningmali.com/west-african-union-drafts-new-trade-code-for-chinese-investment/ (2011 - 10 - 23).

② 中国驻安哥拉使馆经济商务参赞处:《第七届中国和葡语国家企业家经贸合作洽谈会将在安哥拉举行》,商务部网站(http://www.mofcom.gov.cn/aarticle/i/jyjl/k/201106/20110607603575.html 2012 - 2 - 12)。

坛（IBSA Dialogue Forum），为三国间的经贸合作与战略对话搭建了重要机制。2011年10月18日，第五届印度巴西南非对话论坛首脑会议在南非行政首都比勒陀利亚召开，南非总统祖马、印度总理辛格和巴西总统迪尔玛·罗塞夫出席会议，会议发表了《茨瓦内宣言》。宣言指出，印度、巴西和南非对话论坛首脑会议汇集了三大洲三个多元、多文化和多种族的国家，作为一个纯粹南南合作组织，三国承诺致力于包容性可持续发展，在尊重人权与法治的基础上为本国民众及发展中国家谋求福利。

2010年底，南非作为正式成员加入"金砖国家"（BRICS）合作机制，使该机制成为推动发展中国家合作的新平台。2011年4月14日，南非正式参加了在中国海南三亚召开的"金砖国家"峰会。会议发表了《三亚宣言》，承诺加强全球经济治理，推动国际关系民主化，提高新兴国家和发展中国家在国际事务中的发言权。[①] 南非作为非洲最大的经济体，它的加入不仅扩大了"金砖国家"的整体实力和世界影响力，同时也有力推动了其他金砖国家与非洲国家的全面合作，为非洲积极利用新兴国家的发展机遇提供了新的契机。

非洲国家还重视推动非政府组织参与中非关系的发展，夯实中非交往的民众基础。2011年8月29—30日，由肯尼亚政府、非政府组织（NGO）协调委员会与中国民间组织国际交流促进会共同举办的首届"中非民间论坛"在肯尼亚首都内罗毕召开，来自中国和非洲19国的非政府组织代表、联合国、非盟组织代表参加了论坛。会议签署了《内罗毕宣言》，呼吁中非双方的非政府组织积极关注中非关系，携手通过多种途径以推动非洲的减贫与发展。作为一种"二轨"外交，中非双方非政府组织的交往会显著增进双方民众的相互了解和认知，对中非关系的健康可持续发展有着深远的意义。

四 非洲国家"向东看"的发展趋向

进入新世纪以来，以中国、印度为代表的亚洲新兴国家发展迅猛，成为当代世界发展中的一大亮点。"新亚洲"在世界经济格局中的分量不断上升，其对世界经济发展的贡献不断提高。在此背景下，非洲国家把目光

[①] 《三亚宣言》，《人民日报》（海外版）2011年4月15日，第2版。

更多地转向世界的东方，不仅希望利用亚洲国家迅速发展带来的机遇，获得更多的贸易、投资和援助，同时也希望借鉴亚洲国家发展的成功经验，推动非洲国家自主发展。

非洲国家向东看，也是非洲国家实现经济和外交多元化的努力方向。长期以来，非洲国家在经济上多依赖西方发达国家市场，在政治和经济上也多受这些国家的主导。近年来亚洲新兴国家的快速发展让非洲国家看到了新的发展契机，实现经济和外交多元化成为非洲复兴的必然选择。积极推行"向东看"战略，正是非洲国家为平衡与西方发达国家关系，争取外交主动，从而达到提升自身国际地位的一种努力。借助于不断发展的亚非合作关系，非洲国家势必能够以更为有利的姿态参与经济全球化，不断提高其在世界经济格局中的地位和发言权。

在未来一段时间里，非洲国家将会继续推动与亚洲新兴国家的合作关系，"向东看"还将继续发展。不断加强的亚非合作势必有助于推动亚非世界的整体性复兴，由此赋予当代世界政治经济体系以新的变迁趋向。几个世纪以来形成的以西方世界为中心、亚非欠发达地区为外围的旧有等级制国际体系正在发生深刻且富有历史意义的变革，世界政治经济重心随之出现向地理上的"东方"和政治经济学意义上的"南方"世界转移。这些在近代资本主义世界体系中长期处于边缘的地区和国家，如今通过自主发展和横向联合，逐渐成为世界经济增长的新引擎，成为国际政治舞台的重要参与方。一个真正意义上相互联系的全球化世界，自然应当是各地区、各民族实现共同发展与和谐共存，这才是全球化浪潮之所以受到世界普遍欢迎的原因之所在，也是数十亿亚非人民对全球化的美好期待和向往。[1]

作者简介

罗建波，中央党校国际战略研究中心非洲研究室主任，副教授，北京大学法学博士。研究领域涉及非洲研究、中非关系、中国与发展中国家关系、中国对外援助、软实力与国家形象等。已出版学术专著三部，发表学术论文百余篇。已主持国家级、省部级课题六项，完成多项中央和部委委托课题。

---

[1] 罗建波、刘鸿武：《中国在世界中的角色》，《中国社会科学报》2011年12月29日，第24版。

2011年撒哈拉以南非洲反政府武装发展概述*

王 涛

撒哈拉以南非洲反政府武装问题是这一地区发展过程中各种矛盾累积的产物和表现，而反政府武装的活动则进一步激化了原有矛盾，使问题复杂难解。反政府武装问题在这一地区由来已久，是长期存在的、需要非洲国家花费大量资源去解决的问题之一。21世纪以来，随着安哥拉内战的结束，反政府武装主要集中在西非、东非和中部非洲地区。其中，非洲之角、大湖地区、西非萨赫勒地区以及尼日利亚是反政府武装问题的热点所在。2011年，这些地区均有一批反政府武装在活动，危害甚大。

一 撒哈拉以南非洲反政府武装的发展历程

撒哈拉以南非洲反政府武装的存在由来已久。[①] 自20世纪60年代以来，在殖民地争取独立斗争的过程中，就兴起了针对殖民地政府的反政府武装。非洲国家独立后，由于各国国内不同派别政治立场的差异、民族矛盾的对立等原因，在野方往往组织反政府武装对抗政府；冷战背景

---

* 本文系教育部人文社会科学研究青年基金项目"撒哈拉以南非洲反政府武装问题研究：背景、进程与影响"（12YJCGJW013）的阶段性成果。

① 下文为行文简便起见，无特殊说明，"撒哈拉以南非洲"均由"非洲"指代。

下,美苏在非洲的争霸活动也催生了一批获得国际支持的反政府武装,在20世纪60年代以来的刚果内战中、20世纪70年代以来的安哥拉内战中,这种带有冷战争霸色彩的反政府武装十分活跃。随着冷战结束,影响非洲和平与发展的因素又再次集中表现为非洲国家内部的政治、经济利益分配,民族对立与冲突,宗教信仰的差异与极端化倾向上。而在这些因素的背后,反政府武装产生的根源可以归结为利益的分化与冲突。反政府武装问题的存在,是非洲国家和平与发展努力受挫的表现;而它们又反过来加深了非洲国家内部的社会危机,成为使矛盾进一步扩大的因素。

具体而言,在不同时期,非洲反政府武装所具有的意识形态存在很大的差异,这与反政府武装的利益诉求密切相关,也受到不同时期非洲社会矛盾转移,以及全球局势演变的影响。

1. 20世纪五六十年代:基于民族主义、反殖民主义意识形态的反政府武装

第二次世界大战前,在非洲各殖民地中实现政治独立的诉求并不普遍。在1919—1939年间,非洲先进的知识分子还只是在为争取更大范围的自治而进行鼓动。二战期间,反对纳粹和法西斯主义的斗争成为非洲意识形态的主流。在这一时期,非洲民众为击败德意集团作出了巨大贡献,包括物资的提供和兵源的供给。而在战争中,非洲民众逐渐被发动起来,民族主义思潮在更大范围内得到传播。

在二战后的1945—1960年,随着非洲民众的觉醒和波及全球的非殖民化浪潮,非洲的反殖民主义独立运动也如火如荼地开展起来。这一时期,大多数非洲殖民地的民众为获得独立而进行了群众性的非暴力斗争。[①] 但在一些非洲国家,反殖民主义情绪的高涨和殖民政府的强硬立场催生出一批非洲本土的反政府武装,它们具有强烈的民族主义色彩,以反对殖民主义,实现民族解放、国家独立为奋斗目标。其中,肯尼亚的茅茅运动(Mao Mao),1955—1960年喀麦隆的独立运动是这一时期具有民族主义意识形态的反政府武装的典型。

---

① [肯尼亚]马兹鲁伊主编:《非洲通史:1935年以后的非洲》(第八卷),中国对外翻译出版公司2003年版,第74—75页。

这一时期的反政府武装有几个共同特征。首先，这些反政府武装因为有着自治或独立的政治诉求，并唤醒了民众的民族主义意识，将殖民主义作为斗争对象，因此得到了本土民众的广泛支持，有着深厚的群众基础。与此后反政府武装不同的是，这一时期的反政府武装很少能获得外部势力的支持。[①] 它们虽然是以"反政府"的面貌出现，但却被视为民族意志的承载者和执行者，拥有政治上的合法性。

其次，这些反政府武装在非洲大陆相互呼应，共同打击了殖民统治。肯尼亚茅茅运动在英属非洲殖民地中的示范作用、阿尔及利亚战争在法属非洲殖民地中的示范作用都鼓舞了其他殖民地中反政府武装的效法。而这些反政府武装也得到世界舆论的普遍同情与支持。

第三，这些反政府武装都是依靠特定的一个或几个族群，已经显示出了地方民族主义的意识形态特征，如肯尼亚的茅茅运动主要是依靠基库尤人。而这种基于地方民族主义思潮的反政府武装，在20世纪60年代后期发展出以分离主义为诉求的武装斗争。如西撒哈拉反政府武装致力于脱离摩洛哥的战争，厄立特里亚从埃塞俄比亚分离的斗争。1967年，尼日利亚的伊格博人（Igbo）脱离联邦，在东南部地区成立"比夫拉共和国"（Biafra），导致了1967—1970年的比夫拉内战。[②] 这场基于伊格博地方民族主义分离诉求的内战成为60年代中由反政府武装发动的规模最大的分离主义运动。

2. 20世纪七八十年代：冷战意识形态对立下的反政府武装

随着二战后美苏两极格局的确立，美国和苏联在世界争霸的态势极大地影响了非洲反政府武装的意识形态。非洲作为美苏争夺的重要战场，美苏双方都在非洲之角等重要地区扶植亲己力量。从60年代后期开始一直持续到80年代末，非洲出现了一批宣称以"社会主义革命"为口号，以马列主义为意识形态的反政府武装。

在中苏交恶后，持有社会主义意识形态的非洲反政府武装也逐渐分裂

[①] Morten Boas and Kevin C. Dunn, "African Guerrilla Politics: Raging Against the Machine?" in Morten Boas and Kevin C. Dunn eds., *African Guerrillas: Raging against the Machine*, London: Lynne Rienner Publishers, 2007, p. 16.

[②] 参见刘鸿武等《从部族社会到民族国家：尼日利亚国家发展史纲》，云南大学出版社2000年版，第186—191页。

为亲苏派和亲华派。苏联通过资助和支持非洲统一组织（Organization of African Unity，OAU）下设的位于达累斯萨拉姆的"非洲解放委员会"（African Liberation Committee）扶植亲苏的反殖民主义和种族主义政权的武装。非洲解放委员会为非统组织列出一个"合法"的反政府武装的名单，这些即是非统组织所承认的反政府武装，并给予资助，那些未列入名单的组织，则得不到承认和资助。资金多是苏联提供的，因此它可以借此打压那些亲华的组织。而为了能够进入非洲解放委员会的名单，不少反政府武装也纷纷改头换面，投靠苏联。亲苏派的反政府武装如 70 年代的南非"非洲人国民大会"（African National Congress，ANC），它秉奉苏联的意旨，称"反帝运动的支柱是苏联和其他社会主义国家，他们同亚非拉的进步国家，同仍然在殖民统治或少数白人统治下的国家的革命解放运动，以及同帝国主义国家内部的民主力量联合起来"。[①] 而指责中国共产党人为种族主义者，中国使国际团结组织分裂并走向歧途。"非洲人国民大会"还把反华与反美统一起来，称中国和美国中央情报局同时支持南非的"右翼叛徒集团"。[②] 萨姆·努乔马（Samuel Nujoma）领导的"西南非洲人民组织"（South West Africa People's Organization，SWAPO）、乔舒亚·恩科莫（Joshua Mqabuko Nyongolo Nkomo）领导的"津巴布韦非洲人民联盟"（Zimbabwe African People's Union，ZAPU）等都信奉苏联式的"马列主义"。

而不少非洲反政府武装宣称信奉毛泽东思想。[③] 乌干达现任总统穆塞维尼（Yoweri Kaguta Museveni）在 70 年代反对阿明（Idi Amin Dada）军政府统治的斗争中，曾成立"乌干达民族救国阵线"（FRONASA）。他曾赴莫桑比克接受军事训练，并积极推崇毛泽东思想，对毛泽东"人民战争"的理论十分重视，并应用于实际，开展持久的游击

---

① 《非洲共产党人》1969 年，第 3 季度，第 38 期，转引自 [美] 理查德·吉布逊《非洲解放运动：当代反对白人少数统治的斗争》，复旦大学国际政治系编译组译，上海人民出版社 1975 年版，第 102 页。

② 同上书，第 104 页。

③ Morten Boas and Kevin C. Dunn, "African Guerrilla Politics: Raging Against the Machine?" in Morten Boas and Kevin C. Dunn eds., *African Guerrillas: Raging against the Machine*, London: Lynne Rienner Publishers, 2007, p. 16.

战争。① 萨文比（Jonas Savimbi）领导的"争取安哥拉彻底独立全国联盟"、赫伯特·契特波（Herbert Chitepo）领导的"津巴布韦非洲民族联盟"（Zimbabwe African National Union）、法努尔·贾里勒滕杜·科宗盖齐（Fanuel Jariretundu Kozonguizi）领导的"西南非洲民族联盟"（South West Africa National Union，SWANU）② 等都宣称忠于毛泽东思想。在津巴布韦非洲民族联盟中，成员甚至"热爱《毛主席语录》胜过《圣经》"。③

  这些互相敌对的、均宣称信奉马列主义的反政府武装具有几个基本特点。第一，在一国内部有多支反政府武装，分散了反对殖民主义和种族主义政权的力量。在葡属非洲殖民地、南非、津巴布韦和纳米比亚等地，反殖民主义的反政府武装一般情况下都有两个。它们通常是基于不同的民族、地域而产生，在运作中相互敌对，往往一方是亲苏派，另一方是亲华派，或被亲苏派指责为美国中央情报局的"走狗"——在这一时期，亲苏的非洲反政府武装往往会同时指责对手是亲华派和美国间谍。无论是亲苏还是亲华，在那一时期也经常根据实际利益的需要而变化。中苏论战及引起的社会主义阵营的分裂，在非洲反政府武装中表现得极其明显。

  第二，这些反政府武装虽然宣称信奉社会主义，但对社会主义的理解形形色色、千差万别。莫桑比克、津巴布韦等国的反政府武装宣称信奉科学社会主义，安哥拉的反政府武装则主张"根据本国阶级斗争的具体条件，来实现马克思主义的天才学说"。④ 南非"泛非主义者大会"（Pan Africanist Congress of Azania）的领导人勒巴洛（Potlako Leballo）在《致全国人民的革命文告》中阐释了一套受毛泽东游击战思想影响的战争观念，不仅要在农村战斗，也要在城市开辟"第二条战线"等主张，并遵

---

① 张序江：《丛林中走出的风云人物——乌干达总统穆塞维尼》，载陆庭恩等主编《影响历史进程的非洲领袖》，世界知识出版社 2005 年版，第 354—369 页。
② [美] 理查德·吉布逊：《非洲解放运动：当代反对白人少数统治的斗争》，复旦大学国际政治系编译组译，上海人民出版社 1975 年版，第 172—179 页。
③ 同上书，第 253 页。
④ 《安哥拉人民解放运动——劳动党党章》，转引自唐大盾等主编《非洲社会主义新论》，教育科学出版社 1994 年版，第 63 页。

循毛泽东的"分清敌友"、"持久战"的理论。[1]

第三，在多数时候，非洲的反政府武装并不真正理解社会主义思想，仅是把它作为治愈绝望的"魔法"，在极端恶劣环境下的一种精神支撑。[2]这种"不理解"并不是否认非洲人没有研读过马列著作。事实上，非洲不少反政府武装的领导人都曾去苏联或中国受训，接受了专门的政治教育。这种不理解是指大多数宣传信奉社会主义的反政府武装没有、显然也不可能使马列主义非洲化，因而无法从实际出发处理他们国家的问题，而是陷入了教条主义的泥潭。[3] 更有甚者，一些反政府武装在发现走其他道路都行不通的时候变得十分"激进"，或者在毫无激进化倾向的时候，也会"求助于富有革命性的辞藻"，以显示自身的"革命性"和"进步性"。[4]

第四，这些反政府武装由于在非洲信奉和倡导"教条式马列主义"，因此它们缺乏民众基础，而只能依赖大量的外部援助才能生存下去。有学者甚至认为，不少打着社会主义旗号的非洲反政府武装，只是把社会主义作为一个获取外部援助的有效工具，实际上并没有真正信奉它，也不准备为社会主义革命而"奋斗"。[5] 如安哥拉反葡殖民战争中的两大反政府武装"安哥拉人民解放运动"和"安哥拉人民联盟"（Frente Nacional de Libertação de Angola, FNLA）为了争夺"非洲解放委员会"的认可，以获得援助而相互敌对，大打出手。但这种争夺在当时却被赋予了"崇高的"意识形态的色彩——双方都试图向非洲解放委员会证明自己才是"正统"、"真正的"代表马列主义的革命组织。[6] 事实也证明，随着冷战

---

[1] ［美］理查德·吉布逊：《非洲解放运动：当代反对白人少数统治的斗争》，复旦大学国际政治系编译组译，上海人民出版社1975年版，第138—141页。

[2] Niels Kastfelt, "Religion and African Civil War: Themes and Interpretations", in Niels Kastfelt ed., *Religion and African Civil Wars*, London: Hurst, 2005, pp. 1 – 27.

[3] ［美］理查德·吉布逊：《非洲解放运动：当代反对白人少数统治的斗争》，复旦大学国际政治系编译组译，上海人民出版社1975年版，第87页。

[4] 同上书，第14页。

[5] Morten Boas and Kevin C. Dunn, "African Guerrilla Politics: Raging Against the Machine?" in Morten Boas and Kevin C. Dunn eds., *African Guerrillas: Raging against the Machine*, London: Lynne Rienner Publishers, 2007, p. 16.

[6] ［美］理查德·吉布逊：《非洲解放运动：当代反对白人少数统治的斗争》，复旦大学国际政治系编译组译，上海人民出版社1975年版，第322—328页。

的结束,此前不少宣称信奉社会主义的反政府武装都放弃了这一意识形态。

3. 20 世纪 90 年代至 21 世纪初:从意识形态缺失到反恐背景下的反政府武装

冷战结束后,许多非洲反政府武装丧失了来自苏联集团的支持,而美国也逐渐减少或停止了对非援助。这一时期,非洲反政府武装很少再有鲜明的意识形态主张。① 它们战斗是为了眼前看得到的利益,如经济保障、政治权利、地方利益、宗教利益等。在外援减少的情况下,反政府武装为了维持下去,只好通过劫掠、控制矿产资源的开采以获得补给。在出售资源的过程中,反政府武装又与全球商业网络联系起来,而联系的方式往往是走私、跨国犯罪。但这些能够控制资源的武装只是少数,许多反政府武装无以为继,选择与政府和谈。要么就是在缺乏补给的情况下被政府军击溃,反政府武装首领流亡国外,组织瓦解。

1998 年美国在坦桑尼亚、肯尼亚的大使馆被炸事件,及随后于 2001 年发生的"九一一事件"再次让非洲在全球安全格局中的地位提升,很多非洲国家抓住了这一机会获取新的援助。② 对非洲国家而言,美国发动的"反恐战争"成为它们制定政策的话语标准——通过制定符合美国意旨的"反恐政策",获得美国的资金和技术援助,从而借机打击国内反政府武装,巩固政权。在国际上,非洲国家宣传反政府武装的恐怖主义性质,强调其危害,获取国际社会的同情和支持,扩大国际影响,提升自己的战略地位。2001 年以后,美国、欧盟对非洲的关注逐渐增加,其中一个重要方面就是关注非洲"恐怖主义"性质的反政府武装,加大对执行"反恐政策"的非洲国家的支持。③

---

① Morten Boas and Kevin C. Dunn, "African Guerrilla Politics: Raging Against the Machine?" in Morten Boas and Kevin C. Dunn eds., *African Guerrillas: Raging Against the Machine*, London: Lynne Rienner Publishers, 2007, p. 17.

② Kevin C. Dunn, "Sub-Saharan Africa and America Power in the Era of the Bush Doctrine", in Roger Kanet and Edward Kolodziej eds., *Consensual or Coercive Hegemon—Either or Neither? American Power and Global Order*, Athens: University of Georgia Press, 2007.

③ Kevin C. Dunn, "Madlib #32: The Black African State: Rethinking the Sovereign State in International Relations Theory", in Kevin C. Dunn and Timothy M. Shaw eds., *Africa's Challenge to International Relations Theory*, Basingstoke: Palgrave, 2001, pp. 46 – 63.

例如，吉布提就从美国的反恐政策中获益。吉布提地处非洲之角，邻索马里等局势动荡、反政府武装横行的国家，自身安全受到严重威胁。"九一一事件"后，吉布提表示积极支持美国反恐，并在境内为美军提供军事基地，驻军达 1800 人。① 美国中央情报局（CIA）也在吉布提设置了无人侦察机基地，负责对东北非以及阿拉伯半岛的基地组织的侦查工作。作为回报，美国国际发展署（USAID）在 2003 年向吉布提提供了 800 万美元的教育资助。②

不过，美国的反恐政策不仅针对非洲国家内部的反政府武装，同时也对所谓的非洲"失败国家"采取行动。③ 一些非洲国家被"反恐战争"长期困扰，如苏丹的巴希尔（Omer Hassan Ahmed Elbashir）政府，虽一度向美国示好，但美国仍视其为制造在达尔富尔地区"大屠杀"的罪魁祸首，并采取了严厉的制裁措施，国际刑事法院也于 2008 年下达了对巴希尔总统的逮捕令。④ 苏丹达尔富尔地区的反政府武装"正义与平等运动"则因美国的"反恐战争"政策而受益。

从非洲反政府武装的角度看，美国反恐意识形态在非洲的高扬，对它们构成了三个挑战。首先，反政府武装的反政府性质使其很难在"反恐"的话语背景下占有优势地位；其次，反政府武装的实际行为如抢劫、绑架等也确实容易被外界认定是恐怖主义组织；第三，非洲国家政府刻意高举"反恐"旗帜对付反政府武装，不容反政府武装分辨。结果，非洲反政府武装多被冠以"恐怖主义组织"的帽子，它们被外界"强置"了一套恐怖主义的意识形态，变成谁都避之唯恐不及的对象。不过，"恐怖主义"只是表面现象；实际上，非洲反政府武装的利益诉求仍是多种多样的。

---

① Alan Cowell, "US Bases in Djibouti", *New York Times*, May 21, 2003.

② Adekeye Adebajo, "Africa and America in an Age of Terror", *Journal of Asian and African Studies*, 2003, Vol. 38, No. 2 - 3, p. 181.

③ White House, *The National Security Strategy of the United States of America*, Washington DC: US Government, 2002.

④ 参见刘鸿武、王猛《国际刑事法院与苏丹达尔富尔问题》，《浙江师范大学学报》2008 年第 6 期。

二 撒哈拉以南非洲反政府武装的现状与特点

进入 21 世纪,非洲国家发展的核心问题如现代国家建构、国民经济可持续发展、国民意识培育并未得到根本解决,因而,反政府武装仍然活跃。2001—2011 年以来,非洲反政府武装的发展具有四个显著特点:

第一,分布范围广,持续时间长。反政府武装在非洲的分布是广泛的。在东部非洲,南北苏丹境内、非洲之角地区(索马里、埃塞俄比亚等)、东非大湖地区(乌干达、刚果民主共和国等)都存在着大批反政府武装;在西部非洲,无论是马诺河流域诸国(塞拉利昂、利比里亚、几内亚等),还是萨赫勒地区国家(毛里塔尼亚、马里、尼日尔等)都存在着反政府武装。西非大国尼日利亚境内更是反政府武装肆虐:尼日尔河三角洲地区、北部豪萨地区以及海湾地区,都有多支反政府武装。其中"博科圣地"组织近来屡屡发动针对无辜平民、警察和官员的爆炸案,十分活跃。此外,在乍得、中非共和国等也存在有反政府武装。相对而言,随着安哥拉内战于 2002 年结束,南部非洲地区是较为安定的。

这些反政府武装不仅分布在非洲各个地区,而且持续时间很长。其中一些反政府武装自身持续时间极长,如圣灵抵抗军,是自 1986 年就成立的反政府武装,持续至今,仍在中部非洲多国间活动,制造袭击。另一部分反政府武装虽自身持续时间较短,但其经过多个组织的演变和发展,也持续极长时间,如索马里青年党,看似是 2004 年才成立的,但实际上它的前身是 2006 年被击溃的伊斯兰法院联盟(Islamic Courts Union),而这个组织又是 1991 年索马里内战发生以来各个穆斯林武装派别的联合体。还有一部分反政府武装,虽然成立时间短,但是与活动区域内的其他反政府武装有相似的兴起背景,是地方动乱长期存在的表现,如尼日利亚的博科圣地组织。

2011 年以来,仍活跃在非洲的反政府武装多达上百个,情况复杂,难以统计。其中,较为重要的反政府武装情况见表 1。

表1　　　　2011年仍在撒哈拉以南非洲活动的重要反政府武装

分布地区	分布国家	反政府武装名称	成立时间	规模	目前领导人	备注
非洲之角地区	索马里	青年党(al Shabaab)	2004年	3000人（最多时达14426人）	阿富汗尼(Ibrahim al-Afghani)	成员主要是拉汉文人(Rahanweyn)(29%)、达鲁德人(Darod)(22%)、哈维耶人(Hawiye)(17%)，还包括境外基地组织成员，与基地组织有直接联系
大湖地区	乌干达刚果（金）	圣灵抵抗军(LRA)	1986年	200—250人（最多时有2万人左右）	科尼(Joseph Kony)	后文详细介绍
马诺河流域	利比里亚	利比里亚复兴与民主联合军(LURD)	1999年			据称受几内亚政府支持
		利比里亚民主运动(MODEL)	2003年		奈姆利(Thomas Nimely)	
西非萨赫勒地区	马里	阿扎瓦德民族解放运动(NMLA)	2011年	3000—5000人	阿齐里夫(Bilal Ag Acherif)等	主要是图阿雷格人(Tuareg)，也有少数利比亚人
几内亚湾地区	尼日利亚	博科圣地(Boko Haram)	2002年		尤素福(Mohammed Yusuf)	后文详细介绍
		尼日尔三角洲解放运动(the Niger river delta liberation movement)	2006年			
		尼日尔三角洲人民志愿军(Niger Delta People's Volunteer Force)	2004年		多库布—阿萨里(Alhaji Mujahid Dokubo-Asari)	

第二,破坏性巨大。反政府武装的存在对非洲社会经济造成了破坏性影响。主要包括:人员伤亡与难民问题、人口劫掠与儿童兵问题、非洲国家发展进程受挫问题等。

由非洲各地反政府武装造成的人员伤亡数是难以统计的,但由于冲击波及范围广,持续时间长,因此伤亡数量一定不小。仅以圣灵抵抗军为例,其在冲突中发动的袭击已导致多达12000人直接丧生,而间接死亡的人数更多,这包括冲突后一段时间里伤员因伤重不治而亡、地雷等造成的死亡、冲突后传染病蔓延导致的死亡等,并且导致了200多万人沦为难民。① 同时,由于袭击导致了大量人员伤亡。在反政府武装袭击过的地区,除被劫掠走的人外,只有三四人得以存活。这些人因被要求去掩埋尸体、或帮反政府武装搬运物资而幸免于难。大量的"无人村"在非洲出现。除亡者外,还有许多伤者,这些人有些被砍去了手脚、有些则被割掉了耳朵或鼻子,最终沦为残疾人,丧失了劳动能力和自我生存的可能。他们生活得不到保障,衣食都成问题,随时处于死亡的边缘,成为了社会的负担,加剧了社会矛盾。

在另外一些时候,反政府武装发动袭击并不主要是屠杀,而以强奸和掠夺为主。他们强奸村里的妇女,甚至故意让一些染有艾滋病的士兵与无辜的妇女发生性关系,肆意扩大艾滋病的传染范围。这不仅破坏了当地的秩序,更粉碎了传统家庭的凝聚力。有对大湖地区和马诺河流域冲突的研究发现,被反政府武装强奸后的女子,绝大多数被其丈夫和家人所鄙视,还经常遭到被抛弃的命运。

人口劫掠问题也十分严重。人口劫掠主要有三个目的:一是补充兵源,特别是劫持儿童作为后备力量。大湖地区和马诺河流域的反政府武装尤长于此道。二是获取"奖励",如抓捕女性作为性奴,或赏赐"有功之人"。三是勒索赎金,这主要是针对在非洲的外国人。

其中,儿童兵问题最为严重。儿童是无辜的受害者,反政府武装却把他们训练为杀戮者。于是,在儿童兵身上就有了两种相互矛盾的属性——他们既是冲突的受害者,又是残忍的施暴者。他们可能是父母双亡的战争

---

① BDHRL, "Uganda", Bureau of Democracy, Human Rights, and Labor, U.S. State Department, February 28, 2005, http://www.state.gov/g/drl/rls/hrrpt/2004/41632.htm.

孤儿，却也可能杀害了他人的父母兄弟。如果儿童兵拿起武器只是一种心理抗拒的被迫行为，那问题还容易解决一些；但事实上，这些人从小就被反政府武装劫掠，在经过训练后，他们没有独立的思考，缺乏明确的善恶观和正确判断是非的标准，很多儿童成为了"天然的"反政府武装士兵，这套生活方式已经在其意识中根深蒂固了。在某种意义上可以说，这些儿童兵是冷血、嗜杀的，他们已经丧失人性。

而随之带来一个重要的问题就是当一些儿童兵在放下武器后，面对新的社会环境茫然不知所措。从小到大，他们除了会使用武器、制造袭击外，没有其他生存技能；即使经过职业培训，但还是有不少人仍存留有反政府武装的那套反社会的思维模式。这些都需要时间加以调适和改变。同时，社会接纳也成了一个问题。普通民众面对曾经制造杀戮的儿童，缺乏必要的心理准备去接纳他们，许多人都不愿、也不敢让一个曾经双手沾满鲜血的儿童、现在已长成青年的"危险分子"住进自己所在的社区，成为自己的邻居。因此，儿童兵放下武器后的社会融入问题将是一个他们自身与社会互动的长期工程。

非洲国家自独立以来，民族国家的构建之路就充满了崎岖与坎坷。频繁的军事政变、尖锐的国内民族对立都使民族国家的建设步履维艰。而反政府武装的长期活动更是极大地制约了非洲各国构建统一民族国家的努力。反政府武装的活动使冲突地区社会失序、经济衰退，长年的冲突与战争更损害了对政府的信任，缺乏对政府的认同，并使反政府武装背后潜伏的民族矛盾、宗教矛盾、经济利益冲突、政治利益冲突等进一步激化。2011年7月，由苏丹反政府武装"苏丹人民解放军"领导的新国家——南苏丹获得独立，这是反政府武装长期活动导致非洲民族国家构建受挫的一个集中表现。

第三，扩溢性效应明显。21世纪以来，非洲反政府武装多是因一国内部的矛盾而产生，但主要因为两方面原因，使得反政府武装往往跨越国界，在多国流窜，导致了不稳定与冲突的扩溢性效应。

一方面，"跨界民族"与反政府武装的联系。基于地方民族利益而形成的反政府武装，会依托本民族的支持；而由于非洲国界划分中的"分割殖民地"因素，导致了众多跨界民族的存在；依托跨界民族的反政府武装，会到邻国的"兄弟"那里寻求庇护，而后者也经常愿意接纳他们。例如，乌干达反政府武装"圣灵抵抗军"，成立初期主要依托乌干达与南苏丹跨界民族阿乔利人的支持，1994年以来，在乌干达政府军强大的压力下，圣灵抵抗军便跨越当时乌干达与苏丹的国界，进入今南苏丹，并成为影响南苏丹和平的重要障碍；萨赫勒地区的图阿雷格人，该族群分布在西苏丹撒哈拉沙漠的广大地区，且分布区连成一片，跨西非和北非七国而居。非洲国家获得独立以来，图阿雷格人的权利并没有得到新独立非洲国家的承认，因而从20世纪60年代开始，图阿雷格人就组织了反政府武装，争取独立建国，分布在各个国家的图阿雷格人反政府武装便互通声气，相互扶持。2011年以来，由于利比亚冲突的后遗症，大批图阿雷格人从利比亚战场归来，为反政府武装补充了有生力量和武器装备。[1] 反政府武装"阿扎瓦德民族解放运动"逐渐控制了马里北部近三分之二的领土，这也导致了2012年初马里政变的发生。同时，由于图阿雷格人的跨界性质，因此"马里北部发生的事情不仅关系着马里政府，也影响着区域内其他国家，终将造成萨赫勒地区与马格里布地区的动荡"。[2]

另一方面，非洲国家之间的"代理人战争"。非洲许多国家的政府与邻国政府关系恶劣，相互指责对方，并给予对方境内反政府武装以支持。这些支持不仅包括物资补给、人员培训，甚至也包括在本国为邻国反政府武装提供庇护所，最终将不稳定因素引入。另外，许多非洲国家政府采用"以乱治乱"的策略，引入自己支持的邻国反政府武装对抗本国境内反政府武装。例如苏丹政府和乍得政府曾相互支持对方境内反政府武装，而由此恶化了苏丹西部达尔富尔危机。而在马诺河流域战争期间，塞拉利昂、利比里亚、几内亚等多国政府都卷入了对邻国反政府武装的暗中扶持。

由于反政府武装的扩溢效应，对非洲地区国际关系的发展产生了重大的影响。对非洲地区内国际关系而言，其主体不仅是非洲的主权国家，也包括了各类反政府武装，而且后者在许多方面甚至对地区内国际关系产生了更大的影响力。如圣灵抵抗军对中、东部非洲国际关系就曾产生过"主导性"影响。随着圣灵抵抗军跨出乌干达国境，进入南苏丹、刚果民主共和国、中非共和国等国家和地区，这支反政府武装也成为影响乌干达与周边国家关系的重要因素之一。1994年以后，苏丹政府通过支持圣灵抵抗军来牵制乌干达政府在南苏丹的势力，此后，双方关系一直僵持。

---

[1] 贺文萍：《利比亚后遗症在非洲蔓延》，《环球时报》2012年4月23日，第14版。
[2] 张建波：《极端分子正向马里北部聚集》，《人民日报》2012年5月10日，第21版。

2001年以后，苏丹政府不再公开支持圣灵抵抗军，但私下却仍然为圣灵抵抗军提供支援。圣灵抵抗军也成为影响乌苏两国关系改善的一个巨大障碍。圣灵抵抗军在中部非洲多国境内的活动还牵动了乌干达与苏丹、刚果民主共和国、中非共和国等国多边关系的发展演变。特别是乌干达政府军借清剿圣灵抵抗军的名义在这些国家境内活动，扩大了自己在周边地区的影响力，并在一定程度上主导了地区局势的发展走向。

对非洲国家而言，在地区国际关系中无法占据主控地位，导致了其"地区安全模式"的"断裂性"。在非洲，国与国之间的关系就是"单纯"的两国关系，虽不能全然断定这种关系与周边其他国家关系毫无互动，但至少可以说互动是很少的，对一组国家间关系产生不了大的影响。于是，每一个非洲国家都处于将它与其直接邻国联系起来的一组安全互动的中心，但由于实力的局限，这些单个的安全互动中心又不能联结成为一个更广泛的"安全相互依赖模式"。[①] 2011年10月，虽然得到美国非洲司令部的配合，但乌干达等国军队围剿圣灵抵抗军仍无果而终，表面上看是情报分享度不够、情报有误以及行动配合不利等，但其根源还是要考虑非洲独特的地区安全模式。

三 2011年对西非地区影响巨大的反政府武装——博科圣地

"博科圣地"（Boko Haram）成立于2002年，发迹于尼日利亚的北部城镇迈杜古里（Maiduguri），迄今仅有十年的时间，已成为尼日利亚乃至周边地区广为人知的恐怖组织。在2002—2009年的七年间，"博科圣地"的活动较为平静，并不太为外界所知。2009年尼日利亚政府开始对其进行清剿。但从2010年至今，短短两年时间，"博科圣地"制造了大量暴力袭击事件，造成的伤亡人数已逾千人，震惊世界。

"博科圣地"的历史根源：1980年代，尼日利亚出现了严重的政治经济问题，宗教向政治的渗透成为国家面临的一个新危机，其中以"麦塔特斯尼"暴动（Maitatsine Riots）最为著名。这一暴动发生在迈杜古里附

[①] [英] 巴里·布赞、[丹] 奥利·维夫：《地区安全复合体与国际安全结构》，潘忠岐等译，上海人民出版社2010年版，第220页。

近和卡杜纳（Kaduna），其领导人是默罕默德·马尔瓦（Mohammed Marwa）。马尔瓦死后，继任者穆萨·马卡尼克（Musa Makaniki）继续领导这一暴动，后逃往喀麦隆，2004年才在尼日利亚被捕。马尔瓦及其继任者都笃信伊斯兰原教旨主义，其理念成为暴动的指导思想。有学者指出，无论从发生原因、组织理念，还是发生地、暴动形式等来看，"博科圣地"都与"麦塔特斯尼"有许多相似之处。

"博科圣地"的领导人：穆罕默德·尤素福（Mohammed Yusuf），1970年2月29日出生于尼日利亚约贝州吉尔吉尔村（Girgir village）。2002年创立了"博科圣地"。他通常被称为"教师"，恪守伊斯兰原教旨主义，严格执行伊斯兰教义。在宗教理念上，他笃信"古兰经"的预言，恪守其行为准则，主张教法胜于国法，并反对西方科学和文化，认定西方民主和文化会腐蚀神圣的穆斯林。尤素福"不承认地球是圆的、不承认达尔文的理论、不承认水被太阳蒸发后形成雨，因为这与伊斯兰教教义不符"。尤素福通过"公然反对警察和政治腐败"获取支持者，其追随者也称该组织为Yusuffiya，他们主要由尼北部的伊斯兰学生、牧师，以及失业的大学生和教授，其中不乏尼日利亚的社会精英。

"博科圣地"的理念："博科圣地"是一支伊斯兰原教旨主义激进组织。"博科圣地"（Boko Haram）的字面翻译意思是"西方教育是罪恶的"，但其真正意义远超于此。"博科圣地"不仅反抗西方的教育，还抵制一切腐蚀穆斯林的西方事物，甚至禁止民众穿衬衫和短裤，也禁止民众参与选举性投票。它主张在尼日利亚推行严格的伊斯兰教法，以发动针对政府的袭击事件来宣示自己的存在。

"博科圣地"的活动特点：第一，目标泛化。起初，"博科圣地"将警察、军队及政府部门列为其主要攻击目标，目前针对基督教机构的袭击也有所增加。从袭击警察、政府机构到市场、教堂，袭击目标平民化，这使得该组织的行动计划难以预测和察觉。据人权观察报告称，博科圣地自2009年以来频发袭击，至少造成935人死亡。[①] 此外，打击"博科圣地"给尼日利亚背上了沉重的经济负担，尼日利亚的投资环境也遭到了重创，经济负面效应难以估量。

---

① 中国驻尼日利亚使馆经商处网站，2012年1月31日（http://nigeria.mofcom.gov.cn/aarticle/w/201201/20120107944778.html）。

第二，手段残忍，报复性强。该组织主要以自杀式爆炸袭击为主，初期，博科圣地主要以枪击、投掷汽油弹为袭击手段，目前正逐步过渡到运用威力更大的炸药进行自杀式袭击。由于与外界的接触增加，"博科圣地"获取武器的可能性越来越大，袭击手段有从自制式武器到军事专业化转变的趋势。

第三，规模大，频率高。"博科圣地"在2002年到2009年期间活动实力较小，活动较少，但自从2009年其创始领导人尤素福被打死以后，其活动开始猖獗，尤其2011年以来，每月都制造暴力袭击事件，频率极高，且多地同时发生，伤亡数目大增。其影响愈发恶劣，可谓朝野震荡。针对舆论对尼国内可能引发"宗教战争"的担忧，尼日利亚拉各斯大主教安东尼·奥克杰也认为，某些人的"权力野心和一些经济原因"引起了系列袭击，而非"宗教战争"。尼日利亚诺贝尔文学奖得主索因卡也认为，内战正在逐渐接近尼日利亚。

第四，范围扩大，影响周边。"博科圣地"系列爆炸袭击使尼日利亚暂时关闭了东北部四州与邻国的边界，这不仅使邻国喀麦隆的经济受到重大影响，而且尼日利亚的打压迫使"博科圣地"向邻国渗透和发展，殃及邻国，威胁到地区安全与和平。随着政府的打压，"博科圣地"转移国外，其活动更为隐蔽和难控。

表2　　　　　　　　　　2011年博科圣地制造的袭击案例

时间	案件
4月22日	在约拉（Yola）的越狱，14名囚犯逃脱
5月29日	北尼日利亚系列爆炸案
6月16日	阿布贾警察局爆炸案
6月26日	迈杜古里啤酒店爆炸案
7月10日	苏里贾（Suleja）教堂爆炸案
7月11日	迈杜古里大学校园爆炸案
8月12日	巴纳（Liman Bana）被杀案
8月26日	阿布贾爆炸案
11月4日	达马图鲁（Damaturu）袭击案
12月25日	发生在尼日利亚的系列爆炸案

四 2011年对东非地区影响巨大的反政府武装——圣灵抵抗军

圣灵抵抗军（the Lord's Resistance Army）成立于1986年底，至今已持续了近30年时间，科尼是它的最高首领。圣灵抵抗军是撒哈拉以南非洲持续时间最长、破坏性最大的反政府武装之一。它不仅曾肆虐乌干达北部地区，而且扩散到周边国家如南苏丹、刚果民主共和国和中非共和国，对地区国际关系也造成了恶劣的影响。截至2010年底，圣灵抵抗军已使250万人沦为难民，导致至少2万人在冲突中直接死亡，间接死亡者更是难以计数。[①]

圣灵抵抗军的历史根源：圣灵抵抗军是乌干达南北民族长期对立的产物。在前殖民时期，乌干达南方王国就奴役北方民族；在殖民时期，英国政府采用"分而治之"的统治政策，用南方民族统治北方民族，加剧了双方矛盾；独立以来，南北民族为争夺乌干达中央政权不断发生冲突，激化了民族间矛盾。而1986年代表南方民族利益的穆塞韦尼夺取政权，最终激化南北矛盾，北方阿乔利人组织了一批反政府武装，其中就包括圣灵抵抗军。

圣灵抵抗军的领导人：约瑟夫·科尼（Joseph Kony），1962年生于乌干达北部古鲁地区一个名叫奥德克（Odek）的小村子里。[②] 科尼在接受了小学教育后就辍学了。[③] 之后，他在家里接受宗教教育。科尼兄长死后，他父亲要把他训练成为一个"阿基瓦齐"的接班人，他童年时也曾经做过宗教仪式中的祭台助手。1986年底，他成立了圣灵抵抗军。科尼宣称，人们经过他的"灵力"的佑护，用油在胸前画十字，便可刀枪不入。科

[①] Jason Benham, "South Sudanese See New State as Buffer to LRA", Reuters, Maridi, January 11, 2011.

[②] Scott Johnson, "Hard Target: The Hunt for Africa's Last Warlord", *Newsweek*, May 25, 2009, p.44. 但也有人认为科尼生于1961年。See Ruddy Doom and Koen Vlassenroot, "Kony's Message: A New Koine? The Lord's Resistance Army in Northern Uganda", *African Affairs*, Vol.98, No.390, 1999, p.20.

[③] B. Drogin, "Christian Cult Killing, Ravaging in New Uganda", *Los Angeles Times*, April 1, 1996.

尼称自己拥有许多种强大的"灵",包括:"拉卡维娜"灵(Lakwena),具有传道的力量;"斯灵蒂·马凯"灵(Silindy Makay),这是来自苏丹的一种灵,可以让人掌握军事战略;"大比安卡"灵(Major Bianca),一种来自美国的灵,可以提升智力;"英出"灵(Ing Chu),来自中国,可以让敌人的武器变成玩具。科尼还建立了"庭院"(Yards),作为自己仪式的场所。在庭院中,科尼身着穆斯林传统服装"坎祖长袍"(kanzu),向新加入的成员泼洒水、牛油和树脂油,使他们的灵魂净化。科尼还对其他的"巫医"进行审查,如果他们是"不纯洁"的,科尼就会以他们是撒旦为名处死他们。科尼宣称,战争是一种能使人心灵净化的治疗方式。一方面,死去的人就像腐烂的肉一样被割除掉;另一方面,那些纯洁的人是不会在战争中被杀死的。他的使命就是通过战争消灭恶灵,推翻穆塞维尼政府。而在战争中,阿乔利人将得到救赎。

圣灵抵抗军的理念:圣灵抵抗军的理念基本上是依托阿乔利人有关操控灵力的巫医传统信仰,并吸收基督教、伊斯兰教中的有用成分,呈现出神秘主义的特征。圣灵抵抗军的追求目标是基督教"十诫"(the Biblical Ten Commandments),致力于建立"人间天国"。他的一个副手曾这样解释圣灵抵抗军的目标:"圣灵抵抗军只是这场运动的一个名称,因为我们是以上帝的名义在战斗。上帝帮助我们在丛林中坚持下去,这就是为什么我们创造出'圣灵抵抗军'这个名字。人们总是问我们,我们的战斗是不是为了实现上帝的十诫?回答是肯定的。十诫是上帝给世间民众、给一切人的宪法。如果我们建立起以十诫为基础的理想国家,就不再会发生偷窃、通奸、对无辜者的杀戮等一些行为了。十诫可以涤除这些罪行。"[①]

不过,历史证明所谓"十诫"的理念仅仅是圣灵抵抗军的一套向外界宣示的漂亮说辞。2006年,当英国广播公司(BBC)在采访科尼时再次问及有关圣灵抵抗军的理念,科尼已经避而不谈"十诫"了。在对那些逃脱圣灵抵抗军控制的儿童兵的采访中发现,没有一个儿童兵知道圣灵抵抗军的"十诫"理念。他们只知道科尼要推翻乌干达政府,科尼是信上帝的,除了这些,儿童兵就什么也不知道了。乌干达总统穆塞维尼直接

---

① "Uganda-Sudan: Interview with Vincent Otti, LRA Second in Command", IRIN, June 13, 2007, http://www.irinnews.org/InDepthMain.aspx?InDepthId=58&ReportId=72472.

表示，科尼不是为了什么崇高的目标而斗争，仅是为追求个人享受而给别人制造灾难。美国前总统小布什也表示，科尼仅仅是一个杀人犯和恐怖主义者，他的反政府武装没有资格称作"圣灵之兵"。

圣灵抵抗军的活动特点：第一，绑架大批儿童，大肆使用儿童兵。据英国广播公司的数据，截至 2011 年初，圣灵抵抗军劫掠了至少 6 万名儿童。① 为什么要针对儿童，使用儿童兵呢？这既是因为他们劫掠学校和村庄这些不设防的场所比较容易得手；也是由于儿童思想尚未定型，易于进行思想灌输，好控制，也容易摆布，利用起来比较顺手。② 在圣灵抵抗军中，最小的儿童兵仅有五岁。这些儿童兵被训练使用轻型武器去战斗。③ 特别是在 90 年代以后，圣灵抵抗军基本上使用儿童兵作为战斗主力。④ 在战斗中，这些儿童兵都被置于最前线，因此儿童死亡率也很高。还有不少女童（也有少量男童）被充作性奴，有些"公用"，有些则赏赐给忠于科尼的有功人员。⑤

第二，传播艾滋病，散播恐怖和绝望。圣灵抵抗军中有专门的"特种部队"，即传播艾滋病小分队。这些人的"职责"是，每进攻一个以往曾不服从圣灵抵抗军的村子时，他们就强奸这里尽可能多的女性，将艾滋病病毒散布开来，传播恐怖、绝望。曾有研究者将其称作"艾滋病战术"。其性质之恶劣，令人发指。现在，在乌干达北部地区，以及南苏丹、中非和民主刚果境内，都有遭受圣灵抵抗军"艾滋病战术"荼毒的村子，这里的女性不仅承受着艾滋病发作带来的病痛，还要面对非洲社会

---

① Mike Thomson, "Who Can Stop the LRA?", BBC News, February 16, 2011, http：//news.bbc.co.uk/today/hi/today/newsid_ 9397000/9397111.stm.

② Jimmie Briggs, *Innocents Lost*：*When Child Soldiers Go to War*, Basic Books, 2005, pp.105 - 144.

③ Peter W. Singer, *Children at War*, University of California Press, 2006, p.20. 据哈格斯道姆（Henric Haggstrom）的调查，其中还有 6 岁、8 岁的儿童兵。

④ 有人对圣灵抵抗军使用儿童兵的说法表示怀疑，认为儿童不应具有如此强大的战斗力。进而认为圣灵抵抗军中的大多数士兵是在 13—30 岁之间的青年人。而且在阿格利人看来，只要是未婚娶的人都可以被看作是年轻人。因此，将圣灵抵抗军幼儿化的倾向是错误的。See Mareike Schomerus, *The Lord's Resistance Army in Sudan*：*A History and Overview*, Geneva：Small Arm Survey, 2007, p.16.

⑤ Tim Allen, *Trial Justice*：*The International Criminal Court and the Lord's Resistance Army*, London：Zed Books, 2006, p.42.

对艾滋病恐惧和排斥的巨大社会压力。她们承受着生理和心理上的双重折磨。①

第三，实施屠杀，任意进行肢体损毁，造成大量伤亡。圣灵抵抗军袭击不为他们提供给养的村镇，肆意杀人。面对反抗者，圣灵抵抗军总是残酷地砍掉这些人的手、鼻子和耳朵，有时会缝上他们的嘴巴，并在他们的嘴唇上钻孔，甚至割除。② 科尼本人理直气壮地辩解："如果你拿起弓箭对抗我们，我们就砍掉你的手，谁的错？如果你告密，我们就缝住你的嘴巴，割掉你的嘴唇，谁的错？你的错！《圣经》教导我们，如果你的手、你的眼睛、你的嘴巴有错，就切掉它们！"③

第四，疯狂报复，阻止投降和其他背叛行为。在长达近三十年的冲突中，圣灵抵抗军的很多成员渴望放下武器，融入社会。但科尼对这些人残酷报复，杀一儆百。其手段之残酷，令人不寒而栗。2004年中，一支圣灵抵抗军小分队从指挥官到士兵全体投降，接受政府特赦。④ 科尼毫不留情地"惩罚"这些"叛徒"。当时，有媒体派记者赴这支小分队原指挥官的新家进行采访。周围民众还专门举办了一次欢迎此人"回归社会"的庆祝宴会。科尼据相关报道掌握了信息。一周后，圣灵抵抗军袭击了这个"背叛者"所在的村子，烧毁所有房屋，在杀死许多男人后，还绑架了50名妇女和儿童。可能是由于带着妇女儿童撤退速度太慢，会被政府军追击，所以圣灵抵抗军在附近的灌木丛里用棍棒殴打、砍刀劈砍这些人质。第二日清晨，当民兵赶来时，发现50人中已有30人死亡，另有20人重伤。⑤ 这种报复手段让想要背叛的人不寒而栗。

2011年10月14日美国总统奥巴马以致信国会的形式，宣布向中非地区派遣约100名特种部队官兵，展开"乌干达行动"，协助乌干达政府打击反政府武装"圣灵抵抗军"，但这次行动最终以失败告终。此前在

---

① 王涛：《走近圣灵抵抗军：倾听那血与泪的诉说》，《非洲》2012年第4期，第75—77页。

② Chris Dolan, "What Do You Remember? A Rough Guide to the War in Northern Uganda, 1986–2000", COPE Working Paper No. 33, 2000, p. 15.

③ Tim Allen, *Trial Justice: The International Criminal Court and the Lord's Resistance Army*, London: Zed Books, 2006, p. 42.

④ Ibid., p. 76.

⑤ Ibid.

2008年美国就与大湖地区诸国一起围剿圣灵抵抗军，但无果而终。多次围剿失败，既是由于相关国家对于外部军事力量介入其内部事务持抵制态度，也是由于信息交流不畅等原因。随后，非洲联盟也成立了专门的消灭圣灵抵抗军的部队。圣灵抵抗军未来将受到越来越大的压力。① 此外，欧洲联盟也宣布，向近20年来遭受"圣灵抵抗军"危害的非洲人提供价值900万欧元的人道主义援助。

五　展望

2011年撒哈拉以南非洲反政府武装问题存在两个热点：一是在西非尼日利亚（尼日尔三角洲解放运动、博科圣地），一是在大湖地区（圣灵抵抗军）。它们将继续是2012年非洲反政府武装中需关注的重点。

随着2011年北非动荡的扩溢效应，萨赫勒地区的反政府武装力量日强，将在2012年成为影响西非局势走向的重要因素。图阿雷格人反政府武装阿扎瓦德民族解放运动在得到利比亚同族武装的支持后，力量增加，并与其他反政府武装如"信仰捍卫者"组织和"争取西非唯一性与圣战运动"等构成对西非地区稳定的威胁。② 由于图阿雷格人独立诉求是老问题，基地组织的渗入是较新情况，所以萨赫勒地区的形势将更加复杂。

南北苏丹分裂使原苏丹境内的反政府武装"苏丹人民解放军"成为南苏丹政府军。不过，苏丹人民解放军（北方局）继续作为分裂后苏丹的反政府武装而存在，它还与达尔富尔反政府组织武装"公正与平等运动"、"苏丹解放运动（米纳维派）"等在南苏丹首都朱巴签署了成立"苏丹革命阵线"的宣言，旨在联合推翻苏丹政府，成为2012年一支引人瞩目的反政府武装。与之相随的是南北苏丹间冲突不断，成为2012年非洲最不稳定的因素之一。

撒哈拉以南非洲反政府武装问题是非洲发展中各种淤积问题的激烈反映。而反政府武装的活动则进一步激化了各种矛盾，使问题复杂难解。短期看，反政府武装问题将长期存在，很难消灭殆尽；长远言之，解决非洲

---

① 裴广江、张杰：《非盟成立专门部队打击"圣灵抵抗军"》，《人民日报》2012年3月27日，第21版。

② 张建波：《马里面临分裂危险》，《人民日报》2012年4月7日，第3版。

反政府武装问题,需要各国处理好民族、宗教关系,在政治和经济利益上协调各方,总之,实现可持续发展,并让发展的成果惠及大多数民众,是消弭反政府武装必须首先要做到的。

作者简介

王涛,云南大学非洲研究中心讲师,法学博士。主要从事撒哈拉以南非洲反政府武装问题、东非国际关系问题研究。

南部非洲国家政治发展报告

李鹏涛

2011年,在全球经济危机的背景下,由于金融监管落后、治理不善,再加上严重的涝灾,这些因素使得多个南部非洲国家出现严重危机,失业现象严重,政府财政困窘。本年度,赞比亚、刚果(金)举行了总统选举,津巴布韦、安哥拉和马达加斯加等国处于总统选举前的筹备阶段,另外,马拉维前总统去世也引发了政党轮替。南非国内《国家信息保护法案》的社会影响至今尚未平息,而朱利乌斯·马勒玛的政治命运沉浮更是本年度南非最为重要的政治事件之一。博茨瓦纳、莫桑比克的经济社会发展较为平稳,但也面临着如何有效利用矿业资源来促进经济持续发展,惠及广大民众的紧迫任务。

一 南部非洲[1]政治发展态势概览

2011年,南非见证了一位具有争议的领导人马勒玛的兴衰,其命运起伏也折射出执政党非国大乃至南非政治和社会发展中所存在的问题。南

---

[1] 文中所述南部非洲主要是南部非洲发展共同体(SADC)的安哥拉、博茨瓦纳、刚果(金)、莱索托、马拉维、毛里求斯、莫桑比克、纳米比亚、南非、斯威士兰、坦桑尼亚、赞比亚、津巴布韦、塞舌尔和马达加斯加等15个国家,其中马达加斯加于2005年8月加入,2009年4月退出。

非政坛不同派别间的角力将是 2012 年南非政坛的主要看点。

津巴布韦领导人穆加贝确立了自己作为津民盟爱国阵线（ZANU-PF）总统候选人地位，积极推动尽快举行大选，不过按照相关规定，总统选举须在宪法修订后才能举行，而宪法尚在修订之中，因此选举可能会被推迟到 2013 年。暴力和违法事件仍然频频发生。

2011 年 1 月，国际货币基金组织（IMF）警告斯威士兰应立即进行改革以避免潜在的金融风险，但斯威士兰政府并未采纳国际货币基金组织的建议。持续的经济危机导致社会动荡，失业现象严重，斯威士兰政府已经预计 2012 年斯威士兰大部分地区将出现严重的粮食安全问题，亟须国际社会的人道主义援助。① 在 20 世纪 70 年代，斯威士兰曾经是粮食出口国，但自从 20 世纪 90 年代起开始依赖国际社会的援助，据估计，在 2010 年，国民中的 10% 以上依靠粮食援助生活。② 斯威士兰是目前非洲唯一的一个君主制国家，现任国王是穆斯瓦蒂三世（Mswati III）。1973 年，阿方索二世废除宪法并解散议会，禁止政党活动。

在安哥拉，桑托斯总统（José Edouardo Dos Santos）的威权统治面临着巨大压力。年轻人不断走上街头抗议，要求他下台，人权观察组织指责桑托斯总统镇压反政府武装。在 2011 年 10 月卡扎菲被杀后，69 岁的桑托斯是目前在位时间最长的非洲领导人。面对北非变局，桑托斯提出将于 2012 年第 3 季度举行大选，这将是安哥拉 33 年来的首次大选。2011 年 12 月，反对选举舞弊法案通过，这是顺利举行大选的重要一步。然而，仍有很多人对于大选能否如期公正举行表示怀疑。距离安哥拉内战结束 10 周年的今天，对于安哥拉十年间的发展，各方评论不一：一方面，日均 180 万桶的石油储量使安哥拉成为了撒哈拉以南非洲国家中第二大石油出口国，仅次于尼日利亚。政府一方面利用石油美元来发展基础设施，重建国家经济；另一方面，民众抱怨从石油经济中获益甚少。根据联合国人类发展指数，按照人均国民收入排名减去发展指数排名的方法计算，石油资源丰富的安哥拉是 -38，处于世界最不发达国家之列。③

---

① IRIN, "Swaziland: Bleak outlook for food security", December 15, 2011.
② IRIN, "Swaziland: Changing the focus of food assistance", 12 October, 2010.
③ Nicholas Shaxson, "Mixed progress in Angola after ten years of peace", Apr. 3 2012. http: //www. chathamhouse. org /media/comment/view/182791.

在印度洋国家马达加斯加，2009年通过发动政变上台的安达里·拉乔利纳（Andre Rajoelina）承诺举行大选。2011年9月，南共体制定出了一部得到马岛各方同意的选举路线图，按照规定，马岛将于2012年举行大选，所有流放领导人均可"无条件"回国参加选举。但是前总统马克·拉瓦卢马纳纳（Marc Ravalomanana）被威胁一旦踏上马岛将会被立即逮捕。

在赞比亚，迈克尔·萨塔（Michael Sata）击败现任总统鲁皮亚·班达（Rupia Banda），当选赞比亚第五任总统。萨塔"爱国阵线"政府部分兑现了对于选民的承诺，与此同时对于外来投资的态度较为温和。赞比亚与邻国马拉维之间的关系，是萨塔对外政策中另一值得关注的话题。自萨塔上台后，赞比亚与邻国马拉维两国间关系趋于恶化，事件起因是萨塔2006年访问马拉维时曾被驱逐，因此一直对此耿耿于怀。萨塔上台后多次要求马拉维政府就此事道歉，但均遭马拉维政府拒绝，双方关系因此蒙上阴影。

2011年，在北非政局动荡的背景下，马拉维国内也曾出现过反对宾古·瓦·穆塔里卡（Bingu Wa mutharika）总统的抗议声浪。由于严重干旱威胁到农业产量，经济局势持续恶化，英国等西方捐助国因对马拉维政府不满而拒绝给予财政预算资助。社会经济局势的恶化导致2011年7月针对穆塔里卡总统的示威活动，政府采取严厉镇压活动，导致至少20人死亡。穆塔里卡政府努力控制局势，但仍然面临着巨大压力。

博茨瓦纳一向以良治、政治稳定和经济增长平稳而著称，但在2011年也发生了政治动荡。公共领域工人发动了博茨瓦纳历史上首次的全国范围内罢工，抗议政府的薪资规定，长达两月时间的抗议最终以失败告终。塞雷茨·卡马（Seretse Khama Ian Khama）总统面临的主要问题仍然是减弱对于钻石业的严重依赖。

莫桑比克实行较为稳定的宏观经济政策，国内政治稳定。莫桑比克矿产资源丰富，莫桑比克西北部有世界上最大的未开发煤矿，而且有丰富的天然气储量。在过去15年中一直维持着8%的经济增长率，受到世界经济动荡影响，2011年莫桑比克经济增长率仍维持在7%，莫桑比克从而成为过去十年世界上经济增速最快的国家之一。矿业领域投资增长迅猛，从2001年的2000万美元增至每年10亿美元。但是，莫桑比克政府中主管矿产资源开发的矿产资源部却只有15名雇员。对于莫桑比克而言，如何有效引导、规范外国投资,从而使投资真正受益于基层民众,仍将是巨大的挑战。尽管过去十年中经济增速较快,但这并未消除国家的发展落后:仍有半数的莫桑比克儿童存在严重的营养不良问题,占全国人口中的80%以上仍然是依靠种地维生,但是农业生产停滞不前。按照莫桑比克国内权威的经济学家卡洛斯·努内斯(Carlos Nunes Cstel Branco)的说法,外国直接投资获益中只有3%至5%被重新投资到莫桑比克国内,这主要是因为莫桑比克政府刺激外国资本投资矿产资源开采的减税优惠措施。①

在刚果(金),2011年最引人注目的事件是于11月举行的大选。2011年1月刚果(金)修改宪法,这被认为是为卡比拉总统顺利当选创造条件。2011年7月,选民开始进行选举登记,期间发生大规模示威,反对者抗议卡比拉总统操纵选举。2011年11月,刚果(金)总统和议会选举如期举行。约瑟夫·卡比拉(Joseph Kabila)击败了主要竞争对手——民主与社会进步联盟主席齐赛凯迪(Tshisekedi)再次当选。

刚果(金)东部地区的局势总体稳定,但局部暴力事件仍时有发生。2011年2月,一名陆军上校因刚果(金)东部的大规模强奸事件而被判20年监禁,这是首次针对军官进行的刚果(金)东部强奸事件的指控。2011年7月,一名被指控下达大规模强奸命令的军队中校,向政府投降。2011年5月,卢旺达的胡图族叛军穆瓦纳什亚科(Ignace Murwanashyaka)以反人类罪在德国接受审判。所有这些都表明,刚果(金)东部局势已趋于稳定。不过,暴力事件仍然时有发生。2011年6月,刚果(金)东部城镇北基伍省的费兹(Fizi)镇发生大规模强奸暴行,约170名妇女被强奸。

二 南非"马勒玛事件"

2011年,《国家信息保护法案》在南非政治生活中引起了巨大争议。按照这一法案规定,政府拥有"保护国家信息避免被媒体泄露"的权力,民众普遍担心该法案会成为非国大控制新闻媒体的依据,非国大批评者指责这是非国大独裁倾向的明确表现,该法案一经提出便激起南非民众巨大

---

① The Christian Science Monitor, "new coal giant Mozambique faces rising public anger", A-pril 27 2012.

反对声浪，成为本年度南非的焦点话题之一。同时，2011年度一直受到南非民众和媒体关注的是朱利乌斯·马勒玛的非国大党党籍问题。

马勒玛（Julius Sello Malema），1981年生，南非非洲人国民大会青年联盟（African National Congress Youth League，简称"ANCYL"）主席，他是近年来南非政治和公众生活中备受瞩目、饱受争议的人物。马勒玛曾因坚定支持南非现任总统、非国大领导人祖马（Jacob Zuma）而不断得到擢升，曾被祖马形容为南非的"未来领导人"。马勒玛以其富有争议的言论而在南非政坛闻名，他尤其得到年轻人、穷人和弱势的黑人选民的支持。2011年，《福布斯》杂志称他是"10名非洲最为年轻的有权势者之一"，但也有人将他形容为"轻率的民粹主义者"，有可能会颠覆南非并引发种族冲突。①

马勒玛之所以成为南非舆论关注焦点，主要是因为近两年来他一系列的出格言行。2010年4月访问津巴布韦期间，他抨击津巴布韦的民主变革联盟（Movement for Democratic Change）领导人摩根·茨万杰拉伊（Morgan Tsvangirai）是"帝国主义"的盟友，呼吁南非也采取津巴布韦式的占领矿山和农场的行动，马勒玛的言论引起投资者担忧南非会效仿津巴布韦的土改方式。

在几天后的媒体见面会上，他又动手打了英国广播公司记者乔纳·费舍尔（Jonah Fisher）。事件起因是马勒玛批评津巴布韦民主变革联盟在约翰内斯堡富人聚集的桑顿（Sandton）地区拥有办公室，而费舍尔则评论说马勒玛自己也居住在这里，并形容马勒玛的评论是"一派胡言"。马勒玛盛怒之下，对费舍尔大打出手。事后，马勒玛对于自己的行为毫无歉意，并指责费舍尔粗鲁无礼，肆意贬损非洲国家领导人的可信度和尊严。② 事件引起国际媒体极大关注，第二天，非国大发布宣言谴责马勒玛在新闻发布会期间的不当行为，祖马总统也公开批评马勒玛，表示英国广播公司记者在非国大青年联盟的遭遇是令人遗憾、难以让人接受的。尽管如此，马勒玛并未认错。

非国大以导致非国大和南非政府陷入分歧为由，对马勒玛启动纪律检

---

① Govender, Peroshni, "South Africa's Malema to Escape ANC Discipline", Reuters, 20 April 2010.

② "ANC puts heat on Malema". IOL. 10 April 2010.

查程序，指控内容主要包括：马勒玛在访问津巴布韦期间公开支持穆加贝的津民盟（ZANU-PF），而当时祖马总统正试图在调停津双方达成妥协协议；新闻发布会上殴打英国广播公司记者事件；在祖马批评马勒玛后，马勒玛更是反唇相讥。2010年5月11日，马勒玛与非国大达成了诉辩交易，针对他的三项指控被撤销（攻击英国广播公司记者；支持穆加贝总统；在公开场合演唱被禁的"杀死布尔人"歌曲），马勒玛为批评祖马而公开道歉，被判处罚金1万兰特，并被警告如若两年内再犯类似错误将被取消非国大党党籍。

然而马勒玛并没有停止极端言论，他多次公开称赞津巴布韦总统穆加贝和利比亚领导人卡扎菲，并且呼吁非国大青年联盟去推翻博茨瓦纳的"帝国主义傀儡政权"。① 马勒玛受到关注也是因为他所提出的南非矿业国有化倡议。2011年6月，在西开普大学的公共集会上，马勒玛问道："我们为什么要为收回我们自己的土地而掏钱？"将矛头直指南非的"自愿赎买"（"willing buyer, willing seller"）的土地赎买政策。② 在6月16日的南非青年节宣言中，马勒玛指责白人"偷窃土地"，再次鼓吹无偿重新分配土地。③ 马勒玛言论引起了南非国内和西方投资者对于南非矿业发展前景的担忧，而祖马总统和矿业部长苏珊·沙班古（Susan Shabangu）多次公开声明否认这是非国大的官方立场。由于马勒玛"试图引发南非的种族仇恨"，专门负责监控全球各国发生大屠杀迹象的预警组织"大屠杀监控"（Genocide Watch）将南非预警级别提至第六级"准备"（Preparation）。④

2011年8月30日，马勒玛面临非国大党的纪律听证。马勒玛支持者在约翰内斯堡市中心举行大规模集会并引发严重冲突，很多马勒玛支持者打出了"南非只属于黑人"的口号。马勒玛申请撤销对他的指控，非国大党全国纪律委员会经过8月31日至9月1日的会议讨论否决了马勒玛撤销指控的请求。2011年11月，非国大党全国纪律委员会判定马勒玛分裂非国大党罪名成立，被判取消党籍五年，这也意味着他将不得不放弃非

---

① http://www.timeslive.co.za/politics/2011/08/01/now-malema-targets-botswana-president.
② http://mg.co.za/article/2011-06-15-malema-why-must-we-pay-for-our-land/.
③ http://www.timeslive.co.za/politics/2011/06/16/apartheid-taught-whites-to-be-racist-malema.
④ http://www.genocidewatch.org/southafrica.html.

国大青年联盟主席一职。

尽管马勒玛的政治生命似乎就此中断,但他对于南非政治发展产生了巨大影响:

首先,矿业国有化问题被提上了议事日程。马勒玛及非国大青年联盟的国有化主张得到了非国大党的主要盟友——南非工会联合会的支持,它也将矿业国有化视作解决南非日益加深的经济和社会苦难的主要途径。在马勒玛以及青年联盟的压力下,非国大党甚至不得不委托一个独立专家委员会探讨南非国有化的可行性。非国大之所以被迫启动调查国有化这一可能的政策选择,在很大程度上是因为马勒玛及其青年联盟所施加的影响。自1994年以来,非国大逐渐朝着主流的市场经济发展模式靠拢,但社会下层从中受益较少。矿业国有化辩论是结束种族隔离制度以来在南非首次出现的社会广泛阶层对于经济道路的大讨论。

然而,这种矿业国有化政策是非国大政府难以接受的。近年来,南非矿业发展一直处于萎缩状态。在2001年至2008年矿业资源价格上涨时期,南非矿业产量每年缩减1%,而世界其他20个主要的矿业出口国家则达到了年度增长5%。1970年矿业出口占到南非国内生产总值的21%,但目前只占6%。这一领域甚至要比1994年非国大党掌权时候还要小,尽管它仍然占出口量的60%。前财政部长特雷弗·曼纽尔(Trevor Manuel)所领导的国家计划委员会(National Planning Commission)在2011年11月发布的"2030年远景展望"中特别强调南非矿业的发展需要外来投资。而世界第三大金矿公司安格鲁阿散蒂金矿(Anglo Gold Ashanti)前主席,同时也是南非国家计划委员会成员的波比·戈德塞尔(Bobby Godsell)表示,南非矿业国有化的可能性微乎其微,就如同美国联邦储备银行不会被茶党消灭一样,他认为青年联盟"对于某些极其重要的问题作出了某些不现实的、不具有可行性的回答"。[①] 不过,非国大也向年轻的非洲人重申,针对马勒玛的行动并不意味着要终止经济发展政策的讨论,非国大总干事格维德·曼塔谢(Gwede Mantashe)表示国有化并非"马勒玛的个人话题,而是非国大的问题"。

其次,马勒玛使得青年人所面临的严重经济和社会问题受到关注。经

---

① "Nationalisation in South Africa, A debate that will persist, Will the country's land and mines be nationalised? Who's to say?" The Economist, December 3, 2011.

过 18 年的政治自由，一半以上的 25 岁以下年轻人找不到工作，这一比例是世界上最高的，求职无望、求学无门。在马勒玛登上政治舞台前，很少有政治家会关注日益增长的年轻人所面临的严重的社会和经济问题。

再者，从更广阔背景来看，围绕马勒玛案件所引起的争论表明，"彩虹国度"的蜜月期已经结束。富裕阶层对于马勒玛的恐惧实际上反映了对于民主制度的信任缺失。马勒玛的政治生涯将会被终结，但问题仍然未能解决。据称，有可能接替马勒玛的非国大青年联盟副主席罗纳尔多·拉莫拉（Ronald Lamola）可能会比马勒玛更为激进。[1]

三 津巴布韦

过去一年里，津巴布韦联合政府在改善经济方面取得了重要成就，同欧盟国家关系有所缓和，欧盟 2011 年解禁对津巴布韦政府官员的制裁，而且津巴布韦东部钻石矿出口禁运也在 2011 年 11 月被部分解除。

不过，津巴布韦在政治领域仍面临着巨大挑战，政治改革进程进度缓慢，总统选举一直是联合政府中各派所面临的关键问题。按照《全球和平协议》（Global Political Agreement）规定，津巴布韦将举行总统大选，这一点是津巴布韦民主联盟—爱国阵线（ZANU-PF）和民主变革联盟（MDC）都接受的，但问题关键在于大选的时机选择，恰恰是在这一问题上双方存在很大分歧。津民盟坚持认为举行自由、公正与可信的选举环境已经具备，而争取变革联盟则认为选举不应该在没有人权和选举改革情况下进行，选举委员会和司法部门等关键机构未能实现独立。[2] 津民盟曾提出举行自由公正选举条件已经成熟，并要求于 2011 年举行大选，但被南共体否决。2011 年 9 月，津民盟再次提出于 2012 年第 1 季度举行大选，不过多数观察家认为各方接受的大选时间可能会在 2012 年底至 2013 年初。[3] 随着大选的临近，全国范围内的暴力事件频频发生。

在南共体和南非祖马总统的推动下，《全球政治协定》的执行已经取

---

[1] Mail & Guardian, "The next Malema: Is Ronald Lamola ready to lead", http://mg.co.za/article/2012-02-05-the-next-juju-wont-back-down.

[2] Gillian Gotora, "Zimbabwe's president says he can't force 2012 vote", Associated Press, 6 October 2011.

[3] ICG, "Resistance and Denial: Zimbabwe's Stalled Reform Agenda", Africa Briefing No. 82.

得一些成绩，包括完成选举路线图、完善宪法制定程序、任命了新的选举委员会、推行《津巴布韦人权委员会法案》以及《选举修正案》等。但是《全球政治协定》中的主要内容仍未能得以兑现，2011年4月的《全球和平协议》定期审查机制报告显示大多数主要问题仍未解决。

对于津巴布韦进程缓慢的政治改革，南共体明确表示不满。整个2011年，南共体和南非总统祖马不断向津联合政府施加压力，要求联合政府采取改革措施，遵守南共体所起草的选举路线图。在2011年3月赞比亚会议上集中讨论了津巴布韦局势，发布了《利文斯顿公报》，严厉批评了《全球和平协议》进展缓慢，并认识到津巴布韦国内的政治暴力问题的严重性，建议南共体应通过直接介入方式来推动津巴布韦联合政府履行《全球和平协议》中的承诺。[1] 津民盟对此反应十分强烈，公开指责南共体干涉其内政，并坚称将自行选择大选时间。南共体6月、8月的会议公报都要求津巴布韦在实施《全球政治协定》方面作出更多努力，为自由公正选举创造条件。

津民盟—爱国阵线内部的分裂迹象也值得关注。2011年8月，津民盟—爱国阵线政治局委员、津巴布韦防卫力量总司令所罗门·穆菊茹（Solomon Mujuru）意外去世，很多人认为这是一起暗杀事件。[2] 所罗门·穆菊茹被视作津民盟中的温和派，由于愿意与民革运实现妥协而被认作是遏制党内强硬派的有效力量。穆菊茹之死使得津民盟内部关系更趋于紧张，也势必影响到其妻子、现任津巴布韦副总统乔伊斯·穆菊茹（Joice Mujuru）与国防部长埃默森·姆南加古瓦（Emmerson Mnangagwa）等热门候选人之间的博弈。[3]

结　　语

对于南部非洲国家来说，全球性经济危机的影响仍将长期持续，如何

---

[1] "Communiqué-Summit of the Organ Troika on Politics, Defence and Security Cooperation", Livingstone, 31 March 2011.

[2] "Mujuru: Yet another mysterious ZANU-PF death", The Zimbabwe Independent (online), 25 August 2011.

[3] Alex Bell, "ZANU-PF tensions rise after Mujuru death", www.swradioafrica.com, 2 September 2011.

有效应对危机对于各国造成的冲击，维持社会平稳发展，仍将是各国面临的主要挑战。"马勒玛事件"之后，南非非国大党内分歧仍将继续酝酿，势必影响到 2012 年 12 月的非国大党主席选举。刚经过大选或政党更迭的赞比亚、刚果（金）和马拉维等国，都面临着与反对派和解，实现社会稳定、经济平稳发展的紧迫任务。而津巴布韦、安哥拉和马达加斯加等国能否实现公平、公正、透明选举，仍是值得关注的。对于近期政局相对稳定的博茨瓦纳和莫桑比克来说，都面临着如何有效利用矿业资源，从而更好地促进经济发展、民生改善的紧迫任务。

作者简介

李鹏涛，浙江师范大学非洲研究院政治与国际关系研究所副研究员，法学博士。主要从事非洲政治史研究。Email：lipengtao1981@gmail.com

非洲之角的安全局势报告2011

肖玉华

  当前非洲之角的安全局势呈现出复杂化的态势，多种不安全因素不仅制约各国发展战略的顺利推进，也使政治边缘民族和生活在不安全地区的族群大受其害。总的说来，当前非洲之角的安全局势主要表现在以下几个方面：社会经济发展不平衡，粮食危机频繁发生；族群分离主义运动发展，民族国家构建进程受阻；地区内国家间关系紧张，内耗严重；地区一体化困难重重，冲突协调机制运行不力；区域外势力介入地区事务程度加深，挑战与机遇并存。

  近年来，非洲之角[①]的安全局势再次引起国际社会的广泛关注。在部分国家经济发展取得相对高速增长的同时，一系列不安全因素持续发展，威胁到整个地区的安全大局。由于缺乏有效的地区内协调机制，非洲之角安全局势中存在的族群冲突、边境和资源争端、饥荒问题、恐怖主义、国际干涉、民族分离主义和民族统一主义、政府羸弱与政府威权并存等一系列问题不断挑战各方构建地区和平与安全的努力。

[①] 本文所述非洲之角指厄立特里亚、吉布提、索马里、埃塞俄比亚、苏丹、南苏丹、肯尼亚和乌干达八个国家。

一 经济发展落后,粮食短缺

2011年世界经济缓慢复苏,非洲之角各国经济也表现出比较积极的发展态势。但是,长期的地区冲突和政府管理效能低下,导致各国的发展很不平衡。埃塞俄比亚的经济发展最快,年度经济增长率达到10.1%,而索马里、苏丹、南苏丹和厄立特里亚等国则因内部治理存在的问题出现很多不稳定因素。即便如此,我们也必须看到,埃塞俄比亚的底子薄,与快速的经济发展相伴的是通货膨胀和外债增加,地区各国的人类发展指数普遍很低。

南北苏丹于2011年7月正式分离,边境地区的跨境武装和民族归属争议愈演愈烈,因输油管使用费用问题,南苏丹已经宣布石油停产,两国达成妥协的可能性遥遥无期,双方经济遭受重创。占据非洲之角最长海岸线的索马里,过渡联邦政府羸弱不堪,国内和解与和平受到族群冲突、教派冲突、恐怖主义和外国干涉等多方面因素的制约,基础设施破坏严重;北部索马里兰地区相对稳定,与埃塞俄比亚的经济合作得到发展;邦特兰地区的海盗活动虽然为部分人改善了生活质量,但却是国际法所不容的。在地区关系格局中,厄立特里亚的正当权益被忽视,有关其与埃塞俄比亚的边境裁决迟迟未得执行,沉冤未雪的以赛亚斯·阿费沃基总统(Isaias Afewerki)采取支持邻国反叛分子的做法,自我孤立也被国际社会孤立。国内计划经济体制僵化,大量的海外汇款成为支撑国内经济生活的重要来源。作为埃塞俄比亚的唯一出海口,吉布提取得了国家发展的战略机遇期,但是国内政局的紧张(伊萨—索马里人和阿法尔人的矛盾),以及与厄立特里亚的边境争端,给夹缝中的小国增加了平衡国内发展和国际关系的压力。

与此同时,非洲之角的粮食危机一直没有得到根本解决。2011年下半年非洲之角的饥荒再次引起世人关注,但事实上该地区历年的粮食危机只有程度高低之分,而不存在有无粮食短缺的问题。2011年非洲之角粮食危机的主要原因是长期的干旱和地区安全局势的恶化。国际市场上食品价格的上涨和国际粮食援助造成的本地农业经济萎缩也被认为是造成此次危机的重要原因。2010—2011年的旱灾被认为是1950—1951年以来最严重的旱灾之一。游牧民族受影响最大,非洲之角15块游牧区(pastoral analyzed zones）有 11 块受到旱灾的严重影响。索马里、吉布提、肯尼亚、埃塞俄比亚和坦桑尼亚都有大量人口面临粮食短缺的问题。在危机最严重的时候，有超过 1200 万人需要粮食援助。

二 族群分离主义运动发展，民族国家构建进程受阻

继 1993 年埃塞俄比亚与厄立特里亚分道扬镳后，2011 年 7 月 9 日，南苏丹宣布独立。厄立特里亚和南苏丹成为非洲独立以来仅有的两个从非洲主权国家分离的新生国家。民族分离主义在这一过程中起到了主导性作用，对该地区甚至整个非洲民族国家的构建进程构成了巨大的挑战。苏丹国内的部分知识分子对南苏丹的分离感到担忧，认为这可能导致其他地区的族群民族主义转向民族分离主义，从而导致整个苏丹民族国家的瓦解。[①] 埃塞俄比亚东部欧加登地区、南部奥罗莫地区和北部阿法尔地区的政治边缘族群也宣扬民族自治和独立主张，指责以提格雷人民解放阵线（Tigray People's Liberation Front）为核心的埃塞俄比亚人民革命民主阵线（Ethiopian People's Revolutionary Democratic Front）政府代表的是"阿比西尼亚民族沙文主义"的利益，罔顾边缘地区的经济发展。活跃在这些地区的武装分子不断发动针对政府军、公共设施和外国游客的袭击。[②] 得到国际社会承认的索马里过渡联邦政府经费短缺、人力资源不足，其存在的合法性受到索马里各派的质疑，伊斯兰法院联盟在 2006 年维持的短暂和平成为遥远的记忆。国内和解困难重重，但也将是走出当前困局的唯一出路。"青年党"（Al Shabaab）宣布加入基地组织后，索马里成为国际恐怖主义网络中的重要一环，境外恐怖分子的渗入使得建设和平的努力更加艰难。

处在天平另一端的是厄立特里亚。埃塞俄比亚拒绝执行埃厄边境委员会的裁决，一直占领巴德梅（Badme）。埃塞俄比亚的国家民族主义者对曾经作为埃塞一个省厄立特里亚的桀骜不驯感到难以容忍。厄立特里亚则

[①] 访谈，苏丹学者，喀土穆，2011 年 9 月 2 日。
[②] Luc Van Kemenade, "Ethiopia rebels attack in Ogaden", Associated Press, September 2, 2011; "Gunmen kill 19 on Ethiopian bus in Gambella region", BBC, March 12, 2012; David Smith, "Five European tourists killed in attack in Ethiopia", Guardian, January 18, 2012.

坚持要求按照边境委员会的裁决，执行边境划界。① 这一要求不仅仅是对国家领土主权的要求，也是政府维护其合法性的必要因素。执政的民主与正义人民阵线（People's Front for Democracy and Justice）不断加强对国家机器的控制。由于不满国际社会的不作为，阿费沃基加大了对反对势力和与海外关系紧密的人士的打压，正常的法律程序经常受到政府行政部门的干扰。② 作为民族国家构建的一种手段，政府推行全民服役计划，18—50岁之间的男女公民必须进行至少6个月的军事训练，并随后服一年兵役或劳役。在与埃塞战事失利后，阿费沃基总统将国家分为五个战区，直接任指挥战区司令。

三 地区内国家间关系紧张，内耗严重

"敌人的敌人就是朋友"成为非洲之角地区国际关系的现实逻辑。

南苏丹独立后，苏丹成为第一个承认她的国家。巴希尔总统在贺词中表示："虽然我们认为苏丹的统一更好……但多年来出于和平可行性的共同信念而取得的成果必须得到保护。"③ 南苏丹独立后，原来抵抗苏丹政府军的南方反政府武装主力苏丹人民解放阵线（简称苏解阵，Sudan People Liberation Front）成为南苏丹的执政党，而其北部分支则成为苏丹境内的反抗武装。南苏丹支持苏解阵—北方分支在青尼罗河州等地的武装抵抗和攻击活动，④ 苏解阵北方分支还积极动用舆论攻势，争取西方主导的"人道主义干预"。而苏丹反过来也支持南苏丹的族群反抗组织，并在石油管线使用方面钳制南苏丹。由于两国在阿布耶伊的地位归属、游牧民的族群归属、石油管线使用费用和边境划界等方面各执一词，南北苏丹支持对方反抗势力的做法不可能在短期内得到解决。苏丹空军对边境地区的定

---

① Nejib Jibril, "The binding dilemma: from Bakassi to Badme-making states comply with territorial decisions of international judicial bodies", *American University International Law Review*, Vol. 19, Issue 3, 2003.

② International Crisis Group, "Eritrea: the siege state", Africa Report No. 163, September 21, 2010, p. 11.

③ "Sudan's president congratulates independent south", Reuters, July 9, 2011.

④ "Sudan accuses South Sudan of preparing for more attacks", Radio Tamazuj, March 19, 2012.

点轰炸经常造成大量的平民伤亡，加快了地方反抗武装的联合，激化了南北苏丹的紧张局势，并引起国际社会的关注。

一些苏丹流亡人士利用厄立特里亚作为海外据点，培训、组织苏丹东部的反抗组织。此种支持往往被冠以"人道主义"、"救援"等名义。苏丹贝贾人武装分子活动在厄立特里亚一侧的哈密德山区，使苏丹政府军的清剿行动事倍功半。随着苏厄关系的改善，一些流亡在厄立特里亚的反抗组织和人员已经开始考虑转移基地。与此同时，苏丹东部地区经济发展滞后，自然灾害频繁，人们对政府的不满情绪极容易被反抗组织利用，转而支持反抗政府的叛乱活动。

非洲之角最大的代理人战争发生在索马里。埃塞俄比亚和厄立特里亚这一对死敌分别支持索马里的过渡联邦政府和"青年党"，成为地区安全复合体的主要因素。2009年年初，埃塞俄比亚驻军撤出索马里，但是这一行动被"青年党"和其他的派别视作战略上的胜利：埃塞驻军被赶走了，下一步是结束所有的外国军事存在，实行"沙里亚法"，建立伊斯兰共和国。[1] 因害怕伊斯兰极端主义分子势力扩张，埃塞军队很快重新进入索马里，打击青年党武装。2011年，埃塞俄比亚和肯尼亚军队加大了在索马里的军事存在，在索马里境内建立自己的"安全范围"，而之后才寻求非洲联盟和联合国等国际组织的授权。有评论家批评埃塞俄比亚和肯尼亚扶植没有政治合法性的索马里过渡政府，而索马里过渡联邦政府、埃塞俄比亚、肯尼亚、乌干达和布隆迪也扮演着美国等西方大国的"代理人"的角色，美国和地区邻国的"代理人战争"是"青年党"争取民众支持的重要外部条件。

除此之外，埃厄两国还支持对方国家的反抗分子和组织。埃塞俄比亚在2011年4月发表声明，表示将加大对厄立特里亚反抗组织的支持。与此同时，泛索马里主义思想在索马里及其邻国边境得到发展，受其影响的跨境民族统一主义势力出现联合作战的倾向，这使得埃塞俄比亚和肯尼亚更加将索马里伊斯兰极端分子和族群势力的发展视为仇雠。西方国家的反恐战略有所调整，它们已经意识到反恐战争是赢不了的战争，开始推行长期战略，支持地方大国遏制恐怖主义的发展。

---

[1] Simon Tisdall, "Somalia faces catastrophe", *The Guardian*, January 29, 2009.

四　地区一体化困难重重,冲突协调机制运行不力

区域组织在非洲地区和平与安全建设方面的重要性逐渐得到重视,但是非洲之角次地区主义进程缓慢,制约因素多,地区冲突协调过程中往往依赖于非洲联盟、联合国和地区外大国的财政、军事和人员支持,各国力量大小的不平衡增加了国家间的不信任感。甚至有学者认为,地区主义还有可能促成不安全局势的生成和发展。

1998—2000 埃塞俄比亚与厄立特利亚边境战争以后,厄立特里亚的阿萨布港几近废弃,埃塞俄比亚的进出口贸易绝大部分依赖吉布提港,并开始加强与索马里兰的合作,企图凿通通往柏培拉(Berbera)通道,推动改善柏培拉港,使外贸通道多元化。铁路、公路网的建设也非常落后,由于底子薄,且资源相对缺乏,非洲之角各国铁路及公路网的建设面临资金短缺、偿贷压力大等多方面的困难。2011 年埃塞俄比亚启动了亚的斯亚贝巴通往埃塞俄比亚—吉布提边界的铁路项目和亚的斯亚贝巴城市轻轨项目,中国政府将提供贷款支持。[①] 在能源开发、信息通信技术推广以及人力资源和组织机构能力建设方面,各国同样面临类似的困难。

苏丹和南苏丹石油储量大,石油经济发达,但因输油管使用费率问题产生的争议已经导致南苏丹叫停石油生产,转而谋求与埃塞俄比亚联手修建到肯尼亚拉穆港的输油管线。[②] 另外,埃塞俄比亚、厄立特里亚和索马里的外贸出口构成中,牲畜产品的比重都比较大,制造业欠发达,经济互补性差,也给经济一体化带来重重阻碍。

除了基础设施落后和经济互补性差之外,地区组织的机制化也受到种种因素的制约。虽然政府间发展组织(Intergovernmental Authority on De-

---

[①] "Agreement signed for the construction of Mieso-Dire Dawa-Dewele railway project", Ethiopian Railways Corporation, December 22, 2011; "Ministry say 15 percent advance payment for Addis Ababa-Sebeta-Mieso railway project settled", the Ethiopian News Agency, March 13, 2012.

[②] "South Sudan, Ethiopia and Kenya to share cost of Lamu oil pipeline project", the New Sudan Vision, February 19, 2012.

velopment）是非洲八大次地区组织[①]之一，政府间发展组织在推进地区政治联合和经济一体化方面却乏善可陈。由于反对该组织在索马里问题上的立场，厄立特里亚于2007年退出政府间发展组织，最近申请重新加入该组织的要求却被设置了种种障碍，加上南北苏丹和埃厄在边境地区的对峙和"代理人战争"战略的推行，以及索马里的长期战乱，该组织的代表性和协调能力存在明显不足。在索马里国内政治秩序重建、2011年的非洲之角饥荒以及南北苏丹矛盾调解等重要地区事务上，该组织的行动能力低下，地区大国和地区外大国在未经国际组织授权的情况侵入邻国的行动屡见不鲜。

此外，次地区组织的身份重叠也是影响非洲之角地区一体化的重要因素。乌干达和肯尼亚是东非共同体的主要成员，两国在非洲之角事务中的作用又相当重要，他们对政府间发展组织的参与更多基于自身边境安全和反恐战略的考虑，其目的是争取西方大国的政治、军事和经济支持，而对推进非洲之角地区的政治和解和经济一体化兴趣不大。[②] 南苏丹和索马里申请加入东非共同体的努力更加体现了政府间发展组织实际影响力的式微。[③] 在非洲联盟力求在地区和平与安全建设方面起到更大作用的时代背景下，政府间发展组织的活动能力将进一步受到制约。

非洲各国领导人加紧了对非盟领导人职位的竞争，推动非洲人解决非洲事务，地区外大国和国际组织也逐渐意识到非洲主体能动问题（agency）的重要性。政府间发展组织能否提高其话语权和在地区事务中的有效性，将取决于其如何解决内部分歧，协调立场，以战略的眼光推进地区和

[①] 这八大次地区组织分别是南部非洲发展共同体（Southern African Development Community）、西非国家经济共同体（Economic Community of Western African States）、东非共同体（East African Community）、东南非共同市场（Common Market for Eastern and Southern Africa）、中部非洲国家经济共同体（Economic Community of Central African Countries）、萨赫勒—撒哈拉国家共同体（Community of Sahel-Sahara States）、阿拉伯马格里布联盟（Arab Maghreb Union）和东非发展共同体（Inter-governmental Authority on Development）。

[②] Robert Young Pelton, "Kenya laying groundwork for buffer zone?", Somali Report, October 24, 2011; Tendai Marima, "Kenya's blundering mission in Somalia", Aljazeera, November 2, 2011; Michael Wilkerson, "Uganda's war on terror comes home", Foreign Policy, July 12, 2010; Nick Young, "Uganda: a pawn in the US's proxy African war on terror", The Guardian, September 25, 2010.

[③] Josh Maiyo, "Ethiopia can become new East African hegemony", African Arguments, April 20, 2012.

平建设，为社会经济发展创造有利的条件。

五 外部力量参与地区事务程度加深，挑战与机遇并存

在和平与安全局势未得根本改观的背景下，地区外大国和国际组织加大了对非洲之角事务参与的力度，各种力量之间亦竞争亦合作的关系给地区内各国的内部治理和对外政策带来了新的议题。有关和平建设、发展援助/合作以及治理模式的讨论，逐渐热烈起来。

反恐战争已经退居国际关系的幕后，但美国在非洲之角的反恐战略行动却非常活跃。虽然其在非洲之角的反恐行动仍然以军事手段为主，但是政府各部门之间的协调合作得到加强。2002 年，为了适应 9·11 事件后全球反恐战争的需要，美国组建了非洲之角联合特遣部队（Combined Joint Task Force-Horn of Africa），该特遣部队不仅吸纳了美国国防各部门的人员，而且还联合了文官部门和盟国部队。2003 年，特遣部队将总部迁往吉布提的雷蒙尼尔军营（Camp Lemonier）。随着 2007 年非洲司令部的建立，非洲之角联合特遣部队成为该司令部的一个组成部分。该部队还在战略上作了调整，在注重反恐的基础上，加强与地区盟国的合作，提供军事培训和能力建设支持。目前，该特遣部队的人数达到 3000 人。美国打击恐怖主义的国家战略（National Strategy for Combating Terrorism）中，提出四个要点：击败恐怖分子及其组织，消除对恐怖分子的赞助、支持和庇护，减少恐怖分子企图利用的潜在条件，保护美国本土和海外公民及利益。就非洲之角联合特遣部队而言，其反恐战略提出三个要点：防守、发展和外交。

由于地区内其他国家局势不稳（苏丹、南苏丹和索马里），还有一些国家被美国列入支持恐怖主义的名单（苏丹、厄立特里亚），埃塞俄比亚成为美国地区反恐战略中的最大赢家。在该地区，埃塞俄比亚得到的美国军事援助仅次于吉布提。2006 年年底埃塞俄比亚入侵索马里，打击伊斯兰法院联盟，得到了美国的武器支持和空中配合。埃塞俄比亚的阿巴明奇（Arba Minch）空军基地成为美国在该地区实施空中打击的重要据点。但是由于埃塞俄比亚与美国在安全合作方面的加强，埃塞俄比亚境内外的伊斯兰极端分子越来越将埃塞俄比亚和美国一道视作伊斯兰的敌人，索马里

民族主义者认为埃塞俄比亚的目的就是使索马里陷入长久的分裂和羸弱状态。近来,伊斯兰极端分子针对埃塞俄比亚目标的袭击威胁增大。①

在索马里,外国的军事干预成为当地的政治现实。美国、英国、法国和地区邻国出于不同的战略目的,都力挺羸弱的过渡联邦政府,而恣意的武装干预和定点清除行动一方面打击了伊斯兰极端分子的头目和机动能力,也因此引发了索马里民族主义的高涨。②"青年党"和"伊斯兰党"等伊斯兰武装组织在军事上的失利与民间仇视外国干涉的民族心理相伴而生。

国际组织在地区安全事务中的干涉行动也逐渐增多。在南北苏丹边界争端中,埃塞俄比亚积极推动南北苏丹和谈,促成南北苏丹当局在2011年6月签署《阿布耶伊亚的斯亚贝巴协议》,为联合国安理会1990号决议有关派驻阿布耶伊临时安全部队(United Nations Interim Security Force for Abyei)创造了条件。从地缘政治和自身安全出发,同时也为了防止厄立特里亚推动"代理人战争",埃塞俄比亚大力支持该维和任务,2011年7月,埃塞俄比亚便向阿布耶伊地区派驻了4250名维和人员,使该地区维和人员总数达到了5000人。此外,非盟—联合国达尔富尔特派团(African Union-United Nations Mission in Darfur)、非盟索马里特派团(African Union Mission in Somalia)以及于2008年7月被迫终止任务的联合国埃厄特派团(United Nations Mission in Ethiopia and Eritrea)都正在或曾经在地区和平与安全方面发挥重要作用。

中国等新兴国家虽然较少直接参与非洲之角的安全事务,但是随着其在该地区利益的增长及与相关国家关系的紧密化和复杂化,也越来越频繁地介入非洲之角的地区事务。出于其在南北苏丹的石油利益、与埃塞俄比亚等发展合作/援助关系以及索马里海域的航行安全考虑,中国必须巧妙公正地处理与地区内国家的双边和多边关系,兼顾地区外大国和国际组织的利益诉求。这种新的变化同样给地区各国带来了机遇和挑战。中国国防部先后派出了11批护航编队前往亚丁湾海域执行护航任务,各国军舰和

---

① "Somalia Islamists attack Ethiopian troops", AFP, March 10, 2012.

② Sadia Ali Aden, "Foreign intervention in Somalia: panacea or poison?", Left Turn, June 1, 2010; Hassan Omar Hassan, "Kenya and Ethiopia occupation fuelling global Somali nationalism", The Standard, March 24, 2012.

联合行动为海洋运输提供了有限而难得的安全保障。在南北苏丹边境争端等问题上，中国政府积极介入，发挥着促谈媾和的建设性作用。中国还加大了对非洲联盟等非洲区域组织的软硬件支持。在双边合作方面，除了紧急性的粮食援助外，中国的基础设施援助为非洲国家提高自主发展能力提供了重要的融资支持。[1]

非洲国家对中国参与非洲和平与安全建设的期待不断增加。索马里过渡联邦政府前副总理兼外交部长奥马尔（Mohammed Omaar）在与笔者的交谈过程中表示，西方的殖民经历和武力干预历史使其失信于非洲之角，而中国的国际身份和不断增长的实力为其在非洲之角的和平与安全建设中发挥更大作用创造了有利的条件。中国石油公司在南苏丹的存在使中国与南北苏丹的关系更加复杂化，巧妙公正地介入涉及中国利益的地区事务已经成为中国政府不得不破解的难题。对非洲来说，期待新兴国家做得很多的愿望和新兴国家在复杂环境下处理地区和平与安全事务的能力还存在较大差距，中国国内的经济、政治和社会环境与国际社会对中国履行更多国际责任的呼唤没有很好对接。另外，中国军队的远程投送能力有限，地区外大国对于中国介入非洲事务又存在不同程度和不同动机的焦虑，都将限制中国在解决非洲之角地区和平与安全问题上的自由度。[2]

六 结论

非洲之角的地区安全环境与关系结构的变迁，是冷战后非洲政治与社会秩序重建过程的重要一环。在经济自由化和政治民主化为主要特征的全球化背景下，非洲之角的安全局势既受到各当事国、地区组织、次地区组织、地区外力量以及非政府行为体的具体政策和相互关系的影响，也受制于当地的经济社会发展水平、资源条件和族群关系等客观因素。

当前非洲之角各国经济社会发展水平还很不平衡，2011年的粮食危

---

[1] Zhang Yuwei, "China pledges more support to relieve African food crisis", *China Daily*, September 26, 2011; He Wenping, "China's hardware assistance to Africa makes sense", *People's Daily*, August 30, 2011.

[2] International Crisis Group, "China's growing role in UN peacekeeping", Asia report No. 166, April 17, 2009, p. 30; Saferworld, "China's growing role in African peace and security", January 2011.

机和饥荒问题表明，粮食安全关系到普通民众的基本生活，政治边缘民族在粮食危机中是最大的受害者。安全局势恶劣的地区在国家发展战略中所得到的重视不够，经济社会发展水平低下，国际救援的难度也相应增加。随着南苏丹的独立，民族国家的合法性遭到巨大打击，地区内各国的政治发展表现出国家权威遭受挑战和执政当局主动强化的悖论。出于地缘政治的考量，非洲之角的安全局势因各国以临为敌的战略选择而变得更加错综复杂，地区组织在协调、解决安全问题上却因经济一体化程度不高、代表性不足和成员国力量不平衡而难以有所作为。

作者简介

肖玉华，博士，浙江师范大学非洲研究院助理研究员，主要研究非洲之角的和平与安全问题及中国在非企业社会责任。邮箱：yhxiao1979@gmail.com

索马里海盗问题

刘 军

近年来，索马里海盗活动猖獗并呈现出活动范围扩大化、袭击目标多样化、活动隐蔽化、产业化、和长期化等特征。中国海军舰队前往索马里海域打击海盗活动，表明中国愿意承担国际义务，有助于中国国家形象的构建，有助于加强与其他国家的军事合作，有助于强化中国海军的远洋训练和更好地维护中国国家利益。

一 索马里海盗依旧猖獗

当代索马里海盗活动①兴起于20世纪90年代中期，2007年底以来发展尤为迅速。据国际海事局的信息显示，在索马里海域2006年发生海盗活动10起；2007年发生海盗活动31起；② 2008年发生111起袭船事件；③ 2009年发生217起袭船事件；④ 2010年发生219起袭船事件；2011

---

① 关于当今索马里海盗活动的一般情况，参见刘军《索马里海盗问题探析》，《现代国际关系》2009年第1期。
② 《国际海事局：尼日利亚和索马里海域海盗活动猖獗》，新华网2008年1月10日。
③ 《索马里海盗今年发动214次袭击 比去年多近一倍》，中国新闻网2009年12月31日（http：//www.chinanews.com/gi/gj-gjzj/news/2009/12‒13/2048026.shtml）。
④ 《国际海事局称2009年索马里海盗发动217次袭击》，中国新闻网2010年1月15日。

年发生237起袭船事件。① 随着索马里海域海盗活动的不断升级，国际社会对索马里海盗的打击不断加强，但索马里海盗活动仍然猖獗并呈现出一些新的特点。

1. 活动范围扩大化

被索马里和也门环抱的亚丁湾位于印度洋与红海之间，是从印度洋通过红海和苏伊士运河进入地中海及大西洋的海上咽喉，战略地位十分重要。据统计，每年通过苏伊士运河的船只约有1.8万艘，其中大多数都要经过亚丁湾，为索马里海盗提供了大量下手的目标。在各国海军持续多年的大力打击之下，索马里海盗的活动海域不断延伸。索马里海盗已不仅局限在亚丁湾、索马里海域活动，其活动范围已向东延伸至印度、斯里兰卡西海岸，向西延伸至红海，向北延伸至波斯湾、阿曼湾，向南延伸至莫桑比克海峡。

2. 袭击目标多样化

在索马里主要海盗势力中，"国家海岸志愿护卫者"（National Volunteer Coast Guard）规模较小，主要劫掠沿岸航行的小型船只；"梅尔卡"（Merkah）团伙以火力较强的小型渔船为主要作案工具，特点是作案方式比较灵活；势力最大的海盗团伙"索马里水兵"（Somalia Marine），装备优良，其活动范围不仅限于索马里海域，而是纵横于浩瀚的印度洋上。最初，索马里海盗袭击目标主要以航速慢、干舷低的商船为主。近年来，索马里海盗为达成劫船目的，袭击目标发生较大变化。无论是中小型渔船、行动迟缓的货轮，还是船坚炮利的军舰，抑或庞然大物的超级油轮，无不沦为索马里海盗袭击和劫持的对象。

3. 海盗活动隐蔽化

索马里的海盗们往往扮演着多重角色，平常他也许是某军阀手下的一名士兵，或某个偏僻部落的普通渔民。他们大多听从军阀领袖或部族首领的号令，居则为民，出则为匪。同时，索马里海盗为躲避军舰检查和追踪，提高袭击成功率，作案手段不断隐蔽化。从其近期活动情况来看，索

---

① 《国际海事局：索马里海盗去年发动袭击事件237起》，人民网2012年1月20日。

马里海盗极大地改进了战术,他们使用绊网通过缠绕螺旋桨使商船停航,遇到军舰检查时将武器投入海中,采用经过伪装的母船出海、挂机小艇抵近快速突击的战法,做到隐蔽性和突然性兼顾,让各国反海盗护航行动变得更加艰难。由于木质船只可以避开雷达监测,索马里海盗甚至劫持和利用传统木质商船为母船,再利用小型快艇发起攻击。

4. 海盗活动产业化

"海盗"在索马里俨然已经成为一种"产业"。除了第一线的海盗,索马里还出现了为海盗提供情报、后勤服务的多个"工种"。从业者既有本国走投无路的当地居民,也有来自周边国家地区的"外来务工"人员。在摩加迪沙及其周边地区,海盗团伙目前已开了上百家"公司",并在当地交易所上市。"海盗产业"同时带动了其他行业的发展。许多怀揣美元的索马里海盗,将目光投向了肯尼亚的多个产业部门,尤其是地产业。许多海盗在分得赎金后,会拿出其中的一部分钱交由自己的亲戚带到其他国家,然后用亲戚的姓名和资料在当地注册经营一些合法生意。待生意逐步走上正轨后,海盗们便会选择退出组织,摇身一变成为合法商人。[1] 如今,索马里海盗们的"退休保障"已经遍布非洲各地。

5. 海盗活动长期化

索马里沿岸是最繁忙的航线必经之地,也是海盗猖獗的最危险海域。获取来往商船的物资和赎金,似乎是极端贫困的索马里人唯一的致富途径。2010 年和 2011 年,包括索马里在内的非洲之角地区遭遇 60 年不遇大旱,索马里近一半人口陷入生存危机,需人道主义援助。2010 年,索马里海盗平均年收入约合 52 万元人民币,是该国平均国民所得的 150 倍以上。[2] 尽管面临各国严厉的联合打击,越来越多的索马里人却选择铤而走险。伴随所得差距的扩大,会有更多的索马里民众加入到海盗的行列。索马里当地媒体调查显示,有 70% 的索马里人支持海盗。[3]

---

[1] 《索马里海盗所获赎金超 1.3 亿美元 转而投资股市》,《环球人物》2010 年 1 月 25 日。
[2] 《索马里海盗人均年入 52 万 为该国人均所得 150 倍》,中国新闻网 2011 年 4 月 22 日。
[3] Johann Hari, "You Are Being Lied to About Pirates", *Independent*, January 5, 2009.

二 中国海军打击索马里海盗

2008年12月26日,中国海军首批护航舰艇编队从三亚起航,赴亚丁湾、索马里海域执行护航任务,这是中国海军首次赴海外维护国家战略利益、首次组织海上作战力量赴海外履行国际人道主义义务、首次在远海保护重要运输线安全。

1. 承担国际义务,构建大国形象

中国远洋护航将对维护亚丁湾、索马里海域的和平与安全发挥积极作用,充分体现中国积极履行国际义务的诚意,展示了负责任大国的形象。美国海军战争学院中国问题专家安德鲁·埃里克森(Andrew Erickson)指出:"这一最新举措是中国在世界各地不断增强的实力、存在和影响力的一部分,不应让人意外。拥有全球利益的中国不能永远搭便车,它需要在关键地区和形势中展示自己的存在,以便行使自己的话语权。"①

截至2011年2月28日,中国海军护航编队已完成300批3454艘中外船舶的护航任务,其中外国商船1507艘,占被护船舶总数的43.6%,解救被海盗追击的船舶33艘。截至2011年2月28日,中国护航编队护卫商船的总吨位约在1.8亿吨(载重量)左右。二战时期,以盟国中最依赖海上运输的英国为例,战时从海外进口物资总量为2.3亿吨。也就是说,中国护航编队护送的物资,可保障当时的英国打完3/4场世界大战。② 实际上,从打击索马里海盗,到在全球经济危机中中国积极表现出负责任的态度,再到在联合国的授权下出兵索马里等一系列举措,表明和平崛起的中国乐意肩负起一个大国应该负担的责任,中国的国际形象得到了有效的改善和提升。

2. 加强与他国军事合作

冷战期间,中国自身的军事力量和国际军事合作空间有限。冷战结束,尤其是近年来,中国的军事技术和军事力量得到了实质性的提升,但

---

① Geoff Dyer, "China's overseas workers in peril", *Financial Times*, February 28, 2011.
② 《中国海军护航编队完成300批3454艘商船护航任务》,中国新闻网2011年3月1日。

西方世界对于中国军事技术的封锁，尤其是对于"中国威胁论"的炒作，仍然使得中国的国际军事合作受限。中国军队在"走出去"的过程中，经常遭到外界的猜疑和误读，而合作是一种有效地消除外界戒心的模式。出兵索马里海域，与世界主要大国以及其他国家的海军并肩战斗，共同打击国际航海业的公敌海盗，正是中国破解威胁论，加强国际军事合作的良机。

实际上，美国等大国对中国决定护航索马里海域表示欢迎，乐意与中国展开军事合作，并力图通过军事合作来加强对中国军事力量的了解，加强对中国国家大战略的了解。中国宣布即将出兵索马里海域打击海盗之后，时任美军太平洋司令部司令基廷立即表示，美军愿与中国军方在护航方面密切合作，愿向中方提供有关信息，并希望以此加强美军太平洋司令部和中国人民解放军的交流。① 从国际反海盗动态信息共享到指挥员的会面交流，中国海军护航编队积极携手国际反海盗力量，共同维护黄金航道安宁。2009 年 11 月 6—7 日，亚丁湾护航国际合作协调会在京召开，中国海军提出愿意与其他国家的海军展开更为密切的合作。

自从参加护航行动以来，中国海军护航编队积极同其他护航国共同维护国际海上运输通道安全，加强与多国护航海军交流和合作，先后与美国主导的 151 特混舰队、欧盟 465 特混舰队、北约 508 特混舰队建立信息共享机制和指挥官会面制度，与俄罗斯、韩国等国护航编队进行联合护航、联合演练，并共同应急解救遇袭商船。更为重要的是，从第二批护航编队开始，中国海军逐步建立了结束护航任务的舰艇顺道访问友好国家的新机制。迄今，护航编队的航迹遍布亚、非、欧三大洲，成功对印度、巴基斯坦、阿联酋、沙特阿拉伯、巴林、印尼、新加坡、埃及、意大利、希腊、南非、泰国等 19 个国家进行了友好访问。

据统计，截至 2011 年 11 月 20 日，中国累计派出 10 批护航编队、25 艘次舰船、22 架直升机、700 余名特战队员、8000 余名队员。②

3. 维护国家利益

2008 年 1 至 11 月，中国共有 1265 艘次商船通过亚丁湾、索马里海

---

① 《外媒：中国正成为国际体系中一个负责任成员》，新华网 2008 年 12 月 22 日。
② 《国防部：中印日将开展护航合作 中国是首轮参照国》，人民网 2012 年 2 月 23 日。

域，其中20%受到海盗袭击，共发生7起涉华劫持案。① 目前，我国已经是世界第一大出口和第二大进口国，中国在世界贸易中的比重从4.3%提高到10.4%，已经成为世界经济稳定增长的重要力量。② 作为世界第二大贸易国，考虑到我国与欧洲、非洲密切的进出口贸易联系，日益猖獗的索马里海盗问题已直接威胁到中国的国家利益。目前，欧盟为我国第一大贸易伙伴和第一大进口来源地。2011年，双边贸易额达5671.9亿美元，比上年增长18.3%。目前，中国已成为非洲的第一大贸易伙伴国，双边贸易额从2000年的100亿美元跃增到2011年的1600多亿美元。非洲还是中国的第二大工程承包市场、第二大劳务承包市场和第四大海外投资目的地，目前约有100万中国公民在非洲从事各种经营活动。③ 宏观地看，中国85%的石油进口和60%的商品出口都经由亚丁湾。④ 与我国巨大的海外贸易利益不相称的是，中国到目前为止在海外还没有任何军事基地，仅在索马里海域有三艘军舰执行打击海盗的任务。

尽管如此，针对中国海军远赴索马里海域展开护航行动，国际上欢呼声有之，嘈杂声亦有之。中国派海军舰艇前往亚丁湾、索马里海域，主要任务是保护航经该海域中国船舶、人员安全，保护世界粮食计划署等国际组织运送人道主义物资船舶的安全。然而，一些西方媒体却无中生有，把此次行动的意义上升到"中国海军全面出击海外"的层面。美国《洛杉矶时报》刊文称，"索马里任务"象征中国正式崛起成为一股"世界力量"，而美国则担忧日益强大的中国海军，会否在潜在的"台海战争"中对美国构成重大威胁。英国《独立报》称，这次中国派军舰前往索马里海域，可以被看作是中国发展"蓝水海军"的强烈信号。《亚洲时报》称，中国军舰进入索马里海域，标志着中国海军从近海防御向远洋作战迈进。韩国《朝鲜日报》称，这可能是不断壮大的中国海军"全面进军海外的信号弹"。⑤ 事实上，看看中国参加护航的舰艇来源，就明白这些媒体是信口开河了。中国海军的前十批护航编队，全部来自南海舰队和东海

---

① 《香港文汇报：中国远洋护航展示负责任大国形象》，凤凰网2008年12月24日。
② 《"入世"十年中国成为世界第一大出口国第二大进口国》，新华网2011年12月7日。
③ 《百万中国公民在非洲营生 因中国影响力大绑架增多》，《广州日报》2012年2月2日。
④ 《欧洲专家称中国为维护经济利益正加强在印度洋军事存在》，环球网2011年12月20日。
⑤ 《中国海军首次派往太平洋以外 西方媒体惶恐》，国际在线2008年12月23日。

舰队。究其原因,是因为北海舰队一直没有合适的军舰可用于远程护航。[①]

中国政府依据联合国安理会决议所采取的打击海盗行动,是对国际社会的积极响应,"西方应该把这视作一个机会,而非一种威胁。它们应鼓励中国放弃不干涉政策,转为参与其中,就好像对伊朗、朝鲜和苏丹所做的那样。湄公河事件和利比亚救援行动,表明中国是如何推出了自己的'保护责任'原则,至少在涉及中国海外公民和员工的问题上如此"。[②]

作者简介

刘军,云南大学国际关系研究院副研究员,法学博士,政治学博士后,主要研究亚非国际政治。

[①] 《北海舰队首次赴亚丁湾 054 型功不可没》,凤凰军事 2012 年 2 月 18 日。
[②] Jonas Parello-Plesner and Parag Khann,"Stop fretting about Beijing as a global policeman", *Financial Times*, December 31, 2011.

第三篇

投资贸易与经济发展态势

非洲经济发展报告2011

舒运国

2011年是非洲多事之年,北非政局持续动荡、欧洲债务危机冲击和自然灾害的肆虐接踵而来,使非洲经济笼罩在各种乌云之中。在这样的形势下,非洲国家采取了积极的应对措施,如加快实施"联合自强、自主发展"的经济发展战略、努力发挥资源优势、推进非洲大陆经济一体化、尤其是次区域经济一体化进程、加强与发展中国家、尤其是新兴国家的经济联系等,从而赢得了发展机遇。2011年,非洲大陆的经济发展仍然保持了较好的势头。

一 2011年非洲经济发展中的负面因素

在2011年经济发展中,非洲国家必须直面若干不利因素,这些不利因素主要表现为非洲局部地区和国家的政局动荡、外部世界经济形势的恶化以及自然灾害的肆虐。

1. 北非三国发生政局动荡

中东北非的政局动荡,北非国家突尼斯、埃及和利比亚先后卷入,不但使三国经济遭受巨大破坏,而且也对非洲其他国家带来了不利影响。

阿拉伯联盟负责经济事务的秘书长助理穆罕默德·图基利对记者发表谈话说,"今年内,部分阿盟成员国发生了'阿拉伯之春'革命,由于这些国家局势持续动荡,经济受到很大影响,据估计损失高达 750 亿美元,更严重的是,这些国家情况并没有因为政权更迭而出现好转,示威和抗议在继续,许多建设项目已停止,外国投资者撤离,当地投资者也离开了,损失的数字在不断上升"。①

在埃及,持续一年多的政局动荡严重扰乱了正常的生产秩序,对经济造成了严重伤害。据埃及铁路管理署的统计,在 2011 年中,针对铁路系统的罢工和静坐活动造成了 1720 次火车延误,平均延误时间 45 分钟,总共延误 2580 小时,相当于丧失了 108 天,亏损额达 7 千万埃镑。② 动乱也冲击了作为埃及重要经济支柱的旅游业,2011 年收入只有 88 亿美元,比前年的 125 亿美元减少了 30%。经济滑坡导致埃及政府面临财政困难。据估计,在 2011 年 6 月底为止的本财政年度,埃及政府的预算赤字为 1340 亿埃镑(约合 222 亿美元),占国内生产总值的比例为 8.6%。但不少人预计赤字额所占比例可能高达 11%。政局动荡导致外汇储备和外国投资等大幅减少,到 2011 年年底埃及外汇储备已减少为 181 亿美元,与一年前的 360 亿美元相比,减少了一半。③

在突尼斯,政局动荡打乱了经济发展的秩序,生产受到影响,传统出口商品下降,如水果出口量 2011 年为 1 万吨,价值约合 650 万欧元,较去年同期减少 15%。④ 2011 年突尼斯的旅游业收入减少了 50%,游客数量由往年的 700 万下降为 350 万人。⑤ 此外,根据突投资促进署的统计,2011 年前三个季度,突共吸收外国投资 12.38 亿突第(约合 8.84 亿美元),相比 2010 年的 16.99 亿突第(约合 12.14 亿美元),同期下降了

---

① 《"阿拉伯之春"国家因动乱损失 750 亿美元》,驻埃及使馆经商参赞处(http://eg.mofcom.gov.cn/aarticle/jmxw/201201/20120107911583.html,2012 年 1 月 2 日)。

② 《罢工和静坐致埃及铁路 2011 年损失 7 千万埃镑》,驻埃及使馆经商参赞处(http://eg.mofcom.gov.cn/aarticle/jmxw/201202/20120207957861.html,2012 年 2 月 8 日)。

③ 《埃及大力寻求外部援助以期摆脱经济困境》,驻埃及使馆经商参赞处(http://eg.mofcom.gov.cn/aarticle/jmxw/201202/20120207955985.html,2012 年 2 月 7 日)。

④ 《突尼斯水果出口量减少》,驻突尼斯经商参赞处(http://tn.mofcom.gov.cn/aarticle/jmxw/201110/20111007781132.html,2011 年 10 月 7 日)。

⑤ 《突尼斯旅游业收入减少 50%》,驻突尼斯经商参赞处(http://tn.mofcom.gov.cn/aarticle/jmxw/201110/20111007781134.html,2011 年 10 月 14 日)。

27%。①

利比亚的情况更加糟糕。石油收入占利比亚国民生产总值的50%—70%，石油出口占出口总值的95%以上。国际货币基金组织在其发布的关于利比亚经济的报告中说，2011年，利比亚国内生产总值减少了60%，原油日产量从2010年的177万桶缩减到2011年7月的2.2万桶。据估计，如果未来利比亚国内局势能够迅速恢复稳定，石油产量恢复到冲突前的水平需要一年左右时间。反之，恢复石油产量则需要三年或者更多时间。国际货币基金组织负责中东和中亚地区事务的官员马苏德·艾哈迈德指出，"利比亚经济的七成靠石油（支撑），但石油产业陷入停滞，这对（利比亚）国内生产总值构成重大影响，同时严重扰乱其他领域的经济活动……两者共同作用，导致（利比亚）今年经济活动萎缩将近一半，预算和经常账户从大量盈余转为大面积赤字。"②经过内战后，利比亚满目疮痍，百废待兴，石油生产和许多公共基础设施被破坏，不少人家园被毁，财产受损。经合组织预测，2011年利比亚经济增长率将为 -19%，而2012年将为 -16%。③

由突尼斯发端，蔓延至埃及和利比亚的政局动荡，首先冲击了本国经济发展，非洲开发银行对埃及的经济增长率预测为0.5%，对突尼斯的预测为1.0%。北非动荡也破坏了当地和平的发展环境和正常的生活和生产秩序，其负面作用已经远远超出了三国的范围，并且扩展至整个非洲，因为这些国家的经济增长走低将拖累整个非洲大陆的经济增长率，非洲开发银行因北非政局动荡而降低对非洲2011年的经济增长率的预测，由6%降为5%。④至于利比亚的石油减产而引发石油价格飙升，对于全球经济带来负面影响，以华尔街用于衡量投资者恐慌情绪的重要指标——芝加哥期权交易所波动指数为例，激增了27%以上，而道琼斯工业平均指数下

---

① 《突尼斯2011年外国直接投资减少27%》，驻突尼斯经商参赞处（http：//tn.mofcom.gov.cn/aarticle/jmxw/201111/20111107854195.html，2011年11月30日）。

② 《冲突重创利比亚经济》（http：//news.xinhuanet.com/world/2011 - 10/28/c_122207231.htm，2011年10月28日）。

③ 《利比亚艰难开启后卡扎菲时代》（http：//special.shangbao.net.cn/d/60311.html，2011年10月26日）。

④ 《非发行因北非动荡降低对非洲经济增长预测》，《埃塞先锋报》（http：//et.mofcom.gov.cn/aarticle/jmxw/201106/20110607617668.html，2011年5月26日）。

跌178.46点。

2. 撒哈拉以南非洲少数国家政局不稳

在撒哈拉以南非洲，少数国家也出现了一些不稳定局面，如苏丹、科特迪瓦、索马里和马达加斯加等。国内政局混乱，扰乱了正常的生产和生活秩序，影响了经济发展。

2011年7月，苏丹分为两个国家：苏丹和南苏丹。分立使双方都面临经济困难：苏丹失去了大部分石油收入，国家财政收入大幅减少，而南苏丹作为世界上最年轻的国家，又经历了长达半个世纪的两次内战，急需开展大规模的建设。于是争夺石油资源及其收入，成为两国矛盾的焦点。几个月以来，南北双方多次举行会谈，但一直未取得突破。最近，两国甚至燃起战火。两国冲突不但影响经济发展，世界石油供应也将出现问题。值得指出的是，两国争端还影响了周边国家。南苏丹是乌干达非传统出口产品和跨境贸易的最主要目标市场，2009年乌干达对南苏丹货物出口占其总额的44.6%。欧非经济政治智库联合发布的一份研究报告称，如果南北苏丹爆发中等程度武装冲突，那么将会给乌干达造成63亿美元的损失。因此，南北苏丹局势失控将对乌干达经济造成巨大损失。①

2010年科特迪瓦迎来了它独立60年后的第一次民主大选，由于两位候选人都声称自己获胜，于是出现了两位"总统"分庭抗礼的乱局，并引发了严重的社会动荡和武装冲突，导致数百人丧生，数十万人流离失所或逃到邻国沦为难民。至2011年4月，持续了近四个月的总统选举危机暂时告一段落，但危机已经导致上百万人流离失所或沦为难民。更有甚者，动乱严重冲击了国家的生产秩序，素以生产和出口可可豆著称的科特迪瓦，可可豆产量锐减，结果使国际市场的价格上涨到近33年来的最高点。②

索马里国内长期动荡，使其海域成为海盗活动的天堂。据国际海事局海盗报告中心的统计，2011年索马里海盗共发动袭击事件237起，高于

---

① 《乌干达2010年经济形势和2011年经济发展预测》，驻乌干达经商参赞处（http://ug.mofcom.gov.cn/aarticle/ztdy/201102/20110207388428.html，2011年2月1日）。
② 《原产地局势动荡影响产量 德芙等巧克力涨三成》，《厦门商报》（http://fj.sina.com.cn/xm/news/ms/2011-09-21/073123770.html，2011年9月21日）。

2010年的219起，占全球海盗袭击事件的一半以上。由于赎金平均上涨25%，索马里海盗去年给全球航运业和各国政府造成了69亿美元的损失。索马里海岸的海盗袭击导致1118名海员被劫持，24人死亡。总共支付赎金31起，每起数额平均增长25%至500万美元。① 索马里海盗主要在亚丁湾活动，由于其战略地位十分重要，因此，索马里沿海的海盗活动已经对国际航运、海上贸易和海上安全构成严重威胁。肯尼亚船东理事会总干事吉尔伯特·兰加特指出：很多货运公司为避免在东非海岸线附近遭遇海盗，也为了规避高额保险费用，不得不取道好望角航线，如此一来拖长了航行时间，导致东非地区出产的有保质期要求的大量农产品无法按时送达目标出口市场，严重损害了本地区的经济。② 安全问题已成为2012年东非一体化进程面临的主要挑战之一。据研究报告显示，东非地区每年因安全因素造成相关经济成本上升70亿至120亿美元。③ 更加令人不安的是，非洲的海盗活动出现蔓延之势，尼日利亚和贝宁也已成为非洲海盗事件高发国家。2011年尼日利亚报告了10起海盗袭击事件。与索马里海盗劫持船只时间达6个月相比，尽管在尼日利亚和贝宁海域被囚禁的船只时间很短，大约仅10天左右，但国际海事局警告说这些进攻可能更加极端与暴力。④

2011年对于马达加斯加而言，已经进入发生政治危机以来的第三个年头，马达加斯加的经济增长率仅为0.7%，这与年初制定的2.8%的目标显然相差太远。危机使外部资金不敢进入，因此马公共投资逐年减少。持续不断的政治危机给马达加斯加带来的负面影响是沉重的，几乎反映在国家政治、经济、社会生活的各个方面。现如今，整个国家经济倒退，民生凋敝，治安恶化，秩序混乱。⑤

---

① 《共同的地球未来基金会报告》，美国（http://stock.jrj.com.cn/invest/2012/02/08222412200519.shtml，2012年2月8日）。
② 廉海东：《海盗活动猖獗影响东非经济发展》（http://military.people.com.cn/GB/1077/57991/10850290.html，2011年1月26日）。
③ 《安全问题影响东非一体化进程》，驻肯尼亚使馆经商处（http://ke.mofcom.gov.cn/aarticle/jmxw/201202/20120207955644.html，2012年2月7日）。
④ 《尼日利亚，贝宁与索马里已成为非洲海盗事件高发地带》，驻尼日利亚使馆经商处（http://nigeria.mofcom.gov.cn/aarticle/w/201201/20120107938459.html，2011年1月7日）。
⑤ 《马达加斯加政治危机对公共投资项目的严重影响》，驻马达加斯加使馆经商处（http://mg.mofcom.gov.cn/aarticle/ztdy/201201/20120107923494.html，2012年1月11日）。

个别国家的政局动乱，在规模和影响上虽然不能与北非三国相提并论，但是在经济日益一体化的今天，其负面效应还是不能小视。众所周知，非洲大陆的经济一体化进程正在加速，次区域一体化组织数量增加，一体化程度不断提升。因此一国的动荡势必牵涉该地区一体化进程，甚至还会影响整个地区一体化进程。

3. 欧洲债务危机的冲击

欧洲债务危机恶化了非洲国家经济发展的外部环境。

欧洲作为对非最大援助方、投资方和贸易伙伴，欧盟国家债务危机对非洲经济影响不可小视。国际货币基金组织总裁拉加德在对尼日尔议会演讲时称，欧债危机的影响可能会超过2008年的全球金融混乱和食品、能源危机。在过去三年中，非洲国家应对持续危机冲击的能力没有得到提升。如果发达国家经济增速持续下降，会严重影响非洲国家的出口、吸引外资、外汇收入甚至外援。[①]

首先，欧债危机直接削减了欧洲居民的消费能力，欧洲市场的萎缩又影响了非洲国家的出口形势。由于历史的原因，欧洲历来是非洲国家的重要出口市场。根据非洲开发银行的数据，在非洲次区域中，对欧洲市场依赖度从高到低依次是北非、西非、南部和中部非洲以及东非。其中，南部非洲国家制造业三分之一的利润依赖于欧洲市场，而北非国家约60%的出口产品输向欧盟市场。因此，欧洲市场的兴衰对非洲的出口及经济发展有着密切的联系。这次欧债危机对于非洲出口的影响已经显现，许多出口的非洲产品销量下降，据塞拉利昂央行公布的最新数据显示，该国2011年三季度钻石出口量为75563.62克拉，比2010年同期的102548.78克拉下降了26.3%；三季度黄金出口量为1008.73盎司，比2010年同期的1458.86盎司下降了30.9%。[②]

其次，随着欧债危机的扩散，货币贬值、通货膨胀以及各国财政扩张政策影响，使非洲国家本已严峻的债务和通胀率不断攀高。截至2011年

[①]《IMF总裁呼吁非洲国家做好欧债危机应对的准备》，驻赞比亚使馆经参处（http://zm.mofcom.gov.cn/aarticle/jmxw/201112/20111207905676.html，2011年12月7日）。

[②]《塞拉利昂2011年三季度钻石、黄金出口下降》，驻塞拉利昂使馆经商处（http://sl.mofcom.gov.cn/aarticle/jmxw/201201/20120107913704.html，2011年1月4日）。

8月,赞比亚外债总量较上年底上升7.7%。尼日利亚外债从2010年底的45.8亿美元上升至2011年3月底的52.3亿美元,三个月内增长了14.16%。非洲国家飙升的债务对于非洲国家而言,无疑是个利空。非洲债务与发展论坛执行主任穆塔萨表示,外债严重损害非洲国家经济复苏,债务问题是非洲大陆发展中最大的障碍之一。① 欧洲债务危机也影响了非洲的货币稳定,南非莱利银行资本战略研究部门负责人伊恩表示,如果欧洲国家不能迅速采取行动解决该地区的债务危机,将可能导致南非货币兰特进一步贬值,对南非经济带来较大影响。据报道,受欧元贬值的影响,近期南非兰特持续贬值,自2011年7月至今兰特对美元汇率已经累计贬值近30%。伊恩预计,如果欧洲经济局势进一步恶化,兰特对美元汇率有可能跌破9兰特兑1美元大关。由于南非对石油、食品等商品的进口依赖性较大,兰特贬值已经引起南非国内通货膨胀进一步加剧。② 此外,由于非洲国家外汇储备多以欧元和美元为主,欧债危机引发欧元下跌,进一步增加了非洲的通胀压力。东非多国通胀率已到达两位数,其中乌干达通涨率在2011年10月已升至30.5%。③ 毛里求斯中央统计局最新公布的数据显示,2011年毛通货膨胀率为6.5%,较上一年度的2.9%大幅攀升,通胀压力显著增加。④

再次,欧洲对非洲国家的经济援助减少。欧盟目前自顾不暇,因此欧盟对非援助和投资呈现下降之势。2011年英国首相卡梅隆访问非洲时信誓旦旦表示英国要兑现对非援助承诺,维持对非投资规模。卡梅隆的承诺显然与英国当前经济状况不符,因此受到英国媒体批驳,被喻为"打肿脸充胖子"。随着欧债危机持续影响欧洲经济,有迹象显示,国际银行等金融机构的财务压力越来越大,在国际货币基金组织的建议下,他们将进一步缩减对外信贷,以降低贷款风险,特别是减少对尼日利亚等非洲国家

---

① 《欧洲债务危机传导阻碍不了非洲的发展脚步》,去非洲网(http://www.qufeizhou.com/article-271-1.html,2011年12月8日)。
② 《欧债危机导致南非兰特贬值》,驻南非经商参处(http://za.mofcom.gov.cn/aarticle/jmxw/201112/20111207892376.html,2011年12月7日)。
③ 《欧洲债务危机传导 阻碍不了非洲的发展脚步》(http://www.qufeizhou.com/article-271-1.html,2011年12月8日)。
④ 《2011年毛里求斯通货膨胀率达6.5%,通胀压力显著增加》,《毛里求斯独立报》(http://mu.mofcom.gov.cn/aarticle/jmxw/201202/20120207953808.html,2012年2月6日)。

银行的信贷额度。① 事实上，西方国家的态度已经十分明朗，据乌干达《箴言报》报道，美国驻乌干达大使明确表示，在西方国家为解决国内经济困难而停止向乌干达提供直接预算支持时，乌干达应准备好自立。乌干达每年从西方国家接受大额直接预算支持，占其国家年度预算的近30%。如果西方国家停止对乌直接预算支持，将对乌经济和社会产生重大影响。②

由于历史的原因，欧洲与非洲的经济联系一向密切。而且主要表现为非洲经济对于欧洲的依赖。肯尼亚总理奥廷加形象地比喻道："当美国打喷嚏时，欧洲就感冒，亚洲得肺炎，而非洲的肺结核就开始恶化。"③ 因此，欧洲经济不景气，非洲国家受到直接打击是不言而喻的。更加重要的是，非洲国家现在尚无能力有效躲避这种冲击，因此，只要欧债危机不解决，非洲经济发展就会始终受到影响。

4. 自然灾害的肆虐

非洲大陆生态环境比较脆弱，近年来，由于生态环境退化，自然灾害频繁光顾非洲大陆，给非洲国家的经济发展带来了灾难性后果。2011年，非洲东部一些国家遭受60年一遇的大旱，降水量仅为往年正常值的5%至50%，导致1200万人受灾。遭受旱灾的国家包括吉布提、埃塞俄比亚、厄立特里亚、肯尼亚、索马里、苏丹、南苏丹、乌干达等。

特大旱灾的最直接后果就是农业生产遭受致命打击，粮食供应发生危机。据肯尼亚媒体报道，饥荒迄今已经造成约1万名索马里人死亡、300万人断粮，还有360万肯尼亚人和450万埃塞俄比亚人也正在忍受饥饿。国际社会给于大量援助，至2011年7月，中国政府先后两次宣布提供4.43亿元人民币的紧急粮食援助和现汇援助。世界银行承诺提供5亿美元赈灾款，德国政府大幅提高对东非的援助，达到3000多万欧元，而欧

---

① 《国际金融机构缩减对尼日利亚等非洲国家信贷额度》，驻尼日利亚使馆经商处（http://nigeria.mofcom.gov.cn/aarticle/jmxw/201202/20120207951015.html，2012年2月3日）。

② 《西方国家可能减少对乌财政援助》，驻乌干达使馆经商处（http://ug.mofcom.gov.cn/aarticle/jmxw/201112/20111207867753.html，2011年12月8日）。

③ G. Holmqvist, How is Africa Affected by the Financial Crisis and by Global Recession, http://www.nai.uu.se/policy_activities/articles/financial_crisis/。

盟委员会已宣布将援助预算增至约 1.6 亿欧元。[1] 但是饥荒问题仍然无法得到根本的解决。

灾害产生了大量难民，他们为了寻找食品四处流浪。流动难民对食物和水资源的争夺，更进一步加剧了该地区国家间的紧张局势。各国政府尽管设立了难民营，但是由于物资匮乏和卫生条件恶劣，因此难民的生活状况十分糟糕，大规模疫情随时都有暴发的可能。联合国对此警告说，如果情况不能迅速得到遏制和扭转，这场危机有可能迅速扩大成为一场人道主义灾难，其影响将波及非洲之角的广大地区。

生存都发生了危机，更何谈发展经济。值得指出的是，非洲大陆近年来自然灾害日益频繁，后果日益严重，这其中既有天灾的因素，但是也不能排除人祸的影响。这种现象必须引起非洲国家的高度重视。

二 采取积极措施，赢得发展机遇

在 2011 年经济发展中，非洲国家面对不利形势，采取积极措施，赢得了发展机遇。

1. 全面实施"联合自强、自主发展"的经济发展战略

殖民地经济结构使非洲国家在经济发展中表现出对于外部经济的强烈依赖性。这种依赖性直接束缚了非洲国家的经济发展。早在 1979 年非洲统一组织发表的《蒙罗维亚宣言》（也有人称之为《蒙罗维亚战略》）中就特别指出："决心保证我们的成员各自地和集体地调整他们的经济和社会的战略和计划，以实现迅速的社会经济改革，并为实现自给自足、自力更生的发展和经济增长而建立一个稳固的国内和非洲内部的基础。"[2] 在在 2001 年通过的《非洲发展新伙伴计划》中再次强调"我们要决定自己的命运"，"要与国际社会建立新的（平等）伙伴关系"，"非洲不能依靠慈善的保卫者，而必须成为不断提升自己的建筑师"。为此，非洲国家作

---

[1] 《国际社会紧急援助东非地区》，人民网（http://world.people.com.cn/GB/57507/15256918.html，2011 年 7 月 27 日）。

[2] 《蒙罗维亚宣言》，葛佶主编《简明非洲百科全书》，中国社会科学出版社 2000 年版，第 775 页。

出了努力,也取得了一定的成绩。据坦桑尼亚《公民报》报道,越来越多的非洲国家采取各种措施,逐步减少乃至摆脱对外部援助的依赖。一些非洲国家通过调动国内资源增加税收来取代援助。根据《2011年非洲经济展望》分析,平均而言,非洲国家拟提高年人均缴税至441美元,而年人均接受援助为41美元,即占税收不到10%。如利比里亚,在过去十年中,其税收已由原来的6%提高到20%左右。也有一些国家的国内私营部门日益成为国内的增长引擎。如乌干达电信、建筑业发展迅速,私人投资占其国内生产总值的54%;其他的措施如:肯尼亚利用援助完善基础设施,创造良好私人投资环境;卢旺达发展主要依靠援助,但对外国直接投资日益重视;坦桑尼亚积极推进公共和私营伙伴关系,使国家更能自力更生。目前在非洲至少三分之一的国家接受的援助占其税收的比例已降至10%以下,如阿尔及利亚、安哥拉、赤道几内亚、加蓬和利比亚。①

外债始终是压在非洲国家身上的沉重包袱,对此,非洲国家近年来积极探索应对措施。肯尼亚总统齐贝吉最近表示,非洲国家应创新合作模式,拓宽融资渠道,加强本地资本市场建设,挖掘本地资本市场潜力,以逐步减少对外债的依赖。南非贸工部长戴维斯也表示,非洲国家需要用资源换取资金的模式解决发展资金短缺和外债问题。津巴布韦经济计划与发展部长塔皮瓦·马沙卡达表示,津巴布韦将建立一整套债务管理战略,采用最优方案来解决60%的债务,目前津巴布韦已经建立起一个债务管理办公室来解决债务问题。尼日利亚政府表示,该国2012年将削减5000亿奈拉(约合33亿美元)债务。②

2. 非洲国家努力发挥资源优势,加快经济发展

非洲具有丰富的自然资源和人力资源,把资源优势转化为发展优势是非洲国家追求的目标。《非洲发展新伙伴计划》指出:"在一场消除贫困的战争中,十分需要各类资源。我们具有这些资源,而且非常丰富。对于我们来说,问题在于如何动员和利用这些资源。"近年来,许多非洲国家

---

① 《非洲开始逐步摆脱对援助的依赖》,驻坦桑尼亚经商参赞处(http://tz.mofcom.gov.cn/aarticle/jmxw/201201/20120107933461.html,2012年1月18日)。

② 《欧洲经济持续恶化恐对毛经济产生双重负面影响》,驻毛里求斯经商参赞处(http://mu.mofcom.gov.cn/aarticle/jmxw/201202/20120207950746.html,2012年2月3日)。

通过修改矿业法,逐步调整本国的矿产资源政策,鼓励和吸引外资进入本国勘察开发矿产资源,以加快经济发展。比如新制定的矿业法中增加了许多优惠条件,刚果(金)的公司所得税从50%下降到30%;马里新矿法规定矿业项目在生产的前五年不征收所得税,损耗减免可以协商,最高可达27.5%。项目的所有设备在勘查期和开采期的前三年可以免税进口。博茨瓦纳新矿业法中降低了权利金标准,普通矿产的权利金费率从5%减少到3%,贵金属和宝石的权利金费率仍为5%和10%。加纳2005年修改矿法,将矿产权利金的最高限额12%降到6%。尼日利亚联邦政府决心改变本国矿产资源开发的落后状况,制定了一系列吸引本土和外国企业投资其固体矿产领域的税收优惠政策。这些政策包括:(1)三年税收减免;(2)勘探费用尽可能资本化;(3)根据项目投资规模和进展情况延迟交纳特许经营费;(4)免征采矿机械设备进口关税;(5)资本支出的加速摊销等。① 灵活、宽松的矿业政策吸引外部资金的进入,推动了矿业的发展。

安哥拉拥有丰富的石油、矿产和农牧渔业资源,经合组织(OECD)预计,2011年安吸收的外国直接投资将比2010年(99亿美元)增加50%,年底国际储备将增至231亿美元,同比增长33.5%。② 赞比亚总统萨塔上台后,向投资者保证赞政府将继续致力于创造一个有吸引力的投资和经商环境,呼吁投资者进一步加大对赞投资。赞比亚矿业和自然资源部在一份报告中称,2011年赞比亚矿业发展迅速,表现为铜产量扩大和若干重大项目的进展。据统计,1—9月份铜产量达到504322吨,年底有望达到80万吨。今年最大的矿山建设项目是西北省第一量子公司的Trident项目,其次是铜带省中色非矿公司的谦比希东南矿体项目,后者工程造价达8.3亿美元,预计到2016年可为当地创造就业机会总计达6000个。③

南非是世界五大矿产国之一,现已探明储量并开采的矿产有70余种,

---

① 宋国民:《非洲矿产资源开发与投资环境》(http://www.xian.cgs.gov.cn/kuangchanziyuan/2008/1119/content_ 1651.html,2008年11月19日)。

② 《2011年安哥拉经济概况及2012年走势预测》,驻安哥拉使馆经济商务参赞处(http://ao.mofcom.gov.cn/aarticle/sqfb/201112/20111207906447.html,2011年12月29日)。

③ 《2011年赞比亚矿业发展迅速》,驻赞比亚使馆经参处(http://zm.mofcom.gov.cn/aarticle/jmxw/201112/20111207876152.html,2011年12月13日)。

其中黄金、铂族金属、锰、钒、铬、硅铝酸盐的储量居世界第一位。南非政府十分重视利用资源优势，通过与其他国家合作，将这一优势转化为促进国内生产总值快速增长的动力。为此，在南非政府制定的经济增长新政策中，大力发展矿业、促进矿产制品的出口。据南非统计部门发布的数据显示，2011年5月份南非矿业品量环比增长9.6%，创造了自2010年9月份以来又一新高，据悉2011年4月份南非矿产品增长12%。数据显示截至5月份铁矿石总销售增长7.3%，提高49.7亿兰特；煤炭总销售增长6.8%，提高46.2亿兰特；铂金总销售增长6.7%，提高45.1亿兰特；黄金总销售增长3.9%，提高26.1亿兰特。[①]

3. 加快经济一体化步伐

非洲大陆经济一体化、尤其是次区域经济一体化的加快进行，为非洲经济发展提供了新的动力。

由于历史的原因，非洲大陆有54个国家，各国领土大小不一、资源分布不匀，许多国家单独发展，遭遇许多困难。因此，走一体化的道路是非洲国家的共识。从60年代起，一些非洲国家就开始探索经济合作的道路，陆续建立了一些经济合作机构。1973年第十届非洲统一组织首脑会议首次提出实行"集体自力更生"的方针。1980年4月非洲国家领导人通过《拉各斯行动计划》，提出了建立非洲经济共同体的设想。1991年6月举行的第27届非洲首脑会议签订了《非洲经济共同体条约》，规定在2025年建成非洲经济共同体。然而由于种种原因，在很长一段时间里，非洲一体化"雷声大，雨点小"，进展缓慢。进入21世纪，在经济全球化的冲击下，非洲加快了经济一体化进程。近年来，非洲一体化取得了实质性进展：其一，形成了比较健全的次地区一体化组织，诸如西非国家经济共同体、西非经济共同体、中部非洲关税和经济联盟、中非国家经济共同体、南部非洲发展共同体、东部和南部非洲共同市场和阿拉伯马格里布联盟等；其二，非洲次地区一体化组织采取实际行动，整合成员国资源，积极推动经济一体化进程。比如，西共体经过三十多年的发展，已经取得了一定的成就，如共同体公民可免签证自由出入境，一些未加工产品、传

[①]《5月份南非矿业产量提高》，驻南非经商参处（http://za.mofcom.gov.cn/aarticle/jmxw/201107/20110707666712.html，2011年7月27日）。

统手工业品和工业品可享受免税待遇,天然气管道的建成,公路、电力基础设施,电信网络逐步完善以及在维护区域和平与稳定等方面作出的突出贡献。又如,南共体在平等、互利和均衡的基础上,努力建立开放型经济,打破关税壁垒,促进相互贸易和投资,实行人员、货物和劳务的自由往来,逐步统一关税和货币,为最终实现地区经济一体化作好准备。

2011年发生的中东动荡再一次证明,非洲国家单独参与世界经济,往往因为力单势薄而处于劣势。每当经济危机来临,常常首当其冲。鉴此,在2011年1月30—31日召开的第16届非盟首脑会议,以"寻求共同的价值观,达到更大的联合与一体化"为主题,通过多个文件,大声疾呼"加快非洲大陆的政治、经济一体化"。

2011年非洲经济一体化的最大动作,是2011年6月12日宣布启动非洲最大的自由贸易区谈判,这个自由贸易区的建立将涵盖从开普敦到开罗在内的26个非洲国家、7亿人口、8750亿美元的大市场,包括东非共同体、南部非洲发展共同体和东南非共同市场。南非总统祖马指出:"没有哪个国家能够仅凭本国力量实现繁荣。自由贸易区的建立肯定将帮助我们加快非洲一体化,加快非洲国家间贸易额的增长,充分发挥各国比较优势。"①

一体化推动了当地经济发展。2011年中部非洲经济与货币共同体(CEMAC)成员国国内生产总值增长率达到5.2%,超过上年的4.3%。②东南非共同市场自由贸易区于2000年成立时,该地区内部贸易总额仅31亿美元,而现在内部贸易已达当初的近6倍。东非共同体成员国间贸易已从2005年的20亿美元增加到了40亿美元。③

4. 强化南南合作

与发展中国家尤其是新兴国家的经济联系日益紧密,为非洲国家拓宽了对外经济联系,改善了经济发展的外部环境。

---

① 《从开普敦到开罗——非洲启动最大自由贸易区谈判》,驻纳米比亚使馆经商处(http://na.mofcom.gov.cn/aarticle/jmxw/201106/20110607598685.html,2011年6月7日)。

② 中部非洲国家中央银行公告:《2011年中部非洲经济与货币共同体增长5.2%》(http://ga.mofcom.gov.cn/aarticle/jmxw/201201/20120107940622.html,2012年1月29日)。

③ 《2010年东南非共同市场内部贸易额增长47亿美元》,《东非商业周报》(http://tz.mofcom.gov.cn/aarticle/jmxw/201110/20111007799673.html,2011年10月26日)。

改变非洲国家在世界经济中的弱势地位，无法依靠西方国家。中东动荡再次说明了这个道理。因此，加强南南合作，成为非洲国家经济发展趋势。

早在世界金融危机中，西方国家由于受到危机的打击，其市场购买力和对外援助、投资的能力都明显下降。经过审时度势，许多非洲国家把注意力转向东方，强化南南合作。以对亚洲的经济交往为例，据联合国贸发会议（UNCTAD）估计，近年来撒哈拉以南非洲各国与亚洲之间的贸易及投资大幅度增加。至2007年，非洲27%的出口是到亚洲，而2000年这个比例仅有14%左右。在非洲的出口贸易中，对亚洲的贸易量目前与对传统贸易伙伴美国和欧盟的贸易量已经几乎相等；亚洲对非洲的出口增长也非常迅速，年增长幅度大约18%，增长速度超过对其他地区的出口。与此同时，尽管非洲与亚洲之间的外国直接投资（FDI）规模远远小于贸易规模，但非洲与亚洲之间的外国直接投资正在高速增长。亚洲对非洲的外国直接投资增长尤其迅速。[1]

在加强南南合作方面，肯尼亚是非洲国家中的典型例子。由于肯尼亚政府快速改变以往依赖发达国家的策略，加强与发展中国家的经贸往来，因此，中国、南非、印度和韩国已成为肯尼亚最大的外国直接投资来源国，整体取代了英国、德国及荷兰自肯尼亚自独立以来一直占据的地位。2011年上半年，中国、南非、印度和韩国总计对肯直接投资44亿肯尼亚先令（约4650万美元），而包括以色列、德国、英国、意大利等发达国家近年来对肯直接投资不断下降，其中作为肯尼亚前宗主国的英国直接投资降幅最大，从2009年的196亿肯尼亚先令（2.07亿美元）降至2.02亿肯尼亚先令（213万美元），对肯投资排名从榜首跌至第六。鉴于这样的形势，基巴基总统2003年上任以来，已访问了所有现位居肯尼亚投资前列的新兴经济国家，而至今除美国外，未前往任何一个曾长期占据对肯投资排行榜前几位的西方发达国家进行访问。[2]

在与发展中国家的合作中，新兴国家的作用尤为突出。中国、印度、

---

[1] 《世行顾问：中非贸易及投资增长为非洲发展带来机遇》，新华网（http://news.qq.com/a/20070114/001186.htm，2007年1月14日）。

[2] 坦桑尼亚《公民报》：《中印等新兴国家取代发达国家成为肯尼亚最大投资国》（http://tz.mofcom.gov.cn/aarticle/jmxw/201109/20110907743793.html，2011年9月16日）。

巴西等国不但迅速扩大与非洲的经贸关系，还在援助、减债等领域予以支持和帮助。在2011年召开的第二届印度—非洲论坛峰会上，印度宣布将为非洲提供一系列援助，包括：在今后三年内向非洲国家提供50亿美元信贷额度；向非洲提供7亿美元用于修建新的研究机构和开展培训项目；向埃塞俄比亚—吉布提铁路项目提供3亿美元资金；提供200万美元资助非盟在索马里的维和任务；增加享受印度政府奖学金的非洲学生名额等。[1]

在新兴国家中，中国成为最受欢迎的合作伙伴。中非贸易快速增长，贸易额从1950年的1200万美元跃增到2010年的1296亿美元，2011年更突破了1600亿美元，中国已成为非洲第一大贸易伙伴国。中非投资合作也蓬勃发展，中国对非各类投资已累计超过400亿美元，其中直接投资147亿美元，目前在非投资企业超过2000家，非洲已成为中国重要的海外投资目的地。此外，为了帮助非洲发展，2000年至2009年，中国已免除35个非洲国家的312笔债务，总计189.6亿元人民币（约合30亿美元）。尤其值得指出的是，中国对非发展援助成效显著，中方不仅为非洲援建了大批学校、医院、路桥、供水等民生和基础设施项目，还派遣了大批农业专家、医疗队员和青年志愿者，并为非洲国家累计培训各类人才近3万名，中国已成为非洲重要的发展援助伙伴。[2]

三 2011年：经济发展态势良好

综上所述，在2011年的经济发展中，非洲国家遭遇了一些不利因素。影响2011年非洲经济发展的负面因素，大体可以分为三类：第一类是地区或者国家的政局动荡，这主要是非洲国家政治、经济发展战略失误，同时与西方势力的影响有关；第二类是外部经济形势的恶化，虽然恶化的根源不在非洲，但是非洲国家却成为无辜的牺牲品；第三类是自然灾害，这与非洲国家长期以来忽视对于自然环境的保护有直接关

---

[1] 《第二届印非峰会取得成果》，驻肯尼亚使馆经商参处（http://ke.mofcom.gov.cn/aarticle/jmxw/201105/20110507576148.html，2011年5月30日）。

[2] 《第二届印非峰会取得成果》，驻肯尼亚使馆经商参处（http://ao.mofcom.gov.cn/aarticle/sqfb/201201/20120107939767.html，2011年5月30日）。

系。上述三类负面因素可以称之为天灾人祸。客观分析，这些天灾人祸的根源并不是2011年形成的，它既有殖民地经济结构的历史惯性，也有非洲国家独立后政治、经济领域决策失误的影响，更有当代国际政治、经济旧秩序的作用。

如何规避上述天灾人祸？非洲国家曾经作了很长时间的探索。独立之初的模仿东、西方发展模式和80年代的"结构调整"的失败，说明非洲国家必须根据自己的国情，探索具有非洲特色的发展道路。90年代，非洲国家经过痛苦的反思，终于提出"联合自强、自主发展"的发展战略。实质上，这个战略充分体现了"和平与发展"的内在本质，符合当代世界的发展潮流。近年来，非洲国家一直沿着这个方向前进，而2011年也没有脱离这个轨道。非洲国家的努力，正在逐渐显出效果。2011年，非洲尽管遭遇诸多不利因素，但是经过各种努力，经济发展还是取得令人瞩目的成绩。正如国际货币基金组织最新一期经济报告指出，在发达国家经济普遍不景气的背景下，2011年撒哈拉以南非洲地区大多数国家保持了较好发展趋势，平均增速超过5%。①

2011年非洲经济发展，说明非洲国家经过多年的艰苦探索，逐步走出低谷，融入世界经济发展潮流。当然，非洲国家的探索将是一个漫长的历史过程，它需要非洲国家的坚持，更需要国际社会的帮助。

四 对于2012年非洲经济发展的展望

进入2012年，非洲大陆经济发展的内部和外部环境没有发生根本的改变。比如，局部地区的动荡还未平息，甚至还可能出现反复；欧洲债务危机还在持续，对于非洲国家的影响不可能立即消失；至于生态环境的退化和自然灾害的光顾，更是具有巨大的历史惯性。然而，必须指出的是，非洲国家经过多年的探索和实践，不但对抗外部冲击的能力得到提高，而且实施"联合自强、自主发展"的经济发展战略的决心更加坚定。应该看到，在某些局部领域，2011年非洲大陆的形势得到一定程度的改善，

---

① 《国际货币基金组织表示撒哈拉以南非洲2012年经济发展开端良好》，驻塞内加尔经商参处（http://senegal.mofcom.gov.cn/aarticle/jmxw/201201/20120107933747.html，2012年1月18日）。

比如北非三国的政局趋于稳定，经济发展开始恢复；又如非洲国家的经济一体化进程进一步加快等。鉴于这种认识，国际社会共同看好2012年非洲大陆的经济发展。世界银行最新发布的非洲经济报告显示，撒哈拉以南非洲2012年经济增长率预计为5.2%；国际货币基金组织在此前发布的全球经济增长报告中预测，撒哈拉以南非洲2012年经济增长率为5.4%。[1] 这些预测均高于2011年水平。由此可见，2012年非洲大陆的经济发展依然趋好，非洲国家的经济发展将取得更大进步。

作者简介

舒运国，浙江师范大学中非国际商学院教授、博士生导师。

---

[1] 《2012年撒哈拉以南非洲经济增长率有望达5.2%》，中国商务部网站（http://finance.ifeng.com/roll/20120421/5974078.shtml，2012年4月21日）。

国际对非发展援助报告

胡 美

2008年金融危机爆发后，各主要援助国专注于国内经济的复兴和发展，纷纷减少了对非洲的发展援助。为应对援助资金减少而带来的非洲发展问题，各援助大国开始强调通过创新援助方式，提高援助资金的使用效率。此外，东非之角的干旱和由此而引起的严重饥荒使得对非粮食援助成为各国关注重点。新兴国家围绕着发展而展开的对非合作正在进一步深化，成为非洲发展的一支强有力力量。

一 国际对非援助与非洲发展

国际社会的对非官方发展援助（ODA）并非平均分给非洲国家的，将近一半的援助给予了非洲十个最大的经常性的受援对象。与几年前的情况类似，埃塞、坦桑尼亚、苏丹、莫桑比克等十国是2010年度非洲接受官方发展援助最重要的国家，其接受援助的额度占到官方发展援助援助总额的44%，埃塞的受援比例达7%，是非洲最大的受援国家（见表1）。

表1　　　　十大非洲最重要的官方发展援助受援国受援情况　　（百万美元）

	2007	2008	2009	2010	占所有受援者的百分比
埃塞	2578	3328	3820	3529	7%
坦桑	2820	2331	2934	2961	6%
苏丹	2112	2384	2289	3413	4%
莫桑比克	1778	1996	2013	2055	4%
刚果（金）	1356	1769	2354	1959	4%
乌干达	1737	1641	1786	1730	4%
尼日利亚	1956	1290	1659	2069	4%
肯尼亚	1323	1363	1778	1631	3%
加纳	1164	1305	1583	1694	3%
赞比亚	1008	1116	1269	848	3%
其他受援国	21474	25404	26125	26044	56%
所有受援国ODA总额	39305	43926	47609	47932	100%

资料来源：*Development Aid at a Glance, Statistics by Region, Africa*, 2012 edition, www.oecd.org/dac/stats/regioncharts, p. 7.

　　从援助的额度上来看，美国、法国、英国、德国、日本、加拿大、荷兰、西班牙、挪威和瑞典是非洲最为重要的援助者，其援助额度占非洲接受官方发展援助总额的85%，其中美国是最大的援助者，三年来，其年均援助非洲75亿美元，占官方发展援助援助总额的27%。此外，非洲两大殖民宗主国法国和英国，由于其错综复杂的经济和社会联系，出手也极端慷慨，其援助占官方发展援助援助的总额也在10%以上，分别以38亿美元和28亿美元的官方发展援助分居第二和第三位（见表2）。

表2　　　　　　非洲的十大官方发展援助援助者　　　（单位：百万美元）

	2008	2008	2010	三年平均	占DAC援助额的百分比
1 美国	7202	7672	7763	7546	27%
2 法国	3370	4093	4187	3884	14%
3 英国	2594	2795	3075	2822	10%
4 德国	2703	2084	1948	2245	8%

续表

	2008	2008	2010	三年平均	占DAC援助额的百分比
5 日本	1571	1499	1888	1653	6%
6 加拿大	1346	1342	1532	1407	5%
7 荷兰	1516	1216	1325	1353	5%
8 西班牙	1114	1578	1245	1312	5%
9 挪威	1028	904	947	960	3%
10 瑞典	1026	914	874	938	3%
其他 DAC 国家	3841	4058	4515	4138	15%
DAC 国家总额	27313	28157	29299	28256	100%

资料来源：*Development Aid at a Glance*, *Statistics by Region*, *Africa*, 2012 edition, www.oecd.org/dac/stats/regioncharts, p. 4.

非洲是各大援助者官方发展援助的主要去向，DAC 国家大约 43% 的官方发展援助提供给了非洲国家。然而，在援非占援外的比例中，非洲最慷慨的援助者并非给予非洲援助比例最高的国家。爱尔兰、比利时、葡萄牙、丹麦等十国官方发展援助的一半以上流向非洲国家，最高的爱尔兰援非占据援外额度的 81%。法国援助的 61% 和英国援助的 53% 流向非洲（见表3）。

表3　　　　　　　十大援非比例最高的官方发展援助援助者

国家	2008	2009	2010	三年平均	援非所占该国总援助的比例
1. 爱尔兰	610	466	398	491	81%
2. 比利时	632	796	1211	880	77%
3. 葡萄牙	245	172	289	236	73%
4. 丹麦	917	882	4187	3884	63%
5. 法国	3370	4092	1325	1353	61%
6. 荷兰	1516	1216	860	886	61%
7. 卢森堡	137	134	127	133	55%

续表

国家	2008	2009	2010	三年平均	援非所占该国总援助的比例
8. 英国	2594	2795	312	295	53%
9. 芬兰	262	311	3075	2822	52%
10. 瑞典	1026	914	874	938	52%
其他 DAC 国家	16003	16376	16638	16339	36%
DAC 国家总计	27313	28155	29299	28256	43%

资料来源：*Development Aid at a Glance*, *Statistics by Region*, 2. Africa, 2012 edition, p. 4.

五个最重要的官方发展援助都不约而同地在社会发展领域得到了35%以上的援助，是援助中最为重要的领域，其中以教育和健康为最重要的两个部门（见表4）。这并非偶然，教育被称为解除贫困的最强的解毒剂，而健康则是提升人民幸福水平的重要指标。国际援助之所以日益向社会部门集中，与国际社会对发展的定义息息相关。发展包含了"改善人类生活条件"，援助也被视为"人类的改善"，因而，对外援助较少地包括了军事援助或者对国外的军事开支，而更多地重视和强调社会领域的教育、健康等与社会发展和人类生活条件相关的改善和提高。

表4　　五个最重要的官方发展援助受援者的主要受援的部门

国家	社会	经济	生产	多部门交叉	一般项目援助	债务	人道主义援助	其他
刚果（金）	39%	20%	4%	2%	14%		20%	
埃塞	53%	13%	7%	2%	8%		16%	
莫桑比克	42%	11%	8%	2%	32%		3%	1%
苏丹	35%	7%	2%	4%	1%	50%		
坦桑尼亚	40%	11%	8%	3%	36%		1%	

资料来源：*Development Aid at a Glance*, *Statistics by Region*, 2. Africa, 2012 edition, p. 10.

二 国际对非发展援助的新发展

1. 对非洲局势动荡地区的援助加强

2011年是非洲政治的多事之秋,作为数十年来世界上人均受援量最大的地区,北非再度成为国际援助聚集的地区,特别是北非政局动荡发生后更是如此。对北非地区的援助严重地受到了援助者政治立场和政治利益的影响。

2011年,北非政局发生了较大的变化,对北非未来道路的不确定始终笼罩在众多援助者的头上。3月,G8承诺给埃及和突尼斯200亿美元的援助,"以确保不稳定不会破坏政治改革的进程"。[1] 在北非动荡发生后,欧盟外交政策负责人艾什顿表示,希望欧盟所提供的援助资金能更紧密地跟北非改革的进程相联系,所提供的资金数量将取决于北非政治改革的实质步伐。在2011年3月份通过的一份欧盟政府的计划中,一国在获准援助前,必须事先作出自由公平的选举承诺。如果这个政府未能达成这些期待,将失去援助支持。[2]

2011年10月18日,希拉里访问利比亚,帮助利比亚临时政府规划过渡事宜,推动利比亚的民主进程。此行中,希拉里承诺提供1100万美元的新援助,用于教育、救治受伤士兵,同时提供更多资金和专家帮助利政府找回散落各地的武器。与此同时,围绕着利比亚民主建设的各项援助计划也在有条不紊地推进。据美联社透露,2011年,美国国际开发署共向利比亚提供的援助额度为2.07亿美元,主要用来支持国家民主研究所和卡特中心等帮助在利比亚建设民主制度,并为各项改善健康、教育、电力和小企业的项目提供资金。对此,参议院非洲小组委员会主席认为,当国会批判外援资金的呼声日高时,美国更应该尽力"庆祝和激励这些非洲国家采取向民主化艰难过渡的举动"。[3] 在连年缩减援外资金的背景下,

---

[1] Liz Alderman, *G-8 nations plan to aid Egypt and Tunisia*, New York Times, May 28, 2011.

[2] *Can EU aid and trade support change in North Africa?* 10 March 2011, http://www.rnw.nl/international-justice/article/qa-can-eu-aid-and-trade-support-change-north-africa.

[3] Bradley Klapper, *US Seeks Stronger Democracies, Partners in Africa*, http://news.yahoo.com/us-seeks-stronger-democracies-partners-africa-210129809.html, Jan 16, 2012.

美国仍大力增强对利比亚的援助，把控利比亚民主发展的真实意图展露无遗。

2011年，南苏丹成为世界上最年轻的国家，在经过了长达20多年的内战后，南苏丹确立了民主政权。作为对南苏丹建立民主政权的支持和赞成，澳大利亚承诺两年内给予160万澳元的援助，用于支持教育、卫生和母婴健康事业的发展。欧盟则提供了2亿英镑的援助，用于支持南苏丹"2011—2013年发展计划"。同时，世界银行也宣布，给予7500万美元用于支持基础服务和帮助就业，并新成立了"过渡信托基金"分配这些资金。

美国的援助倾向于帮助政局动荡的国家建立和维持其民主政权。对于"阿拉伯之春"国家的援助则进入新建立的"中东北非激励基金"，大致为7.7亿美元。"中东北非激励基金"意在为处于转型期的国家的长远经济、政治和贸易改革带来激励，为这些国家的积极改革准备条件。对于那些转型已经在进行的国家，如突尼斯等国，将在当地扩大其经济支持。①由此可见，"阿拉伯之春"后，美国对北非地区的民主建设的支持力度有增无减。这一趋势与国务卿希拉里的态度和立场一致，她早在2010年的一次公开演讲中，就主张将对外发展援助与确保美国安全挂钩，将发展援助、外交与国防政策放在一起综合运用。

2. 联合国千年发展目标（MDG）继续取得进展

千年发展目标是当前联合国为改善不发达地区的发展状况而号召国际社会实现的主要发展目标。经过长期的努力，在很多国家，千年发展目标指标获得了可喜的进展。在过去的十年间，年均贫困率的降低，从1995年的58%降为2005年的51%。在金融危机爆发前，撒哈拉以南非洲地区在小学教育上的成就巨大，2000—2008年间实现了从53%到65%的转变。在入学儿童性别差异上，也取得了较大的进展。初生儿死亡率也大大降低，2000—2008年间，埃塞、冈比亚、马拉维和卢旺达5岁以下儿童

---

① Susan Cornwell, *The White House announced plans on Monday to help "Arab Spring" countries swept by revolutions with more than $800 million in economic aid, while maintaining U. S. military aid to Egypt*, http://www.reuters.com/article/2012/02/13/us-usa-budget-foreign-idUSTRE81C1C920120213, Feb 13, 2012.

的死亡率降低了 25%—40%。在一些地区，计划实施期间，产妇生产受到专业医生看护的比例最高提高了 38 个百分点。①

2011 年，联合国"千禧村庄计划"进入了第二阶段。在过去的 2006—2009 年间，有 11 个非洲村庄成功实现了第一阶段的目标，这些村庄的疟疾感染率、饮水安全指数、粮食生产、2 岁以下儿童营养不良的概率、学生享受校餐等方面实现明显的改善和提高。在"开放社会基金"的奠基人和主席索罗斯先生看来，在国际社会普遍认为千年发展目标"绝对无望实现"的情况下，"千禧村庄计划"的成功是一个"惊人的重大突破"。② 2011 年 10 月，联合国发起了为非洲农村地区的社会发展和彻底根除贫困为目标的第二阶段，目标是改善非洲 50 万人的生活水准。索罗斯表示，第二阶段将在第一阶段村庄计划的成功基础上，为整个地区收入的可持续增长提供条件。在"千禧村庄计划"中，马拉维在农业方面取得了重大的突破，不仅实现了粮食的自给，还成为了粮食出口国。该计划的肥料补贴和其他的助农政策表明，一个有着长期接受粮食援助历史的国家，有成为粮食出口国的可能。马拉维据此而成为了"千禧村庄计划"取得成功的一个有效例证。

虽然千年发展目标在很多方面都取得了新的成绩，然而，这些成绩的取得并不足以帮助达成千年发展目标的所有指标。实际上，早在 2003 年，就有人推断，大多数的非洲国家是无法按时实现千年发展目标大部分指标的。③ 随着 2008 年世界经济危机的到来，非洲的发展现状似乎在进一步证实这一结论。④ "千年发展目标 2011 年进度表"将千年发展目标分解成 21 个由 60 项指标衡量的可量化目标，并根据所选定的指标对取得的进展进行评估，从这一评估结论来看，非洲仅有两项指标已经实现或者预期 2015 年实现，即女童平等接受小学教育和遏制并扭转艾滋病病毒/艾滋病

---

① The MDGs Center, *East and Southern Africa*, *Annual Report* 2011, Earth Institute, Columbia Universtiy, p. 7. 2011,

② *UN-backed Millennium Villages project in Africa launches second phase*, http://www.un.org/apps/news/story.asp? NewsID = 39914&Cr = mdgs&Crl = , October 3, 2011.

③ D. C. Sahn and D. E. Stifel, "Progress Toward the Millennium Development Goals in Africa", *World Development*, 2003, 31（1）, pp. 23 – 52.

④ World Bank and IMF, *Global Monitoring Report*, *The MDGs after the Crisis*, Washington DC, 2010.

的蔓延。

金融危机给千年发展目标所带来的影响除了经济环境的恶化外，更为重要的是受到金融危机影响的国家纷纷减少了援助资金。自2008年爆发金融危机以来，经合组织中的12个成员都减少了对欠发达地区的资金援助。两大失学儿童最集中的地区撒哈拉以南非洲和南亚中亚在2009年得到的教育援助仅为预期的35%和17%。在联合国看来，经济危机对千年发展目标的实现已产生严重影响，如何应对是摆在联合国和各国政府面前的新课题。①

危机导致的援助资金减少直接影响到了非洲预定发展目标的实现。世界卫生组织和联合国儿童基金会的最新报告表明，在坦桑尼亚，2010年有1960万人未能获得洁净水，3240万人未能获得水卫生设施。"水援助组织"的报告说，2011年是坦桑尼亚水发展计划的混乱之年，援助者早在2010年4月就停止了向该项计划提供资金。为解决这一问题，水援助组织发布了一项新的计划，计划在未来五年给予1700万英镑的援助，支持500万坦桑尼亚人安全地获得水资源。②

3. 东非之角的干旱使得对非粮食援助成为各国关注重点

60年罕见的大旱灾袭击了东非，到2011年8月，联合国人道主义事务协调办公室的官员表示，"在一些地区，营养不良的比例已经超过了50%，成千上万的人死于与营养不良有关的症状。在2011年上半年，需要紧急人道主义救济的人数从100万迅速增加到370万人，几乎有一半的人生活在索马里"。③ 在整个东非之角，1200万人急需食物、水和居留之所，为此，索马里地区的难民以每天1200人的速度向索马里的达达布难民营迁移，该难民营的难民数量超出其容纳能力的300%。无论是死亡的人数，还是营养不良的水平，此次饥荒所造成的损失，其广度和严重程度都超过了此前较大的饥荒。7月21日，联合国粮农组织呼吁国际社会组

---

① 《与教育相关的联合国千年发展目标前景堪忧》，国际在线（http://gb.cri.cn/27824/2011/07/05/3245s3296247.htm，2011年7月5日）。

② Clean, Safe Water Remains A Pipe Dream For The Poor, http://www.unohrlls.org/en/newsroom/current/? type = 2&article_ id = 134, February6, 2012.

③ Jeremy Pilaar, Starving East Africa, July 22, 2011, http://bpr.berkeley.edu/2011/07/starving-east-africa/.

织 7000 万美元的紧急援助,挽救索马里南部正在不断扩大的饥荒危机。

围绕着非洲的粮食救济,国际社会展开了紧急救济和援助,帮助东非民众渡过难关。据《卫报》报道,英国发展部大臣安德鲁·米切尔(Andrew Mitchell)表示,英国将推出一项金额约 5250 万英镑的援助计划用于救助东非 100 万的旱灾灾民。援助资金中约有近一半(2500 万英镑)会用于向 50 万索马里人民提供食物、医疗、住所、农用物质以及供水,1600 万英镑将用于肯尼亚的达达布难民营和埃塞俄比亚的多洛阿多难民营,剩下的 1100 多万镑将用来改善肯尼亚妇女儿童的营养不良。日本外相玄叶光一郎在非洲之角地区饥荒问题小型峰会表示,日本将在已提供的近 1 亿美元援助基础上,追加约 2100 万美元的粮食援助。① 美国以 7.5 亿美元的援助额成为东非粮食危机最慷慨的援助者。

实际上,围绕着减少非洲的饥饿和粮食不安全问题,国际社会已经采取过各种措施。美国早在 2002 年就发起了"结束非洲饥饿倡议",计划到 2015 年将非洲饥饿人口的数量减少一半。欧盟、世界银行、英国国际发展部、加拿大国际开发署、爱尔兰援助署、美国国际开发署和瑞典政府国际发展署共同出资 24 亿英镑,计划花 10 年时间改善埃塞俄比亚的食品不安全问题。2005 年,埃塞政府联合这些国家共同出资实施"生产安全网计划",应对埃塞农村地区的慢性食品不安全问题。2005—2009 年间,共有 760 万人受益于该计划。

4. 新兴国家对非洲的发展合作进一步扩展

进入新世纪以来,新兴国家对非的发展合作成为一种日益不可阻挡的趋势越来越成为促进非洲发展的重要外部因素。作为重要的新兴合作伙伴,中国在进入新世纪以来一直都在扮演极为重要的合作者和发展伙伴的角色。2011 年,中非合作的广度和深度在进一步拓展。中非科技合作论坛启动了"非洲民生科技行动",加强和支持中非在民生科技领域的合作,提升非洲国家科技创新能力。5 月,非洲商品展销中心在义乌正式开业,引进和推广非洲特色商品,为非洲商品打开中国市场开辟渠道。中非民间交往也获得了长足的进展,中非合作更深入地走向民间。8 月,首届

---

① 《日本将追加 2100 万美元援助非洲度过饥荒》,中国新闻网(http://www.chinanews.com/gj/2011/09-25/3351712.shtml,2011 年 9 月 25 日)。

中非民间论坛在内罗毕召开，《内罗毕宣言》倡议，中非民间组织按照"增进民间友好，促进务实合作，推动世界和平"的原则积极参与中非民间交流合作。中非合作圆桌会议第二次会议在海南万宁举办，会议发表了《万宁宣言》，进一步推动中非关系从政府走向民间。11月，第二届中非工业合作发展论坛在北京举行。通过中非合作，非洲正在更深地走进中国。

2011年5月24日，印度与15个非洲国家及非盟在亚的斯亚贝巴召开第二届印度—非洲论坛峰会，全面提升印度同非洲在各个领域的合作，发表了《亚的斯亚贝巴宣言》及《加强印非合作框架协议》，为未来的印非合作指出新的路线图。印度方面希望发挥其在基础设施建设、服务业、电信业等领域的优势，加强与非洲的经贸往来，从而夯实双方整体合作的基础。总理辛格在峰会上宣布给予非洲5000万美元的工程贷款，其目的自然是希望印度企业能够更多地参与非洲的基础设施建设。仅2000年至2007年，印度对非投资金额就增加837%。2009年，印度对非投资已占印对外投资总额的33%。埃塞俄比亚工业部塔德塞就曾说，印度不仅是非洲发展的利益关切方，更应该是非洲发展的"股东"。①

巴西也是非洲重要的新兴合作伙伴。鉴于巴西在减贫和农业发展中所作出的杰出成就，2011年3月25日，联合国发展计划署非洲地区负责人访问巴西时表示，希望巴西加强与非洲的合作，加强粮食安全、农业发展、减贫和减少饥饿等方面的伙伴关系。② 实际上，作为农业强国，巴西自从2008年开始就通过巴西农科院与贝宁、布基纳法索、乍得和马里等国家开展农业技术合作。随着非洲经济的恢复和发展，巴西与非洲之间的合作日益紧密。2010年巴西和非洲之间的贸易达200亿美元，其中巴西进口110亿美元，出口90亿美元。2011年11月，巴西最重要的工业组织圣保罗州工业联合会宣布，在非洲建立一个巴西产品集散中心，预计未来六年巴西与非洲间的贸易往来将达到600亿美元，为2010年的三倍。

---

① 《印度努力寻找在非洲的定位》，新华网（http：//news.xinhuanet.com/world/2011-05/23/c_121446920.htm，2011年5月23日）。

② UNDP helps boost Brazil-Africa partnerships，http：//content.undp.org/go/newsroom/2011/march/undp-helps-boost-brazil-africa-partnerships.en，March 25，2011。

三 国际对非援助发展趋势

1. 受到金融危机的影响,援非的额度锐减,给受援对象带来严重危害

受到金融危机的影响,各主要援助国集中精力于国内经济复兴,对援非额度作出了相应的调整。美国国会在 2011 年削减了约 80 亿美元的对外援助资金,并提议 2012 财年再削减 86 亿美元。[①] 为极力扭转政府债台高筑的局面,日本近年一直在削减官方发展援助。2011 年,日本的外援总额为 70.4 亿美元,2011 年的预算缩减了 7.4%。特别是在经历了地震和海啸灾难后,日本不得不集中更多的精力于国内重建。据路透社东京的消息,日本考虑将 2011 财年对外援助资金削减 20%,帮助筹集追加预算案所需资金,用于救灾工作。[②] 日本 2011 年度第一次补充预算中,日本政府对外开发援助预算削减了 500 亿日元。[③]

援助资金的减少,受援人口却在增加,这直接导致了非洲人均受援额度的降低。2008 年金融危机后,一些主要的官方援助发展国家的援助承诺额度减少 8.8%,而同期非洲却依然保持了 2.3% 的人口增长率,这种现实组合的结果就是,人均受援额度从 47.9 美元降至 47 美元。[④] 援助资金的减少给非洲国家带来了不小的影响。世界卫生组织、联合国儿童基金会和艾滋病规划署 11 月 30 日联合发布的《2011 年全球应对艾滋病行动进展报告》显示,受经济危机影响,抗艾工作正面临资金短缺的严重威胁。2010 年,捐助资金出现大幅减少,比 2009 年减少了 10%。据预计,2015 年以前,每年需要 220 亿至 240 亿美元用于抗艾,目前年均资金缺

[①] 《美国削减 80 亿美元对外援助资金 到底应该援助谁?》,《人民日报》(海外版),2012 年 1 月 31 日。

[②] 《政府考虑削减对外援助资金,帮助追加预算案筹资》,路透新闻网(http://cn.reuters.com/article/fundsNews/idCNnCN172641520110407,2011 年 7 月 5 日)。

[③] 《横滨行动计划》承诺到 2012 年前,日本将对非洲的发展援助总额翻番,增加至 18 亿美元。而这一数额在 2009 年就已经达到了 20.5 亿美元。因此,日本政府即便减少援助也不会影响到《横滨行动计划》的承诺。

[④] *Development Aid at a Glance, Statistics by Region, Africa*, 2012 edition, www.oecd.org/dac/stats/regioncharts, p. 2.

口达70亿美元。①

由于援助资金的锐减，给一些急待援助的项目带来了诸多问题。据联合国艾滋病规划署统计，目前全世界有3340万名艾滋病病毒感染者，其中2240万生活在撒哈拉以南非洲地区。资金的短缺给非洲艾滋病重灾国带来了危机。一直支持着发展中国家半数艾滋病人的"美国总统防治艾滋病紧急救援计划"（PEPFAR），其拨款资助已连续第三年陷于停滞。该基金会在2011年11月曾表示，它正在减少对抗击这些疾病的国家发放新的拨款。艾滋病维权者2011年11月份表示，由于全球防治艾滋病、结核病和疟疾基金会的资金枯竭，因此在今后三年，艾滋病疫情最严重的非洲南部国家有可能遭受最严重的影响。由于资金的短缺，一位在南非的无国界医生表示，援助机构在减少抗艾资金的同时，新药物价格仍在急剧飙升，"作为尝试医治艾滋病病人的前线医生，我们均感到束手无策"。由于资金的短缺，预计斯威士兰、马拉维、津巴布韦和莫桑比克等严重依赖该基金会援助的非洲南部国家会出现死亡和感染病例增多的现象。因此，来自"无国界医生"和南非"治疗行动运动"组织的代表警告说，由于资金短缺而给艾滋病患者带来的灾难迫在眉睫。②

2. 援助国强调援助方式的创新，提高援助资金的使用效率

近年来，受到金融危机的影响，各国援助数量有所调整，因此，如何利用较少的资金发挥更大的援助效果越来越受到重视，援助方式的创新逐渐地成为了新时期的新使命和新趋势。

2011年，新世纪进入了第二个十年，千年发展目标的实现也进入冲刺阶段，为了确保在国际援助资金锐减的背景下实现千年发展目标的预定目标，创新成为了各国势在必行的选择。为此，美国政府决定从三个方面来实现"创新"，加速千年发展目标的实现：（1）满足人类发展需要的新技术、新手段和新方法的运用和发展；（2）将当前有效解决问题的新方法以更便宜、更便捷的方式传递给更多的人；（3）引入新的商业模式让

---

① 联合国：《2011年全球应对艾滋病行动进展报告显示抗艾工作成绩斐然》（http://www.unmultimedia.org/radio/chinese/archives/159262，2011年11月30日）。

② 《防治艾滋病基金削减 非洲南部国家抗艾形势严峻》，人民网（http://world.people.com.cn/GB/157278/16446196.html，2011年11月30日）。

援助机构和国际发展技术更为有效。① 为了配合这些创新措施,美国还作出了以下决定,为千年发展目标的实现创造条件:研究所需要的资金、扩大获得当前科技和实践的途径;建立学术伙伴关系;在伙伴国家刺激创新;在全球范围内扩大获得知识的途径。②

联合国开发计划署强调私人部门在千年发展目标实现中扮演的重要角色。在联合国开发计划署 2011 年发表的一份报告中,用很多实例证明,私人部门的商业活动是可以为千年发展目标的实现作出贡献的。日本生产长效杀虫剂蚊帐的住友化学工业株式会社承诺,增加在东非和西非地区的蚊帐生产,这一个项目将为非洲创造 5000 个就业岗位,让 40 万当地人免于疟疾之苦。③ 这一创新不仅为非洲提供了免于疟疾的援助,还帮助私营企业提供了获得新市场和新价值链的机会,因而,号召在未来更多的私人企业加入到援助的事业当中来。作为对联合国的回应,美国国际开发署也于 2011 年 10 月宣布将该月的第三个星期作为"公私合作周"。国际开发署总干事表示,私人企业将在支持发展和创新中扮演更为重要的角色。④

非洲是艾滋病、艾滋病病毒以及其他慢性病重灾区,援助创新方案也同样体现在艾滋病防治方案上。在艾滋病的预防上,欧盟出资 2000 万英镑在南非推出一项新的计划,在艾滋病感染率高达 18% 的南非,在其高等教育部设置一个全国性的教育和训练体系,向其感染危险程度最高的高中生和大学生传授如何预防人类免疫缺陷病毒,力图通过教育危险人群从知识准备上为降低人类免疫缺陷病毒感染率做努力。在这项计划的资助下,共有 76.5 万学生、23 万老师和 1 万名教育部门的行政官员接受了培训。⑤ 针对非洲国家长期面临专业医护人员人手不足、人才流失的困境,国际社会决定从医务人员的培训入手抗击艾滋病。美国决定,除传统的提

---

① *Celebrate, Innovate & Sustain, Towards 2015 and Beyond, The United States' for Meeing the Millennium Development Goals*, September 2010, p. 9.

② *Celebrate, Innovate & Sustain, Towards 2015 and Beyond, The United States' for Meeing the Millennium Development Goals*, September 2010, pp. 9 – 10.

③ *UNDP Administrator: Potentials of the Private Sector for Achievement of the MDGs,*, http://content.undp.org/go/newsroom/2011/june/undp-chief.en, June 3, 2011.

④ *New Developments at USAID*, http://www.usaid.gov/press/newdevelopments/2011/nd111024.html, Oct. 24, 2011.

⑤ *Fight Against HIV/AIDS, Supporting South Africa to Address HIV and AIDS at Universities*, http://ec.europa.eu/europeaid/multimedia/case-studies/acp/acp_en.htm.

供药物援助和宣传外,美国开始将艾滋病防治的重点放在医务人员的培训上。美国负责对外援助艾滋病防治工作的最高官员 3 月 8 日宣布,美国将出资培训 14 万名非洲卫生保健工作人员,以促进非洲国家医学教育。2009 年 6 月出任美国"全球防治艾滋病大使"的埃里克·古斯比说,这项计划旨在推动非洲医学教育"转型","大幅增加"专业医护人员人数并提高现有医护人员的技能。通过"切实促进和加强全球院校合作网络",美国和非洲国家医学院校将建立伙伴关系。[1] 大规模当地医护人员的培训为非洲艾滋病重灾区国家的自助迈出了重要一步,艾滋病医护人员当地化是非洲减少外来援助,特别是减轻外来医护人员援助的重要步伐。

2011 年 11 月,在韩国的釜山召开了第四届援助有效性高层论坛,3000 名代表就如何保持发展的有效性议程及相关问题展开了讨论。会议通过了《釜山高效的发展合作伙伴关系》宣言,这是由传统援助者、南南合作国、金砖国家、市民社会组织和个人基金共同发起的首次通过的发展合作框架内的宣言。会议号召援助者将有效的援助转变为一种带来高效发展的合作。

3. 对非多边合作的趋势仍在增强

多边援助是国际对非援助与合作的重要方式和途径,随着非洲发展步伐的加快,国际对非多边援助与合作出现了更加多元和丰富的表现主题和表现形式,多边合作的趋势进一步增强。2010 年底,英国非洲事务部长亨利·贝林汉姆(Henry Bellingham)在结束对非访问后发表讲话,表示非洲有很大的投资机遇,英国希望加强与非洲合作,确保英国商贸利益,同时将促进取消贸易壁垒,使非洲商品远销英国和世界市场。亨利·贝林汉姆同时也指出,英国必须与非洲通力合作,克服制约非洲经济发展的障碍,例如政局动荡、局部冲突、行政管理不善、腐败、人权问题、贫穷、气候问题,等等。[2]

一些传统的援助国家也在试图通过与新兴国家合作,充分发挥新兴国

---

[1] 《美出资培训 14 万非洲医工》,新华网(http://news.xinhuanet.com/world/2011-03/10/c_121169415.htm,2011 年 3 月 10 日)。

[2] 《英国希望加强与中国合作》,2010 年 12 月 21 日(http://news.cntv.cn/20101221/107671.shtml)。

家在某些发展领域的优势，共同开发非洲。2011 年，日本政府决定与巴西展开合作，援助非洲南部莫桑比克热带大草原的农业开发。日本先进的品种改良技术曾把被认为不适合发展农业的巴西半干燥地区塞拉多（Cerrado）变为全球知名粮食产地，此次援助旨在运用该成果生产大豆等作物，减少贫困人口并保证全球粮食稳定。

作者简介

胡美，浙江师范大学非洲研究院非洲政治与国际关系研究所副研究员，博士，主要从事中非关系、中国对外援助历史与现状、非洲发展问题等研究，先后在《世界经济与政治》、《美国研究》、《国际问题研究》、《现代国际关系》等刊物上发表论文数篇，目前主持国家社科基金项目一项。

非洲金融发展报告 2011

张小峰

  2011年受益于缓慢经济增长，非洲国家金融表现总体平稳，但受金融危机影响所导致的银行业银根紧缩状况不可忽视。受美元波动影响，非洲部分发达经济体汇率波幅扩大，这会在一定程度上影响非洲实体经济的发展。展望2012年，伴随着非洲国家经济总体增长趋势，贸易条件的不断改善及非洲国家自身为改善金融状况而采取的加速国内资源流动性措施的具体实施，我们认为，非洲国家总体金融发展会总体维持平稳、缓慢增长态势。

  2011年从总体上看，由于非洲地区和国家金融业融入国际金融体系程度较低，普遍不发达，市场规模小，占全球份额少，因而受全球金融危机纵深发展和欧洲主权债务危机冲击的范围和力度相对其他国家或地区有限，且呈缓慢增长态势。据非洲开发银行统计，非洲股市资本、债券和银行资产总额占全球总额比例分别为113%、112%和118%。[①] 南非由于金融体系和金融基础设施建设比较完善，而未受金融危机和欧债的直接冲击。到目前为止，南非各大银行资本流动情况良好，尚无任何一家银行向国家储备银行提出救援请求。

---

  ① http：//www1afdb1org/portal/page？ _ Paged = 473, 1& _ dad = portal& _ schema = PORTAL。

一 非洲银行业发展现状及趋势

1. 非洲银行业发展现状

过去 10 年非洲银行业发展迅速。撒哈拉以南非洲银行业在新兴市场银行业发展中发挥了举足轻重的作用，2008 年，其资产总额达到 6690 亿美元；与此同时北非的资产基数实现了大幅增长，达到 4790 亿美元。与其他新兴市场（如俄罗斯，银行业资产为 9950 亿美元）中同类资产相比，非洲银行业资产更胜一筹。[①]

非洲银行业增长，近 50% 来自投资组合驱动（即内涵式增长），只有 17% 左右来自外延式增长（并购驱动）。在投资驱动的背后，是强有力的整体市场扩张：在非洲大陆大部分主要市场中，金融业增长速度均超过 GDP 增长速度。如，在 2001—2008 年间，肯尼亚 GDP 年均增长 4.4%，其金融业增长速度为 8.5%。唯一例外是埃及，由于相关法规限制，金融业年均增长仅为 2.3%，而 GDP 增长速度为 4.8%。

金融改革大大推进了银行业增长。尼日利亚通过银行业改革推动了快速整合（2004—2006，银行从 89 家减少到 25 家），释放了银行业发展潜能，即通过银行业资源整合降低了成本，其业务能够借助经济增长，向尚未使用银行服务的客户群体渗透。2004—2008 年间，尼银行资产总额年增长率超过 59%。2009 年 8 月，尼央行行长发起了一项旨在增强问责制和透明度的改革。

银行业并购提高了效率。2004—2009 年，非洲有 430 例并购交易涉及到金融机构；其中 40% 是跨国并购，既有非洲本土间银行并购，也有外资并购。并购进程中，南非银行表现极为活跃。新成立的银行，在当地政府的许可下，获得了进驻国家市场份额，如阿尔及利亚从 1990 年开始对私有银行开放。1990—2006 年，总计 12 家新私有银行进入该国市场。

外资银行在非洲积极拓展业务。渣打银行在非洲 14 个国家拥有 150 家分支机构，拥有 5200 名员工，业务主要集中在信贷、现金管理和贸易融资方面。渣打银行充分享受了非洲经济增长红利。过去 10 年，渣打银

[①] 根据麦肯锡非洲银行业发展报告整理。

行在非洲业务大幅增长主要依赖发展庞大的客户群体。2008 年，该行在非洲存款逆势增长 31%，未受金融危机冲击。与此同时，该行不断推出新的金融产品和技术，如在肯尼亚推出的电话银行业务和博茨瓦纳推出的银行保险业务。[1] 阿拉伯银行集团（Arab Banking Corporation）于 1998 年在阿尔及利亚首都阿尔及尔开设分支机构。ABC 已在该国拥有 10 家分支机构，并拟在其他地区设立更多的分支机构。同时，ABC 推出了更多的金融产品，如在 2007 年推出了汽车贷款、消费贷款和信用卡业务等。2008 年该行开始提供保险服务产品。[2] 圣埃斯皮里图（BES Banco Espirito Santo）银行在安哥拉有 2 亿美元贷款。BES 安哥拉分行业务主要集中在基建、贸易、健康和教育领域。最近，该行被联合国评为"促进非洲经济可持续增长和环境保护的典范"。[3] 瑞士商业银行控股集团控股的国际商业银行（ICB, International Commercial Bank）2008 年在几内亚的分支机构盈利增长超过 25%。2009 年该行在首都科纳克里开设了第 4 家分支机构。[4] 巴克莱银行肯尼亚分行在肯尼亚设有 114 家分支机构和 225 台 ATM 机。茶叶和旅游是肯尼亚的创汇主要来源。[5] 2008 年约旦最大银行阿拉伯银行在竞买中购入利比亚华达银行（WAHDA Bank）19% 的股份，赢得对该行的控股权。阿拉伯银行在中期要约收购中要求收购华达银行 51% 的股权。华达银行是利比亚第二大私有银行，占有利银行业 20% 左右的市场份额。[6]

2. 非洲银行业发展存在的主要问题

第一，银行效率低下。众所周知，非洲国家特别是撒哈拉以南非洲最不发达国家银行业发展是最落后的。衡量银行业发达与否的重要指标之一就是利率息差，非洲地区银行息差平均为 13% 左右[7]，且没有任何迹象表明趋向全球平均水准（拉美地区息差为 7%；南亚 5%；东亚 6%）。高运

---

[1] www.standardcharter.com.
[2] www.arbbanking.dz.
[3] www.beso.ao.
[4] www.icbank-guinea.com.
[5] www.barclays.com/africa/keneya.
[6] www.wahdabank.com/english.
[7] United Nations Economic Commission for Africa. Economic Report on Africa 2011.

营成本、政策框架及信贷环境风险、竞争的缺失及高集中度是导致非洲地区银行高息差的主导因素。以津巴布韦为例，美元、兰特及博茨瓦纳普拉等多种货币在经济体内使用，意味着市场流动性供应有限，这导致津巴布韦年贷款利率最低不低于15%。需强调的是，一些银行资本不足很大程度上抑制了放贷行为。此外，银行投资组合中不良贷款的普遍存在也增加了银行的运营成本，因为银行需要用利息收入弥补成本缺口，从而不得不执行更高的利率。

第二，不良信用文化。不良信用文化、合同违约及债权人权利保护的缺失已经成为非洲信贷环境的主要特征。再者，抵押品缺乏及潜在贷款人信誉无法证实的瓶颈，使得银行面临更大风险和更高的外部融资成本。且大多数贷款人都以房地产为抵押物，大多情况下，这些抵押品价值被高估。若贷款人不具备足够的贷款能力，那么信用违约风险和交易方风险定会居高不下。

第三，银行储蓄率低。过去30年，非洲大陆经济平均增长仅有3.8%，这很大程度上受低储蓄率和低投资率拖累。非洲国家储蓄率远低于其他发展中国家和地区。20世纪70年代早期，撒哈拉以南非洲储蓄率高于南亚地区，但此后非洲国家储蓄率呈下行趋势直至今天，而南亚地区储蓄率则呈上行态势。尽管未来几十年，部分非洲国家储蓄率会出现反弹，但大多非洲国家储蓄率下行态势依旧明显。如津巴布韦，截至2012年2月3日，银行业存款总额仅为35亿美元，其中还包括国际银行存款。与其他新兴市场国家相比，南非的储蓄率比较低。中国的储蓄率以占GDP的52%雄踞于新兴市场之首，而南非的储蓄率仅占GDP的20%左右。

第四，非洲银行业寡头垄断。大多数非洲国家银行业的一个典型特征就是高集中度。绝大部分资产份额均掌握在非洲3家最大的银行手中，从而导致流动性过剩及过度的风险规避。[1] 据世界银行估算，就总体水平而言，这3家银行占有非洲大陆市场总份额的73%左右。[2] 非洲银行业如此

---

[1] According to the 2006 Economic Report on Africa, in many African countries, — three leading banks account for over 70% of deposits, loans and assets, and the market share of the top four banks is as high as 75% in a few countries.

[2] Making Finance Work for Africa.

高集中度的寡头垄断所导致的最严重后果就是高利差，使得贷款成本过高，产生对私营经济体贷款需求的挤出效应。其结果是，银行的绝大部分贷款流向国有资产，只有极少部分贷款流向私营经济体。

第五，银行渗透水平低。非洲大陆银行渗透水平低突出表现为只有少部分群体能够享受正规的金融服务。金融服务数据大多难以获取。尽管城市新兴中产阶级不断涌现，但整体收入水平低依旧是银行渗透水平低的主要原因之一。拥有银行账户的群体比例低反应出非洲大陆基础设施建设的严重滞后，这很大程度上限制了银行设立的分支网络。特别是在偏远地区，这一问题尤为突出。有数据显示，非洲大陆每万人拥有的银行服务分支机构不超过两家。

3. 非洲银行业发展趋势

（1）发展战略不断创新。据预计，未来几年非洲银行业增长较为缓慢，但潜在商机巨大。如，通过创新服务和渠道产品拓展现有金融产品，提高产品普及率，开发潜在的新兴消费阶层客户群体。现非洲大陆许多银行采纳如下战略，以期抓住这一增长机遇：

第一，地域扩张战略。泛非跨国经济银行（Ecobank Transnational）在非洲30个国家拥有超过750家分行，雇员超过1.1万人。这一战略成功之关键在于各分支机构间的互动和联系，使其能够量身定做符合当地市场的产品和服务，从而从中受益，如共享金融财务和人力资源。

第二，进入新细分市场战略。南非Capitec银行利用一项技术驱动型低成本银行发展模式，吸引潜在客户群体。其业务模式具有经济适用、适用方便、简单和个人服务四大特点。

第三，产品创新战略。非洲银行是南非一家小型专业金融机构，崛起于21世纪初，填补了传统银行和小额贷款机构之间的市场空白。其业务主要向低收入工薪阶层消费者提供创新的信贷和储蓄产品。由于具备完善的信用评级制度以及通过生物统计扫描仪等最新技术加以简化的申请流程，可以在数分钟内完成贷款申请评估。

第四，提高普及率战略。随着客户对金融理解的不断加深，非洲一些银行开始推出其他产品以满足客户不断变化的需求。如，除基本交易类产品外，许多银行现在提供信用卡或透支服务。

第五，渠道创新战略。这是尚未拥有成熟分支网络的新设立银行可采取的一种改变"游戏"格局的战略,即只适用电子渠道。如肯尼亚的 M-Pesa 银行提供了移动支付服务,从而填补了市场空白,对此前未使用银行业务的客户提供帮助。

第六,价值链拓展战略。尼日利亚的一些银行,如担保信托银行(Guaranty Trust Bank,GTBank)正在一些以前通常由外国银行(如企业银行和投资银行)主导的领域进行内部能力的拓展和培养。通过这样的战略和措施,尼日利亚各金融机构就可充分利用各业务部门之间的协同效应。

(2)电子银行业务方兴未艾。银行正在寻求扩大客户群,通过投资建设移动银行为客户提供便捷的服务。在金融市场,移动运营商们正努力通过提供增值服务来扩展他们的客户群和价值链。银行看到了这数以百万的潜在客户的巨大潜力,尤其是超过非洲总人口 60% 的农村人口,尚未享受到银行服务。撒哈拉以南非洲在此方面最成功的案例莫过于肯尼亚"M-Pesa"移动钱包业务。此项业务已经成功地渗透到非洲大陆最不发达的经济体。与此同时,在极短的时间内刺激了前所未有的需求。M-Pesa 现提供肯尼亚与其他非洲国家,甚至英国的国际汇款服务。有数据显示,肯尼亚、南非及北非国家移动银行业务的渗透率达 100%。而在布隆迪、厄立特里亚、中非和卢旺达等国,电子银行业务渗透率较低,大约在 35% 左右。在非洲,银行业最大增长领域是零售业务,预计到 2020 年将占据非洲银行收入的大约 40%。继 M-Pesa 移动支付转账业务在肯尼亚和其他地区成功之后,移动银行被视作一个强大的驱动力。移动支付有不同的模式:移动银行、移动支付和移动转账,通过一系列技术如 NFC(近距离无线通信技术)和 Smart Cards(智能卡)来完成。2011 年,非洲南部移动银行大会以寻求解决方案作为本届大会的主旨。如 EEC 方案公司的"Tap-A-Tag"非接触式解决方案、Entersect 技术公司的移动银行安全解决方案、Vodacom 公司的 M-PESA 和 Wizzit 公司的电子钱包。

(3)中国与非洲银行间业务合作迅猛扩展并将产生巨大收益。渣打银行的一份报告指出,中国工商银行以 55 亿美元收购南非标准银行 20% 的股份,夯实了中非间金融服务的通道。2011 年 6 月,在第 46 届非行年会上,我与非洲开发银行签署了双边合作协议,协议涵盖基础设施、农业、清洁能源等方面①。2008年8月14日，国开行与PTA银行在肯尼亚首都内罗毕签署授信协议，中方将向东南非贸发银行提供为期10年、总额5000万美元贷款。2011年8月，国开行江苏省分行与西非开发银行签署了一项合作协议，中方将提供6000万欧元低息贷款支持西非地区中小企业发展建设②。截至2011年10月为止，国家开发银行已累计承诺专项贷款项目24个，涉及贷款金额6.3亿美元，已签合同项目15个，贷款金额4亿美元，累计已发放贷款6783万美元③。

（4）监管和自由化更为发达。一些非洲国家的银行业正受益于市场化改革。如尼日利亚银行业通过近年来不断重组，已经在很大程度上实现资本化和流线型运作，致使其服务能力大为改观，竞争能力不断提升，不断满足客户需求。由此，其银行业国内和国际形象均大为改观。

二 非洲金融业监管

非洲国家金融体系中，银行据主导地位，是储蓄和投资的最基本渠道，其他诸如保险和养老基金处于欠发达状态。金融工具的欠多样化总体上削弱了金融中介的作用，而且限制了代际财富转移。同时，也制约了长期融资的供给。除保护银行偿付能力外，非洲大陆的规制改革有必要为非银行部门的发展打造一个良好的环境，从而提高金融深度。

非洲金融体系具有高垄断性特征，这使得银行享受高利率回报（平均利润率达6%，高于世界其他地区4%的水平）。由此金融体系缺乏创新动力。非洲银行极不愿承担风险，它们更乐于持有现金，而非向私营部门贷款。银行的存贷比达67%。这就导致从事生产性投资项目的私营企业融资受到极大限制。若没有风险缓解机制和强大的制度能力，这自然会导致长期资本的匮乏。许多非洲国家早期对贷款担保的设置均以失败而告终，其主要原因归结于担保机构管理不善所引发的道德风险问题。从监管

---

① 非洲开发银行年会在葡萄牙首都召开，2011年6月10日，http：//www.caijing.com.cn/2011-06-10/110742435.html。

② 驻多哥大使王作峰出席国家开发银行与西非开发银行合作协议签署仪式，2011年8月18日，http：//www.chinadaily.com.cn/hqgj/jryw/2011-08-22/content_3571288.html。

③ 中非合作论坛部长级会议经贸成果落实取得积极进展，2011年10月24日，http：//www.focac.org/chn/zt/somAfrica2011/t870189.html。

角度而言，如何建立银行借贷激励机制且降低违约风险，是监管者面临的一个大的挑战。

非洲国家在国内债券市场和资本账户交易方面的监管一直以来都是比较谨慎。在某种程度上，谨慎的监管和金融体系的有限融入全球一体化，使得非洲金融市场规避了金融危机首轮的影响。特别是在采用新巴塞尔协议后，非洲金融监管部门严格了资本充足率的框架。尽管如此，一些非洲国家，如乌干达、赞比亚和肯尼亚仍高度开放了其资本账户。最近，由于高利率，致使投机资本大规模流入其国内债券市场。

20 世纪 90 年代以来，在区域经济体（RECs）内自由化趋势影响下，非洲地区跨国银行业务逐渐兴起。南非、尼日利亚银行在其所属区域和整个非洲大陆采取了比较激进的措施拓展跨地区业务。肯尼亚商业银行已经把触角伸向东部非洲。这种趋势打开了银行市场拓展、技术外溢和私人资本投资机会。值得关注的是，监管已经滞后于跨区银行业务的发展。

非洲国家规制框架和区域规制框架是不同的，且国家规制框架会妨碍区域金融投资和一体化进程。因此，要把扩大金融中介范围、政府吸引外资以及鼓励金融服务竞争三方面协调起来，和谐发展。当前，国家间规制框架的差异势必阻碍区域金融投资，并损害区域一体化进程。中非国家银行（BEAC）和西非国家中央银行（BCEAO）已经有区域规制框架。

再者，规制框架需要向诸如保险和其他非银行金融机构拓展。在此方面，一些非洲国家已经采取了比价积极的措施，如东非保险监管委员会对新参与者进行审查，颁发许可证书，并对保险部门的所有参与者进行监管。这值得非洲其他地区相关机构仿效。

总之，区域层面规制框架的协调需要加快非洲大陆金融体系一体化进程。协调机制的不健全可能导致规制的扭曲，从而给一些市场参与者和国家造成不公平的比较优势。区域层面的规制目标就是构建一个公平竞赛场地，为现有的和潜在的市场参与者提供公平机会。银行业间的公平竞争对提高金融中介效率而言，是至关重要的因素。

三　非洲金融体系发展与国内资源要素流动

自 2002 年有关发展融资的蒙特雷共识发布以来，在减贫战略报告（PRSP）的实施过程中，非洲国家对作为融资资源的国内要素流动给予越来越多的关注。国际金融危机爆发以来，这种关注很可能转向金融危机所导致的流入非洲国家的援助和私人资本流入减少的问题上来。因此，非洲国家需要比以往任何时候都要增强国内资源要素的流动，以达到发展之目的。

国内金融部门的发展是提高国内要素流动性的关键性因素。其着眼点必须放在提高金融体系的效率上来。当前，非洲大陆金融服务通道非常有限，如在坦桑尼亚，54%的人口无法享受金融服务，即使在南非，最低也有约25%的人口无法享用金融服务。因此，非洲国家非常有必要通过金融教育来提高百姓意识，从而激励金融部门推出物美价廉的金融产品。同时，现代科学技术的应用会大大降低交易成本。

非洲金融体系深度的不足也严重制约了其国内资源要素的流动。非洲大陆银行的平均储蓄率为29%，远低于其他国家65%的水平。尽管在保险储蓄流动方面取得了巨大进展，但也仅占GDP的0.03%。另外，非洲国家股票和债券市场的落后也制约了国内资源要素的流动。公共和私人债券资本化占GDP比重仅为42%，远低于其他国家76%的平均水平。

再者，由于这些市场缺少增加参与者的创新机制，也是要素流动性不足的原因之一。肯尼亚的案例表明，增强债券市场规则的灵活度，会创造更多的效益。通过降低公众参与债券市场的门槛，2009年1月肯尼亚基础设施债券超额认购达152%。肯尼亚案例同时还推翻了非洲人均收入低是导致参与金融程度低的原因的观点。由此可见，非洲债券市场为其发展所能提供的融资资源的巨大潜能未被充分开发和利用。国内储蓄必将是其发展过程中具有成本优势的重要的外部融资资源。

四 非洲股市发展现状

截至2011年底，在非洲54个主权国家中，共有27个国家建立证券交易所，其中西非地区证券交易所和中非地区证券交易所属于地区性证券交易机构，共为14个非洲国家提供服务，所以全非理论上拥有证券交易所的国家已达38个，超过非洲主权国家总数的三分之二。未建立证券交易所的非洲国家仅剩16个，不足非洲主权国家总数的三分之一，且剩余国家大多是小国、穷国以及曾经的战乱国家或至今仍在战火中煎熬的国家。① 因此，仅从数量看，证券交易所已经构成非洲市场经济体系的重要组成部分。

据非洲证交所协会等机构最新统计数据，截至 2008 年底，非洲所有证券交易所共有上市公司约 1700 家，其中上市公司超过 50 家的证交所只有 9 个，依次是约翰内斯堡证交所（425 家）、埃及证交所（373 家）、尼日利亚证交所（213 家）、毛里求斯证交所（93 家）、津巴布韦证交所（81 家）、卡撒布兰卡证交所（77 家）、内罗毕证交所（56 家）、突尼斯证交所（56 家）和喀土穆证交所（53 家），其他证交所的上市公司均不足 50 家。②

2008 年非洲股市总市值约 8457 亿美元③，其中总市值最高的 5 大证交所依次为：约翰内斯堡证交所（5492 亿美元）、埃及证交所（858 亿美元）、尼日利亚证交所（806 亿美元）、纳米比亚证交所（790 亿美元）和加纳证交所（149 亿美元）。④

五 非洲国家债券市场发展

作为发展融资的补充，非洲国家当务之急就是发展国内资本市场。功能完善的债券市场将有助于其发行以本币计价的长期债券，为其日益增长的住宅和基础设施建设提供融资渠道和来源。这对那些因受金融危机影响和外援减少而无法从国际市场获取资金的非洲国家尤为重要。据预测，为实现其千年发展目标，非洲国家基础设施建设资金缺口每年达 800 亿美元。再者，在非洲国家，公司债券市场要么没有，要么处于极其初级阶段，且债券发行多集中于政府部门。债券期限短，发行主要集中于国内初

---

① 截至 2009 年底，非洲未建立证券交易所的 16 个主权国家包括：西部非洲地区的毛里塔尼亚、几内亚、利比里亚和冈比亚；东部非洲地区的埃塞俄比亚、厄立特里亚、吉布提、布隆迪和索马里；南部非洲地区的安哥拉、莱索托、马达加斯加和科摩罗；中部非洲地区的刚果（金）和圣多美和普林西比。

② African Securities Exchanges Association，ASEA Yearbook 2008，Cairo：The Egyptian Exchange，2009，p. 45.

③ 为埃及、南非、肯尼亚、尼日利亚、毛里求斯、博茨瓦纳、加纳、纳米比亚、赞比亚、苏丹、马拉维、坦桑尼亚、乌干达和莫桑比克 14 个非洲证交所协会成员股市市值合计数据。

④ African Securities Exchanges Association，ASEA Yearbook 2008，Cairo：The Egyptian Exchange，2009，pp. 32，42.

级市场。国内银行持有约 70% 的债券。尽管有些国家债券在股票市场上市，但由于国内银行的"购买并持有"的战略，使得二级市场几乎不存在。其后果就是融资需求和供给之间的矛盾。当前，非发行正成为开发区域性债券市场的领军者，工作重点放在识别和降低市场风险方面。

国际货币基金组织发起的重债穷国（HIPC）债务减免倡议有助于改善撒哈拉以南非洲国家的外债状况。包括重债穷国在内的撒哈拉非洲以南的大多数国家认为，他们从多边减债协议（MDRI）和双边债务减免措施中受益。最显著的成效是撒哈拉以南非洲的外债规模大幅下降，从 1995—2000 年占 GDP 比重的 103% 降至 2001—2008 年占 GDP 比重的 34%。截至 2008 年底，其外债规模降至 1980 年以来的最低点，即占 GDP 的 20.4%。相比之下，撒哈拉以南非洲的内债规模占 GDP 比重却翻了一番，从 1980—1989 年的约 11% 上升至 2001—2008 年的 22.4%。

截至 2008 年底，虽然撒哈拉以南非洲国家内债占 GDP 比重达 20%，但与亚洲国家（45%）、新兴市场国家（39%）及发展中国家（139%）相比还是相当低的。

表1　　　　　　　　撒哈拉以南非洲：外债、内债占 GDP 比重[1]

年度	外债/GDP	内债/GDP
1980—1989	11	49
1990—1994	12	87
1995—2000	15	103
2001—2008	22	34

撒哈拉以南非洲国家的内债规模大小也相差悬殊。厄立特里亚、毛里求斯、纳米比亚、塞舌尔和南非等国的内债占 GDP 比重依然很高。而有些国家还没有债券市场或债券市场刚刚启动。这其中包括西非经济货币联盟（WAEMU）国家：博茨瓦纳、中非、科摩罗和卢旺达。[2] 此外，还有

---

[1] IMF IFS Government Finance Statistics, AFDB External SectorEconomic Indicators, AFR Country desks.

[2] WAEMU 国家还包括：贝宁、布基纳法索、科特迪瓦、几内亚比绍、马里、尼日尔、塞内加尔和多哥。

一些国家的债务市场规模较小,且发行债务的规模亦较小。

就外部融资构成而言,撒哈拉以南非洲国家大多依赖银行,而非国内债券市场。由此可见,商业银行在这些国家金融体系中占据主导地位,在金融决策中发挥决定性作用。究其缘由,就是其他金融机构规模与之无法匹敌,且是政府债券最大的投资者。在南非、尼日利亚、毛里求斯和肯尼亚股票市场对其融资发挥了重要作用。尽管如此,在过去几年里,一些国家非银行机构(特别是养老基金)的资产也在迅速成长,其增长速度已超过银行。目前,这些非银行机构资产规模占 GDP 比重仍然较小,但它们在国内债券市场中发挥越来越重要的作用。

表 2　　　　2011 年 4—5 月非洲主要债券市场收益率

	-2m yield	-1m forecast yield	actual yield	2m actual bond return (%)
博茨瓦纳	8.55	8.55	8.40	0.5
埃及	15.0	15	15.00	3.0
加纳	12.75	12.75	12.86	1.7
肯尼亚	8.05	9.03	13.00	-32.9
毛里求斯	8.23	10.75	8.23	0.4
尼日利亚	13.2	13.3	12.90	2.6
南非	8.51	8.55	8.40	-0.2
坦桑尼亚	12.00	12.10	12.20	4.4
乌干达	13.82	13.82	13.86	-1.8
赞比亚	15.40	15.7	15.00	1.8

数据来源:非洲发展银行。

从长期投资策略角度看,非银行金融机构在债券市场发展进程中将发挥关键作用,这已成为广泛共识。如果债券市场不发达,那么养老基金和保险公司将被迫持有短期证券。为满足日益增长的从非银行机构投资者获得长期债券的需求,一些国家(如,肯尼亚、尼日利亚、坦桑尼亚和赞比亚)一直采取的策略是把他们的政府债券期限延长为 10 年和 15 年。长期工具有助于养老基金的风险管理,同时也为其长期资产定价提供基准。撒哈拉以南非洲的许多国家都意识到了良好的规制对促进债券市场发展的重要性，因此，最近他们升级了非银行金融机构投资者指南。治理投资组合法规的宗旨在于，其一，控制风险。其二，为投资者设计合理规则。目前，在撒哈拉以南非洲国家尚未建立有关治理投资信用质量的准则、以外币计价的证券以及对市场价值估算的会计守则。

表 3　　　　　撒哈拉以南非洲：非银行机构投资者资产
（占 GDP 比重）

	保险公司	养老金	对冲基金
G761.2	34.7	47.3	
亚洲新兴国家	8.5	12.6	10.3
CCE 新兴国家	5.6	4.7	5.4
拉美新兴国家	7.3	17.4	10.9
撒哈拉以南非洲	16.7	40.2	14.0

数据来源：IMF FSAPs, OECD, national authorities.

六　非洲金融 2012 将缓慢增长

我们判定非洲金融 2012 年将保持缓慢增长的基本依据是：

第一，经济增长。本轮国际金融危机对非洲各国资金流入、出口以及就业等领域形成了不同程度的影响，但从全球范围看，大部分非洲国家金融业开放程度有限，受危机冲击相对较轻，因而在危机期间大多保持了经济发展的态势。受益于大宗商品价格的暴涨，近 10 年来非洲大陆年均 GDP 增速超过 5%。受危机影响，2008 年经济增长仅为 1.6%[1]。2010 年，非洲大陆经济增长反弹，GDP 增长为 4.7%。据《加纳时报》报道，按照国际货币基金组织最新的地区报告，非洲次撒哈拉地区 2011 年的经济增长率预计为 5% 以上。2012 年的前景更加光明，平均增长率可达到 6%。[2]

---

[1] 联合国非洲经济委员会：《2008 非洲经济发展报告》。
[2] http://finance.ifeng.com/roll/20111028/4943072.shtml.

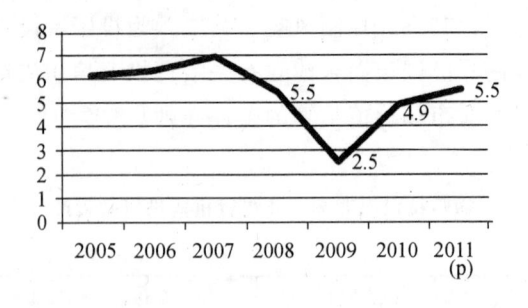

图 1　非洲地区经济增长（2005—2011）

数据来源：非洲发展银行。

第二，贸易条件改善。贸易条件的改善以及全球经济联系的增强，是非洲经济快速增长的基本原因，非洲70%的出口产品为大宗商品。近十年大宗商品市场的繁荣，极大地改善了非洲的贸易条件。新兴经济体对大宗商品的需求增长最为迅猛。与此同时，非洲也利用了越来越多的国际资本。1999—2008年间，年均净流入非洲的外国直接投资（FDI）为170亿美元，超过了1989—1998年的40亿美元的年均净投资的四倍。[①] 尽管将近一半的FDI都流向了石油出口国，但外国资本的确也流向了旅游、纺织、建筑、银行和电信等行业，甚至广大农村地区。

第三，通胀下行趋势明显。IMF发布的最新《地区经济展望》报告称，2011年，东非共同体国家的12个月通胀率上升了16个百分点（至20%以上），而同期埃塞俄比亚的通胀率从15%跃至36%。粮食价格上涨仍是促成通胀上升的主要因素。不过在撒哈拉以南非洲的其他地区，当地的良好收成使得主食价格保持在较低的水平。非洲开发银行数据显示，非洲地区通胀总体水平由2008年的10.6%降至2011年的7%左右。[②] 为应对通胀上升，大多数国家实行货币紧缩，大幅上调利率或对货币供应实行更为严格的管理，这有助于降低通胀预期。

第四，非洲国家以金融为手段推进国内资源要素流动。首先，非发行正在制定通过移民和发展计划来支持汇款流动的战略规划。其宗旨就是通

---

① 根据UNCTAD数据整理。
② http：//www.afdb.org/en/.

过降低汇款成本、提高汇款利用率，在最基层创造商业和就业机会，从而最大化汇款在经济发展中的效用。为此，非发行成立了一个信托基金，法国承诺为该基金承担 600 万欧元。此外，非发行还与世界银行合作，承担了一项移民与汇款关系的研究项目，旨在加深对移民和汇款关联的理解，加强政策制定者、研究人员、银行、金融机构和捐助机构的自身建设，从而推进非洲国家移民和汇款的流动，发挥其在经济发展中的作用。其次，支持金融部门改革。总体而言，非洲金融市场措施（AFMI）通过其对金融部门改革的持续支持，特别是对政策改革的支持，确保了非洲金融的稳定性，提高了实体经济应对危机的弹性，因而成为非发行咨询功能的重要补充部分。同时，非发行的能力建设得到加强，确保了金融部门变革进程中的管理效率。再次，实施谨慎的规制和监管。非发行中期战略的重要内容之一就是制度能力建设和人力资源能力建设。许多非洲国家缺乏足够的对金融机构进行规制和监管的能力。为此，非发行与其他国际机构合作，可制定出最适合非洲大陆实际情况的、适度的规制和监管框架。

作者简介

张小峰，经济学博士，现任浙江师范大学中非国际商学院院长助理，非洲研究院经济研究所所长。主要从事中非投融资合作研究。

非洲农业发展报告

张 哲

在非洲有58%的人口为农业人口，参加经济活动的人口中有55%从事农业生产，因此农业在非洲国家发展进程中扮演着重要和具有战略地位的角色。农业的发展可以带动非洲国家经济的增长，增加人民的收入和提高人民生活水平，减少贫困人口和提高粮食安全。联合国世界粮农组织公布的2012年低收入缺粮国名单有66国，其中非洲就有39国，因此大力发展农业，尤其是粮食作物的种植，对减少非洲贫困人口，和稳定世界粮食价格意义重大。

一 非洲农业生产总值

2010年非洲农业产量和产值与2009年相比，相差不是太大。除蕃茄、水稻、大蕉、小麦、甘蔗、高粱、香蕉等作物的产量有小幅减少外，其他作物和畜产品的产量都保持较小的增幅（见表1）。

表1　　　　　　　2010年和2009年非洲农业总产值、总产量

产品	2010年非洲农业 总产值（1000美元）	2010年非洲农业 总产量（吨）	2009年非洲农业 总产值（1000美元）	2009年非洲农业 总产量（吨）
肉类	17838613	6603528	17228243	6377581
木薯	12600661	121360638	12423557	119957677
蕃薯	9722942	46382047	9577586	45700985
牛奶	9659055	31749061	8848999	29052764
玉米	6702631	64256358	5965896	59037978
番茄	6369815	17236028	6790863	18375337
鸡肉	6190061	4345711	5894521	4138228
水稻	6112986	22855318	6220848	23278124
大蕉	5051998	26900250	5112404	27182328
花生	4350430	10298886	4343326	10283138
绵羊肉	4302825	1580295	4160247	1527930
土豆	3489219	23467851	2923784	20097935
蔬菜	3178332	16866458	2814965	14938179
小麦	3054697	22016718	3673077	26085906
山羊肉	2973504	1240983	2880732	1202265
橄榄	2968214	3707010	—	—
甘蔗	2930751	91074816	2963126	92042365
高粱	2925830	20949220	3108674	22271449
香蕉	2904053	10311554	3158023	11213336
咖啡豆	2840311	2735045	2801380	2697556
粟	—	—	2456423	14933220

资料来源：FAOSTAT。

二　非洲农业生产能力

非洲粮食作物和经济作物的产量在近些年有所上升，但没有明显大幅上升的趋势，而与世界粮食作物和经济作物的单产相比，非洲粮食作物和经济作物的单产远远低于世界平均水平，尤以谷物的单产最为明显，其产量不到世界平均产量的一半（见表2）。非洲粮食作物和经济作物与世界

粮食作物和经济作物相比，另一明显趋势是世界经济作物单产在逐年提升，而非洲经济作物的单产提升不大，有一些反而有下降的趋势，这就造成非洲经济作物的单产与世界单产的差距越来越大（见表3—6）。

表2　　　　　　　　　非洲和世界谷物产量及单产　　　　　　单位：千公吨

项目＼年份	1999—2001	2003—2005	2007	2008	2009
非洲谷物产量	117392	140473	141325	156169	164502
非洲平均产量（公吨/公顷）	1.406	1.482	1.466	1.586	1.623
世界谷物产量	2084499	2212315	2353652	2520700	2489302
世界平均产量（公吨/公顷）	3.101	3.254	3.372	3.539	3.513

资料来源：根据FAOSTAT数据计算得出。

表3　　　　　非洲和世界淀粉类块根及块茎产量及单产　　　　单位：千公吨

项目＼年份	1999—2001	2003—2005	2007	2008	2009
非洲淀粉类块根及块茎产量	165332	191790	292488	216620	221962
非洲平均产量（公吨/公顷）	8.255	9.323	8.766	9.329	9.36
世界淀粉类块根及块茎产量	655887	721231	717135	738100	752632
世界平均产量（公吨/公顷）	12.41	13.552	13.473	13.963	14.024

资料来源：根据FAOSTAT数据计算得出。

表4　　　　　　　非洲和世界油料作物产量及单产　　　　　　单位：千公吨

项目＼年份	1999—2001	2003—2005	2007	2008	2009
非洲油料作物产量	7355	8337	8632	9450	9784
非洲平均产量（公吨/公顷）	0.269	0.279	0.296	0.304	0.317
世界油料作物产量	110565	134117	148795	159837	157382
世界平均产量（公吨/公顷）	0.496	0.549	0.599	0.616	0.603

资料来源：根据FAOSTAT数据计算得出。

表5　　　　　　非洲和世界糖料作物产量及单产　　　　　　单位：千公吨

项目＼年份	1999—2001	2003—2005	2007	2008	2009
非洲糖料作物产量	88479	94889	98056	99135	99175
非洲平均产量（公吨/公顷）	63.837	65.895	58.541	58.59	58.1
世界糖料作物产量	1516460	1594106	1864634	1959181	1912973
世界平均产量（公吨/公顷）	58.896	61.911	66.206	68.35	67.9

资料来源：根据FAOSTAT数据计算得出。

表6　　　　　　非洲和世界豆类产量及单产　　　　　　单位：千公吨

项目＼年份	1999—2001	2003—2005	2007	2008	2009
非洲豆类产量	9048	10604	12043	12923	13198
非洲平均产量（公吨/公顷）	0.538	0.561	0.563	0.591	0.593
世界豆类作物产量	56248	59974	60594	61498	61506
世界平均产量（公吨/公顷）	0.847	0.849	0.816	0.856	0.871

资料来源：根据FAOSTAT数据计算得出。

造成非洲粮食作物和经济作物单产低的最主要原因是，非洲肥料的产量和消费量都远远落后于世界肥料的产量和消费量（见表7、8）。同时农业机械化程度非常低，也是造成其单产低的一个主要因素。

表7　　　世界和非洲肥料产量及非洲肥料产量占世界的比重　　　单位：吨

项目＼年份	2005	2006	2007	2008
非洲肥料产量	346067517	353533589.7	371509125.6	349511135
世界肥料产量	171140624	172496243	183085700	170607567
占世界的比重（%）	3.74	3.63	3.76	3.88

资料来源：根据FAOSTAT数据计算得出。

表8　　　世界和非洲肥料消费量及非洲肥料消费量占世界的比重　　单位：吨

项目＼年份	2005	2006	2007	2008
非洲肥料消费量	3635563	3384389	3092997	3960740
世界肥料消费量	158717716	165268579	171844321	161829194
占世界的比重（%）	2.29	2.05	1.8	2.45

资料来源：根据FAOSTAT数据计算得出。

从上面的因素来看，促进非洲农业发展的关键在于非洲国家提高粮食作物与经济作物的单位面积产量，从而增强农业生产能力。

近年来，非洲农业发展相对来说较快，作物种植指数高于世界平均水平。2009年阿尔及利亚、安哥拉、埃塞俄比亚、加纳、马里、尼日尔、塞拉利昂、坦桑尼亚、赞比亚这九个国家作物种植指数都高于150，其中尼日尔为210，安哥拉更是高达250。与此同时，有些非洲国家的作物种植指数是呈下降趋势的，莱索托、塞舌尔、津巴布韦这三个国家的作物种植指数降幅明显，其他国家作物种植指数有略微下降（见表9）。

表9　　　　非洲国家作物种植指数（1999—2001＝100）

国家	2007	2008	2009
阿尔及利亚	140	140	196
安哥拉	190	190	250
贝宁	100	110	110
博茨瓦纳	120	120	120
布基纳法索	109	150	144
布隆迪	108	108	108
喀麦隆	117	114	117
佛得角	100	107	107
中非共和国	106	107	110
乍得	102	118	118
科摩罗	113	113	113
刚果（布）	97	97	97
刚果（金）	111	116	116

续表

国　家	2007	2008	2009
科特迪瓦	106	110	109
埃及	125	129	136
赤道几内亚	94	92	90
埃塞俄比亚	137	146	153
加蓬	104	104	104
冈比亚	62	94	114
加纳	131	146	156
几内亚	125	133	133
几内亚比绍	122	120	120
肯尼亚	120	110	107
莱索托	71	71	72
利比里亚	115	115	115
利比亚	102	102	102
马达加斯加	115	115	115
马拉维	139	141	141
马里	122	136	162
毛里塔尼亚	105	106	116
毛里求斯	87	90	95
摩洛哥	123	142	142
莫桑比克	119	130	130
纳米比亚	140	140	140
尼日尔	154	210	210
尼日利亚	124	134	134
卢旺达	128	131	132
圣多美和普林西比	111	107	110
塞内加尔	65	117	130
塞舌尔	66	61	61
塞拉利昂	205	204	204
索马里	96	96	96
南非	94	114	111
苏丹	111	107	112

续表

国　家	2007	2008	2009
斯威士兰	101	101	101
坦桑尼亚	156	155	154
多哥	106	109	109
突尼斯	130	134	119
乌干达	105	108	109
赞比亚	144	145	170
津巴布韦	63	55	55
非洲	114	120	125
世界	115	119	120

资料来源：UN DATA。

尽管作物种植指数高于世界平均水平，但非洲人均农业生产指数却低于世界平均水平，甚至低于它的基年水平（见表10），这主要是由于非洲人口增长速度过快带来的结果。

表10　　　　人均农业生产指数（1999—2001 = 100）

	1999—2001	2003—2004	2005	2006	2007	2008	2009
非洲	100	95.47	100.178	101.14	98.08	99.84	99.96
世界	100	96.39	102.39	102.83	102.32	103.81	103.33

资料来源：根据FAOSTAT数据计算得出。

三　非洲农业对国民经济的影响

农业发展对于非洲国家的经济贡献是非常显著的。对于大部分非洲国家来说，农业在国家经济中占据着非常重要的地位，是国民收入的重要来源。根据UNDATA的相关统计数据（没有2010当年的统计数据，参考用2010之前年份的统计数据），2010年，农业增加值占GDP的比重在10%以下的非洲国家有11个，10%—19.9%之间的有9个，20%—29.9%之间的有6个，30%—39.9%之间的有5个，40%—49.9%之间的有4个，50%以上的有2个（见表11）。2010年数据表明埃塞俄比亚和塞拉利昂的农业增加值占 GDP 的比重最高，埃塞俄比亚所占比重为 48%，塞拉利昂所占比重为 49%，几乎占这两个国家 GDP 增加值的一半。而且从 2007—2010 年非洲农业增加值占 GDP 的份额与世界农业增加值占 GDP 的份额对比来看，非洲农业增加值占 GDP 的份额一直都高于世界农业增加值占 GDP 的份额，这进一步说明农业在非洲国民经济生产中的重要地位。

表 11　　　　　　　非洲各国农业增加值占 GDP 的份额　　　　　　单位:%

国家	2007	2008	2009	2010
阿尔及利亚	8	7	12	
安哥拉	8	7	10	10
贝宁	—	—	—	—
博茨瓦纳	2	2	3	3
布基纳法索	—	—	—	—
布隆迪	—	—	—	—
喀麦隆	19	—	—	
佛得角	9	9	9	—
中非共和国	54	53	56	—
乍得	13	14		
科摩罗	45	46	46	
刚果（布）	42	40	43	
刚果（金）	4	4	5	4
科特迪瓦	24	25	25	23
埃及	14	13	14	14
赤道几内亚	3	2	3	
埃塞俄比亚	46	44	51	48
加蓬	5	4	5	4
冈比亚	29	29	27	27
加纳	29	31	32	30
几内亚	25	25	17	13
几内亚比绍	—	—	—	—
肯尼亚	20	21	23	19

续表

国家	2007	2008	2009	2010
莱索托	8	8	8	8
利比里亚	55	61	—	—
利比亚	2	2	—	—
马达加斯加	26	25	29	—
马拉维	30	30	31	—
马里	37	—		
毛里塔尼亚	19	19	21	20
毛里求斯	5	4	4	4
摩洛哥	14	15	16	15
莫桑比克	28	30	31	32
纳米比亚	9	9	9	8
尼日尔	—	—	—	—
尼日利亚	33	—	—	—
卢旺达	36	32	34	—
圣多美和普林西比	—	—	—	—
塞内加尔	13	15	17	17
塞舌尔	2	2	2	
塞拉利昂	50	50	52	49
索马里	—	—	—	—
南非	3	3	3	—
苏丹	28	26	30	24
斯威士兰	7	7	7	7
坦桑尼亚	30	30	29	28
多哥	—	—	—	—
突尼斯	9	9	9	8
乌干达	24	23	25	24
赞比亚	22	19	22	9
津巴布韦	23	20	18	17
非洲	21	20	21	18
世界	13	12.8	12.9	11.8

资料来源：UN DATA。

尽管农业对于非洲国家的国民经济发展十分重要，但对于不同的非洲国家来说，农业生产水平差异性还是很大的，部分国家的人均农业GDP非常高，如毛里求斯（以制糖业为主）、加蓬（以橡胶等经济作物为主）、阿尔及利亚（以畜牧业为主）等十个国家的农业人均GDP甚至高于世界平均水平，人均农业GDP比较高，主要是因为这些国家都盛产供出口的经济作物或者是畜牧业比较发达，但是这三个国家的粮食都不能自给，需要进口。还有一些国家的农业人均GDP却长期处于较低水平，如马拉维、刚果（金）、莱索托、乌干达、马达加斯加等十个国家的农业人均GDP一直都低于100美元（见表12）。

表12　　　　非洲人均农业GDP最高和最低的十个国家　　　单位：美元/人

指标	国家	1994—1996	1999—2001	2005	2006	2007
人均农业生产总值最高的国家	毛里求斯	1751	2022	2402	2367	2416
	突尼斯	828	1063	1187	1235	1271
	阿尔及利亚	567	663	874	919	970
	加蓬	587	672	757	789	849
	埃及	535	639	756	784	816
	摩洛哥	585	565	763	947	771
	南非	515	620	763	720	743
	佛得角	503	616	659	690	742
	纳米比亚	407	448	531	527	519
	赤道几内亚	—	—	358	364	395
指标	国家	1994—1996	1999—2001	2005	2006	2007
人均农业生产总值最低的国家	马拉维	47	65	52	57	59
	刚果（金）	80	69	61	61	62
	莱索托	98	115	78	89	81
	乌干达	83	88	86	85	83
	马达加斯加	91	91	88	88	88
	塞内加尔	104	108	105	95	88
	莫桑比克	58	67	79	86	90
	埃塞俄比亚	72	72	82	89	95
	赞比亚	84	88	86	87	92
	乍得	87	93	98	99	98

资料来源：FAOSTAT。

四 非洲农业对进出口贸易的影响

农业对非洲国家来说,除了对经济增长具有十分重要的贡献以外,对进出口贸易的作用也十分重要。非洲国家之所以形成以经济作物种植为主的农业生产结构,也正是其农产品贸易对其国家出口创汇的重要意义,部分非洲国家高度依赖单一的经济作物出口而获得国家发展所需要的外汇。

在过去将近三十年的时间里,非洲农产品进口总额增长速度很快,但由于世界农产品进口总额增长速度也很快,所以非洲农产品进口总额占世界农产品进口总额的份额变化不是太大,基本保持在5%—7%之间(见表13)。与此同时,非洲农产品出口总额的增长速度较为缓慢,其占世界农产品出口总额的份额就更低,基本保持在2%—3%左右,仅1989年到1991年间,达到4.55%的份额,其后就又开始下降(见表14)。

表13　　　　　非洲农产品进口贸易　　　　单位:百万美元

年份	非洲进口总额	世界进口总额	占世界的份额(%)
1979—1981	16662	244669	6.81
1989—1991	18904	349427	5.41
1999—2001	20061	439446	4.57
2003—2005	27759	621219	4.47
2006	35522	747025	4.76
2007	46854	906887	5.17
2008	58472	1104776	5.29

资料来源:FAOSTAT。

表14　　　　　　　　　非洲农产品出口贸易　　　　　　单位：百万美元

年份	非洲出口总额	世界出口总额	占世界的份额（%）
1979—1981	12538	557244	2.25
1989—1991	12298	270285	4.55
1999—2001	13932	414167	3.36
2003—2005	19911	595537	3.34
2006	23138	721951	3.2
2007	25365	873286	2.9
2008	30789	1059857	2.9

资料来源：FAOSTAT。

非洲国家农产品的进出口值占总进出口值的比重虽然这些年有所下降，但基本还是保持在20%左右（见表15、16），远远高于世界平均值，这也说明非洲国家的农业对外依存度较强，农产品的销售和供应受国际市场的影响程度比较深，这也是非洲国家经济发展依附性强的重要体现。

表15　　　　　非洲农产品进口值占总进口值的比重　　　　　　单位：%

年份	非洲	世界
1999—2001	22.3	7.1
2003—2005	21.4	6.8
2006	20.3	6.1
2007	19	6.4
2008	18.1	6.7

资料来源：FAOSTAT。

表16　　　　　非洲农产品出口值占总出口值的比重　　　　　　单位：%

年份	非洲	世界
1999—2001	30.6	6.8
2003—2005	29.4	6.7
2006	26.2	6
2007	25.1	6.2
2008	23.3	6.6

资料来源：根据FAOSTAT数据整理得出。

根据粮农组织统计数据库的统计，2008 年非洲有七个国家农产品出口额占到其出口总额的 50% 以上，其中几内亚比绍农产品出口额占到其总出口额的 98%，卢旺达和马拉维都占到 89%，埃塞俄比亚占到 84%，布隆迪占到 81%；有十个国家的农产品出口额占到其出口总额比重的 30%—49.9% 之间，如贝宁、科特迪瓦、利比里亚等；有 21 个国家农产品出口额所占的份额不足 10%（见表 17），其中大部分是矿产品出口国，如尼日利亚、阿尔及利亚、利比亚和安哥拉是石油主要输出国，刚果（金）和赞比亚是铜的主要输出国，南非则以输出钻石和铜等。

表 17　　非洲农产品出口在出口总额中所占比重（2008 年）

百分比	个数	国家
10% 以下	21	阿尔及利亚、安哥拉、博茨瓦纳、佛得角、乍得、刚果（布）、刚果（金）、埃及、加蓬、几亚内、莱索托、利比亚、毛里塔尼亚、摩洛哥、纳米比亚、尼日利亚、塞舌尔、南非、苏丹、突尼斯、赞比亚
10%—29.9%	12	喀麦隆、中非共和国、马达加斯加、马里、毛里求斯、莫桑比克、尼日尔、塞内加尔、塞拉利昂、索马里、斯威士兰、津巴布韦
30%—49.9%	10	贝宁、科摩罗、科特迪瓦、冈比亚、加纳、利比里亚、圣多美和普林西比、坦桑尼亚、多哥、乌干达
50% 以上	7	布基纳法索、布隆迪、埃塞俄比亚、几内亚比绍、肯尼亚、马拉维、卢旺达

资料来源：根据 FAOSTAT 数据整理得出。

虽然非洲国家农产品出口额相对较高，但是由于生产结构的单一性，使得国内农产品进口需求量也比较大，大部分非洲国家农产品进口额都要高于出口额，是农产品净进口国。只有布隆迪、喀麦隆、科特迪瓦、埃塞俄比亚、加纳、几内亚比绍、肯尼亚、马拉维、卢旺达、南非、斯威士兰、坦桑尼亚、乌干达、赞比亚 14 个国家的农产品进口额略高于出口额（见表 18）。

表 18　　　　　　　　　2008 年非洲国家农业进出口额　　　　　单位：百万美元

国家	农业进口额	农业出口额
阿尔及利亚	7785	76
安哥拉	2375	12
贝宁	791	450
博茨瓦纳	609	150
布基纳法索	294	273
布隆迪	49	57
喀麦隆	624	962
佛得角	194	1
中非共和国	33	23
乍得	143	87
科摩罗	55	8
刚果（布）	469	67
刚果（金）	959	57
科特迪瓦	1224	4361
埃及	8661	1823
赤道几内亚	85	3
埃塞俄比亚	1347	1352
加蓬	391	81
冈比亚	111	16
加纳	1311	1532
几内亚	264	58
几内亚比绍	67	96
肯尼亚	1344	2669
莱索托	138	1
利比里亚	217	97
利比亚	2266	8
马达加斯加	401	193
马拉维	266	768
马里	416	351
毛里塔尼亚	470	24
毛里求斯	746	372

续表

国家	农业进口额	农业出口额
摩洛哥	5157	1919
莫桑比克	616	330
纳米比亚	367	235
尼日尔	335	97
尼日利亚	3400	856
卢旺达	123	235
圣多美和普林西比	28	5
塞内加尔	1793	252
塞舌尔	90	4
塞拉利昂	211	26
索马里	518	58
南非	4896	5461
苏丹	1543	457
斯威士兰	224	256
坦桑尼亚	643	954
多哥	326	301
突尼斯	2557	1555
乌干达	629	878
赞比亚	284	348
津巴布韦	627	534

资料来源：FAOSTAT。

非洲出口的农产品基本上都是经济作物，主要走咖啡、可可、糖、棉花、烟草、茶叶六种，尤其是可可的出口量一直占世界市场份额的60%以上，茶叶的出口量也占世界市场份额的20%以上（见表19）。同时，这些经济作物的出口国在非洲大陆内部是相对比较集中的。

表19　　　　　　　非洲主要经济作物出口量的变化　　　　　　单位：千美元

	1999—2001		2003—2005		2006		2007		2008	
	出口量	占世界%	出口量	占世界%	出口量	占世界%	出口量	占世界%	出口量	占世界%
咖啡	1014285	10.8	802334	8.36	1200763	8.28	1376924	7.75	1626298	7.26
可可	1828416	71.9	3051053	69.4	3184916	67.5	3121750	62.3	3917679	64.1
糖	901716	9.12	1117098	9.06	1519430	7.4	1325477	6.92	1235664	6.38
烟草	1207982	5.55	1181481	4.94	1502141	5.58	1591990	5.43	1881016	5.66
茶叶	631264	22.2	657418	20.1	882379	23.5	926560	22.9	1242185	22.5

资料来源：根据FAOSTAT数据整理得出。

非洲可可豆的主要出口国是喀麦隆、科特迪瓦、加纳、尼日利亚、塞拉利昂、坦桑尼亚、多哥、乌干达，这八国可可豆的出口值占据非洲可可豆总出口值的98.9%（见表20）。

表20　非洲主要可可豆的出口国及其占非洲可可豆出口值的比重　　单位：美元

国家	1999—2001	2003—2005	2006	2007	2008
喀麦隆	105047	206620	220723	261224	339356
科特迪瓦	1045367	1607217	1419780	1436920	1767960
加纳	403617	772747	1060000	895703	979098
尼日利亚	238450	392270	306000	285100	491923
塞拉利昂	2595	10857	13563	20275	23087
坦桑尼亚	4448	6979	9960	12450	25555
多哥	5755	18518	100000	140000	223249
乌干达	1158	6116	10016	15936	22834
八国之和	1806437	3021324	3140042	3067608	3873062
非洲	1828461	3051053	3184961	3121750	3917679
比重	98.8	99	98.6	98.2	98.9

资料来源：根据FAOSTAT数据整理得出。

非洲茶叶主要的出口国是埃及、肯尼亚、马拉维、摩洛哥、卢旺达、南非、坦桑尼亚、乌干达、津巴布韦,这九国茶叶的出口值占据非洲茶叶总出口值的98.5%(见表21)。

表21　非洲主要茶叶的出口国及其占非洲茶叶出口值的比重　单位:美元

国家	1999—2001	2003—2005	2006	2007	2008
埃及	3897	8533	12454	13116	8909
肯尼亚	456547	504029	661491	698790	934921
马拉维	36629	46323	34671	55415	36861
摩洛哥	1359	2985	5585	6717	9610
卢旺达	17217	12368	25275	30369	125454
南非	13886	10759	9640	9987	11660
坦桑尼亚	38085	27031	33709	39146	42545
乌干达	24902	26596	50873	47629	47222
津巴布韦	14962	10348	35821	7977	6509
九国之和	607484	648972	869519	909146	1223691
非洲	631264	657418	882379	926560	1242185
比重	96.2	98.7	98.5	98.1	98.5

资料来源:根据FAOSTAT数据整理得出。

非洲食糖主要的出口国是加纳、马拉维、毛里求斯、莫桑比克、南非、斯威士兰、乌干达、赞比亚、津巴布韦,这九国食糖的出口值占据非洲食糖总出口值的88.6%(见表22)。

表22　非洲主要食糖的出口国及其占非洲食糖出口值的比重　　单位：美元

国家	1999—2001	2003—2005	2006	2007	2008
加纳	499	64532	68200	123250	131501
马拉维	38257	57361	47936	60972	50746
毛里求斯	270050	334595	352632	296349	291910
莫桑比克	12667	21867	61245	60076	85191
南非	264573	240252	378286	280302	221044
斯威士兰	113488	142868	289233	164607	165751
乌干达	916	2595	11291	32768	38034
赞比亚	27888	45820	59070	82383	57941
津巴布韦	67142	42680	147755	32462	52746
九国之和	795480	952570	1415648	1133169	1094864
非洲	901716	1117098	1519430	1325477	1235664
比重	88.2	85.2	93.2	85.5	88.6

资料来源：根据FAOSTAT数据整理得出。

非洲咖啡主要的出口国是布隆迪、喀麦隆、科特迪瓦、埃塞俄比亚、肯尼亚、卢旺达、坦桑尼亚、多哥、乌干达，这九国咖啡的出口值占据非洲咖啡总出口值的94.9%（见表23）。

表23　非洲主要咖啡的出口国及其占非洲咖啡出口值的比重　　单位：美元

国家	1999—2001	2003—2005	2006	2007	2008
布隆迪	31475	30121	38083	46916	39463
喀麦隆	94107	69815	65864	70106	66454
科特迪瓦	170333	80594	110669	181778	133738
埃塞俄比亚	219649	265112	429973	417514	562263
肯尼亚	138936	102764	138164	165609	153337
卢旺达	20847	26426	48008	32488	55307
坦桑尼亚	94570	58270	75069	116213	104919
多哥	13924	3122	10267	3660	24194
乌干达	154988	111235	189831	237259	403179
九国之和	938829	747459	1105928	1271543	1542854
非洲	1014285	802334	1200763	1376924	1626298
比重	92.6	93.2	92.1	92.3	94.9

资料来源：根据FAOSTAT数据整理得出。

非洲烟草主要的出口国是肯尼亚、马拉维、莫桑比克、塞内加尔、南非、坦桑尼亚、突尼斯、乌干达、赞比亚、津巴布韦，这十国烟草的出口值占据非洲烟草总出口值的90%（见表24）。

表24　　非洲主要烟草的出口国及其占非洲烟草出口值的比重　单位：美元

国家	1999—2001	2003—2005	2006	2007	2008
肯尼亚	29763	51555	112751	127922	138180
马拉维	322090	289227	431787	422685	589988
莫桑比克	—	31995	89716	139969	107519
塞内加尔	3992	21150	20035	46770	80391
南非	107690	124996	189626	168424	147124
坦桑尼亚	57730	78795	106700	96739	180598
突尼斯	33461	39250	2296	39415	47003
乌干达	19309	29207	27654	67264	69350
赞比亚	10479	49513	75886	62645	71893
津巴布韦	564873	379743	324219	270012	262164
十国之和	1149387	1095431	1380670	1441845	1694210
非洲	1207982	1181481	1502141	1591990	1881016
比重	95.1	92.7	91.9	90.6	90

资料来源：根据FAOSTAT数据整理得出。

2009年非洲农业总的出口趋势依然保持原有的出口模式，可可豆是最主要的出口商品，出口数量为2034324吨，出口金额为528662万美，然后依次是烟草、咖啡、茶、棉花、原糖，这六种最传统的出口经济作物占非洲农业总出口数量的40%，总出口金额的58%（见表25）。

表25　　　　　　　　　　2009年非洲农业总出口量

产品	数量（吨）	金额（1000美元）	单价美元/吨
可可豆	2034324	5286625	2599
烟草	419426	1500692	3578
咖啡	613984	1274938	2077
茶	507475	1210993	2386
棉花	853948	1123323	1315
橘子	2047287	1043332	510
原糖	1870192	958120	512
芝麻	682332	766664	1124
红酒	443533	739511	1667
葡萄酒	437798	652155	1490
橡胶	373753	593370	1588
可可油	111472	589528	5289
作物和牲畜产品	261885	525143	2005
玉米	1805892	519063	287
可可酱	148308	512305	3454
棕榈油	575456	499907	869
腰果	784230	487067	621
稻谷	639118	477600	747
橄榄油	165295	439576	2659
砂糖	862136	437468	507

资料来源：FAOSTAT。

五　非洲农业对就业的影响

在创造就业机会和帮助人们摆脱贫穷方面，没有其他部门比农业更富有潜力。非洲国家的农村人口数量占总人口数量的比重高达58%，比世界农村人口数量占世界总人口数量49%的比例多九个百分点。其中非洲国家参加经济活动的农业人口占总经济活动人口的比重也高达55%，比世界平均值高出15个百分点，更进一步说明非洲农业的发展对就业的重要性。非洲有34个国家参加经济活动的农业人口占总经济活动人口的比重超过了50%，其中布基纳法索、布隆迪、几内亚、几内亚比绍、马拉维、莫桑比克、尼日尔、卢旺达、埃塞俄比亚、坦桑尼亚接近或超过了80%的比重，布基纳法索更是高达92%的比重（见表26）。尽管非洲农业的发展对创造就业和帮助人们摆脱贫穷是至关重要的，但是从经济发展趋势来看，一个国家经济越发达，农业部门在就业方面的贡献越呈下降趋势。

表26　　　　　　2010年非洲农村人口数量及占总人口比例　　　单位：千人，%

国家	农村人口数量	农村人口占总人口比重	参加经济活动的农业人口	参加经济活动的农业人口占总经济活动人口的比重
阿尔及利亚	11868	34	3171	21
安哥拉	7881	41	5853	69
贝宁	5339	58	1674	44
博茨瓦纳	769	39	313	42
布基纳法索	12962	80	6835	92
布隆迪	7582	89	3801	89
喀麦隆	8303	42	3635	48
佛得角	199	39	33	17
中非共和国	2751	61	1284	63
乍得	8328	72	3036	66
科摩罗	639	72	269	70
科特迪瓦	10754	50	3074	38
刚果（布）	1424	38	487	32
刚果（金）	43940	65	14593	57
埃及	48320	57	6895	25
赤道几内亚	418	60	174	65
厄立特里亚	4097	78	1538	74
埃塞俄比亚	70059	82	32430	77

续表

国家	农村人口数量	农村人口占总人口比重	参加经济活动的农业人口	参加经济活动的农业人口占总经济活动人口的比重
加蓬	210	14	182	26
冈比亚	733	42	612	76
加纳	11808	49	6058	54
几内亚	6673	65	3964	80
几内亚比绍	1153	70	486	79
肯尼亚	31800	78	13335	71
莱索托	1524	73	352	39
利比里亚	1579	38	937	62
利比亚	1447	22	73	3
马达加斯加	14064	70	7057	70
马拉维	12590	80	5175	79
马里	8881	67	2635	75
毛里塔尼亚	1971	59	724	50
毛里求斯	745	57	48	8
摩洛哥	14007	43	3049	25
莫桑比克	14410	62	8678	81
纳米比亚	1372	62	258	34
尼日尔	13242	83	4336	83
尼日利亚	79441	55	12230	25
卢旺达	8340	81	4223	89
圣多美和普林西比	62	38	32	56
塞内加尔	7344	57	3952	70
塞舌尔	38	45	29	73
塞拉利昂	3595	62	1320	60
索马里	5854	63	2447	66
南非	19338	38	1194	6
苏丹	23659	55	7065	52
斯威士兰	896	75	140	29
坦桑尼亚	33157	74	16956	76

续表

国家	农村人口数量	农村人口占总人口比重	参加经济活动的农业人口	参加经济活动的农业人口占总经济活动人口的比重
多哥	3835	57	1449	53
突尼斯	3394	33	798	21
乌干达	29303	87	11139	75
赞比亚	8524	64	3256	63
津巴布韦	7807	62	3138	56
非洲	618429	58	216422	55
世界	3411352	49	1308138	40

资料来源：FAOSTAT。

六 非洲农业对粮食安全的影响

非洲一直都是世界上粮食进口的主要区域，近些年来非洲谷物的进口值更是占世界谷物进口值的20%左右（见表27）。

表27　非洲谷物进出口值及占世界谷物进出口值的比重　　单位：千美元,%

项目　　　年份	1999—2001	2003—2005	2006	2007	2008
非洲进口值	6818312	13121880	11000660	16332573	20632676
世界进口值	40467071	50482238	58660047	85187634	119917129
非洲占世界的比重	16.8	26	18.8	19.2	17.2
非洲出口值	382504	641541	768319	951956	1170402
世界出口值	36009771	44585839	51913148	79283905	108537038
非洲占世界的比重	1.06	1.44	1.48	1.2	1.08

资料来源：根据FAOSTAT数据计算得出。

2009年非洲农业总进口量为69255577吨，其中进口小麦、玉米、稻谷、碎米、大豆、小麦粉的总量为49904419吨，占全部农业进口量的72%；如果以金额来衡量，2009年非洲农业进口金额为3437518万美元，其中进口小麦、玉米、稻谷、碎米、大豆、小麦粉的总金额为1664336万美元，占全部农业进口金额的48%（见表28）。由此可以看出非洲农业进口主要是侧重于粮食作物的进口。

表28　　　　　　　　　2009年非洲农业总进口量

产品	数量（吨）	金额（1000美元）	单价美元/吨
小麦	29063124	8533789	294
棕榈油	3809003	3680451	966
玉米	10622041	2750058	259
稻谷	4674614	2465875	528
砂糖	3909529	1839159	470
原糖	3790140	1730654	457
作物和牲畜产品	735920	1649767	2242
豆油	1493273	1389417	930
全脂奶粉	479915	1384306	2884
大豆豆粕	2278344	1014626	445
碎米	2357883	979632	415
大豆	1180641	961492	814
小麦粉	2006116	952517	475
鸡肉	763170	910112	1193
烟草	182518	774385	4243
无骨肉	225035	757723	3367
葵花籽油	593410	709056	1195
卷烟	52644	699428	13286
茶	265252	614783	2318
麦芽酒	773005	577951	748

资料来源：FAOSTAT。

联合国世界粮农组织公布的2012年全球低收入、缺粮国家名单有66个，其中非洲国家39个，分别为厄立特里亚、尼日利亚、莱索托、贝宁、乌干达、马达加斯加、卢旺达、苏丹、加纳、塞内加尔、埃及、尼日尔、刚果（金）、刚果（布）、坦桑尼亚、毛里塔尼亚、吉布提、冈比亚、塞拉利昂、埃塞俄比亚、中非、莫桑比克、科特迪瓦、索马里、科摩罗、几内亚、布基纳法索、乍得、肯尼亚、喀麦隆、马拉维、津巴布韦、布隆迪、圣多美和普林西比、多哥、马里、赞比亚、几内亚比绍、利比里亚。由于大部分的非洲国家依赖经济作物的出口创汇,所以非洲农业发展倚重于以出口为导向的经济作物的生产,粮食自给程度较低,粮食安全问题十分突出,粮食需求缺口严重,需要国际粮食市场和国际粮食援助才能解决粮食问题。

七 结论

非洲农业整体发展不平衡,受非洲整体经济水平比较低的影响,各国对粮食作物生产的投入较少,尤其是化肥和农机的使用非常少,以至于粮食作物的单产较低,主要靠粮食进口弥补生产的不足,因此,非洲是世界上主要粮食进口区域;与此同时,由于长期殖民的影响,非洲形成了以生产经济作物为出口的模式,并且这些经济作物的生产高度集中在少数国家。这样的农业生产模式造成非洲大部分国家粮食短缺,人民生活水平低下,经济发展不平衡。目前解决非洲农业发展问题的主要途径是提高作物的单产,尤其是粮食作物的单产。这又涉及到生产的投入问题,鉴于非洲国家目前经济的发展水平,很难在农业方面有大的资金投入,所以非洲农业的产量在短期内不会有大的增加,粮食安全形势依然严峻。

作者简介

张哲,女,1971年生,毕业于东北财经大学,现为浙江师范大学非洲研究院副教授。目前主要研究非洲经贸、非洲区域经济与区域贸易、非洲农业发展问题。

非洲工业发展报告

朱华友　孙义飞

　　2008年的世界金融危机对非洲经济造成沉重打击，工业发展速度放缓。2010年随着世界工业化的进程加速，非洲工业也迅速恢复，但各国差异较大，石油输出国高于进口国，西非和东非高于其他地区。2011年以来，随着欧债危机的爆发和蔓延，以及一些非洲国家政局出现动荡，如突尼斯茉莉花革命、埃及总统穆巴拉克下台、利比亚总统卡扎菲下台、南苏丹独立、索马里内战等，非洲工业发展受到很大影响。但是得益于新兴经济体的强劲复苏与发展，非洲工业依然取得明显增长，基本恢复到2008金融危机前的水平。尽管如此，非洲工业发展仍面临着严峻的挑战。

一　非洲工业发展总体特点

　　经济全球化的加速发展，使非洲工业处于更加不利的境地，一些国家甚至至今仍处于全球化门槛之外。非洲经济区域一体化程度不高，制造业在区域分割中步履维艰。2011年以来，非洲工业发展呈现出以下特点。

1. 新兴国家的快速发展使非洲的工业水平与世界的差距在不断拉大

　　这是当前非洲整体面临的最大问题。比起以往，这个问题从来没有像今天这么迫切。在世界工业快速发展的今天，非洲不但与欧美等发达经济体有着明显的差距,而且与东亚、南亚、拉美等地区新兴经济体的差距也在逐渐拉大。边缘化形势加剧。以中国和埃及为例,2011年中国规模以上工业增加值按可比价格计算,比上年增长13.9%。其中,12月份,规模以上工业增加值同比增长12.8%,环比增长1.1%[①],而埃及2011年第三季度工业总产值只同比增长了2.12%[②]。发达经济体自不必言,新兴经济体和一些发展中国家的快速发展,使非洲的工业与世界工业的平均水平之间的差距越拉越大。从产值上看,虽然非洲工业较过去有了极大发展,但相对而言,非洲工业所占的世界份额却在下降。过去15年,撒哈拉以南非洲地区工业产值只占全球的0.7%,如果不包括南非则仅为0.5%。[③]

2. 非洲工业结构单一度高,各部门之间比例不协调

油气工业和采矿业是非洲工业的主体,是许多国家的支柱产业。在这种情况下,对于投资者而言,投资油气工业和采矿业风险小,回报率高,并且投资少见效快,这使得大量的资金和资源投向了已有的油气工业和采矿业,制造业投入严重不足,导致非洲工业结构更加单一,制造业仍以初级农副产品加工为主。此外,部分非洲国家采取扶持采矿业的工业政策和倾向采矿业的外资政策更加剧了这一状况。

在非洲国民经济体系中,不仅农业与工业的比例不协调,而且轻工业与重工业的比例也不协调。至今,许多非洲国家,例如尼日利亚、卢旺达等,农业产值在国民经济中所占比例很低,为了发展工业甚至牺牲了农业,结果酿成粮食安全问题,每逢大的自然灾害便会造成粮食危机,政府对此也苦不堪言。绝大部分国家根本没有现代重工业,轻工业也多是一些初级加工制造和资源依赖型的轻工业。

---

① 《2011年中国规模以上工业增加值增长13.9%》,新华网(http://news.xinhuanet.com/fortune/2012-01/17/c_111444664.htm,2012年1月17日)。

② 《埃及2011年第三季度工业总产值同比增长2.12%》,非洲中文网(http://www.nigeriabbs.com/bencandy.php?fid-2-id-119747-page-1.htm,2012年3月9日)。

③ 《综述:非洲工业化之路前景广阔》,新浪网(http://news.sina.com.cn/o/2008-01-31/132513361242s.shtml,2008年1月31日)。

3. 工业化连续性不强，往往因政治事件或大的自然灾害而受影响，甚至中断

非洲国家在经受了西方民主多党的风潮洗礼后，普遍实行多党制。但是由于历史原因，许多国家内部派系繁杂，每逢领导人大选或换届，局势就会出现短期动荡，导致许多工业项目暂时搁置。还有个别国家，至今仍处于内战之中。政局不稳和体制不完善，使得非洲工业化进程一波三折。2011年北非的局势动荡就是典型，例如利比亚，内战前工业属于非洲较好的国家之列，但自内战以来经济负增长，工业严重倒退，工业化进程自然也被打断。2012年有20个非洲国家要举行选举（或公投），这使非洲工业发展充满变数。①

4. 工业发展后劲不足

非洲的工业化大部分是国家强力推动的，非自主型的，工业化可持续性值得怀疑。非洲的私人中小企业资金少，经营单一，参与竞争能力差，来自国家的支持力度也有限。虽然各国工业化热情高涨，但往往因资金、技术、人才、信息等方面的落后，工业化措施达不到预期的效果。另外，非洲大部分国家的人均消费水平低，工业门类不健全，内需严重不足，导致工业发展后劲不足。

5. 非洲工业体系不健全，易受国际环境的影响

非洲工业基础薄弱，结构单一，行业的关联性作用不强，行业体系发挥不了整体的合力，致使非洲工业抵抗外部冲击的能力较弱。每当国际市场初级产品和工业制成品出现大的价格波动时，非洲的工业产品出口就会受到较大影响，从而影响其工业的发展。2008年的世界金融危机和2011年的欧债危机给非洲工业造成沉重打击，工业化一度受挫。也正因如此，非洲工业很快触底反弹，在新兴经济体的带动下，较快恢复增长。

---

① 《南非标准银行：2012年非洲市场将充满挑战》，中国经济网（http：//finance. ce. cn/rolling/201201/31/t20120131_ 16818765. shtml，2012年01月31日）。

二 非洲工业发展行业特点

从行业来看，2011年非洲工业发展不平衡的局面依然没有改观。

1. 油气工业在工业产值中的比重进一步上升，且分布更加集中，但炼油业依然落后

随着世界市场能源价格的攀升，非洲石油产量稳步提升，在地域上进一步向埃及、利比亚、阿尔及利亚、南苏丹、安哥拉、尼日利亚、刚果（布）、科特迪瓦、突尼斯、南非等国集中。目前，随着勘探开发程度的加大，非洲大陆的石油、天然气储量和生产已进入一个稳定的增长期。

虽然油气的开采稳步增长，但是炼油业却没有获得相应的发展，特别是撒哈拉以南的非洲地区，远不能满足当地市场对成品油的需求。炼油业是非洲能源战略中薄弱的一环。非洲原油产量为每天950万桶，炼油能力为每天310万桶，实际成品油产量每天250万桶，仅占全球总产量的3.3%，其余的每天250万桶的需求量则依赖进口。在非洲54个国家中，仅有17个国家有炼油厂。炼油业集中在其中少数几个经济实力强的非洲国家手中。埃及、南非、尼日利亚、阿尔及利亚、利比亚是非洲炼油业"五强"。埃及是炼油能力最强的国家，全国目前有九家炼油厂，日产成品油72.6万桶。[①]

2. 采矿业有所复苏，但是矿产品产量及出口量仍不及2008年金融危机前

矿业是许多非洲国家赖以维持生计的产业。整体而言，经过2000年以来的快速发展，非洲的采矿业已有一定的基础和规模。2008年的金融危机沉重打击了非洲的采矿业，国际市场矿产资源价格下跌，采矿业变得不景气，矿产产量大幅锐减。2011年以来，受欧债危机的影响，发达国家市场矿产品需求量减少，非洲采矿业陷入低迷。虽然新兴经济体和一些发展中国家需求旺盛，尤其是"金砖"国家，但是发达国家，特别是作

---

① 《非洲炼油业潜力分析及我国企业面临的机遇》，中国经济网（http://intl.ce.cn/gjzx/africa/sa/cyjj/200707/12/t20070712_ 12145988.shtml, 2007年7月12日）。

为其主要出口市场的欧盟需求不足,导致非洲采矿业增长乏力。虽然矿产产量有所提高,但仍没有恢复到2008年金融危机前的水平。

3. 制造业趋向多元化,中小制造业企业发展迅速

非洲制造业企业数量少,规模小,技术能力普遍较弱[①],并且以轻工业企业为主,产品以最终消费品为主。对资源高度依赖,资源型制造业增加值约占非洲制造业总增加值的一半。2011年以来,非洲制造业的发展有两个显著的特点。其一是制造业向多元化方向发展,许多非洲国家引导外资流向制造业,制造业投资领域更加全面,许多国家逐步建立起自己的制造业体系;其二是中小制造业企业迅速发展,成为推动非洲工业以及经济发展的新兴力量。外国投资为中小企业的发展创造了良好的外部环境。

三　非洲工业发展地区特点

从地区发展来看,2011—2012年非洲工业的发展极不平衡,地区发展速度与工业水平呈现"倒挂"的特点。

1. 2011年北非工业化步伐缓慢

北非地区是非洲工业水平最高的地区。从突尼斯茉莉花革命(突尼斯官方不认可此说法)开始,埃及人民推翻总统穆巴拉克的独裁统治、利比亚人民反对总统卡扎菲独裁的内战、苏丹内战导致南北分裂接踵而至。局势的不稳定,造成北非的石油产量大幅下降,工业增长乏力。工业的增长主要得益于国际市场能源价格的走高和其关联产业的发展。并且由于政局动荡,许多大型工业建设项目相继被取消,大量外国直接投资也被取消、回避或是转向其他地区,这些都严重影响了北非地区工业的发展速度。

2. 2011—2012年南部非洲工业发展活力不足

南部非洲是非洲仅次于北非的工业发达地区。工业水平呈现出从南往

[①] 《非洲制造振翼欲飞》,财新网(http://magazine.caixin.com/2012-03-31/100375297.html,2012年3月31日)。

北由盛而衰的梯度趋势。采矿业原是本区的支柱产业，随着矿石出口收益的增加，南部非洲利用采矿业的收入逐渐发展了自己的制造业。现在南部非洲的工业品已基本能自给。南部非洲制造业在整个非洲中是最发达的，典型的如南非。

2011年，受世界经济低迷形势的影响，南部非洲的工业发展活力不足。如南非的失业率一直居高不下，2011年又爆发了大规模的工人罢工，矿产产量受到一定程度的影响。虽然纳米比亚表现一枝独秀，但是南非作为非洲唯一的工业化国家，它的工业发展活力对本区的影响是举足轻重的。

3. 2011年东非工业增速明显放缓，但是工业增长的幅度依然最大

东非工业整体上基础薄弱，结构单一，门类不健全，但是近几年发展势头迅猛，是非洲大陆经济增长最快的地区，工业化进程迅速推进，这得益于东非共同体一体化进程的红利。然而，2011年以来，受欧债危机和国际金融波动的影响，东非的工业发展速度明显放缓。2011年7月，东非暴发了60年不遇的干旱，影响到了工业的投资，但是工业增长的幅度依然最大。东非共同体秘书长理查德·赛兹贝拉（Richard Sezibera）说："我们东非是世界上增长最迅速的地区之一。我相信21世纪是非洲的世纪，而东非则是开路先锋。"①

4. 2011年受世界经济形势影响，西非工业发展受到一定程度的阻碍

西非的主要工业是石油工业和采矿业，其中石油工业是主体。尼日利亚是非洲石油生产和出口大国，石油开采业比较发达，但炼油业极其落后。塞内加尔是本区制造业较发达的国家。除此之外，其他国家的工业均比较落后。由于欧盟，特别是英国等原宗主国是其主要出口市场，非洲工业明显受其市场需求的左右。2000—2008年，西非工业一直保持着较快的增长速度，每年的平均增长率都在6%以上，但是金融危机爆发以后，发展速度开始下降，但仍不低于5%。2010年有所复苏，2011年受世界经济形势影响，工业发展亦受到一定程度的阻碍。西非国家中央银行把西

---

① 《2011东非经济增长5%》，蓝讯咨讯（http://www.bluestartalk.com/a/TheCitizenshimin-bao/20120204/596.html，2012年2月2日）。

非经贸联盟2012年经济增长率由原先预计的6.4%下调至6.1%。①

5. 2011年来中部非洲工业发展平稳，工业基础设施改善也较为明显

总体而言，中部非洲是非洲大陆工业最为落后的地区，其工业严重依赖原材料产品出口和外国援助，工业体系也比较脆弱。由于经济的外向度较低，受国际环境影响相对较小，中部非洲国家的工业发展连续性较强。自2008年金融危机低谷以来，中部非洲的工业一直保持着较高的增长率。据中非国家银行公告称，中部非洲经济与货币共同体六国2011年实现了5.0%的经济增长，高于2010年的3.9%，这得益于初级产业活动恢复活力、制造业和外贸表现良好、内需出现增长，中部非洲国家2012年宏观经济前景稳定，增长率有望达到5.7%。② 受良好经济形势的影响，过去一年，中部非洲工业的基础设施改善较为明显。

6. 2011年非洲各国工业发展差异显著

非洲国家工业发展情况与地区情况相似，原来工业基础相对较好的国家，如南非、埃及等，由于经济的外向依存度高，受到欧债危机波及和世界市场的影响，工业增长缓慢，发展不温不火；而一些原来比较落后的国家却相反，因为与世界经济联系不如前者密切，工业取得了较快发展，尤其是中部非洲的一些国家，成绩斐然。

近年来，南非工业在失业率居高不下的困扰中，发展缓慢。2010年失业率高达25%，并且失业的主要是黑人群体。2011年南非爆发大规模的工人罢工，对工业生产造成很大影响。长期的种族隔离制度以致黑人缺少知识和技术以及资本缺乏是导致黑人高失业率的原因。南非是非洲工业化程度最高的国家，2010年南非工业产值占GDP的比重为30.8%，制造业是其重要部门。南非矿产资源丰富，黄金和钻石的开采是采矿业的主体。由于长期开采，今年来黄金出口占世界比重逐渐下降，但是由于其饰品的价格攀升，采矿业依然保持着增长。

---

① 《2012年西非经济与货币联盟经济增速放缓》，商务部网站（http://www.mofcom.gov.cn/aarticle/i/jyjl/k/201203/20120308007263.html, 2012年3月10日）。

② 《中部非洲六国2012年经济预计增长5.7%》，北方网（http://economy.enorth.com.cn/system/2012/03/30/008956668.shtml, 2012年3月30日）。

埃及工业投资和发展更加多元化。从1998年开始，埃及政府提出"工业现代化计划"，加大对国内中小企业的投资和扶持力度，现在私营企业数量已占埃及工业企业总数的80%，产值占国内生产总值的86%。近年来，埃及非常重视工业园区的发展，2011年5月在索哈杰省两个工业园区内分别建设了一个木材加工和家具制造工业园。2011年6月埃及政府发布《埃及热电站发展项目规划（2012—2017）》和《埃及可再生能源项目发展规划》，计划在2020年前达到核能等新能源占能源构成比例20%的目标。得益于世界市场能源价格的走高，埃及矿产出口收益继续增加。2011年埃动荡局势对国民经济造成严重冲击，工业生产遭到破坏。军人政府掌权后，工业生产才逐渐恢复，目前埃及工业正在曲折中缓慢发展。

2011年肯尼亚工业发展迟缓，投资不足。2011年，东非爆发了60年不遇的大旱，造成严重的人道主义危机，政府为缓解旱情动用了大量资金，导致工业投资严重不足，外国投资的继续增加，在一定程度上缓解了这种状况。肯尼亚虽然是撒哈拉以南非洲国家中工业基础相对较好的国家，是东非地区工业最发达的国家，工业产值占国内生产总值的16.2%，工业门类齐全，但是轻重工业布局不平衡，发展不合理的局面依然没有改善，制造业发展停滞，开工率不足。2010年制造业增长率为4.5%，主要工业仍然集中在内罗毕、蒙巴萨、基苏木三大城市。电力普及率不高，工业用电受到限制，严重影响了工业的发展。

尼日利亚是非洲第二大经济体，非洲最大的产油国。2011年以来得益于石油价格的上涨，尼日利亚工业继续保持较快增长，但工业结构单一，基础设置薄弱，尤其是炼油业的落后严重制约了尼日利亚工业化进程。石油工业是尼国民经济的支柱，近年来，政府外汇收入的95%，财政收入的85%，国内生产总值的20%—30%来源于石油行业。除石油产业外，其他工业门类不发达，规模小，产值低。制造业技术水平低，生产能力低下，电力供应不足，开工率只有30%左右。多数工业制成品依赖进口，尼是欧佩克国家中唯一一个需要进口成品油的国家。

四　影响非洲工业发展的因素

2011年，非洲工业的增长主要来源于世界市场能源矿产的涨价。影响非洲工业发展的因素主要有：

1. 局势动荡，导致许多建设项目搁浅，国内外的投资者纷纷撤离

北非的情况最为突出，突尼斯、埃及、利比亚三国并没有因独裁者的下台而赢得真正的稳定发展。持续一年多的政局动荡严重扰乱了埃及正常的生产秩序，损失的数字在不断上升。利比亚的情况更加糟糕。2011年，石油产业陷入停滞，原油日产量从2010年的177万桶缩减到2011年7月的2.2万桶，国内生产总值减少了60%。[①] 内战后，利比亚满目疮痍，百废待兴，石油生产和许多公共基础设施被破坏，不少人家园被毁，财产受损。其负面作用已经远远超出了三国的范围，并且扩展整个非洲。撒哈拉以南非洲少数国家政局出现了不稳，如苏丹、科特迪瓦、索马里和马达加斯加等。国内政局混乱，不但扰乱了正常的生产和生活秩序，外资也纷纷回避，直接影响了工业发展。

撒哈拉以南的非洲总体上比较稳定，虽然少数国家出现波折，如南苏丹分立、科特迪瓦大选、索马里海盗、马达加斯加政治危机，但结果却往往有惊无险。也正因此，2011年撒哈拉以南地区要比北非地区发展快，发展最快的地区是东非和中部非洲。

2. 欧洲债务危机的冲击，恶化了非洲国家工业发展的外部环境

2011年爆发的欧债危机使发达国家经济陷入低迷，相继限制了非洲的出口。发达国家是非洲出口的主要市场，非洲出口受阻，国家收入减少，工业投资相继不足，工业化速度放缓。据塞拉利昂央行公布的最新数据显示，该国2011年三季度钻石出口量为75563.62克拉，比2010年同期的102548.78克拉下降了26.3%；三季度黄金出口量为1008.73盎司，比2010年同期的1458.86盎司下降了30.9%。[②]

由于非洲国家外汇储备多以欧元和美元为主，欧债危机引发欧元下跌，进一步增加了非洲的通胀压力。东非多国通胀率已到达两位数，其中

---

① 《恢复油气生产是利比亚经济复苏的基本条件》，IMF（http://gb.cri.cn/27824/2012/01/31/5311s3538282.htm，2012年1月31日）。
② 《塞拉利昂2011年三季度钻石出口下降26.3%，黄金出口下降30.9%》，中国驻塞拉利昂商务处（http://sl.mofcom.gov.cn/aarticle/jmxw/201201/20120107913704.html，2012年1月4日）。

乌干达通涨率在 2011 年 10 月已升至 30.5%。[1] 毛里求斯中央统计局最新公布的数据显示，2011 年毛通货膨胀率为 6.5%，较上一年度的 2.9% 大幅攀升，通胀压力显著增加。[2]

随着欧债危机的扩散，货币贬值、通货膨胀以及各国财政扩张政策影响，使非洲国家本已严峻的外贸逆差、债务和通胀率不断攀高。2011 年 7 月至今兰特对美元汇率已经累计贬值近 30%。截至 2011 年 8 月，赞比亚外债总量较上年底上升 7.7%。尼日利亚外债从 2010 年底的 45.8 亿美元上升至 2011 年 3 月底的 52.3 亿美元，3 个月内增长了 14.16%。外债严重损害非洲国家经济复苏，债务问题是非洲大陆发展中最大的障碍之一。

3. 自然灾害频繁多发，海盗问题日益猖獗

2011 年，东非爆发了 60 年不遇干旱，很多地区出现严重的粮荒，超过 1300 万难民只能绝望地等待援助，贫困饥饿至今仍困扰着这一地区。灾害严重拖慢了 2011 年东非的工业化步伐，虽然经济增长 5%，但是工业表现不佳，投资及项目有所下降。肯尼亚的工业虽在本区有带动作用，影响较大，但其增长也十分有限。

索马里政局动荡，至今不能得到有效控制，海盗劫持事件有增无减。2011 年索马里海盗共发动袭击事件 237 起，高于 2010 年的 219 起，占全球海盗袭击事件的一半以上，赎金平均上涨 25%。[3] 局势的混乱，使外部投资者损失惨重，安全问题也使外部资金不敢进入。

4. 欧洲对非洲国家的经济援助减少

欧债危机爆发后，多个欧洲国家经济陷入低迷，其中希腊、葡萄牙等还出现了负增长。欧盟目前自救已是自顾不暇，因此对非援助和投资呈现下降之势。随着欧债危机持续影响欧洲经济，有迹象显示，国际银行等金融机构的财务压力越来越大，在国际货币基金组织的建议下，他们将进一

---

[1] 《欧洲债务危机传导 阻碍不了非洲的发展脚步》，去非洲网（http://www.qufeizhou.com/article-271-1.html，2011 年 12 月 8 日）。

[2] 《2011 年毛里求斯通货膨胀率达 6.5%，通胀压力显著增加》，中国驻毛里求斯商务处（http://mu.mofcom.gov.cn/aarticle/jmxw/201202/20120207953808.html，2012 年 2 月 6 日）。

[3] 《索马里海盗 2011 年给航运业造成 69 亿美元损失》，金融界网站（http://stock.jrj.com.cn/invest/2012/02/08222412200519.shtm，2012 年 2 月 8 日）。

步缩减对外信贷，以降低贷款风险，特别是减少对尼日利亚等非洲国家银行的信贷额度。①

5. 受限于 GDP 总量，2011 年非洲许多国家大型工业项目开工不足

非洲经济落后，许多国家的 GDP 总量较小，只有几十亿美元，甚至几亿美元，例如布隆迪、利比里亚、刚果（金）等。大约有四分之三的非洲国家的 GDP 规模不足以维持 1 亿美元以上的预算计划（这已属于相对较小的预算，例如，港口、机场、公路干道或发电站等项目的预算）。而这些大型基础设置项目，属于工业化必需的大型基础设施。基础设施投资同样也很集中于某些特定行业。这导致非洲的工业化缺少某些必要的基础条件，工业化全面发展受到限制。

6. 工业化建设急于求成

为了尽快摆脱贫困落后的状态，一些非洲国家实行赶超型的工业化战略，极力加速工矿业的发展，企图以工业化带动整个经济的增长。但是非洲大部分国家工业结构单一，门类不齐全，基础薄弱，上述措施带来的只是工业产值的增长和资金的积累，真正意义上的工业发展却很缓慢。

五 结论与展望

纵观 2011 年，非洲工业在曲折中稳步发展，这种发展反映了来之不易的进步和充满希望的前景。非洲工业不断增长的发展势头得到了广泛认可。近年来，非洲工业正处于转型的特殊时期，战争、自然灾害或政府的糟糕政策可能会导致某些个别国家工业增长的停滞甚至逆转。

2011 年以来，以中国为首的"金砖"国家，不断加大对非洲的投资力度，拓宽经贸合作的领域，对非洲工业发展的拉动作用明显。尤其是对非洲工业和城市基础设施的投资，为非洲工业的发展创造了难得的条件。金融危机以来，世界正在进行着新一轮的制造业转移，非洲加强与新兴工

---

① 《国际金融机构缩减对尼日利亚等非洲国家信贷额度》，中国驻尼日利亚商务处（http://nigeria.mofcom.gov.cn/aarticle/jmxw/201202/20120207951015.html，2012 年 2 月 3 日）。

业国家的合作，有利于世界制造业向非洲转移，非洲工业发展空间巨大。①

展望2012年，非洲工业将在全球经济的外部趋势和非洲大陆内部的社会和经济变革的双重推动下艰难前行，非洲工业仍是值得世界各国投资的潜力领域。

作者简介：

朱华友，男，1967年生，浙江师范大学地理与环境科学学院教授，博士。主要研究方向为区域经济发展。入选浙江省"新世纪151人才"第二层次，浙江师范大学中青年学科带头人。

孙义飞，男，1986年生，浙江师范大学地理与环境科学学院初级硕士研究生，主要研究方向为区域经济与产业集群。

---

① 《非洲制造振翼欲飞》，财新网（http://magazine.caixin.com/2012-03-31/100375297.html，2012年3月31日）。

非洲能源与资源发展报告

梁益坚

非洲拥有丰富的自然资源。虽然大自然在赐予它宝贵财富的同时并没有赐予它和平与安宁，但是拥有丰富的自然资源对于一个落后地区要实现经济发展来说无疑是大自然的一份礼物。近年来，非洲石油和天然气的探明储量不断增加。随着非洲经济的持续增长，非洲未来的炼油能力、消费水平与出口增长都还有比较大的上升空间。非洲新能源资源品种齐全，蕴藏量大，已开发度小，可以进行大规模的开发。太阳能、风能、水能、生物质能等方面的丰富蕴藏量，为非洲的新能源开发提供了广阔的发展空间。非洲的矿产资源在矿产规模、矿层厚度、矿藏深度、矿石品位上，具有大、厚、浅、高等优点，对于进行大规模开发和建立综合性工业基地等具有较好的优势。

一　非洲化石能源和新能源的情况

非洲作为世界陆地面积第二的大陆，拥有丰富的化石能源和新能源资源。虽然大自然在赐予它宝贵财富的同时并没有赐予它和平与安宁，但是拥有丰富的自然资源对于一个落后地区要实现经济发展来说无疑是大自然的一份礼物。非洲目前已经是世界八大产油区之一，由于石油在现阶段的特殊重要性，非洲地区也成为了世界大国和跨国公司竞相争夺和角逐的热点地区。在 2008 年爆发的世界金融危机之后，全球经济发展模式开始试图由高碳经济向低碳经济转型，而拥有丰富自然资源的非洲也日益成为新能源领域关注的焦点。从长期来看，一旦化石能源逐渐退出能源市场，非洲将有可能由于其得天独厚的新能源条件而成为新能源时代的"中东"。①

1. 非洲的化石能源②

在非洲大陆及其周边海域蕴藏着丰富的石油和天然气资源，尤其是石油资源。近年来，非洲石油和天然气的探明储量不断增加。在过去20年中，非洲已探明的石油储量从1990年的587亿桶增加到2010年的1321亿桶，天然气储量从1990年的8.6万亿立方米增加到2010年的14.7万亿立方米，③ 是世界能源储量增长最快的地区之一，成为全球石油勘探活动最活跃的新区和国际能源竞争的新热点。非洲石油种类多且品质优，含硫低，易于提炼加工，很适合生产汽车燃油。冷战结束以后，世界新兴经济体的经济快速增长，全球原材料价格特别是石油价格在2000年以后不断攀升，许多非洲国家凭借其丰富的石油资源获得了大量的石油美元用于经济建设，非洲的经济也获得了较快的持续增长。

非洲的石油勘探可以追溯到19世纪80年代，利用现代技术进行开采起于20世纪初。1908年，埃及在苏伊士湾西岸成功开采石油，成为非洲第一个产油国。在20世纪60年代，非洲石油产量迅速增加，到1970年达到2.92亿吨。截至2010年底，非洲已探明的石油储量是1321亿桶，占世界总储量的9.5%，是世界重要的储油区。非洲大陆的石油储量主要集中在利比亚、尼日利亚、安哥拉、阿尔及利亚和苏丹等少数几个国家（见表1），天然气储量主要集中在尼日利亚、阿尔及利亚、埃及和利比亚等国。目前，尼日利亚新探明的5.3万亿立方米的天然气储量还没有进行很好的开发，已经受到世界各大石油公司的广泛关注。此外，新近探明的天然气资源丰富的国家还有坦桑尼亚、乌干达、加纳。在南非、莫桑比克和坦桑尼亚等国家也发现了蕴藏量较为丰富的油田。

---

① 梁益坚：《非洲：新能源时代的"中东"》，《国际商报》2010年8月。
② 至笔者截稿之时，BP公司还没有发布《BP世界能源统计年鉴2012》，故文中使用的是《BP世界能源统计年鉴2011》中有关2010年的数据。
③ 《BP世界能源统计年鉴2011》的相关数据。

表1　　　　　非洲国家石油探明储量情况（截至2010年底）

	1990年底 （10亿桶）	2000年底 （10亿桶）	2009年底 （10亿桶）	2010年底 10亿吨	2010年底 10亿桶	2010年底 占世界总量比例	储产比
阿尔及利亚	9.2	11.3	12.2	1.5	12.2	0.9%	18.5
安哥拉	1.6	6.0	13.5	1.8	13.5	1.0%	20.0
乍得		0.9	1.5	0.2	1.5	0.1%	33.7
刚果共和国	0.8	1.7	1.9	0.3	1.9	0.1%	18.2
埃及	3.5	3.6	4.4	0.6	4.5	0.3%	16.7
赤道几内亚		0.8	1.7	0.2	1.7	0.1%	17.1
加蓬	0.9	2.4	3.7	0.5	3.7	0.3%	41.2
利比亚	22.8	36.0	46.4	6.0	46.4	3.4%	76.7
尼日利亚	17.1	29.0	37.2	5.0	37.2	2.7%	42.4
苏丹	0.3	0.6	6.7	0.9	6.7	0.5%	37.8
突尼斯	1.7	0.4	0.4	0.1	0.4	低于0.05%	14.6
其他非洲国家	0.9	0.7	0.7	0.2	2.3	0.2%	44.2
非洲总计	58.7	93.4	130.3	17.4	132.1	9.5%	35.8
世界总计	1003.2	1104.9	1376.6	188.8	1383.2	100.0%	46.2

表2　　　　1990年、2000年与2010年石油探明储量的分布情况

	1990年	2000年	2010年
中东	65.7%	63.1%	54.4%
中南美洲	7.1%	8.9%	17.3%
欧洲及欧亚大陆	8.1%	9.8%	10.1%
非洲	5.9%	8.5%	9.5%
北美洲	9.6%	6.2%	5.4%
亚太地区	3.6%	3.6%	3.3%
总量	10032亿桶	11049亿桶	13832亿桶

非洲的石油资源主要集中在北非和西非地区。非洲陆地上的石油资源主要分布在北非，约占非洲储量的一半以上。非洲海上的石油资源主要分

布在西非的几内亚湾附近，约占非洲储量的三分之一以上。北非的产油盆地主要有突尼斯的皮拉吉安盆地（Pelagian）、阿尔及利亚北部和突尼斯南部的三叠盆地（Trias）、阿尔及利亚东南部至利比亚境内的伊利兹盆地（Illizi）、阿尔及利亚中部的阿内特盆地（Ahnet）、利比亚境内的锡尔特盆地（Sirte）、埃及北部的北埃及（North Egypt）、尼罗河三角洲（Nile Delta）、阿布哈拉丁（Abu Gharadin）、红海（Red Sea）沉积盆地。西非的油气资源主要分布在几内亚湾（Gulf of Guines）、尼日尔河三角洲（Niger Delta）和中西部海岸（West-Central Coastal）。①

表3　　　　非洲国家石油产量变化情况（截至2010年）　　单位：百万吨

	2000年	2005年	2009年	2010年	2009年—2010年变化情况	2010年占世界总量比例
阿尔及利亚	66.8	86.4	77.9	77.7	-0.3%	2.0%
安哥拉	36.9	69.0	87.4	90.7	3.8%	2.3%
乍得	—	9.1	6.2	6.4	3.5%	0.2%
刚果共和国	13.1	12.6	13.9	15.1	8.1%	0.4%
埃及	38.8	33.9	35.3	35.0	-0.6%	0.9%
赤道几内亚	4.5	17.7	15.2	13.6	-10.8%	0.3%
加蓬	16.4	11.7	11.5	12.2	6.5%	0.3%
利比亚	69.5	81.9	77.1	77.5	0.5%	2.0%
尼日利亚	105.4	122.1	99.1	115.2	16.2%	2.9%
苏丹	8.6	15.0	23.6	23.9	1.5%	0.6%
突尼斯	3.7	3.4	4.0	3.8	-4.7%	0.1%
其他非洲国家	7.2	7.7	7.7	7.1	-8.0%	0.2%
非洲总计	370.9	470.7	458.9	478.2	4.2%	12.2%
世界总计	3611.8	3906.6	3831.0	3913.7	2.2%	100.0%

在非洲50多个国家中，目前产油的国家有20多个。由于储量、政治

---

①　姜忠尽、殷会良：《非洲石油——世界工业强国战略争夺的新宠》，《国际经济合作》2006年第11期。

环境、开采条件、交通条件等因素的差异，非洲各个国家的石油开采具有一些较为明显的特征。在北非地区，因油气资源勘探的时间较早，北非国家都有较长的开采历史，部分国家还具有完备的石油工业，由于近年来没有发现新的大油田，目前北非的石油产量也较为稳定。埃及拥有波斯湾石油出口的两条重要通道，苏伊士运河和苏伊士—地中海的萨穆德管道。在西非地区，由于探明储量的大幅增加和近年来深海勘探技术的发展，安哥拉、赤道几内亚等国的石油产量大幅增加，而且西非地区的主要油田都在大陆架上，远离部族及其他冲突中心，生产相对安全，油质上乘，海上运输方便。根据非洲产油国的一些特点，可以大致将这些国家分为三类：

（1）传统石油出口国。尼日利亚（非洲第一大产油国，产油区主要集中在尼日尔河三角洲地区，这里的油层浅、油质高、易开发、成本低）；安哥拉（2010年已经成为非洲第二大产油国，从2000年以来石油产量增加了2.5倍，主要出口到中国和美国）；阿尔及利亚（传统的非洲产油大国，2000年时曾是非洲石油产量第一的国家，其国民经济主要依赖石油工业）；利比亚（利比亚石油质量好，平均每桶成本只有1美元，并且接近欧洲市场，运输方便。2011年受战乱影响，产量有所下降）。

（2）石油自给或资源枯竭型国家。埃及（传统的产油大国，产量一直比较稳定，炼油能力在非洲大陆位居首位）；突尼斯（2000年后石油产量基本稳定，需要进口部分石油，炼油能力也较低）；加蓬（陆上产油区被雨林覆盖，开采成本较高。海上产油区是浅海区，易被开采。与2000年石油产量相比，近年来的石油产量有所下降）。

（3）新兴石油国家。刚果（金）（有一定的石油探明储量，随着新油田的开发，产量将进一步增加）；赤道几内亚（近年来发现了一些新油田，产量也增长迅速，大部分开采都在海上）；乍得（近年来的石油产量有所下降）；圣多美和普林西比（储量丰富，但国内动荡的局势对其产量影响较大）；苏丹和南苏丹（石油储量较为丰富，2007年后石油产量不断提升，但近年来该地区由于石油问题而导致冲突不断）。

虽然非洲的石油产量不低，但炼油能力还比较弱。2010年非洲的石油产量占世界总量的12.2%，但炼油产能却只占世界总量的3.6%。虽然非洲拥有世界15%的人口，但石油消费却只占世界总量的3.9%，石油消费量在全球是最低的（见表4）。随着非洲经济的持续增长，非洲未来的炼油能力、消费水平与出口增长空间都还比较大。

表4　　　　非洲国家石油消费量变化情况（截至2010年）　　单位：百万吨

	2000年	2005年	2009年	2010年	2009年—2010年变化情况	2010年占世界总量比例
阿尔及利亚	8.5	11.0	14.9	14.9	-0.1%	0.4%
埃及	27.2	29.8	34.4	36.3	5.4%	0.9%
南非	22.0	24.6	24.7	25.3	2.7%	0.6%
其他非洲国家	59.2	69.1	77.0	79.0	2.6%	2.0%
非洲总计	116.9	134.5	150.9	155.5	3.0%	3.9%
世界总计	3571.6	3908.5	3908.7	4028.1	3.1%	100.0%

　　非洲的天然气储量丰富，但受生产能力和技术等方面因素的影响，放空现象严重，天然气产量有较大的提升空间。至2010年年底，非洲天然气探明储量为14.7万亿立方米，占世界总储量的7.9%。其中尼日利亚、阿尔及利亚名列前茅，已探明天然气储量分别达5.3万亿立方米、4.5万亿立方米，分别占世界总储量的2.8%、2.4%，其次为埃及（2.2万亿立方米）和利比亚（1.5万亿立方米），其他非洲国家为1.2万亿立方米（见表5）。2010年非洲地区的天然气产量是2090亿立方米，占世界总产量的6.5%，其中排名前三的国家分别是阿尔及利亚（804亿立方米）、埃及（613亿立方米）、尼日利亚（336亿立方米）。2010年非洲的消费量是1050亿立方米，占世界消费总量的3.3%。[1]

　　非洲的煤炭资源没有石油与天然气储存量多，其分布范围也远没有其他两个资源广，2010年，非洲的煤炭总储存量为316.92亿吨，占世界总储量的3.7%。非洲的煤炭主要分布在南非，占世界总储量的3.5%，津巴布韦有少量分布。南非2010年的煤炭产量占世界产量的3.8%，消费量占世界总量的2.5%。[2]

---

[1]《BP世界能源统计年鉴2011》的相关数据。
[2] 同上。

表5　　　　　　　非洲国家天然气探明储量情况（截至 2010 年底）

	1990 年底（万亿立方米）	2000 年底（万亿立方米）	2009 年底（万亿立方米）	2010 年底 万亿立方英尺	2010 年底 万亿立方米	2010 年底 占世界总量比例	储产比
阿尔及利亚	3.3	4.5	4.5	159.1	4.5	2.4%	56.0
埃及	0.4	1.4	2.2	78.0	2.2	1.2%	36.0
利比亚	1.2	1.3	1.5	54.7	1.5	0.8%	98.0
尼日利亚	2.8	4.1	5.3	186.9	5.3	2.8%	*
其他非洲国家	0.8	1.1	1.2	41.4	1.2	0.6%	65.7
非洲总计	8.6	12.5	14.7	520.1	14.7	7.9%	70.5
世界总计	125.7	154.3	186.6	6608.9	187.1	100.0%	58.6

2. 非洲的新能源

非洲大陆在新能源领域也具有良好的资源基础。非洲地处热带地区，幅员辽阔，新能源资源品种齐全，蕴藏量大，开发度小，可以进行大规模的开发。太阳能、风能、水能、生物质能等方面的丰富蕴藏量，为非洲的新能源开发提供了广阔的发展空间。从非洲与国际社会的低碳合作来看，孕育巨大低碳发展潜力的非洲大陆将成为吸引国际低碳投资的新地区。

非洲拥有巨大的太阳能资源。而且整个非洲大陆的太阳能资源分布比较均匀，绝大多数非洲国家都有开发太阳能的潜力。非洲 80% 的领土每年每平方米能够接收到 2000 千瓦时左右的太阳能。许多非洲国家平均每年有 325 天的晴天。[①] 这使得非洲还没有用上电的广大农村地区，有机会通过使用小型太阳能设备来获得电力供应。另外，太阳能热水器和太阳能灶等配套设施少、价格低廉的产品，在非洲地区也大有用武之地。非洲目前的太阳能开发利用还非常有限，在全世界 15 千兆瓦的太阳能光伏装机总容量中，非洲所占的比例微乎其微（15 兆瓦）。目前，非洲大规模的太阳能发电设施主要集中在南非与阿尔及利亚。

非洲风力资源主要分布在沿海地区和和东部高地。非洲的风力资源并

---

① Solar Power in Africa, http：//userwww.sfsu.edu/~ciotola/solar/asn_94nuclear.html, National Solar Power Research Institute, Yansane, A. 2007.

不像太阳能资源那样分布较为均匀。非洲西海岸的风力资源较为丰富，超过了 3750 千瓦时，可进行较大规模的开发。① 中部非洲的风力资源相对来说要低于平均水平。② 在地中海沿岸的北非地区，风力发电已经形成了一定的规模。许多非洲国家还出台了相关扶持风电的政策，来加大风电开发的力度。2011 年非洲的风电装机容量达到 864 兆瓦，主要集中在埃及、摩洛哥和突尼斯等国家。

非洲水电资源非常丰富。撒哈拉以南非洲的热带气候使得非洲拥有好几条水电蕴藏丰富的河流，拥有 1755 亿千瓦时的发电潜力。通过现有的水电技术，这些资源比较容易得到有效的利用和开发，但目前只有 7% 左右的潜能被开发利用。赞比西河、刚果河、尼日尔河和尼罗河等非洲的主要河流，如果能够得到充分开发，在一定程度上能够解决非洲的电力短缺问题。在金沙萨至马塔迪之间 200 多公里河段上有 32 个瀑布和急流，总落差 280 米，这就是世界罕见的利文斯敦瀑布群，是非洲水能资源最为集中的地段，其水电蕴藏量达到 100000 兆瓦，是刚果（金）目前重点开发的地区，它的水电潜力可以满足整个南部非洲的电力需求。另外，赞比西河的水电蕴藏量也有 10000 兆瓦，埃塞俄比亚的水电蕴藏量为 30000 兆瓦，尼日利亚的也超过了 20000 兆瓦。③ 2010 年非洲水电的发电量为 2320 万吨油当量，占世界总量的 3%。④

从长远来看，新能源在非洲消减贫困的历程中将扮演一个非常重要的角色。新能源对于非洲广大农村地区来说，是一个比较现实的能源解决方案。⑤ 根据世界银行的数据显示，撒哈拉以南非洲地区电网覆盖率极低，至今仍有约 5 亿人口没有用上电。目前，非洲能源短缺中最为严重的是电力短缺，而造成这一问题的主要原因是非洲经济基础薄弱、资金不足。按照联合国《千年宣言》在 2015 年完成 35% 的非洲人口用上电的目标，每

---

① Background Information, http://www.saharawind.com/, Sahara Wind.

② African Wind Energy Association Summary, http://www.afriwea.org/en/summary.htm.

③ Hydropower: Africa's solution to the electricity crisis!, http://www.frost.com/prod/servlet/market-insight-top.pag? docid = 169253081, Frost & Sullivan energy industry analyst Moses Duma, 2 Jun 2009.

④ 《BP 世界能源统计年鉴 2011》的相关数据。

⑤ Alternative energy sources for electricity generation: Their "energy effectiveness" and their viability for undeveloped and developing countries, http://srb.stanford.edu/nur/GP200A%20Papers/zane_ jobe_ paper.pdf, Jobe Z. (2006).

年需要投入至少470亿美元的资金，这对非洲来说不是一件易事。在这种情况下，小规模的太阳能发电、风能发电设备等就能够为非洲广大尚未通电的农村地区提供电力，为他们的日常生活解决一些问题。① 另外，其他一些技术成熟、成本适中、养护费用低、使用范围广的新能源产品，在非洲肯定也会大受欢迎。

二 非洲矿产资源的情况

非洲也是一个矿产资源十分丰富的大陆，不仅种类较为丰富、储量较大，而且蕴藏较为集中，被称为"自然资源宝库"。非洲的矿产资源在矿产规模、矿层厚度、矿藏深度、矿石品位上，具有大、厚、浅、高等优点，对于进行大规模开发和建立综合性工业基地等具有较好的优势。从地理构造上看，非洲大陆属于冈瓦纳古陆的一个部分，在五亿年以前它的大陆轮廓就已经基本形成，整个大陆的地质基础相对比较古老，基岩有过断裂并伴随熔岩渗入，所以它的金属矿藏较为丰富集中，很多金属矿藏的储量和产量在世界上都位居前列。由于前寒武纪基底的构造带活动，非洲的金属矿床主要集中在中部和南部，而非金属矿床集中在北非。

非洲目前已知的黄金、金刚石、铜、铝土矿、磷酸盐、铌和钴的储量在世界上均占有很大的比重。其中，铂、锰、铱等金属的蕴藏量占世界总储量的80%以上，磷酸盐、黄金、钻石等矿藏占世界总储量的50%以上，铀、铝矾土等矿藏也能够占到30%以上，至少有17种矿产的蕴藏量在世界位居第一。南部非洲和西非地区都蕴藏着丰富的黄金和金刚石，南非就已经出产了4万多吨黄金，占到有史以来世界黄金总产量的五分之二。南非是一个矿产资源和种类都异常丰富的国家，其中铂、钯、钛、锆、铬、锰、钒和蛭石等矿产的产量超过世界总产量的50%。赞比亚蕴藏着丰富的铜矿，约占世界蕴藏量的15%。

南非、加纳、津巴布韦、坦桑尼亚、赞比亚和刚果（金）等国家是非洲主要的矿产国。另外，安哥拉、塞拉利昂、纳米比亚、赞比亚和博茨

---

① Renewable energy in Africa, http: //en. wikipedia. org/wiki/Renewable_ energy_ in_ Africa, From Wikipedia, May 2012.

瓦纳等一些非洲国家的开采业占国民经济的比重很大。[1]

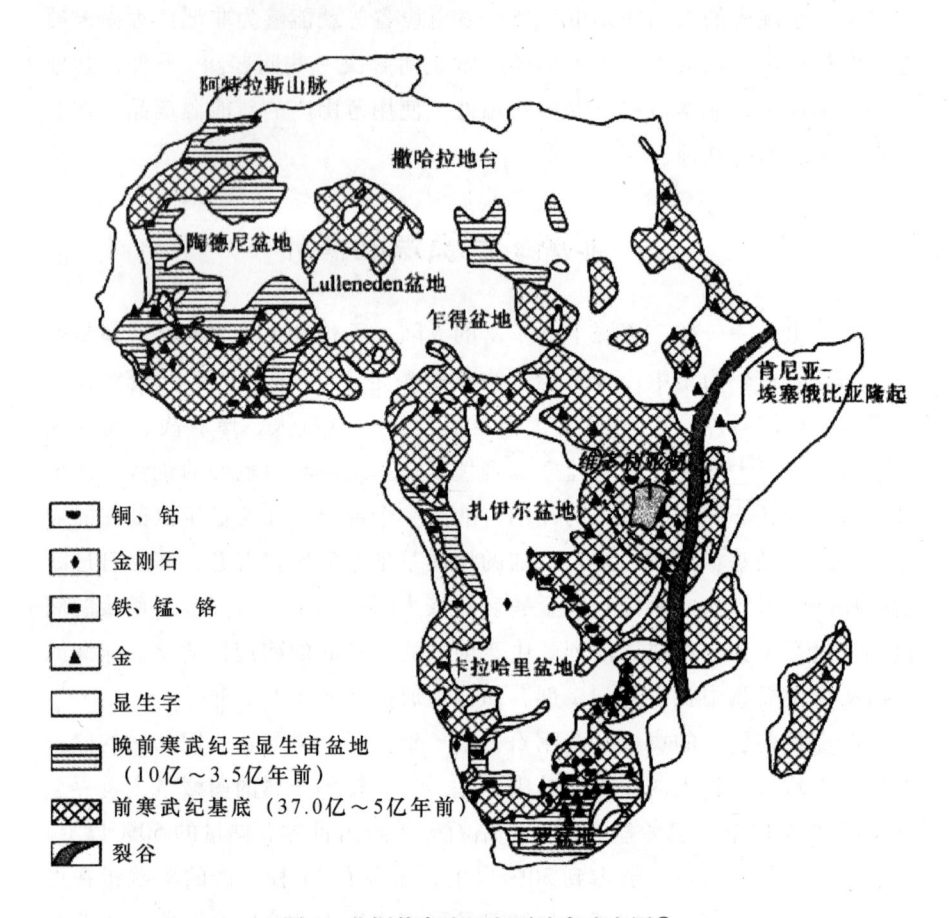

图 1 非洲前寒武纪主要矿产分布图[2]

非洲主要金属和矿产资源的情况[3]。

铂矿：

非洲的铂矿资源主要分布在南非和津巴布韦。2009 年世界铂金产量

---

[1] Mbendi, 2011, http://www.mbendi.co.za/index.htm.

[2] 陈江主编：《非洲地质经济：纪念天津华北地质勘查局"走出去"10 周年论文集》，地质出版社 2009 年版，第 3 页。

[3] 部分参阅 ABBAS. M. SHARAKY, Mineral Resources and Exploration in Africa, http://african.cu.edu.eg/Dr_Abbas/Papers/Minerals_2011.pdf.

是178吨，南非的产量是141吨，占世界总产量的88%，俄罗斯和津巴布韦紧随其后，三个国家生产的铂金几乎占到世界铂金总产量的99%以上。① 2009年，受罢工、停电和地质因素的影响，南非的铂金产量相比于2005年下降了6.5%。而津巴布韦加大了开采的力度，2009年的铂金产量相比于2005年增加了32%。② 世界已探明的铂矿储量为66000吨，95.5%都蕴藏在南非著名的布什维尔德基性杂岩体中。津巴布韦拥有世界第二大铂矿资源，储量约3000多吨，主要位于著名的大岩墙岩体的中段和南段。

金刚石：

非洲金刚石资源非常丰富，储量和产量都占世界的一半。主要分布在刚果（金）、南非、纳米比亚、博茨瓦纳等国，在中部非洲的一些国家也有分布。刚果（金）、南非、博茨瓦纳三国的储量最丰富。目前，天然金刚石使用只占工业需求的1.2%，其余都使用人造金刚石替代。③ 2010年，全球毛坯钻石的产量增长近7%，价值120亿美元。④ 非洲是世界上最大的钻石生产地区，2009年的产量达到世界总产量的52.4%，拥有世界60%的钻石储量。2009年，刚果（金）是世界第二、非洲第一的金刚石生产国，产量分布占世界总产量的17.5%和非洲总产量的33.5%，仅次于俄罗斯（占世界总产量的28.7%）。非洲其他的钻石生产国还包括：博茨瓦纳（占非洲钻石产量的27.9%）、安哥拉（占21.7%）、南非（占9.6%）、纳米比亚（占1.9%）、津巴布韦（占1.5%）和几内亚（占1.1%）。其他非洲国家也生产少量的钻石，包括坦桑尼亚、加纳、塞拉利昂、中非共和国、科特迪瓦、刚果（布）、莱索托、利比里亚、多哥和喀麦隆。

钴矿：

钴是一种战略金属，可以用于喷气式飞机、发电站和充电电池等行业。钴在常温下与水和空气都不起作用，性质同铁、镍相似。在加热时，钴与氧、硫、氯、溴发生剧烈反应，最大的用途是使用在高温合金领域。

---

① USGS, http://minerals.usgs.gov.
② Matthey, J., 2010, Platinum 2010.
③ USGS, http://minerals.usgs.gov.
④ Diamonds, http://www.diamonds.net/.

2009年，非洲生产了世界钴总产量的58.8%，与2008年的产量相比，增长了8.8%。刚果（金）是非洲最大的钴生产国，2009年的产量是35500吨。赞比亚和摩洛哥也生产少量的钴。

蛭石：

蛭石从外形上看像云母。蛭石是一种天然、无毒的矿物质，在高温作用下会膨胀。它是一种比较少见的矿物，属于硅酸盐，具有很强的保温隔热性能。南非是世界最大蛭石生产国。南非的帕拉博拉矿（Palabora）是南非蛭石的主要来源。帕拉博拉矿业公司生产的蛭石约94.5%用于出口，占世界年总产量的36.4%。另外，埃及和津巴布韦也生产少量的蛭石。

钒矿：

钒主要用途是作为硬化剂，它是增加韧性和耐磨性的关键。钒的熔点很高，常与铌、钽、钨、钼并称为难熔金属。有延展性，质坚硬，无磁性。具有耐盐酸和硫酸的本领，并且在耐气—盐—水腐蚀的性能要比大多数不锈钢好。2010年，世界钒矿的总产量是56000吨。中国是钒的世界第一大生产国，其钒储量占世界总产量的40%。南非是钒的世界第二大生产国，占世界总产量的33%，俄罗斯占25%。南非也是非洲唯一生产钒的国家，它的年产量是18000吨，占世界总储量的25.6%。

铬铁矿：

铬铁矿是短缺矿种，储量少，产量低。在冶金工业上，铬铁矿主要用来生产铬铁合金和金属铬。铬铁合金作为钢的添加料生产多种高强度、抗腐蚀、耐磨、耐高温、耐氧化的特种钢。金属铬主要用于与钴、镍、钨等元素冶炼特种合金。铬铁矿一般是开采铂族金属的副产品。2009年世界铬矿探明储量是3.5亿吨，南非的探明储量排名世界第二，占37%，仅次于占世界总量51.4%的哈萨克斯坦。南非的铬矿主要产于东北地区的布什维尔德杂岩体中。世界铬矿生产大国包括印度、哈萨克斯坦、南非和土耳其。2009年南非的铬矿产量是960万吨，占世界总产量的42%左右。津巴布韦、马达加斯加和苏丹也有少量生产。

锆矿：

锆是一种稀有金属，具有惊人的抗腐蚀性能、极高的熔点、超高的硬度和强度等特性，被广泛用在航空航天、军工、核反应、原子能领域。锆作为航空航天材料，其各方面的性能大大优越于钛。2009年世界锆储量估计在5600万吨。南非是全球第二大储备国，约占25%，澳大利亚占

41%。非洲具有锆开发潜力的国家还包括肯尼亚、坦桑尼亚、纳米比亚、塞拉利昂、塞内加尔和冈比亚。近年来，由于锆在航空航天领域的重要性，部分国家也加大了开采的力度。2007年以来，南非和莫桑比克又开采了新的矿场，来满足全球的需求。

钛矿：

钛是一种并不太稀缺的资源，主要用于航天工业和航海工业。钛的硬度与钢铁差不多，而它的重量几乎只有同体积的钢铁的一半，钛虽然稍稍比铝重一点，它的硬度却比铝大两倍，所以钛被誉为宇宙金属、空间金属。2009年，南非的钛产量占非洲钛产量的72%，占全球产量的18.5%，南非拥有世界钛储量的10.3%。莫桑比克是在非洲的第二大生产商（占非洲总产量的17.4%），其他主要生产国有埃及（占4.2%）、塞拉利昂（占3.7%）和马达加斯加（占3%）。

磷酸盐：

磷酸盐是几乎所有食物的天然成分之一，作为重要的食品配料和功能添加剂被广泛用于食品加工中。非洲拥有世界磷酸盐储量的83.3%。摩洛哥一国就拥有约77%的全球磷酸盐储量（占非洲总储量的92.4%）。非洲在2009年的产量约占世界总量的25%，比2001年的29%下降了一些。摩洛哥是非洲最大的磷酸盐生产商，产量约2300万吨，约占非洲总产量的56.2%，占世界总产量的13.7%。非洲其他主要生产国包括突尼斯（占非洲总产量的18.1%）、埃及（占12.2%）、南非（占5.5%）、阿尔及利亚（占4.4%）、多哥（占2.1%）和塞内加尔（占1.6%）。

锰矿：

锰在冶金工业中用来制造特种钢；钢铁生产上用锰铁合金作为去硫剂和去氧剂。非洲最主要的锰生产国是南非，拥有世界大约78%世界锰矿资源。在2009年，非洲共生产了约700万吨锰矿（占全球产量的21%），主要来自南非（生产了460万吨左右，占世界总产量的14%和非洲总产量的66%）。加蓬是非洲第二个锰生产国（约占非洲总产量的29%）。其他的非洲国家还包括加纳（2.1%）、科特迪瓦（2.1%）。摩洛哥、埃及、纳米比亚、苏丹也有少量生产。

黄金：

2010年，世界黄金产量为2688.9吨。2010年，南非为世界第五大黄金生产国，仅次于中国、澳大利亚和美国、俄罗斯。2010年其他非洲国家黄金产量为加纳 92.4 吨、几内亚 70.5 吨、马里 44.6 吨、坦桑尼亚 44.6 吨。2010 年南非的黄金产量是 402 吨，现在南非黄金产量几乎减少了一半。南非的黄金产量的下降，可以部分归因于电力成本的上升和劳工问题。非洲黄金产量有很大一部分是由小规模矿厂开采的。非洲年产量超过 1 吨的黄金生产国有 18 个，但非洲黄金产量的 90% 来自六个国家：南非、加纳、几内亚、马里、坦桑尼亚和津巴布韦。

铀矿：

铀是自然界中能够找到的最重元素。尽管铀在地壳中分布广泛，但是只有沥青铀矿和钾钒铀矿两种常见的矿床。铀的主要用途是作为核电站的反应堆燃料。2009 年世界铀矿产量为 50572 吨。非洲地区主要的铀生产国为纳米比亚、尼日尔和南非。2009 年纳米比亚产量为 4626 吨铀，主要的生产矿山为罗辛矿（Rossing），是世界上已知最大的铀矿床之一。尼日尔 2009 年的产量较 2008 年增长 7.0%，为 3243 吨铀，位居非洲第二位，主要生产矿山为位于首都尼亚美东北 900 公里的两个相邻的矿山——阿科塔（Akouta）和阿尔利特（Arlit）矿。南非铀矿产量为 563 吨铀，其铀矿是作为金矿和铜矿的副产品。

铜矿：

非洲大约有八个国家产铜，其中两个的开采量在 2009 年超过百万吨。他们是赞比亚（占非洲产量的 56.3%）、刚果（金）（占非洲产量的 27.4%）。其他的非洲生产国是南非（占 10.1%）、毛里塔尼亚（占 3.4%）、博茨瓦纳（占 2.3%）、津巴布韦（占 0.3%）和坦桑尼亚（占 0.2%）。

三　结语

在过去的几年中，非洲的能源和资源产业发展较为稳定，为许多非洲国家积累了宝贵的建设资金。同时我们也应该看到，冷战后的世界经济持续增长为非洲国家提供了又一个重要的发展机遇。这次发展机遇对于非洲来说尤为重要。非洲已经错失了 20 世纪六七十年代使东亚等发展中地区经济腾飞的发展机遇，如果由于"资金"因素再次错失这次发展机遇，非洲的未来将变得更加艰难。

未来 20 年将是非洲能源和资源产业蓬勃发展的大好时期，非洲国家要管理和使用好通过出口资源换来的宝贵资金,将有限的资金用到农业生产和工业生产领域,用于消减贫困人口,而不是用于满足个人的欲望和购买奢侈品。就目前而言,非洲国家的经济发展还有很长的路要走,如果能够利用好90年代中期以来新兴经济体经济腾飞带来的发展机遇,尽快完成经济结构转型,加强各个增长要素的建设,正确利用好自然资源的收入,推动经济走上可持续发展的道路,提高人民的生活水平,非洲将有可能借新兴经济体腾飞的东风,走上经济可持续发展的道路。

作者简介

梁益坚,博士,云南大学国际关系研究院非洲研究中心助理研究员,学术兴趣主要集中在非洲经济发展、中非经贸合作与产业合作。邮箱:liangyijian@live.com

非洲旅游经济发展报告2011[*]

骆高远

旅游经济是以旅游活动为前提，以商品经济为基础，依托现代科学技术，反映旅游活动过程中旅游者和旅游经营者之间，按照各种利益而发生经济交往所表现出来的各种经济活动和经济关系的总和。它在增加一个国家或地区的外汇收入、平衡收支、回笼货币、积累资金等方面产生重要作用；同时在带动相关行业促进地方经济发展和增加就业及扶贫等方面也有重要功能。非洲作为人类进化的摇篮，文明的源地，其历史悠久，地域辽阔，资源丰富，文化独特，人口众多，但至今仍是全世界最贫穷的大陆，迫切需要发展经济。而旅游经济的发展则是非洲经济发展的重要选择。针对非洲旅游业发展的实际，入境旅游是过去、现在和将来非洲旅游业发展的主要形式。通过对非洲入境旅游客源市场较深入、全面的研究，不但可了解非洲入境旅游市场发展的现状，还可洞察整个非洲未来旅游发展的态势。相信非洲大陆将凭借其政局日趋稳定、经济日益增长而迎来其前所未有的发展契机，非洲将不再是被人遗忘的大陆，旅游正在非洲和世界之间，特别是非洲和中国之间架起的一座希望的桥梁。

非洲是一块古老而神秘的大陆，同时也是一块远未充分开发的土地。

---

[*] 本文中相关数据可参见附录部分。

非洲大陆地域辽阔，文明悠久，民族众多，自然资源与人文资源极其丰富，加之开发程度较低，因此发展的潜力巨大。二战以后，随着世界经济的发展，交通等基础设施的不断改善，旅游业也得到了快速的发展，已经成了大多数人生活必不可少的组成要素之一。

旅游业是举世公认的朝阳产业，特别是对于很多工业不发达的非洲国家而言，已经成为社会经济发展的支柱产业。旅游业的发展不仅可以带来大量的旅游收入，还可以给旅游目的地带来更多的就业机会，另外还可以推动相关产业的发展，对地方的招商引资、历史文化的保护以及发扬光大、基础设施的建设起到促进作用，而且还能对世界各国、各地区、各民族之间的相互理解也起到推动作用，从而为加强各国之间的文化和经济交流与合作搭建了一个很好的平台。因此世界各国都普遍重视旅游业的发展。

特别是对于经济不发达的非洲地区而言，旅游业更能为非洲提供好的发展机遇。随着非洲旅游业的发展，非洲逐渐向世人揭开神秘的面纱，并逐渐将人们脑海中属于非洲特有的干旱、饥饿、贫穷、落后、愚昧、无知等形象逐渐转换为风光旖旎、狂野奔放、热情好客的美好向往，从而为世人深入了解非洲、拉动非洲经济发展、共享人类发展成果起到推动作用。

一 非洲旅游业发展概况

1. 非洲旅游对经济的影响

旅游对经济的影响主要表现在直接影响、间接影响和诱导影响上。直接影响主要反映按行业对经济产生的影响，如酒店、餐饮、航空公司、休闲产业活动和其他客运服务（不包括通勤服务）等。间接影响主要包括旅游和旅行的投资支出——当前和未来的投资活动，如购买新飞机和新酒店的建设等；政府对于旅游业的开支，如旅游市场的营销和推广、航空管理、安全服务、度假区的安保和卫生服务等；参与同游客直接交流的服务，如购买食物和清洁服务、航空公司的燃料和餐饮服务、IT 服务等。诱导影响则取决于直接或间接受雇于旅游业的服务。

进入 21 世纪的十多年来，旅游业对非洲经济的影响几乎一直处于增长的趋势。根据 WTTC（世界旅行和旅游委员会）的统计资料显示，2011年非洲旅游业对国内生产总值的直接贡献达 700 亿美元，占整个国内生产总值的3.7%，预计到2022年将达到1190亿美元；同时2011年旅游业对国内生产总值的总体贡献达到1600亿美元，占到国民生产总值的8.9%，预计到2022年将达到2750亿美元。

非洲现有56个国家和地区（53个独立国家），人口9.24亿（2007年底），年自然增长率2.8%。在地理上，习惯将非洲分为北非、东非、西非、中部非洲和南部非洲五个地区。北非包括埃及、苏丹、利比亚、突尼斯、阿尔及利亚、摩洛哥、亚速尔群岛、马德拉群岛；东非包括埃塞俄比亚、厄立特里亚、索马里、吉布提、肯尼亚、坦桑尼亚、乌干达、卢旺达、布隆迪和塞舌尔；西非通常包括毛里塔尼亚、西撒哈拉、塞内加尔、冈比亚、马里、布基纳法索、几内亚、几内亚比绍、佛得角、塞拉利昂、利比里亚、科特迪瓦、加纳、多哥、贝宁、尼日尔、尼日利亚和加那利群岛；中部非洲通常包括乍得、中非共和国、喀麦隆、赤道几内亚、加蓬、刚果（布）、刚果（金）、圣多美和普林希比；南部非洲包括赞比亚、安哥拉、津巴布韦、马拉维、莫桑比克、博茨瓦纳、纳米比亚、南非、斯威士兰、莱索托、马达加斯加、科摩罗、毛里求斯、留尼汪、圣赫勒拿等[①]。非洲的不同地区，由于所处的地理位置、资源禀赋、社会历史及经济发展水平等的差异，旅游业发展水平差别较大。

据世界旅游组织统计，在2011年，北非旅游收入平均占各国GDP的7.2%，其中摩洛哥11.1%、突尼斯9.6%居前；东非旅游平均收入占各国GDP的8.9%，其中塞舌尔50%、毛里求斯25%居前；南部非洲旅游收入平均占各国GDP的3.9%，其中纳米比亚8%居前；西非旅游收入平均占各国GDP的5.6%，其中佛得角30%、冈比亚18%居前；中部非洲旅游收入平均占各国GDP的1%。

2. 非洲入境旅游状况分析

国际入境游客（过夜游客）是指到一个非常住国旅行、脱离其惯常环境、旅行时间不超过12个月、旅行的主要目的不是在所访问的国家从事获取报酬的活动的游客数量。为研究的方便，根据惯例，在无法获得游客人数的数据时，可使用访客人数（包括游客、一日游旅客、邮轮乘客和船员）来代替。

---

① 骆高远：《当代非洲旅游》，世界知识出版社2010年版，第5页。

由于教育和科技发展的相对滞后，非洲各国采用的入境数据来源和数据采集方法尚未跟国际接轨，差别较大。为研究的方便，在某些情况下，数据取自边境统计信息（警察局、移民局等）以及边境调查等补充信息；有些是采自旅游住宿设施的相关信息；有些国家的入境人数仅限于航空入境，其他一些国家的入境人数则是指入住酒店的人数；一些国家将在海外居住的公民入境也计算在内，但更多的国家则不然。因此，对入境人数进行跨国比较分析时就必须谨慎对待。由于入境游客数据是指入境人数，而不是旅行者人数。因此，如果某人在给定时期内多次到某国旅行，则每次旅行时都会算作一次入境[①]。

（1）入境游客人数

近 15 年来，到非洲各国旅游的人数呈显著增长态势，其中撒哈拉以南的南部非洲旅游区以 6.4% 的年平均增长率略高于撒哈拉以北的北部非洲旅游区 6.1% 的年平均增长率。

埃及、利比亚、南非、博茨瓦纳和纳米比亚近年入境旅游人数平均增长率都保持在 6.5% 以上，在非洲甚至在世界各个国家都排名前列，非洲其他各国（除中部非洲以外），基本都超过 3.5% 的增长率。

非洲旅游人数从 1995 年开始一直处于增长的态势，从 1995 年的 1900 万人次增长到 2010 年的 4900 万人次，预计到 2020 年非洲入境人数可增长到 7000 万人。

2007—2010 年非洲入境旅游人数月走势基本一致，在每年的 7、8 月份达到高峰，在每年的 2 月份处于低谷。

2008—2010 年每个月非洲入境人数变化的百分比，从 2008 年的年平均增长 2.7% 到 2010 年的年平均增长 6.4%，说明非洲入境旅游近年势头良好，相信通过不懈的努力，在不久的未来，非洲入境旅游必将取得更好的成绩。

自 2000 年以来，非洲游客总数呈持续增长态势。虽然每年的增长率有所不同，但整体情况良好。自 2010 年南非举办世界杯足球赛后，非洲入境旅游增长与全球同期相比更加强劲，充分说明世界级的盛会对旅游业的推动作用，同时也说明非洲对世人的旅游吸引力也越来越大。2011 年，

---

① 《国际旅游，入境人数》，世界银行（http://data.worldbank.org.cn/indicator/ST.INT.ARVL/countries? display = default，2010 年 3 月 12 日）。

受埃及和利比亚局势动荡的影响,非洲旅游业的增幅有所降低,但是随着局势的逐渐好转,旅游业的恢复势头非常迅速。

(2) 入境旅游收入

从世界旅游业的整体形势来看,非洲旅游业发展水平较低,2010年入境旅游人数4900万,旅游收入290亿美元,远远低于世界其他地区。据世界旅游组织统计资料显示,传统的旅游地,如亚洲、欧洲和北美,近年的旅游增幅低于非洲地区,但总量却远远高于非洲。相对而言,非洲的旅游业尚处于起步阶段,旅游基础设施和管理水平等还处于低级阶段,但非洲有充足的旅游资源,且远未充分开发,故非洲市场前景远大,充满活力。

在1995—2002年,非洲入境旅游收入尽管保持增长,但增长速度较慢,而在2002—2009年,其入旅游收入增长趋势显著。虽然在2009年非洲的入境旅游收入要略低于2008年(受全球性的国际金融危机的影响),但仍高于世界平均水平(全球负增长率明显高于非洲)。旅游业作为一种清洁无污染、短期能取得很好收益的朝阳产业,对于非洲这块基本尚未开发的大陆来说,更有发展前景,更加让人期待。

根据2009年非洲入境旅游收入的情况分析,南非为最多(26%),依次是摩洛哥(23%)、埃及(20%)、突尼斯(10%)、坦桑尼亚(6%)、毛里求斯(4%)、加纳(2%)、肯尼亚(2%),这八个国家的旅游收入占到整个非洲旅游收入的93%,其他40多个国家和地区只占了大约7%。由此可见,非洲入境旅游尽管近年来发展较快,但仍然存在明显的冷热不均的现象,需要以后加以克服。

(3) 入境游客目的地选择和旅游目的分析

北非:据不完全统计,北非吸引了超过75%的赴非旅游的长途国际游客。其中埃及最多,其次是摩洛哥和突尼斯。

东非:东非也能吸引较多的长途游客,特别是肯尼亚,由于野生动物园数量多,规模大,总能吸引众多的外国游客,其次是毛里求斯和坦桑尼亚。

西非:塞内加尔是目前西非地区长途入境游客最愿意去的地方,已成为西非旅游业的代表。

中部非洲:在中部非洲,安哥拉目前是国际长途游客最集中的地方,成为西非的主要旅游目的地。

南部非洲:南非是南部非洲吸引国际客源的当然目的地。

2009 年，部分非洲国家传统的旅游目的地（如突尼斯、塞内加尔、塞舌尔等）以及局势比较动荡的旅游目的地（如苏丹、莫桑比克等）的国际旅游人数出现了不同程度的下降，而新兴的目的地如肯尼亚等却出现显著的增长。一方面说明人们的旅游需求逐渐向非洲其他国家和地区扩展；另一方面也说明了肯尼亚等国家对旅游业的重视。为发展旅游业，吸引更多的国际游客赴肯尼亚旅游，肯尼亚政府在 2006 年专门开设了面向中国游客的旅游网站（神奇肯尼亚，网址为 http://magicalkenya.com/cn/），这是非洲国家首次为旅游开设的外文网站。另外，肯尼亚在 2011 年花巨资向波音公司订购了两架波音 777 飞机，以提升其旅游交通能力，充分说明肯尼亚政府对旅游业的重视。

来自世界观光组织的数据显示，2009 年，全球休闲娱乐度假的游客占主导地位，为全球游客总数的 51%，而入境非洲的国际游客中以休闲娱乐度假为目的的游客占总人数的 56%；世界范围内自驾游的游客占 27%，而进入非洲的游客中自驾游占到 32%；世界范围内商务和专业游占 15%，而进入非洲的游客中商务和专业游占 12%。可见，以非洲为旅游目的地的国际游客，往往旅游目的性明确（以休闲、度假、娱乐等为主），从而也为非洲旅游业发展的定位提供了参考。

（4）入境游客客源地分布

入境非洲的国际游客旅游客源地市场主要是法国、英国、美国、德国和葡萄牙等。由于历史的原因，以上国家曾经是不少非洲国家的宗主国，从而也增加了其游客的比例。特别是法国的游客，在非洲国家中占有最大的比例，遍布西非、北非、中部非洲和东非、南部非洲及其沿海的马达加斯加等；英国游客则主要在南非、博茨瓦纳、赞比亚、马拉维、肯尼亚、乌干达等地；美国游客主要分布在埃塞俄比亚、加纳和津巴布韦等；德国游客主要在纳米比亚和斯威士兰等国；而葡萄牙游客着重分布在安哥拉和莫桑比克等。这种带有明显地域分布的现象集中体现了殖民主义的色彩，当然也与一些国家的外交政策有一定的关系。

入境非洲的主要客源地集中在非洲本土，达到 1980 万人，占到全部国际游客数目的 43%；欧洲游客数量为 1430 万人，占全部国际游客数的 31%；中东地区游客数是 210 万人，占 5%；美洲（主要是美国）游客数目是 170 万人，占 4%；亚太地区是 160 万人，占约 3%；其他地区（包括无详细数据的地区）游客人数是 640 万人，占 24%。

从非洲以外地区到非洲旅游的人数正在逐步接近非洲本地的游客人数，甚至马上有超越非洲本地旅游人数的趋势，说明非洲旅游市场正在逐步走向世界，世界也在不断了解非洲。估计在不久的将来，非洲以外的游客将成为非洲旅游的主力军。

(5) 入境游客主要交通工具

随着旅游业和航空运输业的不断发展，随着非洲各国政局的日趋稳定和航空港的建设，长途旅行的国际游客越来越多地选择飞机作为交通工具。受制于距离和速度的影响，预计在未来较长的一段时间内，飞机仍然会是其他地区入境非洲的首选交通工具。因此，非洲各国还需大力发展航空运输业，扩建机场，配合航空运输作好配套和服务工作，同时要进一步作好陆地、水上的交通规划和建设工作，确保游客能进得来、散得开、出得去，力争形成空中、海上、公路、铁路相互连接的立体网络。

(6) 总结：旅游业发展滞后，但前途光明

由于非洲各国整体科技、教育相对落后，资料搜捕、整理和统计意识薄弱，加上近年国际金融危机和苏丹、利比亚、埃及等国动荡和地区冲突的影响，非洲各国各地区旅游业的各项数据和资料既不全面，也难保准确；同时还相当滞后，从而难以及时出台非洲旅游经济发展报告。就目前可搜集到的数据来看，非洲旅游业尽管取得了良好的业绩，但毕竟也暴露出众多的不足：

第一，旅游形象欠佳，缺乏国际合作。

第二，保护意识差，旅游资源破坏严重。

第三，科技落后，缺乏安全感。

第四，税赋重，服务差。

第五，基础设施薄弱，可进入性差。

第六，腐败现象严重，管理手段落后。

二 主要代表性国家旅游状况

1. 北非国家代表：埃及

作为世界四大文明古国的埃及，历史悠久，名胜古迹众多，地处几大文明交汇地带，加上地理位置优越，旅游资源极其丰富，但是自2011年1月25日开始的埃及骚乱，对本国旅游业的发展，甚至是经济的发展都

是一场沉重的打击。据埃及国家统计局的资料显示，整个 2011 年，埃及旅游人数和旅游收入只在 1 月份和 12 月份相比上月是增长的，其余月份全部出现大于 30% 的下滑，而 2 月到 11 月正是埃及骚乱比较严重的时候，许多国家和地区甚至把埃及旅游预警上调到黑色，警告本国或本地区居民不要到埃及旅游。

埃及旅游业在 2006—2010 年间取得了较大幅度的增长，对 GDP 的贡献也在逐步提高。期间 2009 年稍微有所下降，但在 2010 年又有了较明显的增幅。然而，自 2011 年埃及骚乱以来，整个旅游业陷入了低迷的状态，游客人数和旅游收入等指标出现较大幅度的下滑。2011 年埃及全年接待游客由 2010 年的 1470 万人下降到 2011 年的 967 万人，降幅达 52%。这不仅对埃及旅游业是个沉重的打击，也严重影响了整个非洲旅游业。随着埃及国内局势的逐渐平稳，埃及旅游业也在恢复元气。可见，社会是否和谐，不仅直接影响国民的日常生活，还会直接或间接地影响社会及经济生活的各个方面，包括旅游业的兴衰。

埃及旅游部长日前接受采访时表示，如果安全稳定形势得到恢复，2012 年埃及旅游业有望恢复到 2010 年的水平，即吸引 1470 万外国游客，创汇 125 亿美元。受局势动荡影响，埃及 2011 年旅游收入同比下降三成左右，约为 90 亿美元[①]。

2. 东非国家代表：肯尼亚

肯尼亚是非洲著名的旅游国家。有号称"地球疤痕"的东非大裂谷横贯全境，还有各种各样的野生动物生活其中，自然资源极其丰富。肯尼亚的政局稳定，经济基础较为雄厚，基础设施也较为齐备，加上政府对旅游业的大力投资和扶持，旅游业成为肯尼亚国民经济的支柱产业，也是世界各地旅游者最愿意去的国家之一。

肯尼亚旅游业在 2006—2009 年间变化幅度较小，对 GDP 的贡献也不是很稳定，出现不同程度的波动，2010 年，则出现了较大幅度的增长；2011 年，受埃及和利比亚动荡等的影响其旅游增长幅度有所回落，但总体还是表现出色（特别是跟其他的非洲国家相比），主要得

---

① 《2012 年埃及旅游业有望恢复到 2010 年的水平》，中国驻埃及大使馆经商处（http://eg.mofcom.gov.cn/aarticle/jmxw/201201/20120107911971.html，2012 年 1 月 3 日）。

益于肯尼亚较为稳定的政治环境和政府对于旅游业的重视。其投资力度不断加大，市场推广不断扩大，旅游产品不断推陈出新等。

近年来，航空业一直在肯尼亚旅游中发挥着巨大作用。2011年通过内罗毕肯雅塔机场的旅客人数（包括入境、过境和离境人数）比2010年同比上升了8%，达到549万人次；通过蒙巴萨的莫伊国际机场的旅客同比也上升了14.1%，达到127万人次。其他七个国内机场的接待人数总计达到76万人次。仅在入境方面，这些机场接待的游客数量达到2010年所有入境游客的一半以上。肯尼亚航空公司拥有34架客机组成的机队，有56条国内和国际航线。

由于肯尼亚东南部临近的索马里地区针对外国游客的恐怖活动使得欧美等政府发出了对肯尼亚旅游的警告。尽管如此，在2011年，英国仍是肯尼亚的主要客源市场，有203290人次入境旅游，美国有119615人次，意大利96360人次，德国68737人次，传统市场法国则下降了3.6%，荷兰下降了9.8%，奥地利下降了10.5%。肯尼亚2011年的旅游收入比2010年增长了32%，这主要由于来自于中国（上升了31.4%）、印度（上升了24%）和中东地区（阿联酋上升了42%）的游客大幅增长，非洲大陆的游客则以乌干达（42674人次）和南非（38354人次）居多。肯尼亚旅游部长表示肯尼亚将在2012年继续寻找新兴市场，以保证旅游市场的多样化①。

3. 南部非洲国家代表：南非

南非是非洲最发达的国家，旅游业的发展也相当迅猛。虽然在2008年受到世界金融危机的影响，旅游业出现了小幅的下滑，但是2010年世界杯足球赛在南非的举办又为南非旅游业的发展带来新的契机。

2006—2008年，南非的旅游业各项指标呈增长趋势，2008年之后出现降低，在2011年又恢复增长。2008年是南非旅游业的一个分水岭。一方面南非受到世界范围金融危机的影响，旅游业出现回落；另一方面，2010年南非世界杯足球赛又为南非旅游业添了一把火。为了确保世界杯的成功举办，南非政府整修了几乎遍及全国的基础设施，无疑为旅游业发

---

① 《肯尼亚2012第二季度旅游报告》，肯尼亚国家旅游局（http://www.researchandmarkets.com/reports/2097278/kenya_ tourism_ report_ q2_ 2012，2012年4月18日）。

展添砖加瓦。之后，随着世界经济的回暖，随着世界杯的成功举办，南非旅游业发展已经呈现出强劲的发展趋势。

据《南非旅游年度报告2011》显示，2011年11月，赴南非的外国游客环比增长7.6%，超过108万人次；其中外国游客人数上升8.7%，达到21.5万人次。数据显示，2011年11月，到访南非的旅游者人数依次是：欧洲为13.8万人次，增长63.9%；亚洲为3.0万人次，增长13.8%；北美为2.7万人次，增长12.3%；澳洲1.0万人次，增长4.8%；中南美洲为0.8万人次，增长13.7%；中东为0.32万人次，增长1.5%。与此同时，数据还指出，绝大多数非洲访问南非的游客主要来源于南部非洲发展共同体国家，达到46.9万人次，增长96.3%。其他非洲访问南非的地区依次是西非地区为9738人次，增长2.0%；中东部非洲地区为6866人次，增长1.4%；北非地区为1291人次，增长0.3%。

年度报告强调，英国旅游者仍是海外访南国别中人数最多的国家，达到3.8万人次，增长17.8%；德国为3.0万人次，增长13.9%；美国为2.1万人次，增长9.9%；荷兰为1.3万人次，增长6.0%；中国为1.0万人次，增长5.1%；澳大利亚为8481人次，增长3.9%；印度为7470人次，增长3.5%。

4. 中部非洲国家代表：喀麦隆

素有"微型非洲"之称的喀麦隆，不仅风光旖旎，旅游资源丰富，而且民族众多，人文景观迷人，浓缩了非洲大陆多种地貌类型、气候类型和文化特征。据喀麦隆旅游和娱乐部统计，从2006年至今，喀麦隆的旅游业发展并不稳定，变化不断，主要源于喀麦隆经济的不稳定。自20世纪80年代以来，喀麦隆财政预算出现赤字，并不断快速上升，为弥补财政赤字，喀麦隆政府通过增税和借债来弥补，导致外债不断加重，给国民经济带来沉重的负担，从而阻碍旅游业的健康发展。

然而，凭借自身的独特魅力，近两年来，喀麦隆的国际游客还是出现了小幅的增长。截止到2011年10月底，十个月共接待国外游客由2010年全年的57万人次增加到60万人次，同比增长5.5%[①]。

---

① 《2011年喀麦隆共接待国外游客超60万人次》，中国驻喀麦隆使馆经商处（http：//cm.mofcom.gov.cn/aarticle/jmxw/201201/20120107913917.html，2012年1月5日）。

5. 西非国家代表：尼日利亚

尼日利亚是非洲人口最多的国家，也是非洲的文明古国之一，被誉为"黑非洲文明的摇篮"。尼日利亚旅游业在2006—2008年出现较大幅度的增长。受国际金融危机的影响，虽然2009年旅游业各项指标有所回落，但2011年开始尼日利亚旅游又出现了较明显的增长态势。从目前的形势来看，尼日利亚的旅游业发展已经基本摆脱国际金融危机的影响，走上健康发展的轨道。同时政府也已经明确，开发新的旅游产品和拓展国际旅游市场将成为尼日利亚旅游业发展的重要举措。

三　非洲旅游业热点扫描

1. 中国对非政策文件之一——旅游合作

积极落实中国公民组团赴部分非洲国家旅游的工作，并将根据非洲国家的要求和实际可行性，把更多非洲国家列为"中国公民组团出境旅游目的地"。同时，中国欢迎非洲国家公民来华旅游观光。

2. 埃及采取措施促进旅游业发展

世界经济不景气，旅游业也大受影响。但埃及旅游业却在全球同行业中独领风骚。在中东地区，埃及仍是各国游客的首选之地，赴埃及旅游的游客约占该地区游客的五分之一。

长期以来，埃及因其丰富的人文资源和独特的自然资源成为世界上重要的旅游目的地，旅游收入一直是国家外汇的主要来源之一。在2003年至2007年间，赴埃旅游观光人数每年以近17%的速度增长，旅游收入则增加更快。旅游业已成为近年来埃及发展最快的行业。

当然，在全球经济困难的大环境下，埃及旅游业也不可能独善其身。为此，埃及旅游部门制定了一套应对国际金融危机的策略：一是免除各大旅馆往年向国家旅游促销局缴纳的促销费；二是在埃及旅游部新成立一个应对金融危机的专门工作小组，要求每三个月进行一次形势分析，并根据新情况制定相应的政策；三是降低旅游包机费，即埃及民用航空部同意降低旅游包机的机场起降费，并全部免除在三个月之内前往指定目的地达11个班次以上包机的机场起降费；四是加强对欧洲市场广告宣传力度

（因为埃及旅游业的传统市场是欧洲，埃及与欧洲距离较近，扩大欧洲旅游市场对埃及具有重要意义）；五是把埃及的旅游市场重新定位为中低端休闲旅游度假目的地，不走高端市场路线；六是改变营销策略，促销手段更加灵活多样，不但要接大团，也要乐于接小团，接新团；七是不打价格战（埃及有关方面认为，打折降价不利于保证旅游服务质量，而且会因为旅游服务质量下降而造成市场萎缩）；八是继续积极参与各种国际展览（目前埃及参加世界十个大型旅游展和200多个地区性旅游展，通过展览，不但提高了埃及的知名度和美誉度，更是吸引了大量世界各地的游客）。

随着这些政策措施的出台，埃及旅游业必将得到更有力的提升，其力保旅游收入稳定增长的目标也一定能实现。

3. 南非公布新的《国家旅游战略》

南非旅游部长马蒂纳斯·范斯卡尔奎克于2011年3月27日正式公布了南非新的《国家旅游战略》。该战略计划到2020年时，每年接待外国游客1500万人次，并为南非社会新增25.5万个就业岗位。

范斯卡尔奎克说，南非旅游业正处于蓬勃发展时期。2010年世界杯足球赛展现了南非举办国际大型活动的能力和软硬件条件，帮助南非树立了良好的国际形象，增加了国际知名度和影响力。2010年南非实现了吸引外国游客1000万人次的目标。世界杯之后，大批外国游客将南非列为主要旅游目的地。

他表示，2011年南非依然是国际社会瞩目的焦点。第123届国际奥委会大会和世界气候大会分别于7月和11月在南非德班举办。之后举办的开普敦国际爵士音乐节、德班狂欢节等特色活动也为来自世界各地的游客带来不同的享受。。

新的《国家旅游战略》对南非旅游业以及相关的交通运输、酒店和零售等行业作出了整体规划。

4. 肯尼亚旅游激励政策丰富

2003年，肯尼亚政府出台经济复兴战略，重点支持农业和旅游业，努力改善投资环境。而肯尼亚的旅游业以其独特而种类繁多的野生动物、美丽天然的海滩、丰富多彩的旅游产品早已享誉世界。近几年，随着投资环境的改善以及对肯尼亚旅游市场的大力宣传,肯尼亚不仅迎来了大量的海外游客,而且迎来了对肯尼亚充满信心的投资者。

近年来,肯尼亚更是积极推出各项旅游激励政策,一方面鼓励境外资金投资肯尼亚旅游业,如宾馆、景区和公路等;另一方面,积极拓展海外市场,保护旅游景观和生态环境,开发旅游新产品等,从而赢得了国际投资者和旅游者的好评。

5. 喀麦隆重新审议旅游业相关政策文件

2012年1月4日,第8届喀麦隆旅游业全国委员会会议在首都雅温得召开,喀总理菲勒蒙·扬出席并主持会议。会议对近一年来喀旅游业发展情况作出评估,并重新审议旅游业相关政策文件,商讨进一步降低来喀旅游成本的措施以及如何吸引更多旅游业投资等议题,要求各部门提高旅游服务质量,按照国家标准接待各国游客,以便更多地吸引国际游客,从而做大做强喀麦隆旅游业,并力争2035年成为新兴旅游国家。

6. 尼日利亚投入2亿美元促旅游,并希望与中国合作发展旅游业

尼日利亚《笨拙报》2010年1月15日报道,在2010—2012年的三年内,尼联邦政府和部分州政府以及私人部门共同出资2亿美元发展本国旅游产业,使旅游业占国内生产总值(GDP)比重从2%上升至5%。

尼日利亚文化与旅游部长在2011年1月27日接受新华社记者采访时说,尼日利亚有丰富的旅游资源尚待开发,希望与中国合作发展旅游业。

该部长说,尼日利亚拥有众多自然风光和人文遗迹,发展旅游业能改善该国以石油为主的经济结构,创造大量就业岗位,提高人民生活水平。中尼作为亚洲和非洲人口最多的国家,在发展旅游业上可以充分合作。尼日利亚目前已在中国和巴西设立了两个文化中心,以推广尼日利亚丰富的文化遗产,吸引国外游客和投资者。此外,该国为改善安全状况已经作出了巨大的努力。目前尼国内有局部冲突但总体平静,他呼吁中国投资者抓住尼日利亚旅游业发展的机遇。

作者简介

骆高远,男,1964年生,博士,浙江商业职业技术学院教授,浙江

师范大学旅游学院硕士生导师，浙江师范大学非洲研究院兼职研究员。主要从事地理学以及旅游资源评价、规划与开发等方面的研究与教学工作。已发表学术论文150多篇，出版著作十多部。曾应邀赴南非、肯尼亚作学术报告和考察调研。

非洲区域经济合作发展报告 2011

张　瑾

为了克服殖民地时代遗留下来的弊病，采取更有效的方式应对欧债危机的影响，非洲国家纷纷强化联合自强的举措，通过加强区域经济合作发挥规模效应，使原先狭小而分散的市场整合、扩大，推进非洲的一体化。2011年，非洲区域合作战略进一步推进，"三方自由贸易区"开启了非洲区域经济合作新篇章，基础建设合作成为区域合作的重点项目，各区域组织也采取了灵活务实的改革措施，这些都有望为非洲未来的发展打下坚实的基础。

一　非洲区域经济合作的基本情况

非洲大陆的区域经济合作可以追溯到非洲大陆非殖民化运动时期。作为支持早期"泛非主义"的经济手段，非洲国家联合起来建立单一的区域集团，以放大各个小国的经济和政治影响力，提升其与原殖民宗主国的谈判能力，增强区域成员国的福利。不过由于各种原因，非洲大陆的区域经济合作并没有真正有效地开展起来。20世纪80年代左右，区域经济一体化再次呈现高速增长的趋势，非洲区域经济一体化才重新显示出了新的活力。特别是90年代冷战格局结束到新世纪以来，随着全球化程度的不断加深，非洲国家越来越意识到只有加强区域经济合作，才能更好地面对日益激化的国际竞争和参加全球化进程。在共同命运的驱使下，非洲经济一体化步伐明显加快。1991年6月3日，非洲国家元首与政府首脑在非洲统一组织第27届会议上通过了《阿布贾条约》，宣布正式成立"非洲经济共同体"（African Economic Community：AEC），被视为非洲经济一体化道路上的新的里程碑。有不少区域性经济共同体加入了这一组织，这些经济体共同组成了非洲经济的新貌。

2002年7月9日，非洲联盟创始国首脑聚会南非德班，成立非洲联盟取代非洲统一组织。非洲联盟共包括53个成员国，其宗旨就是为了在整个非洲大陆建立一个和平、安全、团结的社会。非洲联盟也因此成为非洲最大的区域集团。在共同的目标指引下，非洲各地区经合组织都有不同程度的发展。不过，由于非洲广阔的地形和复杂的民族形势，非洲各区域组织所希望达成的经济目标不同，每个区域组织包括的对象不同，也有着不同的发展进程。在次区域一级，南部非洲发展共同体（SADC）、西非国家经济共同体（ECOWAS）、中非经共体（ECCAS）、东南非共同市场（COMESA）是非洲各区域经济的主体。到目前为止，非洲经济共同体（AEC）已经与西非国家经济共同体、中非经共体、东南非共同市场建立了直接工作关系，正在与南共体加强沟通。在北部非洲只有阿拉伯马格里布联盟（UMA）没有加入非洲经济共同体。除此之外，还有西非经货联盟（UEMOA）、中部非洲货币和经济联盟等，都是非洲区域经济共同体中的组成部分。

目前，就非洲区域组织发展的情况来看，南部非洲发展共同体不仅统一了税收、投资和证券市场的政策，而且创造了比较统一的宏观经济政策，为未来的发展奠定了坚实基础；东南非共同市场中有两个非洲表现最好的国家毛里求斯和卢旺达，加上区域有强有力的机构和发达的金融市场，以及高效的产品和劳动力市场，该区域的经济发展值得期待；西非国家经济共同体由于需要应对非洲各区域中最薄弱的卫生、教育、基础设施和融资渠道、税收法规等发展条件，其区域经济合作面对的困难最大。

非洲各区域性共同体的蓬勃发展对促进各国间经贸关系起到了较大的作用，尤其是在非洲对外贸易停滞不前的条件下，区域内各国间的贸易有较大幅度的增长。非洲内部贸易总量在近40年时间里增加了10倍以上，1999年非洲内部贸易仅相当于非洲对外进出口贸易总量的6%，而2005

年这一比例上升至10%。①② 这使人们对非洲经济一体化抱有很大希望。

二 2011年非洲区域经济合作得到战略性提升

就区域合作而言战略定位是重点。2011年1月21日，非盟首脑会议将非洲共同的价值观作为讨论议题，并希望在此基础上推进非洲区域经济一体化。1月下旬，非洲发展新伙伴计划指导委员会还作出了第41次会议报告，并通过之后各国首脑对优先项目的讨论，确定了新时期非洲区域经济合作的关键议题。③ 在1月30—31日召开的第16届非盟首脑会议上，以"寻求共同的价值观，达到更大的联合与一体化"为主题，非盟通过多个文件，大声疾呼"加快非洲大陆的政治、经济一体化"。2月，来自非盟成员国的法律专家们就非洲货币基金违约展开讨论。3月，西非经济共同体和联合国的特派团再次就区域经济合作的相关问题进行讨论，并确定了将在重要领域进行合作。4月11—12日，非洲与其利益相关者合作伙伴对话的主题确定为"非洲一体化与合作：建设成长，发展和繁荣的基础"。5月，G8国家与非洲又联合发表了"共同价值观，共同的责任"宣言，进一步明确非洲区域经济合作的战略定位。2011年9月28—30日，第三届非洲区域发展实效会议（Third Africa Regional Meeting on Development Effectiveness）在埃塞俄比亚亚的斯亚贝巴举行。本次会议在前两次区域会议的"比勒陀利亚成果"（Pretoria Outcomes）、"突尼斯发展实效的共识"（Tunis Consensus on Development Effectiveness）的基础上，认为非洲区域经济合作应以保证实现能力的发展，作为援助投资的基础。④

---

① 《非洲区域经济组织发展方兴未艾》，中国驻博茨瓦纳经商处（http://www.mofcom.gov.cn/aarticle/i/dxfw/gzzd/200701/20070104276046.html，2007年1月16日）。

② African Union, "Summit Ends With Strong Decisionsand Declarations by AU Heads of States on Crucial and Topical Issues on the Continent", http://www.au.int/en/content/summit-ends-strong-decisions-and-declarations-au-heads-states-crucial-and-topical-issues-con, Feb 2, 2012.

③ African Union, "Third Africa Regional Meeting on Development Effectiveness will take Place from 28 - 30 September 2011 in Addis Ababa," http://www.au.int/en/content/third-africa-regional-meeting-development-effectiveness-will-take-place-28-30-september-2011, September 28, 2011.

④ African Union, " "Third Africa Regional Meeting on Development Effectiveness will take Place from 28 - 30 September 2011 in Addis Ababa," http://www.au.int/en/content/third-africa-regional-meeting-development-effectiveness-will-take-place-28-30-september-2011, September 28, 2011.

2012年1月29日，第18届非盟首脑会议于埃塞俄比亚首都亚的斯亚贝巴非盟会议中心开幕，本届首脑会议的主题是"促进非洲内部贸易"。在开幕式上，非盟主席让平呼吁非洲各国加快非洲经济一体化进程，与会非洲国家领导人并就2017年建成非洲自由贸易区的计划达成共识。峰会讨论并通过"非洲基础设施发展计划"，成为未来非洲区域经济合作的重点领域。

三 "三方自由贸易区"开启非洲区域经济合作新篇章

尽管受内外部各种因素的影响，非洲经济发展存在阻碍，但在2011年开始加速的区域经济合作和一体化进程推动了当地经济发展。2011年中部非洲经济与货币共同体（CEMAC）成员国国内生产总值增长率达到5.2%，超过上年的4.3%。① 东南非共同市场自由贸易区于2000年成立时，该地区内部贸易总额仅31亿美元，而现在内部贸易已达当初的近6倍。② 东非共同体成员国间贸易已从2005年的20亿美元增加到了40亿美元。③ 南共体已经实施了超过400项合作计划，其中涉及到的资金总量合计达到了80亿美元。为了能尽快实现一体化进程，南共体成员国间合作完成了大量的基础设施建设工程，并签署了许多具有重要意义的协定书。南部非洲通过南部非洲发展共同体的自由贸易区，已经为该地区减免了将近85%的内部关税，总贸易额也较2000年翻了一番。④

2011年度非洲区域经济合作的最大动作，当属非洲最大的自由贸易区谈判的启动。2011年6月12日，来自东南非洲共同市场、东部非洲共同体和南部非洲发展共同体的26个非洲国家政府首脑及政府高官，在南

---

① 《2011年中部非洲经济与货币共同体增长5.2%》，中国驻加蓬经商处（http://ga.mofcom.gov.cn/aarticle/jmxw/201201/20120107940622.html，2012年1月29日）。

② 《2010年东南非共同市场内部贸易额增长47亿美元》，《东非商业周报》（http://tz.mofcom.gov.cn/aarticle/jmxw/201110/20111007799673.html，2011年10月26日）。

③ 《东非共同体内部贸易达40亿美元》，《东非商业周报》（http://tz.mofcom.gov.cn/aarticle/jmxw/201202/20120207946982.html，2012年2月1日）。

④ 《SADC：推进区域经济一体化进程任重道远》，南非Sapa通讯社（http://intl.ce.cn/specials/zxgjzh/201109/16/t20110916_22700985.shtml，2011年9月10日）。

非约翰内斯堡国际会展中心发表联合宣言，宣布正式启动三方自由贸易区谈判。来自非盟、非洲发展银行、联合国非洲经济委员会、南非关税同盟等国际组织的成员作为观察员参加了会议。

"三方自由贸易区（Tripartite Free Trade Area）"被专家们称作"开普敦至开罗自由贸易区"，共包括26个非洲国家，北到埃及、利比亚，东至塞舌尔、毛里求斯，南含莱索托、南非，西及安哥拉、刚果（金）。地区总人口近6亿，国内生产总值近1万亿美元，分别占非盟人口的57%和国内生产总值的58%。① 三方自贸区的建立对实施非盟关于成立非洲经济共同体的《阿布贾条约》，推动非洲经济一体化建设具有重要意义。正如南非总统祖马所指出的："没有哪个国家能够仅凭本国力量实现繁荣。自由贸易区的建立肯定将帮助我们加快非洲一体化，加快非洲国家间贸易额的增长，充分发挥各国比较优势。"②

三方自贸区的远景目标，是建立单一共同市场，在未来三年内先期实现三大地区集团内货物自由贸易。很多人因此认为，"三方自由贸易区"将引领非洲内部贸易的增长，推进非洲自由贸易区建设，使非洲国家通过减少贸易保护来促进食品安全，提升非洲工业产品竞争力，减少非洲对外部的依赖，最终推动非洲参与全球贸易。非洲整体的自由贸易区将使非盟内部贸易保护率从目前的8.7%降到2.7%，进而带动外国直接投资的增长，从2010年的840亿美元增长到2015年的1500亿美元，每年将会创造35万个就业机会。③

根据自贸区建设路线图，谈判将分为两个阶段。第一阶段计划用两年至五年，包括关税、非关税壁垒、贸易救济、技术性贸易壁垒等内容；第二个阶段并未设定时间表，谈判包括服务贸易、知识产权、竞争政策等内容。之后，非盟委员会与联合国非洲经济委员会、非洲开发银行等合作伙伴又联合出台了完成非洲自由贸易区议题、行动规划和框架三份文件。文件提出了建设非洲自由贸易区的计划，并制定"四步走"时间表：2014年完成东非共同体、东部和南部非洲共同市场和南部非洲发展共同体三方

---

① 李红岩：《非洲三方自由贸易区谈判启动 将含26个非洲国家》，《国际金融报》2011年6月14日。
② 《从开普敦到开罗——非洲启动最大自由贸易区谈判》，中国驻加蓬经商处（http://na.mofcom.gov.cn/aarticle/jmxw/201106/20110607598685.html，2011年6月14日）。
③ 苑基荣：《非洲联合自强迈新步》，《人民日报》2012年2月1日。

自由贸易区计划；与三方自贸区平行，2012 年至 2014 年完成非三方自由贸易区的建设；2015 年至 2016 年巩固三方自由贸易区和域内其他地区自由贸易区，并逐步对非洲区内各次区域自贸区进行整合；2017 年建成非洲自贸区。

2011 年 9 月底，上述三个区域经济组织的领导人和代表又在肯尼亚首都内罗毕召开会议，商讨筹措约合 150 亿资金完成肯尼亚拉穆港口项目，及另外六个东非交通要道的基建项目。目前，东非共同体与南部非洲发展共同体、东南非共同市场联手启动了几个大型的交通项目。这些项目不但有助于扩大区域市场规模，减少物流成本，还将为服务贸易和投资的发展打下基础，加速非洲区域经济一体化。

在对外经贸交流领域，非洲国家在拓展与新兴经济体的经贸与投资合作上也取得了新进展。[①] 11 月底，首届非洲贸易论坛非洲贸易部长会议举行，进一步促进了该议程的实施；2011 年 12 月，非洲区域内自由贸易谈判正式开始。

不过，迄今为止，还只有大约 10% 的非洲商品在非洲区域间交易。[②] 其中南部非洲发展共同体占区域内出口总量的 10.8%，东非共同体 7.1%，东南非洲共同市场 18.9%，西非国家经济共同体 9.9%，中非国家经济共同体 0.6%。[③] 非洲区域贸易的总量在世界范围内来看也还不理想。在过去的 20 年，全球商品贸易增长了三倍[④]，但非洲的贸易增长表现并不是很突出。虽然非洲商品贸易连续增长，不过非洲在世界总出口中的贡献率仍然只有 8%。与此相比，发展中经济体已经在 2010 年的全球出口比例中增加到 42%。[⑤]

正像非洲经委会 2011 年的报告所指出的那样，非洲的区域一体化安排（RIA）更多的是在较小的领域中，区域内贸易仍然比较低迷。非洲经济仍然以一个或两个部门的产品作为主要出口商品，经济畸形结构并未彻

[①] 《非洲经济 2011 年回顾》，中国驻刚果（布）经商参处（http://ccn.mofcom.gov.cn/spbg/show.php? id = 12620&ids = 4，2012 年 1 月 4 日）。

[②] 非洲经济委员会，2011 年数据。

[③] UNCTADstat, July 2011.

[④] 世界经济论坛等 2011 年数据。

[⑤] Trudi Hartzenberg, "Regional Integration in Africa", World Trade Organization Working Paper ERSD – 2011 – 14.

底改变，这使得非洲经济仍然有很强的依赖性和脆弱性，更容易受到外部商品价格波动的影响，制约增长。因此，有学者认为，非洲应在贸易结构变化的基础上，加上工业化、基础设施的改善和结构转型，实现可持续增长。①

非关税贸易壁垒在非洲区域合作中的重要性也不应该被低估。严重的非关税壁垒已经对东部和南部非洲地区（东南非共同市场、东非共同体和南部非洲发展共同体）的区域贸易有所阻碍，包括海关程序和管理要求，技术标准和物理基础设施的缺乏，以及烦琐的文件要求，严格的标准和效率低下的公路和铁路网络造成的时间延误和区域内贸易的成本增加等。② 这是未来非洲区域贸易合作中要注意改善的。

四　基础设施合作成为各区域合作关注的重点

非洲促进内部贸易仍面临诸多挑战，落后的基础设施就是其中之一。非洲大陆交通费用是全球最高的。世界贸易组织数据显示，仅交通运费就占非洲进口商品成本的13%，而亚洲、拉丁美洲和西方国家则分别只占9%、7.5%、5%。随着非洲区域经济合作的深化，非洲各区域都将基础设施合作作为未来发展的关注焦点。

继2009年非洲三大地区组织（南部非洲发展共同体、东南非共同市场、东非共同体）宣布全面规划"非洲南北经济发展走廊"之后，这一项目在2011年至2012年的进展得到深化。③ 在南部非洲，南部非洲发展共同体15国正在规划地区一体化交通蓝图，其中包括经博茨瓦纳卡拉哈里沙漠连接纳米比亚和南非的铁路。南非则推出了连接南非、斯威士兰、莫桑比克的铁路建设计划，并将恢复该国到刚果（金）的跨国铁路，希

---

① Nicole Alice Sindzingre, "The Rise of China in Sub-Saharan Africa: its Ambiguous Economic Impacts," Published-Presented, 4ème Congrès du Réseau Asie et Pacifique (CNRS), 2011, Paris, France, 2011.

② "Regional Integration in Africa", World Trade Organization, Staff Working Paper ERSD - 2011 - 14.

③ "非洲南北经济发展走廊"北起坦桑尼亚的达累斯萨拉姆港，南至南非的德班港。"非洲南北经济发展走廊"计划旨在通过实施铁路、公路、民航、电力、通信等基础设施项目促进地区贸易快速发展。据非洲联盟预测，该走廊建成后，非洲企业仅交通成本一项即可每年节省约5000万美元。

望在"非洲南北经济发展走廊"的框架内,将博茨瓦纳、刚果(金)、南非、赞比亚和津巴布韦通过交通干线连接起来,再由德班港从海上与世界沟通。安哥拉和莫桑比克也在积极修复铁路,希望通过铁路来缓解出口流量的压力,加快创建共同市场的进程。

在东部非洲,2012年3月肯尼亚拉穆港—南苏丹—埃塞俄比亚交通走廊项目开工,该项目耗资约250亿美元,包括32个泊位的深水港,连接港口与南苏丹首都朱巴、埃塞俄比亚首都亚的斯亚贝巴的高速公路、铁路与输油管道,以及3个国际机场。此前,据《东非人报》报道称,坦桑尼亚和赞比亚正在商讨重新投资翻修中国援建的坦赞铁路。坦桑尼亚、乌干达、布隆迪和卢旺达签署一项耗资约47亿美元的铁路网络建设协议。[①] 同一时期,肯尼亚宣布在其图尔卡纳湖地区发现石油。东部非洲进一步提出了石油基础设施贡献项目,希望本区域内已经探明拥有商业价值的油气资源的国家:乌干达、刚果(金)、坦桑尼亚、南苏丹等,进行管道修建、管理调度以及收费标准的统一协调,增加运输效率,减少管道建设成本和石油运输成本,提升油气资源开发效率。

在西部非洲,一条连接塞内加尔、马里、科特迪瓦、布基纳法索、贝宁和多哥的铁路线正在规划中,加纳和尼日利亚正在考虑是否加入该计划。而总里程达9000公里的西非高速公路网目前已完成近80%,其中包括从尼日利亚拉各斯至毛里塔尼亚首都努瓦克肖特的沿海高速公路和从塞内加尔首都达喀尔至乍得首都恩贾梅纳的跨撒哈拉沙漠高速公路。能源来源多元化也是各国希望推进的一个项目,各国正在积极探讨通过电网联网共同利用成员国能源,分享经验和专业技术,促进一体化。

在中部非洲,计划投资300亿美元的连接中西部非洲国家喀麦隆、乍得、中非共和国、刚果(金)、加蓬、赤道几内亚、尼日利亚和安哥拉的铁路网正在规划中。日前,刚果(布)总统萨苏正式宣布启动一项跨国公路建设项目,公路全长312公里,不仅把刚果(布)与喀麦隆连接起来,而且还经过加蓬、中非共和国和乍得。

---

① 《非洲要打造全球经济新增长极》,人民网(http://world.people.com.cn/GB/17391010.html,2012年3月15日)。

五　结语

2011年，非洲经济状况总体向好。据非洲经济共同体（CEA）与非洲联盟委员会（CUA）2011年11月在雅温得联合发布的《2011年非洲经济报告》指出，2011年非洲经济增长率为5%，略高于2010年4.7%的增长率。[1] 这一预计和世界各大金融机构2011年上半年对非洲大陆全年GDP增速5%左右的预测基本一致。另一个方面，2011年科特迪瓦、利比亚、埃塞俄比亚、尼日利亚、苏丹等国先后出现不同危机，欧债危机的冲击也仍然存在，这些使得非洲各国更加强了对区域经济合作的诉求。

虽然2011年非洲各区域的经济合作都取得了一定成绩，然而，非洲大陆经济依赖于单一产品的基本格局并未得到实质性的改变：非洲国家普遍缺乏有效率的劳动力市场，与区域和国际标准的距离也比较远，再加上金融市场不健全，创新能力不足，基础设施和宏观经济稳定程度较低，非洲的区域经济合作还需要克服诸多不利因素。[2] 另外，非洲在卫生、教育以及技术准备的指标上也有很长的道路要走，包括融资、腐败、高税率、政府行政低效率等因素。[3]

总体来看，近年来，非洲经济一体化进程在加速，成员国在商品流通、经济合作、交通运输与通信等基础设施建设方面都取得了积极的进展，这对非洲大陆的一体化进程和经济发展必将发挥积极作用。[4]

作者简介

张瑾，浙江师范大学非洲研究院助理研究员，主要研究方向为非洲经济史、非洲区域经济一体化。

---

[1] 《非盟和联合国共同发布〈2011年非洲经济报告〉》，中国驻肯尼亚商务参赞处（http://ke.mofcom.gov.cn/aarticle/p/201107/20110707626563.html，2011年7月1日）。
[2] 世界经济论坛，2010年。
[3] ECA Annual Report 2011.
[4] World Bank 2011a.

南非与外部世界经济关系

张忠祥

南非面积 121.909 万平方公里，人口 5059 万，是非洲最大的经济体。2011 年南非国内生产总值为 4220 亿美元，居世界第 25 位，经济总量约占非洲的 1/4。2011 年南非人均国内生产总值 8342 美元，属于中等收入的发展中国家。然而，南非失业率居高不下，贫富分化严重。为此，祖马政府公布《新增长框架》文件，主要目的在于创造就业、改善民生。在对外经济关系方面，南非在保持与传统大国经济关系的同时，大力发展与新兴大国的经济合作，并致力于非洲的一体化。

一 南非经济形势

新南非成立以来，历届政府重视发展经济。曼德拉政府制定了"重建与发展计划"，强调提高黑人的社会、经济地位。1996 年推出"增长、就业和再分配计划"，旨在通过推进私有化、削减财政赤字、增加劳动力市场灵活性、促进出口、放松外汇管制、鼓励中小企业发展等措施实现经济增长，改变分配不合理的情况。2006 年姆贝基政府实施"南非加速和共享增长倡议"，加大政府干预经济力度，通过加强基础设施建设、实行行业优先发展战略、加强教育和人力资源培训等措施，促进就业和减贫。2005 年至 2007 年南非经济增长率超过 5%。2008 年受国际金融危机影响，南非经济增速回落至 3.6%。2009 年南非经济增长率跌至 -1.5%，比当年非洲经济增长率（1.6%）约低3个百分点。2010年南非经济形势开始好转，经济增长率为2.9%，2011年经济增长率为3.1%（见表1）。[1]

表1　　　　　　　　2002—2011年南非经济增长率（%）

2002	2003	2004	2005	2006	2007	2008	2009	2010	2011
3.7	2.9	4.6	5.3	5.6	5.5	3.6	-1.5	2.9	3.1

Source：Statistics South Africa, http：//www.statssa.gov.za.

南非经济外向型程度比较高，容易受外部经济不稳定的影响，之前受全球金融危机影响明显，近期受欧债危机的影响，南非的经济发展速度不仅明显低于中国、印度等新兴大国，而且低于非洲国家的平均水平。从经济结构来看，近年来南非第一产业和第二产业仍然不景气，以2011年为例，1至4季度南非第一产业均负增长，分别为-4.7%、-6.0%、-14.7%和-1.0%；同期，第二产业起伏较大，分别为10.1%、-6.5%、-0.5%和3.5%（见表2）。[2]

表2　　　　　　2010—2011年南非GDP增长的构成（按季度）

时间	2010/1	2010/2	2010/3	2010/4	2011/1	2011/2	2011/3	2011/4
第三产业	2.6	4.1	2.6	3.3	3.8	4.0	4.2	3.5
第一产业	13.7	-12.5	26.7	13.3	-4.7	-6.0	-14.7	-1.0
第二产业	5.3	5.4	-3.4	4.6	10.1	-6.5	-0.5	3.5

Source：Statistics South Africa, http：//www.statssa.gov.za.

在经济增速回落的同时，通胀压力却不断增加。2008年金融危机后，南非消费物价指数（CPI）曾不断回调，并于2010年9月到达3.2%的历史低点。此后，由于国际粮价和大宗商品价格节节攀升，从而引发的输入

---

[1] "Statistics South Africa", (http：//www.statssa.gov.za/publications/P0441/P04414thQuarter2011.pdf, April 29, 2012).

[2] "Statistics South Africa", (http：//www.statssa.gov.za/publications/P0441/P04414thQuarter2011.pdf, April 30, 2012).

性通胀使得 CPI 迅速回升。至 2011 年 11 月达到 6.1%，突破南非央行设定的通胀区间上限 6%（见表 3）。国际信用评级机构穆迪 2011 年 11 月 9 日下调了南非的主权信用评级，将南非的评级由此前的"稳定"降低至"负面"。

表 3　　　　　　　　2010—2011 年南非 CPI（%）

	1月	2月	3月	4月	5月	6月	7月	8月	9月	10月	11月	12月	年均
2010	6.2	5.7	5.1	4.8	4.6	4.2	3.7	3.5	3.2	3.4	3.6	3.5	4.3
2011	3.7	3.7	4.1	4.2	4.6	5.0	5.3	5.3	5.7	6.0	6.1	6.1	5.0

Source：http：//www.statssa.gov.za/publications/P0141/P0141March2012.pdf.

面对南非经济发展乏力、通货膨胀高企、贫富分化加剧，祖马政府积极采取应对之策。

首先，创造就业改善民生。南非是高失业的国家，创造就业是历届南非政府的重要任务。在经济发展比较快的 2003 年至 2007 年期间，南非新增就业岗位 160 万个，但全球金融危机使南非经济形势恶化，2008 年至 2010 年南非失去 80 万个工作岗位[①]。2010 年南非官方公布的失业率达 25%。

2011 年是南非政府"创造就业之年"（The Year of Job Creation），祖马政府对就业问题高度重视。2010 年 11 月，南非推出《新增长框架》（The New Growth Path：the Framework）。该框架旨在提高经济增速、创造就业和实现经济社会均衡发展，主要目标是在未来 10 年创造 500 万个就业岗位，将失业率从目前的 25% 降至 15%。框架明确指出，南非所有经济政策的制定和出台必须首先考虑创造更多的就业机会，以此才能实现更加公平和包容的经济增长，保证南非的长期均衡发展。根据这一规划，基础设施 10 年（2010—2020）需要创造 250 万个工作岗位，高效农业 10 年创造 44.5 万个工作岗位，矿业创造 14 万个工作岗位，工业创造 35 万个工作岗位，旅游业创造 27.5 万个工作岗位，绿色经济创造 30 万个工作岗位，知识经济创造 10 万个工作岗位，服务经济创造 26 万个工作岗位，

---

① Lesetja Kganyago, "The impact of the Eurozone and global financial crisis on South Africa", http://www.resbank.co.za, March 1, 2012.

公共部门创造10万个工作岗位，农业发展创造50万个工作岗位，非洲区域发展创造15万个工作岗位。① 2011年11月南非国家计划委员会在《2030年国家发展规划》中提出未来20年内实现减贫和社会公平。根据该规划，南非计划在未来20年内实现年均经济增长5.4%，创造1100万个就业岗位，并在2030年南非失业率将从目前的25%降至6%，基尼系数由目前的0.7降至0.6，彻底消除贫困人口。

2011年南非创造就业取得了一定的成效，这一年共有36.5万人重新就业，是2008年以来最好的一年，失业率由25%下降到23.9%。②

其次，大力发展基础设施建设。南非祖马政府将基础设施建设作为发展经济的新增长点，南非《新增长框架》指出："将能源、交通、通信、水和住房五个领域作为基础设施投资的关键领域，维持较高的投资水平。"③ 2011年8月2日，南非首条连接豪登省两个主要城市约翰内斯堡和比勒陀利亚的省内城际高速铁路——"豪登铁路"正式全线运营。"豪登铁路"于2006年9月开工建设，历时五年，耗资25.2亿兰特。该条铁路全长80公里，是撒哈拉沙漠以南非洲第一条城市快速铁路，其中建设资金绝大部分来自政府财政拨款，个人投资为3亿多兰特。这条铁路每年将推动豪登省（南非主要经济区）的国内生产总值增加近1个百分点④。

再次，倡导发展绿色经济。2011年12月3日祖马总统在德班气候大会上表示，南非的经济正由传统模式向绿色经济转型，南非政府将出台一系列政策鼓励私营企业投资绿色经济。祖马说，绿色经济不仅有利于环境保护事业，更可以成为南非经济新的增长点，促进南非经济走上快速可持续发展的道路。南非政府正致力于促进南非传统经济模式向绿色经济转型的工作，作为南非经济的重要组成部分，私营企业在其中发挥的作用是不容忽视的。南非政府即将出台的一系列鼓励措施包括对环保和绿色经济企

---

① South African Government Information,"The New Growth Path：the Framework", http：//www. gov. za, March 26, 2012.

② South African Government Information, "President Jacob Zuma：state of the Nation Address", http：//www. info. gov. za/speech, February 19, 2012.

③ South African Government Information, "The New Growth Path：the Framework", http：//www. gov. za, March 26, 2012.

④ 《南非高铁开通 有望推动经济发展》，中国驻南非经商参处（http：//www. mofcom. gov. cn/aarticle/i/jyjl/k/201108/20110807682601. html, 2011年8月5日）。

业的政策倾斜和税收优惠。此外，对于污染严重的企业和过度开采稀缺资源的企业，将征收惩罚性税收。可再生能源的开发、海水养殖、野生动物保护、废弃物处理和生态系统重建是南非绿色经济发展的新方向。祖马指出，气候变化正在威胁人类的生存环境，另一方面，气候变化也是促进传统经济转型的良机①。

最后，加快清洁能源发展步伐。南非85%的电力依靠煤电，为了改善环境，同时为了满足国内不断增长的电力需求，南非政府将目光转向了核电。南非拥有丰富的铀矿资源，同时还掌握着先进的反应堆技术。这都为建设核电站打下了坚实的物质和技术基础。南非政府2011年新修订的《综合资源规划》要求南非更多依赖可再生能源和核能。一些火力发电厂将被关停，由此产生的发电缺口将通过核能、风能和太阳能的建设得到补充。南非萨索尔集团将发展太阳能、生物燃料作为未来发展战略的主要部分，该公司同时正在申请卡鲁地区天然气勘探和开采权。此外，南非还在寻求开发刚果（金）丰富的水资源，让南非国家电力公司经营刚果（金）的英戈大坝。南非国家电力公司还获得了南非开发银行3.65亿美元贷款，用于建设位于南非北开普省阿平顿的聚光型太阳能电站，以及位于西开普省科科那普的风能电厂。南非到2023年左右将陆续建设6座发电能力各为1600兆瓦的核电站，总投资1万亿兰特（约合1500亿美元）。这将成为南非最大的公共竞标，并且此项核电工程耗资金额占到未来20年全球核电站建设总投入的20%。

二　南非与外部世界的经贸关系

在经济全球化的时代，一国的经济已经与世界经济紧密地联系在一起，南非作为开放经济体，与外部世界的经济联系更加密切。南非的进出口贸易受外部经济形势的影响比较明显，2009年南非贸易额比上一年减少24%，至2011年超过2008年的历史最高值，达14307亿兰特（详见表4）。

---

① 《南非将出台政策鼓励私营企业投资绿色经济》，中国新闻网（http://news.hz66.com/Item.aspx?id=105637，2011年12月3日）。

表4　　　　　　　2007—2011年南非进出口额　　　　（单位：亿兰特）

年份	2007	2008	2009	2010	2011
出口额	4919	6631	5154	5901	7073
进口额	5612	7276	5412	5855	7234
进出口额	10531	13907	10566	11756	14307
同比增长（%）	22.2	32.1	-24.0	11.3	21.7

资料来源：作者根据南非税务总局网站数据整理而成。

历史上欧美是南非传统的贸易伙伴，但近年南非与亚洲国家的贸易迅速增长。2011年南非与亚洲国家的贸易额为5776亿兰特，占南非进出口总额的40.4%，与欧洲的贸易额为4155亿兰特，占29%，与美洲的贸易额为1719亿兰特，占12%，与非洲的贸易额为1623亿兰特，占11.3%（详见表5）。

表5　　　　　　　　2011年南非进出口额　　　　　（单位：亿兰特）

地区	非洲	欧洲	美洲	亚洲	大洋州	总计
出口额	1081	1805	804	2501	71	6262
进口额	542	2350	915	3275	132	7214
进出口额	1623	4155	1719	5776	203	13426
所占比例（%）	11.3	29.0	12.0	40.4	1.4	100

资料来源：作者根据南非税务总局网站数据整理而成。

2011年欧盟是南非最大的贸易伙伴，双方贸易额为3742亿兰特，占南非进出口总额的26.2%。就国别而言，中国是南非最大贸易伙伴，2011年中国与南非贸易额为1934亿兰特，占南非进出口总额的13.5%，在南非与亚洲的进出口额中占1/3强。其次是德国占8.4%，第三是美国占7.6%，第四是日本占6.3%，第五是英国占4.1%，第六是印度占3.8%，第七是韩国占2.2%（详见表6）。

表 6　　　　　　　　2011 年南非主要贸易伙伴　　　　（单位：亿兰特）

国家 项目	中国	德国	美国	日本	英国	印度	韩国	尼日利亚	法国	巴西
出口额	902	427	517	556	290	245	165	58	63	59
进口额	1032	774	569	343	290	292	165	227	193	121
进出口额	1934	1201	1086	899	580	537	320	285	256	180
比例（%）	13.5	8.4	7.6	6.3	4.1	3.8	2.2	2.0	1.8	1.3

资料来源：作者根据南非税务总局网站数据整理而成。

2011 年南非与非洲国家的贸易额为 1623 亿兰特，占南非进出口总额的 11.3%，其中南非与南部非洲国家的贸易额为 1053 亿兰特，占南非与非洲国家贸易总额的 65%。2011 年南非与欧洲贸易逆差 545 亿兰特，与亚洲贸易逆差 774 亿兰特，与美洲贸易逆差 111 亿兰特，与非洲贸易顺差 539 亿兰特，其中与南部非洲国家贸易顺差 507 亿兰特[1]。说明南非经济相对于欧美和东亚经济扮演边缘的角色，向欧美和东亚输出原材料，输入工业品；而在非洲和中东扮演中心的角色，从非洲和中东输入原材料，向非洲和中东国家输出工业品。2011 年 11 月南非输出商品前三位是黄金、煤和铁矿石，其价值分别是 84 亿兰特、47 亿兰特和 34 亿兰特。同期，南非进口商品前三位是原油、生物燃料和汽车零件，价值分别是 102 亿兰特、32 亿兰特和 19 亿兰特[2]。

三　加入金砖国家合作组织

加入金砖国家合作组织（BRICS）是南非加强南南合作的重要成就，也是南非破解经济发展困境的重要举措。在《南非 2008 至 2011 年战略计划》文件中，"加强南南合作"是南非七大优先考虑的领域之一。2001 年至 2008 年，南非与"金砖四国"的贸易额增长了近六倍，从 31.77 亿美

---

[1] 作者根据南非税务总局网站数据整理而成，(http://www.sars.gov.za, April 28, 2012)。

[2] South African Revenue Service, "Top 10 Imports and Top 10 Exports", http://www.sars.gov.za, April 25, 2012.

元增加到 216.29 亿美元，金砖四国在南非进出口贸易中的比重由 6.16%上升到 13.4%。①"金砖四国"的 GDP 已经超过 10 万亿美元，是日本的二倍，是德、法、英的三倍。2011 年国际货币基金组织估计，2011 年至 2013 年，金砖国家 GDP 约占全球经济增长的 61%。

自 2009 年祖马上台以来，南非多次希望加入金砖国家合作组织。2010 年 4 月至 8 月，祖马先后访问巴西、印度、俄罗斯和中国，为寻求加入金砖国家组织开展活动。祖马在访问中国时表示："加入金砖国家，能够促进南非和非洲大陆经济的发展，帮助我们摆脱贫困。"2010 年 9 月 20 国集团峰会期间，南非正式申请加入"金砖国家"。同年 12 月中国正式邀请南非加入。2011 年 4 月，祖马参加在中国三亚举行的"金砖国家"领导人第三次正式会晤。五国签署了《金砖国家银行合作机制金融合作框架协议》，扩大金砖国家间的资本市场合作，允许各自企业在对方国家的股票和债务市场进行中长期融资。南非加入金砖国家合作组织，增加了该组织的代表性，因为，非洲大陆正在复兴，非洲的国际地位因为新兴大国的合作而不断提升。

加入金砖国家是南非加强与新兴大国合作的新契机。这将进一步紧密南非同中国、印度、巴西和俄罗斯等新兴经济体的贸易往来，挖掘经济合作潜力，共同抵御外部风险。目前，中国投资的增加正在拉动非洲国家的经济增长，未来将从目前集中基建、自然资源领域辐射至金融业、服务行业、农业等更多充满商机的行业。近年来，中国已成为南非第一大贸易伙伴。2007 年中国工商银行购得南非标准银行 20% 的股份。2010 年，中国在南非的非金融类对外直接投资额为 4398 万美元，双边贸易总额为 256 亿美元，同比增长 59.5%。目前中国在南非的投资存量大约 70 亿美元左右。2011 年双边贸易额 454.3 亿美元，同比增长 77%，其中中方出口 133.6 亿美元，增长 24%，进口 320.7 亿美元，增长 115%。中国对南主要出口机电产品、服装及辅料、高新技术产品、纺织纱线和鞋类等，从南主要进口铁矿砂及其精矿、钻石、钢材等。② 2011 年印度是非洲的第六大贸易伙伴，双边贸易额为 537 亿兰特。2012 年 5 月 3 日，南非—印度商务

---

① 徐国庆:《南非加入"金砖国家"合作机制探分》,《西亚非洲》2011 年第 8 期。
② 《中国同南非的关系》,外交部网站 (http://www.fmprc.gov.cn/chn/pds/gjhdq/gj/fz/1206_39/sbgx/, 2012 年 4 月 30 日)。

论坛在南非召开，会上南非总统祖马提出，到 2014 年双边贸易额将达到 1110 亿兰特①，相当于三年里南非与印度的贸易额要在 2011 年的基础上翻一番。

四 力推非洲一体化

南非作为非洲经济强国，力推非洲经济一体化进程，以此加强与非洲其他国家的合作。南非不仅推动南共体内部的合作，而且推动跨区域的合作。南非为了掌握非洲大陆经济发展的主动权，正在推动建立非洲"大自由贸易"共同市场。2011 年 6 月，来自东部非洲共同体、东南部非洲共同市场和南部非洲发展共同体的 26 个国家首脑和政府高级官员集聚南非首都约翰内斯堡，并发表联合宣言。这代表三方自由贸易区谈判已正式启动。谈判的终极目标是建立一个横跨非洲大陆的单一市场，在未来三年内首先实现三大地区集团内部的自由贸易。目前东非共同体、东南非共同市场和南共体三大地区组织共涵盖非洲 26 个国家，人口总数达 5.3 亿，国内生产总值合计超过 8000 亿美元。

为进一步促进非洲国家之间经贸和人员往来，推动非洲大陆经济持续发展，2011 年南非政府推出非洲跨国铁路建设计划。该计划包括建设连接南非、斯威士兰和莫桑比克的铁路，并恢复连接南非和刚果（金）的铁路。此外，南非铁路局正在与有关国家磋商，共同建设"非洲南北经济走廊"铁路。预计所有铁路建设需要近 3000 亿兰特（约合 400 亿美元）的资金，其中 2000 亿兰特（约合 266 亿美元）将由南非运输公司提供，另外 1000 亿兰特（约合 133 亿美元）将通过筹借获取。南非希望通过像"非洲南北经济走廊"这样的跨区域基础设施的建设，推动非洲一体化，以实现非洲及自身经济的发展。

南非经济展望：南非经济必须达到年均增长 7%，方能实现增加就业、消除贫困等目标。作为小型开放经济体，南非对外部依赖性较大。伴随着全球经济复苏放缓和美债、欧债危机持续蔓延，新兴市场国家经济在过去一年里，呈现出经济增长逐渐放缓、整体通胀水平仍处高位、跨境资

---

① South African Government Information, "The South Africa-India Business Forum", http://www.gov.za, April 28, 2012.

本大幅流出等特点。2012年，其面临的风险会继续加大，南非也不例外。根据2012年1月《全球经济展望》，全球经济增长率预计从2011年的4%降至2012年的约3.5%。新兴和发展中经济体的实际GDP增长率预计将从2011年的6.25%下降到2012年的5.75%。基于欧元区的不确定性，南非中央银行2011年11月已将2012年经济增长预期从3.2%下调至3%，明确表示2012年南非经济形势不容乐观。为此，南非除了继续调整国内经济发展战略之外，在与外部世界经济关系方面，加强与新兴大国的合作仍然有较大的发展空间。

作者简介

张忠祥，博士，上海师范大学非洲研究中心副主任，教授。主要从事非洲问题和中非关系的研究。

南非金融发展报告 2011

张春宇　唐　军

  南非是非洲金融业发展最为发达的国家，同时也是世界范围内金融服务水平较高的国家之一。随着经济复苏进程的继续，2011年南非金融业总体表现良好。与2010年相比，2011年南非金融业发展具有更多的亮点。与此同时，南非金融业的发展也将面临新的挑战。总的来看，在国际金融危机的冲击下，南非金融业表现出了较强的抗风险能力和风险管理水平。预计2012年南非金融业还将继续保持当前较为稳健的发展态势。

一　经济增长出现反复，货币供应增速加快

1. 经济增长出现反复，通胀水平有所抬头

  受欧债危机影响，2011年南非经济复苏出现反复，通胀水平有所抬头，经济增长前景仍然充满较大不确定性。国际金融危机发生以来，南非经济一度陷入较为严重的衰退。在国内出台经济刺激政策以及国际经济环境有所好转的条件下，南非经济迅速走上复苏进程。2011年第一季度，南非经济依然延续了2010年较为强劲的增长势头，当季经济增长率高达4.8%。然而，从2011年第二季度开始，随着欧债危机的深度恶化，南非经济也受到波及。2011年南非第二季度和第三季度增长率分别为1.3%和1.4%，经济减速风险较为突出。第四季度南非经济有所好转，增速回升到3.2%，但2012年南非经济仍然面临较大的不确定性。

与2010年相比，2011年南非通胀水平有所抬头。2011年南非居民消费价格指数（CPI）呈前低后高的态势，平均增长率为5%，高于2010年的4.3%。2012年前三个月，南非居民消费价格指数连续保持在6%以上，通胀水平有所抬头。2011年南非物价水平主要是国际原油价格上涨等成本性因素推动的结果。

2. 货币政策持续宽松，货币供应增速加快

2011年，南非储备银行保持宽松货币政策，货币供应增速加快。在通胀压力下降以及实际产出与潜在产出缺口较大的背景下，南非储备银行从2008年12月开始实行宽松的货币政策，该项政策一直持续到2010年11月。在此期间，南非储备银行回购利率持续下降到5.5%，下降幅度累计达到650个基点，名义利率下调到了30年来最低的水平，货币市场利率也处于极低的水平。2011年，在经济复苏出现反复的情况下，南非储备银行仍然保持回购利率水平不变。

2011年初，货币市场利率也大多位于30年来较低的水平。2011年6月23日，约翰内斯堡同业拆借利率为5.58%，而2008年6月时，该利率高达12.58%，基本与南非储备银行回购利率下调幅度相一致。与此同时，国债利率均出现了类似变化。但是受经济复苏预期的影响，2011年初开始，南非银行间远期利率合同利率开始出现明显回升。2011年6月，该利率已经在6%以上。2010年8月末以来，南非储备银行进行了多次货币政策调整。其中包括使用到期在一年以上的长期外汇交换合约作为货币市场流动性管理的重要工具以及停止每周一次对流动性要求估计范围的公告等。

2009年下半年以来，随着实体经济的复苏以及部分金融市场的逐步恢复，2010年和2011年最初几个月内广义货币供应量（M3）有所增长。然而，货币供应量增幅极小，反映了经济复苏的不平衡性和长期性。在2010年2月达到历史最低的0.5%后，广义货币供应量的12个月同比增长率在2011年1月达到8.2%。2011年南非广义货币供应量增长率持续保持较高水平，货币供应量增速明显高于2010年。2012年前3个月，南非货币增长率仍然保持在6%左右的较高水平，金融活动趋于活跃，经济复苏基础向好。

二 银行业健康状况良好,信贷活动趋于活跃

1. 银行业资本充足率保持较高水平,不良贷款率有所下降,盈利水平有所提高

2011年南非银行业资本充足率保持较高水平,不良贷款率有所下降,盈利水平有所提高。南非银行业已经逐步从2008年第四季度到2009年上半年的严重衰退中复苏过来。在连续6个季度几乎停滞的情况下,2010年下半年信贷开始恢复增长,不良贷款率也有所下降。2011年,尽管国际金融环境依然严峻,南非银行业仍然保持相对稳定,银行业核心资本充足率为12.04%,资本充足率为14.91%,均大幅高于监管水平。

2008年和2009年南非银行业不良贷款率增长非常迅速,2010年和2011年初继续保持较高水平。2009年南非银行业不良贷款率一度高达6.1%,到2011年4月末,不良贷款率小幅下降到5.8%。2011年末,南非银行业不良贷款率进一步下降到4.69%。不良贷款率的下降与国际金融危机爆发以来南非国内较低的利率水平有关,同时也得益于银行在风险定价和风险管理方面的努力。

与2010年相比,2011年南非银行业盈利水平有所提高。在金融危机的背景下,南非银行业仍然保持较高的盈利水平。2009年南非银行业盈利水平同比明显下降,但当年净资产收益率和总资产报酬率仍然分别达到15.85%和0.94%;2010年南非银行业净资产收益率和总资产报酬率也分别达到14.65%和0.97%。受信贷增长的影响,2011年南非银行业净资产收益率和总资产报酬率分别为16.39%和1.15%,同比分别提高了1.75个百分点和0.18个百分点,盈利水平有所提高。

2. 银行业资产规模增速加快,信贷活动趋于活跃

2011年南非银行业资产规模增速加快,信贷活动趋于活跃。2009年6月到2010年6月间,南非银行业总资产减少了0.5%,而2010年6月到2011年4月,南非银行业总资产则增加了2.9%。2011年末,南非银行业总资产达到3.4万亿兰特,同比增加了9.0%,大幅高于2010年5.4%的增速。不过,南非银行业总资产增长率水平仍然大幅低于国际金融危机前年度增长率超过20%的水平。

2011年南非银行信贷总额为2.5万亿兰特，同比增加了8.8%，明显高于2010年2.5%的增长速度。在国际金融危机带来的经济衰退中，南非银行业对私营部门贷款总额经历了从有所减少，到几乎停滞，最后恢复增长趋势的过程。在利率处于30年来最低水平的条件下，实际收入增长有所改善，对银行信贷条件的大幅放松促进了信贷总额增速的回升。与此同时，随着存贷水平的下降，2011年企业贷款活动有所恢复。在住房贷款增速仍然较为低迷的情况下，消费贷款和金融租赁类贷款的增长成为信贷增长的重要推动力量。消费贷款和金融租赁类贷款增速的提升主要是在低利率的刺激下汽车销量上扬以及汽车、家用设备等自身置换周期带来的需求增长。

3. 存款规模增速加快，负债年限结构有所优化

2011年南非银行业吸收存款规模增速加快，负债年限结构有所优化。2011年南非银行业吸收存款总额达到2.7万亿兰特，同比增长率达到8.9%，明显高于2010年5.2%的增长率。新客户的拓展对存款规模的扩大有明显促进作用。南非银行业部分业务拓展通过2004年推行的Mzansi银行账户而得以实现。Mzansi账户是南非银行业为了向未设立银行账户的潜在客户提供银行金融服务而开设的一种特殊账户，该种账户可以享有较低的费率标准等优惠措施。尽管如此，上述新设立账户表现并不如预期，非活动账户的数目呈增长趋势。考虑到上述情况，南非银行正在着手改变Mzansi账户服务过于简单的局面，试图通过业务创新为Mzansi账户提供更加多元化的服务，增强其对客户的吸引力。

为了实现负债结构的优化，南非银行业继续采取多元化负债来源的应对举措，以调整和延长负债年限结构，并且保持合理的流动性水平。2010年6月和2011年4月间，南非银行业通过在国内外市场上发行新债券提高了其长期负债的规模。此外，银行的流动性水平也因为吸收存款数量的增加以及商业票据等短期融资债券的发行而保持在较高水平。与此同时，在经历了国际金融危机以来长达两年左右的沉寂后，南非资产证券化市场也开始趋于活跃。2010年12月，南非资本市场成功发行了总值高达450亿兰特的房贷证券化债券。

三 资本市场表现活跃，欧债危机使价格波动有所扩大

1. 债券市场交投活跃，兰特定价债券相对低迷

2011年南非债券市场总体表现活跃，海外兰特定价债券表现相对低迷。尽管资产证券化债券品种的发行仍然受到国际金融危机的影响，但是进入2011年以来私人部门债券发行总额的迅速提高反映了金融市场条件的改善。尽管债券市场收益率仍然偏低，债券市场二级市场的交易仍然较为活跃。2011年前5个月，南非债券市场总成交量高达8.9万亿兰特，比2010年同期增长了约40%。境外投资者是南非债券市场的重要参与者。2010年以及2011年前5个月，境外投资者的交易在南非债券市场交易总额的比重在13%左右。

受国际金融市场低迷的影响，在欧洲和日本市场发行的兰特定价债券总额从2009年3月的2880亿兰特下降到了2010年12月的2480亿兰特，2011年5月回升到2520亿兰特。

2. 股票市场表现活跃，受欧债危机等影响波动有所扩大

2011年南非股票市场延续了2010年以来的活跃表现，但受欧债危机等因素影响，价格波动有所扩大。2010年，约翰内斯堡证交所上市公司股权资本融资总额为809亿兰特，比2009年减少了24%。2010年12月，股权融资总额高达243亿兰特，但进入2011年后融资规模逐步下降，主要是受全球经济复苏前景不确定性以及中东、北非地区局势动荡的影响。2011年前5个月，约翰内斯堡证交所股权融资总额为443亿兰特，比2010年同期增长了48%。

2009年的股权融资中，已经上市企业的再融资规模占总融资规模的比重约为53%。2010年上述比重上升到72%，2011年前5个月，上述比重继续上升到76%。这一数据表明，尽管股权融资活动有所增强，但与2009年相比，新进入证交所的企业数量及其融资规模均出现了明显下滑。2009年12月末，约翰内斯堡证交所上市的企业数量为410家，2010年下降到407家，而2011年前5个月则进一步下降到406家（其中主板326家，ALT-X板71家，创业板7家，非洲板2家），反映退市企业数量持续

高于新上市企业数量。

2010年下半年南非股票市场境外投资者持有的股票净值增加了170亿兰特；受欧元区经济表现不佳以及中东、北非局势的影响，2011年第一季度境外投资者活动强度有所下降，境外投资者持有的股票净值减少了31亿兰特。2010年和2011年前5个月，在约翰内斯堡证交所，境外投资者参与程度（境外投资者成交量占总成交量的比重）平均在16%左右。

国际金融危机过后，股票市场的波动性逐步降低。2009年3月3日开始，约翰内斯堡股票价格总体呈上行趋势。到2010年4月15日，约翰内斯堡证交所综合指数（All-Share Price Index）上涨幅度达到63%，与商品价格的上涨表现以及全球资本市场表现基本一致。2010年5月到8月间，受欧债危机拖累，约翰内斯堡证交所综合指数开始回调。之后，随着投资者投资热情的回升，股票价格开始重拾增势。不过，从2011年年初开始，由于中东、北非地区出现动荡局势，加上日本大地震等因素的影响，股票市场波动有所扩大。

2011年6月23日，约翰内斯堡证交所综合指数为30327点。以美元价格计算，从2010年7月1日到2011年6月23日，约翰内斯堡证交所综合指数上涨了约32%，强于摩根斯坦利资本国际（MSCI）世界指数同期24%的上涨表现。2011年前5个月，股票市场成交总额达到1.3万亿兰特；月均成交额约为2620亿兰特，比2010年提高了约5%。2011年5月，随着股票价格的上涨，约翰内斯堡证交所总市值达到6.9万亿兰特。从2009年到2011年5月，市场周转率平均保持在约46%的水平。随着股票价格的上涨，约翰内斯堡证交所总体市盈率水平有所提高。2009年市盈率为12.8，2010年为18.1，而2011年5月为16.5。

3. 衍生品市场表现不一，商品和货币衍生品市场表现活跃

2011年受欧债危机和中东、北非局势影响，南非衍生品市场的活跃程度也有所下降。随着投资者对经济复苏信心的恢复，2010年证券衍生品市场成交量总体上升。但是，2011年前5个月，衍生品成交量下滑了10%，衍生品成交品种以股指期货和期权交易为主，占总成交量的比重在94%左右。

在商品衍生品市场方面，2010年商品衍生品成交量增加了12%。2011年前5个月，约翰内斯堡证交所商品衍生品交易继续保持活跃，交

易合约量比 2010 年同期增长了 17%。2011 年前 5 个月，玉米期货合约占总成交合约的比重在 56% 左右。

约翰内斯堡 Yield-X 市场继续延续了 2010 年以来的强劲势头。2011 年前 5 个月，货币期货和期权合约交易占合约交易总量的 90%。

与此同时，2010 年以来权证交易较为清淡。2011 年前 5 个月，权证交易总量比 2010 年同期下降了 40% 左右。

四　非银行金融机构资产规模增长较快，证券投资比例增加

南非非银行金融机构主要包括保险业和养老保险基金等金融机构。南非保险业较为发达，是南非非银行金融机构中表现最为突出的金融机构。2011 年南非保险业表现强劲。根据世界经济论坛发布的《2011 年金融发展报告》(The Financial Development Report 2011)，南非金融业排名世界第 29 位，比 2010 年排名上升了三位，其中南非保险业世界排名第六位，是南非金融业中排名最高的部门。养老保险基金则由专门的组织进行监管和运营。

2011 年南非非银行金融机构资产规模增长较快，证券投资比例有所增加。以金融资产价格的持续上涨和现金流的稳定增加为特征，2010 年 12 月末，非银行金融机构的总资产达到 4.3 万亿兰特，比 2009 年 12 月末增加了 14%。2011 年一季度末，非银行金融机构总资产规模达到 4.4 万亿兰特。

非银行金融机构持有的总资产中，普通股票占比增长较快。2009 年普通股票占比为 47%，2010 年为 50%。2011 年第一季度上述比重约为 49%。

与此同时，非银行金融机构持有的固定利率证券占总资产比重也有所增加，增速则保持相对稳定。2009 年固定利率证券占比为 22% 左右，2010 年增加到 23% 左右，而 2011 年第一季度增加到了 24%。

2009 年第二季度以来，非银行金融机构总资产中，用于存款等生息资产的比重逐步下降，反映了资本市场回报率增加对非银行金融机构投资选择的影响。

五 政策引导持续加强，金融业发展环境继续完善

1. 强化银行业市场竞争，提升资本监管和金融服务水平

2011年银行业监管当局通过监管政策的实施，进一步强化银行业市场竞争，提升资本监管和金融服务水平。通过市场准入政策的调整，2011年银行业市场竞争趋于激烈。2010年9月，南非国家立法批准南非邮政局成立下属的邮政银行。进入2011年以来，银行间围绕客户进行竞争的激烈程度也有所提高，特别是低收入客户市场的竞争方面。

同时，作为对国际金融危机反思的一部分，南非储备银行正在着手推动巴塞尔协议三的实施，以实行更高标准的资本要求。该协议的实施有八年的过渡期，将一直持续到2019年1月。

此外，金融立法活动也正在紧密部署之中。2010年12月开始，南非金融业法案（Financial Sector Code）的草案开始征求公众意见。与此同时，2008年通过的消费者保护法案（Consumer Protection Act）已经于2011年4月1日正式生效。该法案赋予消费者可以有权在获得正式通知后的20个工作日内拥有取消金融服务合同（包括定期合同）的权利。

2. 完善金融市场发展举措，进一步优化市场环境

2011年约翰内斯堡证交所在发展金融市场方面采取了诸多措施，市场环境得到进一步优化。继2010年增加衍生品交易品种、发布新的等权重前40指数（Equally Weighted Top 40 Index）和推出等权重前40指数和综合指数的期货和期权合约等举措之后，2011年约翰内斯堡证交所继续推出了多项发展完善金融市场的政策举措。2011年2月，约翰内斯堡证交所启动了黑人经济促进板（Black Economic Empowerment Board），为黑人经济类企业提供发行股票和上市交易的机会。截止到2011年4月，已经有一家黑人经济类企业上市。2011年2月和3月，Yield-X产品板块进一步增加了交易品种，以提供更大的交易灵活性，而且还新增了通货膨胀连接指数（Inflation Linked Index）期货合约产品。2011年3月，证交所还将资源20指数（Resource 20 Index）调整为资源10指数（Resource 10 Index），将选取的市值最大的资源类成分股从之前的20家减少到10家。

与此同时，南非债券市场和约翰内斯堡证交所的整合也有新的动向。2011年，约翰内斯堡证交所的利率市场 Yield-X 和南非债券市场已经完成整合。

3. 调整非银行金融机构监管政策，保护养老保险基金资产安全

国际金融危机发生后，南非非银行金融机构的监管政策也发生一定的变化。财政部发布了 1956 年养老保险法案（Pension Fund Act）的第 28 次修正案，规定对退休基金设立投资金额上限。该政策已经于 2011 年 6 月生效。该政策的主要监管意图在于保障养老保险基金的资产安全，并确保该基金的投资有利于经济发展和增长。根据该修正案，养老保险基金还需要对用于投资的资产以及国外资产进行报告。为了鼓励养老保险基金投资实体经济，该法案已经将用于购买公众和企业债券的比例提高到 75%，另外用于替代资产投资（包括对冲基金和私人股权）的上限则从 2.5% 提高到了 15%。

4. 部分财税政策有利于推动金融业发展

2011/2012 财年，南非政府还推出了系列财政税收政策，这些政策对金融业发展起到了一定的推动作用。2011 年，南非政府规定，对约翰内斯堡证交所上市的外国企业的分类所作的任何变化都应该以不影响已有外国上市企业的市场地位为前提。按照这一政策动向，同时作为内资和外资企业上市的企业将仍然被视为内资企业，有利于维持金融市场的稳定。从 2011 年 3 月 1 日开始，南非政府提高了年度国内利息和红利收入税收优惠上限，对于 65 岁以下年龄的纳税人，该上限将从 2.23 万兰特提高到 2.28 万兰特；对于 65 岁以上年龄的纳税人，该上限将从 3.2 万兰特提高到 3.3 万兰特。该项政策将有利于增加居民收入和储蓄，推动信贷活动的扩大。从 2011 年 3 月开始，南非政府将遗赠税收减免上限从 50 万兰特提高到 60 万兰特。

此外，在监管体制改革上，南非政府也正在筹划建立由金融服务委员会（FSB）负责市场行为监管，而南非储备银行负责审慎监督的双头监管体制。

六 结论

随着经济复苏进程的继续，2011年南非金融业总体表现良好。与2010年相比，2011年南非金融业发展具有更多的亮点。在货币政策继续维持宽松的情况下，南非银行业信贷活动趋于活跃，资本市场延续了2010年以来较为活跃的表现，非银行金融机构继续保持较快发展的态势，政策引导和市场监管也得到了进一步完善和发展。

与此同时，南非金融业的发展也将面临新的挑战。在通胀水平有所抬头的情况下，预计目前有利于金融业发展的宽松货币环境将有所收紧；欧债危机也将继续对全球经济以及国际金融市场带来负面冲击和影响。

总的来看，在国际金融危机的冲击下，南非金融业表现出了较强的抗风险能力和风险管理水平。预计2012年南非金融业还将继续保持当前较为稳健的发展态势。

作者简介

张春宇，男，1980年生。就职于中国社会科学院世界经济与政治研究所。主要研究领域为能源经济、非洲经济、中非经贸合作等。

唐军，男，1982年生。现为中国社会科学院研究生院经济系博士研究生。

尼日利亚经济发展报告2011

李文刚

2011年，尼日利亚经济延续了强劲增长势头，全年GDP增速达到7.69%。联邦政府维持了谨慎的宏观经济政策，加强了金融机构改组力度，并开始对整个经济结构进行改革。在高油价助推下，经济改革和发展成效明显，宏观经济状况得到显著改善，通货膨胀下降，GDP增长强劲。2011年，尼日利亚经济依然面临诸多挑战：过度依赖石油出口而缺乏多样化，经济结构失衡；青年人失业率高，贫困问题严重；基础设施差；国内安全形势欠佳，特别是在南方的尼日尔河三角洲及以"博科圣地"伊斯兰极端势力肆虐的北方。虽如此，得益于非石油产业的快速发展，尼日利亚经济在2012年仍会表现出高增长势头。

一 经济总体情况

2011年12月，尼日利亚国家统计局（NBS）发布了2010年经济报告。作为年度经济回顾，该报告却不同寻常地涵盖了2006—2010年五年的时间。国家统计局的解释是，2006年是全球金融危机爆发前的一年，2010年恰逢尼日利亚独立50周年。选择这一时间段，可以更好地评估金融危机对尼日利亚的影响，总结近年经济改革和发展的成绩。从报告内容看，尼日利亚经济在2006—2010年间发展势头良好，GDP增速保持在

7%左右，仅2008年降至6%以下，为5.98%。① 这是受金融危机影响，国际市场原油需求下降所致。金融危机还导致尼日利亚证券市场动荡及外部直接投资（FDI）减少。

国家统计局的初步统计显示，2010年实际GDP增速由一季度的7%左右稳步上升，三季度已达8%，四季度再攀新高至8.6%。2011年各季度GDP增速分别为6.64%、7.72%、7.4%和7.68%，2011年全年GDP增速估计为7.69%，比2010年的7.87%略低一些。2011年四季度，因石油业出现临时性停产，GDP增速同比下降近1个百分点。② 尼日利亚财政部国务部长恩格玛表示，2011年四季度尼日利亚GDP达到10万亿奈拉（约合645亿美元），GDP增长率达到7.68%，经济增速位列世界第三，仅次于蒙古（14.9%）和中国（8.4%）。尼日利亚人均年收入也从1200美元提高至1400美元，达到世界银行规定的中等较低收入水平。恩格玛认为，如果尼日利亚经济能够保持目前的较快增速，尼日利亚有望实现其在2020年进入世界经济20强的宏伟目标。③

乔纳森总统上台后，继续进行一系列重要的改革计划，并采取紧缩的财政和货币政策。尼日利亚政府对银行业进行了重组后，该行业的活力增强。为进一步推进改革，保持经济增长和创造就业，2011年，尼日利亚设立了由乔纳森总统亲自负责的24人经济管理小组，以及由财政和经济协调部长负责的经济管理执行小组。为发展经济、促进就业、改善基础设施，2012年2月，乔纳森总统向国会提交了总额79.05亿美元的贷款计划，资金主要来自世界银行、非洲发展银行、伊斯兰发展银行和中国进出口银行。目前，尼日利亚总体债务水平较低，债务总额占GDP比例为17%，远低于发展中国家规定的44%的上限。④

当然，联邦政府的改革计划中也有一些有争议的措施，如削减燃油补贴。在经济学家和政府官员看来，削减燃油补贴的计划有助于政府将更多

---

① National Bureau of Statistics: *The Review of Nigerian Economy* 2010, December 2011, p. 8.
② National Bureau of Statistics: *Gross Domestic Product for Nigeria*, March 2012, p. 4.
③ 《尼日利亚2011年四季度经济增速排世界第三》，中国驻尼日利亚使馆经商处（http://nigeria.mofcom.gov.cn/aarticle/jmxw/201204/20120408071459.html）2012年4月20日）。
④ 《尼日利亚寻求新贷款发展基础设施项目》，中国驻尼日利亚使馆经商处（http://nigeria.mofcom.gov.cn/aarticle/jmxw/201202/20120207982368.html），2012年4月5日）。

资金投向备受诟病的基础设施,并有助于减轻对外汇储备的压力。[①] 尼日利亚经济对进口的依赖程度很高,因此自2010年以来,外汇储备就面临极大压力。截止到2010年12月底,尼日利亚的外汇储备为349.19亿美元。尽管2011年的油价维持在较高水平,2011年12月底外汇储备为352.12亿美元,同比增长仅一个百分点。[②] 随着部分取消燃油补贴,尼日利亚的外汇储备面临压力就会减轻,外汇储备将会进一步增长。尼日利亚主要外汇储备币种为美元、欧元和英镑。为应对美债降级和欧债危机,2011年9月,尼日利亚央行宣布将人民币列为外汇储备货币。央行行长萨努西还表示,计划将外汇储备的5%—10%转化为人民币资产。[③] 尼日利亚是第一个将人民币列为外汇储备货币的非洲国家。

由于全球经济前景欠佳,2012年对尼日利亚来说是困难的一年,好在非石油部门的增长较快,尼日利亚经济发展的良好势头有望延续。2012年4月,乔纳森总统正式签署生效2012年预算法案,总额为4.697万亿奈拉。其中,经常性开支3.357万亿奈拉,资本性项目开支1.34万亿奈拉,石油基准价格定为72美元/桶。预计2012年财政收入3.651万亿奈拉,财政赤字将会控制在GDP的2.85%以内。

二 各部门发展状况

简单说来,尼日利亚经济可分成两大块:石油业和非石油业。2010—2011年,尼日利亚经济增长的一大亮点就是非石油业增长强劲,增速稳定保持在8%—9%,对整个GDP增长的拉动作用非常明显。非石油产业中,固体矿业、电信、批发零售业、建筑、旅店、房地产和商业服务业增长较快,2011年的平均增幅均超过10%;其中最抢眼的是电信,增幅高达34.8%。上述非石油产业对GDP的贡献率约为30.8%,成为尼日利亚

---

① Nigeria: S&P Upgrades Country Outlook to Positive Due to Reforms, 29 December 2011, http://www.thisdaylive.com/articles/s-p-upgrades-nigeria-outlook-to-positive-/106102/, accessed March 15 2012.
② EIU, Country Report: Nigeria, March 2012, p. 19.
③ 《尼日利亚将人民币列入外汇储备货币,人民币国际化将在非洲取得突破性进展》,中国驻尼日利亚使馆经商处(http://nigeria.mofcom.gov.cn/aarticle/jmxw/201109/20110907731760.html, 2012年4月19日)。

经济增长的动力。相比之下，石油业因部分生产设施的关停出现减产，增速放缓，甚至出现负增长。2010年前三季度，石油业保持4%—5%的增长，四季度出现的6.67%的增速并未延续到2011年，反而一落千丈，2011年一季度甚至出现2%的负增长，此后情况虽略有好转，但直到四季度，石油业仍未能实现正增长。[1]

1. 石油天然气业

石油业是尼日利亚的支柱产业，政府财政收入的90%以上依赖石油收入。2010—2011年，受石油主产区尼日尔河三角洲安全局势动荡等因素影响，尼日利亚原油产量波动较大。2011年四季度，石油产量日均240万桶，而2010年同期日均产量为260万桶。2011年，尼日利亚石油业遭遇史无前例的设备关停事件。例如，日产20万桶、几乎占尼日利亚原油日产量10%的邦加（Bonga）油田，在2011年就遭遇关闭。2011年四季度，壳牌尼日利亚开发公司将石油管道遭破坏导致的渗漏事件宣布为"不可抗力"。尼日利亚原油产量2011年虽出现下降，但石油业面临的环境却较为有利。一是奈拉对美元的汇率自2010年以来比较稳定，基本维持在约150奈拉兑换1美元的水平；二是国际油价一路走高。2010年前三季度，国际油价基本保持在80美元/桶左右，从三季度中期开始，一路飙升，到2011年二季度，已达120美元/桶，此后油价虽有回调，但仍维持在110美元/桶的高位。由于有这两大利好，出现减产的石油业带给尼日利亚的收益仍相当可观。2010年，石油天然气对GDP的贡献率为15.88%，2011年略有下降，为14.71%。[2] 至今尼日利亚的《石油工业法案》（Petroleum Industry Bill）仍僵持在议会中，尚未出台。《石油工业法案》早在2008年就提交议会，主要内容是对国有的尼日利亚国家石油公司（NNPC）进行改组，使其成为一个富有竞争力的盈利公司；提高石油业的透明度；重新定义尼日利亚国家与外国石油公司的关系。该法案出台后，在各利益相关方（跨国石油公司、产油区社团等）的要求下，原始文本已经历过数次修改。政府正在考虑重新将修改后的《石油工业法案》提交议会审议。由于政治斗争尖锐、效率低下以及官僚作风严重，

---

[1] National Bureau of Statistics: *Gross Domestic Product for Nigeria*, March 2012, p. 5.
[2] Ibid.

该法案在议会3年多时间未能通过,跨国石油公司不得不抑制其进一步投资尼日利亚油气产业的计划。①

2. 非石油产业

由于油气产业容易受国际原油市场价格波动及国内石油主产区安全局势等不确定因素的影响,非石油产业在尼日利亚经济中的重要性得到进一步增强,其表现也颇为出色,成为经济增长的引擎。2011年,非石油产业对GDP的贡献率达到85.29%,同比增长了近1.2个百分点。②

尼日利亚是农业国,60%多的居民从事农业。2006年以来,农业每年对GDP贡献率均保持在41%③。由于天气条件有利,2011年尼日利亚农业延续了上一年的良好发展局面,全年增长率为5.71%。④ 主要农作物木薯、薯蓣、玉米、小米、花生、豆类的产量均有不同幅度增长。尼日利亚人的主要粮食作物之一木薯的产量增长较大,2010年达到4238.9万吨,同比增长15%。由于政府鼓励向家禽业投资以减轻对进口禽类产品的依赖程度,尼日利亚家禽数量和从事家禽加工的企业数量都有大的增长。同时,牛、羊、猪等家畜的存栏数也在逐年增加。近年来,尼日利亚各地建立了一些养鱼场,但国内鱼产量增长有限,难以满足需求,无法改变鱼产品进口连年增长的格局。2009年尼日利亚鱼产品进口接近95万吨,同比增长26.74%。⑤

近年来,尼日利亚批发零售业稳步增长,占GDP的比重由2006年的14.95%增至2010年的18.7%。⑥ 金融危机爆发后,尼日利亚政府和企业采取措施刺激国内消费,商业银行和微型金融机构对消费者和小型商业企业的信贷服务大幅提升,从而促进了全国各地零售业的发展。2011年,

---

① EIU, *Country Report*: *Nigeria*, April 2012, pp. 14 – 15.
② National Bureau of Statistics: *Gross Domestic Product for Nigeria*, March 2012, p. 15.
③ National Bureau of Statistics: *The Review of Nigerian Economy* 2010, December 2011, p. 11.
④ National Bureau of Statistics: *Gross Domestic Product for Nigeria*, March 2012, p. 15.
⑤ National Bureau of Statistics: *The Review of Nigerian Economy* 2010, December 2011, pp. 34 – 36.
⑥ National Bureau of Statistics: *The Review of Nigerian Economy* 2010, December 2011, p. 14.

批发零售业对 GDP 贡献率增至 19.38%，① 成为尼日利亚经济的主要组成部门之一。

2006 年以来，得益于大量资金的投入，电信业发展迅猛，移动通信市场竞争日趋激烈，迫使主要运营商（MTN、GLO、ZAIN、ETISALAT）不断扩容，并推出各种优惠促销活动争夺用户。过去五年，电信业年均增速均超过 33%，对 GDP 的贡献率也在稳定增长，由 2006 年的 1.83% 升至 2010 年的 4.56%②和 2011 年的 5.71%。③ 尼日利亚手机用户数量由 2006 年的 3200 多万户增至 2010 年的 8700 多万户。④ 同时，电信业已成为雇佣劳动者数量增长最快的行业之一。截至 2010 年，电信业创造直接就业岗位 5000 个，间接就业岗位超过 40 万个。⑤ 移动电话数量的快速增长也成为固定电话用户数量急剧减少的重要原因之一。尼日利亚通信委员会最新统计数据显示，截至 2012 年 2 月底，尼日利亚全国固定电话用户总数为 58.8 万，较 2009 年 12 月的 141.9 万减少了 59.25%。相反，同期移动电话用户数量由 7451.8 万增长至 9603.8 万。⑥ 然而，电信业快速发展的背后仍存在诸多问题，如信号弱、掉线、互联互通不足、覆盖人口范围小，仅 1/3 的尼日利亚人能享受电信服务。

水泥和炼油是尼日利亚最主要的制造业部门。由于基础设施落后，特别是电力供应短缺，2006—2010 年间，制造业发展受到很大限制，增速由 2007 年的 9.57% 下滑到 2010 年的 7.64%，2011 年与上一年持平。⑦ 各年对 GDP 的贡献率变化不大，2010 年、2011 年均为 4.16%。⑧ 此外，金融业、房地产、交通运输业等在 2011 年均有较好表现，成为尼日利亚

---

① National Bureau of Statistics: *Gross Domestic Product for Nigeria*, March 2012, p.15.

② National Bureau of Statistics: *The Review of Nigerian Economy* 2010, December 2011, p.14.

③ National Bureau of Statistics: *Gross Domestic Product for Nigeria*, March 2012, p.15.

④ National Bureau of Statistics: *The Review of Nigerian Economy* 2010, December 2011, p.14.

⑤ National Bureau of Statistics: *The Review of Nigerian Economy* 2010, December 2011, p.46.

⑥ 《两年来尼日利亚固定电话用户数减少 59.25%》，中国驻尼日利亚使馆经商处（http://nigeria.mofcom.gov.cn/aarticle/jmxw/201205/20120508101235.html，2012 年 5 月 6 日）。

⑦ National Bureau of Statistics: *The Review of Nigerian Economy* 2010, December 2011, p.14.

⑧ National Bureau of Statistics: *Gross Domestic Product for Nigeria*, March 2012, p.15.

经济发展的亮点。

三 对外经济关系

1. 对外贸易

2006—2010年，尼日利亚外贸水平有升有降，其中2006年、2008年和2010年出现增长，2007年、2009年出现下降。这种格局在今后或许还会延续，原因是最主要的原油贸易容易受国际市场原油价格及供求关系的影响。① 2011年，尼日利亚商品贸易增长强劲，特别是非石油商品增速明显，同时贸易保持了顺差。国家统计局发布的外贸统计显示，2011年四季度的贸易顺差比三季度大幅增长，增幅97.1%。到2011年末，贸易顺差比2010年增长2.64多万亿奈拉，增幅为41.5%。2011年贸易总额为9.41万亿奈拉，同比增长47.9%，其中原油出口额和非石油商品出口额同比分别增长48%和42.4%。②

出口方面，2011年四季度，尼日利亚的主要出口对象国为美国（出口额为15746亿奈拉）、英国（9002亿奈拉）、印度（6330亿奈拉）、西班牙（5860亿奈拉）和巴西（4724亿奈拉）。主要出口商品为矿产品、塑料、橡胶及制品、半成品食品、饮料、烟酒、蔬菜、车辆、船只等。2011年四季度，原油出口额35099亿奈拉，占出口总额的41.2%。进口方面，2011年四季度比三季度商品进口总额下降36.6%。到2011年末，商品进口总额比2010年增长3.38万亿奈拉，增幅达50.9%。2011年四季度，尼日利亚主要进口来源国为中国（进口额为2850亿奈拉）、美国（1435亿奈拉）、印度（1105亿奈拉）、巴西（1044亿奈拉）和英国（710亿奈拉）；主要的进口商品为锅炉、机械设备、车辆、航空器及部件、蔬菜、贱金属及制品、化工产品等。③

2. 与中国的贸易

2011年，尼日利亚与中国双边贸易发展迅速。据中国海关统计，中

---

① National Bureau of Statistics：*The Review of Nigerian Economy* 2010，December 2011，p. 8.
② National Bureau of Statistics：*Foreign Trade Statistics*：*Fourth Quarter* 2011，03/19/2012.
③ Ibid.

国与尼日利亚 2011 年贸易总额达 107.81 亿美元,双边贸易额首次突破 100 亿美元。其中,中国向尼日利亚出口 92 亿美元,同比增长 37.44%;中国从尼日利亚进口 15.8 亿美元,同比增长 47.91%。尼日利亚已成为中国在非洲的第二大出口市场。[1]

3. 吸引和利用外资情况

2010 年,尼日利亚外部直接投资(FDI)流入为 61 亿美元,2011 年估计为 68 亿美元,同比增长 12%[2],其中石油和天然气行业的投资占主导地位,但基础设施领域的投资也在增长。2012 年 3 月,尼日利亚政府成立营商与竞争力委员会及投资服务委员会,以加强政府各部门间的协调、提高行政效率、改善投资环境及提高国际竞争力。

四 社会民生领域

1. 贫困问题突出

尼日利亚国家统计局的报告称,截至 2010 年底,尼日利亚有 1.12 亿人口生活在贫困线及以下,相对 1.63 亿人口,贫困率高达 69%。2004 年,尼日利亚的贫困率为 54.4%,近年来贫困人口不断增加,预计 2011 年将达到 71.5%。从地域看,西北部和东北部贫困率较高,分别为 77.7% 和 76.3%,西南部较低,为 59.1%。在 36 州中贫困率最高的是索科托州(86.4%),最低为尼日尔州(43.6%)。[3] 尼日利亚经济发展预期良好,但贫困问题有可能进一步恶化,主要是贫富悬殊程度会进一步被拉大,因为尼日利亚不乏富有之人。英国经济学家情报部(EIU)估计,尼日利亚中产阶级人数估计有 5050 万,与非洲最富裕的国家南非的人口总数大致相当,该群体构成了非洲大陆最大的消费市场之一。[4]

---

[1] 《尼日利亚与中国双边贸易总额首次突破 100 亿美元》,中国驻尼日利亚使馆经商处(http://nigeria.mofcom.gov.cn/aarticle/jmxw/201201/20120107944854.html,2012 年 4 月 6 日)。

[2] EIU, *Country Report-Nigeria*, February 2012, p. 3.

[3] 《尼日利亚目前有 1.12 亿人口生活在贫困线》,中国驻尼日利亚使馆经商处(http://nigeria.mofcom.gov.cn/aarticle/jmxw/201202/20120207967073.html,2012 年 4 月 6 日)。

[4] EIU, *Country Report-Nigeria*, March 2012, p. 18.

2. 失业率居高不下

尼日利亚经济的自身特点,决定了其虽可能高速增长,但不容易创造更多的劳动岗位来满足民众的需求。从 2007 年到 2011 年五年间,劳动力市场每年新增就业人口 180 万。主要原因是,尼日利亚自 2006 年以来新建 15 所大学,9 所工学院,9 所教育学院。大量高校毕业生进入劳动力市场;女性结婚年龄比以前要晚,加上女性受教育程度提高,寻求经济独立意识增强,越来越多的女性加入劳动力大军;全球金融危机的影响;年青一代不愿意从事劳动密集型工作,如农业和工厂的工作,而偏爱白领工作,导致许多人进入劳动力市场。尼日利亚国家统计局的数据显示,2010 年失业率为 21.1%,2011 年增至 23.9%,其中农村地区为 25.6%,高于城市的 17.1%。[1]

3. 腐败问题依然严重

尼日利亚独立后,石油繁荣并未有效助推这个国家朝着现代民族国家的方向顺利发展,反而导致在征收和分配石油收入的官员中出现大范围腐败现象,尼日利亚也蜕化成一个"食利国家",基础设施领域和为民众创造就业领域投入很少。几十年来,尼日利亚原油日均产量为 200 万桶。尼日利亚的天然气储量据世界第七位,但其国内电荒问题非常突出。1.6 亿人口中的一多半没有电,而其他人也不得不依靠昂贵的柴油发动机应对电荒。生活困苦的尼日利亚民众很快将对燃料价格的不满转化成对政府腐败、无能的愤怒。在强大的压力面前,乔纳森总统不得不采取措施来对付贪污腐败问题,尤其是在石油领域。乔纳森设立了几个委员会,对尼日利亚国家石油公司(NNPC)的审计工作仍在进行之中。分析人士认为,尼日利亚根深蒂固的腐败问题不会因此被遏制。

4. 宗教极端组织沉渣泛起

2011 年,伊斯兰宗教极端组织"博科圣地"(Boko Haram)在北方制造的暴力事件此起彼伏。由最初宣扬伊斯兰原教旨主义,试图在尼日利亚建立伊斯兰神权国家,2009 年以来,"博科圣地"已蜕化为一个恐怖组

---

[1] National Bureau of Statistics, 2011 *Annual Socio-Economic Report*, pp. 7 – 10.

织。这也是尼日利亚民族宗教矛盾、南北发展悬殊、社会民生问题日益突出相互积聚的结果，加之受2011年总统大选的影响，"博科圣地"自杀式炸弹袭击和暗杀让尼日利亚经历了充满血腥的2011年。贫穷、落后和被边缘化是极端组织泛起的社会背景。统计数据表明，"博科圣地"的发源地和主要活动地区的东北部和西北部均为尼日利亚最贫困的地区。在对"博科圣地"展开武力清剿的同时，尼日利亚政府也为此背上了沉重的经济负担。面对愈演愈烈的危机，尼日利亚政府2012年安排的安全方面的开销高达9210亿奈拉（约合55亿美元），几乎占国家全部预算的20%。①"博科圣地"的暴力活动进一步破坏了尼日利亚本就不佳的国际形象，影响了外资的流入。更令人不安的是，"博科圣地"试图将暴力活动引向南方，在前首都、经济中心拉各斯制造的恐怖活动无疑对投资人的利益造成危害，不利于尼日利亚经济的发展。

结　　语

2011—2012尼日利亚经济改革和发展取得了显著成绩，2012年和2013年尼日利亚经济增速估计仍能达到7%，主要经济增长动力来自非石油行业的稳定发展。尽管2012年初尼日利亚国内经历了取消燃油补贴带来的大罢工和社会动荡，伊斯兰极端组织"博科圣地"在北部地区不断制造恐怖袭击和爆炸事件，但尼日利亚巨大的消费市场仍会吸引外来投资，特别是零售业、电信行业和建筑业将会有强劲增长。另一方面，由于尼日利亚人口众多，社会民生领域问题突出，尼日利亚经济的高速发展很难从整体上提高民众的生活水平。

作者简介

李文刚，博士，中国社会科学院西亚非洲研究所社会与文化研究室副主任，副研究员。主要研究领域为尼日利亚民族、宗教、社会、经济等问题；非洲伊斯兰教；中国与尼日利亚、利比里亚的双边关系。

---

① 《尼日利亚宣布对博科圣地开战》，人民网（http://world.people.com.cn/GB/16962145.html，2012年1月29日）。

安哥拉经济发展报告2011

安春英

自2002年内战结束以来，安哥拉经济一直保持着强劲增长的势头，连续多年保持两位数增速，位居非洲大陆前列。但自2008年国际金融危机爆发以来，安哥拉经济发展遭受重创，经济增长出现急速转向，呈现明显减缓态势。至2011年第四季度，安哥拉经济仍处于复苏性增长情势。为此，安哥拉政府采取一系列刺激经济增长的措施，力图使该国经济尽快走出"慢车道"，加快经济回升的步伐。

一 宏观经济运行状况

安哥拉在遭受全球经济衰退的"严冬"之后，2011年，该国经济进入深入调整期，蓄势待发，以期迎接经济增长的"春天"。从总体看，安哥拉经济运行平稳，经济活力正在激发之中，已出现"回暖"的明显迹象。

1. 国民经济继续保持恢复性增长，增幅略高于2010年

根据英国经济学家情报社的统计，2011年，安哥拉国内生产总值达1045.76亿美元（合98030亿宽扎），增长率为3.7%，这两项指标较上年均有提升。[①] 从该国国民经济主要产业发展状况看，安哥拉农业产量较

---

① EIU, *Country Report*: *Angola*, March 2012, p. 15.

2010年有明显增加,达 10.5%,其中谷物类总产量 140 万吨,根茎类作物产量增至 1600 万吨,畜牧业产量同比增长 29%。虽然石油价格在 2011 年经历了先抑后扬的波动,但由于安哥拉的石油公司产能下降,以及国内钻石产量(860 万克拉)亦仅恢复到国际金融危机前水平,使该国工业产值增幅较小,仅为 1.6%。受累于安哥拉各类基础设施的落后,以及旅游业的低迷因素影响,该国服务业增长率为 4.8%,较上年低 1.4 个百分点。①

2011 年安哥拉主要经济指标

国内生产总值(百万美元)	104576
国内生产总值实际增长率(%)	3.7
人均国内生产总值(按购买力平价计算,美元)	7124
农业增长率	10.5
工业增长率	1.6
服务业增长率	4.8
贸易差额(百万美元)	43953
经常账户差额(百万美元)	13819
消费物价通胀率(年均,%)	13.5
外债总额(百万美元)	18155
国际储备(百万美元)	27706

资料来源:EIU, *Country Report*: Angola, March 2012, pp. 15 - 16.

2. 外贸与投资态势良好,经济活力犹在

2011 年,安哥拉对外贸易总额达到 8742.5 亿美元,出口额为 6568.9 亿美元,进口额为 2173.6 亿美元。与 2010 年同期相比,进出口总额增长 21.2%,出口增长 25.9%,进口增长 8.3%。② 安哥拉主要进口商品为新的水上或水下钻井平台(占 10%)、柴油(6.5%)、汽油(3.4%)、汽车及零部件(1.4%)等;主要出口商品为原油(95.1%)、未经加工的钻石(1.8%)等。2011 年,安哥拉前五大贸易伙伴(国家和地区)分

---

① EIU, *Country Report*: Angola, March 2012, p. 15.
② 系笔者根据英国经济学家情报社公布的数字(EIU, *Country Report*: Angola, March 2012, p. 15.)测算的结果。

别为：中国（29.7%）、美国（15.9%）、印度（8.4%）、中国台湾（6%）和葡萄牙（5.4%）。① 值得关注的是，2011 年中国成为安哥拉最大的贸易伙伴。同时，安哥拉也是 2011 年中国在非洲仅次于南非的第二大贸易伙伴。从中安双边贸易量来看，根据中国海关总署统计，2011 年中国与安哥拉贸易额 276.7 亿美元，同比增长 11.5%；其中从安哥拉进口 248.9 亿美元，同比增长 9.1%；向安哥拉出口 27.8 亿美元，同比增长 38.8%。中国主要从安哥拉进口原油、钻石，向安哥拉出口机电产品、钢铁制品、机械零部件和汽车等。②

安哥拉的资源与市场商机也吸引一些外国政府与企业寻求与该国开展投资合作。2011 年 1 月，安哥拉国家石油公司（Sonangol）宣布，拟开发 11 个深水区块油田，英国（BP）、法国（Total）、美国（Exxon Mobil）、西班牙（Repsol）、丹麦（Maersk Oil）等国矿业公司参与竞标。③ 2 月，日本与安哥拉工业、地质和矿产部达成投资协议，拟通过日本国际合作银行（JBIC）出资 20 亿美元在安哥拉扎伊尔省兴建一座化肥厂。此外，日本还将派遣技术人员并出资为安哥拉兴建一个年产 50 万吨钢材的冶金厂以及水泥、食糖和乙醇生产厂，并将参与安哥拉水电、港口和基础设施建设，投资安哥拉钻石、黄金、铀等战略物资的开发和开采。④ 4 月，中国的中工国际股份有限公司与安哥拉农业、农村发展和渔业部分别签署了安哥拉卡玛库巴农场项目和安哥拉古印巴农场项目商务合同，合同金额为 1.68 亿美元，项目内容包括荒地开垦、水利及农田灌溉设施建设、配套基础设施建设、农机设备供应、仓储与加工设施建设以及农场相关技术和管理人员的培训等。⑤ 9 月，巴西一家企业（Odebrecht）得到安哥拉商业部的批准，购得安哥拉超市连锁企业（Nosso Super）的经营管理权。⑥

---

① 《2011 年中国成为安哥拉第一大贸易伙伴》，中国驻安哥拉使馆经商处（http://www.mofcom.gov.cn/aarticle/i/jyjl/k/201203/20120308010071.html，2012 年 3 月 12 日）。
② 《2011 年安哥拉是中国在非洲第二大贸易伙伴》，中国驻安哥拉使馆经商处（http://ao.mofcom.gov.cn/aarticle/sqfb/201202/20120207951094.html，2012 年 2 月 4 日）。
③ EIU, *Country Report*: *Angola*, March 2011, p. 14.
④ 《日本加大对安哥拉的经济渗透》，中国驻安哥拉使馆经商处（http://www.mofcom.gov.cn/aarticle/i/jyjl/k/201102/20110207420296.html，2011 年 2 月 28 日）。
⑤ 《中工国际签署 1.68 亿美元合同》，新浪网（http://finance.sina.com.cn/stock/t/20110419/20479717091.shtml，2011 年 4 月 19 日）。
⑥ EIU, *Country Report*: *Angola*, October 2011, p. 14.

2012年2月，俄罗斯与安哥拉政府签订了关于加强双方在技术、矿业、民用航空和其他领域的合作协议。[1]

3. 财政收支保持盈余，主权信用评级再获提升

2011年，安哥拉政府继续实行可持续经济发展战略，将减贫战略支出和基础设施建设支出作为政府的支出重点。在大量偿还外债（2011年安哥拉外债还本付息总额为59.13亿美元）的情况下，政府财政收支继续改善，经常账户余额由上年的74.21亿美元增至138.19亿美元，政府财政预算收支盈余相当于国内生产总值的7.1%。而且，安哥拉中央银行的外汇储备（不包括黄金）继续增加，到2011年底达到272.91亿美元。这一年，安哥拉汇率基本保持稳定，年末美元汇率为1∶92.27，本币宽扎相对于美元贬值幅度不到3%。在政府的宏观政策指导下，全年消费物价通胀率呈稳定下行之势，2011年一至四季度通胀率分别为15.0%、14.6%、13.2%和10.6%，达到了政府提出的年度通胀控制在12%以下的目标。[2] 2011年6月，国际评级机构惠誉（Fitch）和穆迪公司（Moody）分别将安哥拉主权债务评级从2010年6月的B+级上调至BB-级和由B-上调至Ba3（相当于前述BB-级）。[3]

二 影响经济增长的主要因素

安哥拉经济属资源型外向经济，其经济发展既有赖于国际经济环境，也与国内相关政策密切相关。

1. 石油和钻石等国际初级产品价格高位波动，为安哥拉经济增长创造了良好的外部贸易环境

石油是安哥拉最主要的经济资源。2011年，由于欧佩克限产和英国石油公司（BP）等主要在安哥拉从事经营开采活动的石油公司油田设备检修，致使该国的石油产能有所下降，较上年日产原油178万桶相比，全

---

[1] EIU, *Country Report*: *Angola*, March 2012, p. 11.
[2] EIU, *Country Report*: *Angola*, March 2012, pp. 15–16.
[3] EIU, *Country Report*: *Angola*, June 2011, p. 12.

年平均产能只有 165 万桶，① 这对安哥拉出口和经济增长造成较大影响。但得益于 2011 年下半年国际原油价格的大幅回升（每桶 75 美元左右升至 100 美元以上），全年以 10% 的价格增幅迈向 2012 年，由此使安哥拉仍然获得了良好的出口收入。此外，安哥拉作为全球第四大钻石生产国，在国际钻石交易价值由 2009 年的每克拉 87 美元提高到 2011 年的 120 美元、而该国产量未现大幅提升的情况下，却因此创造了 12 亿美元的外汇收入，亦比 2010 年 9.5 亿美元收入有显著增加。② 综上，安哥拉大宗商品出口价格的攀升，有助于改善政府财政收入状况，以及拉动国民经济保持恢复性增长。

2. 国内消费和投资增强

首先，从消费层面看，近一两年，随着安哥拉经济形势的好转、政府财政收入和居民人均收入的增加，拉动了国内消费需求。2011 年，安哥拉国内私人消费和政府消费占国内生产总值的比重分别为 7.8% 和 12.2%，比上年分别增加了 2.3 和 4.7 个百分点。③ 其次，从投资层面看，安哥拉政府于 2011 年 5 月颁布了新的私人投资法，吸引各类投资。其主要内容是：一是将最低投资额从 10 万美元（外国人）和 5 万美元（本国人）提升到 100 万美元，不再区别对待本国和外国投资者；二是重点鼓励有利于按国家经济平衡发展，特别是经济落后地区经济发展的私人投资；三是每个投资项目的税收减免、利润和股息返还原籍国等优惠待遇不再是自动赋予，而是根据项目位置、投资金额、投资方式及对安经济、社会、环境的影响等多方面因素，由投资方与安哥拉私人投资署牵头的跨部门委员会通过谈判确定；四是将公路、铁路、电力、农业、加工业、社会住房等列为优先发展领域。④ 除政策因素外，安哥拉仍未完成战后基础设施修复与重建工作，正处于基础设施建设高潮的"第二波"，由此带动国内外投资。2011 年，安哥拉固定资产投资占国内生产总值的比重增长

---

① EIU, *Country Report*: *Angola*, December 2011, p. 13.

② *Africa Research Bulletin*: *Economic Financial and Technical Series*, May 16th-June 15th 2011, Vol. 48, No. 5, p. 19137.

③ EIU, *Country Report*: *Angola*, October 2011, p. 15.

④ 《2011 年安哥拉经济概况及 2012 年走势预测》，中国驻安哥拉使馆经济商务参赞处（http://ao.mofcom.gov.cn/aarticle/sqfb/201112/20111207906447.html，2011 年 12 月 29 日）。

13%。与此同时，安哥拉还是非洲最大的外资流入国。据经合组织（OECD）估计，2011年该国吸收的外国直接投资将比2010年（99亿美元）增加50%。[①]

3. 经济多元化政策初显成效

为抵御经济风险，安哥拉政府正视全球金融危机带来的负面影响，"危"中求"机"，采取一系列政策措施，大力推行经济多元化，把非石油产业尤其是农牧渔业、加工业作为优先发展方向。其一，调整农业政策，为农业发展提供金融服务。2011年，安哥拉政府依托农业信贷计划，银行向3.4万名农户提供了6000万美元贷款，使农业部门获得高速增长。为解决粮食短缺问题，安哥拉的农业、农村发展与渔业部正在制订"促进玉米增产计划"，旨在通过一系列的具体政策与措施，提高玉米产量，使其在目前年产100万吨的基础上提高85%。[②]其二，延长产业链，大力推动中小企业发展。虽然安哥拉是撒哈拉以南非洲仅次于尼日利亚的第二大原油生产国，但由于该国炼油能力低，仅能满足国内不足30%的原油消费。鉴此，安哥拉石油部长于2011年6月宣布，该国将在扎伊尔省建造一座新炼油厂，设计加工原油能力为20万桶/日，[③]此举既可缓解国内石油消费供需矛盾，又可增加资源开发的附加值。作为私有企业刺激计划的一部分，安哥拉政府向包括外资企业在内的中小型企业提供总额超过8亿美元的贷款。这些贷款可以在全国500个银行机构申请。获得贷款的多少取决于企业的规模。其中，微型企业可以申请最多6000美元的贷款，期限在三到九个月不等，需在24个月之内还清；其他企业可以得到最多800万美元的贷款，宽限期为一年，还款期为七年。[④]其三，加大外汇和

[①]《安哥拉去年经济增6.3%》，澳门商报网站（http://www.maccpnews.com/NewInfo.aspx?id=2074&typeid=35，2012年1月5日）。

[②] 根据联合国粮农组织估计，目前安哥拉有44%的人口处于营养不良状态。另据安哥拉谷物研究所统计，安哥拉粮食产量仅有200万吨，而国内居民、动物和工业生产所消耗的粮食大约需要400万吨，这就意味着该国粮食需求量的一半依靠进口来满足。See EIU, *Country Report*: *Angola*, October 2011, p. 14.

[③] EIU, *Country Report*: *Angola*, August 2011, p. 14.

[④]《安哥拉向包括外资企业在内的中小企业提供总额超过八亿美金贷款》，中国驻安哥拉使馆经商处（http://ao.mofcom.gov.cn/aarticle/sqfb/201203/20120308006877.html，2012年3月9日）。

金融制度改革力度。2011年3月,安哥拉在中央银行内部增设了司职管理银行流动资产、汇率和经营风险的新部门。为减少国内经济对外汇的依赖,安哥拉修改了《外汇法》,规定银行金融资本中安哥拉本币宽扎存量不得少于总量的80%。① 2012年1月,安哥拉政府颁布了《石油业汇率制度法》。根据该法律规定,安哥拉石油、天然气领域的勘探、研究、评估、生产等经营活动相关费用都以安本国货币宽扎结算,这将为安哥拉金融领域干预和协调石油业发展创造基本条件。② 因此,在安哥拉政府的不懈努力下,非石油产业对经济增长的贡献率上升。2011年,安哥拉政府来自非石油部门的财政收入增加了7.5%。③

三 余论:超越外源型经济增长模式

从安哥拉多年持续的两位数的经济增速到2011年中低速的经济增速,从国际金融危机和欧债危机对该国经济发展的冲击,从该国石油产能变动产生的折射效应,充分暴露出安哥拉经济发展中的结构性缺陷。其一,虽然,安哥拉政府为实现经济多元化战略付出了不懈的努力,但国家经济发展严重依赖石油业的状况并未发生根本性变化。当前,石油产出仍占国内生产总值的45%—50%、国家财政收入的75%以上,以及全部出口收入的98%。④ 这就意味着国际油价的波动与国内石油产量的变化均会对经济增长产生关键性的影响,呈现脆弱性经济增长态势。其二,安哥拉是一个自然资源丰富的国家,但并未实现由资源优势向产业优势乃至经济优势转化。安哥拉是撒哈拉以南非洲第二大石油资源国和生产国,而由于该国原油加工能力有限,多以原油初级产品形式供应国际市场,国内石油消费的70%却需从国外进口,由此造成该国资源利用的低附加值状况,资源开发利用并未创造应有的高收益。其三,安哥拉目前仍处于战后恢复重建过程

---

① EIU, *Country Report*: *Angola*, March 2011, p. 7.
② 《安哥拉颁布〈石油业汇率制度法〉》,中国驻安哥拉使馆经商处(http://www.mofcom.gov.cn/aarticle/i/jyjl/k/201201/20120107927597.html,2012年1月13日)。
③ *Africa Research Bulletin*: *Economic*, *Financial and Technical Series*, November 16th-December 15th 2011, Vol. 48, No. 11, p. 19339.
④ *Africa Research Bulletin*: *Economic*, *Financial and Technical Series*, October 16th-November 15th 2011, Vol. 48, No. 10, p. 19304.

中，在基础设施、产业发展等领域需要大量外国投资，外资是推动国民经济增长的重要引擎。因此，外资驱动型战后重建经济特征较为明显。那么，当安哥拉走出战后重建这一特殊历史阶段，其经济增长动力的可持续性问题值得关注。

从长远来看，基于安哥拉经济发展特征以及其与国际经济的关联度，寻求开放的内生经济增长之路应是该国的战略选择。在参与国际经济合作过程中，理性认知安哥拉具有的比较优势和劣势，注重开发国内人力资本和吸收适合本国资源要素的技术，使本国产品结构和出口产品结构不断上移。同时，引导国际资本流向非石油产业，加快技术升级，实现国内产业均衡化发展速度，改变国内产业发展失衡状况，培育多个经济增长点，以期建构安哥拉开放的内生经济增长模式。

作者简介

安春英，中国社会科学院西亚非洲研究所编审，主要研究非洲经济、减贫与可持续发展问题。

毛里塔尼亚经济发展报告 2011

亚黑亚

毛里塔尼亚经济结构单一，基础薄弱，多数人口依靠农业和畜牧业为生。铁矿业和渔业是毛里塔尼亚国民经济的两大支柱，油气产业是新兴产业。外援在国家发展中起着重要作用。2008年8月政变后，总额达5亿多美元的外援遭冻结，但作为经济支柱的渔业、矿业、石油国际合作未受到制裁影响，毛经济取得低速增长。2009年8月，阿齐兹就任总统后，国际援助、合作逐步恢复。

一 毛里塔尼亚经济概况

毛里塔尼亚（以下简称毛塔）人口约334万，人均GDP为1093美元（2011年数据），是北非阿拉伯国家资源较丰富，工业、交通落后的国家。[①] 矿业和渔业是毛塔国民经济的两大支柱，铁矿业是毛塔最重要的产业，储量估计达107亿吨。2011年，毛塔的铁矿石产量为1180万吨。[②] 渔业资源储量400万吨，产值占毛塔国内生产总值的10%左右，近几年，

[①] 毛里塔尼亚国家统计局：《毛里塔尼亚国家统计》（http://www.ons.mr，2012年4月）。

[②] 毛里塔尼亚国家矿业公司 SNIM：" Communiqué de presse"（http://www.snim.com/fr/news/communique-de-presse-6.html，2012年1月15日）。

通过出口和发放捕鱼许可证，毛塔渔业年平均收入在2.5亿—3亿美元之间。油气产业是毛塔新兴产业。2006年2月毛塔正式成为石油生产国，石油储量估计300万桶，目前日产原油25万桶左右。其他资源如铜矿储量约有2200万吨，金矿约300吨，石膏约40亿吨，磷酸盐1.4亿吨。

毛里塔尼亚国内市场狭小，需求不旺，投资有限，工业发展缓慢，有限的工业主要是渔产品加工业、小型制造业等。其制造业以食品加工为主，仅占国内生产总值的8%。农业则主要靠天吃饭，粮食产量在15万吨左右，主要农作物有高粱、水稻、小米、玉米、小麦、大麦、豆类、椰枣、蔬菜等，农业产值占国内生产总值的3.7%。毛塔的粮食自给率仅为15%，严重依赖国际援助，每年需大量进口粮食，主要进口谷物、糖、油、烟草。畜牧业在毛塔国民经济中占据重要地位，产值约占国内生产总值的15%，主要畜养羊、牛和骆驼，每年能向欧洲出口很少部分牛、羊生皮。但是，毛塔几乎没有固定的大畜牧养殖场，只有少量的畜牧养殖户，且近年来越来越固定在有水源的地方。毛塔林业面积十分有限，森林及绿地占国土面积的4.3%。全国森林总面积仅4.8万公顷，近一半（2.2万公顷）集中在塞内加尔河流域。由于缺少能源，毛塔50%家庭用木柴烧饭，其中农村的这一比例达76%，这使得本来就为数不多的森林资源面临着被砍伐、毁灭的危险。①

二 2011年毛里塔尼亚经济形势

1. 物价和汇率方面

2011年度，毛里塔尼亚的物价略微上升。2011年2月，毛塔的通货膨胀率为5.6%，到2012年2月，变为5.8%。其中，消费价格水平上升了1.2%，能源价格上涨3.6%，鲜活商品的价格微涨1%。② 汇率方面，2011年，毛塔本国货币相对欧元略微升值。欧元对乌吉亚的汇率从一季度的1：395.8到四季度的1：388.6，乌吉亚比前期升值1.8%，不过，兑美元则继续贬值，美元兑换乌吉亚的汇率为1：279.9，2012年4月底

---

① 《毛里塔尼亚指南》，中国驻毛里塔尼亚中国使馆网站（http://mr.china-embassy.org/chn/sbgx/t230014.htm，2012年4月25日）。

② 毛里塔尼亚国家统计局："Indice Harmonisé des Prix à la Consommation（IHPC）"。

降到1：293。

2. 工业生产方面

采掘业、食品和饮料业以及建材业是毛塔拉动工业增长的主要领域。2011年，毛塔工业生产总体有所下降。其中，铁矿产量增加，第三季度为257.3万吨，而第四季度上升到260.1万吨。石油产量继续下跌，电量和水量则均有所提高，分别提高了7.2%和3.8%。食品和饮料业生产能力提高，第四季度，食品指数比前期上升了16.7%（主要是鱼粉等鱼产品加工业增加），饮料生产指数上升了16.6%。另外，建筑材料生产指数下降，第四季度比第三季度下降了19.1%。

3. 外贸方面

2011年毛塔进出口贸易总额为84.18亿美元，同比（2010）金额增长了约6.7%，其中进口41.72亿美元，主要是建材、汽车和配件、石油的进口增加，出口42.46亿美元，主要受铁矿以及渔业影响。矿业仍然占主要出口地位，占出口额的73.8%。主要贸易合作伙伴及份额分别是：欧洲占42.8%，主要贸易国是瑞士、法国、西班牙；亚洲占34.7%，主要贸易国是中国、日本；中东占14.7%，主要贸易国是阿联酋；非洲占4.8%，主要贸易国是塞内加尔、摩洛哥、南非。[①]

按照产品的出口额分类，铁矿的出口占总出口额的比例最大，为52.1%，主要出口地为中国（70.1%），其次为渔业产品，占了14.6%，其中冻鱼占渔业出口量的88.2%，主要出口地是日本（33.2%）、西班牙（26.9%）、俄罗斯（6.8%）、加纳和科特迪瓦，鱼罐头和鱼粉等加工产品主要出口地是俄罗斯（50.6%）、加纳（17.2%）和法国（8.9%）。另外，金矿的出口也不少，占总出口额的13.8%，主要出口瑞士。其余的矿产品还有原油（占11.6%）、铜矿（占7.8%），均主要出口中国。[②] 整体来看，亚洲占毛塔出口份额的56.5%，欧洲次之，占40.4%，亚洲超

[①] 毛里塔尼亚国家统计局："Note trimestrielle du commerce extérieur de la Mauritanie 4ème trimestre 2011。

[②] 同上书，第7页，附件表一（Tableau 1：Exportations globales du quatrieme trimestre 2011 par type de produits）。

过欧洲成为毛塔最主要的出口市场。①

按照产品的进口额分类，其中，设备占总进口额的 27.7%；石油类产品占 31.2%（其中柴油占 60%），较上年增加 26.3%；食品占 11.6%，较上年下降 24%；动物和植物油占 11.3%，比前期减少 13.2%；建筑材料占 11.7%，比前期上升 36.1%。②

从产品的进口区域来看，欧洲 45.1%，其中比利时、法国、西班牙三个国家占设备进口的 32.7% 和建筑材料进口的 16.7%；其次是中东地区，占 29%，其中阿联酋占 98.7%；再次是亚洲，占 13.5%，其中中国 52%，日本 20.9%，主要进口产品是投资性设备、汽车和零配件、建材；以下依次是非洲（占 7%，主要进口食品和建筑材料）和美洲（占 7%，主要进口产品是食品和投资性设备）。③

三 毛中双边经贸关系

毛里塔尼亚和中国自 1965 年以来一直保持着稳固的双边关系。这种特殊和互利的关系经受住了世界时局多变化和动荡的考验。在政治方面，两国相互支持，在双边关系以及中非论坛、中阿论坛的合作框架内，双方一直相互配合，相互协调，保持着立场的高度一致④。

2011 年两国贸易额达到了 12.47 亿美元，较之上年有了巨大的增长。⑤ 中毛进口贸易额为 8.54 亿美元，中毛出口贸易额为 2.42 亿美元。矿产方面，历史上，欧洲是毛塔传统的铁矿砂销售市场，从 2006 年起，毛塔开始向中国出口铁矿石，并不断扩大其对中国的供应。近年来，毛塔

---

① "Note trimestrielle du commerce extérieur de la Mauritanie 4ème trimestre 2011"，第 8 页，附件表三（Tableau 3：Exportations du quatrieme trimestre 2011 par produit et selon la destination）。

② 同上书，第 9 页，附件表四（Tableau 4：Importations globales du quatrieme trimestre 2011 par type de produits）。

③ 同上书，第 9 页，附件表五，附件第表三（Tableau 5：Importations au cours du quatri?me trimestre 2011 selon l'origine）。

④ 《中毛双边关系》，毛里塔尼亚驻华大使馆网站（http：//www.ambarim-beijing.com，2012 年 1 月 5 日）。

⑤ 《毛塔总统阿齐兹欢迎中国投资》，人民网（http：//arabic.people.com.cn/31659/7602343.html，2011 年 9 月 22 日）。

60%以上的铁矿砂出口到中国，2011年，中国成为了毛塔铁矿砂的最大买主。农业方面，自1968年以来，中国的农业专家就来到努瓦克肖特南部的水稻田进行指导，他们是毛里塔尼亚灌溉水稻技术的开拓者。

总体来看，2011年，毛中的贸易结构与往年相比基本保持不变，双边贸易发展稳定。中国则应动脑筋、想办法，下力气减小逆差，开发新的、过得硬的出口产品，打入毛塔市场，丰富产品种类，扩大出口领域。中国的机械设备、建筑材料、方便食品、经济实用的小商品等都有扩大市场份额的可能。出口企业应在保证出口产品质量、维护企业信誉、完善售后服务的前提下，打破欧洲国家长期占据毛里塔尼亚市场的传统，开创互利双赢的贸易发展新局面。

目前两国贸易中的问题主要是中国某些商品质量欠佳损害了中国产品的声誉。究其因，一方面是一些毛里塔尼亚商人一味追求低价牟取暴利，另一方面是中国某些地方对出口商品检验不严，致使一些不良企业的假冒伪劣产品进入毛里塔尼亚市场。相信随着这些问题的不断解决，毛中经济关系将会更加趋于良性与高效。

总之，中国与毛里塔尼亚经济关系前景广阔，双方可在援助互利合作与贸易等层面拓展新领域，探索新模式，发挥双方的经济合作潜能，建立更好的经贸关系。

作者简介

亚黑亚，男，1976年生，毛里塔尼亚人，浙江师范大学非洲研究院助理研究员。2011年毕业于上海复旦大学经济学院获经济学博士学位。主要从事北非国家与中国经贸关系研究，并承担阿拉伯文、法文、英文和中文翻译工作。

第四篇

人文与社会发展态势

非洲教育与人力资源发展报告 2011

李育球　周志发

　　2011年是非洲教育与人力资源发展的重要一年。斯威士兰颁布了《斯威士兰教育与培训部政策》；南非出台了两大教育计划：《国家技术发展战略3》和《高等教育与培训部修订的战略计划（2010/2011—2014/2015）》；毛里求斯教育与人力资源部发布了《职前教育新战略》；非盟成立了泛非大学。从这一年非洲的人力资源发展和人类发展指数看，非洲总体水平还很低，面临巨大挑战，也存在着希望。

　　2011年是非洲教育与人力资源发展的重要一年。这一年是非洲教育一体化的重要一年，是执行非盟出台的《非洲教育"二·十"行动计划（2006—2015）》（The Second Decade of Education for Africa（2006—2015）：Plan of Action）的中间年，该计划主要目的在于开发非洲各国教育管理信息系统，建构区域教育一体化的有效机制。也是泛非大学（Pan-African University，PAU）正式成立的一年。这一年还是非洲各国教育改革与教育战略制定的重要一年。例如斯威士兰（The Kingdom of Swaziland）颁布的《教育与培训部政策》、南非（The Republic of South Africa）的《国家技术发展战略3》和《高等教育与培训部修订的战略计划（2010/2011—2014/2015）》以及毛里求斯（The Republic of Mauritius）教育与人力资源部发布的《职前教育新战略》（New Strategy for Prevocational Education）等。本报告主要围绕两大部分展开，第一部分是非洲人力资源状况和人类发展指数报告，旨在从面上概览非洲人力资源和人类发展水平及存在的主要的问题；第二部分是教育政策或计划案例以及泛非大学成立，力图揭示非洲教育发展状况与特征。这两者之间存在内在关联，由于种种历史和自然原因，全球化新形势下非洲的人力资源发展虽然取得了不少进步，但总体上仍存在巨大挑战和诸多问题。非洲人力资源的现代化发展是非洲现代化的关键，而教育是发展人力资源的首要途径。从某种意义上说，非洲教育改革与教育政策或计划的制订和执行就是为了发展非洲人力资源，以满足个体、社会和国家现代化需要。人力资源发展不仅仅是一个经济议题，也是一个与社会和政治紧密相关的议题。2011年的教育发展尤其在教育政策或计划中充分体现了两大主题：效率和公平。前者强调经济的合法性，后者强调政治的合法性，因此2011年非洲教育与人力资源发展凸显出了两大特征：重视质量与效率，强调全纳与公平。

一 非洲人力资源与人类发展概览

1999年，南非总统姆贝基（Mbeki）提出了"非洲复兴（African Renaissance）"的概念。该概念很快在整个非洲大陆得以传播。然而，非洲大陆要从总体上实现联合国千年发展目标，仍面临巨大的挑战。尤其是在全球化背景下，竞争力越来越多地基于个人、企业和国家对知识的掌握和使用。所以说，要解决非洲发展问题，乃至实现非洲的伟大复兴，教育无疑是最重要的途径。唯有通过教育，开发其人力资源，才能促进经济的健康发展，摆脱对外援的依赖，真正实现经济的独立自主。人口是人力资源发展的第一要素。那么，至2011年，非洲大陆人口状况总体如何呢？20世纪七八十年代，非洲国家妇女平均生育数分别为6.8和6.7个，[①] 至2011年仍高达5个左右，尼日尔是7个。1960年，非洲大陆的人口为2.82亿，占世界人口的9.3%。至2005年，其人口猛增至9.06亿，占世界人口的14.0%。至2011年，非洲人口达到10.51亿，其中尼日利亚的人口1.62亿，是非洲最大的人口大国。至2025年，非洲人口预计达到14.44亿，2050年可达到23亿，是2011年的2.2倍。就人口地区分布而言，2025年，北非国家人口预计达到2.61亿、西非人口达到4.52亿、

---

① 世界银行：《2006年世界发展报告》，中国财政金融出版社2006年版，第42页。

东非人口达到 4.86 亿、中非人口达到 1.83 亿、南部非洲人口达到 0.63 亿；至 2050 年，北非国家人口预计达到 3.23 亿、西非人口达到 7.92 亿、东非人口达到 8.26 亿、中非人口达到 2.91 亿、南部非洲人口达到 0.68 亿。

就单个国别而言，2025 年，尼日利亚人口预计达到 2.371 亿、埃塞俄比亚 1.198 亿、埃及 1.009 亿、刚果（金）0.954 亿；至 2050 年，尼日利亚人口预计 4.33 亿、埃塞俄比亚 1.74 亿、埃及 1.235 亿、刚果（金）1.49 亿。而且，非洲是孩子教育问题全世界负担最重的国家。在发达国家，15 岁以内人口所占本国人口的比例平均为 26%，比如美国是 25%、加拿大为 16%，而非洲国家 15 岁以内人口所占本国人口的比例为 41%。全世界 15 岁以内人口所占总人口的百分比，排在前十位的都是最为落后的非洲国家，如表 1 所示。65 岁以上人口占全国人口的比例，在发达国家平均为 16%，比如美国是 13%，加拿大为 14%，而非洲国家平均仅为 4%。[1]

非洲 15 岁以内人口所占总人口的百分比表

尼日尔	48.9%
乌干达	48.3%
马里	47.6%
安哥拉	47.3%
赞比亚	46.5%
布隆迪	46.3%
刚果（金）	46.0%
莫桑比克	45.3%
乍得	45.3%
布基纳法索	45.2%

数据来源：http://www.prb.org/pdf11/2011population-data-sheet_eng.pdf.

上述人口数据表明，非洲国家人力资源培训的负担十分沉重。那么，至 2011 年，其人力资源发展状况如何？1990 年，联合国开发计划署（U-

---

[1] http://www.prb.org/pdf11/2011population-data-sheet_eng.pdf.

nited Nations and Development Program，UNDP）提出了人类发展指数（Human Development Index，HDI），用于衡量各国国民的"寿命、知识的获取和体面的生活水平"等三个基本方面所取得的成就。具体地说，寿命是指"出生时预期寿命"；知识的获取是指"成人识字率及小学、中学和大学综合毛入学率"；体面的生活水平是指"人均国民收入（GNI）"。就非洲54个国家而言，人类发展指数能达到较高标准（如附表4所示，HDI数值 > 0.741）的非洲国家，只有塞舌尔、利比亚，其人类发展指数数值分别为0.773和0.760，仅占非洲国家的3.8%。在人口方面，2011年塞舌尔的人口仅为10万，利比亚的人口为640万，突尼斯的人口为1070万，仅占非洲国家总人口的万分之二。人类发展指数能达到中等水平（HDI数值 > 0.630）的有毛里求斯、突尼斯、阿尔及利亚、加蓬、埃及和博茨瓦纳，分别为0.728、0.698、0.698、0.698、0.674和0.633，占非洲国家的11.5%，相应国家的人口分别为130万、1070万、3600万、150万、8260万和200万，仅占非洲国家总人口的12.87%。

在所列的187个国家之中，人类发展指数最差的20个国家，非洲有19个之多。2011年人类发展指数全球名列最后一位的刚果（金），人口有6780万，其中80%的居民一天的生活费不超过2美元；人类发展指数数值列为161位的乌干达（人口：3450万）、人类发展指数数值列为143位的肯尼亚（人口：4160万）、人类发展指数数值列为113位的埃及（人口：8260万），一天生活费不超过2美元的比例分别为：65%、40%和19%。[1] 即使是人类发展指数颇高的利比亚、突尼斯、埃及等国，因2010年底至2011年爆发全国性的动荡，使得这些国家未来数年人类发展指数受到严重影响。

就平均寿命而言，非洲国家平均寿命能过70岁的有塞舌尔、利比亚、毛里求斯、突尼斯、阿尔及利亚、摩洛哥和佛得角，大多集中在北非。而在黑非洲，只有两个小国塞舌尔和佛得角平均寿命超过70岁。像喀麦隆（61.1岁）、南非（52.8岁）、尼日利亚（51.9岁）等黑非洲大国，人口的平均寿命已严重威胁到该国的可持续性发展。究其原因，除了卫生状况之外，艾滋病对其的影响是最大的。在黑非洲，2010年艾滋病患者估计有2290万，较2009年的2250万略有提高。像斯威士兰、博茨瓦纳、莱

---

[1] http://www.prb.org/pdf11/2011population-data-sheet_eng.pdf.

索托等国，成年人（15—49岁）的患病率达到24.8%和25.9%。南非人口有5050万，但艾滋病感染人数达到560万，尼日利亚人口有1.62亿，艾滋病感染人数达到330万。①

在平均受教育方面，发达国家平均受教育时间为11.9年，预期上学时间为16.64年。而非洲国家平均受教育时间为4.68年，仅为发达国家的平均上学时间的39%，预期上学时间为9.66年，为发达国家预期上学时间的58%，此数据统计还不包括教育质量问题。像埃塞俄比亚、佛得角、毛里塔尼亚、安哥拉、塞内加尔和喀麦隆平均受教育时间仅为1.5年、3.5年、3.7年、4.4年、4.5年和2.8年，基础教育十分落后。非洲国家经过三十多年的发展，在"寿命、知识的获取和体面的生活水平"三方面未能得到真正的改善。

二 非洲教育综合化、战略化、一体化发展案例分析

2011年非洲教育发展呈现出综合化、战略化和一体化三大特征。《斯威士兰教育与培训部政策》体现了综合化特征，它针对斯威士兰具体国情，制定了比较全面、系统的教育政策。南非的《国家技术发展战略3》、《修订的战略计划（2010/2011—2014/2015）》和毛里求斯的《职前教育新战略》充分体现了战略化特征，这两个计划都提出了具体的、合适的战略目标和议题，非盟成立泛非大学则突显了一体化特征，它标志着非洲高等教育一体化迈向了新台阶。下面逐一介绍之。

1.《斯威士兰教育与培训部政策》

2011年4月斯威士兰王国（Kingdom of Swaziland）教育与培训部（Ministry of Education and Training）发布了《斯威士兰教育与培训部政策》（The Swaziland Education and Training Sector Policy）。② 它是一部比较全面系统的教育政策。教育与培训部以"培育启蒙的、参与的公民"为指导哲学思想，确立了这样的政策使命（Mission）：通过可持续执行的

---

① http://www.avert.org/africa-hiv-aids-statistics.htm#.

② http://planipolis.iiep.unesco.org/upload/Swaziland/SwazilandEducationSectorPolicy2011.pdf.

综合的教育与培训政策确保所有的斯威士兰公民有权接受全纳的（Inclusive）、终身素质教育和培训（Life-long quality education and training）。并确立了以下的政策目标（Goal）：公平的全纳的教育系统规定为所有学习者提供免费的基础义务教育和优质高中教育，以及以后的终身教育和培训的机会，以此促进他们个体发展，促进斯威士兰的社会、经济、文化发展和全球竞争力。此外，该政策还提出了六大指导性原则：（1）教育与培训权利原则：每一个斯威士兰公民都具有适合他们年龄和需要的受教育和培训的权利。这其中包括免费的基础义务教育（Free and compulsory basic education）。（2）公平与保护原则：每一个斯威士兰公民都有平等的权利、机会和责任，都将受到免于各种形式的歧视和羞辱的保护，这些歧视包括基于信仰、文化、性别、残疾、孤儿身份、经济不利者或者艾滋病患者的歧视。（3）教育与培训的适切性与质量性原则：所有的教育与培训将确保其质量和对斯威士兰及其公民的社会经济与文化需要的相关性。（4）可承受性与参与性原则：不因其成本将斯威士兰公民排斥在合适的正式的和非正式的素质教育与培训之外。（5）合作性原则：国家教育与培训部将为此政策的执行负责，且时刻试图寻找有效的国家、地区和国际的合作伙伴以提高和确保政策的顺利进行。（6）对待普遍灾难和发展现象原则：每一个教育与培训部官员都将对整合灾难与发展现象负责，例如艾滋病、性别、全纳和为可持续发展而发展等现象等。这六大原则可以归结为两大主题：公平与效率。

该政策还提出了七大广泛性（Wide）的政策议题（Issue）：（1）艾滋病；（2）作为护理和支持中心的学校（Schools as centres of care and support 简称为 SCCSS）；（3）全纳教育（Inclusive Education）；（4）课程发展；（5）教育指南与心理服务；（6）孤儿与脆弱儿童（Orphans & Vulnerable Children）；（7）可持续发展的教育（Education for sustainable development，ESD）。由于斯威士兰是个艾滋病高发国家，2006 年至 2007 年间其感染率为 26%，也就是说所有 15 岁至 49 岁之间的斯威士兰人中超过四分之一的人被感染过。为此该政策制定了短、中、长期艾滋病战略框架，以阻止艾滋病的蔓延，减少它对教育的影响。SCCSS 是一个基于权力的概念，它是一种旨在促进儿童和谐发展的教育系统，是一种全纳的策略，其目标在于为所有儿童提供健康安全的学习环境。全纳教育政策是一种不论其性别、生活状况、身体状态、残疾、发展阶段和学习能力、成绩水平、财政和其他条件，满足所有学习者需要的政策。全纳教育集中体现了该政策的公平正义性。课程发展是有效教育系统的核心。可持续发展教育政策重点发展高级思维技能和个体的、社会的以及环境能力。从以上七大广泛性的政策议题，不难发现其针对性、教育性、发展性和正义性四大特点，艾滋病议题集中体现了针对性；全纳教育和孤儿与脆弱儿童议题集中体现了公平和正义性；SCCSS和可持续发展教育议题集中体现了发展性；课程发展议题集中体现了教育性。此外，教育与培训部门政策还提出了七大普遍性的政策议题：性别；防止暴力、虐待和剥削；准入标准；教学媒介（前四个年级西斯瓦提文SiSwati为官方教学语言，之后英语为官方教学语言）；积极的学校纪律；校服；标准化评价这七个方面。

下属部门政策目标与策略是教育与培训部门政策的重要组成部分，它分为七个方面：幼儿培育；初等教育；中等教育；职业技术教育与培训技术发展（TVETSD）；第三级和高等教育；教师教育与培训；非正规与继续教育。

《斯威士兰教育与培训部政策》是一部既全面而又系统的国家教育计划。综合性是它最大的特点，它几乎囊括了所有的教育发展基本问题，并且制定出了详细且具有可行性的短、中、长期战略框架。它将对斯威士兰的教育现代化和社会发展产生重要的影响。

2. 南非的《国家技术发展战略3》

《国家技术发展战略3》（National skill development strategy III, NSDS III）[①]是南非技术发展的重要计划。它遵循着把高等教育、继续教育和技术发展整合成一个独立的高等教育与培训部。其中重点将加强公共学院、大学、培训官方部门和劳动力市场雇主之间的关系。国家技术发展战略是技术发展首要的战略指南，它为教育与培训权威部门（Sector Education and Training Authority, SETA）提供了部门的技术计划和执行的方向。2011年4月1起，教育与培训进入了一个新阶段。

公平性问题和效率性问题是国家技术发展战略两大针对性问题。为

---

① http://planipolis.iiep.unesco.org/upload/South%20Africa/South_Africa_National_Skills_Development_StrategyIII.pdf.

此，它提出了"两个必须"即"国家技术发展战略必须确保增加培训和技术发展的机会，实现对我们社会中与阶级、种族、性别、年龄和残疾关联的诸多不公平进行彻底改造。我们也必须面对作为一个国家所面临的技术短缺和搭配不当的挑战，提高经济生产力"。它把为经济发展和全面增加途径作贡献的有技术有能力的劳动力作为自己的愿景（Vision）；把"扩大高质量有效的教育与培训以及技术发展的机会，包括工厂学习和经验，南非全民有效的参与经济与社会活动，减少不公平"作为自己的使命；把提高技术发展系统的效率和效能作为该战略的核心驱动因素；把技术发展跟职业途径、职业发展和促进可持续就业和在职进步（In-work Progression）紧密联系起来。确立了七大关键性发展和改造任务：具体包括种族、阶级、性别、地理、年龄（35岁以下是没工作最大群体，因此尤其重视青年的就业培训）、残疾、艾滋病七个方面。同时确立了八大目标。该战略强调技术培训项目的适宜性、优质性和可持续性，以确保它们对减少贫困和不公平产生积极影响。它致力于以下八个目标的实现：（1）为技术计划建立一个可靠的制度性机制；（2）增加职业导向项目（Occupationally-directed program）通道；（3）促进能灵活回应部门的、地方的、地区的和全国的技术需要的公立继续教育与培训系统成长；（4）发布青年与成人的低水平语言和计算能力的报告，并提出加强培训工作的政策；（5）鼓励更好地利用基于工厂的技术发展；（6）鼓励和支持合作（Cooperatives）、工人主动性（Worker-initiated）、小企业和非政府组织以及社区培训主动性；（7）提高公共部分改良服务投递的能力和支持发展的国家建设；（8）建设职业指南。

《国家技术发展战略3》是一项针对性很强的教育计划，它打破了教育、技术、经济之间的藩篱，加强了它们之间内在的横向联系，把这三者统一到人力资源发展和国家建设上来。因此，该计划将对南非的经济现代化产生积极影响。

3. 南非的《修订的战略计划（2010/2011—2014/2015）》

2009年5月南非成立了高等教育与培训部（The Department of Higher Education and Training，DHET），它是国家政府部门，负责所有的后学校教育和培训。《修订的战略计划（2010/2011—2014/2015）》（Revised

Strategic Plan)① 以允许所有南非人进入合适的后学校教育和培训,以在一个全纳性(inclusive 也可译成包容性或开放性)经济和社会中实现经济和社会参与目标的分化且充分包容的后学校系统为愿景。把发展受过良好教育的、有能力有技术的公民作为高等教育与培训部的任务或使命。这些公民能够在一个可持续的、多样化的和知识密集的国际经济中竞争,以实现国家发展目标。

南非高等教育与培训部(DHET)在当下问题诊断下,确立了 20 年到 30 年的长期战略景观。由于传统的种族隔离导致了南非面临着结构性挑战,其中包括技术瓶颈(尤其是重点和稀缺性技术领域);低参与率;后学校教育与培训的形式、规模和分配发生扭曲。因此,高等教育与培训部把人力资源发展(Human Resource Development,HRD)作为高等教育与培训部战略计划的核心支柱。它把人力资源发展首先界定为满足国家的社会和经济所需要人的能力;其次,它意味着在广泛的社会和经济活动中人的能力展开。人力资源发展是跨部门、政府之间的合作、协调和计划。它也是政府其他主要政策目标实现的关键性因素。这些政策包括反贫困和反艾滋病斗争以及惠民的南非经济增长。在入学方面,高等教育与培训部要求 2016 年要达到 20%,2030 达到 50%。从马丁·特罗的高等教育大众化理论来看,这意味着它将逐步实现南非高等教育大众化和普及化。此外,南非高等教育与培训部战略计划还得到了相关的法律命令(Legislative Mandate)的支撑。这些法令都来源于 1996 年的南非共和国宪法,该宪法要求依照人类尊严、平等、人权和自由、非种族主义、非性别主义的价值精神对教育进行改造和民主化。

南非高等教育与培训部的五年战略计划(2010/2011—2014/2015)主要有五大战略规划:(1)管理;(2)人力资源发展、计划与协调管理;(3)大学教育;(4)职业和继续教育与培训;(5)技术发展。它将在 2015 年实现以下 13 个关键目标:(1)理解技术需求;(2)传达技术需求;(3)扩大基础;(4)扩大青年教育与培训的机会;(5)增加学术、专业和职业学习人数和适切性(Professional, Vocational and Technical as well as Academic Learning);(6)工厂,增加工厂学习人员,并提高学习

---

① http://planipolis.iiep.unesco.org/upload/South%20Africa/South_ Africa_ DHET_ Revised_ strategic_ plan.pdf.

质量和适切性；（7）通过技术发展促进可雇用性、可持续的生计；（8）研究，扩大为经济增长和社会发展服务的研究与改革发展；（9）提高机构（或制度）效能，加强信息、财政、治理和管理序列；（10）优化机构和系统的形式和能力，后学校学习系统；（11）采纳和执行国家关于优先学习的认证政策；（12）课程改革，学院课程能灵活回应市场需求，能迅速适应技术变革的需求；（13）分化，为劳动力市场、专业的、社会的和个人的各种需求提供不同的机会。

《修订的战略计划（2010/2011—2014/2015）》也是一部针对性很强的教育计划，它通过全纳的后学校教育与培训系统的建构，解决各种结构性问题，以大力推进南非的人力资源发展，从而为国家和社会的现代化提供最坚实的人力资源基础。因此，它也将对南非的经济与技术的现代化产生重要影响。

4. 毛里求斯的《职前教育新战略》

自从20世纪90年代以来，毛里求斯的职前教育发生了一些变化。1990年至1996年是由前工业和职业培训委员会主管（Ex-Industrial and Vocational Training Board，IVTB），1997年转交给技术学校管理托管基金；2001年3月后主要由教育部主管。

2011年职前教育学生入学总数7270人，其中政府类学校2178人、私立学校5092人。从近几年的入学数趋势来看，从2007年到2011年职前教育的入学人数呈明显递减的趋势。2011年职前学校数一共126所，其中政府类50所，私立类76所；班级一共415个，其中政府类的141个，私立类的274个；教师一共634个，政府类197个，私立类437个。

二十余年来，毛里求斯的职前教育虽得到一定的发展，但也面临着不少问题和挑战，主要是质量、适合性、成绩、开放的继续发展机会等问题。这些问题具体体现为：未经训练的教师；职前教育的消极观念，导致了学生的消极刻板印象；学生缺乏自尊和自信；入学后第二年和第三年的高辍学率；许多学生在三年职前教育后仍不能顺利通过国家职业资格基础课程；缺乏正式的资格证书。针对这些问题，毛里求斯教育与人力资源部于2011年4月份发布了《职前教育新战略》（New Strategy for Prevocational Education)①。该计划拟从 2012 年 1 月开始执行，2015 全面实现。

《职前教育新战略》主要有九大战略支柱：（1）把三年的职前教育延长到四年；（2）基于四个关键学习领域的新课程：交往技能、数字和解决问题能力、生活技能、生计和行业技能；（3）合适的教学法；（4）架桥项目：把它建立在绘图、观察、游戏和计算机技能等基础上，这样有利于发展儿童的职前教育兴趣。（5）教师和校长能力建设；（6）质量保障体系，确保教学高质量和合理效能；（7）评价和资格证书；（8）新跟踪机制，防止辍学；（9）树立自信和自尊，加强心理支持。

毛里求斯的《职前教育新战略》虽没有南非战略计划那样侧重后学校教育系统建设，但它针对本国的职前教育主要问题提出了具体可行的战略，因此它将对推动本国的人力资源和就业发展具有重要的意义。

5. 非盟成立泛非大学

2011 年 12 月 15 日，泛非大学（Pan-African University，PAU）成立仪式在非洲联盟（African Union）总部所在地埃塞俄比亚首都亚的斯亚贝巴举行。②泛非大学将主要目标聚焦于科研与研究生教育。它分散在五个区域中心，每个区域中心将专门从事一个关键学科领域，并由一所主办大学的学术及管理核心和非洲其他区域同学科的学者与学生网络组成。中非地区喀麦隆雅温德第二大学（University of Yaounde 2）主办人文、社科及善治（good governance）中心；肯尼亚乔莫肯雅塔农业与技术大学（Jomo Kenyatta University of Agriculture and Technology）负责基础科学以及东非的技术创新；尼日利亚的伊巴丹大学（University of Ibadan）主办生命与地球科学中心；阿尔及利亚的阿纳巴将新建水、能源及气候变化研究机构；南非将主导空间科学的研究。泛非大学将由委员会、校长及董事会三个主体共同管理；泛非大学的核心资金将由非洲联盟委员会提供；今后，科研、学费收入以及来自成员州和私人方面的自愿捐款都将成为大学的收入来源。泛非大学的设想酝酿于 2005 年，旨在提高整个非洲的教育水平和科技创新，以促进区域一体化，加快社会发展。泛非大学的成立标志了非洲高等教育一体化迈上新台阶，将对非洲区域一体化和非洲经济和

---

① http://planipolis.iiep.unesco.org/upload/Mauritius/Mauritius_Prevoc2011.pdf.
② http://www.cdgdc.edu.cn/xwyyjsjyxx/zxns/zxzx/275023.shtml.

社会现代化发展产生重要影响。

小　　结

纵观2011年非洲教育与人力资源发展，体现了教育、技术、经济与人本发展和社会正义的一体性与联动性特征。在人类发展指数方面，以塞舌尔、利比亚为代表的国家的人类发展指数已经跻身于全球人类发展指数的中等行列，它意味着非洲人类发展的希望；但同时以尼日尔和刚果（金）为代表的国家位列全球人类发展指数的榜尾，令人担忧，可谓喜忧参半。同时，大多数的非洲国家的人类发展指数在全球中仍处于十分落后的水平，这意味着非洲的人类发展任重而道远！教育是促进人类发展和人力资源发展最重要、最活跃的因素之一。当下非洲教育的发展应以人力资源发展为核心战略，同时兼顾社会发展的正义合法性要求，把个体、经济、社会与国家的各种需要统一起来，力图为非洲经济与国家社会的现代化奠基。虽然2011年的非洲教育与人力资源发展仍存在诸多问题，也面临着巨大挑战，但仍存在并显现了希望，它体现了非洲国家与人民积极建构现代非洲的不懈努力和伟大智慧！

作者简介

李育球，浙江师范大学非洲研究院助理研究员，教育学博士，主要研究非洲教育现代性和中非关系。电子邮件：liyuqiu@zjnu.cn

周志发，浙江师范大学非洲研究院助理研究员，教育学博士，主要研究非洲民主和民主教育。

非洲低碳发展报告2011

张永宏

2011年，非洲围绕德班气候大会的召开，积极推动低碳发展，在三个方面取得显著突破，一是在观念层面把气候变化问题视为影响非洲的生死结，选择走低碳发展之路；二是在行动层面积极采取措施推动低碳发展；三是非洲的低碳发展诉求得到中国政府的大力支持。总体上看，2011年，非洲拉开了低碳发展的序幕，未来围绕低碳发展的一系列变革，将为中非合作创造新的、更加广阔的空间。

2011年，是非洲步入低碳发展的关键年。在这一年里，围绕德班气候大会的召开，非洲各国深刻认识到全球变暖对非洲的严重影响，决心走低碳发展之路，并借德班会议之机，采取了一系列举措，积极推动低碳发展。与此同时，中国政府高度重视与非洲开展低碳合作，大力支持非洲推进低碳发展。

一 非洲国家选择走低碳发展之路

在德班气候大会上，南非总统祖马指出，气候变化对人类生存尤其是发展中国家造成严重影响，不仅仅是环境风险，更是"生与死"的问题。① 事实确实如此,非洲碳排放量最少,受气候变化的影响却最为致命。英国风险评估公司 Maplecroft 公布的气候变化脆弱指数（Climate Change Vulnerability Index）报告显示,干旱、风暴等极端天气事件都在增加,三分之一的人类面临着气候变化的巨大威胁,这些人主要生活在非洲和南亚,而北欧富有国家受到的影响最小。全球 30 个受气候变化威胁级别最高的国家,三分之二是非洲国家。② 联合国表示,气候变化正使非洲变得更加脆弱,这里的大多数民众依旧过着靠天吃饭的日子,一旦气候变化导致农作物耕种出现困难,非洲民众就很容易沦为"粮食难民"。③ 联合国政府间气候变化专门委员会主席拉金德拉·帕乔里指出,到 2020 年,将有 750 万至 2500 万非洲人因气候变化而缺乏饮用水,部分国家粮食产量将下降 50%。④ 据估计,到 2050 年末,如果全球气温上升 1.5 摄氏度,非洲的玉米总产量将下降 22%,高粱总产量下降 17%,小米总产量下降 17%,花生总产量下降 18%,木薯总产量下降 8%。⑤ 粮农组织助理总干事穆勒指出,农业是许多撒哈拉以南非洲国家的经济基础,这一地区 60% 的人口在从事农业劳作,农业产出占国内生产总值的 30%,如果不采取任何措施,到 2050 年,气候变化将造成农作物产量大幅降低,6.5 亿以雨养农业为生的人因缺水和环境退化而面临生存危机。⑥

科学家针对世界 10 大主要江河流域开展的一项研究发现,非洲的一些河流系统,如非洲南部的林波波河、北非的尼罗河和西非的沃尔特河,未来降水将少于当前水平,粮食生产将受到冲击,国际紧张局势也将因此加剧。林波波河流域雨养农业的前景尤其黯淡,该河流经博茨瓦纳、南

---

① 邵海军、于大波:《祖马说应对气候变化要同非洲减贫相结合》（http://news.xinhuanet.com/world/2011-11/28/c_122347962.htm,2011 年 11 月 28 日）。
② 沈姝华:《报告指出气候变化对非洲南亚威胁最大 对中国影响中等》（http://world.people.com.cn/GB/157278/16028937.html,2011 年 10 月 26 日）。
③ 《非洲积极发展可再生能源应对气候变化》（http://newenergy.in-en.com/html/newenergy-16391639541203284.html,2011 年 11 月 23 日）。
④ 邵海军、陈勇:《非洲国家集团希望获得 5000 亿至 6000 亿美元应对气候变化》（http://news.xinhuanet.com/world/2011-12/01/c_122359063.htm,2011 年 12 月 1 日）。
⑤ 云天其:《南非媒体:非洲农业受全球气候变暖重创》（http://finance.people.com.cn/GB/70846/16559732.html,2011 年 12 月 9 日）。
⑥ 《非洲部长级会议呼吁加快实现非洲"气候智能型农业"转型的步伐》（http://www.ditan360.com/News/Info-91968.html,2011 年 9 月 15 日）。

非、莫桑比克和津巴布韦,养育着1400万人口。国际热带农业中心的专家西蒙·库克(Simon Cook)认为,"在林波波河流域的部分地区,即使大范围采用滴灌等创新技术,可能还是不足以克服气候变化对水资源供应的负面影响"。更令人担忧的是,如果全球气温上升2—5摄氏度,将导致流经埃塞俄比亚和苏丹然后注入埃及的青尼罗河上游河水的蒸发量增加。全球性的农业科研机构"水和粮食挑战计划"的科学家认为,蒸发会"减少青尼罗河上游流域的水平衡",可能使开罗和亚的斯亚贝巴再次陷入剑拔弩张的紧张态势。① 苏丹日益萎缩的牧场、索马里遭遇的严重干旱,已经引起了不同部族之间频发冲突,使当地本就不稳定的局势更加恶化,导致大量人口流离失所,到肯尼亚的难民数量大幅增加。②

与此同时,受全球气候变暖影响,霍乱、登革热、黄热病、疟疾、脑膜炎和昏睡病等流行性疾病在非洲的发病率将大幅增加。③ 联合国气象学家2007年提出,全球气温将因二氧化碳排放量的多寡上升1.1摄氏度到5.4摄氏度。美国疾病控制和预防中心的科学家就此进行电脑模拟研究,推算未来数十年中传播昏睡病的采采蝇及其携带锥虫寄生虫的变化情况。研究显示,受气候变暖影响,非洲锥虫病(俗称昏睡病)正向南部非洲蔓延,将导致更多人面临患病危险。全球目前有7500万人面临昏睡病的威胁,到2090年,这一人数可能将增加4000万至7700万。④

一项旨在引导城市规划和投资的全球性调查显示,非洲和亚洲快速成长起来的特大城市在面临海平面上升、洪水和其他气候变化影响时经受的风险最高。⑤ 非洲海岸线绵长,如果海平面升高,将有超过7000万非洲人受到严重影响。⑥

---

① 陈丹:《气候变化威胁非洲河流系统》(http://env.people.com.cn/GB/16304460.html, 2011年11月18日)。

② 郑治、彭睿:《"非洲之角"遭遇60年一遇罕见旱灾 德班大会聚焦气候变化》(http://gb.cri.cn/27824/2011/12/28/2625s3498540.htm, 2011年12月28日)。

③ 于胜楠:《研究预测气候变暖可能导致昏睡病向南部非洲蔓延》(http://news.xinhuanet.com/world/2011-11/11/c_111161006.htm, 2011年11月11日)。

④ 同上。

⑤ 贺娇:《亚洲和非洲大城市面临最高气候风险》(http://env.people.com.cn/GB/16096452.html, 2011年11月1日)。

⑥ 李建民:《聚焦德班气候大会:东道主南非代表非洲的利益》(http://www.china.com.cn/international/txt/2011-11/26/content_24010887.htm, 2011年11月26日)。

面对如此严峻的形势，怎么办？非洲决心选择走低碳发展之路。2011年5月，世界经济论坛非洲会议气候变化问题专场论坛在开普敦举行。南非、加蓬、肯尼亚等非洲国家领导人在论坛上强调，气候变化对于全人类来讲都是生死攸关的重大问题，为了应对气候变化这一危机，非洲国家的领导人必须团结一致，在联合国气候变化框架公约德班会议上，"用同一个声音说话"；气候变化是食品和能源价格上涨的重要因素之一，解决这一问题已经刻不容缓，不仅需要各国政府共同努力，还需要企业与民间机构的鼎力支持，并决定在环境治理方面加强非洲国家之间的内部协商，并与其他大陆加强协调。[①] 6月，非洲碳论坛提出了《依托低碳发展的减缓行动战略》，强调实现低碳发展是非洲应对目前气候变化危机的出路，非洲各国应在农业、能源等部门实现低碳转型。[②]

二 非洲国家积极采取措施推进低碳发展

2011年，非洲深刻意识到气候变化问题的严峻性和长期性，抓住德班气候变化会议的机遇，对内提高对气候变化影响的认识，对外争取国际社会对非洲应对气候变化的支持，采取了一系列行动。

南非是非洲最大的经济体，其温室气体排放量约占非洲大陆排放总量的33%。尽管按照《联合国气候变化框架公约》及《京都议定书》规定，发展中国家不承担强制减排义务，但南非在哥本哈根气候大会上宣布，到2020年将在正常水平的基础上削减34%的温室气体排放量，而到2025年这一数字将达到42%。[③] 2011年3月，南非能源部公布了《综合资源规划》，根据该规划，南非每年大约建设300兆瓦的大规模光伏电站。[④] 2011年10月，南非政府公布了《南非应对气候变化政策》白皮书，

[①] 石序、李建民：《非洲领导人强调将在气候变化问题上保持一致立场》（http://www.china.com.cn/international/txt/2011-05/06/content_22504955.htm，2011年5月6日）。

[②] Todd Ngara, Mitigation actions through Low Carbon Development Strategies, Africa Carbon Forum 2011, Marakech, UNEP RISOE. http://africacarbonforum.com/2011/docs/Presentations/D3/W10/Ngara.pdf, 2012年5月15日。

[③] 邵海军、于大波：《祖马说应对气候变化要同非洲减贫相结合》（http://news.xinhuanet.com/world/2011-11/28/c_122347962.htm，2011年11月28日）。

[④] 明今：《Tenesol将在2011联合国气候变化大会上宣传非洲太阳能光伏市场》（http://www.solarbe.com/news/content/2011/11/22124.html，2011年11月25日）。

宣布将从2036年开始实现温室气体排放绝对下降；南非国家电力公司从世界银行获得2.5亿美元贷款用于发展太阳能和风能;[①] 在"联合国气候变化框架公约"缔约方第17次气候变化会议上，南非能源部部长Dipuo-Peters也宣布将在五年后禁止白炽灯的生产与销售，使南非成为非洲第一个淘汰低效照明白炽灯产品的国家;[②] 在德班气候大会上，南非政府决定把环保教育纳入全国学校课程，让其公民从小意识到减缓气候变化的重要性和紧迫性。[③]

埃塞俄比亚能源部发布报告，表示将大力发展风能、水能、太阳能和地热能。[④] 卢旺达也已经制订了一个为期25年的计划，旨在扭转该国土地和森林退化趋势，保障粮食安全。[⑤] 肯尼亚正在积极推广风力、地热等清洁能源技术，在不产生额外碳排放的同时提高能源产量。[⑥] 非洲目前最大的风电项目位于肯尼亚图尔卡纳湖畔，耗资8.19亿美元，预计建成后肯尼亚发电能力可提高30%。[⑦]

坦桑尼亚、卢旺达、赞比亚等非洲10国签署协议共同应对气候变化。[⑧] 贝宁、喀麦隆、马里等十余个西非国家在国际社会帮助下，建立了区域性水资源使用监测和数据收集系统，帮助当地社会更好地了解并发挥水资源在社会经济发展中的作用。塞内加尔、尼日利亚等国家的气候数据收集共享及洪水早期预警等项目，则让最容易受到气候变化影响的普通民众能及时获得并运用有关信息，保护自身利益。在乌干达和肯尼亚等国，

[①] 苑基荣、裴广江、韦冬泽：《非洲寄望德班气候变化会议》（http://nb.people.com.cn/GB/200889/16317631.html，2011年11月21日）。

[②] 赵放：《非洲三农：气候条件制约农业发展》（http://finance.sina.com.cn/nongye/nygd/20111219/180811019026.shtml，2011年11月19日）。

[③] 郭倩：《综述：非洲大陆承受气候变化之痛》（http://news.xinhuanet.com/world/2011-12/01/c_111210099.htm，2011年12月1日）。

[④] 苑基荣、裴广江、韦冬泽：《非洲寄望德班气候变化会议》（http://nb.people.com.cn/GB/200889/16317631.html，2011年11月21日）。

[⑤] 同上。

[⑥] 赵放：《非洲三农：气候条件制约农业发展》（http://finance.sina.com.cn/nongye/nygd/20111219/180811019026.shtml，2011年11月19日）。

[⑦] 郭倩：《综述：非洲大陆承受气候变化之痛》（http://news.xinhuanet.com/world/2011-12/01/c_111210099.htm，2011年12月1日）。

[⑧] 苑基荣、裴广江、韦冬泽：《非洲寄望德班气候变化会议》（http://nb.people.com.cn/GB/200889/16317631.html，2011年11月21日）。

国际援助机构、当地移动运营商、金融机构等部门通力合作，推出有针对性的手机业务，人们能实时接收气象预报、种植建议、农产品价格和疾病诊断信息等。①

2011 年 9 月，非洲各国领导人围绕"气候智能型农业：非洲——行动起来"召开部长级会议，旨在加快在非洲发展"气候智能型农业"的步伐。联合国粮农组织助理总干事穆勒（Alexander Mueller）指出，非洲需要提高农业产量、增加农村地区收入，同时也要使农村社区和农业生态系统适应气候变化带来的影响。"气候智能型农业"将致力于实现可持续地增加农业生产力、增强农业对环境压力的防御力，从而帮助农民应对气候变化带来的影响，与此同时降低温室气体的排放。② 土地退化和土壤贫瘠是非洲粮食产量低的根本原因，在农田中种植树木，也就是所谓的"间作"，能够解决这些问题。树木可以保持土壤水分，（用落叶）护根，抵制侵蚀，增添丝丝凉意。这种耕作方式被世界农业林业中心称为"常绿农业"，在尼日尔、布基纳法索、赞比亚和马拉维的部分地区，作物产量因此翻了一番。而且它的成本很低：农民们可以自己种树。③ 土壤退化已成为南部非洲国家农业生产力的重要威胁，特别是在气候变化的影响下，土壤退化和灾害性气候造成的农业减产严重威胁地区粮食安全。联合国粮农组织认为，对抗这种威胁，南部非洲国家应当大力发展"气候智能型"农业，提高农业生产系统应对气候变化的能力。其措施主要是通过地下水源保护和多元化作物种植等手段，改善本地区农业生态系统、减缓土地退化。从长期看还可以降低农业生产成本、增加农业投资回报率。农业生态系统的保护对农业可持续发展尤为重要，科学家预计，到 2050 年全球人口将突破 90 亿，要想满足全世界人口的粮食供应就必须加强对农业生态系统的管理与保护。④

---

① 郭倩：《综述：非洲大陆承受气候变化之痛》（http：//news. xinhuanet. com/world/2011 - 12/01/c_ 111210099. htm，2011 年 12 月 1 日）。

② 联合国新闻：《非洲部长级会议呼吁加快实现非洲"气候智能型农业"转型的步伐》（http：//www. ditan360. com/News/Info - 91968. html，2011 年 9 月 5 日）。

③ 陈丹：《非洲饥荒为美国应对气候变化敲响警钟》（http：//env. people. com. cn/GB/15876808. html，2011 年 10 月 12 日）。

④ 李建民：《联合国粮农组织建议南部非洲国家发展"气候智能型"农业》（http：//news. xinhuanet. com/world/2011 - 12/20/c_ 111259022. htm，2011 年 12 月 20 日）。

多数非洲国家阳光充沛,太阳能将成为非洲未来重要的能源。目前,南非是非洲最大的并网电站市场。2011年3月,南非能源部公布了最新的《综合资源规划》,根据该规划,南非每年大约要建设300兆瓦的大规模光伏电站。①

许多非洲国家开始把发展绿色经济作为应对气候变化、促使经济起飞的机遇。联合国环境规划署主任阿希姆·施泰纳认为,非洲正日益成为推动清洁能源政策制定的领导者,肯尼亚就是其中的典型代表。肯尼亚目前的主要电力来源是水电,但由于持续的干旱导致水电站无法正常工作,因此肯尼亚着手大规模投资建设地热电站和风力电站。肯尼亚正在托卡纳湖边建设非洲最大的风力发电站,这项总投资8.19亿美元的项目装机容量达到300兆瓦,建成后可以满足肯尼亚30%的用电需求。同时,肯尼亚最近还宣布将投资13亿美元建设地热电站,预计到2014年该国的地热发电能力将从115兆瓦提高到395兆瓦。肯尼亚有自己的绿色能源政策,新建电力设施大量地使用可再生能源,在非洲非常具有开拓性和创新性。②

非洲城市化发展非常迅猛。一方面要解决不断增长的人口问题,另一方面要应对气候变化的威胁,非洲正在努力解开城市化与气候变化之间的"纠结"。与世界其他地区相比,非洲各国经济发展水平普遍较低,面对气候变化缺乏快速应对能力,但挑战中也蕴藏着机遇。内罗毕大学地理与环境系教授理查·奥丁戈即认为,应对气候变化是非洲城市发展的新机遇,因为这将促使资金流向"关键而正确的领域和行业"。内罗毕城市发展部常务秘书菲利普·奥锡卡也指出,科学合理的城市规划是应对气候变化的首要战略,通过综合交通运输、基础设施建设、环境城市设计和园林绿化在内的一整套方案,可以对气候"良性再造"。由于非洲地区光照充足,有学者建议非洲城市规划者应考虑推广太阳能系统。由于气候变化还可能给非洲民众带来感染疟疾和裂谷热等疾病风险,因此必要的疾病应急防控系统也被建议纳入城市规划。考虑到非洲地区目前还处在发展中阶段,肯尼亚住房建设部部长索伊塔·希坦达建议,解决非洲城市化与气候

---

① 明今:《Tenesol将在2011联合国气候变化大会上宣传非洲太阳能光伏市场》(http://www.solarbe.com/news/content/2011/11/22124.html,2011年11月25日)。

② 《非洲积极发展可再生能源应对气候变化》,国际在线(http://newenergy.in-en.com/html/newenergy-16391639541203284.html,2011年11月23日)。

变化的矛盾应把消除贫困放在首位。他认为，如果在自然资源开发利用、能源生产、国际贸易及技术转让等方面有所创新，那么不但有利于改善气候，也有利于经济发展。作为非洲地区比较发达的国家，肯尼亚对未来城市发展制定了"2030远景规划"，将积极推广清洁能源技术，在内罗毕等城市发展公共交通系统和新能源汽车，同时在首都附近开发卫星城，以缓解巨大的人口负荷。①

三 中国大力支持非洲推进低碳发展

通过德班会议，非洲应对气候变化的诉求赢得了国际社会的广泛理解，特别是得到了中国和印度的大力支持。

在德班气候大会中国代表团首场新闻发布会上，中国代表团团长、国家发改委副主任解振华在接受记者提问时指出，如南非总统祖马所说，对于非洲而言气候变化是"生与死的问题"，气候已关系到人类生存和发展，受气候变化影响最严重的国家确实面临着生存问题，对此世界应该给予理解、重视和支持。② 印度商业和工业部长阿南德·夏尔表示，非洲作为一个全球性粮仓的潜力可能会受到气候变化的影响。考虑到非洲国家目前的经济和社会发展水平以及发达国家在气候变化方面的历史责任，非洲国家要求国际社会尤其是发达国家提供帮助无可厚非。根据相关国际公约及议定书，发达国家对包括非洲在内的发展中国家提供帮助不是一种慈善，而是一种义务，是公平原则的体现。③

对于非洲国家而言，面对气候变化这一"生死问题"，首要的是求生存。因此，非洲国家领导人反复强调，减贫是非洲适应气候变化的核心任务。在此基础上，如果有恰当的资金和技术援助，非洲国家并不缺乏应对气候变化、寻求可持续发展之路的决心和行动，非洲应对气候变化自主行

---

① 宋晨、王雅楠：《综述：非洲努力解开城市化与气候变化的"纠结"》（http://news.xinhuanet.com/world/2011-10/12/c_122147254.htm，2011年10月12日）。
② 未克：《中国理解重视支持非洲在应对气候问题上的努力》（http://media.china.com.cn/news/review/72624.html，2011年12月6日）。
③ 石序、李建民：《非洲领导人强调将在气候变化问题上保持一致立场》（http://www.china.com.cn/international/txt/2011-05/06/content_22504955.htm，2011年5月6日）。

动的决心不应受到贬低。①

中国始终认为，虽然非洲基础设施和社会经济发展程度较低，在应对自然灾害方面时常显得不堪一击，但是，非洲的自然条件也给这片大陆提供了走绿色发展道路从而后发制人的潜力。但仅有非洲自身的觉醒和决心是不够的，还需要国际社会的资金和技术支持。中国整体农业技术水平在世界上已处于比较先进的地位，用占世界 7% 的耕地养活了占世界约 20% 的人口。自 20 世纪 60 年代起，中国就开始向非洲很多国家提供农业技术援助，在非洲建立了 90 多个农场，帮助非洲尽快提高农业生产水平和粮食产量，缓解粮食危机，摆脱贫困，实现国家的经济发展。② 财政部部长助理胡静林认为，中非农业互补性强，加强合作有利于提升世界粮食安全水平；目前中国已经与 14 个非洲国家签署农牧渔业协定，合作开发 142 个农业项目，开设了 14 个援非农业示范中心，往埃塞俄比亚等 33 个国家派遣了 104 名高级农业专家，帮助非洲培训了 4200 多名农业科技人员。③ 在过去的 2011 年，中国政府对"非洲之角"的灾情作出了迅速反应，在短短半个多月的时间内，中国政府两次宣布向灾区提供紧急粮食援助和粮援现汇，援助总额共计 4.43 多亿元人民币，这是新中国成立以来中国政府对外提供的最大一笔粮食援助。④

四 结论

一方面，非洲大陆对气候变化责任最小，却深受其负面影响；另一方面，非洲国家在实现工业化的进程中，如果没有可持续的清洁能源，工业化的目标就是一个空想。⑤ 因此，适应气候变化、推动低碳发展，将是非

---

① 陈勇、于大波、邵海军：《新华国际时评：气候议程不要忽视非洲的声音》（http://news.emca.cn/n/20111201044214.html，2011 年 12 月 1 日）。

② 赵放：《非洲三农：气候条件制约农业发展》（http://finance.sina.com.cn/nongye/nygd/20111219/180811019026.shtml，2011 年 11 月 19 日）。

③ 林晖、林毅夫：《非洲也可以用 30 年时间实现中国式剧变》（http://news.xinhuanet.com/local/2011-09/04/c_121964624.htm，2011 年 9 月 4 日）。

④ 郑治、彭睿：《"非洲之角"遭遇 60 年一遇罕见旱灾 德班大会聚焦气候变化》（http://gb.cri.cn/27824/2011/12/28/2625s3498540.htm，2012 年 2 月 26 日）。

⑤ 黄勇：《第二届非洲碳论坛关注低碳经济发展 非洲碳减排任重道远》（http://www.zhb.gov.cn/zhxx/hjyw/201003/t20100309_186583.htm，2012 年 3 月 9 日）。

洲未来发展变革的主要方向。据联合国统计，2010年全球在清洁能源方面的投资将创下新高，全球可再生能源投资达2110亿美元，其中大部分来自发展中国家。[①] 虽然，大多数非洲国家的贫困限制其应对气候变化的能力，但是，非洲有丰富的资源，生产全球13%的石油、46%的钻石、21%的黄金、57%的钴、50%的铂金，可耕地占世界的13%。[②] 非洲的实体经济发展，尤其是再生能源、农业、生态建设领域需要大量外部投资。对上述领域的投资，不仅能为非洲创造就业和扩大贸易，而且能为世界培育大市场。因此，中国应从战略的高度，积极参与非洲的低碳发展转型，这将为中非合作带来新的机遇和广阔的发展空间。

作者简介

张永宏，云南大学国际关系研究院教授，主要从事非洲发展问题、中非关系、南南合作及南北关系研究。

---

① 《非洲积极发展可再生能源应对气候变化》，国际在线（http://newenergy.in-en.com/html/newenergy-16391639541203284.html，2011年11月23日）。

② 马海亮：《非洲探寻低碳经济发展新路》（http://finance.stockstar.com/JL2009063000002230.shtml，2012年2月25日）。

非洲宗教发展报告2011

马恩瑜

非洲是一个宗教氛围浓厚、宗教传统悠久、宗教影响广泛的大陆。在这块大陆上，生活着笃信万物有灵论、基督教、伊斯兰教等宗教的虔诚信众。千百年来他们的政治、文化、生活、社会、习俗等无不与宗教有密切关联。在当今宗教回潮的国际背景下，非洲又掀起了宗教复兴之风。2011年非洲重大历史变革、社会冲突、民族纷争、经济发展、文化传承等现象的背后都有宗教力量活动的身影。本章报告试图从2011年非洲重大历史事件入手，从不同角度分析当年非洲宗教与非洲社会的互动格局。

非洲是一个有着悠久宗教传统的大陆，同时又是当代宗教实践尤为活跃的大陆，在这个占世界陆地面积五分之一、人口为世界总数14.5%的大陆上，生活着全球25%的基督徒、20%的穆斯林，其余人口则为非洲传统宗教信仰者。[①]

作为古老文明的发源地，非洲有着根深蒂固的传统宗教，公元一世纪以后基督教和伊斯兰教也渐次传入非洲。笃信传统宗教的非洲人，其信仰也由于外来宗教的传入而变得复杂而多元。如今传统宗教、基督教和伊斯

---

① 皮尤研究中心宗教与公共生活论坛统计数字，分别来源于报告"Global Christian, a Report on the Size and Distribution of the world's Christian Population", and "The Future of the Global Muslim Population", Jan, 2011 (http://www.pewforum.org, 2011年12月31日)。

兰教共同占领着绝大部分非洲人的信仰空间，但新世纪以来，非洲原始宗教已经式微，基督教和伊斯兰教则保持着强劲的增长之势。具体来说，北非基本上是以伊斯兰教信仰为主的国家；东非地区基督教的发展影响很大；西非基督教、伊斯兰教与非洲传统宗教交叉并存；中非基督教的影响占明显优势；南非基督教则保持了强劲的发展之势。非洲浓郁的宗教氛围对这一大陆的政治、社会、文化、教育等诸多领域的影响极为深远和广泛。

2011 年皮尤研究中心（Pew Research Center）从新闻事件中评选出 2011 年世界宗教十大事件，其统计数据来源于：互联网电视新闻；报纸；网站新闻；有线新闻台；收音机新闻等媒介。其中，北非"阿拉伯之春"中的宗教角色以 3.4% 排名第八，宗教与教育以 2.1% 排名第九，本拉登之死以 1.7% 排名第十。[1] 从这一结果来看，2011 年甚至在全球热点事件中，非洲宗教与社会的互动也颇引人瞩目。

一 非洲伊斯兰教发展及"阿拉伯之春"的宗教影响

从非洲穆斯林人数来看，撒哈拉以南非洲穆斯林人数在 2010 年为 2 亿 4250 万，北非地区摩洛哥 3238 万，西撒哈拉 52.8 万，阿尔及利亚 3478 万，突尼斯 1035 万，利比亚 632 万，埃及 8000 万，苏丹 3000 万。作为世界穆斯林人口密度最大的地区，北非诸国穆斯林人口均占本国人口的 95% 以上。[2] 作为本地区的主导信仰力量，伊斯兰教在北非地区各种事务中发挥着重要作用。

自 2010 年 12 月突尼斯发生群众性民主运动以来，中东和北非地区经历了前所未有的历史巨变。在此次历史变革中，具有雄厚群众基础和广泛影响的伊斯兰主义组织极其引人关注。伊斯兰主义具有强烈的政治特性，排斥世俗化和西方化的意识形态和发展模式，主张走"伊斯兰发展道

---

[1] Religion in the news: Islam and Politics Dominate Religion Coverage in 2011, http://www.pewforum.org/Government/Religion-in-the-News—Islam-and-Politics-Dominate-Religion-Coverage-in-2011.aspx, 2012 年 1 月 12 日。

[2] Pew Center: "The Future of the Global Muslim Population", Jan, 2011. http://www.pewforum.org/future-of-the-global-muslim-population-regional-sub-saharan-africa.aspx, 2010 年 2 月 11 日。

路",主张宗教思想政治化、宗教组织政党化,以行动实现自己的纲领。北非伊斯兰主义温和派为数众多,如埃及的穆斯林兄弟会、突尼斯的伊斯兰复兴党,然而也有一些极端派别,如从埃及穆兄会分化出来的"圣战组织"等。

穆斯林兄弟会是伊斯兰复兴运动的宗教性政治组织,1928年哈桑·巴纳于埃及创立,它不是一个政党,而是一个跨国的伊斯兰组织,甚至可以说是近代历史上时间最长、规模最大、组织最严密、最具影响力的伊斯兰政治集团。穆兄会奉行非暴力的策略并谋求在政治体制内进行变革。

20世纪末21世纪初,在兄弟会第五任领袖马什胡尔(Mustafa Mashhur)的倡导下,兄弟会逐渐表现出政党化色彩,他们公开表示放弃暴力,谴责"9·11"恐怖袭击,表示和"埃及伊斯兰圣战者组织"及其后台基地组织划清界限,并多次宣称"恐怖主义是穆斯林的敌人",同时,他们强化了传统的基层社会福利色彩,吸引了许多新一代贫民、青年的参与。2005年埃及大选中,以独立候选人名义参选的兄弟会候选人一举获得全部454个议席中的88个,占20%,而世俗民主派反对党加起来也只得到14个席位。尽管穆巴拉克政府沿袭纳赛尔、萨达特的路线,没有公开给予兄弟会合法地位,但事实上对兄弟会参与政治生活给予一定程度的容忍。穆兄会在议会选举的成功并未给埃及带来政治民主化,但是2011年埃及各种反对力量汇聚成跨党派联合阵线,在极短时间内将穆巴拉克赶下台。在这场影响埃及政治发展的风暴中,穆兄会参与创建同盟,对反现政权阵线的形成起到了推动作用,其作为宗教势力的典型代表参与此次运动,使反对派最终形成了涵盖左中右三大势力的联合阵线。2011年12月4日,埃及人民议会选举第一阶段投票初步结果,穆兄会的自由和正义党赢得选票最多。2012年4月,埃及选举委员会主席取消十位总统候选人资格,包括穆兄会候选人两位。埃及的总统竞选将于2012年5月开始,6月21日宣布结果。

突尼斯伊斯兰复兴党起源于名为"保留《古兰经》协会",创建于1970年,呼吁穆斯林回归伊斯兰教,强调伊斯兰教在社会中的地位,提倡对突尼斯社会进行改革,现在其主导思想越来越多的体现了将伊斯兰教与现代化相调和的价值取向。2011年10月突尼斯制宪会议进行自由选举,伊斯兰复兴党获得胜利,获得41%的支持率。

无论埃及穆兄会还是突尼斯的伊斯兰复兴党,他们正试图重新定位,超越自身的伊斯兰主义属性，向"非神权"的现代民主政治相融合的"公民政党"转变。中东北非剧变，本质上是一场意义深远的民主变革运动。民众诉求要求发展经济，增加就业，结束专制统治，实行自由公正的多党政治。由于拥有雄厚的群众基础，再加上审时度势，推动自身向与民主政治相容的"公民政党"转变，突尼斯和埃及的伊斯兰主义组织可以借助运动合法参政，成为本国重要的执政力量。①

二 非洲基督教发展

在当前国际宗教回潮的形势下，在南方或者说发展中国家，基督教获得了广泛的发展，尤其20世纪以来，非洲是基督徒增长最快的地区之一。非洲基督徒人数于1960年超过该地区的穆斯林人数，新入教受洗者每年平均达150万人。非洲在基督教南移、南半球基督徒人数迅速增长上发挥着关键作用，非洲基督教已经成为影响和塑造世界基督教的一支战略性力量。皮尤研究中心2011年12月19日发表的《全球基督教》报告中指出，撒哈拉以南非洲地区，51个国家和地区有超过五亿的基督徒，是世界上基督徒分布的第三大地区，占全球基督徒的24%。本地区10个国家的基督徒总和占世界基督徒人口的六分之一。②

就教派来说，撒哈拉以南地区大部分的基督徒是新教徒，包括非洲独立教会和圣公会信徒，三分之一是天主教徒（34%），正教徒占基督徒比重的8%，其他教派的基督徒占1%。

尼日利亚拥有西部非洲地区最多的基督徒人口，超过8000万的基督徒占尼日利亚总人口的一半，超过了传统的任一西欧基督教国家的基督徒人数，和德国的基督徒人数相差无几。尼日利亚的穆斯林人数和基督徒人数十分接近，据皮尤研究中心2011年统计数据，尼国穆斯林人口为7600万。尼国巨大的基督徒群体是分散的，大约有6000万的新教徒，2000万的天主教徒，75万其他教派的基督徒。所有的基督徒群体都在20世纪70

---

① 参考王凤《中东剧变与伊斯兰主义发展趋势初探》、丁隆《埃及穆斯林兄弟会的崛起及其影响》、钱雪梅《试析政治伊斯兰对中东北非剧变的解读——以伊扎布特为例》，《国际政治研究》2011年第4期。

② http://www.pewforum.org/Christian/Global-Christianity-worlds-christian-population.aspx，2012年3月6日。

年代后发展起来,而五旬节教派在近年呈急剧快速增长之势。

位于非洲之角的埃塞俄比亚是撒哈拉以南非洲第三大基督教国家,排在尼日利亚和民主刚果共和国之后。埃塞俄比亚自公元四世纪起就建立了基督教正教会,从那时起,埃塞的正教就成为了国家最有影响的宗教力量,维系着教会、国家和民族认同。① 现在,埃塞的基督徒占全国人口的63%,穆斯林人数为全国人数的三分之一。② 1700年以来,埃塞绝大多数的基督徒属于其独特的正教会,③ 在最近25年里才刚有一些改变。1980年,新教徒和天主教徒占基督徒总数的5%,④ 然而据皮尤研究中心最新统计数据,当今埃塞的新教徒——包括圣公会教众和独立教会信徒已经占埃塞人口的20%,并占本国基督徒人数的30%。罗马天主教会信徒则占埃塞总人口的1%。⑤

对于非洲最发达的国家——南非来说,基督教是这一国家占主导地位的宗教形态,在总人口为4500万的国家里,基督徒占82%的比例,印度教徒占2%,穆斯林占2%,还有1%的巴哈伊教徒。南非基督教宗派也十分齐全,包括新教、天主教、圣公会、正教和独立教会,而独立教会是人数最多的,有1758万的教众。南非基督教大会(South Africa Council of Churches)是南非全国性教会和机构组织,组织成员包括南非的圣公会、路德宗教会等十余个大的宗派教会。南非基督教会在国家政治社会生活中的作用极为突出,但是2011年作为一名"全福音教会"牧师的南非总统祖马在就国内社会问题指责基督教会"面对孤儿和老人的问题基督教应

---

① "Ethiopian Orthodox Church," in The New Encyclopaedia Britannica, Volume 4, Encyclopaedia Britannica, Inc., 2007, page 581.

② Pew Research Center's Forum on Religion & Public Life, The Future of the Global Muslim Population: Projections for 2010 – 2030, 2011.

③ "Ethiopia," in David B. Barrett, editor, World Christian Encyclopedia: A Comparative Study of Churches and Religions in the Modern World, AD 1900 – 2000, Oxford University Press, 1982, pages 283 – 284.

④ "Ethiopia," in David B. Barrett, editor, World Christian Encyclopedia: A Comparative Study of Churches and Religions in the Modern World, AD 1900 – 2000, Oxford University Press, 1982, page 283.

⑤ http://www.pewforum.org/Christian/Global-Christianity-ethiopia.aspx, 2012年2月16日。

负责任",激怒了部分南非基督教团体。① 这一事件反映出政府与教会之间的矛盾。

在北非大国埃及,尽管媒体报道有10%的人口信奉基督教,但据调查,埃及基督徒大约有430万人,十分之九属于科普特教会。从人口统计上看,近年来,埃及的基督徒呈减少之势。最近的人口统计数字是2006年,显示有5%的基督徒。皮尤研究中心2011年关于全球穆斯林人口的统计报告,显示埃及有95%的穆斯林。②

在东非,2011年7月,"东部非洲地区主教团协会"在肯尼亚隆重庆祝成立五十周年纪念。该协会包括了肯尼亚、苏丹、乌干达、埃塞俄比亚、厄立特里亚、坦桑尼亚、马拉维、赞比亚八国的天主教主教团。350多名成员国主教和代表出席了本届主题为"天主之家'东部非洲地区主教团协会'及团结合作福传金庆",肯尼亚总统应邀出席了大会开幕式,并在讲话中强调了国家与教会合作的重要性。

1961年至2011年的50年中,"东部非洲地区主教团协会"八个成员国人口从3000万增加到了2.61亿。其中天主教徒人数达4700万,共有116位主教、8696位司铎、7146位修会会士和2万多名修女。本届大会探讨的主要内容有:教育与传媒;公教电视、广播和媒体;司铎的培养教育以及牧灵培育中心的准备工作;开办新公教大学;公教学校的未来;东非地区的正义与和平;推动青年使徒工作;五旬节教派所宣扬的以奇迹和痊愈为主的福音;福传与教育;天主圣言;本地化;仍在部分非洲地区盛行的妖术。③

---

① 《基督教邮报》:《南非总统就国内社会问题指责基督教人道主义工作》,http://chinese.christianpost.com/news/%E5%8D%97%E9%9D%9E%E6%80%BB%E7%BB%9F%E5%B0%B1%E5%9B%BD%E5%86%85%E7%A4%BE%E4%BC%9A%E9%97%AE%E9%A2%98%E6%8C%87%E8%B4%A3%E5%9F%BA%E7%9D%A3%E6%95%99%E4%BA%BA%E9%81%93%E4%B8%BB%E4%B9%89%E5%B7%A5%E4%BD%9C-175/,2011年12月22日。

② Pew Research Center's Forum on Religion & Public Life, The Future of the Global Muslim Population: Projections for 2010–2030, 2011年12月28日。

③ 《肯尼亚,东部非洲地区主教团协会庆祝成立五十周年》,信仰通讯社(http://www.chinacatholic.org/index.php? m = content&c = index&a = show&catid = 14&id = 17698,2011年7月5日)。

三 非洲伊斯兰教与基督教的关系

皮尤研究中心 2010 年发布《宗教与公民生命》报告指出，正在遭受宗教冲突蹂躏的 17—19 个非洲国家的三分之二以上人口认为宗教"非常重要"，其中卢旺达、塞内加尔、坦桑尼亚、几内亚比绍、赞比亚国家这个数字高达 90%，只有博茨瓦纳这个数字为 69%，而美国仅为 59%。这使非洲成为继中东之后世界上最具宗教信仰的地区。撒哈拉以南地区四分之一以上人口担心非洲国家未来冲突是宗教冲突，而卢旺达和尼日利亚这一数字高达 58%。

尽管基督教起源于西亚北非，四五世纪时北非还出现过奥古斯丁、德尔图良、西普里安等著名神学家，对后世影响深远。但是随着 7 世纪伊斯兰教传入北非，基督教会在非洲的发展被中断，现在这一地区基督徒不到全球基督徒总数的 1%，约占这一地区人口的 4%。尽管如此，埃及和埃塞俄比亚还是保留了古老的科普特教会传统。进入近代以来，西方传教士把宣教旗帜重新插到非洲，与伊斯兰教形成了竞争的态势，并且延续至今。基督教在非洲国家获得独立以后开始迅速发展，以与本土文化相结合的独立教会为主要增长点。如果说基督教在 20 世纪还只是表现为对于原始宗教的替代，但是在本世纪将无可避免地与伊斯兰教发生短兵相接。

埃及是北非地区的基督教大国，2011 年横扫北非的"阿拉伯之春"，在埃及主要的宗教力量是穆斯林兄弟会和科普特教会的抗议。2011 年 5 月 30 日《纽约时代杂志》描述了埃及基督徒在此次革命中的担忧。此次革命给大多数人赋权，但是也出现了对于少数人权利的保护问题，如宗教自由或者如伊斯兰群体要求的获取政治权利的表达。埃及的科普特人自诩为"古埃及种族的直接后裔"，不接受罗马和拜占庭的基督教教义，成为另类的基督徒，他们和埃及的穆斯林长期和睦相处，但是由于伊斯兰极端分子的日益暴力化，埃及的宗教纷争陡然上升，至今科普特人仍在为废除限制新建和修缮教堂的法规而努力。

如果说埃及漠视本国历史遗产：科普特基督徒的权利，那么其他非洲国家的情况也不容乐观。马格里布地区的摩洛哥和阿尔及利亚当局倾向于打压新增的数千名基督徒。埃塞俄比亚去年有数个教会因亵渎可兰经而遭到袭击和烧毁。宗教冲突是造成去年南北苏丹分离的因素之一，独立后南北苏丹宗教冲突并没有出现缓和趋势。乌干达和布隆迪也由于支持联合国在索马里的维和，多年来一直受到伊斯兰好战分子的威胁，两国自身的宗教冲突近年也此起彼伏。西非贝宁在2011新年当天一组织试图炸弹袭击一座教堂未遂，科特迪瓦去年大选后出现天主教大屠杀事件等宗教暴力。布基纳法索也受到宗教冲突的困扰，甚至有因此爆发内战的担忧。

西非的基督徒与东非的穆斯林都占各自人口的三分之一，都是国家的关键势力。在西非，尼日利亚北部19世纪早期曾执行过伊斯兰教法，近年伊斯兰原教旨主义蔓延，尼全国36个州中有12个州恢复了伊斯兰刑法。但是黑非洲的伊斯兰仍然不同于教规严苛的"阿拉伯伊斯兰"，他们保留了自身的黑人文化传统。

尼日利亚是世界上最具宗教信仰的国家之一，北部穆斯林占主体，南部基督徒占主体。因为尼日利亚穆斯林和基督徒关系问题是十分敏感的政治话题，故尼国自1963年至今从没有做过宗教信仰人数的统计。尼日利亚多年来深受宗教冲突蹂躏和困扰，南北矛盾常因选举争议激化。"博科圣地"危机是比较典型的宗教冲突，加剧了尼日利亚长期以来的南北矛盾。"科博圣地"是成立于2002年的伊斯兰恐怖组织。这一组织字面意思是"西方教育的罪恶"，反对"西方化"，要求以"伊斯兰教义"立国，2009年开始受到政府军的清剿。2010年，这一极端组织再次活跃，2011年8月在首都阿布贾的联合国办事处门前制造炸弹袭击致死24人；2011年圣诞节前的48小时内，"科博圣地"在达马图鲁、迈杜古里和波蒂斯库姆三座城市制造袭击事件，尼日利亚当局称，极端组织、安全部队和平民死亡超过100人。在25日圣诞节当天，在马达拉镇市的圣特雷莎教堂、乔斯市火山教堂和噶达卡市的一座教堂等地点制造了五起爆炸式袭击，造成29人死亡。①

2012年1月，尼日利亚副总统桑博召集北部19个州州长举行会议，宣布对"科博圣地"开战，1月31日，科博圣地发言人卡卡在迈杜古里被抓获。但是2012年4月30日的针对尼日利亚大学校园主日崇拜发动袭

---

① http://features.pewforum.org/global-christianity/map.php-/africa, ALL, 2011年12月3日。

击致死20人的事件说明，尼国宗教和解之路依然漫长。①

基督教和伊斯兰教在非洲发展都极为迅速，两大宗教存在竞争是客观事实，但是很多人把二者之间的竞争理解为文明的冲突，并且上升至不可调和的状态。这种认识上的不足带来了影响广泛的以宗教差异来指代文明冲突的倾向。但非洲的宗教冲突除了明显的恐怖主义案例，很多不能用文明与野蛮来定义。相对于欧洲基督徒对于外来穆斯林的警惕，原本就是同胞的非洲基督徒和穆斯林之间，其实没有那么多的历史仇恨，冲突的加剧，可归因为近年原教旨主义的扩散，穆斯林的高出生率对民主制度的冲击，以及少数政客的刻意挑拨。②然而最根本的原因则是深刻的经济社会根源和国际背景，非洲民生匮乏是造成宗教冲突的主要根源之一。经济与社会资源分配不公、广大民众生活贫困、政府缺乏民主合法性才是造成尼日利亚宗教冲突的真正原因。这种现象普遍存在于非洲其他受宗教冲突蹂躏的国家。

四 宗教组织在非洲社会发展、减贫援助、文化教育等领域的工作

当代非洲，由于世俗化国家行动能力与政府管理权威多有不足，每当发生战争、冲突、灾难时，政府治理并没有有效到位，在这种情况下，宗教组织在非洲很多领域都发挥着特殊的治理替代作用，其中有些直接是教会的分支机构，有些则是以宗教理念为指导的宗教非政府组织。这些宗教组织在非洲参与和平建设、救助艾滋病患、人道主义援助、教育医疗等多项工作。如基督教会世界服务社（Church World Service，简称CWS）在非洲工作项目总称"Africa Initiative"，工作内容包括：建设和平，解决冲突和争端；帮助因战乱等原因被迫离开家园的人们获得持久的生存条件；缓解饥饿和贫穷；解决生活用水和防治艾滋病。

2011年延续至今的西萨赫勒地区的干旱使得1300万人口生活在饥饿

---

① ASSIST News Service, "Dearly explosions during church services at Nigerian university", http://www.christiantoday.com/article/deadly.explosions.during.church.services.at.nigerian.university/29779.htm, 2012年3月30日。

② 谢奕秋：《非洲基督徒的文化差异》，《南风窗》2011年第3期。

线上，针对这一巨大天灾，很多宗教组织展开救援，如基督教会世界服务社通过 Christian Aid，对布基纳法索、马里、尼日尔等国开展了发放粮食和营养补给的救援。① 2011 年中，肯尼亚、埃塞和索马里等国的粮食危机也牵动各个宗教组织活跃在救援一线。

世界宣明会（World Vision）在非洲 25 个国家和地区开展救助工作，2011 年仍活跃在很多工场中：为坦桑尼亚难民营提供教育设施；为肯尼亚干旱地区提供救助；为莫桑比克不能上学的女孩子们提供教育援助；继续在非洲各国为防治艾滋病而服务，为非洲联盟提出到 2015 年保护和支持 500 万受艾滋所害的孤儿而作出努力。②

世界基督教协进会（World Council of Churches）针对非洲艾滋病问题在 2001 年就在肯尼亚召开了普世教会会议，制订了行动计划，在世界基督教协进会下开展对非洲艾滋病问题的救助机构，被称为 EHAIA，在对非洲艾滋病患者救助上取得了很大成果。

教会在非洲大陆教育事业中发挥了重要作用，许多非洲政治家、私营企业领导人和学者都是在传教士或者教会开办的学校就读学习的，绝大部分非洲独立运动领导人也毕业于教会学校。2011 年 7 月，东非天主教会议协会举行会议，旨在增加当地教会大学数目。他们计划到 2020 年，在坦桑尼亚建立 17 所天主教大学。

南苏丹天主教大学是 2011 年成立的年轻的南苏丹共和国中为数不多的提供高等教育的私立大学，因其高质量的教育水平，吸引了越来越多的学生。③

在女性平等、保护妇女权益问题上，宗教组织也竭尽全力。他们多年如一日地为劝导非洲某些部落废止女性割礼、提倡女孩受教育权利和婚姻自由而奔走。据南苏丹政府的资料，2011 年 80% 的苏丹女性为文盲，母婴死亡率和女性因暴力死亡率极高。年龄在 13 岁到 14 岁少女中，许多人

---

① "Christian Aid launches West Africa crisis appeal"，"Christian Today"，http：//www.christiantoday.com/article/christian.aid.launches.west.africa.crisis.appeal/29476.htm and "Church World Service：CWS Emergency Situation Report：Sahel Africa food crisis"，2012 年 3 月 13 日. http：//www.churchworldservice.org/site/News2? page = NewsArticle&id = 14051&news_ iv_ ctrl = 1228.

② http：//www.wvi.org/wvi/wviweb.nsf，2012 年 1 月 8 日。

③ 《南苏丹天主教大学将成为新国家建设的中坚力量》，信仰通讯社（http：//www.fides.org/aree/news/newsdet.php? idnews = 6713&lan = chi，2011 年 8 月 30 日）。

被迫结婚，被剥夺受教育和就业的权利。2012年3月8日，西班牙天主教组织"Manos Unida"在南苏丹推动建成由孔伯尼会传教士协调的苏丹天主教广播电台，在饱经几十年内战冲突煎熬的新建国家中进行人与人和睦相处的价值观宣传。这家电台努力帮助当地被排除在社会发展进步之外的千万女性扫盲，从而摆脱贫困，邀请各界女性，介绍她们的遭遇——在家庭和社会生活中遭遇的不平等，如未成年婚姻、多妻制痛苦、歧视及武装冲突中的种种艰难处境。①

结　语

纵观近年非洲宗教发展，其特点呈现出冲突与和解并存，狭隘和博大共生，社会关怀和宗教不宽容同在。宗教界既被称为博爱的典范，同时也可能成为不宽容的最极端例证。在非洲很多国家，宗教之间的冲突其实是资源、权力、利益斗争本质下的外在表象。非洲目前的核心问题仍是发展问题，在此问题下最迫切需要解决的是政府的良治、权力的制衡、利益分配的公平以及人权。由于宗教力量在非洲国家发展进程中一直扮演着重要的角色，我们不能无视更不能贬低宗教的重要作用，如2011年北非社会变革中宗教势力的推动和参与是北非伊斯兰教参与社会变革的重要活动，它顺应了民众要求改革、要求废除专制的强烈愿望。非洲宗教各界在救灾扶困、文化教育、医疗卫生、调解地区冲突等方面的贡献是非常突出和有目共睹的。2012年非洲各类宗教发展的趋势仍将沿着这一轨道前进，我们共同祈愿非洲有个和平安定的未来，这也是世界所有宗教的共同宗旨。

作者简介

马恩瑜，女，1978年生，社会学博士，浙江师范大学非洲研究院助理研究员。研究方向为宗教社会学，非洲宗教与非洲移民。

---

① 《苏丹不平等现象导致女性处于极度贫困状态》，信仰通讯社（http://www.fides.org/aree/news/newsdet.php? idnews = 7566&lan = chi，2012年3月7日）。

非洲非政府组织发展报告 2011

周术情

2011年的非洲吸引了全世界的目光。2011年，堪称非洲的"多事之秋"。非洲不仅经历了众多国家的总统选举和宪法公投，还承受了北非剧变、南北苏丹纷争所带来的痛楚。在世界聚焦于政府层面之时，非洲非政府组织①也在各个领域发挥着重要的作用，成为影响非洲政治、经济和社会诸方面不可忽视的力量。为适应新的形势，非洲非政府组织不断进行自我调适。它们在活动领域、活动方式、平台选择等方面都发生了深刻的变化。政治社会参与程度不断加深，活动范围不断扩大，国际影响力日益提升，是非洲非政府组织近来的基本发展特征。本报告主要基于对非洲非政府组织在过去一年的活动情况，分析非洲非政府组织呈现的新特点及其发展趋势。

一 非洲非政府组织的工作领域渐趋扩大

一直以来，非洲非政府组织受西方影响较深。许多非洲非政府织甚至是在西方直接支持下建立的。因此，非洲非政府组织的基本架构与西方非政府组织并无二致。非政府组织的使命陈述、工作内容及工作方式也存在

---

① 本报告"非洲非政府组织"系指非洲本土的非政府组织和在非洲开展工作的国际非政府组织。

大量相似之处。传统上,非洲非政府组织的基本工作方向是关注政府不愿关注或者无力顾及的方面,包括社会弱势群体的基本权利保障、疾病预防与治疗、妇女地位和环境保护等方面。

然而,根据近期的观察,非洲非政府组织所关注的领域日趋增加。工作内容已经细化到政治与社会生活的方方面面。非洲非政府组织班珠尔会议强调,应力促非洲国家进行信息立法,保障民众从各种渠道获取信息的权利,以实现公民了解国家政策、计划等合法化。[①] 同时,该会议还呼吁非洲政府与社会关注民众的性取向及性别认同等方面的问题。近年来,乌干达、喀麦隆等国均有迫害同性恋者的案例。这一原本只在发达国家出现的社会问题也成为非洲非政府组织关注的对象。[②]

非洲非政府组织还致力于将非洲传统文化及非洲语言的保护纳入自己的行动议程。[③] 由于西方的殖民统治,非洲国家的官方语言以西方语言为主。但在实际使用中,大量的非洲本土语言仍有强大的生命力。如豪萨语、斯瓦希里语使用者众多。而且,许多非洲其他方言之间有密切联系,相互交流起来相对容易。因此,一些非洲非政府组织试图从语言的角度推进非洲一体化。甚至有人提出了统一"非洲语言"的计划。[④]

非洲非政府组织还将关注的领域扩展至气候变化等方面。[⑤] 气候变化对人类的影响开始受到关注是在西方发达国家。非洲人民对气候和环境所导致的问题尚不敏感。其主要原因,一在于大多数非洲民众还在为填饱肚子而奔劳;一在于民众缺乏获取有效信息的渠道。然而,在许多非政府组织看来,气候变化和环境问题在很大程度上是由发达国家造成的,发达国家应该为此承担责任,进而有义务帮助非洲国家发展国民经济,克服气候

---

① ACDHRS, "Resolution on Access to Information in Africa", http://www. acdhrs. org/2012/04/tres00242012-resolution-on-access-to-information-in-africa/, 2012 – 5 – 6.

② ACDHRS, "Resolution on the Human Rights on the Basis of Sexual Orientation and Gender Identity in Africa", http://www. acdhrs. org/2012/04/tres011412-resolution-on-the-human-rights-on-the-basis-of-sexual-orientation-and-gender-identity-in-africa/, 2012 – 5 – 1.

③ Kofi Akosah-Sarpong, "At last, African Culture in Mainstream Thinking", *NGO News Africa*, 2011 – 11 – 18.

④ Stephen Maina, "Kiswahili can be Africa's language", *The Citizen*, 2011 – 10 – 27.

⑤ ACDHRS, "Summary Report of the NGOs Forum Preceding the 51th Ordinary Session of the African Commission on Human and Peoples' Rights and 25th African Human Rights Book Fair", Banjul, 2012 – 4 – 16.

变变化和环境恶化等因素引起的诸多困难。因此，非政府组织就气候变化和环境保护等议题展开了广泛的讨论。通过媒体的呼吁和鼓吹，气候变化和环境议题越来越受到非洲民众的关注。于是，非政府组织的呼吁和宣传对该议题的传播起到了重要作用。

总体而言，非洲非政府组织在工作活动领域方面并未超越"自由、平等、权利、良治、和平"的传统框架。但是，它们的工作分工更加细密，工作内容更为宽泛。宏观上看，包括了经济、社会、政治权利、文化权利等方面；微观上看，囊括了信息化、记者保护、老人与残障人士、警察与人权、难民救助、政治避难者庇护、国际流亡人士援助、女性生殖健康、死刑、监狱及拘留所条件、粮食安全、宗教，等等，不一而足。

二 非洲非政府组织工作路径更新

一般而言，非政府组织的活动方式与提供服务和公共产品的政府部门不同。非政府组织往往通过独立行动，利用其特有的价值及道德力量，对政府、社会施加影响，从而在一定程度上重新优化配置资源。换言之，非政府组织的目标在一定程度上乃是以"建构的方式"改变世界。倡导新理念，唤起民众的问题意识、发布信息、影响舆论、组织抗议、参与政策条约的起草、制定、监督工作等是这种工作方式的重要体现。

非洲非政府组织的工作方式大体也不出此例。当然，由于各非政府组织所掌握的资源并不完全相同，因此其具体活动方式、战略及形式也会不一样。通常，非洲非政府组织达成自身目标的路径包括：项目实施、召开会议、信息发布和游说诸方面。许多关注不同领域的非洲非政府组织在调研的基础上以项目的形式直接对受援地区进行项目投资，肯尼亚的兽医项目即为此类方式。[1] 另外一种非常常见的方式为以特定主题召开国际会议，旨在引起国际社会和当地社区的关注。开会已经成为非洲非政府组织

---

[1] Francis Osure, "Sidai Africa Reaches out to Livestock Farmers", http：//ngonewsafrica.org/archives/10929，2011－5－4.

内部沟通和扩大影响的重要手段。① 而且，非洲非政府组织常常印发宣传手册，发布信息及其关注对象的有关数据。② 此外，非洲非政府组织也通过参与政府谈判，参与讨论制定政策、规划并动员社区力量参与，进而推动国家社会的良性互动。

除了传统的工作方式以外，非洲非政府组织在过去一年中不断尝试新的工作手段。随着现代通信手段在非洲大陆的不断发展，非政府组织有了新的交流方式。互联网络和无线通信为非政府组织开展工作提供了极大的便利。当前，许多非洲非政府组织通过自己的官方网站和全球性的新兴网络社交平台，③ 如脸书（Facebook）、推特（Twitter）、Google$^+$（Google Plus）等发布信息、数据和相关新闻。④ 与传统方式不同的是，新传媒发布的速度极快，一条信息瞬间完成数十万次转发。2011 年北非剧变见证了新媒体的力量。⑤ 新的传播方式在非洲非政府组织中应用的优越之处在于，它减少了民众与事件之间的中间环节，从而增加了事件的透明度。政府或者其他利益相关方难以为保证自身利益而刻意隐瞒事件真相，或影响舆论导向为己所用。新兴媒体在非洲非政府组织工作中的作用日益突出，这可能成为推动非洲良政的重要因素。

非洲非政府组织在工作中另一个突出变化是注重科学统计数据的采集、处理和发布。过去，非洲非政府组织发布的数据往往缺乏原创性和权威性。近年来，非政府组织效法世界银行、联合国教科文组织等机构，聘用相关领域的专家帮助制作发布诸如气候变化监测指数、环境污染监测数

---

① "Africa NGO Meeting on Realising the Potential of CEDAW and the Optional Protocol to CEDAW as a Tool for the Protection and Promotion of Women's Human Rights", SUMMARY REPORT, http：//www. iwraw-ap. org/publications/doc/FINAL_ Report_ Africa_ NGO_ Meeting_ on_ CEDAW_ and_ OP_ CEDAW. pdf，2012 - 4 - 23.

② UNESCO, "All Sub-Saharan Africa NGO Meeting on EFA 2000", http：//www. unesco. org/education/wef/en-leadup/rmeet_ afric_ ngo. shtm，2012 - 4 - 28.

③ "Zille Taken to HRC over Refugee Tweet", see http：//www. ngopulse. org/print/24103，2012 - 4 - 12.

④ "New Social Network for African Radio Broadcasters Launched", see http：//www. ngopulse. org/print/21601，2012 - 4 - 10.

⑤ "A Social Media Boom Begins in Africa", 13 April 2011, see http：//www. ngopulse. org/print/18715，2012 - 5 - 2.

据、廉洁指数排名等。① 同时，非洲非政府组织还可以提供专业的难民状况、粮食安全威胁、人道主义灾难等方面的报告。从而，提升了非政府组织在信息源掌控方面的地位，形成了政府、市场部门和非政府组织在特定领域信息发布方面的鼎足之势。

非洲非政府组织在沿用传统非政府组织工作方式的同时，与时俱进，充分利用新兴媒体建立更为简单便捷的信息传播渠道，发布更具权威性的报告与数据，从而巩固和提升了自身在政府与社会中的地位。由于资讯的发展，现在许多非政府组织已经成为重要的新闻素材集散地，其网站成为重要的新闻平台。② 其影响力已经在呈现一种全球化、社会化的趋势。

三 非洲非政府组织发展困境犹存

非政府组织的立场是学术界争论已久的问题。理论上非政府组织应该回到其原初的意义之上，那就是为人类争取更美好的生存环境。然而，在现实中，众多非政府组织并不能完全忠实于自己的理想与使命。其基本原因在于非政府组织的存在与发展受到众多条件的限制，比如活动经费、活动场所、民众对非政府组织行为的认知及反应等。③ 这些因素极大地影响着非政府组织实现其使命的可能性。非洲非政府组织诞生于非洲国家整体落后的宏观背景下，上述制约因素对这些立足于非洲大陆的非政府组织具有非同寻常的影响力。

非洲非政府组织的资金来源决定了它们的工作目标和工作内容缺乏独立性。非洲非政府组织的资金支持绝大部分来自外部，以西方国家为主。④ 此类组织只有提出令捐助方满意的工作计划，方可获得必要的拨款支持。因此，对部分非洲非政府组织而言，其工作的重要内容之一就是如

---

① See http：//cer.org.za/virtual-library/letters/the-jses-social-responsibility-index/，2012 - 4 - 18.
② See http：//cer.org.za/programmes/information-hub/，2012 - 4 - 18.
③ WiLDAF, "West African NGOs Report on the implementation of the Beijing Platform for Action", Loméé, 2004 - 8 - 27.
④ Issa G. Shivji, "The Silence in the NGO discourse: the Role and Future of NGOs in Africa", Keynote paper presented to the Symposium on NGOs held at the MS-Training Centre for Development Cooperation in Arusha, Tanzania, 28 - 29 November.

何制造令西方捐助者感兴趣的项目。捐助者亦只有在符合自身立场、目标的情况下方有可能批准资金申请。因而，某些非洲非政府组织在一定程度上失去了自主性，沦为西方捐助者的政策执行工具。[1] 随着非洲非政府组织的快速发展，非洲非政府组织的数量日渐增多，募集足够的资金成为组织的首要任务。各组织之间的竞争也不可避免。

另外，非洲非政府组织成为人们谋生的手段。非洲许多国家的经济发展水平极低，失业率居高不下。因此，有些人只为了保有一份工作而为非政府组织工作，至于这些工作是否真的有助于实现该组织的目标与理想，并未在其考虑之列。[2] 因此，有部分非政府组织的立场摇摆不定，工作成效不甚理想。

非洲非政府组织还受困于非政府组织内部之间的竞争。据统计，非洲诸国已颇具规模的非政府组织有近3800个，[3] 这些组织的经费几乎都需要向捐助者募集。在非洲这些非政府组织中，有许多同类型组织，它们所从事的工作具有高度的相似性。因此，这些组织为了获得捐助者的青睐，需要各自极力展示自己以迎合捐助的价值取向。从而造成了非洲这些非政府组织之间的较量，而将其真正为之奋斗的目标边缘化。

非洲非政府组织被有目的地当作政治工具。一些政府通过国际非政府组织或其他私人渠道向非洲非政府组织提供支持，并要求这些组织直接按照资金提供者的意图从事特别的活动。[4] 在此情况下，非洲非政府组织成为一些政府达到其政治、经济和安全目的的政治打手，已毫无公益性可言，基本上背离了非政府组织的初衷。

---

[1] Issa G. Shivji, "Reflections on NGOs in Tanzania: what we are, what we are not, and what we ought to be", *Development in Practice*, Volume 14, Number 15, August 2004, pp. 689 – 690.

[2] Karen Rothmyer, "Hiding the Real Africa: Why NGOs prefer bad news", *Columbia Journalism Review*, reports March/April 2011.

[3] See "The Directory of African NGOs (3rd edition, 2004)", http://www.un.org/africa/osaa/ngodirectory/index.htm, 2012 – 4 – 12.

[4] Iain, "Aid Policy: Does Private Money Buy Independence?" Dakar, See http://www.irinnews.org/printreport.aspx? reportid = 95275, 2012 – 4 – 16.

四 非洲非政府组织对中非关系影响渐大

随着中非关系的进一步深化,在中国与非洲的交往过程中民间层面突出的趋势愈加明显。非洲非政府组织对中非关系的影响已经引起各方关注。① 在可预见的将来,非洲非政府组织对中非关系的发展将会产生重要的影响。在过去的一年,关注中非关系的非洲非政府组织对中国部分企业在非洲的某些行为提出了批评。如赞比亚中资公司当地劳工工作环境、待遇问题,尼日利亚莱基自由贸易区拆迁问题。有些非政府组织还对中国在非洲的广泛存在发表自己的看法,影响非洲民众,进而试图对非洲国家政府施压。

在与中国关系方面,非洲非政府组织显示了新的发展趋势。它们与国际非政府组织合作,不仅关注在非洲的中国企业和中国人的行为,还关注追踪相关企业在中国国内的行为,以此作为印证对中国在非的活动开展批判。随着中非关系的迅猛发展,获得中国国家奖学金的非洲学生越来越多,懂得中文和中国国情的人越来越多。他们往往成为非洲非政府组织的工作人员或者合作伙伴,对中国的批评更加有力。中国现在虽然强调内外有别,但有的在海外发展的企业为了表明其在海外发展良好,接受境内媒体采访之时,往往将其业绩公之于众。而一些人权组织或者其他人士将中国此类文章翻译成英文,发表于国际媒体。② 从而制造不利于中国的舆论压力,这是一个值得关注的新方面。

非洲非政府组织对中国发出批评的声音,有三个方面的原因。一是某些非政府组织完全是西方势力在非洲的代言人,其观点具有明显的政治目的。二是,中国企业在非洲确有不遵守当地法律的情况,而非洲非政府组织的立场为保护当地利益。第三方面的原因是中国缺乏与当地非政府组织沟通,提供的信息较少,导致误解产生。

尽管如此,非洲非政府组织对中非关系产生积极影响的可能性仍然存

---

① Ndubisi Obiorah, "Rise and Rights in China-Africa Relations", Working Paper, Centre for Law and Social Action Lagos, Nigeria, see http://www.sais-jhu.edu/academics/regional-studies/africa, 2012 - 3 - 9.

② Chusa Sichone, "Zambia: Workers Cry for Improved Conditions of Service", *Times of Zambia*, 14 November, 2011.

在。长期以来，中国与非洲交往多止于政府层面。而且，由于历史和文化的差异，中国非政府组织并未得到充分发展。因此，中国非政府组织与非洲非政府组织的交流较为有限。中非合作论坛成立以来，中国民间机构开始有意识地加强与非洲非政府组织的联系。[1] 近年来，包括浙江师范大学非洲研究院在内的主要中国非洲研究机构与非洲大陆多个非政府组织合作，开展学术交流，主办国际会议，合作开发项目，共同发布研究成果。[2] 2011 年，浙江师范大学非洲研究院主办的第一届中非智库论坛将中非非官方组织交流推向了新的阶段，将对中非非政府组织的交流产生积极影响。[3]

五 结论

非洲非政府组织在非洲发展进程中的作用毋庸置疑。它们深入社会、沟通政府，成为国家与社会之间互动的润滑剂；在帮助非洲应对全球化挑战方面也展现出重要的力量。但是，非洲非政府组织也可能沦为政治的工具和权力的工具。

非洲非政府组织在一年中开展了大量表面上各不相同的活动。然而，本质上它们能够突破传统的地方并不多。作为一种政治和社会现象，非政府组织与其他社会制度一样是在长时段的发展中成型的，并不能在短时期内突破原有的框架。因此，非洲非政府组织除了在运作平台更新方面有所建树外，并没有重大突破。某些细小的变化须经过长时间的积累，方能展现出新的力量和新的发展趋势。

非洲非政府组织一直依赖于西方传统捐助者，在面临以中国为代表的新兴国家的崛起之时，它们是否需要改变传统观念"向东看"？这是一个非洲非政府组织自身亟待解决的问题。它们是否能够跨越"非西即东"、"非此即彼"，能否实现独立运作？这也是研究者需要面对的

---

[1] "China, Africa Reinforce Nongovernmental Ties as 1st NGO Forum Opens", see http://news.xinhuanet.com/english2010/china/2011 – 08/29/c_ 131082132.htm, 2012 – 3 – 8.

[2] "China-Africa NGO Seminar", see http://www.focac.org/eng/dsjbzjhy/t718576.htm#, 2012 – 3 – 2.

[3] "China-Africa Think Tank Forum Holds First Meeting", see http://news.xinhuanet.com/english2010/china/2011 – 10/27/c_ 131216150.htm, 2012 – 3 – 4.

问题。

作者简介

周术情，博士，浙江师范大学非洲研究院助理研究员，研究兴趣为非洲政治、中非关系，当前主要从事非洲能源和非洲非政府组织研究。

非洲文学发展报告

夏 艳

  非洲大陆独立以来，民族文学逐渐兴起和发展，诞生了一大批优秀的作家。非洲拥有凯恩非洲文学奖、索因卡文学奖、非洲出版野间奖等文学奖项和埃及、南非两大知名国际书展，汇集了众多优秀作品。非洲小说家们不仅广阔描绘了非洲国家的当下现实和丰富历史，还深入探讨了非洲国家和发达国家的错综复杂的关系。2011年非洲大陆最高文学奖项凯恩非洲文学奖已经成功举办12届，历届获奖者有一半是女性，大部分是中青年作家，预示着非洲文学已经进入良性循环，未来还将有更大发展。

一 世界级作家及其影响

  对于拥有悠久口头文学传统的非洲文学来说，"讲故事"是非洲作家擅长的事；非洲大陆复杂坎坷的发展道路，使负有使命感的非洲作家产生了大批现实主义杰作；殖民语言（英语、法语为主）的运用和对西方文学的借鉴使非洲文学很快屹立在世界文学之林，并以自身特色丰富了世界文学。四位诺贝尔文学奖得主以及2007年第二届国际布克文学奖获得者尼日利亚的钦努阿·阿契贝（Chinua Achebe），开拓和奠定了非洲现代文学广阔的发展道路。

  1. 索因卡：首位诺贝尔文学奖得主

  自1986年诺贝尔文学奖首次登陆非洲以来，已有四名非洲作家获此殊荣（见附表1）。第一位获奖者沃尔·索因卡（Wole Soyinka，1934年— ），是迄今唯一一位黑人作家。索因卡是尼日利亚约鲁巴人，英语和约鲁巴语同时伴随他长大，《圣经》典故和约鲁巴民间千奇百怪的精灵故事在他心中交织成五彩斑斓的图画，18岁时考入尼日利亚最高学府伊巴丹大学，两年后转入英国利兹大学英文系。他用英语写作诗歌、小说和戏剧，主要作为一名戏剧家闻名于世。瑞典学院1986年在授予他诺贝尔文学奖时称赞他以其广阔的文化视野和诗意般的联想影响当代戏剧。为了铭记这一里程碑事件的意义，2011年非洲遗产研究图书馆和文化中心（the African Heritage Research Library and Cultural Centre）以索因卡的名义在尼日利亚的村庄建立了一个作家的"飞地"（A Writers' Enclave），可以让被邀请的非洲作家停留几个月时间从事创意写作。2005年路明纳基金会（Lumina Foundation）以他的名义建立的沃尔·索因卡文学奖（Wole Soyinka Prize for Literature）是一个包括用英语或法语创作的任何类型或流派的泛非洲写作奖，获奖者将得到20000美元奖金，每隔一年授予一次，迄今颁发了三次（见附表2）。作为"尼日利亚戏剧之父"的索因卡，把西方戏剧艺术和非洲传统的音乐、舞蹈和戏剧结合起来，开创了用英语演出的西非现代戏剧。

2. 阿契贝："非洲现代文学之父"

2007年，76岁的尼日利亚著名作家钦努阿·阿契贝获得第二届布克国际文学奖[①]。钦努阿·阿契贝1930年出生于尼日利亚的奥吉迪（Ogidi）。伊博人的文化传统中有讲故事的习俗，阿契贝从小就跟在母亲身边聆听各种神话传说，中学入读以英语授课的殖民地政府公办学校。钦努阿·阿契贝最著名的作品是他的第一部小说《崩溃》（Things Fall Apart）[②]，1958年出版，1959年获英国布克奖。小说用洗练的文笔，以一个被放逐出自己部落的尼日利亚英雄的沦落，折射出非洲传统部落社会在同西方接触中导致的崩溃，堪称一部非洲简史，被认为是非洲文学中清理

---

① 2004年英国最负盛名的文学奖布克奖终于打破了地域壁垒，朝着一项全方位的国际文学大奖迈出了重要的一步。布克奖评委会宣布从2005年开始，每两年颁发一次奖金为6万英镑的"布克国际奖"，所有作家，无论国别，只要其作品以英文或英文译本发表，均有资格获得此奖。

② 中国台湾翻译为《瓦解》。

殖民历史最早和最成功的作品，是奠定20世纪非洲文学大厦的一块基石。小说已译成50多种语言，这使他成为作品拥有最多语言版本的非洲作家。阿契贝为非洲文学的发展作出了奠基性的贡献，作为"非洲现代文学之父"，他是国外非洲文学研究者最关注的一个作家。

3. 马哈福兹："阿拉伯文学之父"

首位获得诺贝尔文学奖的阿拉伯文学家纳吉布·马哈福兹（Naguib Mahfouz, 1912—2006），是埃及著名作家，享有"阿拉伯文学之父"的美誉。他在开罗的老城区长大，中学毕业后学哲学，从1930年开始在埃及的教育部工作，1970年退休后进入《金字塔报》编委会任该报专职作家，2006年去世。马哈福兹主张宗教宽容，支持国家与宗教的分离，支持一个世俗的、民主的社会。1988年瑞典学院因其形成了全人类所欣赏的阿拉伯语言艺术授予他诺贝尔文学奖。马哈福兹的作品深邃睿智、富于哲理，具有浓郁的民族特色，继承阿拉伯文学重故事情节、故事有分有合的传统，摒弃结构死板和语言陈旧的弊端，丰富了阿拉伯小说的表现力。由于大量刻画入微的作品和洞察一切的现实主义，他笔下的开罗被比作狄更斯的伦敦、左拉的巴黎和陀思妥耶夫斯基的圣彼得堡。"开罗三部曲"是百科全书式的作品，展现出埃及的人情风俗史。三部曲的问世标志着阿拉伯现实主义小说的成熟，其影响扩展到阿拉伯半岛和北非，推动了阿拉伯现代小说的发展与繁荣。

4. 戈迪默和库切：南非文坛的双子星座

纳丁·戈迪默（Nadine Gordimer, 1923— ），南非女作家，至今已著有20多部长篇小说和短篇小说集以及160余篇杂文和评论。种族隔离的种种后果构成了这些作品的重要主题，南非的动荡现实激发了她的责任感。1974年她的长篇小说《自然资源保护论者》（The Conservationist）获布克奖（Booker Prize）。她的每一部作品几乎都与南非的现实密切相关，它们直接或间接地揭示了种族主义的种种罪恶，生动而深刻地反映了生活在南非的黑人与白人的种种苦恼，以及他们为种族歧视制度所付出的沉重代价。由于戈迪默的创作以其高超的技巧深刻地表现了当代南非的生存状况，她得以因为史诗般壮丽的作品使人类获益匪浅而荣获1991年的诺贝尔文学奖。她2012年3月出版的新作是小说《目前是最好时机》（No

Time Like the Present)。

约翰·马克斯韦尔·库切（John Maxwell Coetzee，1940—　），南非作家，与戈迪默被视为南非当代文坛的双子星座。出生于南非开普敦市，以英语为母语，做过计算机程序设计师，后来转往美国攻读文学取得博士学位。1983年他以《迈可K的生命与时代》（Life and Times of Michael K）赢得英国布克奖、1999年又以《耻》（Disgrace）再度得奖，成为有史以来第一位赢得两次布克奖的作家。2003年他又获得诺贝尔文学奖的桂冠，瑞典皇家科学院表示，库切的数部小说精准地刻画了众多假面具下的人性本质。库切的作品大多被译介到中国文学界，其作品的内涵和深度导致对它们进行诠释和评价不太容易。

二　中青年作家及各类文学奖

非洲文学已经进入后继有人的良性循环，以尼日利亚文学为例，在索因卡、阿契贝等的开创下，中青年作家的写作热情和写作技巧都很高，继承了优秀的现实主义传统，不断摘取数量和质量都引人入胜的国际文学奖项。其中本·奥克瑞（Ben Okri）是尼日利亚中年作家代表，1991年他的英语长篇小说《饥饿的路》（The Famished Road）获得了英语文坛最高奖"布克小说奖"，时年32岁，那部小说之后成为非洲英语小说经典，并丰富了世界文学。尼日利亚的年轻作家也十分活跃，2007年年仅29岁的尼日利亚女小说家阿迪切（Chimamanda Ngozi Adichie）的长篇小说《半轮黄月》（Half Of A Yellow Sun），获得了专门颁发给女作家的"橘子文学奖"（Orange Prize）[①]，再度使人们对尼日利亚作家刮目相看。

1. 凯恩非洲文学奖

凯恩非洲文学奖（Caine Prize for African Writing）是非洲大陆文学类最高奖项，颁给以最佳原作表现非洲精神并用英文出版短篇小说的非洲作家。非洲作家通常指那些出生在非洲的人，或者非洲国家的国民，或者父母是非洲人并且小说反映了非洲文化背景。该奖以已故的布克公司前任

[①] 成立于1995年，是英国文学界和出版界的年度重要奖项，授予用英文写作的女性作家，不限国籍，文学奖得主将获得3万英镑奖金。

董事长和布克奖（the Booker Prize）经营委员会主席迈克尔·凯恩（Michael Caine）命名，因而得到"非洲布克奖"（African Booker）的别名。基金于2000年在英国创立，同年在哈拉雷的津巴布韦国际书展上首次颁奖，之后每年7月份在牛津大学的一次宴会上宣布获奖者，奖金一万英镑。届时所有入围的候选人都应邀参加，活动为期一周，包括作品朗读、签名售书以及和媒体见面的机会。该奖得到了包括布克公司在内的世界许多大公司的赞助，并得到三位诺贝尔文学奖得主沃尔·索因卡、纳丁·戈迪默、约翰·马克斯韦尔·库切和"非洲现代文学之父"钦努阿·阿契贝的支持。

2011年，津巴布韦女作家布拉瓦约（Noviolet Bulawayo）获得凯恩非洲文学奖，布拉瓦约的获奖短篇小说《抵达布达佩斯》（Hitting Budapest）讲述了由于贫穷，来自津巴布韦的六名小孩偷布达佩斯郊区市场石榴的故事。布拉瓦约出生和成长在津巴布韦，最近刚在她所执教的美国康内尔大学完成其硕士学位，现在是一个杜鲁门·卡波特[①]研究员和英语讲师。布拉瓦约最近完成了一部小说的手稿，书名为《我们需要新的名字》（We Need New Names）。

2010年，塞拉利昂青年作家欧鲁费米·特里（Olufemi Terry）以其短篇小说《耍弄棍棒的日子》（Stickfighting Days）获凯恩奖，这是他的第二篇短篇小说。特里生于塞拉利昂，但是在尼日利亚和英国长大，2008年获得开普敦大学文学创作硕士学位。据悉，近期他将出版他的第一部长篇小说。在凯恩非洲文学奖的鼓励下，不少青年作家走上了专业作家的道路。2001年，尼日利亚的海伦·哈比拉（Helon Habila）的第一本小说《等待天使》（Waiting for an Angel）荣获了凯恩非洲文学奖，他还因此获得2003年度的英联邦作家奖（Commonwealth Writers Prize）。目前他在美国维吉尼亚的乔治梅森大学教授写作课程。他的第三本小说《油在水上》（Oil On Water）2010年出版，2011年再版，检视了尼日利亚三角洲上石油生意的社会和政治代价。2011年他编辑出版的《非洲短篇小说的格兰塔书》（The Granta Book of the African Short Story）介绍了一群被他誉为"后民族主义的一代"的作家，他们遍及非洲大陆，从摩洛哥到津

---

① 杜鲁门·卡波特（Truman Capote，1924—1984），美国文学史上著名的南方文学作家，两次获得欧·亨利短篇小说奖。

巴布韦，从乌干达到肯尼亚，主要是一些年轻的新作家，也有一些年长的有所成就的作家。

2011年《格兰塔》[①]杂志讨论的是自2005年以后的又一本非洲特刊，一本引起关注的处女作小说是《开放城市》（Open City）。尼日利亚出生的特于·科尔（Teju Cole）写的是曼哈顿，当然融入了非洲的记忆。另一本值得关注的作品是肯尼亚黑人小说家赛亚凡加·瓦奈纳（Binyavanga Wainaina）的自传体小说《有一天我会写这个地方》（One Day I Will Write About This Place）。这个相对年轻的作家是近年文学圈非洲声音的代表之一，他的小说《发现家园》（Discovering Home）曾获得2002年第3届凯恩非洲文学奖，讲述了一个可能无法毕业的大学生回到家乡参加祖父母结婚60周年纪念的故事。他曾经写过一首著名的打油诗《怎样写非洲》（How to Write about Africa）发表在2005年的《格兰塔》杂志上。

2011年出版的新书《看山及其他故事》（To See the Mountain and Other Stories），包括当年凯恩非洲文学奖获奖者津巴布韦女作家布拉瓦约的短篇小说《抵达布达佩斯》在内的2011年入围凯恩奖的五个故事，还有2010年的获奖者欧鲁费米·特里及其他八个崭露头角的非洲作家在凯恩奖作家工作坊（2011年在喀麦隆举办）为这本书各写的一个独特故事。这本短篇小说集反映了丰富多彩的非洲大陆现状，强调了短篇故事的重要地位，这是来自擅长口头文学的祖先遗传，是非洲文学的核心内容。凯恩非洲文学奖迄今已经成功举办12届（见附表3），尼日利亚获奖作家最多，有三位，南非、津巴布韦、肯尼亚获奖作家各有两位。历届获奖者有一半是女性，大部分是中青年作家，预示着非洲文学已经进入良性循环。2012年7月新获奖者将公布，之后所有入围者的新作品集将出版，读者和研究者都有机会看到非洲文学的一些新方向。

2. 法语文学奖

法国也许是世界上文学奖最多的国家，作为一个崇尚文学的国家，"诗人总统"利奥波尔德·塞达·桑戈尔（Léopold Sédar Senghor,

---

[①] 《格兰塔》（Granta）于1889年由剑桥大学学生创立，杂志名字取自附近一条河流，这份世界上最古老的文学杂志已有120多年历史。是一本专注于主题的文学杂志，作为季刊，一年有四个不同的主题。

1906—2001）因其文学上的成就于 1983 年被选为法兰西学院院士①，成为该学院历史上第一位黑人院士。作为塞内加尔前总统、黑人文化运动创始人之一和载誉世界文坛的诗人，桑戈尔引导他的国家获得了独立并于 1960 年塞内加尔独立后当选为共和国总统，连任四届后 1980 年主动退位。他不仅是政治家，而且在非洲文学史上占有重要地位，他先后共发表过 7 卷诗集和其他文学作品，是"黑人性"（Negritude）② 运动的灵魂人物之一。1966 年在桑戈尔的首倡和支持下，第一届世界黑人艺术节③在塞内加尔举办。

著名的摩洛哥小说家、龚古尔奖得主塔哈尔·本·杰伦（Tahar ben Jelloun）以其小说《这眩目致盲的光》，获得 2004 年的都柏林文学奖④。本·杰伦生于摩洛哥北部城市非斯（Fez），1961 年移居法国，并以法文写作，其作品是纯正法语和阿拉伯民间文学风格的完美结合。他曾获得多个有影响巨奖，出版于 1987 年的《神圣的夜晚》让他获得了当年法语文学的最高奖法国龚古尔奖⑤（Prix Goncourt），成为北非法语区的阿拉伯作家获此奖的第一人。小说讲述了一个屈从父命、女扮男装的女孩儿终为封建宗法制度和恶势力所害的故事。在中国已经有中译本，译林出版社 1988 年出版。摩洛哥诗人拉阿比（Abdellatif Laâbi）获 2009 年度法国龚古尔文学奖（诗歌部分），成为第二个获得龚古尔奖的摩洛哥人。拉阿比也出生于非斯，一直用法语写作，不仅是一位诗人，也是一位小说家和剧作家。拉阿比因为他的政治信条和作品曾被判处十年监禁，后来被迫流放

---

① 法兰西学院（L'Institut de France）成立于 1795 年 10 月 25 日，是法国独具一格、世界闻名的学术机构，任务是传授文学、科学、艺术等各个领域中正在形成的知识，如今是象征着法国荣誉的学术机构。设院士 40 人，院士是终身制职位，只有在某成员去世留下空缺时，才通过全体成员投票选举新成员。

② 20 世纪 30 年代初旨在恢复黑人价值的文化运动，诗人桑戈尔给了如下的定义"黑人世界的文化价值的总和"，他的诗作即黑人性的典范作品。黑人性作家主张从非洲传统生活中汲取灵感和主题，展示黑人的光荣历史和精神力量。

③ 世界黑人艺术节则是 20 世纪 30 年代"黑人性"运动的一种反映，第二届由尼日利亚于 1977 年举办，第三届 2010 年在达喀尔举办。

④ 都柏林文学奖由都柏林市议会、市政府和 IMPAC 公司共同主办，用以奖励世界任何国家和地区、以任何语言写成的文学精品，也许是世界上为单本小说所设奖金最高的文学奖，奖金 10 万欧元。

⑤ 龚古尔文学奖 1903 年在法国设立，后来奖金改为 50 法郎，仅仅是一种荣誉，但其重要性已超过法兰西学院的小说大奖。

到法国，并于1985年定居法国巴黎。

2006年与"龚古尔奖"不相上下的"雷诺多奖"（Prix Renaudot）颁给了刚果（布）的阿兰·马邦库（Alain Mabanckou），他的获奖作品是《豪猪回忆录》（Mémoires de porc-épic）。阿兰的小说结合了非洲古老情调和现代荒诞特质，选择轻松戏谑又富含寓意的形式描绘自己的国家，流露出对穷困的刚果人民的同情。2000年科特迪瓦作家阿马杜·库鲁玛（Ahmadou Kourouma）的《真主不受恩》《Allah n'est pas oblige》荣获2000年法国雷诺多文学奖。讲述少年战士比拉伊马（Birahima）的故事，透过孩童观点，以第一人称方式回顾西非战乱。

3. 其他奖项

2011年11月在加纳首都阿克拉宣布了第三届金猴面包树奖①的获奖者：肯·法恩斯沃思（Ken Farnsworth）、埃德斯（Edyth Bulbring）和卢克（Luc Hassbroek），都来自南非。其中写给8岁至11岁读者的最佳故事是卢克的《舞蹈》（The Dance）。卢克生于1996年，他获得了金猴面包树的新兴作家奖。

2004年开始颁发的欧盟文学奖（European Union Literary Award）是一个南非的文学奖项，奖给南非作家的未公开发表过的英语小说。2006年该奖获得者是玛特娃（Kopano Matlwa）的《椰子》（Coconut），讲述了一个黑人孩子在白人世界中成长的故事。2011年欧盟文学奖由阿什拉夫（Ashraf Kagee）赢得，他的小说《哈利勒的旅程》（Khalil's Journey）描写了20世纪开普敦马来人和印度人的日常生活。

非洲出版野间奖②（The Noma Award for Publishing in Africa）创办于1979年，由日本讲谈社主办，面向在非洲出版新书的非洲作家和学者，用地方语言和欧洲语言均可，获奖书籍应属于学术图书、儿童图书和文艺图书。1980年首次颁奖，每年授予一本杰出新作，2010年停办。2009年最后一位获奖者是尼日利亚女作家阿塔（Sefi Atta）的《不法的和其他故事》（Lawless and Other Stories）。

---

① 金猴面包树奖（The Golden Baobab Prize）创立于2008年7月，是一年一度的非洲文学奖，以鼓励关于儿童和年轻人的非洲文学写作。
② 台湾翻译为"非洲出版诺玛奖"。

2011年的克劳斯亲王最高荣誉大奖授予了非洲一本名为"Chimurenga"（为自由而斗争）的以文学、艺术和政治为主题的泛非刊物。自1997年起，荷兰克劳斯亲王奖每年由克劳斯亲王文化发展基金会颁发给来自非洲、亚洲、拉丁美洲和加勒比海地区对文化和发展作出贡献的艺术家、思想家和文化机构。该奖每年评出11名获奖者，其中最高荣誉大奖1名。

三 国际书展与出版业

非洲文化市场并没有想象中的那样低迷，许多国家时不时设有书展或书市，甚至还有不同范围的国际书展。影响力较大的国际书展有埃及的开罗书展、南非的开普敦书展、津巴布韦的哈拉雷书展和肯尼亚的泛非儿童书展，其中以开罗书展和开普敦书展两大综合型书展最为有名。

1. 国际书展

开罗国际书展（Cairo International Book Fair，简称CIBF）始于1969年，由埃及文化部图书总机构（General Egyptian Book Organisation）主办，是全球最大的图书博览会之一，吸引了来自全球的书商和每年大约200万的游客。是阿拉伯世界规模最大、历史最悠久的图书博览会，一般于每年1月份最后一周在埃及开罗的开罗国际会展中心举办。2006年成为仅次于德国法兰克福书展的第二大图书博览会。近年来，开罗国际书展的规模越来越大，每届都有70多个国家和地区参加。我国自1979年第11届书展开始，每年都派团参加。开普敦国际书展（Cape Town International Book Fair，简称CTBF），始于1995年，每年一届，通常在6月份举行。它由法兰克福书展和南非出版商协会联合举办，其职能为版权交易、新书订货，是撒哈拉以南非洲最大的国际书展。很多参展商认为书展办得相当专业，因此获得"小型法兰克福书展"的美誉。近年来，每年都有来自二十多个国家的400多家出版商参加书展。

泛非书商协会（Pan African Booksellers Association，PABA）是由来自非洲各国的国家级书商协会组成的非营利性组织，总部位于肯尼亚的奈诺比。泛非书商协会于1997年在津巴布韦首都哈拉雷举办的津巴布韦国际书展（Zimbabwe International Book Fair，ZIBF）上创建，正式成立于1998年。泛非书商协会目前拥有来自25个非洲国家的书商协会会员，每年借非洲一个主要书展之机召开非洲书商大会（African Booksellers Convention）。

2. 出版业

由于历史原因，非洲基本上形成三大语区，即阿拉伯语区、法语区和英语区。阿语出版业集中在北非，最发达的要数埃及，它不仅在非洲国家可以称雄，在全世界范围也是佼佼者。法语出版业主要以刚果（金）、阿尔及利亚、马达加斯加、摩洛哥等国较为发达。刚果（金）全国有四五十家出版社，大部分集中在首都金沙萨。多哥、科特迪瓦和塞内加尔西非三国政府同一些法国出版社合资创办了新非洲出版社，主要出版中小学教科书，还有非洲作家与学者的著作。在英语出版业方面，尼日利亚是非洲的"冠军"，南非亦是一大出版重镇，津巴布韦、加纳和肯尼亚等国，拥有较多出版社，也占据重要地位。

结 论

在非洲，二战结束后民族国家纷纷独立，一种新的非洲文学也应运而生。经过了几十年的发展，在1986年和1988年两位非洲作家连续摘取了诺贝尔文学奖，即尼日利亚的索因卡和埃及的马哈福兹。之后不断有越来越多的非洲作家摘取新的重要国际文学奖项，到2011年，非洲文学呈现出良好的发展态势。至此，纵观非洲文学的发展，总体具有三个特点：

第一，1980年之后，世界小说的创新能力部分转移到了那些出生在贫穷的发展中国家、使用发达国家的语言进行叙述的非洲小说家身上。他们不仅广阔描绘了非洲国家的当下现实和丰富历史，还深入探讨了非洲国家和殖民母国的错综复杂的关系。这些跨文化作家、无国界作家、后殖民小说家共同构成了非洲文学最近30年一个写作的世界主义潮流。

第二，非洲文学向世界文坛贡献了享誉全球的重要作家，构成了阵容整齐的老中青三代非洲作家。尼日利亚文学独立后向世界贡献了阿契贝、索因卡等开创性的世界级作家，之后不断有新人冒出来，去摘取英语文坛的重要奖项。这一现象同样可用于描述南非文学、津巴布韦文学、肯尼亚文学、摩洛哥文学、苏丹文学，等等。

第三，2011年非洲大陆最高文学奖项凯恩非洲文学奖已经成功举办12届，历届获奖者有一半是女性，大部分是中青年作家，预示着非洲文学已经进入良性循环，未来还将有更大发展。

附表 1　　　　　　　　诺贝尔文学奖非洲获奖作家

时间	作家	代表作	国家	主题
1986	沃尔·索因卡 Wole Soyinka	《狮子和宝石》 The Lion and the Jewel	尼日利亚	20世纪尼日利亚农村发生的一出喜剧，停留在口头的新思想与传统势力的较量
1988	纳吉布·马哈福兹 Naguib Mahfouz	《我们街区的孩子们》Children of Gebelawi	埃及	通过街区孩子的描写以小见大，探索人类的精神追求
1991	纳丁·戈迪默 Nadine Gordimer	《七月的人民》 July's People	南非	内战时期，一个白人家庭在黑人奴仆的帮助下逃到一个村庄
2003	约翰·马克斯韦尔·库切 John Maxwell Coetzee	《耻》 Disgrace	南非	南非白人至上的传统崩溃后，一个名誉扫地的大学教师的挣扎

附表 2　　　　　　　　索因卡文学奖获奖作家作品

时间	作家	作品	国家
2006	阿塔（女）Sefi Atta	《一切都好》 Everything Good Will Come	尼日利亚
2008	尼狄·奥考拉芙（女） Nnedi Okorafor	《听风者》 Zahrah the Windseeker	尼日利亚
2010	特里西娅（女） Adaobi Tricia Nwaubani 玛特娃（女） Kopano Matlwa 威尔·奥克第允 Wale Okediran	《我不是偶然出现在你面前》 I Do Not Come To You By Chance 《椰子》 Coconut 《租房户》 Tenants of The House	尼日利亚 南非 尼日利亚

根据索因卡文学奖维基百科网站资料整理（http://en.wikipedia.org/wiki/Wole_Soyinka_Prize_for_Literature_in_Africa）。

附表3　　　　　　　　　　凯恩非洲文学奖历届获奖名单

凯恩非洲文学奖	作家	作品	国家	主题
2000年第1届	莱拉·阿鲍蕾拉（女） Leila Aboulela	《博物馆》 The Museum	苏丹	一个跨文化的爱情故事
2001年第2届	海伦·哈比拉 Helen Habila	《等待天使》 Waiting for an Angel	尼日利亚	军人政权时代尼日利亚拉各斯的绝望生活
2002年第3届	赛亚凡加·瓦奈纳 Binyavanga Wainaina	《发现家园》 Discovering Home	肯尼亚	一个大学生回到家乡参加祖父母结婚60周年纪念
2003年第4届	伊冯娜·阿迪安博·奥伍尔（女） Yvonne Adhiambo Owuor	《低语之重》 Weight of Whispers	肯尼亚	一个遭遇大屠杀后卢旺达难民的故事
2004年第5届	布莱恩·奇夸瓦 Brian Chikwava	《第七魔力街》 Seventh Street Alchemy	津巴布韦	津巴布韦文学长期传统的胜利
2005年第6届	塞甘·阿福拉比 S. A. Afolabi	《星期一早晨》 Monday Morning	尼日利亚	描写外逃难民的生活
2006年第7届	玛丽·沃森（女） Mary Watson	《圣母峰》 Jungfrau	南非	以儿童的眼光描写紧张家庭关系
2007年第8届	莫妮卡·阿拉克·德·恩耶科（女） Monica Arac de Nyeko	《詹布拉树》 Jambula Tree	乌干达	描写乌干达内战期间穷苦家庭生活
2008年第9届	亨利埃塔·罗斯—因尼斯（女） Henrietta Rose-Innes	《毒药》 Poison	南非	以非洲被毁坏的环境为主题，预见南非面临危机时两极分化的情形

续表

凯恩非洲文学奖	作家	作品	国家	主题
2009年第10届	E. C. 奥松杜 E. C. Osondu	《等待》 Waiting	尼日利亚	描写难民营少年等人搭救时度日如年的生活
2010年第11届	欧鲁费米·特里 Olufemi Terry	《耍弄棍棒的日子》 Stickfighting Days	塞拉利昂	讲述了一群孩子在垃圾场里打架的生活经历
2011年第12届	布拉瓦约（女） NoViolet Bulawayo	《抵达布达佩斯》 Hitting Budapest	津巴布韦	来自津巴布韦的6名小孩由于贫穷偷布达佩斯郊区市场石榴的故事

根据凯恩文学奖官方网站等相关资料整理（http://www.caineprize.com/）。

作者简介

夏艳，云南大学非洲研究中心讲师、博士，主要研究非洲文学。

南部非洲民族问题发展报告

徐 薇

南部非洲一直被誉为"人类的摇篮",是很多种族和文化的发源地,考古发现证实五百万年前最早的人类从这里走出。该地区历史文化悠久,自然资源丰富,但也存在很多内部问题,其中民族问题不容小觑,非洲很多国家的冲突战乱即是由部族、民族之间的矛盾纷争所激起。本篇报告即是对南部非洲国家民族构成及主要民族问题及相关民族政策的系统介绍与分析。

南部非洲概况

南部非洲即非洲大陆南部地区,联合国划分的南部非洲包括五个国家:纳米比亚、博茨瓦纳、南非、莱索托、斯威士兰。然而通常意义上的南部非洲,主要指南部非洲发展共同体成员国,北至安哥拉和赞比亚,南至南非、莱索托、斯威士兰,纳米比亚、博茨瓦纳、津巴布韦、莫桑比克位于中部。

南部非洲自18世纪晚期以来完全沦为西方国家的殖民地,赞比亚、津巴布韦、博茨瓦纳由英国统治;安哥拉、莫桑比克由葡萄牙统治;南非由英国和荷兰统治;纳米比亚由德国统治。殖民统治一直持续到第二次世界大战之后。20世纪60年代,随着非洲独立运动的兴起,南部非洲国家纷纷独立,最晚独立的国家是南非,于1994年取得独立。然而,后殖民地时期的南部非洲国家仍然冲突不断,一些大国卷入了各种形式的内战,有些没有发生内战的国家，诸如津巴布韦又陷入了腐败政权中。这些国家的经济受到重创，只有南非保持了高度的经济发展和基础设施建设，这与该国政权从少数白人手中平稳过渡到多数黑人手中关系密切。

南部非洲一直被誉为"人类的摇篮"，是很多种族和文化的发源地，考古发现证实五百万年前最早的人类从这里走出。该地区历史文化悠久，自然资源丰富，但也存在很多内部问题，其中民族问题不容小觑，非洲很多国家的冲突战乱即是由部族、民族之间的矛盾纷争所激起。本篇报告即是对南部非洲国家民族构成及主要民族问题及相关民族政策的系统介绍与分析。

一 南部非洲的民族构成

南部非洲共同体14个成员国国家的总人口数达到1.7亿多，多为班图语系黑人，还有马达加斯加人、霍屯督人、亚洲人、印度人及少数白人。这一地区的黑人主要包括：祖鲁人、科萨人、恩德贝勒人、斯威士人、茨瓦纳人、梭托人、修纳人、姆邦度人、苏库马人等。①

南部非洲有些国家虽然人口总数不多，却有着各种各样的民族（族群）、语言和文化。以博茨瓦纳为例，其总人口仅为200万，却拥有46个族群，26种语言，仅仅是科伊桑人（Khoisan）就分为九个不同部族，说着23种语言和方言。② 纳米比亚的总人口为180万，拥有至少11个不同民族。南非总人口约有4740万，包括四大民族，即非洲黑人（约3770万，占79.5%）、白人（440万，占9.2%）、有色人（420万，占8.9%）与亚裔或印度人（120万，占2.5%）。③ 南非的黑人主要包括科伊桑人和班图尼格罗人。南非最早的土著居民为科伊桑人。班图尼格罗人从非洲中部移民到南部非洲，经过长期融合，形成九个主要族群。祖鲁人系恩古尼

---

① 参见维基网对"南部非洲"的解释（http://en.wikipedia.org/wiki/Southern_Africa, 2011年12月4日）。

② Lydia Nyati-Ramabobo. Ethnic Identity and Nationhood in Botswana [A], in Isaac N. Mazonde (Ed.), *Minorities in the Millennium: Perspectives from Botswana* [C]. Gaborone: University of Botswana, 2002. p. 17.

③ 参见南非政府网站（http://www.southafrica.info/ess_info/sa_glance/demographics/population.htm，2012年2月3日）。

人的北支,是南非第一大族,人口约920万,说祖鲁语。科萨人系恩古尼人的南支,为南非第二大族,人口约720万,说科萨语。梭托人又分北部的佩迪人和南部的梭托人,说佩迪语和梭托语,人口680万。此外,还有茨瓦纳人、聪加人、斯威士人、恩德贝勒人和文达人等。① 南非白人主要包括阿非利加人和英裔非洲人。还有少量希腊人、意大利人、葡萄牙人和犹太人等。有色人主要分为格里夸人和开普马来人。亚裔绝大多数为印度人,但近年来华人所占人口比重在逐年增加。由此可见,南部非洲的民族构成异常复杂和多元,要在具体情境下进行具体分析,因此,本报告选取在南部非洲颇具典型性的三个国家:南非、博茨瓦纳和津巴布韦,来具体论述这一地区所面临的民族发展问题。

二 南部非洲的民族问题:以南非、博茨瓦纳和津巴布韦为例

1. 南非

南非有着世界上最复杂的民族类型,而且其合法的种族隔离政策贯穿了整个20世纪。这种种族政策,严格地将社会与人种隔离,尽管在20世纪70—80年代,强制的隔离政策有所减轻,但是仍把人口划分为四个种族,即白人、有色人、亚裔(印度人)和黑人。其中占总人口数11%的白人是最高等民族,在经济政治上享有绝对的权力,有色人种成为廉价劳动力的来源,黑人多在白人拥有的农场工作,但只拿到很少的工资,而且通常无法养家糊口,并有不少黑人失业。

在南非废除种族隔离制度,争取各民族独立解放斗争中,少数白人的专制统治加强了黑人、亚裔与有色人之间的团结。而随着种族隔离制度的废止,大多数亚裔和有色人意识到自身的少数民族地位,转而支持由多数白人组成的占统治地位的国民党。由黑人掌权的非洲国民大会得到了大多数黑人支持,却没有得到纳塔尔省夸祖鲁人的支持,在这里由夸祖鲁人组成的英卡塔自由党赢得了多数祖鲁人的支持。由此立即引发了暴力事件,此时不再是黑人与白人之间的冲突,而是支持非洲国民大会的祖鲁人与支

---

① 参见杨立华《列国志·南非》,社会科学文献出版社2011年版。

持英卡塔自由党的祖鲁人之间的冲突。① 这也成为一个由精英竞争激发的族裔内部冲突的经典个案。

值得注意的是，随着南非的独立，当国家权力可以由所有民族竞争获得时，由黑人、亚裔、有色人在白人高压统治下所形成的团结一致的联合体便很快瓦解。亚裔和有色人不经意地会怀疑黑人的统治，并且感到不安。另一方面，南非国内各族群对于国家权力的诉求，以及缺乏一个共同的敌人，使得黑人内部之间冲突激烈。由此产生一个比较严重的问题，难道说一定要存在一个有侵略性或者占主导地位的他者站在非洲国家各民族面前，才会让黑人忘记相互间的民族差异而齐心协力同仇敌忾？在很多非洲国家，黑人各民族为了争取独立而团结在一起，然而一旦国家独立之后，对于国家权力的渴望和彼此间的猜忌便出现在这些民族当中，从而导致了一体化的瓦解分裂，破坏了国家的统一。这是很多非洲国家所面临的主要民族问题，在严重的情况下，民族冲突会导致更大的政治冲突，从而引发暴乱与战争。

事实上，南非独立以来的民族政策源自于曼德拉的民族和解思想②，即对多民族（种族、部族）的客观现实采取兼容并包政策，使各民族和谐共存发展。并且更多采用"语言、文化多元性"这样的词语来描述或解释多民族的相关现象。各民族语言、文化、宗教受到了合法的保护，给予各民族人民平等的机会。

2. 博茨瓦纳

博茨瓦纳自1966年独立以来，受到前殖民国家英国发展模式的影响，旨在建立一个只有一种语言、一种文化、一个民族的现代民族国家。具体来说，博茨瓦纳是以讲班图语系的茨瓦纳语的茨瓦纳民族为主体的黑人国家，"博茨瓦纳"的意思就是"茨瓦纳人的国家"，茨瓦纳语是全国通用语。因此，在博茨瓦纳，"民族"即是指以茨瓦纳语为母语的茨瓦纳人形成的社会共同体，由国家建构而成，有很强的政治意义。茨瓦纳人分属八个部族：恩瓦托（Ngwato）、昆纳（Kwena）、恩瓦凯策（Ngwaketse）、塔

---

① Bailey, G. A. 1994. *Rebirth of the Non-Werstern World*. Anthropology Newsletter. 35 (9).
② 李安山：《新南非与津巴布韦的民族问题及民族政策的比较》，《西亚非洲》2011年第7期。

瓦纳（Tawana）、卡特拉（Kgatla）、莱特（Lete）、罗龙（Rolong）和特罗夸（Tlokwa）。这八个以其创始酋长名字命名的部族有着相互交织的血缘和亲缘关系以及相似的语言、文化与风俗习惯。博茨瓦纳独立以来保留了酋长制，因此，目前在地方社会，部族一词依然普遍，人们的日常生活依然受到传统部族文化与风俗的影响。

如果博茨瓦纳真如政府所宣传的那样是一个以茨瓦纳人为主体的黑人国家，那么它建立现代民族国家的目标似乎指日可待。然而，据2001年博茨瓦纳的人口普查显示，茨瓦纳人仅占总人口的18%，其他非茨瓦纳人占总人口的60%。这些非茨瓦纳人即是指与八大部族有着不同历史、文化的少数部族（Minority Tribes），主要包括卡兰加人（Kalanga）、伊姆布库苏人（Hambukushu）、卡拉哈迪人（Kgalagadi）、叶伊人（Wayeyi）、布须曼人（Bushman）、赫雷罗人（Herero）等三十多个未被国家承认的少数部族。

笔者在调查中了解到，随着博茨瓦纳社会文化的变迁与发展，一些少数部族在规模、人口、地域上均有扩展，已经形成了有着自己语言、文化、心理认同的族群，比如叶伊人、卡兰加人等。博茨瓦纳民族问题的根源就在于以八大部族为主体的茨瓦纳民族与其他少数部族之间在政治、经济上的不平等待遇。茨瓦纳人不仅是一个民族共同体，更是一个政治共同体，茨瓦纳族酋长可以得到国家的丰厚工资、拥有自己的土地、有参政议政的权力、成为地方初等法院的法官、按照茨瓦纳人的习惯法来处理案件、解决纠纷……那些少数部族则在这种强硬的民族同化政策下，渐渐丧失了自己的语言与文化、历史与传统。诸如学校、医院、法院、媒体等公共场所，都必须用茨瓦纳语，学校的课本里也都在介绍茨瓦纳族的历史与文化，仿佛其他族群都不曾存在。一些少数族群的文化精英们开始通过各种方式来抗议政府的民族同化政策，叶伊人从2001年开始向法院提起诉讼，要求国家承认他们的语言与文化，使他们的酋长在政治、经济上享有和茨瓦纳人酋长同样的待遇。

民族平等问题已经成为博茨瓦纳比较敏感的问题，但至今尚未威胁到国家的稳定，少数族群更愿意通过合法手段来获得平等权益，而不是战争。现任总统塞雷茨·卡马·伊恩·卡马（Seretse Khama Ian Khama）意识到潜在的民族认同危机，从2008年开始，在少数族群聚居的地区举行文化艺术表演比赛，每年两次，规模很大，在不同的村子里进行比赛。

参赛者身着传统民族服饰、表演传统乐器及歌舞,获胜者可以得到政府提供的丰厚奖金。① 然而笔者在叶伊人聚居的塞波帕村(Sepopa)进行田野调查时了解到,文化表演比赛的组织者们大多数是在政府工作的茨瓦纳人,他们对叶伊人、伊姆布库苏人等少数族群的文化艺术并不感兴趣,仅仅是在完成本职工作。对此博茨瓦纳大学副校长莉迪亚教授一针见血地指出:"政府是在欺骗民众,政府只让人们唱歌、跳舞,却不给予少数族群应有的政治、经济上的公平待遇,这是一种欺骗……"②

一些少数族群的精英们开始通过不同方式抗议国家的政策,博茨瓦纳大学副校长莉迪亚教授就是其中的代表人物。她是一个土生土长的叶伊人,她的母亲就生活在笔者调查的村子塞波帕。多年来莉迪亚一直致力于争取叶伊人被国家承认,她参与创建了非政府组织 Kamanakao Association,旨在传播和保护叶伊语言与文化。③ 她发表文章、出版著作,以唤起更多组织与人们对叶伊人的关注与支持。④ 她认为:"国家要承认这些少数族群,将多元文化引入公共领域,使得博茨瓦纳的文化更加丰富,这将有助于推动经济的发展。"⑤

3. 津巴布韦

津巴布韦是一个多民族国家,人口约1300万。主要由占大多数的绍纳人及一些少数民族构成,包括恩德贝勒人、卡兰加人及欧洲白人等。津巴布韦的民族问题主要表现在两个方面:一是本国黑人之间不同民族的冲突,主要是以绍纳人为主导的津巴布韦非洲民族联盟与以恩德贝勒人为主导的津巴布韦人民联盟之间的矛盾。二是黑人与少数白人的民族冲突,这是津巴布韦最主要的民族问题。

---

① 笔者于2011年3月6日至3月21日期间,在博茨瓦纳塞波帕村进行田野调查,有幸参与了两场分别在 Ikoga 和 Sepopa 村举行的文化表演比赛。
② 笔者于2011年3月29日下午,在博茨瓦纳大学莉迪亚教授的办公室,对其进行了访谈。
③ 旨在保护传承叶伊语言文化的非政府组织(http://www.kamanakao.com)。
④ Nyati-Ramahobo, L. "Ethnicity and Language: Lessons from Botswana", Open Space, Vol. 2 (3). 2008, pp. 49 – 54; *Democracy in Process: Building a Coalition to Achieve Political, Cultural and Linguistic Rights in Botswana*, Journal of Canadian Studies Vol. 38 (3). 2004, pp. 603 – 621.
⑤ Lydia Nyati-Ramahobo. *Minority Tribes in Botswana: The Politics of Recognition*. London: Minority Rights Group International. 2008.

津巴布韦自 1965 年单方面宣布独立以来，其社会主要靠民族来组织，占人口 4%的白人几乎占据了全国 60%的财富，1969 年颁布的土地法案将土地在白人与黑人之间平均分配，于是少数白人拥有多数土地，而大多数黑人因为受到部族土地政策的制约仅拥有少量土地甚至无家可归。大多数黑人在白人的农场中工作，仅能获得很少的收入。因此，从 20 世纪 80 年代开始，白人与黑人之间的关系逐步恶化，直至 2000 年，总统穆加贝在民盟—爱国阵线的议会选举险胜后，通过了无偿征用白人农场土地的修宪条款，爆发了黑人强占白人农场土地的冲突事件，大量白人离开了津巴布韦。西方严厉抨击这一土改政策，并对津巴布韦实施制裁，一些国际组织也停止了经济援助。

津巴布韦国内白人与黑人之间矛盾已远远超过了民族问题的范畴，土地问题涉及到整个国家的稳定和发展，2012 年是津巴布韦的大选年，很多人都在拭目以待，期望新的总统能够给这个国家带来新的发展和希望。

三　南部非洲民族发展趋势分析

南部非洲在整体上保持了长期的稳定和发展，可以说是整个非洲发展得比较好的区域。但是，在社会稳定和经济繁荣背后，我们仍要看到一些不稳定因素和潜在问题。民族问题是南部非洲各国都在面临和需要解决的大问题。

综合南非、博茨瓦纳、津巴布韦等国的民族问题，可将南部非洲的民族问题概括为以下几个方面：

首先是黑人与白人之间的矛盾，主要表现在贫富差距悬殊。南非是世界上贫富悬殊最大的国家之一，其三分之二的国民收入集中在占总人口 20%的富人（主要是白人）手中，有数以百万计的人口（主要是黑人）生活在贫困之中。同时，还有 1000 万周边国家的难民。南非知名调查公司公布的最新调查数据显示，南非黑人男子每月平均收入为 2400 兰特（约合 343 美元），而南非白人男子每月平均收入为 19000 兰特（约合 2714 美元）；大多数白人妇女每月的收入为 9600 兰特（约合 1370 美元），而大多数南非黑人妇女每月的收入仅为 1200 兰特（约合 170 美元）。南非在 1994 年废除了种族隔离制度，黑人取得了国家最高的统治权，但黑人经济地位没有根本提高，黑人抱怨政府没能关注他们的生活。而南非政府鼓励黑人进入经济及其他领域的政策，也让一部分白人认为政府对他们不公平。虽然南非的种族隔离主义制度已经消亡了，但各个民族之间的隔阂却没有完全消除。至今仍然有很多南非白人认为，黑人是次等公民，而很多黑人则仍将白人视为"剥削者"，并通过各种手段（包括暴力犯罪）向白人"复仇"。南非三百多年的种族隔离的历史坚冰很难在短短十几年内完全"消融"，南非的民族和解实际上还有很长的路要走。津巴布韦国内黑人与白人之间的矛盾仍很突出，据悉已有相当一部分白人正在重返津巴布韦，然而先行土地政策没有根本改变，其国内经济发展、社会稳定依然会面临很多挑战。

其次，黑人内部各民族之间发展不均衡。博茨瓦纳民族问题的现状是，由八大部族组成的茨瓦纳人是博茨瓦纳的主体民族，在政治、经济、文化上享有很多特权。在地方社会，少数部族均依附并服从于茨瓦纳族酋长的管理，茨瓦纳语是通用语。很多少数部族聚居在欠发达的边疆地区，有相当一部分是跨界族群，他们大多数拥有自己的语言或者多种方言，有独特的族群形成的历史，却在政府的同化政策与建立单一民族国家的目标下，面临着不均衡发展的困境。

相对于其他非洲国家，南部非洲国家总体上保持了社会稳定与经济发展。民族问题不是很突出，没有导致严重的政治、经济问题（津巴布韦除外）。然而对于某些国家内部的民族矛盾仍然不能小觑。殖民统治时期，所有非洲人为了反抗共同的敌人而团结在一起，相互之间充满了兄弟情谊，然而现在，这个共同的敌人消失了，没有一个共同的目标让非洲人团结起来，人们更多的考虑自己所在群体的利益。因此，各民族之间缺少团结和信任，是民族冲突的主要原因。目前，南部非洲国家解决民族问题最重要的方式，就是增强人们的国民意识、公民意识，给各民族以平等的发展机会与权力，促进民主国家建设，合理公平地加强各民族间的合作共存。

结　论

过去一年里，南部非洲并没有发生严重的民族冲突，其中经济发展、社会稳定是主要因素。此外在南部非洲国家，人民的受教育程度和文化素养普遍增强，避免或减少了民族冲突。强大、公平、稳定的领导也是保持多民族国家和平发展的前提。各国政府都在努力采取各种措施来加强民族融合，比如南非，有二十多个民族，每个民族都有自己的文化。新政府认为多元文化是国家的财富。为了表示各民族文化的平等地位，1996年新宪法规定英、阿非利卡、祖鲁、科萨等11种语言为官方语言，使南非成为世界上官方语言最多的国家。在倡导文化多元化的同时，重点扶持了传统文化的复兴，特别重视传统音乐和口头文学等非物质遗产的保护。为使人们世世代代记住种族隔离这段历史，南非政府拨款修建了很多的博物馆、纪念馆和纪念碑等，如把关押曼德拉近二十年的罗宾岛改成了博物馆，还建立了种族隔离博物馆和自由公园等。南非文化领域出现了一个新现象，就是不同民族的文化相融合，综合运用多种艺术元素，创作出独特的艺术作品。

尽管南部非洲民族问题在整体上趋于稳定，但具体到各个国家又存在很多差异，涉及到各个国家的历史及现状问题，然而分别描述每个国家的历史和现状是非常困难的，因此，本文以南部非洲颇具代表性的国家南非、博茨瓦纳、津巴布韦为例，探讨三国的民族问题现状，揭示问题的根源。

事实上，殖民统治早已成为历史，新的非洲国家在日益走向成熟，非洲各国应更多地审视自己，找到自己国家民族问题的根源。民族问题是国家的内部问题，多民族国家人民和谐共存是未来的发展之路。

作者简介

徐薇，女，1981年生。2010年毕业于中央民族大学人类学专业，获法学博士学位。目前在博茨瓦纳大学做访问学者，主要研究博茨瓦纳传统部族变迁、南部非洲华人生存现状。现为浙江师范大学非洲研究院助理研究员。

尼日利亚民族问题发展报告

蒋 俊

  尼日利亚是非洲最为典型的多民族国家，民族结构较为松散，成分多元化，且呈现彼此分离的状态，社会的整合度不高，很容易导致失序的状态，民族冲突难以避免。从当前来看，南部的尼日尔河三角洲地区和中部、北部的族裔—宗教社区最为复杂和棘手。2011年尼日利亚民族问题的特点是"南冷北热"，在联邦政府的努力下，尼日尔河三角洲民族冲突局势有了一定程度缓和；由于受到选举的影响，北部的民族问题被激化，造成大量人员伤亡和财产损失。

一 尼日利亚的民族结构

  尼日利亚是非洲第一人口大国，人口将近2亿，也是非洲最为典型的多元社会，各种文化、语言、宗教、民族并存。作为后殖民化建立起来的国家，尼日利亚民族多样性的现象既有地区独特自然环境以及历史演化的原因，也是近百年来殖民者进行无序整合的结果。在前殖民时代，根本不存在所谓的"尼日利亚"，不同群体在一个相当宽泛且自由的空间内交往互动，这里既有贸易、通婚、文化和技术的相互采借、宗教的交流，也有战争、征服、奴役、暴力，它们形成了近代尼日利亚民族关系非常重要的历史积淀。不过尼日利亚从未在历史上形成过囊括当前所有人群的国家或共同体，直到1914年，英国将"油河保护国"等三块殖民地合并为"尼日利亚殖民地和保护国"，确立了尼日利亚现代国家的雏形。随着政治形势的发展，20世纪40年代后期，国家才产生民族意识与认同。

1960年尼日利亚建国后的民族结构是殖民时期的延续：民族来源的复杂、多元性以及民族间的非均衡性。该国有三个多数民族，即北部的豪萨—富拉尼（Hausa-Fulani）民族、西南部的约鲁巴（Yoruba）民族和东南部的伊格博（Igbo）民族，他们占据整个国家三分之二以上的人口，在社会结构中处于有利位置[1]。从尼日利亚独立后的历史来看，这三个多数民族确实从政治、经济等方面牢牢掌控了国家的命脉。三个多数民族之外的民族即为少数民族，他们在人数上处于劣势，在语言、文化甚至体格上存在广泛差异，有代表性的民族包括北方的卡努里（Kanuri）民族、中部的努佩（Nupe）民族、东部的伊乔（Ijaw）民族以及西部的埃多（Edo）民族，等等。此外另有240多个更小的群体，分布在全国各地，构成了极为复杂的民族社会与文化版图。总而言之，尼日利亚的民族结构较为松散，成分多元化，且呈现彼此分离的状态，社会的整合度不高，再加上政局动荡，独裁盛行，很容易导致失序的状态，民族冲突难以避免。从当前来看尤以南部的尼日尔河三角洲地区和中部、北部族裔—宗教社区最为复杂和棘手。

二 当前尼日利亚民族问题的主要表现

1. 尼日尔河三角洲的少数民族问题

尼日尔河三角洲位于尼日利亚南部几内亚湾，拥有650公里的海岸线，官方界定的总面积达7万平方公里，构成尼日利亚大陆面积的7.5%。由于特殊的生态环境以及历史演化，尼日尔河三角洲成为许多少数民族的家园，民族构成极为复杂。同时，这里也是尼日利亚的经济资源"宝库"。根据现有的资料显示，尼日利亚探明的石油储量为358亿桶，列世界第九位，非洲第二位，而这些石油几乎全部埋藏在尼日尔河三角洲的地底和海洋深处，总储量占全国95%以上。更重要的是，这里的石油

---

[1] Abdul Raufu Mustapha. *Ethnic Minority Groups in Nigeria: Current Situation and Major Problems*, Sub-Commission on Promotion and Protection of Human Rights Working Group on Minorities, Ninth session, 2003.

属于"轻甜"（light, sweet）石油，流动性强且含硫量低，能够轻易地炼制出汽油和柴油，深受世界各地主顾的青睐，成为人人渴求的"液体黄金"。数十年来，尼日尔河三角洲的石油在国际市场大获成功，对整个国家的经济贡献可谓居功至伟，从法律和道义上来说当地人民理应获得相当的回报。但事与愿违，石油不仅没有给尼日尔河三角洲带来福音，却成为人们挥之不去的噩梦。

在社会不平等、生态灾难的背景下，三角洲产生大量以少数民族为单位的武装组织，比较著名的有伊乔人（Ijaw）的"三角洲解放运动"（MEND）、奥格尼人（Ogoni）的"奥格尼人生存运动"（MOSOP）等。这些组织与政府、石油公司以及其他民族间产生了极为严重的暴力活动。根据联合国开发计划署（UNDP）报告，巴耶尔萨、三角洲与河流三州（产油的核心地带）至今已爆发过至少120—150次极度危险的冲突，成为非洲最不稳定的地区之一。长期的冲突导致该地区产生了血腥的暴力文化，暴力成为人们日常生活的一部分，把杀人放火和打砸抢当作正当的手段。心怀不满的年轻人拉帮结派，破坏石油设施，绑架甚至杀害外国石油工人，甚至故意破坏输油管道，以为只要石油流进小溪，村子就能获得大笔赔偿。特别是2006年以来，三角洲的武装分子开始频繁绑架外国石油公司的石油工人和外国专家，索要赎金，使该地区的动荡局势进一步加剧。2009年，"三角洲解放运动"组织的暴力活动十分惨烈，导致数千人流离失所。

一系列的暴力活动，严重干扰了石油开采工作，据尼日利亚国家石油公司（NNPC）估计1998年至2003年间，每年有400起针对石油设施的破坏活动；1999年至2005年，因为冲突而导致的石油收入损失总量达到68亿美元；2006年11月壳牌公司负责人在报告中说因各种冲突导致的石油收益每天损失610万美元。庆幸的是，从总体上看，2009年后三角洲的形势有了较大改善，民族冲突趋于缓和。

2. 中部地带及北部族裔—宗教社区的民族冲突

由于历史上民族迁徙、宗教扩张以及殖民统治等原因，尼日利亚中部及北部一些地区形成一个庞大的族裔—宗教地带，族裔方面表现在既有多数民族豪萨—富拉尼人，同时也存在大量少数民族；宗教方面则呈现伊斯兰教和基督教相交锋的局面，往北以伊斯兰为主，往南以基督教占优，成为各种势力交汇之处,可谓牵一发而动全身。在这一地带,高原州、卡杜纳州以及包奇州等是本世纪初以来民族问题最为突出的地区。

与尼日利亚其他地区有所不同,高原州首府乔斯直到2001年才打破平静的"田园生活"。对于许多尼日利亚人而言,高原州奉行的格言"和平与旅游业的家园",绝不仅仅是口号。的确,许多人从自己冲突的家乡逃离出来,就是为了在乔斯寻求保护和安全,甚而定居下来。一些观察家认为正是从邻州大量涌入的移民结束了这里的平静生活。2000年和2001年从卡杜纳、包奇、塔拉巴和纳萨拉瓦州冲突逃难而来的民众,不可避免地在高原州居民中制造恐怖气氛,这种感受被之后他们自己的暴行所强化。特别是,随着乔斯人口剧烈增长,产生了经济压力,一些商品供应不足,且价格上扬。社会资源紧缩,紧张对立情绪增强。

2001年引起暴力的特别事件发生在乔斯被称为"刚果—俄罗斯"(Congo-Russia)地区的一个清真寺外。该年9月7日,星期五,一位青年基督徒妇女试图从清真寺外聚集的穆斯林人群中穿过马路。她被要求等祈祷结束再通过,否则另择它路,但是该妇女执意穿过,于是双方争执起来。数分钟后,这场争执演变为暴力斗争。交战双方为出现在该地的基督徒和正在清真寺祈祷及碰巧在临近地区的穆斯林。此后,械斗失控并且扩散,暴力冲突从9月7号星期五持续到9月10日星期一。经过短暂的安宁,9月12日战火重燃,进一步杀戮和破坏。9月13日冲突结束时,已有数百人被杀,许多人失踪,数千房屋、建筑以及其他财产损失。2000年后的十年间,基本每年都有一定程度的冲突,其中以2010年为最,这一年的冲突导致近千人死亡。[①]

2011年中部地区没有发生大规模的民族冲突,但乔斯也并不平静,出现了后选举暴力以及当年圣诞节袭击等事件。小规模的袭击和报复行动在穆斯林和基督徒社区司空见惯。在紧张的气氛下,任何一次无心的对抗或误解,对于持不同信仰的民族而言,都可能酿成重大事故,导致财产损失,人员伤亡,特别是在宗教节日时期。例如,2011年8月29日,伊斯兰斋月末期,在一个穆斯林祈祷场所,穆斯林与基督徒爆发了械斗,导致16人丧生。另外,如果某人不小心来到持不同信仰人群聚居区,他很有

---

① IDMC. Nigeria: No end to Internal Displacement, A Profile of the Internal Displacement Situation, 2009.

可能被杀害或受袭击。

在中部地带的其他地方，民族关系长期保持紧绷状态，牧牛为生的穆斯林富拉尼人和农耕为生的基督徒贝龙人（Berom）势如水火。根据报道，富拉尼人多次袭击贝龙人的村落，无论是在乔斯的郊区或中部地带其他地区。在包奇州一个基督教占优势的地区，2011年富拉尼人共进行23次攻击，导致70余位基督徒丧生，穆斯林伤亡人数不详。

2011年4月，紧随着总统选举结束，超过800人丧生于北部各州的骚乱，65000多人无家可归。当选总统古德勒克·乔纳森（Goodluck Jonathan）的主要竞选对手是北部穆斯林穆罕默德·布哈里（Muhammadu Buhari），在他败选后其支持者发起了抗议活动，并迅速将暴力的矛头指向基督徒，因为他们被认为支持了同为基督徒的乔纳森当选。政治议题引起暴力，宗教信仰自由权利受到严重侵犯。尼日利亚基督教协会报道，一系列的冲突导致至少187名基督徒被杀，243人受伤，超过430间教堂毁于一旦。2011年选举后穆斯林与基督徒最激烈的暴力冲突发生在卡杜纳州。据人权观察组织估计，整个冲突中，该州有超过500人死亡，绝大多数为穆斯林。[①] 在最近较为平静的十余年间，卡杜纳曾被视为治理民族—宗教冲突的积极样板，广受赞誉。但这一事件后，该州的稳定局势将受到严峻挑战。

三 尼日利亚民族问题的原因及趋势分析

自1999年奥巴桑乔宣誓就任总统后，尼日利亚公共冲突的数量和剧烈程度都有所上升。大多数的分析家提供相似的解释，一致认为，尼日利亚从集权主义到民主化，权力关系和权力结构的变化导致整个社会紧张情绪升级为暴力。民主制度的引入像一道释放压力的阀门，使人们长期以来被压制的怒火找到出气口，他们更自由表达自我，只不过很多时候通过暴力的方式。

1. 尼日尔河三角洲产油地区是少数民族问题的焦点

随着尼日利亚经济结构从以农业生产为基础转向以石油出口为基础，

[①] USCIRF, Countries of Particular Concern: Nigeria, Annual Report, 2012.

石油资源便成为引发新矛盾的重要因素之一。自从1956年从奥洛伊比喷涌出第一桶石油后，尼日尔河三角洲地区在国民经济中的地位与日俱增，成为国家的"提款机"，尼日利亚经济重心逐渐向这里转移。石油产品给尼日利亚带来了巨额财富，在国民经济的比重从1959年的0.1%到1967年的87%，目前占据着40%的国民生产总值，95%的外贸收入。1958年以来，三角洲通过原油给国家换回4500多亿美元的收入。

尽管如此，尼日尔河三角洲却是尼日利亚最不发达的地区之一，毫不夸张地说，这里的3100多万百姓，大都生活在水深火热之中。他们的社会经济状况极度糟糕，73%的人缺少安全的饮用水；70%的家庭电力不足；大多数社区教育设施奇缺，小学的入学率低于40%。由于贫困，三角洲地区人口的预期寿命只有46.8岁；5岁以下儿童死亡率高达20%，为世界最高的地区之一；儿童营养不良率在58%—75%之间，其中严重营养不良的占10%—12%，中度营养不良的占18%—23%，轻度营养不良的占30%—40%。在一些地方，最基本的医疗机构仅能覆盖2%的人口。[①] 令人费解的是，这里尽管蕴藏着丰富的原油，但汽油价格却是全国最高的。这些情况显示，三角洲产出了大量的石油财富，却丝毫没有反映在百姓的生活水准和人生际遇上。基于这种状况，暴力冲突也就难以避免。

尼日尔河三角洲结束叛乱、重返和平的进程磕磕绊绊。2008年，联邦政府与传统领导达成协议共同创建委员会寻找出路，并于当年11月公布数条建议，被认为对于解决三角洲问题具有积极促进作用。建议的内容广泛，包括裁军、遣返和重建计划，具体措施有对武装分子的特赦、提升三角洲石油收入的分配额度以及最迫切的经济和社会发展问题。与此同时，联邦政府设立"尼日尔河三角洲部"（Niger Delta Ministry）专注该地区基础设施建设、环境保护和青年群体赋权问题。首先实施了"大赦计划"，"三角洲解放运动"等组织宣布了暂时停火计划。大赦计划从2009年8月到10月，放下武器的武装分子被免罪，并在本土甚至国外进行职业培训。在他们找到工作前，政府补贴每人每月410美元。超过26000名青年接受政府的"招安"，包括一些有声望的反政府领导。

---

① 蒋俊：《尼日尔河三角洲：被石油"诅咒"的土地》，《中国社会科学报》2011年5月12日，第16版。

但也有观察家认为，大赦计划虽取得阶段性成果，但未必是可持续的。在尼日尔河三角洲的治理上，联邦政府还缺少一个综合性的发展战略。只要没有基础设施投入，没有道路、没有桥梁、没有学校、没有工作机会提供给青年的现象继续存在，和平进程的前景难测。另外，尽管一些武装组织领导号召响应大赦计划，"三角洲解放运动"等组织不断碎片化，但由于许多武装分子手中仍握有武器，只要在合宜的时机下，仍存在重新集结的空间。有些武装分子甚至转而成为海盗，在几内亚湾内的大海上干着相似的"营生"。

2. "土著"、移民与宗教：民族问题和宗教问题的合流

1804年，富拉尼游牧民从几内亚迁徙而来，后来皈依了伊斯兰教，其统治集团决心发动"圣战"，在豪萨城邦中扩大宗教的影响。击败豪萨人后，富拉尼人学习他们的语言，并且与其统治阶层相互通婚。不久这两个民族合二为一，难以分辨，都受到索克托哈里发国家统治。英国殖民者来到后与索克托哈里发结为同盟，施行间接统治政策。在殖民者帮助下，哈里发国家的势力扩张到非穆斯林地区，导致尼日利亚北部少数民族普遍压抑和反感。即使国家独立后，少数民族仍未能摆脱殖民者留下来的这一政治、经济和文化的枷锁。北方穆斯林和非穆斯林社区间的紧张和猜忌永远不愁找不到借口。

自从北部穆斯林化后，豪萨—富拉尼人的对手通常是本土或南部移民而来的基督徒。这些冲突尽管主要是宗教形式的，但也带有民族的特征。目前来看，宗教冲突主要在卡诺、包奇、约拉州、卡杜纳州以及其他北部城市。某些时候激进的伊斯兰教派如80年代的梅塔齐纳（Maitatsine），以及最近的"博科圣地（Boko Haram）"的极端做法点燃冲突的导火线，其目标既有基督徒也有较为开明的穆斯林教派。

尼日利亚宪法规定，人们有宗教信仰的自由，然而政府却纵容北方一些州推行伊斯兰教法。矛盾于1999年开始酝酿，包括卡杜纳州在内的北部一些穆斯林占优势的州，从宪法上采用颇具争议的伊斯兰法典或教法。1999年10月，扎姆法拉州全面实行伊斯兰教法，北方几个州亦步之后尘。伊斯兰教法中，饮酒要被处以鞭刑，偷盗要斩去四肢，而通奸则被石刑，与现代社会准则格格不入。当伊斯兰教法强制推广时，像卡杜纳这样的州就会陷入大麻烦，因为其人口几乎一半穆斯林一半非穆斯林，在全州

推行伊斯兰教法，明显欠妥。

在一定程度上，卡杜纳是尼日利亚的缩影。不仅仅在于其由多元民族构成，在文化版图上也是北部穆斯林占优，而南部则以基督徒为主。卡杜纳的穆斯林欢迎宗教法典，但遭到基督徒的强烈反对，从而导致民族和宗教冲突，波及到卡杜纳首都和两百万人民。前两轮较量分别发生在2000年2月和5月，导致2000多人死亡。无数房屋和其他财产被损毁。伊斯兰教法是冲突的催化剂，强制实施该教法，非穆斯林的少数民族感受到豪萨—富拉尼人的控制，并且反抗和斗争。

自从2000年的暴力事件后，州长艾哈迈德·马卡非（Ahmed Makarfi）发起缓解民族和宗教紧张的改革，包括引入修正版本的伊斯兰教法，试图照顾不同宗教社区的感受。该年11月2日开始实施，在这一体系下，穆斯林法规仅适用于穆斯林占优的地区，基督徒和非穆斯林地区则采纳世俗法规。马卡非为非穆斯林少数设立新的酋长区和行政区，也变革权力当局的行政序列，各地酋长向州政府，而不是扎里亚酋长委员会负责。这种做法有利民族—宗教和解，受到人们的拥护，所以保持了长达十余年时间的平静期。①

中部地带包括塔拉巴、夸拉、高原、纳沙拉瓦、科吉州，也包括包奇州南部、卡杜拉州和扎里亚市南部，是尼日利亚少数民族聚居最盛之处。在这些地区，民族间、民族内部的冲突如藤蔓般滋生。研究者指出这是一场"公民身份危机"，人们对公民身份的不同态度导致政治冲突，陷入"土著—移民"身份认同的纠结，被排外主义情绪以及要求被承认的努力所激化，形成绵绵不绝的冲突。

中部地带的"土著"是指那些据称祖祖辈辈在此地区生活的少数民族；"移民"多指通过经商、游牧等活动移居而来的豪萨—富拉尼人。"土著—移民"之间对于目前共同家园的理解存在差异而导致难以调和的矛盾。比如高原州的豪萨—富拉尼人，在该地已经生活了数代，这里是他们所知的唯一的家，他们为被视为外来者而感到愤慨。与此同时，乔斯等地的"土著"则控诉豪萨—富拉尼人试图占据城市地区，将土著从经济和政治活动中排挤出去。在一定程度上而言，豪萨—富拉尼人更为富裕，

---

① IDMC. Nigeria: No end to Internal Displacement, A Profile of the Internal Displacement Situation, 2009.

而且他们拥有更先进的社会组织形式，在酋长区或其居住的行政区首长的任命上占据先机，但经常遭到少数民族土著的抵制，从而导致冲突的发生。

其实，尼日尔河三角洲也好，中部地带也罢，民族冲突的诱因大致相似，通常由一系列事件所引发，包括选举、对选举结果的争议、边界争端、对已存习惯权利的挑战、政治暗杀、新建地方政府行政区、土地争端、宗教分歧、人口移动以及发展计划的影响，等等。另一方面，政府的低能或无作为也是民族冲突的重要原因。比如由于处理不力，民族暴力的始作俑者往往较少受到惩罚，政府当局只在迫于政治压力下才将作恶者送去审判。在一些恶性事件中，国家安全部队对于任意杀戮也要负部分责任。

四　结语

民族问题是尼日利亚不可回避的社会现象，影响到国家政治、经济和文化的方方面面。尼日利亚独立以来，遭遇过大规模内战，发生过七次成功的军事政变，多次未遂政变，经历了八届军政府的统治，无一不与民族问题息息相关。从经济上来说，持续不断的民族冲突和民族抵抗运动在尼日尔河三角洲地区导致的石油收入损失自不必言，在中部和北部的族裔——宗教社区爆发的暴力冲突对于该地区脆弱的经济结构的打击也是毁灭性的，老百姓流离失所，财产损失，田园荒芜，人民深受其害。在一些地区，穆斯林与基督徒水火不相容，这种文化上的相互排斥为暴力冲突提供了最易于让民众接受的口实，宗教的延续将会酿成世仇的延续。从当前来看，尼日利亚已经迈入民主国家的行列，但由于联邦政府的聚合力与行动能力偏弱，国内政治贪污腐败盛行，人民普遍陷入贫困，民族问题将在相当长的时期内成为历届政府都要面临的巨大挑战。

作者简介

蒋俊，1978年生，2008年毕业于厦门大学，获博士学位。现为浙江师范大学非洲研究院非洲历史与文化研究所副研究员，主要从事非洲（以尼日利亚为中心）的族群历史与文化研究。2011年12月—2012年5月在尼日利亚Ahmadu Bello大学进行为期半年的访学。截至目前，发表论文十多篇，主持或参与各类课题多项。

第 五 篇

中非关系发展态势

中非经济合作发展报告2011

梁明 王泺

2011年，中国与非洲的经济合作持续、快速、健康发展。中非贸易额再创历史新高，中非贸易在中国对外贸易中的比重持续上升。中国对非洲的投资持续大幅增长，所占比重进一步提升，中国利用非洲外商直接投资的规模也在持续快速增长。中国对非洲的工程承包和劳务合作也取得较好的成绩，与同期相比均实现较大幅度增长。多年来的实践证明，中国和非洲的经济合作是平等互利的。

一 中非双边贸易

2011年，中非贸易交出了一份令人满意的答卷，中非贸易额再创历史新高，达到1663.19亿美元，同比大幅增长30.9%。中非贸易额的同比增速远远大于中国对外贸易额的同比增速，中非贸易快速增长。然而，总体而言，中非贸易额仍然偏小，占中国对外贸易的比重仍然偏低。另外，2011年的中非贸易仍然延续了近年来持续出现的特点：中国对非贸易的国别集中度进一步增强、中非贸易商品持续稳定、中国与非洲国家的贸易平衡状况持续恶化。

1. 中非贸易额再创历史新高

2011年，在全球经济复苏乏力、欧洲主权债务危机持续恶化的情况下，中非贸易取得了非常不错的成绩。中非贸易总额、中国对非洲出口总额以及中国从非洲进口总额均再创历史新高。2011年，中国与非洲的贸易总额达到1663.19亿美元，同比增长30.9%。其中，中国对非洲的出口额为730.99亿美元，同比增长21.9%，中国从非洲的进口额为932.21亿美元，同比增长38.9%。作者依据"海关统计月报"的统计，自2000年以来，中非贸易快速发展，总体呈现出明显的上升趋势。起源于2008年的世界金融危机虽然对中非贸易产生了较大的影响，使得2009年的中非贸易出现大幅下滑，但在2010年，中非贸易实现了完美的复苏，并于当年创下进出口总额1269.11亿美元的历史新高。2011年，中非贸易不负众望，再创历史新高。从中非贸易发展的历史趋势可以看出，中非贸易具有持续、快速、健康发展的基础。在中国政府促进中非贸易举措的带动下，中非贸易必将持续快速发展。

2. 中非贸易占中国比重较低

近年来，中非贸易额占中国对外贸易额的比重不断增加。中非贸易占中国对外贸易的比重从2000年的2.23%增加到2011年的4.57%，11年间增加了2.34个百分点。其中，中国从非洲进口所占的比重从2000年的2.47%增加到2011年的5.35%，增加了2.88个百分点；中国出口非洲的比重从2000年的2.02%增加到2011年的3.85%，增加了1.83个百分点。从图1可以看出，从2004年开始，中国从非洲进口所占的比例开始

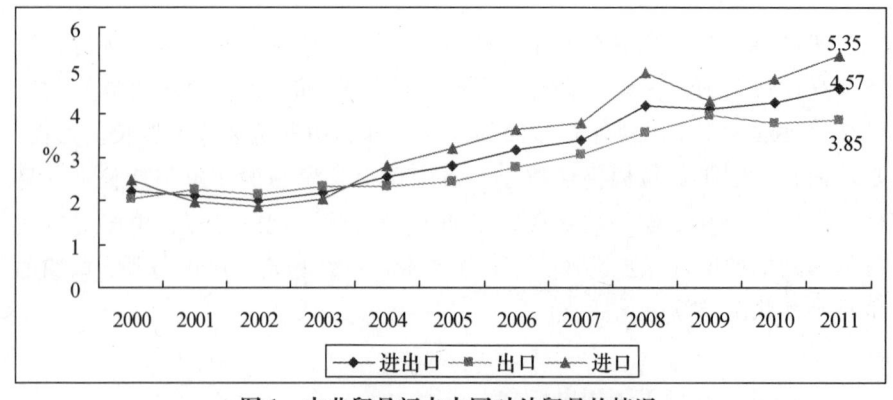

图1　中非贸易额占中国对外贸易的情况

数据来源：作者根据《海关统计月报》数据计算得出。

大于中国出口非洲所占的比例,这种差距还呈现出逐渐增大的趋势。虽然中非贸易占中国对外贸易的比重不断增加,但是中非贸易仍存在规模小、体量轻、所占比例小的特点。未来,随着中国促进中非贸易一系列政策的出台,中非贸易的规模必将进一步增加。

3. 中非贸易占非洲对外贸易比重增加

从非洲的角度来看,中非贸易占非洲对外贸易的比重也比较低。但与其他国家所占比重逐年减小的趋势不同,中非贸易占非洲对外贸易的比重呈现出明显的上升趋势。

从非洲出口的角度来看,2000—2010 年,非洲出口欧盟的比重呈现出明显的下降趋势,欧盟所占的比重从 2000 年的 43.52% 下降到 2010 年的 33.98%,下降了 9.54 个百分点。非洲出口美国的比重,呈现出下降—上升—再下降的趋势。美国所占的比重从 2000 年的 17.32% 下降到 2010 年的 16.49%,下降了 0.83 个百分点。法国所占的比重从 2000 年的 9.70% 下降到 2010 年的 5.91%,下降了 3.79 个百分点。与这些国家形成鲜明差别的是中国的情况,中国占非洲出口的比总由

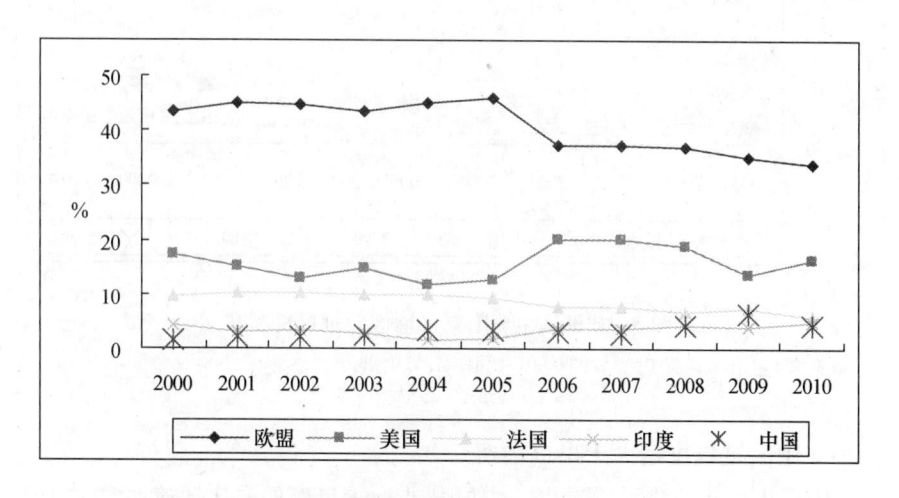

图 2　非洲出口主要国家(地区)情况[1]

数据来源:作者根据 UN COMTRADE 数据库计算得出。

---

[1] 由于部分非洲国家 2011 年的贸易数据尚未公布,所以我们仅能计算到 2010 年。

2000 年的 1.41% 上升到 2009 年的 6.37%，9 年间上升了 4.96 个百分点。
2010 年，中国所占的比重有所下降，达到 4.49%，但仍比 2000 年上升了
3.08 个百分点。

从非洲进口的角度来看，也呈现出类似的趋势。非洲从欧盟、美国、法国等国进口的比重不断下降，从中国进口的比重不断上升。非洲从欧盟进口所占的比重从 2000 年的 43.54% 下降到 2010 年的 33.38%，10 年间下降了 10.16 个百分点。非洲从法国进口的比重则从 2000 年的 11.58% 下降到 2010 年的 7.58%，下降了 4.00 个百分点。非洲从美国进口的比重从 2000 年的 8.54% 下降到 2010 年的 7.65%，下降了 0.89 个百分点。非洲从中国进口所占的比重则从 2000 年的 3.36% 上升到 2010 年的 11.67%，10 年间上升了 8.31 个百分点，增速明显。

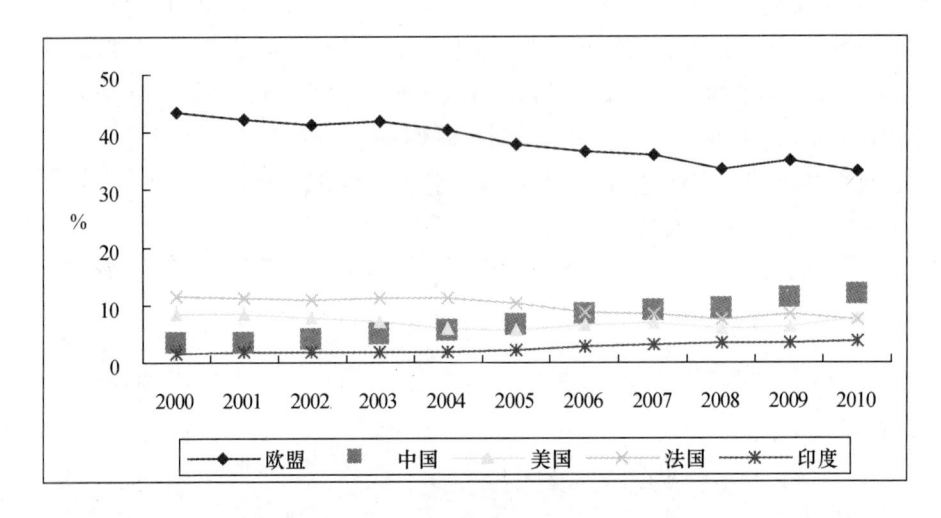

图 3　非洲从主要国家（地区）进口情况①

数据来源：作者根据 UN COMTRADE 数据库计算得出。

4. 中国进口增速大于出口增速

从近几年的趋势可以看出，中国从非洲进口额的同比增速明显大于中国对非洲的出口额的同比增速，这也直接导致了中国对非洲贸易逆差的持续扩大。2011 年，中国从非洲进口额的同比增速为 38.9%，比中国对非

---

① 由于部分非洲国家 2011 年的贸易数据尚未公布，所以我们仅能计算到 2010 年。

洲出口额的同比增速多出 17.00 个百分点，这也使得 2011 年中国对非洲的贸易逆差也再创历史新高，达到 201.22 亿美元。中国从非洲进口总额的快速增长主要得益于近年来中国快速的经济增长以及中国不断扩大的对非洲商品的市场开放力度。2010 年，中国首先对与自己建交的最不发达国家 60% 的商品实施零关税。自 7 月 1 日起，中国给予埃塞俄比亚、利比里亚、刚果（金）、莫桑比克等 26 个最不发达国家新的零关税待遇，涉及 4700 多个税目的商品。为促进非洲商品对中国的出口，中国在义乌国际商贸城设立非洲商品展销中心，重点引进非洲特色商品。此外，中国还通过非洲商品展、广交会等平台，提高非洲商品在中国的市场认知度。这些措施的实施，都极大地促进了非洲商品的对华出口。

5. 中非贸易伙伴集中程度增强

不管是从中国出口非洲的角度还是从非洲进口的角度来看，中国与非洲贸易的伙伴国都比较集中，并且这种集中的趋势日趋增强。中国出口非洲的主要伙伴多为非洲经济基础较好的国家，而中国从非洲进口的主要伙伴国则主要是原油和铜矿、铁矿等金属矿产资源的富集国。

（1）中国出口

从中国出口非洲的角度来看，我国对非洲的出口伙伴较为集中，并且集中度呈现出逐年增加的趋势。以 2011 年的数据来看，中国对非出口的前十大伙伴依次是：南非、尼日利亚、埃及、利比里亚、阿尔及利亚、加纳、摩洛哥、贝宁、安哥拉和肯尼亚。2011 年，十国合计占中国出口非洲总额的 73.15%，而前五国合计则占到中国出口非洲总额 53.75%，仅南非、尼日利亚和埃及前三国所占的比重也达到了 40.84%。这种集中的趋势随着时间的推移正呈现出逐年增加的趋势。2005—2011 年，十国合计占中国出口非洲总额的比重从 71.08% 增加到 73.15%，增长了 2.07 个百分点。

非洲国家的进口能力与自身的经济发展水平具有直接的关系。中国对非洲出口的十大贸易伙伴国都是非洲 GDP 排在前列的国家。按 2010 年的数据，非洲 GDP 总量排在前列的国家依次是：南非、埃及、尼日利亚、阿尔及利亚、摩洛哥、安哥拉、利比亚、苏丹、突尼斯、肯尼亚和加纳。这与我国出口非洲的十大伙伴国基本上是重合的（仅利比里亚 GDP 总量排名较为靠后）。

（2）中国进口

从中国从非洲进口的角度来看，中国贸易伙伴集中的趋势更加明显，集中度也呈现出逐年增加的趋势。从2011年的数据来看，中国从非洲进口的十大贸易伙伴国依次是：南非、安哥拉、苏丹、刚果（布）、刚果（金）、赞比亚、利比亚、阿尔及利亚、赤道几内亚和尼日利亚。2011年十国合计占中国从非洲进口总额的90.55%，前五国合计则占到中国从非洲进口总额79.77%，南非、安哥拉和苏丹前三国合计所占的比例也高达71.36%。随着时间的推移，这种集中的趋势也呈现出逐年增加的趋势。2005—2011年，十国合计占中国从非洲进口总额的比重从88.38%增加到90.55%，增长了2.17个百分点。

中国从非洲进口的商品主要为原油和矿产，其中主要是原油。2011年中国从非洲进口的矿物燃料（HS27，主要为原油）和矿产（HS26）合计占中国从非洲进口总额的79.90%[①]。中国从非洲进口的十大国基本上均为原油和矿产的富集国。中国从安哥拉、苏丹、刚果（布）、利比亚、阿尔及利亚、赤道几内亚以及尼日利亚进口的产品主要是石油；从南非进口的主要商品是铁矿；从刚果（金）和赞比亚进口的主要商品是铜矿。

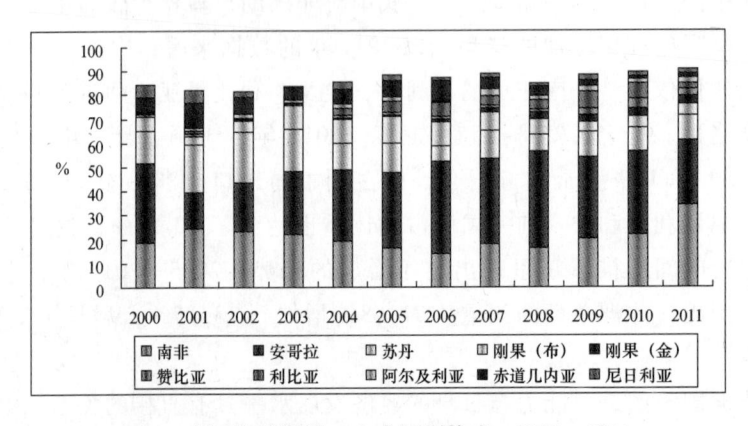

图4 中国从非洲进口十大国别构成：2005—2011

注释：中国从非洲进口的十大国别以2011年的数据为依据进行选取，数据来源为作者根据《海关统计月报》数据计算得出。

---

① 作者根据WTA数据库计算得出。

(3) 贸易平衡

非洲国家与中国的贸易平衡状况分布也极不均衡。2011年，非洲国家对华贸易顺差较大的前十个国家依次是安哥拉、南非、苏丹、刚果（布）、刚果（金）、赞比亚、赤道几内亚、利比亚、毛里塔尼亚和加蓬；逆差较大的前十个国家依次是尼日利亚、埃及、利比里亚、加纳、贝宁、摩洛哥、阿尔及利亚、肯尼亚、多哥和坦桑尼亚。非洲国家对我国的贸易顺差国基本上是原油和矿产的主要输出国，而贸易逆差国则基本上是自然资源赋存较少的国家。以原油和金属矿产为主的矿产资源的赋存状况直接决定了非洲国家的贸易平衡状况。

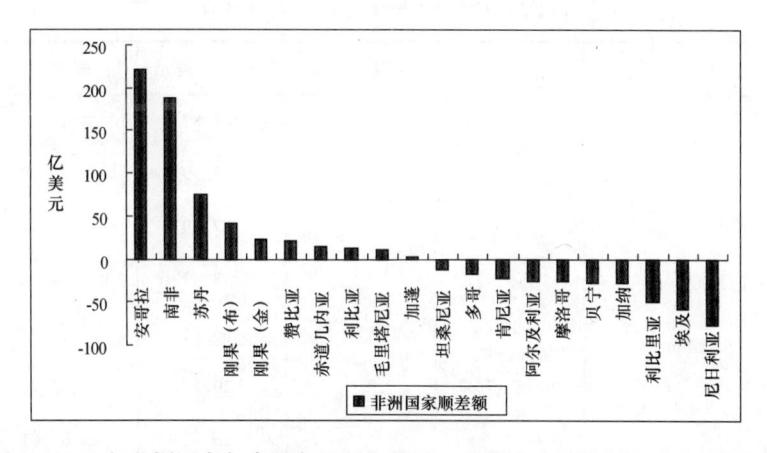

图5　2011年非洲国家与中国贸易平衡情况（非洲十大顺差国和十大逆差国）

数据来源：《海关统计月报》

6. 中非贸易商品种类较为稳定

从贸易商品的种类来讲，无论是中国对非洲的出口还是中国从非洲的进口，商品的构成都是比较稳定的。中国对非洲的出口主要集中在机械设备和纺织产品上，中国从非洲的进口则主要集中在原油和金属矿产上。

（1）中国出口

中国对非洲的出口商品主要集中在机械设备、纺织品、车辆船舶以及贱金属及其制品上。从中国出口非洲商品的类别情况看，中国对非洲的出口主要集中在 HS 编码 S16（Section 16：第16类，机器、机械器具电气设备及其零件；录音机及放声机、电视图像、声音的录制和重放设备及其零件、附件），S11（Section 11：第11类，纺织原料及纺织制品），S17（Section 17：第17类，车辆、航空器、船舶及有关运输设备）和 S15（Section 15：第15类，贱金属及其制品）上。四者合计占中国对非洲出口总额的 68.95%。

从具体的商品来看，中国对非洲的出口主要集中在机电产品、纺织产品、高新技术产品、服装、船舶、钢材、鞋类、农产品以及摩托车等商品上。2011年，我国对非洲出口的上述商品都有较大程度的增加，其中鞋类的增幅最大，达到 63.81%。

表1　　　　　　　　2011年中国对非洲主要出口商品类别

商品	数量	同比（%）	金额（亿美元）	同比（%）
机电产品			349.87	14.28
纺织纱线、织物及制品			87.79	29.09
高新技术产品			67.29	2.43
服装及衣着附件			48.47	18.56
船舶			33.52	13.91
钢材	298.56万吨	23.61	29.74	41.14
鞋类			26.19	63.81
农产品			24.3	35.93
摩托车	368.54万辆	31.23	16.2	40.63
新的充气橡胶轮胎			14.75	34.17

数据来源：根据海关统计数据计算。

（2）中国进口

从中国从非洲进口的角度来看，中国从非洲进口的商品主要集中在 S5（Section 5，第5类，矿产品），S15（Section 15：第15类，贱金属及其制品）和 S14（Section 14：第14类，天然或养殖珍珠、宝石或半宝石、贵金属、包贵金属及其制品；仿首饰；硬币）上。三者合计所占的比重达到93.42%,其中主要的进口商品是原油和金属矿产。

从具体的商品来看,中国从非洲进口的第一大商品为原油,2011年,中国从非洲的原油进口额为6014.68万吨,同比减少15.11%,而进口额为470.94亿美元,同比增长16.52%。其他主要的进口商品包括铁矿石及其精矿、未锻造的铜及铜材、农产品、钻石、铬矿砂及其精矿、锰矿砂及其精矿等。从数量和金额的对比情况可以看出,中国从非洲进口的商品的额度的增长率均大于数量的增长率。这说明,随着资源能源类产品价格的升高,非洲国家开始更多地从中非贸易中得到好处。

表2　　　　　　　　2011年中国从非洲主要进口商品类别

商品	数量（万吨）	同比（%）	金额（亿美元）	同比（%）
原油	6014.68	-15.11	470.94	16.52
铁矿砂及其精矿	4141.86	21.96	72.88	53.26
未锻造的铜及铜材	48.55	-7.60	41.62	6.93
农产品			22.50	45.25
钻石	562.17万克拉	0.89	14.02	78.08
铬矿砂及其精矿	506.36	46.65	13.72	56.64
锰矿砂及其精矿	598.23	22.04	12.33	-2.86
煤	859.19	48.43	10.96	87.03
原木	212.37万立方米	-17.40	9.41	-14.29
棉花	29.86	23.84	8.13	77.60

数据来源:根据海关统计数据计算。

近年来,在中非双方共同努力下,中非经贸发展迅速。中非贸易连年的高速增长证明,中非贸易是对双方有利的,是双方都愿意积极推动的。日益升温的中非贸易引起了东西方国家的广泛关注。外界对中非贸易的负面观点认为,中国对非贸易与以往的"殖民主义"无异,中国只不过是将非洲视为其便宜且丰富原材料的供应地以及其便宜产品的主要出口市场。实际的情况是,中国对中非经贸合作一直秉承"互利共赢,共同发展"的原则,中非贸易也一直是在平等互利的条件下进行的。中国与非洲之间的贸易、中国与世界的贸易、非洲与中国的贸易以及非洲与世界的贸易都是基于各自比较优势的体现。中国对非洲并没有制定特殊的贸易战略,也没有刻意的资源和能源倾向。与此同时,非洲与中国的贸易也是自然的、自发的,这跟非洲与世界的贸易并无不同。非洲以能源、资源、原材料等大宗资源输出的结构是全球性的,而并不是仅仅针对中国。中国从非洲获取的原油、非金属矿石以及金属矿石和金属屑等资源品无论是绝对规模还是相对水平都与发达国家有着明显的差距(或相差不大)。非洲对中国大宗资源品的出口完全是其基于自身资源禀赋比较优势的体现,并没有对中国有任何倾斜。在这一点上,西方国家并不能指责中国。

二 中非双边投资

从中国对非洲国家直接投资来看,中国对非洲的投资所占的比重较低,并且国别分布较不平衡。从非洲国家对我国投资的角度来看,非洲国家对我国的投资则存在较不稳定的情况,投资额度往往随着项目和年度的变化而发生巨大的变化。

1. 中国对非洲国家投资

2011年,中国对非洲非金融类直接投资大幅增长,同比增长59.10%。但中国对非洲的投资仍存在比重较低、国别分布不平衡以及领域较为集中等问题。

(1) 非洲占比仍然较低

据商务部统计数据显示,2011年中国境内投资者共对全球132个国家和地区的3391家境外企业进行了非金融类对外直接投资,累计实现直接投资600.7亿美元,同比增长1.8%。其中,中国对非洲的非金融类直接投资额为16.99亿美元,同比大幅增长59.10%。虽然我国对非洲的直接投资增速较快,但其所占的比重较低,仅占2.81%。

(2) 国别分布较不平衡

另外,我国对非洲的直接投资也存在投资国别集中度较高、投资不平衡的问题,并且这种趋势存在着随时间推移逐渐增加的趋势。从2011年中国对非洲直接投资流量的数据来看,我国对非洲的直接投资高度集中,投资目的国主要集中在津巴布韦、尼日利亚、苏丹、阿尔及利亚和赞比亚等国。2011年,我国对非投资前三国所占的比重已经超过50%,达到51.94%;前五国所占的比重为63.72%;前十国所占的比重达到

80.76%。2011年，我国对津巴布韦的直接投资出现了较大幅度的增长，增长幅度达到514.40%。我国对尼日利亚的直接投资也出现较大幅度的增加，增幅为22.17%。

（3）领域分布较为集中

从2010年，中国对非洲投资各行业的情况来看，中国对非洲投资的行业较为集中。投资行业主要集中在采矿业、制造业、建筑业等领域。从2010年的数据来看，2010年，中国对非洲的第一大投资领域为金融业，其所占的比例为25.4%；第二大领域则为采矿业，其所占的比例为24.8%；第三大领域为制造业，其所占的比例为17.3%；第四大领域为建筑业，其所占的比例为16.2%。仅前四大领域所占的比例已经占到中国对非洲投资总额的83.7%，所占比例较高。

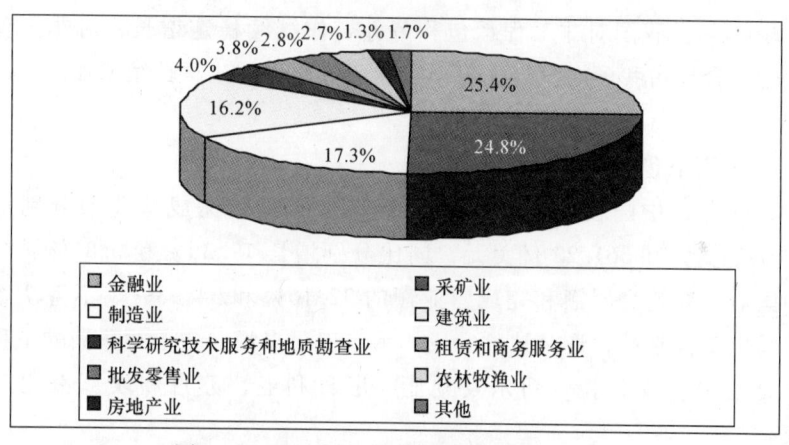

图6　2010年中国对非洲投资各行业情况[①]

中国对非洲的直接投资行业分布与世界对非洲直接投资的行业分布呈现出相同的趋势，采矿业和制造业均是主要的投资领域。这与非洲的贸易结构呈现出相同的特点，也与非洲的资源禀赋存在很大的关系。近些年来，中国不断加大对非洲道路、医院和学校等基础设施领域的投资力度，藉以提高非洲国家的自主发展能力。

---

① 2011年中国对非洲投资各领域的数据尚未公布。

2. 非洲国家对中国投资

非洲国家对中国的投资较不稳定，往往随着投资项目的变化而发生巨大的变化。2011年，中国实际使用非洲外商直接投资额16.41亿美元，同比增长28.2%。我国利用非洲的外商直接投资国别分布极不平衡。其中，利用毛里求斯外商直接额达到11.39亿美元，占中国利用非洲外商直接投资总额的比重高达69.43%。其次为塞舌尔，2011年，利用塞舌尔外商直接投资额为4.33亿美元，占总额的26.41%。仅毛里求斯和塞舌尔两国就占到我国利用非洲外商直接投资额的95.83%。

三 中国对非工程承包和劳务合作

2011年，我国对非工程承包和劳务合作继续稳定增长，对非工程承包和劳务合作占我国对世界工程承包和劳务合作的比重持续增加。

1. 工程承包

2011年，中国在非洲承包工程新签合同额和完成营业额分别达到457.67亿美元和361.22亿美元，同比分别增长19.36%和0.81%，分别占中国对外新签合同额和完成营业额的32.16%和34.93%。不管从新签订的承包工程来看，还是从已完成的承包工程来说，中国对非洲的工程承包主要集中在安哥拉、阿尔及利亚、尼日利亚、苏丹和埃塞俄比亚等国家。

（1）承包工程完成情况。从承包工程的完成情况来看，2011年，中国对非洲完成的承包工程额为361.22亿美元，其中安哥拉、阿尔及利亚、尼日利亚和苏丹所占的比重分别达到17.56%、11.22%、9.58%和7.57%。前十国合计所占的比例达到69.66%。

（2）承包工程新签合同情况。从中国对非洲承包工程新签订合同的情况来看，2011年，我对非洲新签订的承包工程合同主要集中在阿尔及利亚、埃塞俄比亚、安哥拉和尼日利亚等国。四国所占的比重分别为14.11%、13.13%、9.67%和7.61%。前十国所占的比重达到67.81%。

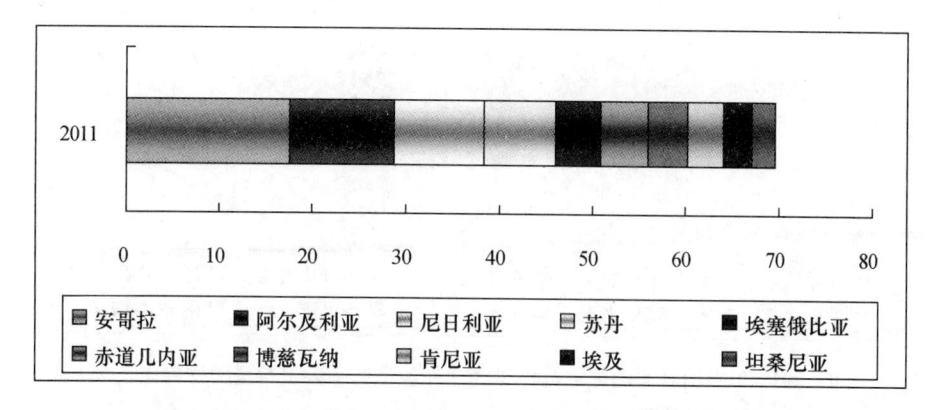

图7　2011年中国对非洲承包工程完成额国家构成情况（%）

数据来源：商务部统计数据。

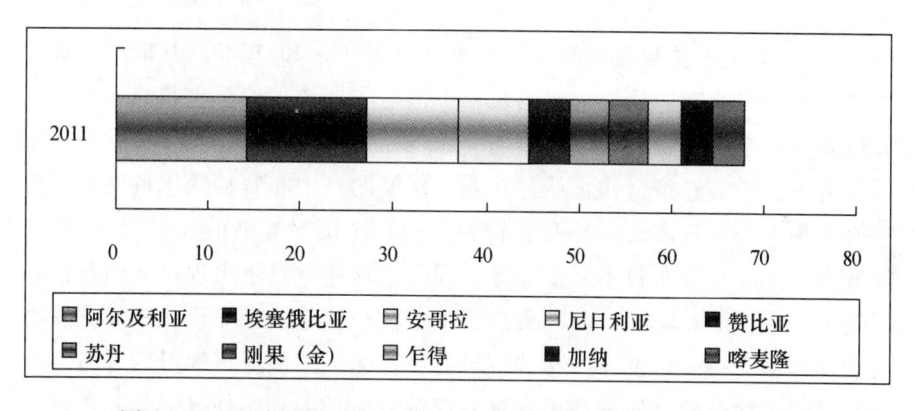

图8　2011年中国对非洲承包工程新签合同额国家构成情况（%）

数据来源：商务部统计数据。

2. 劳务合作

截至2011年底，我国在外各类劳务人员数为812427人，其中，在非各类劳务人员数量为181079人，占总额的22.29%。我国在非洲各类劳务合作人员主要分布在安哥拉、阿尔及利亚、苏丹、赤道几内亚和尼日利亚等国。仅安哥拉就占我国各类劳务人员总数的23.02%。前十国合计占我国在非各类劳务人员的比重达到76.72%，国别集中度很高。

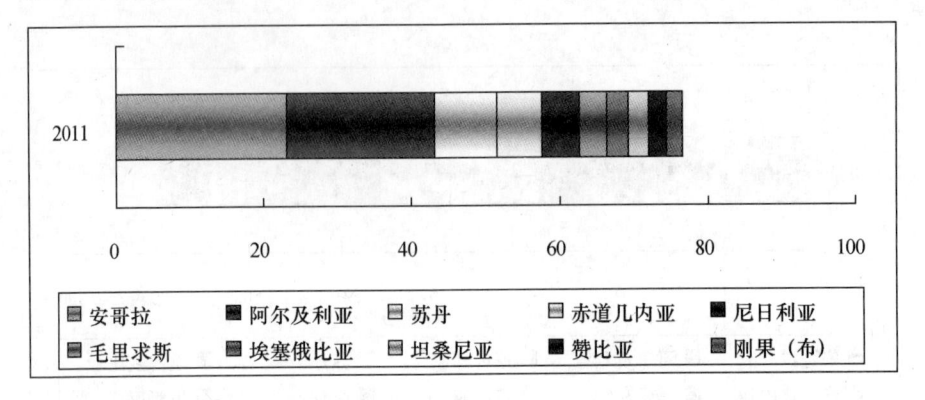

图9 2011年中国对非洲劳务合作年底在外各类劳务人员数量国别构成（%）
数据来源：商务部统计数据。

四 结语

从2011年中国与非洲的合作情况可以看出，2011年，中非双边贸易快速发展、中非双边投资大幅增长、中国对非洲的工程承包和劳务合作也取得非常不错的成绩。但由于非洲的经济发展阶段问题以及非洲的资源禀赋等情况，中非经济合作仍然存在着一些问题：中非贸易额比重偏小、贸易伙伴集中程度较高、贸易商品较为集中；中国对非洲的投资份额偏小、领域集中、国别分布较不平衡等等。同时，这些特点也出现在非洲与世界的经济合作上面。非洲目前的资源禀赋、比较优势、产业现状和经济发展现状都无法支持其在世界的高端市场有所作为。非洲应该学习或者借鉴中国发展的成功经验，充分利用自身的资源、劳动力和国外投资等要素发展生产或提供服务，并在市场上通过其具备竞争力的价格优势来实现其价值。2012年，世界经济形势依旧不容乐观，全球金融危机和欧洲主权债务危机将会持续影响世界的经济增长。但据我们预计，在平等互利的前提下，中国与非洲的经济合作将会持续保持较快的增长速度。

作者简介：

梁明，出生于1980年，2008年毕业于中国人民大学，经济学博士，商务部研究院副研究员，现任职于商务部研究院亚洲与非洲研究所以及中国—非洲研究中心。主要研究领域为世界经济、宏观经济、国际贸易以及中非经贸关系等。

中非政党交流与合作发展报告

周国辉

近年来，中非政党交往蓬勃发展，已成为中非关系的重要组成部分和重要政治基础，对中非新型战略伙伴关系的形成、丰富和发展起着重要作用。2011年以来，面对深刻复杂调整的国际形势以及北非地区和部分国家政局动荡，中非政党携手努力，抓住机遇，克服挑战，保持了交流合作良好的发展势头，为中非关系的发展作出了新的贡献。

2011年，中非政党克服北非严重动荡的局势和多国政权更迭的干扰，中非交流合作保持良好的发展势头，交往内容更加深入，领域不断拓展。这对夯实中非关系基础，推动中非合作发展所发挥的作用更加明显。[1] 截至2011年底，中国共产党与非洲51个国家近200个政党和政治组织保持着各种形式的交往关系，其中120多个政党在全国或地方执政或参政。[2] 以各国执政党为主要对象，兼顾参政党和在野党的全方位、多渠道、宽领

---

[1] 《新思路 新突破 新局面——中联部八位地区局局长谈2011年党的对外工作的发展与成就》（http://dangjian.people.com.cn/GB/16957237.html，2012年1月29日）。

[2] 非洲地区有54国，除斯威士兰实行君主制、厄立特里亚实行一党制外，52国实行多党制。近年来，非洲新兴政党大量涌现，兴亡较快，政党具体数量更加难以统计。一说非洲约有大小政党1500多个。非洲政党意识形态千差万别，除南部非洲意识形态相近的6个前民族解放政党（南非非国大、莫桑比克解放阵线党、坦桑尼亚革命党、纳米比亚人组党、安哥拉人运和津巴布韦民盟）近年定期举行峰会外，尚无地区性政党多边组织。

域、深层次的中非新型政党交往格局进一步得到巩固、丰富和发展。

一　2011年以来非洲政党政治形势

至2011年，非洲各国推行多党制已愈20年，多党民主政治虽然得到普遍的认同，但非洲政党政治发展面临前所未有的严峻形势。北非地区多国政局严重动荡，如埃及民族民主党、突尼斯宪盟等长期执政的大党老党下台，利比亚政权垮台。"骨牌效应"给非洲国家政党执政维稳带来较大压力，"逢选必乱"的阴霾还笼罩在非洲大陆，挥之不去。但在非盟、地区组织及非洲各国政党的努力下，非洲政党政治格局总体保持稳定势头。一是北非"阿拉伯之春"未在非洲大陆形成连锁反应，更多的非洲各国执政党深受警醒，积极调整政策，关注民生，巩固执政地位；二是进入"选举年"，近20国成功举行了大选。喀麦隆、尼日利亚、乌干达、吉布提、乍得等大部分国家执政党蝉联执政，仅尼日尔、赞比亚、塞内加尔等少数国家出现政权轮替。在内外势力的干预下，包括科特迪瓦在内的多国选举争议得到解决，"逢选必乱"的痼疾得到一定程度的缓解，[①]违反民主规则的现象继续下降；三是促稳定、谋发展、求合作、利民生仍然是当前非洲执政党普遍的政策选择。

同时也要看到，非洲政党政治发展仍有许多地方差强人意。如部族宗教矛盾的影响仍然根深蒂固，局部地区和个别国家的民主制度远未成熟，一些国家选后出现争议，马里等国再次发生军事政变。马拉维新总统、莱索托首相与前执政党关系破裂。南非、纳米比亚、莫桑比克、埃塞俄比亚等执政党将召开党代会换届，一些党的内部权力斗争升温等等。再加上域外势力对非政局干涉有增无减，北非动荡余波影响有待观察，非洲政党政治远谈不上成熟，政局发展仍有不确定性。

非洲政党政治局势相对稳定为中非政党抓住机遇，加强合作，加快发展提供了难得机会。在国际格局继续发生深刻复杂调整，西方主要经济体仍深陷低迷的背景下，中国共产党领导中国经济继续保持快速增长势头，并隆重庆祝建党90周年。"非洲地区国家和政党更加重视中国的作用和影响，愿意增进对中国和平发展道路及中国共产党治国理政经验的了解，

---

① 魏伟：《2011年世界政党形势综述》，《当代世界》2011年第12期。

愿与中共加强交流与合作。"[①]

二 2011年以来中非政党交往主要特点

2011年以来，中非政党交流合作更加频繁密切，互访近70批次，[②] 26个国家44个政党或政治组织与我党开展了交往，批次和人数同比均有所增长。中国共产党建党90周年之际，南非非国大等近40个非洲国家执政党领导人来电来函致贺，[③] 体现了中非政党交流合作的层次和水平。

1. 高层交往成果丰硕

党际高层交往"对增进政党间的相互了解，培育和深化友谊，在重大问题上形成共识，都起着不可替代的作用"[④]。从去年到今年4月底，中国共产党中央政治局常委李长春，中央政治局委员、中央书记处书记、中宣部部长刘云山，中央政治局委员、中央书记处书记、中组部部长李源潮和中央政治局委员、北京市委书记刘淇以及中共中央委员、中共中央对外联络部部长王家瑞[⑤]等均率中共代表团访非。同期津民盟全国主席莫约、埃革阵书记处负责人雷德旺、赞比亚爱国阵线副主席、赞副总统斯科

---

① 《新思路 新突破 新局面——中联部八位地区局局长谈2011年党的对外工作的发展与成就》（http://dangjian.people.com.cn/GB/16957237.html，2012年1月29日）。
② 根据中联部网站团组预报粗略统计，请见http://www.idcpc.org.cn/。
③ 《一些外国领导人、政党和政党组织祝贺中国共产党建党90周年》（http://cpc.people.com.cn/GB/64093/64387/15045288.html，2011年7月1日）。
④ 钟伟云：《中国与非洲政党关系——30年的回顾与思考》，引自中国非洲问题研究会《中非关系回顾与思考——中国非洲问题研究会成立30周年特集》，2010年10月，第84页。
⑤ 李金艳：《谋合作 促发展 共繁荣——中共中央政治局常委李长春出访亚欧非五国纪行》，《当代世界》2011年第5期；潘绯：《增进传统友谊 共促文化交流——中共中央政治局委员、中央书记处书记、中宣部部长刘云山访问非洲三国侧记》，《当代世界》2011年第12期；杨焰：《好朋友，真朋友，永远的朋友——李源潮访问非洲五国纪行》，《当代世界》2012年第2期；潘绯、冯茵：《深化党际交流、促进地方交往、推动务实合作——刘淇一行访问阿尔巴尼亚、安哥拉和肯尼亚并顺访津巴布韦侧记》，《当代世界》2012年第4期。《王家瑞将访问马拉维、布隆迪、利比里亚、几内亚比绍和拉脱维亚》（http://www.idcpc.org.cn/xwb/110225.htm，2011年2月25日）。

特等十多位非洲政党领导人相继访华①。中非政党高层领导人在会见会谈中就共同关心的国际和地区问题坦诚交流,进一步增进了政治互信,双方出席了多项经贸合作协定签字仪式和项目启动、开工仪式,推动中非经贸合作结出新硕果。

人文交流和媒体合作成为去年以来中非政党深化交流合作的新亮点。去年以来,中非政党高层领导人深感进一步加强中非人文交流的迫切性和重要性,借助高层交往平台,在推动中非文化交流合作和媒体合作上取得了显著成果。李长春、刘云山等访非期间,"着重就如何提升我在非软实力、弥补中非合作短板有针对性地做工作"。"与对方党政高层就当前国际媒体格局、加强中非新闻文化合作、打破西方舆论垄断进行了深入交流,为今后中非新闻文化交流打下了良好的政治基础"。"就如何加强(中)非新闻文化交流提出新的判断……为今后中非新闻文化交流指明了方向"。双方签署了一系列文化交流协议,在推动中非人文、科技、新闻和媒体合作上取得了新的成果。②

政党高层交往形式更加丰富。2012年1月,首届中国共产党——苏丹全国大会党高层对话在苏丹首都喀土穆举行,③中苏两党高层领导人出席开幕式并致辞,150多名中苏党政官员出席了开幕式。双方围绕如何进一步发展中苏两党两国关系、执政党巩固执政地位的基本经验和共同关心的国际和地区问题三个议题进行了友好、坦诚、深入的对话,达成了广泛共识,取得了圆满成功。这是中非政党的交往史上首个两党高层对话机制。

2. 交往布局更加科学、完善

发展对华关系,特别是建立和发展与中国共产党的友好合作关系,是非洲大多数国家大多数政党的共识。一年来,面对近百个希望开展往来的

---

① 《李长春会见津巴布韦客人》(http://www.people.com.cn/h/2011/0630/c25408-1-4127813559.html, 2011年6月30日)。《国务委员戴秉国会见访华的赞比亚副总统盖伊·斯科特》(http://www.focac.org/chn/zfgx/zfgxzzjw/t887866.htm, 2011年12月16日)。
② 《新思路 新突破 新局面——中联部八位地区局局长谈2011年党的对外工作的发展与成就》(http://dangjian.people.com.cn/GB/16957237.html, 2012年1月29日)。
③ 《首届中国共产党——苏丹全国大会党高层对话在喀土穆举行》(http://news.xinhuanet.com/world/2012-01/15/c_122587751.htm, 2012年1月15日)。

非洲政党，中国共产党首先突出重点，与南非非洲人国民大会、埃塞俄比亚人民革命民主阵线等非洲大党老党深化机制化交往，派团出席了南非共产党90周年庆典和非国大百年党庆。① 与此同时，中共代表团连续第四年年初访问布隆迪、马拉维、利比里亚和几内亚比绍②等非洲中小国家，中非政党交往面进一步拓展。促成南苏丹独立后首个执政党高级代表团——苏丹人民解放运动总书记巴甘访华，就推进双边务实合作深入磋商，并就南北苏丹关系积极劝和促谈。③ 针对非洲一些国家政党权力交替，中国共产党邀请赞比亚新执政党爱国阵线、④ 尼日尔新执政党民社党⑤领导人率团访华，正式建立党际关系，为实现国家关系过渡发挥了重要作用。

3. 治国理政经济交流更加深入

了解、学习和借鉴中国共产党在党的建设和领导国家进行经济建设方面的情况、做法和经验，是非洲各国政党特别是执政党在与中国共产党交往时的普遍愿望。⑥ 去年以来，国际金融危机和欧洲债务危机持续发酵，中国经济仍然保持高速增长势头，更加吸引了非洲政党"向东看"。北非局势动荡，更加促使非洲国家执政党重视研究和借鉴中国发展道路和中国共产党长期执政的经验，为自身执政服务。据不完全统计，2011年约20多批约200多位非洲国家执政党干部来华考察研修，主要特点一是愿望更

---

① 《习近平11日会见南非非洲人国大全国执委研修班一行》（http://www.gov.cn/ldhd/2011-10/11/content_1966399.htm，2011年10月11日）。《李长春会见埃塞俄比亚客人》（http://politics.people.com.cn/GB/1024/13990838.html，2011年2月24日）。《南非共产党庆祝建党90周年》（http://news.xinhuanet.com/world/2011-08/01/c_121752373.htm，2011年8月1日）。杨焰：《好朋友，真朋友，永远的朋友——李源潮访问非洲五国纪行》，《当代世界》2012年第2期。

② 《王家瑞率中共代表团出访布隆迪等非洲、东欧五国》（http://www.gov.cn/jrzg/2011-03/01/content_1813680.htm，2011年3月1日）。

③ 《新思路 新突破 新局面——中联部八位地区局局长谈2011年党的对外工作的发展与成就》（http://dangjian.people.com.cn/GB/16957237.html，2012年1月29日）。

④ 《周永康会见赞比亚客人》（http://cpc.people.com.cn/GB/64093/64094/16621092.html，2011年12月16日）。

⑤ 《陈昌智会见尼日尔客人》（http://cpc.people.com.cn/GB/64093/64094/16595781.html，2011年12月14日）。

⑥ 钟伟云：《中国与非洲政党关系——30年的回顾与思考》，见中国非洲问题研究会《中非关系回顾与思考——中国非洲问题研究会成立30周年特集》，2010年10月，第85页。

加迫切,对交流内容和希望达到的成果要求也更加明确;二是更加系统化、常态化。如去年南非非国大总书记亲率全国执委研修班(第四期)来华专题考察,埃革阵也派出两批中央委员考察团来华专题考察。① 三是为提高交流实效,满足对方预期,中共加强了对非洲政党交流考察的针对性,加强了双向互动,推动了交流工作向更深层次发展。交流效果普遍得到了非洲国家政党的认可。2011年12月,应非洲执政党要求,中国共产党再次向非洲派出一批讲学组赴津巴布韦和埃塞俄比亚讲学,与两国140多名党政干部交流。

4. 积极发挥政党交往优势,促进中非全方位合作

为促进中非友好持续发展,2011年5月,中国共产党与纳米比亚人组党在纳首都温得和克共同举办了中非青年领导人论坛。② 纳总统波汉巴和中共中央政治局常委、中国全国人大常委会委员长吴邦国出席论坛开幕式并发表讲话。这是中非政党联手,首次在非洲举办的多边国际活动,是中非政党利用长期交往积累的关系优势,填补中非青年高层多边机制交往欠缺的一次成功尝试。论坛根据中非青年人的特点,安排了丰富多彩的配套活动,发表了《温得和克宣言》,使其成为中非合作论坛框架内中非青年交往的机制化平台,有利于增进中非和非洲各国青年之间的了解、友谊和合作,③ 论坛受到中非各方的赞赏和肯定。

为促进中非务实合作,2011年9月,由中国共产党中央对外联络部和山东省政府共同在山东潍坊举办了"第二届中阿、中非中小企业合作论坛"。④ 来自西亚北非地区17个国家23个政党、政府部门和商会负责人及企业家共百余人参会。论坛"实现了发挥政党渠道优势推动中阿中非务实合作、拓展党的对外工作、推动地方经济发展和对外合作的'多

---

① 《新思路 新突破 新局面——中联部八位地区局局长谈2011年党的对外工作的发展与成就》(http://dangjian.people.com.cn/GB/16957237.html,2012年1月29日)。
② 同上。
③ 郭倩:《传承友谊 携手共进——记首届中非青年领导人论坛》(http://www.gov.cn/jrzg/2011-05/24/content_1870042.htm,2011年5月24日)。
④ 《第二届中阿、中非中小企业合作论坛在潍坊举行》(http://www.chinanews.com/cj/2011/09-27/3358064.shtml,2011年9月27日)。

赢'目标"。①

为促进中非的民间了解和友谊，夯实中非民间友好基础，中国共产党还在对非高层访问过程中积极推动中国民间组织与非洲民间组织开展慈善、卫生等合作，造福当地人民。

结　　论

他山之石，可以攻玉。中非政党加强交流合作，既是现实需求，也是战略需要，符合中非政党根本利益，对于推进中非新型战略伙伴关系发展亦具有重要意义。2011年中非政党交往的情况既反映了中非政党多年来的携手努力，加强合作的新进展、新成果，也展现了在当前复杂多变的国际国内形势下，中非政党交往的独特优势、旺盛的生命力和巨大的发展潜力。相信随着非洲政党政治趋于成熟，中非政党交往的前景将更加广阔。

作者简介

周国辉，男，1973年生，中共中央对外联络部四局南部非洲处处长。2002年毕业于北京大学政府管理学院，现为南开大学周恩来政府管理学院国际关系专业在职博士研究生。

---

① 《新思路　新突破　新局面——中联部八位地区局局长谈2011年党的对外工作的发展与成就》（http://dangjian.people.com.cn/GB/16957237.html，2012年1月29日）。

中非合作论坛对非洲影响报告 2011

张忠祥

2011 年是落实第四届中非合作论坛行动计划的关键一年，中国领导人回良玉、王岐山、吴邦国、刘延东先后访问非洲，目的是加强双方在中非合作论坛框架内的对话与合作，全面落实中非合作论坛第四届部长级会议达成的最新成果，推动中非新型战略伙伴关系不断迈上新台阶。中非合作论坛的最大特点是互利共赢，对非洲的影响日益显著。

一 提升非洲国际地位

进入新世纪以来，随着新兴大国的崛起及其加强与非洲的合作，推动着非洲国际地位的提升，非洲逐渐改变了冷战结束初期被边缘化的不利境地。非洲开发银行首席经济学家、副行长穆苏里·恩库贝（Mthuli Ncube）认为："随着南方国家作为新的合作伙伴，扮演着更加重要的角色，非洲发展的图景正在发生变化。"[1] 当前非洲是世界上经济增长率较快的地区之一，仅次于亚洲。2010 年世界杯足球赛成功地在南非举办，证明非洲大陆有能力举办大型赛事。非洲复兴已经成为国际社会的共识，2012 年 1 月 29 日埃塞俄比亚总理梅莱斯（Meles Zenawi）在非洲联盟第

---

[1] Richard Schiere, Leonce Ndikumana and Peter Walkenhorst eds., *China and Africa: an Emerging Partnership for Development?* African Development Bank Group 2011, p. iii.

18届首脑会议上指出:"我们梦寐以求的非洲复兴已经开始"①。

近年来非洲国际地位上升的一个很重要的原因是中非合作论坛的推动作用。由于2000年中非合作论坛的召开,尤其是2006年北京峰会之后,中非关系有了一个全面而快速的发展,推动大国重新关注非洲,新兴大国亦加强与非洲的合作。在中非合作论坛的示范和推动下,非洲的地位得以提升。如喀麦隆总统比亚所言:"近年来非中友好合作不断加强,大大提升了非洲的国际地位,对非洲与其他国家的关系也起到了强有力的推动作用。非中关系像酵母一样,带动国际社会加大对非投入,非洲国家普遍看好与中国合作的前景。"②

中非合作论坛不是最早的对非合作机制,因为,在这之前有东京非洲发展国际会议(TICAD,1993年成立)和欧非峰会(Europe-Africa Summit,2000年成立)等,但是,中非合作论坛是世界公认的最成功的对非合作机制之一。首先,中非合作制度化、经常化。自2000年中非合作论坛成立以来,论坛每三年召开一次,在中国和非洲国家轮流举行。每次论坛都推出切实可行的合作举措。使得中非合作制度化和经常化。会议期间,中非领导人开展面对面的集体对话,共同促进中非在各个领域的广泛合作,大力推动中非关系的发展。其次,中非合作论坛有非常完整的后续行动机制。因为,中非合作论坛是政府主导的中非合作平台,体现中国集中力量办大事的优越性,能够最大限度地调动各方面的积极性,直接参与论坛的就有27家后续行动成员,函盖了主要的政府部门。第三,行动计划落实得力。同西方国家落实与非洲制定的合作计划时表现出来的"雷声大、雨点小"相比,中国在落实此类行动计划时能够做到"言必信,行必果"。

中非合作论坛成功有效的运作,不仅使中非关系在传统友好合作的基础上得以朝着制度化、机制化方向可持续发展,也提升了中国在非洲乃至国际上的影响力。论坛为非洲国际地位的提升作出了重要贡献,主要体现在两个方面:

---

① Meles Zenawi,"The African Renaissance is Beginning", http://allafrica.com/stories/201201290046.html,2012-2-9.

② 《回良玉会见喀麦隆总统比亚》(http://www.focac.org/chn/zt/hlyAfric2011/t786984.htm,2011年1月13日)。

一方面，中非合作论坛已经成为国际对非合作的成功范例，引起其他国家的极大关注，尤其是西方传统大国对非洲的重视度大大增强，它们纷纷调整政策，强化对非合作。2007年12月第二届欧非峰会就是在中非北京峰会的影响下召开的，印度在2008年4月举办首届与非洲的峰会。此外，韩非峰会，土（耳其）非峰会相继召开，大国政要纷纷访问非洲，对非援助和经贸合作力度空前。尽管世界其他国家举办的非洲峰会尤其是欧非峰会与中非峰会有着本质的区别，他们很难做到与非洲国家的真正平等，但是世界对非洲的重新关注，在一定程度上有利于非洲国际地位的提升，及其经济发展环境的改善。此外，中国与非洲的有效合作，帮助非洲在全球南北对话中取得了更好的谈判空间，进而整体上提升了非洲的国际地位。

另一方面，增加了非洲对合作伙伴的选择。在中非合作论坛的框架下，中国与非洲建立了政治上平等互信、经济上互利共赢、文化上交流互鉴的新型战略伙伴关系。中非合作与西方国家对非援助最大的区别是不附加政治条件，不干涉非洲国家的内政。中国摒弃西方援助体系中的捐助者与被捐助者的概念，把非洲看做平等的合作伙伴。这样就增加了非洲选择合作伙伴的机会，非洲国家也乐于合作伙伴的多元化，这对其国际地位的提升是有利的。

二 促进非洲经济发展

进入21世纪以来，非洲宏观经济趋向好转，经济增速加快，债务减少，外汇储备增加。非洲国家平均负债率从2000年的54.5%降至2008年的19.7%[1]。2008年非洲贸易顺差900多亿美元，非洲外汇储备从2002年307亿美元增加到2008年的1335亿美元。受国际金融危机的冲击，2009年非洲经济增长率下降为2.2%。非洲是较快走出金融危机的地区，2010年非洲经济增长率为4.6%，2010年世界15个经济增长最快的国家有10个在非洲。2011年因受北非局势动荡的影响，增长率为2.7%，预计2012年为5.1%。[2]

---

[1] AFDB, AU and ECA, *African Statistical Yearbook* 2009, p. 54.

[2] Economic Report on Africa 2012, p. 34, http://www.uneca.org, 2012 - 4 - 2.

表1　　　　　　　　　　非洲经济增长率（%）

	2009 年	2010 年	2011 年
非洲	2.2	4.6	2.7
撒哈拉以南	1.6	4.8	4.5
北非	3.2	4.2	0.0
西非	4.6	6.9	5.6
中非	1.8	5.2	4.2
东非	3.8	5.8	5.8
南部非洲	-0.8	3.2	3.5

资料来源：UNEC calculations, based on UN-DESA (2011a and 2011b).

近年来，非洲宏观经济形势的好转，其因素是多方面的，既有内因，又有外因。从内部原因来看，一些饱经战乱的非洲国家局势趋于稳定，为经济发展提供了前提条件。许多非洲国家采取以市场为导向的政策，正在培育一个更加有利的投资环境。从外部因素来看，近年来，国际市场对石油和矿产等非洲传统出口商品的需求旺盛，促进了非洲的出口。此外，还有中非合作论坛的推动作用。中国已经成为推动非洲经济发展的新因素，中国对非洲经济增长的贡献率每年在20%以上。中国对非洲经济发展的推动作用逐渐被西方主流媒体所认可，2012年2月卡内基国际和平基金会网站撰文称，"中国在非洲发展中扮演日益重要的角色"[1]。

首先，中国向非洲开放市场，促进了非洲国家的出口。中非合作论坛成立以来中非贸易额快速增长。中非贸易总额从2000年的106亿美元上升到了2008年的1068亿美元，年均增长率高达33.5%，占中国对外贸易总额的比重由2.2%升至4.2%，占非洲对外贸易总额的比重由3.8%升至10.4%。[2] 2009年尽管受全球金融危机的影响，中非贸易额仍然超过900亿美元，当年中国成为非洲最大的贸易伙伴。2010年为1269亿美元，2011年中非贸易额突破1600亿美元。世界银行的经济学家布罗德曼认

---

[1] Shimelse Ali, Nida Jafrani, China's Growing Role in Africa: Myths and Facts, February 9, 2012, http://www.carnegieendowment.org, 2012 - 3 - 10.

[2] 中华人民共和国国务院新闻办公室：《中国与非洲的经贸合作》2010年12月。

为，中国市场是非洲大陆经济的"新曙光"①。

近年来中非贸易额的快速增长得益于中非合作论坛的推动。因为，每届论坛都出台一些促进中非经贸的举措，包括免关税行动等。如首届论坛，"在中国设立'中国—非洲产品展示展销中心'，促进双向贸易，便于非洲产品进入中国市场"。② 2006年北京峰会扩大对非免关税的规模："将同中国有外交关系的非洲最不发达国家输华商品零关税待遇，受惠商品由190个税目扩大到440多个税目"③。第四届中非合作论坛承诺中方进一步向非洲国家开放市场，"决定逐步给予与中国有外交关系的非洲最不发达国家95%的产品免关税待遇，2010年年内首先对60%的产品实施免关税"。④ 在短短的几年里，为扩大从非洲国家的进口，中国已经正式对28个非洲最不发达国家实施零关税待遇的产品税目由190个扩大到4700多个，直接拉动了中国从非洲相关国家进口受惠商品的大幅增长。2011年5月6日，位于义乌国际商贸城的非洲商品展销中心正式开业，展销中心总面积5000平方米，重点引进非洲特色商品。目前已汇集了津巴布韦、突尼斯、埃及、南非、加纳、塞内加尔、贝宁、尼日尔、埃塞俄比亚等20多个国家的2000余种商品。⑤

其次，中国对非投资稳步提升，推动非洲国家经济发展。随着非洲宏观经济的改善，流入非洲的外国直接投资呈显著增长态势，由2000年的150亿美元增长到2008年的720亿美元，因金融危机的影响，2009年流入非洲的外国直接投资回落到590亿美元，2010年为520亿美元，2011年估计为524亿美元，预计2012年为550亿美元。⑥

---

① Harry G. Broadman, *Africa's Silk Road: China and India's New Economic Frontier*, The World Bank, 2007, pp. 2 - 11.
② 《中非经济和社会发展合作纲领》（http://www.focac.org/chn/ltda/dyjbzjhy/hywj12009/t155561.htm, 2011年12月10日）。
③ 《中非合作论坛北京行动计划（2007—2009年）》（http://www.focac.org/chn/ltda/bjfhbzjhy/hywj32009/t584788.htm, 2011年10月20日）。
④ 《中非合作论坛—沙姆沙伊赫行动计划（2010至2012年）》（http://www.focac.org/chn/dsjbzjhy/bzhyhywj/t626385.htm, 2011年11月5日）。
⑤ 《非洲商品展销中心落户义乌》（http://www.focac.org/chn/zxxx/t896094.htm, 2012年1月16日）。
⑥ Economic Report on Africa 2012, p. 42, p. 154, Http://www.uneca.org, 2012年4月2日。

为推动中国企业对非洲投资，中非合作论坛北京峰会上设立中非发展基金。基金于2007年6月开业运营，首期规模为10亿美元。为支持更多有实力的、信誉好的中国企业到非洲投资，第四届中非合作论坛上中国政府决定将中非发展基金规模增加到30亿美元，支持中国企业扩大对非投资。中国不断加大对非融资力度。2007年至2009年，中国向非洲提供了50亿美元优惠贷款和优惠出口买方信贷。2010年至2012年，中国计划向非洲提供100亿美元优惠性质贷款。截至2011年10月，"中方已向非洲13个国家提供44.39亿美元优惠出口买方信贷，与19个国家签署优惠贷款协议，总金额129.4亿元人民币，涉及通信、交通、能源、电力、水利、建筑、航空等行业领域，对改善非洲人民生活条件，促进非洲国家经济发展起到重要作用"。[1] 中国对非投资也在迅速攀升，对非投资存量已从2003年底的4.9亿美元增加到2011年的147亿美元[2]。涉及采矿、金融、制造、建筑、旅游、农林牧渔等诸多领域，对非投资企业已超过2000家。

中方投资项目分布在50个非洲国家，涉及贸易、生产加工、资源开发、交通运输、农业及农产品综合开发等多个领域。并非像国外有的媒体所言，中国对非投资主要集中在资源领域的少数国家。2012年卡内基国际和平基金会网站撰文称："诚然，同其他国家一样，中国对非洲能源极感兴趣，但并非仅仅为猎取能源。它在非投资范围广泛，包括基础设施、教育和信息技术等。以2009年为例，只有29%的中国投资涉及采矿业，半数以上资金投向制造业、金融业和建筑业。相比之下，美国对非直接投资的近60%与采矿业有关。"[3] 中国对非洲的投资促进了非洲国家经济的发展，为当地创造就业、增加税收、提高劳动力技能作出了重要贡献。

第三，中国在非洲设立经贸合作区，促进非洲的工业化，提高出口产品的附加值。在非洲国家设立三至五个经贸合作区是中国政府在中非合作论坛北京峰会上提出的八项举措之一。中非经贸合作区集贸易、投资、生

---

[1]《商务部西亚非洲司司长钟曼英接受新华社记者采访》（http://www.focac.org/chn/zt/somAfrica2011/t870189.htm, 2011年10月23日）。

[2]《中非经贸合作前景看好》（http://www.focac.org/chn/zxxx/t908104.htm, 2012年2月24日）。

[3] Shimelse Ali, Nida Jafrani, China's Growing Role in Africa: Myths and Facts, February 9, 2012（http://www.carnegieendowment.org, 2012年3月10日）。

产于一体，实现了从贸易到投资、从市场到设厂的过渡，充分发挥了中方的资金、技术和产业优势，发挥非方资源和市场优势，它有利于非洲国家分享中国的发展经验，有利于非洲经济的发展并惠及民生。《中非合作论坛——沙姆沙伊赫行动计划（2010 至 2012 年）》强调："继续建设好在非洲设立的境外经贸合作区，加大招商引资力度，积极推动更多中国企业入区投资，并为非洲中小企业入区发展提供便利。"[①] 赞比亚中国经济贸易合作区是中国在非洲设立的第一个境外经贸合作区，该经贸合作区包括谦比希分区和卢萨卡分区两部分，规划面积为 17.28 平方公里。五年来，经贸合作区基础设施投资累计超过 1.3 亿美元，累计实现销售收入 43.5 亿美元，利税近 5 亿美元，为当地创造了 1.2 万个就业机会，成为中国"发展最好、进展最快、管理最规范、环境最优美"的境外合作区。[②]

第四，对非援助成果显著。中国对非洲的援助真诚无私，不附加政治条件，不干涉非洲国家的内部事务。在首届论坛上，中方宣布减免非洲重债穷国和最不发达国家 100 亿元人民币债务。第二届部长级会议增加了人力资源开发，提出为非洲培训各类专业人员 1 万人。第三届论坛暨北京峰会，提出了中非务实合作的八项举措，扩大对非洲的援助规模，到 2009 年使中国对非洲国家的援助规模比 2006 年增加一倍。在非洲建十个农业技术示范中心，援助 30 所医院，设立 30 个抗疟疾中心，援建 100 所农村学校，培训 15000 名各类人才等。第四届部长级会议又提出了新的八项举措，对非洲的优惠贷款增加到 100 亿美元，对来自与中国建交的最不发达的非洲国家 95% 的产品逐步实现零关税以及加大援助非洲的力度。这些措施还涉及应对气候变化、科技合作、增加非洲融资能力、农业合作、扩大市场准入、促进投资、减免债务、发展医疗卫生、人力资源开发等各个方面，对加强新时期中非友好关系和经贸合作具有重要意义，也受到了非洲国家的高度关注和热烈欢迎。中国提供的这些援助，都是从非洲国家和人民的需要出发，通过友好协商确定项目并实施的，非洲国家和人民从中能够得到实实在在的好处，有力地促进了当地经济社会的发展。

---

① 《中非合作论坛——沙姆沙伊赫行动计划（2010 至 2012 年）》（http://www.focac.org/chn/dsjbzjhy/bzhyhywj/t626385.htm，2011 年 11 月 5 日）。

② 《赞比亚中国经贸合作区成立五周年庆典在北京举行》，国际在线（http://gb.cri.cn/27824/2012/02/04/110s3543679.htm，2012 年 2 月 3 日）。

三 推动非洲一体化

非洲一体化是几代非洲人的梦想，自 2002 年非洲联盟正式成立以来，非洲一体化迅速推进，非洲正在努力用一个声音对外说话，非洲内部处理危机的能力日益增强。非洲一体化的主要动力来自区域内部，但随着中非合作的日益加深，中非合作论坛对非洲一体化的推动作用日益明显。

1. 在非洲基础设施建设方面的贡献

非洲基础设施十分落后，成为制约经济社会发展的主要瓶颈之一。据非盟统计，交通运输成本占非洲内陆国家总生产成本的 20% 到 40%，远远高于发达国家平均 10% 的比例。破旧不堪的基础设施每年把非洲经济体的增长速度降低了起码一个百分点。四分之一的非洲人用不上电，非洲道路和出口路径的旅行时间比亚洲高两到三倍，从而增加了贸易商品的价格。[1] 非洲基础设施的落后，制约着非洲国家内部贸易的发展，2010 年非洲区内贸易仅占非洲贸易的 11%。[2] 非洲联盟和非洲国家已经普遍认识到加强基础设施建设的重要性，并积极寻求解决办法。"非洲发展新伙伴计划"将基础设施列为优先发展的领域。[3] 2009 年 2 月召开的非盟第 12 届峰会以"非洲基础设施建设"为主题，[4] 将基础设施列为非洲优先发展的领域，表明了非洲国家希望加快基础设施建设的迫切愿望。发展基础设施需要大量的投资，为了达到非洲经济年均增长率 7%，实现千年发展目标，非洲需要每年在基础设施建设方面投资 930 亿美元。

---

[1] 《新的融资方在缩小非洲地区的基础设施融资缺口》，世界银行网站（http：//web.worldbank.org/WBSITE/EXTERNAL/EXTCHINESEHOME/EXTCOUNTRIESCHINESE/EXTEAPINCHINESE/EXTEAPCHINAINCHINESE/0，contentMDK：21837689 ~ menuPK：3885782 ~ pagePK：2865066 ~ piPK：2865079 ~ theSitePK：3885742，00. html，2012 年 3 月 4 日）。

[2] Economic Report on Africa 2012, p. 44, Http：//www. uneca. org，2012 年 4 月 2 日。

[3] NEPAD Priority Sectors, Http：//www. nepad. org/Nepad + Priority + Sectors/sector_ id/1/lang/en。

[4] 12th African Union Summit, Theme：Infrastructure Development in Africa, http：//www. africa - union. org/root/AU/Conferences/2009/january/summit/12thsummit. html，2011 年 11 月 8 日。

表2 2006—2015年撒哈拉以南非洲平均每年需要基础设施投入（10亿美元）

	资本支出	维护费用	小计
信息和通信	7.0	2.0	9.0
灌溉设施	2.7	0.6	3.3
电力	26.7	14.1	40.8
交通	8.8	9.4	18.2
水及卫生设备	14.9	7.0	21.9
总计	60.4	33.0	93.4

资源来源：Foster and Briceno-Garmendia, 2010, p.58.

中国与非洲国家开启外交关系半个多世纪以来，在基础设施建设合作领域取得了举世瞩目的成绩。中国为非洲援建基础设施项目共519个，包括社会公共设施375个，经济基础设施144个。建成铁路共2233公里，公路3391公里，桥梁十座，体育场馆78万人座。尤其是中非合作论坛开幕以来，中非在基础设施领域合作的力度明显加大。中非合作论坛明确将基础设施建设列为中非合作的重点领域，在中非合作论坛框架下，"2007—2009年提供30亿美元优惠贷款和20亿美元优惠出口买方信贷，中方的贷款支持了38个项目，主要用于水电站、机场、公路等基础设施建设项目。"[①] 世界银行发布的报告《搭建桥梁：中国在撒哈拉以南非洲国家基础设施融资中不断增长的作用》，充分肯定中国在非洲基础设施建设方面的贡献，指出中国承诺投资33亿美元做十个水利项目，可将撒哈拉以南非洲地区的水利发电能力提高30%，或者把装机容量增加6000兆瓦。中国正在融资修复1350公里的铁路，并新建1600公里跨地域的铁路线，对于非洲大陆现有的五万公里铁路网是一项重要贡献。2010年非洲基础设施的投资为507亿美元，比2009年的384亿美元增长了32%，其中中国贡献了90亿美元。

2. 加强与非盟和非洲次区域组织的合作

非盟和非洲次区域组织是推动非洲一体化的主要力量，中国加强与这些组织的合作，开展战略对话，支持它们维护非洲的和平与稳定，就是对

---

① 陈德铭：《全面发展中非新型战略伙伴关系》，《人民日报》2009年2月11日，第3版。

非洲一体化的大力支持。

中国积极发展与非盟的伙伴关系，重视非盟在非洲发展与稳定中的积极作用。2005年3月，中国成为首批向非盟派遣兼驻代表的区外国家。北京峰会上中国承诺援建非盟会议中心，2012年1月28日非盟会议中心正式投入使用，非盟会议中心占地面积13.2万平方米，总建筑面积超过5万平方米，非盟委员会主席让·平说，中国援建的非盟会议中心，体现了中国对非洲的深厚友谊和对非洲联合自强的坚定支持。中国全国政协主席贾庆林在非盟会议中心落成典礼上表示，"今后3年向非盟提供6亿元人民币的无偿援助。中方愿与非盟共同努力，进一步充实中国—非盟战略对话机制，并在非洲跨国跨区域基础设施建设、非洲和平与安全等领域加强合作，为中非关系发展增添新的内涵。"① 自2008年11月外交部部长助理翟隽与非盟委员会主席让·平在亚的斯亚贝巴举行中国—非盟首次战略对话以来，至2011年5月中国与非盟进行了四次战略对话，扩大务实合作，密切在地区和国际重大事务中的协调配合。为了加强与非盟的合作，中国已于2011年接纳非盟为中非合作论坛的正式成员。此外，中国加强与非洲次区域组织的合作。2011年11月17日中国商务部副部长蒋耀平与东非共同体（东共体）秘书长塞兹贝拉签署《经贸合作框架协定》，标志着中国与东共体正式建立经贸合作机制，这也是中国与非洲次区域组织建立的首个经贸合作机制。

3. 中非合作论坛增强了非洲集体身份的认同

中非合作论坛不仅促进了非洲经济发展，提升了非洲的国际地位，而且对于非洲一体化的进程作出了重要贡献。因为，论坛增强了非洲集体身份的认同。在参与中非一系列峰会的过程中，非洲国家日益认识到，其他国家都拥有完整和全面的对非政策，而非洲各国尚缺乏统一的政策予以回应，因此有必要强化非洲的共同立场和政策。这种认识在一定程度上有助于加强非洲团结，增强非洲国家联合自强，共谋发展的集体意识，进而有助于非洲一体化进程。

---

① 贾庆林：《加强中非团结合作 携手共创美好未来》，在非洲联盟第十八届首脑会议开幕式上的演讲（2012年1月29，亚的斯亚贝巴）（http://paper.people.com.cn/rmrb/html/2012-01/30/nw.D110000renmrb_20120130_1-03.htm#，2012年2月12日）。

结　论

首先，中非合作论坛是互利共赢的。它在促进非洲发展、提升非洲国际地位和推动非洲一体化的同时符合中国的政治和经济利益。加强与非洲国家的友好合作有利于壮大发展中国家的力量，推动世界多极化。非洲是中国企业走出去的重要场所，目前，中国石油进口的1/3来自非洲，非洲是中国企业在全球开展工程承包的第二大市场，非洲是中国第四大海外投资目的地。

其次，在充分肯定中非合作论坛的同时，也不能排斥其他国家和国际组织对非合作机制。因为，帮助非洲发展是国际社会的共同责任，中非合作论坛尽管很成功，很有特色，仅中国一家还是不够的，需要国际社会的共同努力。

第三，在充分肯定中非合作论坛的同时，要认识到存在的挑战。这种挑战来自两个方面。一方面是中国对非合作主体的多元化和利益的多元化；另一方面是非洲对中非合作论坛还有许多期待：在安全领域希望中国发挥更大的作用；在贸易领域希望中非贸易的结构更加平衡，并惠及更多的非洲国家；在企业责任、技术转让和粮食安全等方面希望中非合作更加深入发展。因此，中非合作论坛需要正视存在的问题，并且不断开拓新的合作领域，共同应对诸如气候变化、城市化的挑战等，寻求中非合作的可持续发展。

作者简介

张忠祥，博士，上海师范大学非洲研究中心副主任、教授。从事非洲问题和中非关系的研究。

中国参与非洲和平与安全建设报告2011

王学军

自2000年中非合作论坛成立以来,中非在和平与安全领域的合作一直是论坛框架下中非合作的重要领域之一。时至今日,随着中国在非利益不断拓展、中非发展领域合作关系日益深化以及非洲对中国的安全诉求日益强烈,中非安全合作已经成为中非全面新型战略伙伴关系的重要内容。十多年来,中国对非洲和平与安全合作的态度日益积极,领域逐步扩展,进程日益深化,并对非洲政治经济社会的发展产生了重要影响。对中国外交而言,对非安全合作尽管也取得了一定的成效与影响,但也存在一些需要反思与应对的问题与挑战。

一 中国参与非洲和平与安全建设的基本进程

中国参与非洲和平与安全建设的步调和中国与国际体系关系的转变是一致的。以20世纪80年代初开始的改革开放为标志,中国开启了逐步融入国际社会的进程。在这一进程中,中国通过联合国、非盟等全球性与地区性机制,逐步加入到国际社会为实现非洲和平与安全的各种努力之中,并日益成为非洲和平与安全建设的重要力量。

1. 参与联合国及非盟框架下的维和行动

中国参与非洲维和的努力首先表现在中国在非洲维和的行动次数与规

模上。中国的维和之路始于非洲，1989 年中国首次派出 20 名文职人员参加了"联合国过渡时期援助团"，帮助纳米比亚实现从南非独立的进程，这是中国第一次参与联合国维和行动。此后，中国政府又于 1991 年 9 月派遣军事观察员参加"联合国西撒哈拉公民投票特派团"。据统计，自 1990 年以来，中国已经参加联合国在非洲的 15 项维和行动，累计派出维和官兵 1.5 万人次。目前，中国成建制的维和部队主要集中在非洲，中国已成为非洲维和机制中的主体力量之一。中国参与的维和行动遍及了非洲很多国家，包括莫桑比克、塞拉利昂、刚果金、利比里亚、科特迪瓦、布隆迪、苏丹、埃塞俄比亚与厄立特里亚等。截至 2012 年 2 月 29 日，中国正在参与的联合国在非洲的维持和平行动有六项，维持和平人员总数为 1505 人。① （见表 1）。

表 1　　中国正在参与的非洲维和行动（至 2012 年 2 月 29 日）

行动名称	军队	警察	军事观察员	总数
西撒特派团（MINURSO）		1	7	8
联合国—科特迪瓦行动（UNOCI）			7	7
联合国—刚果稳定团（MONUSCO）	218		16	234
联合国—利比里亚行动（UNMIL）	564	17	2	583
联合国—南苏丹行动（UNMISS）	339	14		353
达尔富尔混合行动（UNAMID）	315		7	322
总人数	1547	29	46	1505

资料来源：根据联合国维和行动网站资料整理而成。

此外，中国还通过提供财政援助支持非洲的自主维和行动与能力。近年来，中国在联合国维和行动中捐款的数额呈稳步增长的趋势，捐款数额占总捐款的比重从 20 世纪 90 年代的 0.9% 左右上升到 2000 年 12 月的 1.5%，到 2008 年则已超过了 3%。② 目前，中国的联合国维和预算交费

---

① UN Mission's Summary detailed by Country, Month of Report: 2012 - 2 - 29.
② 国际危机组织：《中国的联合国维和贡献与日俱增》，2009 年 4 月 17 日，第 7 页。

数额在美、日、英、德、法、意之后，排名第七。[①] 就非洲而言，自2000年起，中国每年向非盟提供30万美元的援助，用于组织构建。2005年和2006年，中国为非盟分别提供了40万美元的特别捐赠，帮助它在达尔富尔执行维和行动。2008年，中国向非盟索马里维和行动捐赠30万美元。2009年8月，中国向非盟驻索特派团的两个主要出兵国乌干达和布隆迪分别提供了500万人民币的后勤援助，并向非盟在索马里维和行动提供了40万美元的支票。这些财政与物质援助为推进非洲和平进程、提高非洲自主维和能力起到了积极作用。

2. 支持和参与非洲反恐与索马里海盗的国际治理

中国一贯表示支持非洲国家所做的各项反恐努力。在2006年北京行动计划中国表示，支持"非盟预防和打击恐怖主义公约以及非洲恐怖主义研究和调查中心成立，并将研究同非洲国家开展反恐合作的方式"。2009年行动计划承诺，"双方将在反恐问题上加强合作，维护各自国家安全，并推动国际反恐合作不断取得新进展"。在具体行动上，中国主要通过为非洲地区性反恐机制提供物质与财政援助来参与非洲反恐。例如，为非盟驻索马里特派团打击"伊斯兰青年运动"等恐怖主义势力提供物质援助。

参与索马里海盗问题的国际治理是中国促进非洲安全的另一重要行动。2008年以来，索马里海盗活动频繁，已经对亚丁湾海域的公共安全构成了严重的影响。为保障海上公共通道及自身海运安全，中国政府于2008年12月26日首次派遣海军舰艇编队赴亚丁湾、索马里海域实施护航。主要任务是保护中国航经亚丁湾、索马里海域的船舶、人员安全，保护世界粮食计划署等国际组织运送人道主义物资船舶的安全，并尽可能为航经该海域的外国船舶提供安全掩护。截至2010年12月，海军已派出七批18艘次舰艇、16架直升机、490名特战队员执行护航任务。[②] 中国还积极参与或主持协调会议、加入多边机制、开展双边合作等治理索马里海

---

① United Nations Department of Public Information (2009), *United Nations Peace Operations 2009, Top 10 Providers of Assessed Financial Contributions to UN Peacekeeping Operations*, available at http://www.un.org/en/peacekeeping/documents/factsheet.pdf, 2011 – 10 – 20.

② 中华人民共和国国务院新闻办公室：《2010年中国的国防》，第13页。

盗的国际安全合作。2009年11月6日,中国在北京主持召开了防范和打击索马里海盗国际会议,协调国际力量共同打击索马里海盗,加入并认真履行有关防范和打击海盗的国际公约。中国先后加入了《制止危及海上航行安全非法行为公约》、《国际船舶和港口设施保安规则》等国际公约。此外,中国还积极提出打击索马里海盗的政策倡议。2009年11月中国常驻联合国副代表刘振民,提出在亚丁湾海域由各国海军在统一组织下分区护航的倡议,这一重大、实质性的主张,得到国际社会有关各方的普遍赞誉。

3. 积极防止各类武器在非洲扩散

早在1996年中国就签署了《非洲无核武器条约》,支持非洲地区无核化进程,并保障非洲免受核武器的威胁。在2006年北京行动计划中中国再次承诺:呼吁加强国际合作,推动核裁军和防止核武器扩散进程,支持非洲在自愿基础上实现无核武器区目标的努力。随着利比亚和南非放弃对核武器的追求,最终实现了非洲的无核化。

轻小武器扩散问题往往被视为刺激非洲冲突蔓延、导致人道主义灾难的重要助推剂。中国在态度与行动上都积极参与了防止轻小武器扩散的机制。2006年中国支持了联合国关于轻小武器非法交易的解决方案,并认真落实2002年签署的联合国轻小武器《行动纲领》与《识别和追查非法轻小武器国际文书》,制订实施了轻小武器标志细则。此外,值得一提的是,早在2002年,中国就参加了旨在阻止源于非洲的"冲突钻石"流动的"金伯利进程",对毛坯钻石进出口贸易实施有效监控,以遏止"冲突钻石"的非法交易,履行成员国的国际义务,维护非洲地区发展中国家的和平与稳定。尽管这些行动仍有许多不足,但却证明中国愿意为非洲的内部冲突有更多作为。

4. 与非洲国家在军事领域的交流与合作

中国与非洲的军事关系由来已久,早在非洲民族独立运动时期,中国在物质与道义方面就给予非洲国家大量军事支持与援助。[①] 之后,中非一直保持着军事关系。在中非双边军事合作原则方面,中国政府承诺,坚持在和平共处五项原则基础上发展不结盟、不对抗、不针对第三方的军事合

---

① 徐伟忠:《中国参与非洲的安全合作及其发展趋势》,《西亚非洲》2010年第11期。

作关系。① 在具体实践中，中国与非洲军事合作的形式主要有四种，即军事互访、人员培训、援助与贷款、联合军事演习。

2000 年以来，中国军队领导人访问了阿尔及利亚、尼日利亚、埃及、南非、坦桑尼亚等许多非洲国家。几十个非洲国家高级军事代表团也来华访问（参见表2）。2010 年 9 月，首次派"和平方舟"号医院船访问吉布提、肯尼亚、坦桑尼亚、塞舌尔等非洲国家，并开展人道主义医疗服务。② 与非洲国家军队的专业交流不断增多，内容涉及院校教育、军事训练、通信、后勤、装备技术等多个领域。2010 年 5 月来自非洲 15 个国家的 15 名高级军官参加了由军事科学院与中国国防大学组织的为时 12 天的培训学习。还有一些定期训练。例如每年都有 30 名安哥拉军事人员到中国接受培训。与此同时，我军向非洲国家派遣了大量军事专家，他们承担了院校教学、部队训练、装备维修、医疗卫生等任务。

表 2　　　　　　　　　中非军事互访次数统计

年份	中国代表团访问非洲次数	非洲代表团访问中国次数
1999—2000	12	19
2001—2002	29	31
2003—2004	30	19
2005—2006	28	30
2007—2008	21	27

资料来源：根据历年中国国防白皮书整理而成。

军事援助方面，2001 年中国向尼日利亚提供了 100 万美元用于更新军事设备。2005 年中国向利比里亚提供 60 万美元以加强军事能力建设。2010 年 4 月中国捐赠 150 万美元给毛里塔尼亚购买军事工程设备。2007 年中国进出口银行贷款给加纳政府用于军事装备与设施建设。需要指出的是，中国很多援助并不具有商业目的，更多是出于人道主义目标。这主要体现在中国对非洲提供的扫雷援助方面。近年来，中国分别为安哥拉、莫桑比克、乍得、布隆迪、几内亚比绍以及苏丹北南方培训扫雷技术人员；

---

① 中华人民共和国国务院新闻办公室：《2008 年中国的国防》，第 68 页。
② 《2010 年中国的国防》，第 26 页。

并无偿向上述国家和埃及捐赠扫雷器材,向秘鲁、厄瓜多尔、埃塞俄比亚提供地雷行动资金。① 2010 年解放军工程指挥大学为苏丹扫雷人员提供了六周的课程培训。尽管中国不是 1997 年禁止使用、存储、生产和转让杀人地雷的《渥太华条约》的签署国,但中国却在扫雷方面发挥着积极的作用。此外,中国还与南非、加蓬等非洲国家先后举行过联合军事演习。

5. 积极参与非洲国家的战后重建

战后重建不仅对冲突后地区的民众民生问题十分必要,而且对非洲的长久和平与稳定具有十分关键的意义。因此,中国十分重视非洲国家的战后重建工作。2009 年中非合作论坛行动计划正式指出,中国将"加强与有关国家在联合国建设和平委员会的合作,支持有关国家战后重建进程"。事实上,中国已经开始参与包括塞拉利昂、利比里亚、苏丹、安哥拉、刚果(金)等很多非洲国家的冲突后重建工作。中国政府、国家开发银行、大型国有企业和省属企业、各类民营企业等都积极参与其中,形成了一个全方位、多层次、多领域参与非洲重建的体系。参与非洲国家重建的主要途径包括:免除非洲国家债务、官方援助、贸易投资、政治参与等。② 以苏丹为例,从 2005 年《全面和平协议》签订到南苏丹独立,中国在苏丹参与战后重建主要体现在四个方面:第一,自 2005 年中国参与联合国苏丹行动,自 2007 年参与非盟联合国达尔富尔混合行动。在两个多边行动中中国都派出多功能的工程服务单位为维和提供后勤支持服务。第二,中国支持苏丹的人道主义和发展援助项目。2007 年胡锦涛主席访问苏丹时,中国同意免除苏丹的 8000 万美元债务,并提供了 1300 万美元的无息贷款用于基础设施项目。中国还至少为 120 所学校提供了活动板房、交通工具、发电站、水泵以及其他恢复生产和发展的设施。2004 年以来,将近 20 个大中型项目建成投入使用,为苏丹建立起石油勘探开发、输油管线、炼油、石化上下游一体的新兴石油工业体系。帮助苏丹建立自己的石化厂,为苏丹培养大批石

---

① 《2008 年中国的国防》白皮书,第 76 页。
② See Saferworld: China's Growing Role in African Peace and Security, January 2011, pp. 85 -86, Daniel Large, China and Post-conflict Reconstruction in Africa: the Case of Sudan, SAIIA Policy Briefing on China in Africa project.

油技术、管理人才，使苏丹的民族石油工业走上了可持续发展的道路。第三，多边战后援助正式框架之外的经济合作。中国不仅支持达尔富尔或东苏丹的发展项目，以拓展经济关系，而且在北苏丹建设交通和能源基础设施。自《全面和平协议》达成后，南苏丹也成为中国企业家的新边疆。中国努力增加北京与朱巴的经济合作，并向中部苏丹提供财政支持。第四，更多地参与多边论坛探寻达尔富尔冲突的解决方案，发挥中国在苏丹影响力，支持《全面和平协议》的目标。目前，中国已经由全面和平协议的观察员转变为该协议的担保人。[1]

二　中非安全合作对非洲的影响

1. 推动了非洲和平与安全架构的发展与非洲自主维和能力的提高

虽然非洲国家自身能力的不足导致形成了一种包括全球、非洲大陆、次地区、地方、公民社会等多层次的安全治理结构，但非洲本土的安全机制与能力建设无疑是非洲和平与安全进程得以真正推进的关键所在。自2002年非盟正式成立以来，安全考虑一直在非盟议程中占据着压倒性地位，而且经过多年努力非洲大陆正在逐步形成一个包括非盟和平与安全理事会、非洲大陆早期预警体系、智囊团、特别基金及非洲待命部队在内的"非洲和平与安全架构"。这一架构预示着非洲安全自主能力正在进一步提升。中国一直赞赏"非洲问题非洲解决"的理念，在参与非洲和平与安全进程时一直秉承支持非洲自主能力的宗旨，支持非盟及非洲次地区组织在非洲和平进程中发挥关键作用。通过在安全事务中支持非盟的立场、向非盟提供财政援助、建立中国与非盟的战略对话机制、加强与非盟之下的次地区组织合作等等方式，切实支持了"非洲和平与安全架构"的巩固与发展，非洲自主维和与安全能力得以进一步提升。

2. 为缔造非洲国家发展建设所需的和平与稳定的社会环境作出了积极贡献

在非洲维和行动中，中国派出的大都是工程、医疗、运输等后勤保障

---

[1] Daniel Large, China and Post-conflict Reconstruction in Africa: the Case of Sudan, SAIIA Policy Briefing on China in Africa project, p. 3.

分队，承担的主要职责集中于提供人道主义救援、帮助组织和监督选举、协助维持社会治安等。中国参与最多的是"综合性维和行动"，这类把停火与政治解决密切结合起来的行动，有利于冲突的彻底解决。以1993—1994年中国参与的"联合国莫桑比克行动"为例，在这一行动的帮助下，莫桑比克的和平协议得以实施，国内秩序得到恢复，大选取得成功，难民问题也得到解决。此外，中国维和部队所做的很多民事工作对非洲冲突后重建奠定了物质基础。自从参与联合国行动以来，中国维和人员总共建造或修复8000多公里道路，200多座桥梁。他们还发现并拆除了8700多枚地雷和其他爆炸物，运送了430万吨货物，为6万名病人提供了医疗服务，其中大部分都发生在非洲。在军事交流与合作中，非洲国家军队的技术与能力都得到一定提升，强化了非洲国家军队的保卫国家安全、制止危机与冲突的能力。

3. 中国参与非洲战后重建工作，直接推动了非洲国家经济社会的发展

安哥拉案例充分反映了这一影响。2002年安哥拉在结束内战后逐渐出现政通人和、百废待兴的局面。中国进出口银行及中土、中铁、中信等企业积极支持参与安哥拉的战后重建。2004年，中安两国签订以主权担保、用石油偿还20亿美元基础设施贷款的巨额合同，到2007年底，中国工程公司基本上完成了该合同中的所有基础设施建设项目，安哥拉全国几乎每个省份和城市都可以感觉到这种变化。2007年9月，中安又签订了一笔20亿美元的贷款协议，中国的资金和工程技术人员源源不断地涌向安哥拉，把整个安哥拉由战场变成了大建筑工地。[①] 中国进出口银行同安哥拉的互惠贷款合作模式取得了巨大成功。据不完全统计，中国进出口银行先后提供贷款帮助安哥拉建立56所学校，帮助15万人就学；建立24所医院，改造城镇小区360个，95万人受益；建立水处理厂10个，受益人口102万；建立电视台一个，观众达900万人；农业灌溉项目7500公顷，新建重建公路830公里，电信光缆3200公里、变电站14座、输电线

---

① 刘海方：《安哥拉内战后的发展与中安合作反思》，《外交评论》2011年第2期。

路 700 公里；帮安政府购置渔政船 44 艘，重型卡车 364 辆、火车机车 15 辆。[①] 尽管近年受到金融危机冲击，但中国进出口银行却坚持进一步支持安哥拉的战后重建，正在同安哥拉政府积极商洽，筛选新的互惠贷款合作项目。

三 中国加强中非安全合作面临的问题与挑战

1. 对非安全政策与发展政策在决策时尚需更充分的战略协调

安全与发展是非洲面临的两大根本难题，也是包括中国在内的外部世界对非政策的两大基本领域。在非洲，发展与安全的相互关联性使得任何外部大国在接触非洲谋求利益时必须兼顾协调这两个方面，从而在促进非洲和平与稳定的同时，更好地保障自身战略目标在非洲的实现。从目前状况看，中国对非发展政策和安全政策更多是一种相互独立或并行的关系，相互之间缺乏贯通性与战略协调。[②] 据统计，中国在非洲参加的维和行动中，有 50% 以上与中国能源安全并无直接关系。中国对非洲的投资也并不与能源或石油直接相关。尽管参与维和、参与反索马里海盗行动等很大程度上实现了中国的责任与发展需求，但是随着中非关系的日益深化与发展，大国在非洲角逐日益激烈，非洲自主意识不断增强，中国要在未来复杂多变的情势下保障中非互利共赢，必须将发展政策与安全政策关联起来，积极作出前瞻性、整体性的通盘战略考虑。以中国参与非洲维和为例，中国政府派遣维和人员的内部决策程序比较复杂，相关部门对维和的看法以及对参与维和的热情存在极大的差异。中国要想在维和事务中扮演更重要的角色，以维和促进国家利益的实现，就有必要进一步提高部门间的协作能力。

2. 对非安全合作参与层次单一化问题

由于非洲多数国家的脆弱性以及安全治理自主权向非洲的回归与安全外部依赖性的并存，非洲形成了一种包括全球体系、非洲大陆、非洲次地

[①] 《中国进出口银行将继续支持安哥拉战后重建进程》，参见新华新闻（http://news.xinhuanet.com/2010－11/20/c_ 12796734.htm，2011 年 8 月 10 日）。

[②] 张春：《发展—安全关联：中美欧对非政策比较》，《欧洲研究》2009 年第 3 期。

区、非洲国家、非洲公民社会、私人行为体等六个层次的多层安全治理体系。[1] 在这一多层安全治理体系中，任何一个治理主体都不具有类似于国家政权那样的权威地位。虽然非盟努力在大陆层面形成了以非盟和平与安全理事会为核心的非洲安全与和平架构，但它并没有垄断对非洲和平、安全与发展事务的决策权与执行权。非盟与联合国、非洲各次地区组织、国际与非洲本土的非政府组织、私人安全公司共同形成了一种非等级制的、分工协作的关系。它们之间通过正式或非正式的制度形成了一个安全治理网络。中国在对非洲的安全参与中主要关注的是联合国、非盟及非洲各国政府的意愿，往往忽视了在野党派、非政府组织与公民社会、及私人行为体的影响力。这造成了中国在参与非洲安全进程中的一些问题，如果遭遇政权更迭，后续外交与安全合作则容易出现断裂，给可持续地维持与非洲国家关系带来了障碍。忽视非政府组织与公民社会则往往不利于中国在非洲和平与安全事务中充分了解更广大的非洲民众的意愿，从而影响中国更有效参与解决非洲内部冲突等不安全问题。

3. 非洲的非传统安全问题与传统安全问题相互交织，成为必须面对的新问题

长期以来，由部族矛盾、权力争夺等引发的非洲国家内部的暴力冲突是很多非洲国家面临的主要安全威胁。但近年来非洲的暴力冲突有所下降。2006 年七个国家发生冲突，相比而言，1990 年代末则是 14 个国家，[2] 可以说当前非洲总体安全形势趋向稳定。但另一方面，恐怖主义、海盗问题、粮食安全、轻小武器扩散、艾滋病问题、气候变化等非传统安全威胁不断涌现。这些很大程度上原本属于发展范畴的问题近年来却成为威胁非洲民众、甚至引发动荡冲突的重要因素，并正在逐步被安全化。在很多非洲国家，环境气候变化、流行病等都被视为国家的关键安全利益。[3] 这些非传统安全挑战越来越影响着非洲的和平、发展与稳定，因而日益被非洲国家所重视，并被欧盟、美国等国家列入其对非

---

[1] 王学军：《非洲多层安全治理论析》，《国际论坛》2011 年第 1 期。
[2] See African development bank: *The African Development Report* 2008/2009, 2008, p. vi.
[3] Helen E. Purkitt, *African Environmental and Human Security in the 21st Century*, Cambria Press, 2009.

洲战略的重要关切方面。中国如果在气候变化、艾滋病等非传统安全新议题中不能及时跟进,并提出自己的观点与政策,势必在非洲安全建设中处于被动的尴尬境地。

4. 中国与欧美等西方国家在非洲维和与国家重建方面存在着竞争与冲突

尽管中国在非洲和平与安全领域的积极参与赢得了国际社会特别是非洲国家的普遍赞誉,但是事实上,欧美等西方对中国还是深怀戒心的。因为中国维和与建设和平的模式不同于西方国家。中国在参与非洲和平建设中坚持了两个基本原则,一是尊重非洲国家主权,二是坚持认为经济发展是和平与安全的前提条件,以发展促进实现可持续的和平与安全。西方国家在非洲的维和与建设和平的模式则倡导超越主权,合并主权,人权优先于主权。在和平实现条件方面,西方国家则认为,自由民主是实现可持续和平的前提。[①] 也就是说,尽管中国与西方都在通过不同方式致力于建设非洲的和平与稳定,但其实政策理念存在着分歧。关于"保护的责任"、"责任主权"等新理念与新规范中国与西方国家、非洲之间正在逐步达成更多共识,但在具体政策解读与执行中,中国与西方国家的两种模式在非洲大陆仍然存在着竞争与冲突。事实上,一方面西方式外部支持对非洲国家重建的作用十分有限,[②] 另一方面中国侧重于"尊重非洲自主权"与"发展优先于政治改革"的维和模式更受非洲的欢迎。这就可能会致使西方国家利用其话语霸权在人权与透明度、不干涉内政原则方面不断向中国发难,迫使中国不得不经常面对被误解与指责的境地。

作者简介

王学军,浙江师范大学非洲研究院副研究员,主要研究非洲安全、中非关系及大国对非政策。

---

① Daniela Sicurelli, *Competing Models of Peacekeeping: the Role of the EU and China in Africa*, Paper prepared for the Fifth Pan-European Conference on EU Politics, Porto, Portugal—23-26th June 2010.

② Pierre Englebert and Denis M. Tull, "Postconflict Reconstruction in Africa: Flawed Ideas about Failed States", *International Security*, Spring 2008, Vol. 32, No. 4, Pages 106 – 139.

中非教育合作发展报告 2011

牛长松

自 2000 年中非合作论坛以来,中非教育合作不断取得新进展和新突破。教育合作规模不断扩大、领域不断拓展、层次日益提升、形式和主体渐趋多元,双方在人力资源培训、留学生交流、高校合作、汉语教学、援建学校等方面的合作成效显著。中非教育合作本着平等互利、共同发展的基本原则,惠及到非洲普通民众和广大草根阶层,增进了中非之间的相互了解与认知,有力地促进了高校能力建设和国际化程度,增强了中非高校服务社会经济发展的能力。

一 对非人力资源培训工作稳步推进

对非人力资源培训是提升非洲国家自主发展能力、促进中非友好关系的重要举措。商务部和教育部委托国内大学、科研机构以及一些专业协会根据各自专业优势开展对非人力资源短期培训,培训内容涉及教育、计算机、医疗卫生、药用植物、经济、农业、外交、新闻、公共政策、科技、能源和环保等 20 多个领域。自 2000 年以来,教育部委托教育援外基地及项目院校共举办了 78 期研修班,有 1443 名来自非洲国家的中高级教育官员、校长、学者和专业技术人员参加了学习。截至 2010 年 6 月,中国通过各种形式为非洲国家培训各类人员近三万人次。① 2010 年共为非洲培训各类人员 5862 人，2011 年 11 月底已培训 9669 人，2011 全年预计培训 9800 人，2012 年预计培训 6519 人。②

为推进人力资源培训项目的效果，教育部委托高校举办境外培训班。2008 年南京农业大学在非洲肯尼亚举办了一期援外培训班，覆盖整个东非，收效很好。境外办班既是国内办班的延伸，又与国内办班形成互补，特别是有利于相关专业教师实地考察和了解非洲国家当地实际情况，从而设计更有针对性的教案和教法。同时还节约了培训开支，降低了办班成本，使有限的经费发挥出最大效益。2009 年，教育部继续委托南京农业大学和天津中医药大学在肯尼亚举办两期援外培训班。天津中医药大学利用中医药优势学科，在肯尼亚举办"药用植物培训班"，学员来自埃塞俄比亚、加纳、喀麦隆、肯尼亚、坦桑尼亚、尼日利亚等国，覆盖东部、中部非洲，培训内容包括"植物新药研制与开发的基本思路"、"中药活性评价"、"质量控制"等专题讲座，以及研究讨论和实地考察。

二 来华奖学金名额大幅增加，层次不断提升

中非合作论坛以来，我国政府不断增加非洲来华奖学金名额，奖学金种类越来越多。近五年非洲来华留学生增长迅速，年平均增长约 20%。据教育部最新统计，截至 2010 年，中国共接收非洲 50 个国家的获"中国政府奖学金"来华留学生约三万人次。2010 年，非洲留学生来华 16000 余名，其中 5700 多人获得中国政府奖学金，提前超额完成了"到 2012 年向非洲提供'中国政府奖学金'名额将增至 5500 名"的承诺。

非洲国家根据其经济、社会发展和人才培养的需要派遣留学生来华学习，专业选择也以适应其国内发展的需要为主要目的。因此，目前我国几乎所有专业都有非洲留学生。虽然人数最多的还是汉语专业，但越来越多的非洲留学生修习一年汉语后，再根据需要，继续攻读其他专业的学位。

---

① 中华人民共和国国务院新闻办公室：《中国与非洲的经贸合作》，2010 年 12 月。
② 《中非论坛第四届部长级会议经贸举措将如期落实》，《国际商报中非经贸合作特刊》2012 年 1 月。

留学学科领域已从传统的农业、医学和语言类学科拓展到教育、经济、管理、国际政治及理工等学科领域,说明非洲国家日益重视对中国的发展模式和治国等方面经验的汲取。

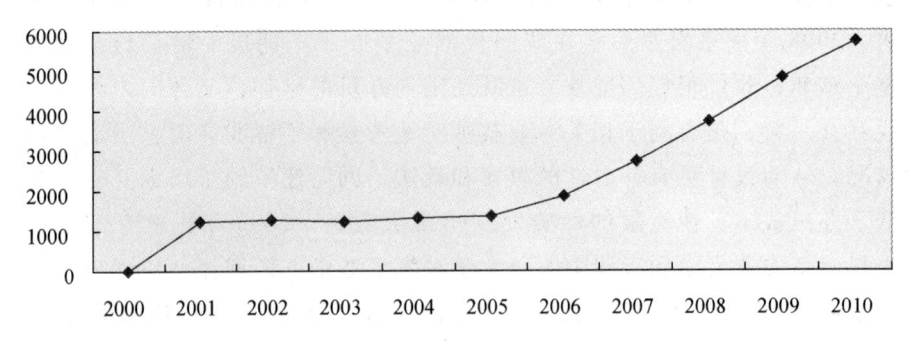

图1 2000—2010年向非洲国家提供的"中国政府奖学金"名额增长图

在非洲来华留学生当中,本科生、研究生约各占一半,硕士及以上学历的高层次学历教育正逐渐增多。2010年,享受中国政府奖学金的5710名非洲留学生中硕士研究生2334名,占40.8%;博士研究生850名,占14.9%。一些有条件的高校还开设了全英文课程。2008年,北京大学、清华大学承办"为发展中国家培养硕士人才项目(MPA)",该项目为全英文授课一年制硕士项目。2008级35名学员已于2009年10月顺利毕业,其中27名来自非洲;2009级招收学员36人,其中非洲29人;2010级学员38人,31人来自非洲。①

2011年,教育部、商务部决定增加"发展中国家国际关系硕士项目"和"发展中国家国际传播硕士项目",承办高校由原来的二所增加至六所,以满足发展中国家在人力资源培训方面的多样需求。

北京大学:发展中国家公共管理硕士项目

清华大学:发展中国家公共管理硕士项目

华东师范大学:发展中国家教育硕士项目

中山大学:发展中国家公共管理硕士项目

中国传媒大学:发展中国家国际传播硕士项目

---

① 《发展中国家公共管理硕士(IMPA)项目执行情况汇报》,清华大学在教育部第九次对发展中国家教育援外工作会议上的报告,2011年6月。

外交学院：发展中国家国际关系硕士项目

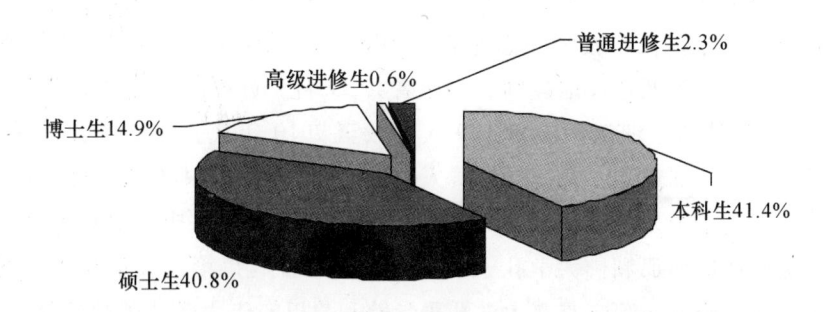

图 2　2010 年中国政府奖学金非洲来华留学生类别构成

普通进修生2.3%
高级进修生0.6%
博士生14.9%
本科生41.4%
硕士生40.8%

注：（1）普通进修生指具有大学二年级及以上学历的来华进修人员。
（2）高级进修生指具有相当于硕士学位学历来华就某一专题进修提高的人员。

2011 年六个班次的招生工作已经结束，共录取非洲 26 国的 89 名学员，已于 9 月左右正式入学。如 2012 年项目延续此招生规模，将顺利完成三年内招收 200 名的目标。

除中国政府奖学金外，北京、上海、重庆、浙江等地先后设立地方政府奖学金，各有关高校设立了校内奖学金，华为公司、国家开发银行等企业也设立了来华留学企业奖学金。

中国还为非洲国家培养了相当数量的自费留学生和非洲国家政府资助的学生。在 2000—2009 年的十年间，来自非洲国家的 21468 人次自费或利用其他资助方式来华留学。2010 年，来华学习的自费留学生达 10693 人。

三　对非汉语推广规模不断扩大

自 2005 年非洲第一所孔子学院在肯尼亚成立以来，根据国家汉办的最新统计，非洲已有 19 个国家开设 21 所孔子学院和五所孔子课堂，其中南非四所，肯尼亚三所，埃及、尼日利亚各二所，博兹瓦纳、卢旺达、马达加斯加、埃塞俄比亚、津巴布韦、利比里亚、喀麦隆、苏丹、多哥、贝宁、摩洛哥、赞比亚、马里、突尼斯、坦桑尼亚各一所（莫桑比克、塞内加尔的孔子学院筹建中）。

孔子学院采取中非高校合作办学的模式，在国家汉办的统一管理下，每年向孔子学院选派中方教师和志愿者。截至2010年，国家汉办向孔子学院派遣中方院长、教师和志愿者共106名；累计赠送书籍约14万种。向非洲其他学校派遣汉语教师、志愿者共39名。近五年通过"请进来"、"走出去"培训非洲汉语教师139人。截至2010年底，非洲各孔子学院共举办汉语培训班200余次，学员人数达14460人，其中有十所孔子学院已将汉语教学纳入所在大学学分教育体系。肯尼亚内罗毕大学孔子学院、马达加斯加塔那那利佛大学孔子学院、喀麦隆雅温得第二大学孔子学院、尼日利亚纳姆迪·阿齐克韦大学孔子学院和津巴布韦大学孔子学院等五所大学已将汉语教学纳入所在学校的专业学位教育系统。非洲各孔子学院还积极举办各类文化交流活动，逐渐发展成为中国与非洲各国文化交流的重要平台。2010年，孔子学院共举办各类文化活动480次，参加者约13万人次。2010年，中国向非洲提供孔子学院奖学金名额151名，2011年，非洲孔子学院奖学金名额增至177名。截至目前，中国共向非洲提供奖学金名额近600人次。[①]

四　援建学校落成招生

根据北京峰会承诺，中国为非洲国家共新建107所农村学校，每个国家大约2—3所，并为30所学校提供了教学设备。例如，在坦桑尼亚建了三所小学，包括教室、图书馆、卫生间，以及专门的女生宿舍，此外还有供大约300名学生使用的游戏场。每所学校的建造成本一般在500万人民币左右。一所小学位于坦桑尼亚北部马拉地区的基特托区，这是个游牧区，学生辍学率较高；一所位于普瓦尼地区，在巴加莫约区内，也是坦桑贫困地区；还有一所位于桑给巴尔市中心。

2009年，中国承诺援建50所中非友好学校，包括小学、中学、职业技术学校等，实际已安排60所，包括新建54所学校和为六所学校提供设备。学校建在首都或中心城市，统一命名为"中非友好学校"，建成后统一挂牌。学校档次略高于当地水平，并配备必要的家具和教学设备。如今

---

① 《孔子学院在部分发展中国家的情况介绍》，国家汉办/孔子学院总部在教育部第九次对发展中国家教育援外会上的汇报，2011年6月。

已与埃塞俄比亚等29国签订42所中非友好学校立项换文,加纳等十国12所学校计划于2012年一季度完成换文。为中非等四国六所学校提供设备的换文已完成。[①] 例如,中国将为卢旺达援建中卢友好职业技术学校,该学校建成后将成为卢旺达北方省乃至全卢第一所现代化职业技术学校,将有利于北方省积极开发人力资源,提高劳动力素质,从一定程度上解决当地创业和技工缺乏的问题。

埃塞—中国职业技术学院是中国政府迄今对外援建最大的教育项目,该项目2005年开工,2007年竣工,2008年开始投入使用。投资近9000万元人民币,其中设备值700万元。学院坐落在埃塞俄比亚首都亚的斯亚贝巴耶卡区,是亚的斯亚贝巴高校集中区。学院占地11.4万平方米,建筑面积2.3万平方米,容纳学生数3000人,包括一栋综合办公楼、五栋教学楼、一个多功能厅、二栋学生公寓。共有教室53间、实验室实训车间53间、机房5间、各类办公室50余间。商务部一期提供主要涉及机械、汽修、电气、电子、纺织、服装和计算机等专业设备。

2008年埃塞俄比亚与中国两国教育部正式签署埃塞—中国职业技术学院合作办学项目协议。天津职业技术师范大学在教育部委派下,承担援建职业技术学院的后续办学事宜,全程参与后续援建工作,派出中方校长、主管教学的副校长以及10名教师和管理人员,以中国高等职业教育办学模式启动该校办学工作。该校2009年9月28日正式开学,首批招生370人,并在学院内成立埃塞俄比亚第一所孔子学院,汉语成为学校学生的必修课。学院现设有机械技术、汽车应用技术、电气自动化技术、电子技术、现代纺织技术、服装设计与制作技术、计算机应用技术等七个专业。2011年5月20日,第二批援外教师赴埃上任,完成援外教师第一次轮换。[②]

五 "中非大学20+20合作计划"顺利实施

2009年11月在埃及沙姆沙伊赫召开了中非合作论坛第四届部长级会

[①] 《中非论坛第四届部长级会议经贸举措将如期落实》,《国际商报中非经贸合作特刊》2012年1月。

[②] 《特色立足,项目支持,打造多功能教育援外体系——天津职业技术师范大学教育援外工作交流汇报》,天津职业技术师范大学在教育部第九次对发展中国家教育援外会议上汇报,2011年6月。

议，会议通过的成果性文件《沙姆沙伊赫行动计划（2010—2012年）》中，中国政府明确将加大与非洲的合作力度，其中一个重点项目就是"中非大学20+20合作计划"。根据该"合作计划"，中国选择本国的20所重点大学（或职业教育学院）与非洲20所大学（或职业教育学院）作为中非大学间合作的重点伙伴开展长期合作。通过实施"中非大学20+20合作计划"，鼓励双方建立长期稳定的合作关系，在各自的优势学科、特色学科领域进行有实质性的合作与交流，包括联合开展科学研究、教师培训、学术访问、师生互访、共同开发课程、联合培养研究生等，从而逐渐形成中非大学"一对一"校际合作新模式。

表1　　　　　"中非高校20+20合作计划"入选院校名单

中方院校	非方院校
北京大学	埃及开罗大学
北京语言大学	埃及苏伊士运河大学
湖南大学	南非斯坦陵布什大学
东北师范大学	南非比勒陀尼亚大学
南京农业大学	肯尼亚埃格顿大学
东华大学	肯尼亚莫伊大学
中国农业大学	几内亚法拉那高等农艺兽医学院
上海师范大学	博茨瓦纳大学
天津职业技术师范大学	埃塞—中国职业技术学院
浙江师范大学	喀麦隆雅温得第一大学
华东师范大学	坦桑尼亚达累斯萨拉姆大学
对外经贸大学	突尼斯大学
东南大学	赞比亚大学
天津中医药大学	加纳大学
吉林大学	津巴布韦大学
北京第二外国语学院	摩洛哥穆罕默德五世大学
中国地质大学	纳米比亚大学
扬州大学	苏丹喀土穆大学
湘潭大学	乌干达马凯大学
苏州大学	尼日利亚拉各斯大学

2010年6月，在第八次对发展中国家教育援外工作会议上正式启动"中非高校20+20合作计划"。20所中方院校分别与非方合作院校制定了未来三年合作规划和合作项目。2010年合作项目已经顺利完成，2011年合作项目也已启动。

扬州大学与苏丹喀土穆大学在"中非高校20+20合作计划"框架下，双方制定了"扬州大学—喀土穆大学高层次人才交流与培养计划"，全面启动了包括人才培养、科研合作、管理培训等内容的合作项目。2010年举办了"苏丹高校农业教师培训班"、"苏丹高校高级管理人员培训班"等项目，并启动了"新型油料作物的选育与高产配套农艺技术推广"等科研合作项目。2011年，扬州大学又举办了"分子生物学实验技术培训班"与"数据处理与统计分析培训班"。[①] 此外，两校还开展了多项科研合作项目。

结　　语

中非教育交流与合作是建立在中非双边磋商和平等对话的基础之上，符合非洲的意愿和教育发展需要，与非洲国家教育发展目标保持一致。中国在非洲援建的农村小学促进了当地社区的入学率和识字率，有利于全民教育目标的实现；那些学成回国的非洲留学生利用从中国学到的知识和经验，协助政府设计前瞻性战略，成为推动本国经济发展的拉动因素；对非汉语推广增进了中非相互理解和认知，促进了中非文明间的交往与对话；学者交流、高校合作带动了中国和非洲高校的能力建设和国际化水平。中非教育合作极好地展示了中国负责任大国的良好国家形象，表现了中国对非洲民生问题的关注，以及为非洲普通民众提供教育公共产品的决心。

中非教育合作的有效性受多重因素的影响和制约。从中非教育合作来看，中国高校提供知识和技能的能力直接影响教育合作的效果，中国高校在与非洲院校合作过程中如何加强自身能力建设，提高国际化水平，是一个重要挑战。中非教育合作如何促进非洲教育的自主发展，培养社会经济发展所需要的人才，满足非洲国内对教育不断增长的需求，都是中非教育

---

① 《中非联合开展科研，互惠互利共同发展——专访扬州大学校长郭荣》，《中国与非洲》，2012年4月。

合作中必须面对的问题。

作者简介

牛长松，教育学博士，浙江师范大学非洲研究院副研究员，主要从事南部非洲高等教育、中非教育合作、对非教育援助、非洲教育与社会发展等方面的研究。曾在津巴布韦大学、名古屋大学访学。

中非文化交流合作新趋势 2011

周海金

2011年中非文化交流合作取得了很大进展，人文交流合作关系正在向更广阔的领域拓展。2011年中非文化交流合作在过去传统模式的基础上，增加了更丰富的时代内容与形式，中非官方之间与民间组织之间的文化往来更为频繁、中非智库交流开始正式启动，双方学者交流增加、人文交流的形式也在新的探索中得到发展，将在中国热播的电视连续剧翻译成非洲本土语言在非洲传播成为当年文化交流的一种新形式。在未来的中非合作关系中，尽管文化方面的交流合作不可能如政治、经济方面的合作那样在短期内获得显著效果，但人文与社会发展领域的交流与合作在保证中非关系中所起的作用将越来越受到中国政府的重视，并将在中国力所能及的范围内加以逐步执行和稳步推进。

一 中非关系持续推进，文化交流精彩纷呈

1. 中非政府间文化交流合作进一步加强

"2011中国文化聚焦"是2011年中国对非文化交流的一项重点活动，是根据中非间扩大人文交流合作的有关规定，在非举办的大型、综合、全面展示中华文化的重要活动。是2009年中非合作论坛第四届部长级会议通过的《沙姆沙伊赫行动计划》的后续行动，也是"中国文化聚焦活动"第二次在非举办。此次"聚焦"活动由文化部联合商务部、广电总局、

新闻出版总署、体育总局、国家文物局等国内相关部委、地方省市文化厅局和中国驻非使领馆共同举办，涉及非洲29个国家，历时一年，内容丰富，涵盖演出、展览、讲座、培训、客座创作、电影放映和电视剧译播等近130个大文化领域交流项目。其中，展播用斯瓦西里语译制的国内热门电视剧《媳妇的美好时代》、与非联合开展水下考古、联合驻非文化中心举办中华文化讲座等活动成为近年来中非文化交流的创新和亮点，在非洲多国引起了强烈反响。

2011年4月20日，肯尼亚首都内罗毕举办的"隔洋相看——非洲画家笔下的中国"展览标志着"2011中国文化聚焦"活动在非正式启动。①活动期间，从4月中下旬到5月初，中国残疾人艺术团赴塞舌尔、加纳、津巴布韦、南非、毛里求斯五国访问演出；5月，中国武术协会赴马达加斯加、纳米比亚、加蓬、莫桑比克四国访问演出；中国健身气功协会赴南非、毛里求斯、贝宁访问；7月中下旬，深圳艺术团赴塞拉利昂、乍得、喀麦隆演出；9月中国甘肃艺术团赴肯尼亚、厄立特里亚、南非三国访问演出。由中国侨联举办的"亲情中华"艺术团分别在乌干达、肯尼亚、博茨瓦纳、南非巡回演出。11月份，"我的中国故事"——非洲百人采访在南非、津巴布韦、毛里求斯等非洲五国举行。艺术团为非洲观众精心准备了富有中国特色和地方特点的舞蹈、民乐、杂技、魔术、独唱等精彩节目，并在访演期间举办文化交流、参观学习等活动。与此同时中国电影周、中国图片展、中国画家客座采风，以及各类人员培训、学术讲座、歌舞演出等节目也在非洲不同国家举办。

2. 中非民间文化与学术思想交流蓬勃发展

与中非官方热烈的文化交流相对应的是，中非民间文化和学术思想交流也在蓬勃发展。2011年2月18日，北京交通大学学生艺术团受国家汉办委托，应利比里亚大学孔子学院之邀，在利比里亚大学礼堂为非洲的大学生们呈献了一场中国传统艺术盛宴。唯美的舞蹈和一段段英姿飒爽的武术表演，赢得了阵阵掌声。节目中利中双方大学生们欢快的互动活动令整

---

① 《"2011中国文化聚焦"活动近日正式启动，中非文化交往正全面、深入、均衡发展》(http：//www.tianjinwe.com/rollnews/gjbw/201105/t20110517_3766245.html, 2012年3月6日)。

场演出充满了青春的热情，散发着利中两国的友好气息。

2011年9月1日，李松山、韩蓉非洲艺术收藏博物馆在长春市长春世界雕塑公园正式落成。整个建筑面积5640平方米的博物馆，收藏了坦桑尼亚、马拉维和赞比亚等非洲东南部国家的艺术品12000件，是当今世界上规模最大、收集展品最为齐全、以马孔德雕塑艺术为馆内藏品主体的非洲艺术馆；也是中国第一代对非工作者李松山、韩蓉夫妇倾尽毕生血汗、精力和财力而打造的非洲艺术专题博物馆。①

2011年10月21日，由中国对外友好协会主办的第七届非洲国家驻华大使巡讲在天津举办。在巡讲活动中，乌干达、肯尼亚、埃塞俄比亚、马拉维等国使节先后介绍了本国国情、投资环境、对华经贸活动、旅游资源等情况，并与现场听众进行了交流互动。此次巡讲活动在天津举办，有利于增进非洲国家对天津经济社会发展开放情况的了解，为天津市相关部门和企业走进非洲，促进双方经贸、文化、旅游等领域务实合作搭建了沟通交流的平台。②

与此同时，非洲文化团体和艺术家也在中国举行了一些文化艺术活动。

2011年5月30日至6月4日，马拉维《圆通学子 走进世园会》活动在西安世界园艺博览会蝶恋花舞台进行，来自马拉维的布兰岱市圆通小学儿童艺术团带来了"风中武魂"、醉拳、醉剑、醉棍等武术表演。弟子规、三字经、悯农诗、登鹳雀楼、春晓、游子吟等文艺演出活动。该演出团由圆通小学校长慧礼法师率领。慧礼法师1978年剃度出家，后毕业于佛教研究部。1992年前往非洲弘法，19年来，他在让佛教本土化的同时，建造孤儿院和学校，进行文化卫生教育活动，培养新一代的非洲人。目前在南非、马拉维、津巴布韦等国已收容2000余名孤儿，并开设"圆通"小学。此次"圆通学子走进世园会"活动，是一场感恩演出和寻根之旅，也是一场跨文化界的融合演出，演出活动设计以中国传统文化为素材，并融合非洲当地的文化特色，包括了中文歌曲，中国武功等元素，是跨越文

---

① 华南：《李松山与韩蓉中国的非洲文化使者》（http://newspaper.jwb.com.cn/jwb/html/2011-10/21/content_ 726603.htm, 2012年1月6日）。

② 《第七届非洲国家驻华大使巡讲活动上午举行》（http://newspaper.jwb.com.cn/jwb/html/2011-10/21/content_ 726603.htm, 2011年12月8日）。

化与种族融合的演出，展现了非洲儿童与生俱来的乐天知命、纯真节奏的魅力。① 通过活动，让非洲儿童在学习、体验中国传统文化魅力的同时，真正认识了中国优良传统文化之美，了解了传统文化的珍贵，并开拓了视野，学会了对多元文化的包容和尊重，建立了中非长久永固的友好关系。

2011年6月18日，中国青少年发展基金会和世界杰出华商协会在京举办"Sun of Africa——希望工程走进非洲——非洲著名艺术家作品展"。特别邀请两位来自肯尼亚的著名画家——爱德华尼德克尔和佛朗西斯卡库约参加展览并拍卖其得意之作。最终爱德华的油画作品《期待》和佛朗西斯的雕塑作品《桑布鲁青年》在京各拍出150万元高价，这是希望工程首次举办非洲艺术家捐赠作品公益拍卖，此次拍卖收入的300万元将全部用于"希望工程走进非洲"，在非洲贫困地区援建希望小学。② 爱德华和佛朗西斯对于非洲艺术有着很深的造诣和深刻的理解，在整个非洲乃至世界都有着很深的影响。他们获悉"希望工程走进非洲"在非洲援建希望小学后，非常感动，表示愿意拿出自己创作的艺术作品进行公益拍卖，为项目筹集资金，以此方式助力"希望工程走进非洲"，支持非洲基础教育的发展。

2011年9月13日应文化部外联局邀请，来自博茨瓦纳、刚果（布）、加纳、卢旺达和塞舌尔的五位非洲画家顺利抵京，参与"中非文化人士互访计划·2011非洲客座画家来华创作"项目。15日，代表团一行五人奔赴南京，开始了在南京为期两个月的交流和创作。③ 此类形式的中非文化人士互访项目，为增进中非两国人民了解，促进两国文化发展，起到了十分积极的作用。非洲艺术家在中国学习期间，亲身感受了中国的艺术和文化，并将中国人民的友谊带回到各自的国家。

非洲艺术家除了与中国艺术家进行艺术互访、开始在中国创作外，还有非洲艺术家开始瞄向中国艺术市场，寻求稳定的职业发展。长期以来，非洲模特在欧美时装界非常受欢迎，但在中国却是稀有景象。随着欧美市

---

① 《增进中非人民友谊，加强民间文化交流，"圆通学子走进世园会"活动启动》（http://www.expo2011.cn/2011/0530/7086.html，2012年2月10日）。

② 《希望工程首邀非洲艺术家来华公益拍卖》（http://news.foundationcenter.org.cn/html/2011-6/26830.html，2012年1月6日）。

③ 《2011非洲客座画家来华创作项目启动》（http://www.scio.gov.cn/hzjl/zxbd/wz/201109/t1011851.htm，2012年3月12日）。

场的饱和,一些非洲模特开始来中国寻求发展的机会。尽管中国的设计师们以国内市场为主,中国人更喜欢亚洲和欧洲的面孔,因此黑人模特短时期很难在中国时装界立足。而业内人士指出黑人模特缺乏的情况在中国将很快改变,非洲模特也相信,中国的设计市场将更大,将采用更多非洲元素,雇用更多黑人模特。①

3. 中非智库交流合作开始正式启动

作为2011年中非民间文化和学术交流的重大事件,2011年10月27日,由浙江师范大学举办的中非智库论坛第一届会议在浙江杭州举行。中国外交部副部长翟隽、国家开发银行副行长李吉平、浙江省副省长龚正出席会议并致辞。会议吸引了来自中国、非洲27个国家、非盟等非洲地区组织及部分其他国家、地区著名智库的近300多名知名学者、政府高官、企业家。在三天的会议中,与会学者围绕"非洲安全形势与中非在和平安全领域的合作"、"非洲金融投资环境与中非在金融投资领域的合作"、"中非人文交流与智库的作用"三个议题进行了深入研讨。2000年中非合作论坛成立后,双方建立了长效合作机制,在此推动下,中非关系进入一个全面、快速发展的时期。但是,随着中非关系的深入发展,中非合作也出现了许多新的问题和挑战。其中,中非智库的交流还很不够,许多交流是临时性的,范围不广,参与者不多,水平也有待提高。面对西方国家对中非关系的种种指责与批评,中非学者往往不能主动设置议题,而是被动跟随应对。在此背景下,中非智库论坛作为经中国外交部、商务部批准设立的中非学术交流的高端平台,以"民间为主、政府参与、坦诚对话、凝聚共识"为宗旨,诚邀国内政府部门、主要涉非非政府机构、学术单位、高校、企业和非洲国家相关组织、机构等参会,促进中非学者交流对话和对非研究、增进中非人民相互了解、扩大中非思想界的共识,服务中国企业走向非洲和非洲企业走进中国,同时为新形势下发展中非关系建言献策。② 中非智库论坛已被外交部纳入中非合作论坛框架,并作为中非民

---

① 《非洲模特在中国找工作》(http://www.bwchinese.com/article/1016931.html,2012年5月1日)。

② 《中非智库论坛第一届会议》(http://www.expo2011.cn/2011/0530/7086.html,2011年10月28日)。

间对话的固定机制，每年在中国和非洲各举行一次，并通过三至五年的运作，最终形成中非智库交流的国家级平台。

2011年10月28日，非洲翻译馆在浙江师范大学成立。据悉，浙江师范大学开设非洲翻译馆就是为了向非洲译介中国文化，同时把非洲各国包括土著文献在内的各类著作译介到中国，让非洲人更了解中国，让中国人更了解非洲。语言一直是加强中非交流、提升我国国家文化软实力的最大障碍。而非洲翻译馆今后将为学者研究非洲搭建新平台，通过研究非洲的第一手文献、世界各地尤其欧美研究非洲的文献等，从政治体制、社会架构、文化根源、大众心理等方面解读非洲尤其非洲近年来发生的热门事件，为国家和有关部门提供政策咨询服务、调研报告等。同时，它的翻译成果还将助推浙江乃至中国对非投资贸易，让公众更加直观地认识非洲，了解中非合作的成就与前景。[1]

4. 非洲孔子学院建设持续推进

在中非各项文化交流合作活动不断深入发展的同时，一些非洲孔子学院的建设和成就也得到了所在国的充分认可。2011年4月28日，喀麦隆外交部副部长约瑟夫·迪翁·恩古特授予喀麦隆孔子学院前中方院长张笑贞骑士勋章，以表彰她2007年至2010年担任院长期间为学院的发展倾心付出，喀麦隆孔子学院汉语教学和文化交流工作硕果累累。如今孔子学院在喀麦隆共设七个联合教学点，有3000多名学生。汉语在喀麦隆不仅成为多所大学的选修课，还进入了中小学课堂。[2] 2011年11月15日，马达加斯加过渡总统拉乔利纳签署文件，授予塔那那利佛大学孔子学院首任中方院长肖忠民国家荣誉骑士勋章，以表彰他在马达加斯加工作期间的卓越功绩。肖忠民于2008年11月至2011年2月担任塔那那利佛大学孔子学院中方院长。[3]

---

[1] 《中非智库论坛闭幕，浙师大建非洲翻译馆促中非交流》（http://www.expo2011.cn/2011/0530/7086.html，2011年10月30日）。

[2] 《喀麦隆孔子学院前中方院长获荣誉勋章》（http://news.xinhuanet.com/overseas/2011-04/29/c_121362373.htm，2012年3月10日）。

[3] 《塔那那利佛大学孔子学院首任中方院长获马达加斯加国家勋章》（http://news.xinhuanet.com/overseas/2011-04/29/c_121362373.htm，2011年12月19日）。

二 2011中非文化交流合作的特点、成效及存在问题

与近几年的文化交流活动相比，"2011中国文化聚焦"有了新的时代特点：

（1）中非双方高层领导都参与到文化交流活动中来。4月20日，中共中央政治局常委李长春为在肯尼亚首都内罗毕举办的2011中国文化聚焦系列活动之"隔洋相看——非洲画家笔下的中国"剪彩；4月15日晚，为庆祝新落成的塞内加尔国家大剧院，中国全国人大常委会副委员长陈至立、塞内加尔总统瓦德夫妇、马里总统杜尔，一同出席了大剧院启动仪式，并观看了中国残疾人艺术团及塞内加尔、马里艺术团的精彩演出。

（2）文化聚焦活动的品牌效应日益显现。自2008年非洲文化聚焦活动在中国首次举办，四年来，活动在组织、时间、空间上不断延伸和拓展，品牌效应日益显现，不断吸引地方政府和民间组织积极主动地参与到活动中来。

（3）中非智库、学术交流日益活跃。2011年成立的中非智库论坛为中非学者和智库共同交流学术思想，探讨国家与社会发展提供了良好的平台。

（4）企业的积极加入和商业模式试验是2011中非文化交流合作的一大亮点。例如，2011年6月，浙江出版联合集团出行非洲，为当地带去了优秀浙版图书，并与内罗毕大学合建了中国出版界在非洲建立的第一个出版中心。此外，中国残疾人艺术团在非洲的交流活动采取了多种运作模式，除交流演出、义演外，还进行了首次商业演出，对中非文化交流合作的新途径进行了探索与尝试。

2011年，文化艺术交流合作在中非战略合作关系中的重要性越来越得到中非政府和人们的重视。不仅中非政府高层亲自出席各种文化合作项目，推动中非文化艺术交流的发展；中非企业界、学术界和艺术界也加强了双方的联系，中国企业以承办各类大型文化活动、投资文化项目等形式参与中非文化建设，学术界启动了已机制化的首届中非智库论坛，为非洲社会发展和中非关系的推进出谋划策，中非学者交流计划稳步推进，为从学术和学科方面加深中非文化的交流合作提供了很好的保障。2011中非文化交流合作取得的进步为中非全面发展合作关系提供了基础，为中非人

们认知与理解双方文明，消除误解作出了努力。

尽管如此，一些问题的存在是不容忽视的。

（1）中非文化交流活动依然集中在政府间，非洲对华文化活动不足。2011年是"中国文化聚焦非洲"年，这一年的中非文化交流活动几乎全部集中在中国文化对非方面，非洲对华的文化艺术活动非常稀少。这一现象反映出中非间的文化交流合作还主要在政府间，民间组织和非政府在中非文化交流活动中依然缺乏主动性。而事实上，在非洲与西方国家的文化艺术交流活动中，民间和非政府是生力军。

（2）尽管文化交流合作的重要性已经被中非双方高瞻远瞩地意识到。但非洲受经济形势和北非政治动荡的影响，有的国家根本就没有资金和精力投入到国际文化交流合作中来，以致实际的配套政策和文化资源远远跟不上现实的需要，再加上较之政治和经济，文化又往往很难在短期看到收益，因此推进的速度也很缓慢。①

（3）中非文化交流合作的领域还需拓宽，形式尚待创新。2011年中非智库论坛的启动、用非洲本土语言译制国内热门电视剧在非洲展播等文化创新形式都获得了良好的效果，但中非文化交流的领域和途径依然主要集中在文艺互演、艺术展览形式方面，多渠道、深层次、多主体的文化艺术交流合作欠缺。

三 2012年中非文化交流合作趋势展望

2011年是中非文化交流合作取得很大进步的一年，在持续推进政府间、民间组织间等传统文化交流合作的基础上，在交流合作的领域有了积极拓宽，如开展中非智库间的交流合作；在形式上，寻求新的交流途径，如将中国的电视剧翻译成非洲本土语言在当地热播等。2012年，受非洲局部地区政治动荡的影响，以及非洲社会经济相对落后的惯性影响，非洲国家用于国际文化交流的专项资金依然会较少，但是基于2011年非洲大陆的形势得到一定改善，经济发展开始恢复，而越来越多的中国人到非洲，以及非洲人对中国语言文化的关注，非洲国家将越来越重视与中国文化方面的交流合作。中国政府对中非文化交流的日益高度重视，以及

---

① 周海金：《新时期中喀文化交流合作》，《浙江师范大学学报》2011年第3期。

2012年中非合作论坛第五次部长级会议的召开都将为2012年中非文化交流合作的进一步发展提供动力与支持。

2012年，中非文化交流合作应在保持发挥艺术访演、各类艺术展，文化节等传统优势的基础上，加强中非媒体之间的合作，增强中国媒体在非洲的进入与话语权；将更多体现中国文化，中国观念和中国思想的影视剧制作成本土语言在非洲展播，让非洲人民在感性的故事中潜移默化地了解和认知中国文化；文化的交流是相互的，因此2012年中非文化交流活动中应加强引进非洲文化艺术，不仅要吸引更多的非洲民间文化艺术组织和艺术家来中国交流、创作，还要将非洲元素引入中国文化界和时尚界，让更多的中国老百姓接触非洲文化、欣赏非洲艺术。

作者简介

周海金，女，1977年生，毕业于南京大学哲学系宗教学系。2008年起从事非洲问题研究，目前主要研究非洲文化、非洲宗教、在非华人生存状况，现为浙江师范大学非洲研究院副研究员。

中国在非领事保护发展报告

夏莉萍

近年来，中国领事保护成为热点问题之一。非洲是"中国企业"走出去的重点地区，相对于世界其他地区而言，非洲的安全形势更为复杂动荡，在非中国公民的安全保护问题更值得关注和研究。2011年是中国领事保护发展过程中十分重要的一年。新年伊始，中国领事保护机制经历了突尼斯、埃及和利比亚政局突变的严峻考验。中国政府从利比亚撤离了3万多名中国公民，此次撤离因其规模之大和效率之高赢得了广泛赞誉。

2011年，中国在非领事保护经历了严峻挑战，取得了令世人瞩目的成就。2011年新年伊始，突尼斯、埃及、利比亚三个北非国家政局突变，社会动荡，在这三国的中国公民的安全面临着严重威胁。中国政府采取果断措施，从三国撤离中国公民。尤其是2011年2—3月的利比亚大撤离，被誉为"建国以来中国政府最大规模的有组织撤离海外中国公民行动"，外交部领导人称此次撤离"情况复杂，规模空前，挑战史无前例"，[①] 创

[①] 外交部副部长宋涛在2011年3月2日接受媒体采访时说，《中国在利比亚公民35860人全部撤出 我撤离行动取得阶段性胜利》，中国外交部网站（http://www.fmprc.gov.cn/chn/gxh/tyb/zyxw/t803474.htm，2011年3月5日）。

造了多项历史记录。① 除了大规模的撤离行动之外，中国领事保护工作还成功应对了其他一些突发事件，如南北苏丹局势紧张、刚果（布）军火库爆炸、马里政变等对中国公民安全造成的不利影响。笔者在本部分拟对2011年度中国公民在非安全风险的概况进行分析，在此基础上总结中国涉非领事保护的特点，并对涉非领事保护的发展趋势进行展望。

一 2011年以来中国公民在非洲安全风险概述

笔者查阅了中国领事服务网②"海外安全"栏目从2011年1月1日至2012年4月30日之间发布的海外安全提醒信息，对其中涉及非洲国家的信息进行了分类统计。从统计结果可以看出该阶段中国公民在非洲所遭遇的安全风险的基本情况。

1. 非洲大陆的安全风险程度

2011年1月1日至2012年4月30日，中国领事服务网"海外安全"栏目共发布了318条安全提醒信息，涉及世界各大洲，其中关于非洲大陆的安全提醒信息数量最多，有117条，占总数的36%。其次是关于亚洲国家的97条，占总数的31%，第三是关于欧洲的61条，占总数的19%（见图1）。外交部网站安全提醒信息发布的情况说明，相对于世界其他地区，非洲的安全风险程度较高。

---

① 在2011年3月6日举行的"中国撤离在利比亚人员行动专题吹风会"上，外交部领事司副司长郭少春总结了此次撤离行动的四个创新：一是第一次采用海、陆、空联动；二是第一次大规模动用我民航包机，租用外国邮轮和飞机；三是第一次采用"摆渡"方式，撤出和转运人员工作同步进行；四是第一次设计使用中国公民应急旅行证件。参见《中国撤离在利比亚人员行动专题吹风会在外交部举行》（http://www.fmprc.gov.cn/chn/gxh/tyb/zyxw/t804199.htm，2011年3月8日）。

② 网址为：http://cs.mfa.gov.cn/，2011年11月22日正式开通。该网站为中国公民提供"一站式"领事信息服务。该网站开通后，公众可以从外交部网站（www.mfa.gov.cn）和中国领事服务网查询海外安全信息。

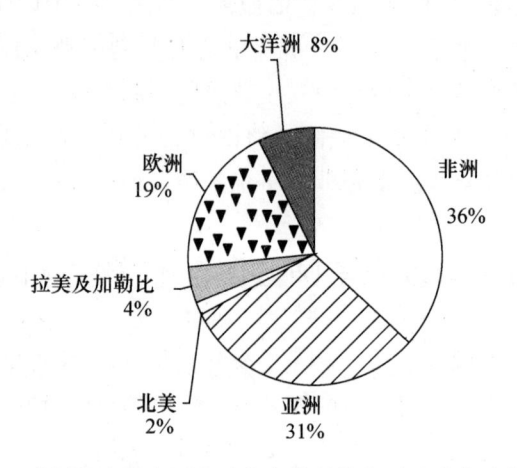

图1 中国领事服务网海外安全提醒信息区域分布示意图

2. 在非中国公民安全风险的主要类别

从海外安全提醒信息的主要内容来看,中国公民在非洲面临的主要安全风险可分为十类(见表1),其中最主要的风险有六类。

首先,因大选、政变、罢工等因素而引起的局势紧张和社会动荡是对在非中国公民安全的最大威胁。领事服务网发布的此类安全提醒信息占了总数的约36%。

2011年的上半年,突尼斯、埃及、利比亚等国先后出现局势突变;苏丹公投之后,南苏丹的成立并没有解决原来南北之间的矛盾,南北苏丹之间纷争不断;受到北非"革命"的影响,其他一些非洲国家也出现了局势动荡,如马里和布基纳法索这两个一向被视为局势比较稳定的非洲国家也出现了军人哗变。这些都对当地中国公民的安全造成了严重影响。例如,在马里军人发动政变后,据来自马里华侨联合会和中国驻马里使馆的消息,当地华侨华人经营的酒吧遭到政变军人的抢砸,幸好没有造成人员伤亡。两辆载有七八名军人的皮卡停在中国驻马使馆门口,并与使馆警卫发生冲突。军人开枪威慑,并将警卫带走。①

---

① 马宁、屈畅:《马里政变军人宣布"夺权"》,《北京青年报》2012年3月23日,第A18版。

表 1　　在非中国公民安全风险分类一览表

安全风险类别	相关的安全提醒信息数量
因大选、政变、罢工等导致的局势紧张	42
恐怖袭击	17
抢劫、盗窃等治安问题	16
因中国公民自身违法违规行为导致的安全风险	11
流行性疾病	10
出入境问题	10
交通、军火库爆炸等意外事故	5
洪涝等自然灾害	3
因驻在国经济诈骗犯罪而遭遇的安全风险	2
海盗袭击	1
总计	117

此外，非洲国家"逢选必乱"的特点在这段时间也得到了充分体现：2011年10月，刚果（金）因大选临近，首都金沙萨街头游行示威不断；2011年12月，科特迪瓦因立法选举局势紧张；2012年2月，塞内加尔因总统选举在首都达喀尔和内地多个城市爆发大规模示威游行及激烈冲突；2012年3月和4月，几内亚比绍和莱索托也分别因为大选出现局势紧张，尤其是莱索托，自2012年年初开始，刑事案件发案率上升，发生数十起针对中国公民的持枪抢劫案件。

2012年1月，尼日利亚的大罢工加剧了非洲形势的动荡程度。2012年新年刚刚开始，因尼日利亚联邦政府宣布取消成品油补贴，尼工会组织了声势浩大的大罢工，在首都阿布贾和拉各斯等地爆发示威民众与军警冲突事件，交通陷入瘫痪，武装匪徒在公路上公然拦截抢劫，社会秩序一片混乱。

其次，恐怖活动也给在非洲的中国公民造成比较严重的安全威胁。此类安全提醒信息占安全提醒信息总数约14.5%。从此类信息涉及到的国家来看，关于尼日利亚境内恐怖袭击的提醒信息最多，共有13条，占同类安全提醒信息总数的76%。尼日利亚的两大伊斯兰极端组织"博科圣地"和"尼日尔河三角洲解放运动"威胁要使国家经济瘫痪，并多次制造爆炸等恐怖袭击活动。索马里青年党也对肯尼亚首都内罗毕及其他地区发动了数次暴力袭击事件。此外，在马里北部地区，恐怖分子活动频繁。塞内加尔和马里塔尼亚接壤处的塞内加尔河流域的安全形势也受到恐怖分子活动的影响。

第三，非洲国家的治安不佳一直是影响在非中国公民安全的重要因素，2011年，这一问题更为突出。从中国外交部发布的安全提醒信息来看，此类安全提醒信息涉及12个非洲国家，其中包括南非、尼日利亚、安哥拉、中非等一贯治安问题比较突出的国家，但也包括一些原来治安不错的国家，如埃及和突尼斯。这两个国家受到政局突变的影响，国内武装抢劫和偷盗等犯罪现象增多。在埃及首都开罗还发生了两名中国工人遭武装分子绑架的事件。一位埃及安全部队的官员称，这是他记忆中在开罗发生的首起绑架外国人并索要赎金的事件。①

第四，因中国公民自身违法违规行为所带来的安全风险也比较突出。中国外交部领事司曾进行过统计，在海外中国公民遇到的安全问题中，一半事件是由中方人员的不当行为引起。② 这一阶段外交部网站发布的安全提醒信息的内容也在不同程度上反映了这一点。中国公民在非洲的违法违规行为主要包括：从事象牙交易，携带象牙出境、使用伪造签证或邀请信入境、违规经商和非法就业等。

第五，流行性疾病对在非中国公民的生命安全造成了一定影响。该阶段非洲国家的流行性疾病主要有：乌干达的"埃博拉"疫情、刚果（布）的"切昆贡亚热"疫情、刚果（金）、安哥拉、中非和塞拉利昂的"霍乱"疫情和尼日利亚的"拉沙热"疫情等。

第六，中国公民在非洲国家出入境时遇到了一些问题，轻则影响了行程安排，重则被逮捕拘禁。例如，中国公民在坦桑尼亚入境时因签证种类与旅行目的不相符；在南非入境时没有按要求提供黄热病免疫证书；中国船员在马里塔尼亚入境时只有海员证，无法按照马里方面的要求提供护照；在刚果（布）入境时没有准备好由刚果（布）移民局审核过并盖章的邀请函；在安哥拉出境时携带了超过规定数额的外币；在纳米比亚入境

---

① 刘一、屈畅：《两名中国工人埃及遭绑架后获释》，《北京青年报》2012年3月2日，A19版。

② 见领事司司长魏苇在2008年8月5日举行的"世界知识"论坛上的发言，论坛主题为"企业和个人，海外遇事怎么办"（http：//news.xinhuanet.com/overseas/2008 - 08/31/content_9743308.htm）。

时因未购买返程机票或返程机票超出了签证有效期等等。此外，还有不少公民出境时因违规携带象牙制品被拘捕。

除以上几大类安全风险外，还有一些其他风险因素，如坦桑尼亚和尼日利亚出现的洪涝灾害，尼日利亚比较突出的经济诈骗风险和几内亚湾海域附近的海盗风险等。

最后，需要说明的是，外交部网站所发布的海外安全提醒信息不一定很完整，也未必百分之百地反映了中国在非公民所遭遇的安全风险全貌。例如，海盗袭击的风险在索马里海域也存在，可能风险程度还高于几内亚湾海域，但是却没有发现相关的安全提醒，这可能是考虑到公众对此风险早已有所认识而无需反复提醒的缘故。但是，利用外交部官方网站的资料对中国在非公民所遭遇的安全风险进行分析是目前比较可靠和可行的研究方法。

二 2011年以来中国在非领事保护的主要特点

该阶段，中国领事保护工作成功地应对了以上安全风险的挑战，呈现出以下几个特点：

1. 在领事保护预防方面，中国驻非使领馆重视以多种方式开展预防工作

（1）在政局发生突变的国家，注意就保护中资企业财产安全和中国公民安全问题与新政权保持及时联系。在利比亚局势尘埃初定之后，2011年9月12日，中国政府宣布承认利比亚"全国过渡委员会"为利比亚执政当局和利比亚人民的代表。中方表示：中方尊重利比亚人民的选择，高度重视"过渡委"的重要地位和作用，并一直同其保持密切接触和联系。中方承认"过渡委"为利比亚执政当局和利比亚人民的代表，愿与其共同努力，推动中利关系平稳过渡和发展，希望中利双方此前签署的各项条约及协议继续有效并得到认真执行。① 在马里政变后，2012年4月23日，驻马里大使曹忠明会见了马里过

---

① 《中方宣布承认利比亚"全国过渡委员会"》（http://news.xinhuanet.com/world/2011-09/12/c_122022307.htm，2011年9月12日）。

渡政府总理谢克·莫迪博·迪亚拉。中国大使提出，马里政变发生后，不少中国企业克服困难，继续留在当地。希望马方重视保护包括上述企业在内的中资机构和企业人员的人身财产安全及合法权益。迪亚拉总理表示，在当前的特殊时期，中国企业能够坚持下来，是对马方的重要支持，马方将加强对中方企业、机构及人员的保护。①

（2）根据非洲政治发展的特点，中国驻非使领馆重视与当地有势力集团的接触。2011年3月，中国驻埃塞大使顾小杰率使馆外交官等驱车来到海拔3200多米的多多拉（Dodola）项目主营地，一方面，向项目管理人员详细了解进展情况，看望中方员工；另一方面，与项目所在地行政官员和部族长老等进行会谈，并认真听取他们的意见。②

（3）针对非洲国家治安状况不佳的特点，中国驻非使领馆重视与驻在国的司法部、内政部和警方保持联系，在一些国家还成立了中非警民联防机制或安全联席会议机制。中国驻非洲国家的大使多次就在非中国公民安全保护问题会见驻在国司法部、内政部和警方负责人。2011年10月25日，中国驻毛里塔尼亚大使陈公来在毛塔司法部会见毛塔司法部长凯尔，就中资企业、华侨华人在毛塔经营期间遇到的一些困难和问题与对方进行了深入交谈。③ 2011年10月26日，驻塞拉利昂大使旷伟霖拜会了塞警察总监穆诺。2012年4月23日，驻多哥大使王作峰会见国际刑警组织多分部负责人、多司法警察总局局长比桑，表示希望多司法警察等执法部门加强与中国使馆的沟通、合作，建立定期会晤交流工作机制，共同努力保障华侨华人生命财产安全和合法权益。④

为了更好地保护在非中国公民，中国大使馆还积极联系驻在国有关部门，建立了中非警民联防机制或安全联席会议机制。2011年，中国驻莫桑比克大使馆和莫桑比克警方建立了"中莫警民联防机制"。在此机制框

---

① 《驻马里大使曹忠明会见马过渡政府总理迪亚拉》（http://cs.mfa.gov.cn/lsxw/t925568.htm，2012年04月25日）。
② 《驻埃塞俄比亚大使顾小杰出席领保工作座谈会并考察中资企业》（http://cs.mfa.gov.cn/lsxw/t806421.htm，2011年3月15日）。
③ 《驻塞拉利昂大使旷伟霖拜会塞警察总监》（http://cs.mfa.gov.cn/lsxw/t871042.htm，2011年10月27日）。
④ 《驻多哥大使王作峰会见多司法警察总局局长比桑》（http://cs.mfa.gov.cn/lsxw/t925944.htm，2012年04月24日）。

架内，莫警方为改善华侨华人居住区和商业经营场所，以及在莫中资机构住地的治安状况作出了很大努力。① 中国驻莱索托使馆与莱索托外交部、内政部等有关部门一起建立了安全联席会议机制。② 2011年下半年，安哥拉首都罗安达本菲卡区治安形势严峻，枪杀、抢劫等恶性犯罪案件频发。该区又是中国籍商人聚集区之一，接连发生了几起针对华人的犯罪案件。10月29日，驻安使馆领事官员与本菲卡区警察局长和在该区工作生活的华商代表三十多人在区警察局举行治安联席会议，共同商讨打击恶性犯罪措施。华商代表提出成立治安联防的建议，准备为区内各商户统一配备对讲机，将各家地址统一编排号码制成地图，以便遇袭时能够迅速报警，配合警方作出快速反应，有效打击犯罪分子，维护地方平安。③

（4）中国驻非使领馆官员举行和出席各种与中国公民和中资企业代表的座谈会，与他们就驻在国的安全形势进行沟通，向其介绍领事保护工作，提醒公民注意安全，敦促企业履行社会责任，积极融入社会，为企业的长远发展和公民的安全保护奠定良好的基础。

2011年1月13日，中国驻马拉维使馆举行侨民安全形势吹风会。使馆外交官向与会者介绍了中马关系、马拉维安全形势及注意事项、使馆领侨工作，并传达了国内关于打击对非洲出口假冒伪劣和侵犯知识产权商品专项治理的文件精神。潘和钧大使提出三点要求：一要提高安全意识，采取切实防范措施，确保人身财产安全；二要提高守法意识，合法经营，文明经商，善待当地员工，与马拉维人民和睦共处；三要提高形象意识，自觉维护国家、企业和中国人形象。④

2011年10月14日，驻肯尼亚使馆举行在肯中资企业座谈会，就中肯经贸合作、在肯中资企业如何履行社会责任等进行交流。驻肯尼亚大使刘光源在座谈会上发表题为"企业如何更好履行社会责任"的讲话，从

---

① 《驻莫桑比克大使黄松甫会见"中莫警民联防机制"莫方总协调人》（http://cs.mfa.gov.cn/lsxw/t906360.htm，2012年2月19日）。
② 《驻莱索托使馆临时代办赖波会见莱助理内政大臣》（http://cs.mfa.gov.cn/lsxw/t918749.htm，2012年3月29日）。
③ 《驻安哥拉使馆与安警方、华商代表举行治安联席会议》（http://cs.mfa.gov.cn/lsxw/t872004.htm，2011年10月31日）。
④ 《驻马拉维使馆举行侨民安全形势吹风会》（http://cs.mfa.gov.cn/lsxw/t786053.htm，2011年1月14日）。

贯彻落实科学发展观和加快实施"走出去"战略的高度全面阐述了在肯企业从经济责任、法律责任、道德责任三个角度理解并积极履行企业社会责任的重要意义等。①

2012年3月18日,驻拉各斯总领馆出席了尼日利亚拉各斯民营企业座谈会,与领区20多家民营企业负责人沟通交流。领事官员向企业代表介绍了2012年1—2月总领馆受理和解决的重大领保案件,提醒企业提高警惕,加强防范,把安全保障工作落到实处。商务领事还介绍了近年来拉各斯民营企业的发展概况和尼日利亚商贸企业协会自2003年成立以来助人解困、指导办报、团结华人的工作实绩。②

2012年4月25日,驻博茨瓦纳使馆召集当地中资企业协会会长、孔子学院中方院长、华商会会长、和统会会长、妇女协会会长和弗朗西华商会会长等各界代表举行领事保护座谈会,听取他们对领事保护工作的意见和建议。③

(5) 中国驻非使领馆与驻在国有关部门一起召集当地华侨社团和中资企业代表开会,向中国公民介绍驻在国的政策法规,提醒中国公民和企业遵纪守法,减少因此而带来的安全隐患。

2011年11月15日,中国驻博茨瓦纳使馆与博茨瓦纳反腐败与经济犯罪调查局联合举办研讨会,由博反腐败和经济犯罪局负责人向旅博华侨华人、中资机构宣讲该局和博工商人力资源联合会联合制定发布的博茨瓦纳私有企业《行为准则》。刘焕兴大使在致辞中表示,预防腐败、打击经济犯罪不仅是博政府的职责,也需要包括中国侨民在内的每一位在博工作、生活的外国人的广泛参与。希望在博的中国企业和侨商遵守《行为准则》,建立良好的企业文化,讲诚信、重信誉、遵守法律,融入当地文化。④

---

① 《驻肯尼亚使馆举行在肯中资企业座谈会》 (http://cs.mfa.gov.cn/lsxw/t868096.htm, 2011年10月17日)。

② 《驻拉各斯总领事刘显法出席拉各斯民营企业座谈会》 (http://cs.mfa.gov.cn/lsxw/t916517.htm, 2012年03月19日)。

③ 《驻博茨瓦纳使馆举行领事保护座谈会》 (http://cs.mfa.gov.cn/lsxw/t927375.htm, 2012年04月27日)。

④ 《驻博茨瓦纳使馆举办预防腐败和经济犯罪研讨会》 (http://cs.mfa.gov.cn/lsxw/t877912.htm, 2011年11月16日)。

2012年2月29日,中国驻赞比亚使馆邀请赞比亚雇主协会为在赞主要中资企业和中华商会负责人作关于赞劳工政策问题的专题讲座。赞雇主协会负责人详细介绍了该协会具体情况、赞有关劳工法律及赞新政府成立以来有关政策变化情况,并回答了企业代表的提问。与会人员还围绕中资公司如何更好地适应赞相关法律、妥善处理劳资纠纷以及改善用工条件等问题进行了深入研讨。[1]

2012年4月20日,驻多哥使馆组织举行多哥签证与居留证政策介绍会,多移民局主管负责人应邀来馆,向与会的中国公民介绍了多哥移民政策、工作签证及申请长期居留证的规定和要求,提醒大家注意有关事项,谨防受骗上当,并认真解答了华侨代表提出的问题,表示愿在中多友好基础上竭诚为中国朋友在办理签证及居留证方面提供便利,使大家能够更好地在多工作与生活。[2]

(6) 中国驻非洲国家的大使亲自视察当地中资公司,考察安全工作情况。2011年3月11日至13日,中国驻埃塞俄比亚大使顾小杰前往奥罗莫州就领保工作、企业发展等与中资企业代表座谈,并实地考察中地海外建设集团埃塞公司承建的道路升级项目。在中资企业相对集中的奥罗莫州首府阿达玛市,顾大使一行与企业代表举行领保工作座谈会。驻埃使馆工作人员介绍了近期领保工作情况、特点和今后工作计划。[3]

2011年11月8日,驻尼日利亚大使邓波清视察中兴、华为两家公司在尼首都阿布贾的办事处。在同两家公司代表座谈时,邓大使简要分析了当前尼较为严峻的安全形势,听取了公司有关安保措施的介绍。大使强调,各在尼中资公司要在思想上高度重视安保工作,及时建立和健全相关安全制度,制订和完善应急预案,努力确保我在尼人员和机构的安全。[4]

(7) 创制华侨领事保护卡和建立领保联络员制度。为帮助侨胞准确

---

[1] 《驻赞比亚大使周欲晓出席赞雇主协会专题讲座》 (http://cs.mfa.gov.cn/lsxw/t909701.htm,2012年3月01日)。

[2] 《驻多哥使馆组织举行多哥签证与居留证政策介绍会》 (2012年04月20日,http://cs.mfa.gov.cn/lsxw/t925547.htm)。

[3] 《驻埃塞俄比亚大使顾小杰出席领保工作座谈会并考察中资企业》 (http://cs.mfa.gov.cn/lsxw/t806421.htm,2011年3月15日)。

[4] 《驻尼日利亚大使邓波清慰问在尼中资企业》 (http://cs.mfa.gov.cn/lsxw/t875508.htm,2011年11月09日)。

及时地向使馆反映情况,寻求领事保护,中国驻博茨瓦纳使馆特制定了《在博华侨领保卡》,供广大侨胞在需要时根据卡片指示向领保官员报案,以便使馆及时、高效地开展领保工作。[1] 此外,中国驻博茨瓦纳使馆还要求各侨团选派一名外语好、责任心强的侨胞作为领保联络员,就本社团内的领保情况与使馆保持有效沟通。使馆领事部定期召开领保联络员会议。[2]

2. 在领事保护的应急处理方面,体现出两个特点:

(1)处理在非中国公民安全突发事件方面,领事保护应急机制"四位一体"的特点得到了充分的体现。

中国领事保护应急机制在近些年的发展过程中,逐步形成了中央、地方、企业和驻外使领馆"四位一体"的特点。[3]

在2011年涉非领事保护工作中,从利比亚撤离最明显地体现了这一特点。在此次撤离行动中,中央、地方、企业和驻外使领馆协调一致,高效地完成了撤离任务,得到了中外媒体的一致称赞。[4]

2011年2月21日深夜,胡锦涛主席、温家宝总理就撤离在利中国公民相继作出重要指示和批示,要求有关方面迅即采取切实有效措施,全力保障中方在利比亚人员生命财产安全。国务院当即决定成立撤离应急指挥部,负责协调撤离工作。22日早,应急指挥部召开全体会议,外交部、国资委、公安部、交通运输部、商务部、民航局、卫生部等部委负责人和部分驻利央企总部负责人与会,军方代表也列席了会议,会议决定立即启动国家涉外突发事件Ⅰ级响应,撤离在利比亚中国公民。会后,领事司立即上报撤离方案,公布24小时热线电话。应急指挥部抽调外交部、公安部、国防部、国资委等部门人员组成三个工作组飞赴

---

[1]《驻博茨瓦纳使馆举行领事保护座谈会》 (http://cs.mfa.gov.cn/lsxw/t927375.htm,2012年04月27日)。

[2] 同上。

[3] 具体参见2012年3月11日,新华社记者对外交部主管领事工作的副部长谢杭生的独家专访,《领事官员每人"保护"14万人》(http://www.people.com.cn/h/2012/0312/c25408-3342200168.html,2012年3月12日)。

[4]《各国媒体高度评价中国撤离在利比亚公民行动》,具体参见中新网北京3月6日电(http://news.ifeng.com/mil/4/detail_2011_03/07/5014688_0.shtml)。

利比亚协助组织撤离工作。同时，外交部派 52 名外交官赴中国驻利比亚周边国家使馆支援。

地方政府主要在信息传输和撤离后人员安置方面发挥作用。在利比亚企业国内总部所在地的地方政府部门按要求将企业报回的信息上报给外交部，以便统一协调。

中国驻利使馆协助国内派出的工作组开展撤离行动。驻利比亚周边国家的使领馆接到外交部领事保护中心的指示，用一切办法租用交通工具协助撤离。此外，驻外使领馆还负责国内包机或军机在驻在国境内停留、加油等后勤保障事宜、组织驻在国境内的中资企业和华侨、留学生志愿者成立小组，和使领馆工作人员一起安排从利比亚撤离到驻在国境内的中方人员的食宿及回国旅行事宜等。

中央企业在此次撤离中发挥了关键作用。危机发生后，有关央企成立了应急指导小组和前方指挥部，启动撤离方案，建立了前后方沟通协调机制。中国建筑、中交集团、中国水电和葛洲坝还负责利比亚四个分区指挥中心，除组织本企业人员撤离外，还统一协调安排了其他中资企业、华侨华人的撤离工作。国航、东航、南航等航空公司抽调一系列飞机赴利比亚和周边国家接回撤离人员。中远、中海运公司命令在地中海附近的轮船向班加西方向集结。中国船级社协调希腊船公司的渡船并派员随船抵达班加西港协助撤离。

参与此次撤离行动的除了"四位一体"体系中四个层面的力量外，特别引人注目的是，中国军方也首次出动军机参与撤离人员，并派军舰为撤离船只护航。①

如果说在利比亚撤离中还是中央政府起主导作用，那么在 2012 年 3 月的刚果（布）弹药库爆炸事故中，则由地方政府牵头组织了工作组前去协助使馆处理。

2012 年 3 月 4 日，刚果（布）首都布拉柴维尔一弹药库发生爆炸事故，造成约 200 人遇难，2000 余人受伤。爆炸波及附近的北京建工集团项目工地，造成中国员工 6 人不幸遇难，45 人不同程度受伤。党中央、国务院高度重视，非常关心中国公民安危。中国驻刚果（布）大使在第

---

① 参见夏莉萍《从利比亚撤离透视中国领事保护机制建设》，《西亚非洲》2011 年第 10 期。

一时间赶赴现场，协调营救并指导有关企业开展善后。5日，外交部副部长约见刚果（布）驻华使馆临时代办做工作。6日，中国政府紧急派出由北京市政府牵头、外交部等部门参加的联合工作组赴刚果（布）开展工作。北京市政府派出5人医疗专家组赶赴前方，有关企业也派员工赴当地。9日下午，31名伤员乘坐包机从布拉柴维尔起飞，于10日回国后接受进一步治疗。①

（2）外交部和驻外使领馆重视利用"微博"、"QQ"等新通讯手段及时了解信息，提供紧急救助。

在撤离中国在利比亚人员的行动中，中国外交部领事保护中心除了通过两部热线电话和传真等传统方式了解公民求助信息，还高度重视中国在利公民和机构通过网络和微博发出的信息，及时协调驻外使领馆和前方工作组联系核实，为他们提供帮助。例如，有网民反映的黎波里地区中国通信服务公司80余人请求协助。领保中心立即要求驻利比亚使馆联系核实。还有网民通过微博反映，利比亚米苏拉塔地区有800余名人员请求协助，领保中心指示前方工作组提供帮助。还有48名中国在利公民通过微博发出救助请求。领保中心立即要求驻利使馆和前方工作组核实。为了更好地利用微博了解中国公民的保护需求，外交部领保中心特地发布信息，提醒广大网民和博主，为高效提供救助，希望大家发布求助信息时应尽可能包括时间、地点、电话、手机等具体信息和联系方式，以便使馆和前方工作组及时联系核实并提供帮助；取得联系、得到救助后及时更新帖子和微博。②

2012年3月，刚果（布）发生军火库爆炸事件后，不少网友都在微博上发布信息。中国外交部非洲司官方微博"直通阿非利加"播报了多条相关此事件的信息，对不幸遇难的中国同胞表示哀悼，对遇难者家属及伤者和北京建工全体员工表示慰问，向刚果（布）驻华使馆表达了慰问。

中国驻马里使馆创新工作方式，利用QQ群主动向华侨华人发布消

---

① 《在刚果（布）爆炸事件中受伤的中国工人返抵北京》（http：//cs.mfa.gov.cn/lsxw/t913035.htm，2012年3月12日）。

② 《外交部重视中国公民微博求助》（http：//cs.mfa.gov.cn/lsxw/t802626.htm，2011年2月27日）。

息，增进交流，了解大家的实际需要。①

三 关于在非中国公民领事保护发展趋势的展望

1. 领事保护的方式会更为多样化

目前，中国驻非使领馆已经通过举办各种座谈会的方式促进在非中国公民和企业增加对驻在国法律法规和安全形势的了解；通过建立领保卡和领事保护联络员制度等为紧急情况下公民求助提供方便；通过QQ群和微博等新技术手段了解公民的保护需求。

考虑到非洲安全形势复杂多变和通讯手段相对落后的特点，在将来的领事保护工作中，外交部和中国驻非使领馆会采取更多样化的方式来了解和满足中国公民的保护需求。

2. 领事保护多元参与的趋势更为明显

首先，在目前"四位一体"的保护机制中，在非的中资企业将会在保护在非中国公民的工作中发挥更重要的作用。

两大因素决定了在非领事保护工作发展的这一特点：一方面，由于中国政府所面临的保护海外公民安全的责任越来越重，专业的领事保护人手越来越紧；二是与世界其他地区的中国公民群体不同，在非洲的中国公民主要以成建制派出的工人为主体。例如，中国从利比亚撤离的三万多名中国公民中，绝大部分为成建制派出的中资企业员工。中国驻马里大使告诉记者，中资机构和公司派出人员占旅居马里的中国公民的一半以上。② 据《环球时报》报道，至2012年2月，在安哥拉的中国企业员工已经有10万人，仅中信建设公司就有1.2万中国工人。③

从利比亚撤离的经历充分说明，在涉及到海外中资企业员工的安全问题上，中资企业可以发挥关键性的作用。在今后的领事保护工作中，这一发展趋势会越来越明显。

---

① 《驻马里大使曹忠明就对在马里中国人的领事保护工作接受新华社记者专访》（http://cs.mfa.gov.cn/lsxw/t934952.htm，2012年5月23日）。

② 同上。

③ 裴广江、黄培昭等：《海外中企受困"安全雷区"》，《环球时报》2012年2月29日，第7版。

其次，由于非洲政治情况的特殊性，中国驻非使领馆在与驻在国中央政府和地方政府搞好关系的同时，将会日益重视开展同当地部族和有势力派别的联系，多方交友，为应付领事保护中的不时之需积累更多的人脉资源。

作者简介

夏莉萍，女，1972年10月生，外交学院外交学与外事管理系教授、副主任。现为中国非洲问题研究会和亚非交流协会理事，主要从事领事与侨务和当代中国外交方面的研究。

中国在非企业社会责任发展报告

刘青海

近年来，中国企业加快了走进非洲的步伐。截止到2011年底，中国对非洲的各类投资累计已超过400亿美元，其中直接投资147亿美元，投资企业已超过2000家。① 随着中国各类企业在非投资的增加，其社会责任状况日益受到国际关注。本报告通过对20家在塞内加尔、尼日利亚等国投资经营的中国企业的调研，分析了中国在非企业社会责任的现状及存在的问题。

一 中国在非企业社会责任的现状与特点

目前，中国在非投资已遍及非洲大部分国家。随着投资地域的逐渐扩大，中国在非企业投资的行业也不断丰富，已由早期的以工农业为主发展到以采矿、金融、制造、建筑、商务服务业、批发和零售业、农林牧渔业等，几乎涵盖了所有的行业。另一方面，随着中国在非企业的增加，其社会责任的履行状况开始日益引起关注，也存在很多争论，甚至有很多偏见，那么，真实状况究竟如何？

为了掌握第一手的资料，课题组于2011年9月17日至2011年12月17日、2012年3月15日至4月15日对在塞内加尔（7家）、尼日利亚

---

① 《中国经济时报》：《投资非洲：金融风险几何？》（http://www.zgjrw.com/News/2012227/home/517165465000.shtml，2012年2月27日）。

(9家)、纳米比亚（2家）、安哥拉（1家）、博茨瓦纳（1家）等投资的20家中国企业进行了调研，调查对象为这些企业的总经理、中层管理人员及普通工人，同时也调查了一部分塞内加尔普通群众。[①] 调查采取填写调查问卷和访谈相结合的方式。

从被调查企业的员工规模来看，员工在2500人以上的占5%，500—1500人的占10%，250—500人的占10%，100—250人的占30%，20—50人的占30%，10人以下的占15%。从注册资金来看，超过1亿元的有3家（其中最多的超过了9亿元），占15%，最少的仅50万元，占5%，其余处于200万元至800万元之间的，不论从员工规模还是从注册资金分布来看，均符合正态分布。从所有制分布情况来看，包括国有企业6家，民营企业14家。从在非洲经营时间来看，既有成立达30多年的老企业，也有刚成立3年多的新企业。从行业分类看，涉及到资源开发业（2家）、建筑业（5家）、批发零售业（5家）、制造业（2家）、信息业（2家）、商务服务业（1家）、餐饮业（2家）、农林牧副渔业（1家）等，可见，被调查企业具有相当的代表性，能够反映中国在非企业的基本情况。

对于企业的社会责任（Corporate Social Responsibility，简称CSR）其国际上比较认同的定义是：一个企业在创造利润、对股东利益负责的同时，还需承担对员工、消费者、供应商、社区和环境等的社会责任，包括战略规划、员工权益、消费者以及供应链、环境保护等方面，具体有创造利润、遵守法规和商业道德、保障生产安全和职业健康、保护消费者合法权益、保护环境和自然资源、支持慈善公益等内容。因此，本次调查也主要涉及创造利润、战略规划、员工权益、消费者、供应链及环境保护等方面，调研情况如下。

1. 创造利润方面：中国在非企业总体经济效益较好，且制造业企业的经营状况明显好于贸易类企业

企业只有能够创造利润才能够为当地创造就业，创造税收，其履行社会责任也才具有可持续性。从调查来看，40%的被调查企业在非经营效益

[①] 本调查得到了中国驻塞内加尔大使馆、尼日利亚浙江商会袁国昌副会长、南部非洲浙江商会李家鼎名誉会长的大力帮助，也得到了浙江省哲学社会科学规划重点课题（11YD06Z）的资助，特此致谢。

很好，20%的企业效益比较好，30%的企业效益一般，而效益不好的企业只有10%，可见，中国在非企业总体经营状况和经济效益是不错的，这为其履行社会责任奠定了基础。例如，中水产塞内加尔代表处（雇用中国员工112人，非洲员工1200人）由于勤奋、工资相对低一些、拓展了业务范围等原因，经济效益较好，在周围一些欧盟国家的水产公司都因为金融危机亏损倒闭后他们依然生存了下来，从而为当地创造了宝贵的就业机会和税收收入，在当地有一定声誉。[①]

经济效益情况可能因行业不同而不同。从批发零售类企业来看，20%的企业效益很好，40%的效益比较好，40%的企业效益一般，而效益不好的企业为0，说明贸易行业总体状况还可以接受，但比起中国在非企业总体情况来说要差一些，这可能与批发零售业遭受的东道国越来越多的贸易保护主义有关。以尼日利亚为例，2004年，尼日利亚政府禁止48种商品的进口，使贸易类企业受到很大的影响，其经营效益开始下降，不少贸易类企业开始考虑转行。再从制造业来看，两家企业都表示经营效益令人满意，而表示效益一般和不满意的均为0。可见，制造业企业在非洲的经营状况总体都不错，明显好于贸易类企业。这些企业表示，非洲大部分国家对实业投资十分欢迎，做实业比较好做，这可能也是不少在非贸易企业都准备转型办实业的原因。

2. 企业战略及实施方面

（1）大部分企业认为自己在非洲的发展已经有了完善清晰的社会责任理念。在被调查企业中，70%的企业认为自己在非洲的发展已经有了完善清晰的社会责任理念。不过在问及该社会理念是什么时，答案则五花八门，几乎一个企业一个答案，如一家建筑企业答为"尽自己所能把工程出色地做好，就是履行社会责任"；中兴塞内加尔代表处答为"为非洲提供先进环保的技术和服务，为非洲的发展贡献自己的绵薄之力"；越美集团尼日利亚公司答为："文化先行，利义兼顾，合作双赢，让所在国民众享受到互利合作的成果"；一些批发零售企业认为是"为非洲人民提供方便，提高当地的生活水平和生活质量"，或者"按规定办事，遵守当地法律，不偷税漏税"。其中有两家国有企业则答为"因为我公司是国有企

---

① 资料来源：作者在塞内加尔对中水产塞内加尔代表处邵仲海代表的访谈。

业，必须遵照指示办事"。

（2）将近一半的企业建立了社会责任、行为准则的规章制度，大部分没有设立专门负责企业社会责任的办公室及主管。将近一半（45%）的企业建立了社会责任、行为准则的规章制度。只有25%的被调查企业有专门负责企业社会责任的办公室及主管（15%是国有企业，10%是民营企业），其主管的职位50%是部门经理，50%是副总经理。

3. 员工及员工权益方面

（1）平均本地化率高于76%，其中，资源开发业的本地化比例最高，制造业次之，建筑业和批发零售业较低。

中国在非企业的本地化情况是目前国际社会关注的焦点，也是企业履行对当地社区社会责任的一个重要指标。被调查企业各行业的本地化率（非洲员工占全部员工的比例）如下：建筑，68%；餐饮，82%；批发零售，67%；资源开发，96%；商务服务，60%；制造，93%；渔业，88%；通信，55%（实际情况应该比55%要高，因为，被调查通信企业的保安、保洁、司机等服务已外包给当地物业或租车公司，而在这些部门就业的当地人没有计入企业员工数量中），平均本地化率为76%（实际情况应该比76%要高，原因同上）。以建筑业为例，五家企业总计雇用中国员工832名，非洲员工1811名，非洲本地员工约占总员工比例的68%（小数点后数字四舍五入，下同）。又如制造业，三家企业中国员工与非洲员工数量，中国员工94名，非洲员工2861名，非洲本地员工约占总员工比例的93%。

（2）企业进入非洲时间越久、规模越大，则本地化率一般越高。

以越美集团尼日利亚公司为例，企业有中国员工32名，非洲员工2616名（含管理人员116名），本地化率高达98%以上，规模很大，本地化率也很高。又如，两家进入非洲市场很早的企业，如河南国际塞内加尔公司（1984年进入）、中国水产塞内加尔代表处（1985年进入）的平均本地化率达88%，一家进入非洲12年的来料加工企业本地化率为82%，二家进入非洲市场5年和7年的企业平均本地化率为43%，一家进入非洲仅两年的企业本地化率仅为22%。又如一家只有9名员工的民营贸易企业本地化率为44%，而一家同时进入非洲但有30名员工的民营贸易企业本地化率却为90%。可见，一般来说，企业进入非洲时间越久、规模越大，本地化比率越高，反之越低。

（3）中国在非企业中绝大部分都有当地管理人员，且制造业企业当地管理人员的比例最高。

在被调查企业中，中国在非企业中 95% 都有当地管理人员（有一家只有 3 个员工的微小型民营贸易类企业没有），当地管理人员占全部管理人员的 35%，且制造业企业当地管理人员的比例最高。例如，一家 2006 年进入尼日利亚的民营贸易企业拥有中国管理人员 10 名，非洲管理人员 5 名。又如一家 2003 年进入尼日利亚的制造业企业，拥有 11 名中国管理人员，20 名非洲管理人员。

（4）大部分企业周工作时间符合法定要求，其中国有企业和批发零售企业周劳动时间相对较短，建筑企业的工作时间相对较长。

在被调查企业中，30% 的企业周劳动时间在 40 小时或以下，30% 的企业在 41—50 小时，20% 的企业在 51—60 小时，20% 的企业在 61—70 小时（一般非洲国家要求周工作时间在 48 小时或以下，视行业而定）。在周工作时间在 40 小时以下（劳动时间相对较短）的企业中，有 40% 的企业是国有企业，40% 的是从事批发零售的小型民营企业（这可能是因为此类企业一般都是在大型商贸城经营，而商贸城一般每天定时关门，不能加班），而没有任何建筑企业（从调查来看，建筑业企业的工作时间相对较长）。值得一提的是，在不少企业中，中国人需要加班，而当地人是不需要加班的（因为他们不愿意，即便给双倍工资）。例如，某建筑企业，中国人周劳动时间是 41—50 小时，而当地人是 35—40 小时（当地劳动法规定每天 8 小时），比中国人少 10 小时。

（5）绝大部分企业工资的发放及时，但对中国员工按时发放的比例低于非洲员工。

在工资的发放方面，对当地人，95% 的企业能够按时足额发放，基本不存在拖欠工资的情况。然而对于企业的中国员工，只有 85% 的企业能够按时足额发放，有 15% 的企业（其中一家为省属国有企业，两家为民营中小企业）则答可能会拖欠，有时两个月才发一次甚至半年才发一次（防止中国人受不了苦回国）。实际上，被调查企业中，有一家企业曾经因为拖欠中国员工工资而发生劳动纠纷，一家大型国有企业也对中国员工的流动性较大表示担忧。

（6）大部分企业能够提供员工培训，但很少建立员工定期培训制度。

85%的企业均提供岗位培训（除两家贸易企业，一家制造业企业外），但只有10%的被调查企业能够保证培训经费和建立了员工定期培训制度（均为国有企业）。在员工培训方面，除纳米比亚两家、尼日利亚一家企业之外，全部提供岗位培训。例如在塞内加尔的南通建工，由于当地技工不少都不符合要求，常常派中国技工带他们做，常常做一批工程，就会培养一批人。不过，有些培训仅仅停留于教当地人使用设备方面，例如中地塞内加尔公司。在保证培训经费方面，一些技术含量较高的企业或国有企业相对较好，例如中兴塞内加尔代表处，就建立了相应的文件规定培训机制来保证培训经费。

4. 消费者方面：大部分企业基本能够提供符合标准的产品或服务

从调查来看，90%的企业认为自己提供了符合标准的产品或服务，且自己的产品或服务价格是合理的。这里具有一定的可信度，因为，中国在非企业的产品大都价格相对其他国家要低，使得广大低收入的非洲人民也能够购买，从而改善了生活。实际上，满足低收入市场的需求，为非洲广大的消费者带来实际的利益，也是企业行使企业社会责任的表现。[①]

为了使调查更具有客观性，下面再考察利益相关者如被调查企业以外的其他中国企业、社区居民、当地政府对中国产品的反映或评价。

大多数中国企业认为，中国人之间的恶性竞争比较厉害，特别是零售批发业。以毛毯的出售为例，据南非一专门出售毛毯的温州店主介绍，毛毯早年的批发利润是200%，由于华人之间相互压价，现在是一条毛毯只赚三四块钱，利润大大下降。不少企业（店主）反映，自己的产品很容易被中国其它企业仿冒。[②] 至于社区居民，在塞内加尔街头，课题组曾经对十位随机遇到的塞内加尔人进行调查，发现他们对中国产品的评价大都是"便宜，但质量不好"。不过，不少被访者表示，低价低质，是合理的，因为质量好了就会贵，那就买不起了。从当地政府方面来看，大多数对中国在非零售业以外的投资持支持态度，例如对中铁七局（塞内加尔）的评价就比较好，他们认为，桥只有像中铁七局这样的中国公司才能做，

[①] 普拉哈拉德：《金字塔底层的财富》，林丹明等译，中国人民大学出版社2004年版，第17—18页。

[②] 资料来源：本课题组2011年1月在南非约翰内斯堡中国商贸城的调查。

当地是做不了的，而对零售业的投资持反对态度。这也许说明，中国的实业投资提供了符合标准的产品或服务，产品或服务的价格是合理的，而零售业则不然。

5. 供应链方面：少数企业将社会责任要求纳入了采购合同

将社会责任要求纳入采购合同有助于推动产业链企业履行社会责任。从调查来看，50%的企业认为自己将社会责任要求纳入了采购合同，不过，这些企业大都是批发零售企业，且他们本身对社会责任的理解比较片面，仅局限于产品的质量方面，所以，实际将社会责任要求纳入采购合同的比例应该远低于50%。另外，值得注意的是，在两家最大的企业中（一为民营制造业企业，一为资源开发国有企业），民营企业将社会责任要求纳入了采购合同，而国有企业却没有。

6. 环境保护方面：绝大多数企业环境保护状况较好

除纳米比亚两家服务业之外，90%的被调查企业建立了环境方针并在企业内部得到了有效落实，95%的企业污染物排放达到了规定的标准（除一家餐饮企业以外），80%的企业直接参与了社会环保项目。这个比例比在中国国内的企业似乎都做得好一些。实际上，这也并不奇怪，因为，大多数非洲国家对环境保护十分重视，例如尼日利亚政府制定了一系列保护环境的法律和法规，如《尼日利亚联邦共和国宪法（1999年）》、《联邦环境保护署法案（1988年）》（简称《FEPA法案》）、《环境影响评估法案（1992年）》（简称《EIA法案》）、《有害废物法案（1998年）》、《尼日利亚石油工业环境指南和标准》等。此外，尼日利亚环保非政府组织较多，大小十多个，都致力于保护环境。而中国在尼日利亚的企业也普遍重视环保工作，例如中油国际尼日利亚有限公司、中石化尼日利亚分公司等，通过建立环境管理体系、参与国际环保认证、加强员工环保培训并提高员工环保意识等方式保护当地环境，避免或减少环境污染。[①]

[①] 《尼日利亚环保法律法规及环保非政府组织情况》，驻尼日利亚经商参处（http://www.mofcom.gov.cn/aarticle/i/dxfw/gzzd/200804/20080405456784.html，2008年4月1日）。

7. 公益或捐赠活动方面：大多数企业都参加了或多或少的捐赠活动

90％的被调查企业都参加了或多或少的捐赠活动，如当中国国内遇到汶川地震、玉树地震、冰雪灾害，当东非肯尼亚遇到干旱的时候，企业会参与捐赠活动。此外，一些企业还会应当地要求，参加当地的一些捐助活动，如给当地残疾人和孤儿智障儿童捐款，赞助当地球队参加比赛，捐赠当地学校体育设施，给本地老员工的子女支付部分学费等。不过，从调查结果来看，这些企业大都是在中国大使馆或当地华人商会的号召下开展公益或慈善活动的，其中国有企业常常会更多地响应大使馆的号召，而民营企业特别是中小型民营企业则更多地是响应当地华人商会的号召。在所有被调查行业中，建筑业企业的公益活动似乎相对较多一些，会在施工范围内为当地做一些力所能及的事情，如中地国际塞内加尔公司会帮助项目旁边的村清理垃圾、道路，平整足球场等。又如中材国际塞内加尔公司，在打了水井之后，会让当地百姓接管子，当地百姓生病了免费给他们看病（工地带了医生），与当地百姓相处比较融洽，过节会买饮料水果给当地百姓等。

二 中国在非企业社会责任存在的问题

虽然总体情况较好，然而，从调查中也发现，中国在非企业社会责任也还存在着很多问题。

1. 尚没有形成全面系统的企业社会责任意识

由调查可知，我国在非企业对企业社会责任大都具备了社会责任意识，但是，还没有一个清晰的、全面的认识，相当一部分企业把履行社会责任简单理解成公益、捐赠等，一部分企业甚至不知社会责任为何物。

2. 履行社会责任的主动性与积极性不足

例如两家国有企业在回答"是否已经具备完善清晰的社会责任意识"时，答为："因为我公司是国有企业，必须遵照指示办事"。很多企业没有理解和把握好企业经营与承担社会责任的关系、社会期望与实际能力的关系，对履行社会责任还有顾虑，担心履行社会责任会增加企业的支出，给企业带来负担。其实，从长远来看，履行社会责任不但不会增加企业的负担和成本，还可以改善企业自身的竞争环境，提高竞争力，减少在非洲经营的风险，使得企业的经济目标和社会目标统一起来。

3. 短期经营现象

由于非洲的文化、风俗与国内存在较大差别，加之所在国政府大多贪污腐败，办事效率低，又由于经营环境日趋恶化（很多当地政府为了保护本地商人，对在非做贸易的外商施加越来越多的限制，例如尼日利亚 2006 年以来禁止 48 种商品进口），加之国内的发展比较快，人民币升值等原因，很多贸易类企业对在非洲发展的前途没多大的信心，存在过客心理，没有在非长期经营扎根的打算，由此带来一系列的短期经营问题，如产品质量问题、环境污染问题等。另外，不少非洲国家虽然有较为完善的法律体系，但执行力差，而中国商务部 2004 年 11 月虽曾颁布了《关于境外投资开办企业核准事项的规定》，2009 年 3 月又下发了《境外投资管理办法》，但实际上，上述规定更多地是约束国有企业，而对于中小企业，发放了境外投资核准证后，并无后续监管，也是造成这一现象的原因。①

4. 捐赠缺少主动性与积极性

很多企业的捐赠只是面向中国国内，且都是中国大使馆组织的，缺少主动性与积极性，并且不少捐赠的发生已事隔多年，如汶川地震（2008）捐款，又如塞内加尔中国商会曾经有计划捐赠当地小学，但因为中国人不愿意出钱，只好作罢。

5. 在促使供应链企业履行社会责任方面不足

从调查可知，中国企业对促使供应链企业履行社会责任方面做得还很不足，对其重要性没有引起足够的重视。实际上，在全球化时代，企业之间的依存度不断增加，供应链上的供应商、分销商等都会对企业的产品产生影响，为了确保产品的安全与质量，需要促使供应商、分销商等合作伙伴共同履行社会责任。

---

① 《个别中资企业漠视赞比亚劳动法》，新浪网（http://news.sina.com.cn/c/sd/2010-10-26/171021355846_2.shtml，2010 年 10 月 26 日）。

6. 在环保方面存在问题

虽然被调查中国企业在环保方面有不少好的做法和经验,但也仍然有一些企业对环保工作不够重视,大部分公司对东道国环保法律和法规知之甚少或了解不全面,部分企业缺乏环保的动力,等等。

7. 恶性竞争现象

在非中国商人普遍认为,对生意产生较大影响的因素主要来自中国商家内部的相互压价,造成利润大幅度下降。他们反映,"过去的利润在100%—200%,现在只有15%—20%"。"这里的市场竞争越来越激烈,如果不能有效协调,再有三至五年,这块好的市场就很可能被毁掉。"[①] 在尼日利亚,最近以来,鞋类、假发、布料、服装等的恶性竞争非常激烈。[②]

此外,从员工培训来看,虽然很多中国企业都能够提供岗位培训,但多数企业还没有形成定期的培训制度,培训经费也难以保证,另外对中国员工还存在拖欠工资和较多的强制加班现象,与各利益相关方特别是社区的沟通和交流不足等也是较普遍的问题。

四 典型案例

1. 安徽外经建设有限公司

安徽外经(民营企业)从2010年开始与北京同仁医院、海南航空集团一起,在津巴布韦、马拉维和莫桑比克等国开展"中非光明行"活动,出资购买人工晶体,为上千名失明的非洲白内障患者免费实施复明手术。[③] 2011年,公司耗资8000多万美元,给予每户安置费1000多美元,[④] 无偿为津巴布韦一矿区搬迁家庭建设住房475套(每套含90平米住房、10平米厨房和10平米卫生间),这是津历史上第一家外国公司如此大规

---

① 本课题组2011年1月对南非浙江商贸城华商的调查。
② 本课题组2012年4月对在尼日利亚浙江商人的调查。
③ 《真心真情感动非洲——记安徽省外经建设有限公司》,国际在线(http://news.sina.com.cn/o/2011-10-13/113223297683.shtml,2011年10月13日)。
④ 浙江师范大学非洲研究院牛长松副研究员2011年11月在津巴布韦安徽外经的调研。

模、高速度地为津百姓造福，赢得了当地民众和政府的赞誉。①

2. 尼日利亚边际油田

尼日利亚边际油田自成立以来，认真执行项目的同时，积极履行当地义务和社会责任，捐资当地学校和社区。2005年至2007年，投资约$120900为油田所在社区Unyenge建了一栋有六间教室、两间办公室的学校，另外投资$9000购置了课桌、建设配套水井，投资$36600为当地社区Ntak Inyang建了一口水井。2008年至2010年，投资约$173500为Unyenge建了四口饮用水井，投资约$11800为Ntak Inyang建了一栋有六间教室的学校。截止到2010年，已经合计投资$387800。2011年计划继续给Unyenge建四口水井，为Ntak Inyang的学校完善配套课桌及水井。②

3. 中国有色集团（赞比亚）

中国有色集团是在赞规模最大的中资企业，通过提供就业、纳税、捐助等多种途径回报当地社会。2008年受国际金融危机影响，赞支柱产业采铜业遭受重挫，部分西方国家公司纷纷撤资。有色集团在自身经营也面临严峻考验的情况下，一直坚持"不减员、不减产、不减投资"，2009年还收购了因金融危机而停产的赞比亚卢安夏铜矿并于当年复产，为当地直接提供2500个就业岗位，为帮助赞克服金融危机、促进当地经济发展和社会稳定作出了积极贡献。由有色集团投资建设的赞中经贸合作区有关企业共向当地累计缴纳税费5000万美元，为当地提供6000个就业岗位。2011年11月，有色集团向当地的卡鲁鲁西政府捐赠22万美元善款，用于市政公益活动，获得了当地政府和民众的高度评价。2011年3月，由有色集团出资，中非友协举办了"2011年中国赞比亚光明行"活动，为100多名赞比亚白内障患者实施了免费复明手术。有色集团在赞企业每年制订和实施年度公益计划，在当地先后积极参与修建道路、候车大厅、公共体育设施、向学校捐赠文具、援助妇女就业、艾滋病和疟疾防治等多项公益事业，累计捐资、出资超过70多万美元。

---

① 驻津巴布韦使馆：《驻津巴布韦大使忻顺康陪同津官员参观中国公司援建的安置区工程》（http://www.fmprc.gov.cn/chn/pds/wjdt/zwbd/t826118.htm，2011年5月29日）。

② 浙江师范大学非洲研究院王学军副研究员2012年3月在尼日利亚边际油田的调研。

4. 中钢集团（南非）

中钢集团在南非投资的铬矿项目涉及铬矿开采、冶炼厂等项目。该公司在非履行社会责任主要有：

在环境保护方面，中钢集团南非铬业有限公司已全部通过了 ISO14001 环境管理体系认证。第三方认证机构 SAI Global 南非公司董事经理 Roelof Mouton 表示，"近年来，中钢南非铬业公司的环境管理工作进步很大，成就显著。我从来没有听到任何对中钢南非铬业有限公司环境管理工作的负面评价"①。

在慈善事业方面，该公司专门建立了捐赠制度，2007 年，捐赠总额约 52 万美元，约占税前利润的 1%，主要用于社区公益事业。南林波波省副省长克林斯表示，"作为政府和合作方代表，我们从未听到过中钢南非铬业公司与当地社区发生冲突，我们认为是中方管理者较好地处理了和当地社区的关系"②。

5. 华为公司（乌干达，尼日利亚）

华为乌干达公司曾向乌一家孤儿院捐赠价值 1 万余美元的药品及教学用品。2010 年 3 月，孤儿院出现肺结核病例，该公司又组织中国医疗队为病重儿童义诊，被当地媒体广泛报道，反响良好。华为公司在拉各斯大学设立"信息和通信技术奖学金"，每年总额为 300 万奈拉。该项活动秉承华为通过教育"消除数字鸿沟"的理念，体现了华为在尼日利亚当地履行社会责任的承诺，其目的和意义在于帮助生活有困难的优秀学生能够很好地完成学业，减轻他们的家庭经济负担，同时也为企业储备当地优秀人才，使企业最终走向本土化经营。③

五 推动中国在非企业更好地履行社会责任的建议

如前所述，中国在非企业履行社会责任总体状况较好，但是也存在很

---

① 《中钢集团社会责任 2008 非洲报告》中文版，第 12 页。
② 同上书，第 16 页。
③ 《华为公司在拉各斯大学设立"信息和通信技术奖学金"》，《西非统一商报》2012 年 3 月 10 日，第 1 版。

多问题。这些问题的存在，不但使中国企业走进非洲面临越来越多的风险，而且也影响了中国的国家形象，影响了中非合作的可持续发展。为了推动中国在非企业更好地履行社会责任，本文有以下建议。

1. 完善企业社会责任法律法规

中国在非企业履行社会责任存在的诸多问题与在国内没有养成履行社会责任的习惯有关。因此，从政府层面，有关部门应该尽快按照国际上企业社会责任的相关规定，完善企业社会责任建设方面的法律法规，制定操作性较强的制度细则，在财税、金融、价格等方面，建立一套鼓励企业主动承担社会责任的政策支持体系来约束和规范企业的行为；同时，对履行社会责任不佳的企业进行公布和相应的惩罚，营造履行企业社会责任的氛围，积极引导企业履行社会责任，多组织企业社会责任方面的培训，倡导和开展企业社会责任活动，使企业履行社会责任规范化与法律化（不管是在国内还是国外）。

2. 将企业社会责任意识及早融入到走进非洲的各个环节

对于企业来说，仅仅在法律许可的范围内经营，对企业来说不一定是最好的选择，这对企业的可持续发展是不利的。从长远来看，社会准则、规范、法律都会发生变化，在情况相对更为复杂的非洲更是如此。如果缺乏社会责任意识，企业经营将会面临更多的风险，并连累到其他中国企业，最近频繁发生的中国在非企业员工遭遇绑架、抢劫等就是一个证明。因此，企业必须将企业社会责任意识及早融入到走进非洲的各个环节。

3. 完善相关组织保障和内部制度，披露和反馈社会责任信息

对于社会责任的管理体系，被调查中国企业随意性较大，在组织制度建设上明显不足，缺乏宣传和管理，这样的直接后果就是即使中国企业在履行社会责任方面投入很大，但公众的感知明显不如对其他外资企业那么强烈。因此，中国在非企业还需完善与社会责任相关的组织保障和内部制度，并向利益相关者披露企业的社会责任信息，将自己的可持续发展理念和成效积极地与社会交流和沟通，改善社会责任履行的效果。

4. 营造和谐的商业系统

对于在非企业来说，首先，在劳动力的选择上，不应该再一味地强调劳动力成本的优势，要认识到劳动力低成本优势只能是暂时的，只有加大对劳动者培训的投入、发展高附加值产品，才能提高企业的竞争力；其次，在供应商的选择上，要加入企业社会责任要求，按照国际规范来采购原材料和部件；最后，在社区方面，应该积极为所在社区作贡献，如赞助或举办教育、文化活动，参与当地社区建设，提升社区居民的生活品质等。

作者简介

刘青海，女，经济学博士，2010年毕业于厦门大学，目前主要从事非洲经济、中非投资合作的研究，现为浙江师范大学非洲研究院讲师。

博茨瓦纳华人发展报告

徐 薇　周海金

随着中非关系的日益密切,越来越多的华人走进非洲。据不完全统计,目前在非洲各国的中国人超过100万。随着中国在非移民的持续增加,在非华人的生存状况正日益得到中国政府和学术界的重视。以博茨瓦纳为例,目前在博茨瓦纳生活工作的华人大约有三万多人,他们中很多从事小商品批发与零售,分布在博茨瓦纳各个城镇乡村。博茨瓦纳的中资公司为该国创造了两万多个就业岗位,对博茨瓦纳的建设和发展作出了很多贡献。然而,过去由于很多华人不懂英语,因此给当地人造成了华人与当地社会隔绝的印象,但是这些印象在逐渐改变,一些年轻懂英语的华人,通过与当地政府部门的合作交流,与很多当地人成为朋友,慢慢消除了当地人对华人的误解。

一　在非华人整体形势发展概况

近年来,中非经贸关系得到了快速发展。2008年中非进出口额达到1068.42亿美元,首次突破1000亿美元,仅仅用了八年时间,中非贸易额从100亿美元达到1000亿美元。2009年,中非贸易额为910.7亿美元,中国成为非洲第一大贸易伙伴国。此后两年中国都是非洲第一大贸易伙伴国。仅2011年的前八个月,中国对非直接投资额达323亿美元。中国在非洲有各种各样的建设援助项目,在非洲许多城市,随处可见中国援助的学校、医院和体育场馆，许多国家的通讯系统也出自中国之手，中国的企业更是在非洲各国遍地开花。随着中国企业在非洲市场的大规模进入，大量移民涌入非洲，目前在非华人总数已超过100万人。"每天都能看到中国人，到处都是中国的影子。"非洲人如是说。① 以安哥拉为例，整个国家人口不足2000万，境内中国人却超过20万。阿尔及利亚劳动部曾做过一个统计：2007年，23000名具有工作许可的海外劳工中有19000人来自中国。而在10年前，中国劳工只有几百人。② 移民快速增长的势头带来的影响之一，就是中国人进军非洲当地的商业、农业等领域。开采石油、架桥梁、修公路、派遣医疗队、开餐馆、开超市……几乎在各个领域都能看到中国人的身影。非洲市场上中国商品最多的就是服装、小家电、五金和摩托车。非洲许多城市都有专门贩卖中国商品的商业街。

2011年2月，利比亚爆发大面积骚乱，中国员工的生命财产安全都受到了严重威胁，2月22日，中国政府宣布从利比亚撤出中国公民，截止到3月2日，在中国多方各部门的配合与努力下，共撤出有回国意愿的中国公民35860人。其后，突尼斯、埃及等北非国家相继出现动荡。北非国家持续的动荡局势给北非华侨华人带来了巨大的财产损失和严重的生命威胁，同时也给所有在非华人带来了巨大的心理压力。多数华人担心北非局势会蔓延整个非洲大陆，如此带来的心理负担和市场不确定因素，使得很多中国企业和商人重新规划他们的生意，要求回国的在非务工人员也纷纷增加。2011年下半年，随着黑非洲局势的日益明朗，这一状况有所好转，但是，北非动荡对华人心理上的影响还是存在的，在未来的对非生意和职业选择中，中国人进入非洲，其风险意识将会得到显著提高，会更多地考虑目的国的政治和风险评估，引进人身保险和财产保险。总体而言，2011年是非洲华人在财产和心理上接受严峻挑战和考验的一年，2012年，随着北非形势的稳定和黑非洲经济的复苏，华人在非洲的各方面状况将得到改善。

---

① 《拓荒非洲的中国人》 （http://news.163.com/photoview/3R710001/17182.html#p=7C54GSP83R710001，2012年2月17日）。

② ［中非］蒂埃里·班吉：《中国，非洲新的发展伙伴》，肖晗等译，世界知识出版社2011年版，第13页。

二 中博关系发展概况

中国与博茨瓦纳于1975年建立外交关系，近四十年来，两国之间高层互访不断，加强了相互的政治信任，支持彼此的主权统一与领土完整，在国家治理和探索发展之路方面相互借鉴交流了很多经验。就经济合作领域而言，两国在平等、互信、互利基础上，双边贸易持续增长。2010年1月至8月，中博双边贸易达到5.54亿美元，比前一年增长了210%。中国在博茨瓦纳投资跳跃性增长，尤其在制造业、采矿业和服务业等方面，2010年的直接投资达到1.8亿美元，还有非金融类直接投资558万美元。除了经济上的合作，两国在文化上联系也很紧密，上海师范大学于2007年在博茨瓦纳大学建立了孔子学院，每年都有两三百当地学员学习中文，让越来越多的博茨瓦纳人了解了中国的语言和文化。2010年全年博在华留学生有62人。截止到2010年底，中国共为博培训各类专业技术人员371人。中国从1981年起向博派遣医疗队，已累计派出12批327人次，目前在博医疗队员共有46人。①

可见，中博建交37年来，保持了长期友好的合作交往关系，随着中非关系的紧密发展，中博之间必将联系得更加紧密。

三 博茨瓦纳华人概况

据中国驻博大使馆的官方估计，目前在博茨瓦纳生活工作的华人有三万多人。其中福建人占了百分之六七十，其次是江西人，再有少数东北人、上海人、湖北人等。福建人主要从事小商品批发与零售，分布在博茨瓦纳各个城镇乡村，大大方便了乡镇上普通百姓的日常生活。最早到博茨瓦纳发展的华人大都是公派过来进行援建项目的工作人员，他们中有些人看到了博茨瓦纳的广阔市场和发展潜力，就留下来自主创业，经过十几年的艰苦奋斗，在这里扎下了根，并且带动了国内很多的亲属朋友来博创业。有的华人从南非、津巴布韦等周边国家来博发展，同样是被这里长期

---

① 《中国同博茨瓦纳的双边关系》，中华人民共和国外交部网站（http：//www.fmprc.gov.cn/chn/gxh/cgb/zcgmzysx/fz/1206_4/1206x1/t6498.htm，2012年2月17日）。

稳定的社会环境和可观的经济效益所吸引。

据估计,在博茨瓦纳的华人公司为该国创造了两万多个就业岗位,对博茨瓦纳的建设和发展作出了很多贡献。然而,由于语言和文化上的差异,很多华人不懂得英语,因此给当地人造成了华人社会与当地社会隔绝疏离甚至神秘的印象,但是这些刻板的印象正在逐渐改变,一些年轻懂英语、有技术和管理经验的中资公司中的华人,通过与当地各个政府部门的合作交流,与很多当地人成为朋友,使当地人对华人的误解正在慢慢消除。相当多的华人企业非常重视企业的社会责任,每年都为当地的慈善机构捐款捐物,还会资助学习优异的当地学生赴中国留学,但是也有些华人由于缺少与当地媒体的合作,即使做了很多事情,却不为当地人所知。这是在博华人需要意识到并应加强联系的方面。

1. 博茨瓦纳华人的社会组织

通过华人在博茨瓦纳的不断发展壮大,形成了以下几个比较大的组织。

(1) 省籍同乡会:福建同乡会、江西同乡会。由于在博华人中福建人最多,占了百分之六七十,因此成立的第一个省籍同乡会就是福建同乡会。福建人被称为东方的吉普赛人,世界各地都有福建人,哪里赚钱往哪里涌,不怕吃苦,大多数以家族为单位,自成一体,自力更生,体系内互相照顾,很团结。据中国驻博使馆办公室主任郭斌介绍,这个组织在汶川地震捐款中表现非常积极,捐了170万人民币,很让人感动。

第二个省籍组织就是江西同乡会,在博江西人数量仅次于福建人,他们同样很团结,在生意和生活中互相照顾。曾经有一年一个江西人的仓库着火,同乡会的老乡们都积极捐款,化解了燃眉之急。

可见,省籍同乡会在华人社会中是一个强有力的地缘、亲缘组织,在华人彼此之间建立了一个稳固的纽带。

(2) 华侨总商会。博茨瓦纳华人总商会是一个由当地华人公司和商人组成的非盈利组织,成立于1998年。据会长刘冰介绍,商会在华人社会中有很重要的作用。主要包括:关注华人生活状况以及经济事务,保持华人社会的稳定和发展;为中国商人及公司代言。商会还帮助更多华人了解博茨瓦纳的文化与法律政策,让他们更好地适应当地社会。比如,商会曾与博茨瓦纳政府合作翻译当地法律条文以方便那些不懂英语的华人。商会组织各类文体活动，以丰富华人生活，比如乒乓球、高尔夫、春节晚会等。这些活动向所有人开放，不仅是华人，更欢迎当地人的参与，让当地人更了解华人社会与文化。商会同时也通过各种渠道搜集和宣传商业信息，与其他机构合作组织各种展览和讲座，并且常年支助当地的慈善、文教机构。

商会最重要的功能还是在政府与民间商人之间搭建一个沟通交流的平台，双方可以通过商会来交换观点和信息，以保证华人在博的总体利益。

（3）华人高尔夫协会。博茨瓦纳华人高尔夫球协会于 2008 年成立，协会宗旨：推动华人高尔夫球运动，团结海外华侨，让当地社会了解中国，并借此为中国及当地的公益及慈善事业的发展作贡献。① 协会成立以来，得到中国驻博大使馆及旅博侨界的大力支持，并多次举行各种形式的比赛，每年组织举办的全国性博茨瓦纳华人高尔夫邀请赛及友谊赛，获得中外球手的一致肯定，并吸引博国广大高尔夫球爱好者的积极参与。现在协会有三十多位会员，都是博茨瓦纳商界的老板，同时也经常邀请当地的商界政界名流来参与，促进了华人与地方精英的深入交流，很多人说，现在的很多生意都是在高尔夫球场上谈成的！

（4）华人妇女协会。博茨瓦纳华人妇女协会成立于 2010 年，是一个旨在支持和关注妇女儿童发展的非赢利性的民间社会团体，由关心热爱公益事业的旅博妇女侨胞自愿参加组成，并在博政府依法注册。

2. 博茨瓦纳华人生存发展现状

（1）小商品商户的生存现状。目前在博茨瓦纳做小商品批发零售的商户主要是福建人，除了少数一些在首都哈博罗内东方城做批发，其他人大都以家族为单位，分布在博茨瓦纳的各个城镇乡村。福建人勤劳肯干，不怕吃苦，批发商从中国沿海城市发货柜，包括各种日常用品、服装鞋帽、小商品等，货物到了首都的东方城后，再由各个批发商卖给下面开店的商人。在社会总体环境好的情况下，商店的利润相当可观，竞争也比国内小很多。村镇里的华人商店，规模都比较小，一个店面、一个家庭是最基本的构成单元。他们所经营的商品价格低廉，同时也质量不高，给当地

---

① 《博茨瓦纳华人高尔夫协会年赛暨换届会成功举行》（http://www.chinanews.com/hr/2011/11-30/3497784.shtml，2012 年 2 月 17 日）。

人的印象是中国人制作的东西质量不好。他们的整体素质也偏低，大多数没有受过什么教育，不懂英文，不懂法律，这给他们的经营和生活也带来了很多负面影响。不懂礼节引起误会，胆小怕事，遇到事情就只想到花钱消灾，不喜欢使用银行存钱，大量使用和携带现金，这给当地人又带来一个印象，中国人很粗俗，很有钱，喜欢带现金在身上。因此，在当地，常有华人商店被打劫的情况发生，甚至造成生命危险。这些现实的生存状况值得我们反思，如何让华人更好地融入当地社会，按照当地的法律制度行事，不给歹徒可乘之机。

（2）建筑工程从业者生存现状。中国建筑公司进驻博茨瓦纳的历史并不短，大概肇始于20世纪80年代，过去大多是单位公派到这里进行援建和为数不多的商业性建筑建设。最近十几年基本都是以盈利为主要目的的建筑公司了。其中有20家大型的中资建筑公司，还有几十家小型的民营建筑公司。这些公司中多数是国营企业以及一些省级建筑公司，少数从这些早期中资公司中出来自己单干壮大的民营公司。这些华人企业的状况是，管理人员素质相对较高，普遍有大学学历，且外语熟练，能与当地人进行良好深入的沟通。而做工人员基本还是国内建筑工人的水平。中国建筑人员，因为勤劳刻苦，起早贪黑，价格低廉，工期短，会走关系等优点，已经基本垄断了当地建筑行业。白人的管理成本和利润率很高，同样的一个工地管理岗位，雇用一个中国人的价钱是一千美元，而雇用一个当地人则要四五千美元。当地人的速度和质量不太尽人意，慢慢都被排挤在建筑市场的边缘。建筑企业受国家整体经济和发展情况影响很大，不过整体来讲，博茨瓦纳正处于欣欣向荣的社会发展阶段，城市化建设一直在朝上走，在很长一段时间内博茨瓦纳将一直有一个很大的建筑市场。

（3）制造业从业者生存现状。博茨瓦纳目前有两个大型工业项目，都位于新兴城镇帕拉佩，一个是由中国国家电力设备有限公司（简称中电）总承包的电站项目，这是博茨瓦纳最大的一个投资项目，总投资达到11亿美元，预计2012年底完成，届时博茨瓦纳将不再依靠其他国家的电而能够自给自足，并且能卖给其他周边国家，这对整个国家的建设发展来说意义重大。另一个是在电站附近的玻璃厂项目，是由上海丰越玻璃有限公司与博茨瓦纳发展公司合作的项目，总投资达1亿美元。玻璃厂项目对博茨瓦纳的工业多样化建设来说意义重大，帕拉佩有着制造玻璃所需要的所有原材料，而且价格低廉，玻璃厂建成以后，每天将生产450吨浮法玻璃，可销往南部非洲各个国家，还能为当地创造近500个工作机会。

据笔者现场调查了解到，这些大型工业项目中的华人过着相对简单、封闭、集中的生活。他们统一生活在工地宿舍里，工地上有食堂，每日三餐由中国厨师来提供。工地上还配有一名中国医生，为工人们诊断日常疾病，发放药品。由于博茨瓦纳非常缺少工业技术方面的人才，所以，这些技术性很强的工业项目，在创建阶段，为了提高效率和质量，大多数工程技术人员都是从国内聘请的。目前，电站工地上有两千多华人，玻璃厂工地上最多时有将近三四百华人。由于远离大城市，生活上有很多限制，工地上华人的生活更显得单调乏味，每天除了工作很少有其他娱乐活动，容易造成某些心理问题，这也是值得公司上级部门注意的地方。

（4）服务业从业者生存现状。博茨瓦纳从事服务业的华人主要包括医疗队、华为等新兴科技服务公司、汽修厂、饭店等相关人员。华人饭店主要集中在首都，有川菜、西北风味面食、东北菜、上海菜等诸多风味，主要顾客仍是华人，同时也吸引很多印度人、白人、当地人前来光顾。华人饭店价格相对低廉，味道也很可口。华人饭店的经营也是以家族为单位。博茨瓦纳高速发展的现代化进程会吸引更多的高科技服务企业陆续大量的入驻，因此诸如华为这样的服务型科技型企业在非洲会有很广阔的市场前景。

三　博茨瓦纳华人发展趋势展望

随着在博茨瓦纳华人数量的日益增多，华人在当地引起了越来越多的关注，其中有积极的影响，也有消极的影响。在谈到当地人对外国人的印象的时候，博茨瓦纳人会举三个例子：白人，中国人和印度人。他们讨厌白人，因为白人不光赚走他们的钱，占有他们的大块土地，还要用他们流利的英语和强势的干涉力指挥他们的政府和机构该做什么不该做什么。印度人懂英语，太狡猾，喜欢欺骗，当地人不喜欢，they like cheating（他们像骗子）。中国人稍微好一点，相比起来，本地人更愿意选择接受中国人。中国人给博茨瓦纳人的感觉大体是谦逊，只关心赚钱，埋头苦干能够吃苦耐劳，谁当总统中国人漠不关心，他们不会干涉内政，也诚实守信。不过他们说现在他们慢慢发觉中国人其实也挺狡猾。华人在当地社会最重要的问题还是语言沟通问题，这需要华人自身素质的不断提高，并且有意识地与当地社会融合，让当地人客观真实地了解华人社会与文化。

随着中博关系的日益密切，以及中国对博茨瓦纳投资和贸易力度的加大，未来在博茨瓦纳的华人数量将会持续增加，华人社会的发展也势必在各个领域得到加强和拓展，华人将会为博茨瓦纳的现代化建设和发展作出更大的贡献。但是基于部分博茨瓦纳人对中国以及华人一些做法的质疑，中国国家外交政策问题，中资公司出国人员素质问题，投资倾向问题，在外人员和机构行为引导问题等各个层面的交流和提高都需要被考虑到。

作者简介

徐薇，女，1981年生。2010年毕业于中央民族大学人类学专业，获法学博士学位。目前在博茨瓦纳大学做访问学者，主要研究博茨瓦纳传统部族变迁、南部非洲华人生存现状。现为浙江师范大学非洲研究院助理研究员。

周海金，女，1977年生，毕业于南京大学哲学系宗教学系。2008年起从事非洲问题研究，目前主要研究非洲文化、非洲宗教、在非华人生存状况，现为浙江师范大学非洲研究院副研究员。

在广州非洲人商贸与社会生活发展报告 2011

许 涛

自改革开放以来,随着中国经济与世界经济的紧密接触,越来越多的外国人到中国工作和生活,最近几年,由于中非经贸往来的迅速发展,来华到广州经商的非洲人数量增长迅速,已成为一个显著的群体,他们自身具备的特征、在华商贸情况和社会交往情况也引人关注。本文通过调查分析发现,目前在广州的非裔人士以男性居多、以从事中非贸易为主。经过近 10 年的发展,其商贸规模由个体采购转变为大规模采购与个体采购并存,采购模式由传统的通过贸易公司采购转变为直接采购和中介采购并存。在日常的社会交往中,非洲商人和中国商人之间的关系由合作转变为合作与竞争并存,与中国普通居民虽然存在着一定的矛盾与冲突,但基于双方的调试能够化解,并和谐并存。

一 非裔人士基本概况

1. 广州地区非裔人士的数量

由于目前我国对外籍人士的管理体制并不完善,加之对入境的外籍人士统计存在疏漏、滞后或误差,有关广州非裔人士的精确数量至今也没有任何官方数据,但通过相关资料和研究的估测,我们仍然可以从侧面对其数量有所了解。广州市法制办 2007 年的资料显示,大约有 180 多个国家(地区)超过 300 万人次从广州口岸入境和过境,临时住宿外国人近 90

万人次，当年官方统计的广州市内实有外国人3.2万人（常住1.9万人，流动1.3万人）。① 广州社会科学院城市管理研究所一项研究表明，目前常驻广州（6个月以上）的非洲人达两万余人，但这个数据不包括数量不详的隐居群落。官方统计显示，自2003年以来，广州的非洲人每年以30%—40%的速度递增（《南方周末》2008年1月25日），据此，甚至有人估测非裔人士数量可能达到20万。尽管此类估测大有夸张之势，但确实说明了近年来广州的非裔人士增长迅速。自上个世纪90年代中期最早在沙太路有非裔人士采购服装以来，此后广州的非裔人士数量呈现直线增长的趋势，至2008年达到顶峰，此后由于奥运前期当地政府出于维护社会稳定需要而进行了严厉的"三非"打击活动，非洲人数量开始停止增长并下降，目前基本上趋于稳定，按保守估计，目前的广州及周边地区非裔人士维持在三万左右。

2. 性别和年龄分布

从总体上看，目前在广州的非洲人男性居多，女性较少。男性广泛的来自于非洲52个国家，女性则多半来自非穆斯林国家，尤其是西非等商业传统浓厚的国家。李志刚等人的调查也显示，广州的非裔人士中，70%为男性，30%为女性。② 2007年广州社会科学院城市管理研究所的调查也表明，在所有调查的外国人中，男性占71.6%，大大高于女性比例。

从年龄上来看，男性年龄多在20—50岁之间，女性则在20—40岁之间，男性中绝大部分未婚且以青年为主，女性基本上已经结婚以中青年为主。从文化程度上看，几乎所有非洲人都接受过教育，以高中文化程度者居多，女性的文化程度相对于男性来说更高。根据他们自己的说法，在有些非洲国家，男性是家庭的支柱，理所当然的应该挣钱养家，而女人接受更多的教育，这不仅有利于他们持家，而且还有利于子女的教育，但马里等国家则截然相反，90%以上的商业贸易完全由女性经营。

3. 从事的职业

广州的非裔人士从事的职业主要是贸易和体力劳动两种，也有极少量

---

① 《广州市积极探索外国人管理长效机制》（http://www.chinalaw.gov.cn/article/dfxx/dffzxx/gd/200712/20071200022375.shtml. 2007年12月6日）。

② 李志刚等：《广州小北路黑人聚居区社会空间分析》，《地理研究》2008年第2期。

非裔人士从事文职和语言培训工作。其中从事贸易的非洲商人主要在登封街，小北以及三元里附近的贸易城活动，而体力劳动者主要在永平街的仓库区域活动，从事贸易的非洲人占了绝大部分。本文也主要关注的是围绕着中非贸易及其辅助行业的非洲商人，下文中的非裔人士也特指这类人群。

在广州的非洲商人主要分为三类，一类是持临时签证入境的，这类人多半最初不是为做生意的目的入境，到达广州后，顺便也给国内的商贸公司采购一些物品，从中赚取差价。这类兼职商人逗留期短，基本上待在广州的时间不会超过三个月。第二类是以生意目的入境的非洲商人，他们到达广州后，即开始寻找货源，并比较价格和品质，最终敲定订单。但由于订单到出货有个期限，同时非洲到达广州的机票昂贵，为了节约成本他们往往是做了好几单生意后才回国，其中会通过各种途径延长签证时间，因此他们会在广州逗留少则二三个月多则长达一年。此外，还有一类人，这类人往往具有丰富的商贸技巧或具有多国贸易的经历，是他们国内某个公司派驻中国的常任代理，长年累月定居广州。他们一般在广州拥有办公室，其主要职责就是负责为国内的公司采购各种物品，并从国内的公司领取薪酬，他们也会利用自己的身份为其他的国内客户采购商品并获取佣金。这类商人定居中国时间长，对中国文化比较了解，非常适应中国的工作和生活了。

4. 住地分布

广州的非裔人士其居住形态呈现聚集居住和分散居住两种模式。聚集居住的非裔人士多半分布环市东路片区以及三元里片区。环市东路片区指以广州市环市东路为中心的秀山楼、淘金路、花园酒店、建设六马路等一带。这一片区的秀山楼、陶瓷大厦、天秀大厦、登峰宾馆、登月酒店以及怡生大厦、恒景大厦、恒生大厦、国龙大厦、永怡大厦等商业写字楼中都有外籍人入住。并以登峰所辖的小北地区和越洋商贸城等为中心形成了大型的非洲人聚集区，被称为"巧克力"城。三元里片区主要是指以三元里为中心的白云区金桂村、机场路小区、教师新村等地，主要是经营鞋类、服装生意的非洲人居住。① 分散居住的非裔人士则散落在广州的各个

---

① 李志刚等：《广州小北路黑人聚居区社会空间分析》，《地理研究》2008 年第 2 期。

社区，如瑶台、东圃、新市、石井，甚至远到城郊的碧桂园社区都有非裔人士居住。自中国签证口径收紧以及警察的严厉打击"三非"之后，他们分散的速度更快，面更广。很多签证过期，不能正常续签的非裔商人开始向广州周边的佛山和南海等地转移。

二 非裔人士的商贸情况

1. 广州的对非贸易情况

据广州市对外贸易经济合作局副局长高耀宗说，2007年广州对非贸易总额为24亿美元，比2006年同期增长了52.7%。2008年1—10月，虽然受到全球金融危机的冲击，对非贸易仍实现了进出口总额27亿美元，比2007年同期增长38.6%。其中出口17亿美元，实现增长36%；进口10亿美元，比2007年同期增长40%。① 另有资料显示，尽管广州在2010年10月至2011年上半年进行了打击制售假冒伪劣和侵权商品的专项行动（双打）成效显著，中非商贸城作为其中的重点清查专业市场被取缔，但这并没有影响广州对非洲的出口，"双打"期间，广州市对非洲出口总额12.78亿美元，品牌企业对非洲出口4.87亿美元，同比增长18.7%。按照双打持续五个月的时间估测，2011年全年广州对非出口总额超过30亿美元，相比2007年至少增长了70%。② 从以上数据来看，即使在全球经济受到金融危机的拖累情况下，对非贸易仍然增长迅速，未来对非贸易将会持续增长。

2. 中非贸易模式

非洲商人在广州的订单采购经历了两个阶段。早期阶段，来广州采购的非裔商人往往是有丰富经验的大客户，那个时候广州有规模的专业市场并没有形成，他们主要通过广州的对外贸易公司采购所需的物品，接到订单的广州贸易公司则向珠三角、长三角的工厂企业下订单。非洲客商给贸

---

① 《对非贸易成为广州外贸增长新亮点》（http://news.sina.com.cn/s/2008-11-20/021314755147s.shtml.2008年11月20日）。
② 《中非商贸城整治成效显著 广州对非出口增长18.7%》（http://www.chinanews.com/cj/2011/07-19/3194434.shtml.2011年7月19日）。

易公司一定比例的订单定金，贸易公司将这笔定金打入企业账户，企业拿到订单和定金后开始按客户要求设计并生产物品。物品生产完成后，通知贸易公司，贸易公司负责向客户催缴尾款，尾款付清后，即发货至广州，通过广州的货运代理运回非洲本土销售。

随着越来越多的非洲客户涌入广州，中非贸易发生了变化。变化之一是 B2B 贸易的兴起，非洲客户通过阿里巴巴等贸易平台直接同工厂和企业建立了联系，中间环节减少，贸易成本大为降低使其在本国的生意更加具有竞争力。于是一部分非洲客户绕开了贸易公司直接给工厂下订单，而阿里巴巴等贸易平台为其资金安全提供了保障。变化之二是广州专业市场发展迅速，这些市场的最大特点是品种齐全，档口众多，客户可以在这个市场里很容易找到所需的商品，且由于众多商家同时竞争，价格上也比较合适。因此，许多客户可以直接到市场上采购。目前，中非贸易的模式正在走向多元化，既有专业市场式的正面交易，也有通过贸易公司或直接同工厂建立联系的订单式交易。但一般情况下，小批量的采购一般会在专业市场里进行，真正的大批量采购则是通过向工厂下订单完成的。

3. 商品的流通途径

非洲商人采购的商品运抵非洲的渠道主要有正规渠道和地下方式两种。如果他们采购的商品为正牌商品，他们就通过正常程序出关，如果他们购买的商品中有大量的山寨和仿冒产品，他们就会采取一些非正规的地下途径将商品发往非洲。对于少量的小额采购，他们多半采取分散打包的形式委托往返于中非之间的客人将货物以私人物品的形式携带出境，而量大的商品则通过伪装虚报或者直接通过物流公司的关系和渠道出关，为此他们需要支付一笔除正常的物流费用之外的"通关费用"。

4. 贸易资金往来渠道

中非贸易量非常大，非洲商人采购商品的资金，相当一部分并不是通过正常的金融渠道进入中国。这些资金（主要是美元）通过私人银行、地下钱庄、私人携带入境等形式进入广州。

之所以众多非洲商人倾向于通过地下钱庄汇款，原因之一是因为通过正规的银行渠道，收取的佣金较高，而且速度比较慢，通过地下钱庄，资金往来的速度非常快，基本上中国和非洲各国之间的转账最快只需要一天就可到账。非洲商人不愿意将钱通过正规银行打到中国的另外一个原因是，在免税额度内，中方对汇入到中国国内的资金有严格控制，而大笔汇款必须通过公司账户转账，但很多贸易只是在个体商户之间进行，超过额度的款项不能顺利支取。

5. 贸易纠纷及其解决

过去几年，人民币对美元的汇率一直在升值，而当初订单的总额是按照美元结算的，一旦人民币升值就意味着订单中商品的价格实际上暗降了，这样对于中国经营户来说，原本已经微薄的利润可能丧失殆尽，甚至亏本。在这种情况下，中国经营户希望在协商的过程中对方予以适当价格补偿，而非洲商人则不愿意让步。此种纠纷导致的结果是双方之间进行博弈，延误了商品的交付时间，造成双方的不便和损失。为了避免类似的纠纷以及规避风险，近年来，越来越多的交易按人民币结算。

三 非裔人士的社会交往关系

有关非裔人士在广州的社会交往状况，我们通过其接触的各类群体同他们之间的关系可以窥见一斑。

1. 非裔人士与普通市民的交往状况：紧张——接纳

非裔人士晚出晚归的作息时间，以及半夜回家时大声喧哗和播放摇滚音乐等行为，影响了附近居民的休息，非裔人士的入住打乱了他们正常平静的生活，曾一度引起他们与小区居民的紧张关系，绝大部分的居民由于语言上的障碍，无法同非洲人进行直接沟通，许多市民只好到相关部门去投诉非裔人士扰民。另一个多次被提及的则是香水问题，绝大部分的非裔人士都会使用香水，甚至很浓的香水，因此，在距离非裔人士很远的地方就能闻到香水味，公交车、商贸城、大街上、商场里经常能闻到这种味道，很多中国人并不习惯这种气味，其中还有一些人对香水严重过敏，香水在非裔人士和中国居民之间也导致了一些问题。

对于扰民问题，经过社区居委会的协调后，非裔人士相应地进行了改变，包括半夜回家时音乐音量减小，动作放轻等，这一改变缓和了他们同小区居民的关系，小区居民不再那么敌视他们。香水问题，经过非裔人士同居民的沟通后，中国居民明白了香水不仅是个人喜好问题，也是他们文化的体现，尽管不喜欢这种味道，但也表示理解。上述两个案例是典型的文化差异导致的紧张，但随着相互的改变和调试得到了缓解，广州市民开始逐步接纳非裔人士。

2. 非裔人士与房屋中介的关系：依赖和合作

很多定居广州的非裔商人需要租住房屋，这个时候他们就需要房屋中介的帮助，房屋中介并不是单纯的只提供租房方面的业务，事实上还提供许多日常生活中的帮助。

房屋中介会根据客户的要求进行登记，一旦有好的房源，会立即通知非洲客户看房，在他们考察满意后，会商定租金等事宜。一旦生意成交，租住双方会签订中英文双语的房屋出租协议，中介会协助他们完成在社区和派出所的登记备案。非洲客户会在租房后产生各种各样的问题，这个时候他们会向房屋中介求助，房屋中介一般会尽力提供帮助。例如，由于他们看不懂中国水电费以及垃圾清运费用的缴纳方法，往往会错过规定的缴纳期限，这个时候就面临着断电的困境，但他们由于语言不通，不清楚是怎么回事，就会向中介求助。中介会耐心向他们解释为什么断电了，并向他们说明水电的缴纳方法和缴纳程序，对于那些工作繁忙或者不喜欢每月缴纳水电的客户，有时候中介也会直接代他们缴纳或者动员房东代他们缴纳。在租房的过程中有时候会存在着损坏家具面临赔偿的纠纷，但他们因为语言障碍没办法和出租户主沟通，这个时候也会请来中介进行中间协商。中介会详细地向他们解释为什么要赔偿，以及合理的赔偿额度问题。非裔人士在通过中介找寻房屋的同时，也在一定程度上对房屋中介形成了依赖。

3. 非裔人士与中国商家的关系：合作——竞争——合作、竞争并存

非洲商人来广州进行贸易经过了几个阶段。最初他们来中国的时候，看见满意的商品只是小包的提，也就是只购买少量几个，然后托运回国进行试销，发现好卖，能赚钱之后才加大购货量，用集装箱通过海运回国。在这个阶段，非洲商人购买物品主要在街道的铺面拿货和订货。广州的商户（包括贸易公司）为中非贸易搭建了中间桥梁，成为了中国工厂和非洲客户之间不可缺少的中间人，而他们也正是利用这种中间人角色通过收

取佣金而获取利润的。这个阶段，非洲商人和中国商人之间是绝对的合作关系。

随着非洲商人在广州的逗留时间增长，他们也逐步了解了作为中间人的中国商人的订货渠道和秘密，这个时候一部分信息灵通人士和关系广的非洲商人开始直接找到工厂下订单，这样就进入了第二个阶段。在这个阶段非洲商人与中国商家之间的关系由绝对的合作关系开始转向竞争关系。

越来越多的非洲商人直接向工厂下订单，由于市场的不规范，出现了很多的骗子，专门冒充工厂来接非洲商人的订单，接到定金后就消失得无影无踪。一方面越来越多的非洲商人开始直接下单给工厂，一方面越来越多的骗子出现，结果大量的非洲商人上当受骗。基于上当受骗的教训和理性的计算，非洲商人的商业运行模式逐渐回归到以前，只跟那些自己很熟悉的工厂下订单，不熟悉的工厂，一般不直接进行贸易，而是通过中国商人或贸易公司来实现贸易，这样就将定金的风险转嫁给了贸易公司或中国商人。这个阶段的非洲商人和中国商人之间的关系开始逐步稳定，也即是说他们之间虽然存在一定程度的直接竞争关系，但更多的仍然是合作关系，中国商人和贸易公司不仅为广大的非洲客户搜寻物美价廉的产品，而且还对他们的定金提供了直接保障。

4. 婚恋关系：排斥——接受

从上个世纪90年代末期最开始在沙太路附近出现的几个外国人身影，到今天满大街小巷的黑皮肤商人，非洲人已经成为了广州的一部分。从最开始大家对非洲人指手画脚，到今天的习以为常，非洲人已经逐步被广州市民所接受了。这些来广州的非洲人男性占绝大对数，而且年纪较轻，最开始没有中国女性愿意接受他们。经过10年的发展，不仅广州的市民接受了他们，中国的女性也接受了他们，今天，你可以经常看到一个黑人青年和一个中国女性很亲密地一起逛街、吃饭，甚至同他们恋爱和结婚。每周末的广州一德路大教堂都可以看到很多那些由非洲男性和中国女性组成的跨国家庭带着他们的混血小孩在广场上玩耍。

根据我们的调查，同非洲青年接触的女性大致有三类人：一类是那些从事跨国贸易的女性，他们在长期的贸易过程中相互了解并日久生情而恋爱结婚；一类是那些从事语言翻译的年轻女性，这些女性被非洲商人雇用，在长久的交往过程中而恋爱；还有一类则是大专院校的女学生，这些女学生往往学习国际贸易或英语，在中非贸易城中偶遇或在教堂甚至大街偶遇后，通过长久的接触而恋爱的。就目前的情形来看，尽管同非洲青年恋爱的慢慢多起来，但同他们结婚成家的并不多，究其原因，可能来自家庭的压力比较大，因为很多的中国人天生不喜欢黑皮肤的人种，对他们有一定程度的偏见。一个非洲人要娶中国女性，并不是一件容易的事情，他不仅要有良好的经济实力，人品还要好，并且要懂中国语言以及中国文化，只有这样才能获得女方家庭的认可。相比较起来，对恋爱对象的要求则要低一些，只要双方中意即可。

四 未来发展趋势

随着非洲人逐步对中国市场熟悉，在质量和价格的比较之下，非洲商人肯定会逐步向内地进行商品采购。但非洲商人的信息毕竟有限，故他们只能选择某些商贸中心城市作为采购地点，长三角制造业的商贸中心上海可能成为他们的首选，但非洲商人不会大规模地向内地转移。因为，首先，气候上讲，广州跟他们更接近，而上海的气候则与他们相差更远，而且他们已经完全适应了广州的生活。其次，相比较起上海来，广州的社会宽容度更高，排外现象更少。这并不是说在广州就没有排外现象，实际上，非洲人在广州的确遭到了肤色歧视，但经过这么多年，广州市民已经接受了他们的存在，如果转移到上海，他们得重新经历这样一个被歧视到被接受的过程，这个过程会再一次面临许多痛苦的经历。

早期中非贸易中有相当数量的商品是贴牌和山寨的，其价格比同类正牌产品低很多，这些产品直接贴上名牌 logo 后以名牌产品销售，最初这些山寨产品质量也还不错，而且价格非常低廉，很快占有了非洲的大量市场，越来越多的工厂加入到山寨的行列里生产这种产品，最终导致惨烈的市场竞争，价格越来越低，利润越来越少。为了应对激烈的竞争，工厂偷工减料导致生产的产品质量低下，此类产品输入到非洲后，受到用户和商家的批评和抵制。非洲商人为了维护声誉，逐步开始抛弃那种价格低廉，质量差的产品，转而寻求具有高品质的产品。另一方面，中国知识产权保护力度的加大，仿冒的产品出口受到越来越严格的控制。中国的商人和商品生产厂家逐步意识到，光靠贴牌和仿造已经难以为继，必须打造自己的品牌。目前市场上的产品逐步向两个方向发展，一类是为打造品牌而生产的较好质量的产品，这类产品价格相对较高，但又比那些世界名牌价格低，往往有引人注目的 logo 以及精美的包装和全英文说明书等。另一类则是价格非常便宜，质量也非常差，此类产品主要靠价格优势占领低端市场，并不贴上名牌商标和包装销售。

根据目前经济发展趋势以及非洲市场的需求，我们估测低端产品逐渐会失去市场，而体现中国知识产权和技术的产品将全面登陆非洲市场并最终树立起中国的品牌，目前越来越多的非洲商人采购商品的时候，不仅关注价格也追求质量，那些质量过硬的中国品牌产品越来越受到他们的欢迎，质量差、价格低廉的产品逐步会被市场淘汰。

作者简介

许涛，男，1981年生，社会学博士，毕业于中山大学社会学系，现供职于浙江师范大学法政学院，研究方向为人口流动与社会发展，近期一直从事有关在华非洲商人的研究。

在义乌非洲人商贸与社会生活发展报告2011

龚苏娟　李海涛

作为县级市的义乌，市场外向度达到65%，商品出口到全球219个国家和地区。2011年义乌出入境外商达44.4万人次，其中来自非洲的出入境人数占总数的16%。在义非洲人规模不断扩大，目前常住义乌的非洲籍人士占在义乌常住外籍人士的17.3%，人数已达2400余人，仅次于亚洲，并有一定的社会融入。随着义乌国际贸易综合改革试点的不断推进，义乌将在中国对非贸易中扮演更加重要的角色。义乌和非洲的双边贸易将进一步增长，外贸交易中以人民币结算比重有望进一步扩大。

一　相关背景

作为浙江中部的一个县级市，义乌现有行政区域面积1105平方公里，常住人口123万人。义乌市场自1982年以来五易其址、十次扩建，现有营业面积470万平方米，7万个市场商位，经营着16个大类、4202个小类、170多万种商品。目前义乌日均采购商达21万人，常驻外商1.4万人，有3059家境外采购企业在义乌设立代表处，是全球最大的小商品集散地、展示和出口中心，年出口57.6万只集装箱①。

---

① 《数字义乌》，义乌市政府网（http://www.yiwu.gov.cn/glb/ywgl），2012年4月15日）。

十年前义乌市场外向度不足5%，市场主要贸易方式以内贸为主。入世十年来，义乌市场外向度已急遽飙升至65%，义乌商品也行销世界219个国家和地区①。

上世纪90年代初，义乌入境外商较少，② 1989年仅27人次，2000年也仅为3000余人次，2008年猛增至达26.6万人次，外国人签证和居留许可数超过杭州、宁波两个副省级城市，列浙江省首位。2011年义乌出入境外商达44.4万人次。

2011年3月，国务院批复《浙江省义乌市国际贸易综合改革试点总体方案》，这是全国首个由国务院批准的县级市综合改革试点。这一试点的设立，既是对义乌过去在国际贸易中成绩的肯定，也为义乌未来的发展进一步指明方向。

二 在义乌非洲人简况

1. 在义乌非洲人出入境数据简况

近五年，来自非洲的入境人数不断增长。与义乌出入境总人数大幅增长相比，来自非洲的人数呈温和上升趋势。2007年义乌市非洲人入境33983人次，2010年达到人数最高点，为70276人，其中较大部分来自北非国家。2011年，受全球经济衰退和非洲尤其是北非国家政局动荡影响，在义非洲人出入境人数同比下降2.8%，为68302人，排名前五位的国家分别为埃及、阿尔及利亚、尼日利亚、摩洛哥、加纳。截至2010年底，非洲商人在义乌设立常驻机构360多家，在义非洲商人达上千人。2011年义乌市出入境总人数中，来自非洲地区的出入境人数为6.8万人次，占15.3%，在义乌居住半年以上的境外客商达1.4万余人，来自全球197个国家和地区，其中排名第一的亚洲占63.73%，非洲仅次于亚洲，占17.33%。据此，在义非洲籍人士已增至2400余人。③

---

① 汪恩民：《入世十年聚焦：义乌市场外向度从不足5%飙至65%》，中国新闻网（http://www.chinanews.com/df/2011/12-01/3500415.shtml）

② 如无特别注明，本文所有关于义乌市出入境人次统计数据均来自义乌市出入境管理局，特此致谢！

③ 《非洲产品展销中心简介》（http://www.afrtrade.com/introduction.html#introduction，2012年4月20日）。

2. 人口信息

目前无法获得关于在义乌非洲籍人士的人口具体信息，但根据初步调查及官方数据，我们了解到大部分在义的非洲人人均年龄为 18—50 岁青壮年男性，女性占比例极少。他们几乎都在义从事贸易，少数人从事餐饮服务、语言培训和学习。根据义乌工商职业技术学院国际教育学院统计，2011 年在该校学习的非洲籍学生达 104 人次，约占在义非洲籍常住人口的 4%，且有逐年上升的趋势。

3. 居留信息

义乌中心城区面积 96 平方公里，外籍人员居住相对集中。调查显示，义乌外籍人员广泛地分布于全市各个社区和部分经过改造的城中村，呈现大杂居、小聚居、相互交错居住的特点。外籍人士聚居最多的六个社区依次是：东洲、五爱、词林、长春、宾王和丹溪[①]。我们在对在义非洲人的初步调查和访谈中，亦印证了这点。由于城区规模较小，在义人口基数不大、管理完善等诸多要素共同作用，目前在义非洲人中"三非"现象极少。

三　在义乌非洲人贸易情况

1. 中非双边贸易的"窗口"

近五年来，义乌对非贸易出口总额平均每年以 20% 的速度增长。2007 年，义乌对非进出口商品总额约为 1.8 亿美元。2011 年，已超过 4 亿美元，南非、坦桑尼亚、摩洛哥、埃塞俄比亚、贝宁为义乌对非出口国家前五位，占义乌对非洲出口贸易的 82.1%[②]。2012 年 1 月，义乌对非贸易出口总金额 4592 万美元，排名前五的是埃及、阿尔及利亚、南非、苏丹、利比亚，同比增幅在 40% 以上。

[①] 王志坚：《超七成外商表示已融入义乌》，《浙中新报》2012 年 3 月 20 日（http://epaper.jhnews.com.cn/site1/zzxb/html/2012 - 03/20/content_ 1403434.htm）。

[②] 如无特别注明，本文所有关于义乌市外贸交易统计数据均来源于义乌市对外贸易经济合作局，特此致谢！

义乌出口非洲的商品以日用品为主，涉及纺织服装、玩具、机电等行业，遍及阿尔及利亚、加纳等50余个非洲国家。义乌进口的非洲商品主要集中在工艺品方面，尤其是乌木、石雕、铜器、钻石首饰、葡萄酒等。

近年来，随着义乌和非洲经贸往来日益频繁，在国家有关部门的重视和推动下，义乌充分发挥其市场辐射和中非贸易桥头堡作用，注重推动中非双边贸易。

2008年10月，义乌在国际商贸城进口商品馆内设立了非洲商品馆，推介非洲商品。彼时引进了包括非洲国家在内的55个国家和地区的2.7万种境外商品。在2009年11月召开的中非合作论坛第四届部长级会议上，中方提出将在华设立"非洲产品展销中心"，以促进非洲对华出口。2010年，商务部、外交部相继派出高层官员赶赴义乌，为义乌在更高层面上推进中非经贸合作"把脉"。2010年10月，第16届中国义乌国际小商品博览会暨第三届非洲商品展在义乌举行。同期，非洲产品展销中心正式落户义乌，借道义乌市场，非洲商品可以很快进入中国市场或转口到其他国家。

2. 外贸采购以人民币现金结算为主

在义非洲籍商人进行市场订货及交易时，主要是以人民币现金结算为主。究其原因，首先，义乌市场采购主要以人民币为主，几乎不接受外币。其次，人民币对美元不断升值。2005年7月，人民币汇率体制改革以来，美元兑人民币汇率从8.1跌到目前的6.3，跌幅高达28%。义乌市场商品大部分是附加值和利润较低的日常用品，受人民币对美元升值的影响，美元结算容易挤压供应商微薄的利润。由于市场需求和人民币国际化趋势，外贸出口中以人民币结算，在整个义乌市场已逐渐成型。再次，2010年义乌被正式纳入跨境贸易人民币结算试点城市，人民币结算将更为方便。2011年，义乌市场圣诞用品出口就多用人民币结算。①

在义非洲商人付款的现金来源有二：一是本人或熟人、朋友携带大量的美金进入义乌，在银行和通过"黄牛"进行兑换，尤其以后者居多。二是通过地下钱庄、异地结算等方式付款。以上两种方式，与通过银行转

---

① 李冰峰：《义乌圣诞用品出口多用人民币结算》，金华新闻网（http://www.jh-news.com.cn/jhrb/2011-08/15/content_1799133.htm 2011-08/15）。

账汇款相比,方便快捷,节省成本。

3. 在义乌非洲人贸易模式

义乌市场的出口模式主要分为两大类:一般贸易出口和加工贸易出口。目前,义乌对非贸易以一般贸易出口为主。这类贸易的采购,主要通过义乌当地的外贸公司采购。随着近年来在义非洲商人不断增多,通过在义乌的非洲外贸公司进行采购,也有增加的趋势。另外,还有极少部分进口商通过自己设立义乌采购办事处进行贸易。

4. 贸易纠纷解决方式

目前,义乌外贸纠纷受理单位有公安机关、工商管理部门、涉外服务中心等。虽然受理部门较多,但一般性纠纷通过以上部门调解、取证和介入时,有些调解方案不具有强制执行性,费时费力。故一旦发生纠纷,在义非洲商人更倾向于私下调解。

三 在义乌非洲人生活状况

目前,义乌外籍人员广泛地分布于全市各个社区。此前有调查显示,超七成外商表示已融入义乌,"就医、语言沟通、文化差异、交通、孩子教育等日常生活是境外人员较为关心、亟待社区改善的地方"[1]。

1. 生活情况总体满意

"诚信包容"的义乌精神造就了义乌这座城市海纳百川的包容风格,义乌市场买卖天下货,外地人口超过本市居民。自2000年后外籍人士包括非洲籍人士就不断涌入,在此进行贸易、生活,融入社区。普通的市民对外籍人士在此生活习以为常,也较有经验。

义乌有来自世界各地的采购商,来自世界各地客商的涌入客观上促进了中国境内的穆斯林、朝鲜族、维吾尔族等民族民众及外籍人员来此从事翻译、外贸和餐饮服务。义乌餐饮业高度发达,各式风格的餐饮,如日韩

---

[1] 王志坚:《超七成外商表示已融入义乌》(http://epaper.jhnews.com.cn/site1/zzxb/html/2012-03/20/content_1403434.htm,2012年3月20日)。

料理、穆斯林餐厅等遍及商贸区和各小区聚居地。食材采购亦非常方便。绝大多数在义非洲人能较好地适应在义生活。其饮食、宗教信仰等方面都没有问题。

2. 社会融入有限

虽然在义外商呈大杂居、小聚居的居住模式,但由于在义非洲人总数并不太大,在义非洲人聚居规模较小,仍较为分散。非洲人在义乌交往最密切的中国人中,生意伙伴排在首位,紧随其后的是翻译、房东和邻居。这些也在一定程度上印证了外国人在义乌融入调查的数据,"外国人在义乌的交往范围较广,主要交流对象为房东(29.3%),其次是贸易伙伴交流(27.6%),再次是邻居(15.5%)"[①]。

然而,在义乌遇到困难时,大部分非洲人会向本国或非洲朋友、贸易伙伴求助,少数人会找自己熟悉的中国朋友,包括房东和邻居。总体而言,在义非洲人社会融入程度有限,对本国人或来自非洲的同胞心理依赖程度相对较高。

3. 文化较难适应

非洲历史上受西方殖民影响明显,中非文化差异性较大,在义非洲人对中国文化的认知程度较低。除了市场商品,他们对中国文化的认知主要集中在中国功夫,认识的中国名人仅限于李小龙、成龙、李连杰。但说不上影片名字。对中国主要节日的了解,大部分人也仅限于春节。

除工作和学习外,大部分在义非洲人选择呆在租屋内,听音乐、打游戏、看书或上网,也有人选择踢足球、打篮球等运动。运动的伙伴以非洲同胞为主,较少人选择去酒吧、KTV和去电影院看电影。

4. 受教育情况

目前,有一部分在义非洲人已携带子女在义乌就学。义乌接收外国学生入学的中小学较多,入学较为方便,但也存在一定的问题,如这些中国

---

① 数据来源:《超七成外商表示已融入义乌》,《浙中新报》2012年3月20日(http://epaper.jhnews.com.cn/site1/zzxb/html/2012-03/20/content_1403434.htm)。

学校基本上没有专门设立国际班,外籍学生入学与中国学生一起编班,使用相同的中文教材,以中国学生学习进度为主,小留学生跟上正常进度有一定的困难。

我们以义乌工商职业技术学院国际教育学院近年来招收留学生为样本,就在义非洲人教育情况,进行了数据调查。

义乌工商职业技术学院是义乌市唯一的高校,自2007年开办国际教育以来,采用分层小班教学、独立编班,不断提高管理水平,教学效果明显,留学生招生规模不断扩大。2011年春季,留学生人数124人,来自46个国家,其中非洲留学生34人,来自15个国家,分别占总人数和国家的27.4%和32.6%;2011年秋季,留学生人数222人,来自53个国家,其中非洲留学生70人,来自19个国家,分别占总人数和国家的31.5%和35.8%。在义非洲留学生有逐年上升的趋势,留学生总人数所占比例也在稳步上升。

五 未来展望

2011年中非贸易额已突破1600亿美元,在非投资的中方企业超过2000家,中国已成为非洲最大的贸易伙伴,双方在政治、经济、文化等领域的合作达到了前所未有的广度与深度。2010年"非洲产品展销中心"已落户义乌。虽然目前非洲商品主要以工艺品,尤其是手工艺品为主,成交量还有待进一步提高,但随着非洲商品对中国市场的不断开拓,中国市场及其他经义乌转口的国际市场对非洲商品接受程度也会不断提高。中非经贸合作还在不断深化,义乌国际贸易综合改革试点建设不断推进,义乌和非洲双边贸易额有望在未来五年内超过10亿美元。人民币对美元汇率在很长的时间内将处于上升趋势中。为规避风险,义乌市场经营户乐于接受人民币作为支付货币。在义非洲外商亦愿意使用美元现金兑换人民币购买结算。目前,人民币跨境贸易结算正在不断地推广,作为试点城市之一的义乌,今后人民币结算比重有望不断扩大。随着义乌国际化程度不断提升,中非交流的频繁和义乌与非洲贸易的不断增长,可以预见的是,来自非洲的出入境人数和在义非洲常住人口将进一步增加,非洲人在义发展将成为一种常态。

作者简介

龚苏娟，女，1966年生，浙江义乌人，副教授，义乌工商职业技术学院外事处处长、国际教育学院副院长，浙江师范大学非洲研究院义乌研究中心主任。研究方向：国际教育、跨文化交流。

李海涛，男，1981年生，讲师，义乌工商职业技术学院外事处教师。

第六篇

非洲年度专题数据

非洲政治与国际关系领域的相关数据

表1　正在非洲地区实施的联合国维持和平行动基本情况
（截止2012年3月31日）

行动名称	任期	兵力（人）	死亡（人）	经费（美元）
联合国西撒哈拉全民投票特派团	1991年4月至今	519	15	2011年7月—2012年6月核定预算：63219300（毛额）
联合国刚果民主共和国稳定特派团	2010年7月至今	23661	38	2011年7月—2012年6月核定预算：1419890400（毛额）
非洲联盟/联合国达尔富尔混合行动	2007年7月至今	27947	114	2011年7月—2012年6月核定预算：1689305500（毛额）
联合国阿卜耶伊临时安全部队	2011年6月至今	3831	6	2011年7月—2012年6月核定预算：175500000

续表

行动名称	任期	兵力（人）	死亡（人）	经费（美元）
联合国南苏丹共和国特派团	2011年7月至今	7627	1	2011年7月—2012年6月核定预算：722129600
联合国科特迪瓦行动	2004年4月至今	12402	90	2011年7月—2012年6月核定预算：645961400
联合国利比里亚特派团	2003年9月至今	10896	165	2011年7月—2012年6月核定预算：525612730（毛额）
合计：		86883	429	5241618930

数据来源：根据联合国维持和平行动网站资料整理，资料来源："联合国维持和平行动：维持和平概况介绍" < http：//www.un.org/zh/peacekeeping/resources/statistics/factsheet.shtml >，2012年5月2日访问。（整理人：盛红生）

表2　中国正在参与的联合国非洲地区维持和平行动基本情况（截止2012年2月29日）

行动名称	军事观察员（人）	分队（人）	民事警察（人）	总数（人）
联合国西撒哈拉全民投票特派团	7			7
联合国刚果民主共和国稳定特派团	16	218		234
非洲联盟/联合国达尔富尔混合行动	7	315		322
联合国南苏丹共和国特派团		339	14	353
联合国科特迪瓦行动	6			6
联合国利比里亚特派团	2	564	17	583
合计：	38	1,436	31	1,505

数据来源：根据联合国维持和平行动网站资料整理，资料来源："联合国维持和平行动：维持和平概况介绍/按特派团分列的国家派遣人数明细" < http：//www.un.org/en/peacekeeping/contributors/2012/feb12_3.pdf >，2012年5月1日访问。（整理人：盛红生）

二

非洲社会与文化领域的相关数据

表1　　　　　　　　　**2011年非洲人力发展报告**

挪威	1	肯尼亚	143	苏丹	169
澳大利亚	2	圣多美与普林西比	144	科特迪瓦	170
塞舌尔	52	安哥拉	148	马拉维	171
利比亚	64	喀麦隆	150	津巴布韦	173
毛里求斯	77	马达加斯加	151	埃塞俄比亚	174
突尼斯	94	坦桑尼亚	152	马里	175
阿尔及利亚	96	塞内加尔	155	几内亚比绍	176
加蓬	106	尼日利亚	156	厄立特里亚	177
埃及	113	毛里塔尼亚	159	几内亚	178
博茨瓦纳	118	莱索托	160	中非共和国	179
纳米比亚	120	乌干达	161	塞拉利昂	180
南非	123	多哥	162	布基纳法索	181
摩洛哥	130	科摩罗	163	利比里亚	182
佛得角	133	赞比亚	164	乍得	183
加纳	135	吉布提	165	莫桑比克	184
赤道几内亚	136	卢旺达	166	布隆迪	185
刚果（布）	137	贝宁	167	尼日尔	186
斯威士兰	140	冈比亚	168	刚果（金）	187

数据来源：http://hdr.undp.org/en/media/HDR_2011_EN_Summary.pdf。其中，缺少了西撒哈拉、索马里等国的数据。（整理人：李育球，周志发）

表2　　　　　　　　2011年非洲人类发展指数及其组成部分

HDI排名	国别	HDI数值	平均寿命	平均受教育时间	预期上学时间	人均国民收入（GNI），单位：美元	人均国民收入与HDI排名之差	人类发展指数数值（不包括收入）
1	挪威	0.943	81.1	12.6	17.3	47557	6	0.975
2	澳大利亚	0.929	81.9	12.0	18.0	34431	16	0.979
3	荷兰	0.910	80.7	11.6	16.8	36402	9	0.944
4	美国	0.910	78.5	12.4	16.0	43017	6	0.931
5	新西兰	0.908	80.7	12.5	18.0	23737	30	0.978
6	加拿大	0.908	81.0	12.1	16.0	35166	10	0.944
7	爱尔兰	0.908	80.6	11.6	18.0	29322	19	0.959
8	列支敦士登	0.905	79.6	10.3	14.7	83717	-6	0.877
9	德国	0.905	80.4	12.2	15.9	34854	8	0.940
10	瑞典	0.904	81.4	11.7	15.7	35837	4	0.936
52	塞舌尔	0.773	73.6	9.4	13.3	16729	-4	0.794
64	利比亚	0.760	74.8	7.3	16.6	12637	0	0.795
77	毛里求斯	0.728	73.4	7.2	13.6	12918	-14	0.745
94	突尼斯	0.698	74.5	6.5	14.5	7281	2	0.745
96	阿尔及利亚	0.698	73.1	7.0	13.6	7658	-5	0.739
106	加蓬	0.674	62.7	7.5	13.1	12249	-40	0.667
113	埃及	0.644	73.2	6.4	11.0	5.269	-6	0.686
118	博茨瓦纳	0.633	53.2	8.9	12.2	13049	-56	0.602
120	纳米比亚	0.625	62.5	7.4	11.6	6206	-21	0.643
123	南非	0.619	52.8	8.5	13.1	9469	-44	0.604
130	摩洛哥	0.582	72.2	4.4	10.3	4196	-15	0.606
133	佛得角	0.568	74.2	3.5	11.6	3402	-7	0.603
135	加纳	0.541	64.2	7.1	10.5	1584	20	0.633
136	赤道几内亚	0.537	51.1	5.4	7.7	17608	-91	0.458
137	刚果（布）	0.533	57.4	5.9	10.5	3066	-6	0.555
140	斯威士兰	0.522	48.7	7.1	10.6	4484	-27	0.512
143	肯尼亚	0.509	57.1	7.0	11.0	1492	15	0.584

续表

HDI排名	国别	HDI数值	平均寿命	平均受教育时间	预期上学时间	人均国民收入（GNI），单位：美元	人均国民收入与HDI排名之差	人类发展指数数值（不包括收入）
144	圣多美和普林西比	0.509	64.7	4.2	10.8	1792	7	0.564
148	安哥拉	0.486	51.1	4.4	9.1	4874	-38	0.455
150	喀麦隆	0.482	51.6	5.9	10.3	2031	-4	0.509
151	马达加斯加	0.480	66.7	5.2	10.7	824	26	0.605
152	坦桑尼亚	0.466	58.2	5.1	9.1	1328	10	0.523
156	尼日利亚	0.459	51.9	5.0	8.9	2069	-12	0.471
155	塞内加尔	0.459	59.3	4.5	7.5	1708	-2	0.488
159	毛里塔尼亚	0.453	58.6	3.7	8.1	1859	-10	0.472
160	莱索托	0.450	48.2	5.9	9.9	1664	-6	0.475
161	乌干达	0.446	54.1	4.7	10.8	1124	7	0.506
162	多哥	0.435	57.1	5.3	9.6	798	16	0.526
163	喀麦隆	0.433	61.1	2.8	10.7	1079	9	0.488
164	赞比亚	0.430	49.0	6.5	7.9	1254	0	0.469
165	吉布提	0.430	57.9	3.8	5.1	2335	-25	0.420
166	卢旺达	0.429	55.4	3.3	11.1	1133	1	0.477
167	贝宁	0.427	56.1	3.3	9.2	1364	-6	0.456
168	冈比亚	0.420	58.5	2.8	9.0	1282	-5	0.450
169	苏丹	0.408	61.5	3.1	4.4	1894	-21	0.402
170	科特迪瓦	0.400	55.4	3.3	6.3	1387	-10	0.412
171	马拉维	0.400	54.2	4.2	8.9	753	8	0.470
173	津巴布韦	0.376	51.4	7.2	9.9	376	11	0.529
174	埃塞俄比亚	0.363	59.3	1.5	8.5	971	0	0.383
175	马里	0.359	51.4	2.0	8.3	1123	-6	0.366
176	几内亚比绍	0.353	48.1	2.3	9.1	994	-3	0.366
177	厄立特里亚	0.349	61.6	3.4	4.8	536	6	0.421
178	几内亚	0.344	54.1	1.6	8.6	863	-2	0.364
179	中非	0.343	48.4	3.5	6.6	707	2	0.379

续表

HDI 排名	国别	HDI 数值	平均寿命	平均受教育时间	预期上学时间	人均国民收入（GNI），单位：美元	人均国民收入与HDI排名之差	人类发展指数数值（不包括收入）
180	塞拉利昂	0.336	47.8	2.9	7.2	737	0	0.365
181	布基纳法索	0.331	55.4	1.3	6.3	1141	-15	0.323
182	利比里亚	0.329	56.8	3.9	11.0	265	5	0.504
183	乍得	0.328	49.6	1.5	7.2	1105	-12	0.320
184	莫桑比克	0.322	50.2	1.2	9.2	898	-9	0.325
185	布隆迪	0.316	50.4	2.7	10.5	368	0	0.412
186	尼日尔	0.295	54.7	1.4	4.9	641	-4	0.311
187	刚果（金）	0.286	48.4	3.5	8.2	280	-1	0.399

数据来源：http://hdr.undp.org/en/media/HDR_2011_EN_Summary.pdf.。（整理人：李育球，周志发）

表3　　　　　　　　　人类发展指数组

HDI：非常高	0.889	80.0	11.3	15.9	33.352	—	0.918
HDI：高	0.741	73.1	8.5	13.6	11.579	—	0.769
HDI：中等	0.630	69.7	6.3	11.2	5.276	—	0.658
HDI：低	0.456	58.7	4.2	8.3	1.585	—	0.478

数据来源：http://hdr.undp.org/en/media/HDR_2011_EN_Summary.pdf.（整理人：李育球，周志发）

表4　　　　　　　人类发展指数趋势：1980—2011年

HDI 排名	国别	HDI排名数值							HDI排名变化		HDI平均增长率（%）		
		1980	1990	2000	2005	2009	2010	2011	2006—2011	2010—2011	1980—2011	1990—2011	2000—2011
1	挪威	0.796	0.844	0.913	0.938	0.941	0.941	0.943	0	0	0.55	0.53	0.29
2	澳大利亚	0.850	0.873	0.906	0.918	0.926	0.927	0.929	0	0	0.29	0.30	0.23
3	荷兰	0.792	0.835	0.882	0.890	0.905	0.909	0.910	5	0	0.45	0.41	0.29
4	美国	0.837	0.870	0.897	0.902	0.906	0.908	0.910	-1	0	0.27	0.21	0.13

续表

HDI排名	国别	HDI 排名数值							HDI 排名变化		HDI 平均增长率（%）		
		1980	1990	2000	2005	2009	2010	2011	2006—2011	2010—2011	1980—2011	1990—2011	2000—2011
5	新西兰	0.800	0.828	0.878	0.899	0.906	0.908	0.908	0	0	0.41	0.44	0.31
6	加拿大	0.817	0.857	0.879	0.892	0.903	0.907	0.908	3	0	0.34	0.28	0.30
7	爱尔兰	0.735	0.782	0.869	0.898	0.905	0.907	0.908	-3	0	0.68	0.71	0.40
8	列支敦士登	..	..	..	..	0.904	0.905	..	0			
9	德国	0.730	0.795	0.864	0.895	0.900	0.903	0.905	-2	0	0.69	0.62	0.43
10	瑞典	0.785	0.816	0.894	0.896	0.898	0.901	0.904	-2	0	0.45	0.49	0.09
11	瑞士	0.810	0.833	0.873	0.890	0.899	0.901	0.903	1	0	0.35	0.38	0.30
52	塞舌尔	..	..	0.764	0.766	0.767	0.771	0.773	-3	0	..	..	0.11
64	利比亚	..	..	..	0.741	0.763	0.770	0.760	-5	-10	..	..	..
77	毛里求斯	0.546	0.618	0.672	0.703	0.722	0.726	0.728	1	0	0.93	0.78	0.73
96	阿尔及利亚	0.454	0.551	0.624	0.667	0.691	0.696	0.698	2	0	1.40	1.13	1.03
106	加蓬	0.522	0.605	0.621	0.648	0.664	0.670	0.674	0	0	0.83	0.52	0.75
113	埃及	0.406	0.497	0.585	0.611	0.638	0.644	0.644	2	-1	1.50	1.24	0.88
118	博茨瓦纳	0.446	0.594	0.585	0.601	0.626	0.631	0.633	1	-1	1.14	0.30	0.71
120	纳米比亚	..	0.564	0.577	0.593	0.617	0.622	0.625	2	1	..	0.49	0.72
123	南非	0.564	0.615	0.616	0.599	0.610	0.615	0.619	-1	1	0.30	0.03	0.05
130	摩洛哥	0.364	0.435	0.507	0.552	0.575	0.579	0.582	0	0	1.52	1.39	1.26
133	佛得角	..	..	0.523	0.543	0.564	0.566	0.568	-1	0	..	..	0.75
135	加纳	0.385	0.418	0.451	0.484	0.527	0.533	0.541	5	1	1.10	1.23	1.66
136	赤道几内亚	..	..	0.488	0.516	0.534	0.534	0.537	-2	-1	..	..	0.88
137	刚果（布）	0.465	0.502	0.478	0.506	0.523	0.528	0.533	0	0	0.44	0.28	0.99
140	斯威士兰	..	0.526	0.492	0.493	0.515	0.520	0.522	1	-2	..	-0.03	0.54
143	肯尼亚	0.420	0.456	0.443	0.467	0.499	0.505	0.509	2	1	0.62	0.52	1.27
144	圣美多和普林西比	..	..	..	0.483	0.503	0.506	0.509	-1	-1	..	..	..
148	安哥拉	..	..	0.384	0.445	0.481	0.482	0.486	1	0	..	..	2.18

续表

HDI排名	国别	HDI 排名数值							HDI 排名变化		HDI 平均增长率（%）		
		1980	1990	2000	2005	2009	2010	2011	2006—2011	2010—2011	1980—2011	1990—2011	2000—2011
150	喀麦隆	0.370	0.427	0.427	0.449	0.475	0.479	0.482	0	1	0.85	0.58	1.11
151	马达加斯加	..	..	0.427	0.465	0.483	0.481	0.480	-5	-2	..	..	1.07
152	坦桑尼亚	..	0.352	0.364	0.420	0.454	0.461	0.466	7	1	..	1.35	2.27
155	塞内加尔	0.317	0.365	0.399	0.432	0.453	0.457	0.459	-2	0	1.20	1.10	1.28
156	尼日利亚	..	..	..	0.429	0.449	0.454	0.459	-4	1	..	..	..
159	毛里塔尼亚	0.332	0.353	0.410	0.432	0.447	0.451	0.453	-4	-1	1.01	1.20	0.92
160	莱索托	0.418	0.470	0.427	0.417	0.440	0.446	0.450	1	0	0.24	-0.22	0.47
161	乌干达	..	0.299	0.372	0.401	0.438	0.442	0.446	3	0	..	1.93	1.65
162	多哥	0.347	0.368	0.408	0.419	0.429	0.433	0.435	0	0	0.73	0.80	0.58
163	科摩罗	..	..	..	0.428	0.430	0.431	0.433	-3	0	..	..	..
164	赞比亚	0.401	0.394	0.371	0.394	0.419	0.425	0.430	2	1	0.23	0.42	1.37
165	吉布提	..	..	..	0.402	0.425	0.427	0.430	0	-1	..	..	..
166	卢旺达	0.275	0.232	0.313	0.376	0.419	0.425	0.429	2	0	1.44	2.97	2.92
167	贝宁	0.252	0.316	0.378	0.409	0.422	0.425	0.427	-4	0	1.71	1.44	1.10
168	冈比亚	0.272	0.317	0.360	0.384	0.413	0.418	0.420	-1	0	1.41	1.35	1.41
169	苏丹	0.264	0.298	0.357	0.383	0.403	0.406	0.408	0	0	1.41	1.52	1.23
170	科特迪瓦	0.347	0.361	0.374	0.383	0.397	0.401	0.400	0	0	0.45	0.50	0.61
171	马拉维	0.270	0.291	0.343	0.351	0.387	0.395	0.400	0	0	1.27	1.52	1.41
173	津巴布韦	0.366	0.425	0.372	0.347	0.349	0.364	0.376	0	0	0.09	-0.58	0.11
174	埃塞俄比亚	..	..	0.274	0.313	0.353	0.358	0.363	2	0	..	..	2.57
175	马里	0.174	0.204	0.275	0.319	0.352	0.356	0.359	2	0	2.37	2.74	2.47
176	几内亚比绍	..	..	..	0.340	0.348	0.351	0.353	-2	0	..	..	..
177	厄立特里亚	..	..	..	..	..	0.345	0.349	..	0	..	..	..
178	几内亚	..	..	..	0.326	0.341	0.342	0.344	-2	0	..	..	..
179	中非	0.283	0.310	0.306	0.311	0.334	0.339	0.343	0	0	0.62	0.48	1.05

续表

HDI 排名	国别	HDI 排名数值						HDI 排名变化		HDI 平均增长率（%）		
		1980	1990	2000	2005	2009	2010	2011	2006—2011	2010—2011	1980—2011	1990—2011	2000—2011
180	塞拉利昂	0.248	0.241	0.252	0.306	0.329	0.334	0.336	0	0	0.99	1.61	2.65
181	布基纳法索	..	..	..	0.302	0.326	0.329	0.331	1	0	..	..	..
182	利比里亚	0.335	..	0.306	0.300	0.320	0.325	0.329	1	1	-0.06	..	0.64
183	乍得	..	..	0.286	0.312	0.323	0.326	0.328	-2	-1	..	..	1.26
184	莫桑比克	..	0.200	0.245	0.285	0.312	0.317	0.322	0	0	..	2.28	2.49
185	布隆迪	0.200	0.250	0.245	0.267	0.308	0.313	0.316	0	0	1.49	1.12	2.33
186	尼日尔	0.177	0.193	0.229	0.265	0.285	0.293	0.295	0	0	1.67	2.05	2.33
187	刚果（金）	0.282	0.289	0.224	0.260	0.277	0.282	0.286	0	0	0.05	-0.04	2.25

数据来源：http：//hdr.undp.org/en/media/HDR_2011_EN_Summary.pdf。（整理人：李育球，周志发）

表5　2007—2011年毛里求斯中学的职前教育学生入学人数

年份	政府	私立	总计
2007	3493	6080	9573
2008	2862	5633	8495
2009	2411	5622	8033
2010	2126	5316	7442
2011	2178	5092	7270

数据来源：http：//planipolis.iiep.unesco.org/upload/Mauritius/Mauritius_Prevoc2011.pdf。（整理人：李育球，周志发）

表6　　　　2011年毛里求斯职前教育学校、班级与教师数

地区	学校数 政府	学校数 私立	班级数 政府	班级数 私立	教师数 政府	教师数 私立
1	19	25	51	94	72	149
2	13	19	44	64	68	97
3	9	17	25	65	23	99
4	9	10	21	33	34	54
罗得里格斯岛	0	5	0	18	0	38
总计	50	76	141	274	197	437

数据来源：http：//planipolis.iiep.unesco.org/upload/Mauritius/Mauritius_Prevoc2011.pdf。
（整理人：李育球，周志发）

表7　　　　2003—2009年毛里求斯职前教育完成情况

年份	被承认的学生人数（Admitted）	完成学业的人数（Completed）	完成率（Completed rate）	辍学率（Dropout rate）
2003	2825	1507	84.62%	15.38%
2004	3109	1570	69.32%	30.68%
2005	4157	2276	80.57%	19.43%
2006	3756	2418	77.77%	22.23%
2007	2920	3026	72.79%	27.21%
2008	2677	2640	70.29%	29.71%
2009	2790	2287	78.32%	21.68%

数据来源：http：//planipolis.iiep.unesco.org/upload/Mauritius/Mauritius_Prevoc2011.pdf。
（整理人：李育球，周志发）

表8　　　　　撒哈拉以南非洲基督徒人数排名前十位国家

国家	基督徒人数	占全国百分比	占全球百分比
尼日利亚	80,519,000	50.8%	3.7%
民主刚果	63,150,000	95.7	2.9
埃塞俄比亚	52,580,000	63.4	2.4
南非	40,560,000	80.9	1.9
肯尼亚	34,340,000	84.8	1.6
乌干达	28,970,000	86.7	1.3
坦桑尼亚	26,740,000	59.6	1.2
加纳	18,260,000	74.9	0.8
安哥拉	16,820,000	88.2	0.8
马达加斯加	15,430,000	74.5	0.7
十国基督徒总数	377,360,000	69.8	17.3
本地人口总数	516,470,000	62.7	23.6
世界基督徒总数	2,184,060,000	31.7	100.0

数据来源：皮尤研究中心，宗教与社会生活论坛报告：《全球基督教》，2011，12。（整理人：马恩瑜）

表9　　　　　撒哈拉以南非洲地区基督教教派规模

教派	人数	占本地区基督徒之百分比
新教	295,510,000	57.2%
天主教	176,040,000	34.1
正教	40,120,000	7.8
其他教派	4,790,000	0.9
总数	516,470,000	100.00

数据来源：皮尤研究中心，宗教与社会生活论坛报告：《全球基督教》，2011，12。（整理人：马恩瑜）

表 10 联合国非政府组织名录中非洲各国非政府组织数量

国家	组织数	国家	组织数	国家	组织数	国家	组织数	国家	组织数
阿尔及利亚	30	中非	9	埃塞俄比亚	54	利比里亚	8	莫桑比克	30
安哥拉	12	乍得	23	加蓬	16	利比亚	2	纳米比亚	30
贝宁	112	科摩罗	3	冈比亚	19	马达加斯加	23	尼日尔	54
博茨瓦纳	30	刚果	10	加纳	90	马拉维	46	尼日利亚	156
布基纳法索	62	科特迪瓦	36	几内亚	31	马里	50	卢旺达	21
布隆迪	17	刚果民主共和国	53	几内亚比绍	5	毛里塔尼亚	18	圣多美和普林西比	2
喀麦隆	245	吉布提	3	肯尼亚	167	毛里求斯	35	塞内加尔	66
佛得角	41	埃及	22	莱索托	21	摩洛哥	55	塞舌尔	10
塞拉利昂	37	索马里	3	南非	120	苏丹	13	斯威士兰	26
多哥	29	突尼斯	65	乌干达	95	坦桑尼亚	53	赞比亚	45
津巴布韦	90								

数据来源：根据联合国非洲非政府组织名录第三版数据整理统计，其中苏丹的数据为南苏丹独立之前的数据。（整理人：周术情）

表 11 2011 年尼日利亚主要暴力事件

时间	地点	事件性质	后果
1 月 26 日	包奇州各地	民族和宗教性质的骚乱	4 人死亡，多处教堂和清真寺被焚毁
1 月 27 日	高原州乔斯	武装分子袭击三个村庄	12 人被杀害
1 月 30 日	高原州乔斯	宗教暴力	超过 15 人死亡
4 月 16 日总统大选后	卡诺、卡杜纳、索科托、包奇、贡贝、纳萨拉瓦、阿达马瓦等州	民族—宗教性质的冲突	超过 800 人死亡，65000 多无家可归者
6 月 16 日	阿布贾及博尔诺州	汽车爆炸事件	10 多人死亡，40 多人受伤，33 辆车被完全烧毁，另有 40 辆车部分受损

续表

时间	地点	事件性质	后果
6月26日	博尔诺州	爆炸事件	25人死亡12人受伤
8月26日	阿布贾	联合国驻尼机构大楼发生爆炸案	8人死亡，60多人受伤
9月4日	高原州乔斯	宗教冲突	至少20人死亡，20多人受伤，近50辆车被焚受损
11月4日	约贝州达马图鲁	多枚炸弹在达马图鲁不同地点爆炸，主要袭击目标包括该州警察局总部、反恐大队及教堂	超过100人死亡
12月25日	阿布贾、约贝州达马图鲁及东北部城市嘎达卡	这些地区共发生5起爆炸事件	41人死亡
12月25日	尼日尔州	教堂爆炸案	导致34死亡和62人受伤

数据来源：根据网络资料统计。（整理人：蒋俊）

三

中非交流相关数据

表1　　　　　　　　非洲地区孔子学院或孔子课堂

序号	国别	城市	孔子学院（课堂）	中方承办院校
1	埃及	开罗	开罗大学孔子学院	北京大学
2	埃及	伊斯梅利亚	苏伊士运河大学孔子学院	华北电力大学
3	博茨瓦纳	哈博罗内	博茨瓦纳大学孔子学院	上海师范大学
4	津巴布韦	哈拉雷	津巴布韦大学孔子学院	人民大学
5	喀麦隆	雅温得	雅温得第二大学孔子学院	浙江师范大学
6	肯尼亚	内罗毕	内罗毕大学孔子学院	天津师范大学
7	肯尼亚	内罗毕	肯雅塔大学孔子学院	山东师范大学
8	肯尼亚	内罗毕	内罗毕广播孔子课堂	国际台
9	卢旺达	基加利	基加利教育学院孔子学院	重庆师范大学
10	利比里亚	蒙罗维亚	利比里亚大学孔子学院	长沙理工大学
11	马达加斯加	塔那那利佛	塔那那利佛大学孔子学院	江西师范大学
12	南非	斯坦陵布什	斯坦陵布什大学孔子学院	厦门大学
13	南非	比勒陀利亚	茨瓦尼理工大学孔子学院	长安大学

续表

序号	国别	城市	孔子学院（课堂）	中方承办院校
14	南非	开普敦	开普敦大学孔子学院	中山大学
15	南非	格雷翰斯顿	罗德斯大学孔子学院	暨南大学
16	南非	西开普敦省	开普数学科技学院孔子课堂	淄博实验中学
17	尼日利亚	拉各斯	拉各斯大学孔子学院	北京理工大学
18	尼日利亚	奥卡	纳姆迪·阿齐克韦大学孔子学院	厦门大学
19	苏丹	喀土穆	喀土穆大学孔子学院	西北师范大学
20	摩洛哥	拉巴特	穆罕默德五世大学孔子学院	北京第二外国语学院
21	马里	巴马科	阿斯基亚中学孔子课堂	西南林学院
22	多哥	洛美	洛美大学孔子学院	四川外语学院
23	贝宁	波多诺伏	阿波美卡拉维大学孔子学院	重庆交通大学
24	埃塞俄比亚	亚的斯亚贝巴	亚的斯亚贝巴孔子学院	天津职业技术师范大学
25	突尼斯	斯法克斯	斯法克斯广播孔子课堂	国际台
26	坦桑尼亚	桑给巴尔	桑给巴尔电台广播孔子课堂	国际台

数据来源：2010年非洲地区孔子学院联席会议材料。（整理人：牛长松）

表2　　　　　　　　2011年中非文化交流合作的国别与领域

中国（4市9省1自治区）	非洲（32国）	领域
北京市、上海市、天津市、深圳市、山东省、福建省、甘肃省、河北省、青海省、宁夏回族自治区、陕西省、广东省、浙江省、吉林省	毛里求斯、坦桑尼亚、塞舌尔、加蓬、布隆迪、贝宁、埃塞俄比亚、尼日利亚、南非、厄立特里亚、津巴布韦、塞内加尔、肯尼亚、加纳、莫桑比克、阿尔及利亚、喀麦隆、马达加斯加、纳米比亚、安哥拉、乍得、塞拉利昂、科摩罗、毛里塔尼亚、摩洛哥、刚果（金）、马拉维、卢旺达、马里、博茨瓦纳、刚果（布）、利比里亚	剪纸展、电影节、图书展、艺术人才培训、摄影展、绘画作品展、艺术讲座、体育人才培训、诗词朗诵会、中国传统文化讲座、签订文化协议、武术表演、气功教学、画家客座采风、手工艺展销、歌舞表演、刺绣展、旅游文化讲座、影视片展播、水下联合考古、外交官巡讲、联合召开学术会议

数据来源：根据网络资源统计。（整理人：周海金）

表3　　　　　　　　"2011中国文化非洲行"活动一览表

时间		举办地点	项目名称	主办单位	承办单位
1月	19日至2月19日	毛里求斯	《中国春节展》	文化部、驻毛里求斯使馆、毛艺术和文化部	毛里求斯中国文化中心、毛华人庆祝春节委员会
	26日	毛里求斯	毛侨界千人春宴演出	驻毛里求斯使馆、毛艺术和文化部	毛华人社团联合会、毛求中国文化中心
	27日至28日	毛里求斯	《中国百年版画精品展》	文化部、驻毛里求斯使馆、毛艺术和文化部	毛求中国文化中心、毛博物馆理事会、毛国家艺术画廊
	26日至2月1日	坦桑尼亚	山东潍坊风筝坦桑"欢乐春节"放飞	文化部、驻坦桑尼亚使馆	驻坦桑使馆文化处、山东省文化厅
	26日至2月2日	坦桑尼亚	中央人民广播电台记者采访报道坦桑"2010欢乐春节"活动	文化部、驻坦桑尼亚使馆	中国对外文化集团公司文化旅行社、驻坦桑使馆文化处

续表

时间		举办地点	项目名称	主办单位	承办单位
1月	26日至31日	坦桑尼亚	中国音乐学院艺术团"欢乐春节"访演	文化部、驻坦桑尼亚使馆	中国对外文化集团公司文化旅行社、驻坦桑使馆文化处
	27日至30日	毛里求斯	福建艺术团"欢乐春节"巡演	文化部、驻毛里求斯使馆	福建省文化厅、驻毛求使馆文化处
	30日至2月7日	塞舌尔	闽福建艺术团"欢乐春节"巡演	文化部、驻塞舌尔使馆	福建省文化厅
	31日至2月4日	加蓬	上海艺术团"欢乐春节"访演	文化部、驻加蓬使馆	上海市文广局
2月	1日至5日	布隆迪	中国音乐学院艺术团"欢乐春节"访演	文化部、驻布隆迪使馆	中国对外文化集团公司文化旅行社
	3日	毛里求斯	毛里求斯兔年春晚	文化部、驻毛里求斯使馆、毛艺术和文化部、毛华人社团联合会	毛中国文化中心、华人庆祝春节委员会
	4日	毛里求斯	特里奥莱新春晚会	文化部、驻毛里求斯使馆、毛艺术和文化部、毛华人社团联合会	毛中国文化中心、华人庆祝春节委员会
	4日至8日	贝宁	上海艺术团"欢乐春节"访演	文化部、驻贝宁使馆	上海市文广局、驻贝宁使馆文化处
	5日	毛里求斯	路易港迎新春文艺晚会	驻毛里求斯使馆、毛艺术和文化部	毛求中国文化中心、路易港市政府、毛唐人街文化协会
	6日至10日	埃塞俄比亚	中国音乐学院艺术团"欢乐春节"访演	文化部、驻埃塞俄比亚使馆	中国对外文化集团公司文化旅行社、驻埃塞使馆文化处

续表

时间	举办地点	项目名称	主办单位	承办单位
2月 8日至12日	尼日利亚	上海艺术团"欢乐春节"访演	文化部、驻尼日利亚使馆	上海市文广局、驻尼日利亚使馆文化处
9日	南非	"欢乐春节——四海同春"约堡文艺晚会	国务院侨办、驻南非使馆、驻约翰内斯堡总领馆	南非华人社团
11日	南非	中国文化之旅——中国大使馆开放日	驻南非使馆	驻南非使馆文化处
12日	南非	约堡中国春节庙会	驻南非使馆、靓水商贸中心	靓水商贸中心华商
13日	南非	"欢乐春节——四海同春"开普敦文艺晚会	国务院侨办、驻开普总领馆	南非华人社团
16日至4月7日	南非	《中国陕西剪纸展》	文化部、驻南非使馆、南非国家视觉艺术协会	比勒陀利亚美术博物馆
17日	毛里求斯	《元宵放映》电影招待会	文化部、驻毛里求斯使馆、毛艺术和文化部	毛求中国文化中心
19日	毛里求斯	《唐风宋韵》诗词朗诵会	驻毛里求斯使馆、毛艺术和文化部	毛求中国文化中心
2月至5月	厄立特里亚	中国专家指导筹办独立7周年庆典活动	文化部、驻厄立特里亚使馆	四川省文化厅、中国对外文化集团
2月至11月	南非	《中国陕西剪纸展》	文化部、驻南非使馆	比勒陀利亚、波洛克瓦内、布鲁方丹美术馆
	津巴布韦	中国人民大学艺术团访演	驻津巴布韦使馆、津巴布韦大学	中国人民大学、津巴布韦大学孔子学院

续表

时间		举办地点	项目名称	主办单位	承办单位
3月	4日	塞内加尔	"MBAO国际龙舟赛"	MBAO区政府、驻塞内加尔使馆	MBAO航海俱乐部、塞内加尔赛艇联合会
	10日至4月28日	毛里求斯	福建教师范锐锋二胡培训	文化部、驻毛求使馆	福建省文化厅、毛求中国文化中心
	21日	塞内加尔	"发现中国"——中医针灸讲座	驻塞内加尔使馆	达喀尔高等工商管理学院、中国援塞医疗队
	25日至4月3日	津巴布韦	《中国西部风情》、《中国摄影家眼中的津巴布韦》摄影展	文化部、津巴布韦旅游文化部、驻津巴布韦使馆	甘肃省现代摄影学会
	29日	毛里求斯	"十月围城"电影专场	国家广电总局、毛艺术和文化部、驻毛里求斯使馆	广电总局电影局、毛求中国文化中心、毛当地影院
	下旬	毛里求斯	毛赴华客座创作画家加斯帕尔绘画作品展	文化部、驻毛里求斯使馆	毛求中国文化中心
	下旬	毛里求斯	"发现中国"——中华艺术讲座	驻毛里求斯使馆	毛求中国文化中心
	下旬	贝宁	乒乓球教练培训	驻贝宁使馆	青海省文化和新闻出版厅、贝宁中国文化中心

续表

时间		举办地点	项目名称	主办单位	承办单位
4月	上旬	毛里求斯	中国茶文化讲座	福建省文化厅，驻毛求使馆	毛求中国文化中心
	13日至18日	塞内加尔	"我的梦"——中国残疾人艺术团访演	文化部、商务部、驻塞内加尔使馆、塞内加尔文化部	中国残疾人艺术团、驻塞内使馆文化处
	18日至21日	肯尼亚	蔡武部长陪同李长春访问肯尼亚	中联部、文化部、外交部	外联局、驻肯尼亚使馆
	18日至21日	加纳	"我的梦"——中国残疾人艺术团访演	文化部、商务部、驻加纳使馆	中国残疾人艺术团
	20日至22日	肯尼亚	《隔洋相看——非洲画家笔下的中国》展览	"聚焦"活动组委会、驻肯尼亚使馆、内罗毕大学	中国对外文化集团
	21日至23日	莫桑比克	蔡武部长陪同李长春访问莫桑比克并签署两国文化合作协定2011—2014年执行计划	文化部、中联部、外交部	外联局、驻莫桑比克使馆
	21日至26日	津巴布韦	"我的梦"——中国残疾人艺术团商演	文化部、商务部、驻津巴布韦使馆	中国残疾人艺术团、驻津巴使馆文化处
	26日至5月2日	南非	"我的梦"——中国残疾人艺术团商演	文化部、商务部、驻南非使馆	中国残疾人艺术团、南非皇宫娱乐中心、驻南非使馆文化处
	中旬	毛里求斯	"发现中国"——中国茶文化讲座	驻毛里求斯使馆	毛求中国文化中心

续表

时间		举办地点	项目名称	主办单位	承办单位
4月	14日至5月27日	南非	《中国陕西剪纸展》	文化部、驻南非使馆、南非国家视觉艺术协会	泊切夫斯楚姆市美术馆
	15日	坦桑尼亚	第六届亚洲电影节《中国创造》、《胡同故事》电影放映	文化部、驻坦桑尼亚使馆	驻坦桑尼亚使馆文化处
	下旬至6月上旬	毛里求斯	福建冯伟笛子培训班	文化部、福建省文化厅、驻毛里求斯使馆	毛求中国文化中心
		埃塞俄比亚	中国纪录片放映并赠送文化外宣品	驻埃塞俄比亚使馆	驻埃塞使馆文化处、奥罗莫州电视台
	4月至11月	阿尔及利亚	《月上贺兰》演出、《中国穆斯林书法展》	文化部、宁夏回族自治区政府、驻阿尔及利亚使馆	宁夏回族自治区党委宣传部、驻阿使馆文化处
	1日至7日	塞内加尔	中国电影周	文化部、驻塞内加尔使馆	塞内RDV电视台、中国驻塞内加尔使馆文化处
	2日至5日	毛里求斯	"我的梦"——中国残疾人艺术团访演	文化部、商务部、驻毛里求斯使馆、毛求文化部	驻毛求使馆文化处
	2日至6日	津巴布韦	《中国图书展》	文化部、驻津巴布韦使馆	津巴布韦大学孔子学院、驻津巴使馆文化处

续表

时间		举办地点	项目名称	主办单位	承办单位
5月	上旬	毛里求斯	第七届毛求美食文化节之福建艺术团演出	文化部、福建省文化厅、驻毛里求斯使馆	毛求中国文化中心、福建省杂技团
	5月17日至7月17日		中国陶艺专家培训莱手工艺人	文化部、驻莱索托使馆	佛山市文化局
	18日至24日	厄立特里亚	《中国发展成就展》	驻厄立特里亚使馆	厄人阵党文化局
		塞内加尔	中国电影周	文化部、驻塞内加尔使馆	达喀尔大学、驻塞内加尔使馆文化处
		埃塞俄比亚	中国图书及影视外宣品赠送	文化部、驻埃塞俄比亚使馆	驻埃塞使馆文化处、阿瓦萨、马克雷大学
		坦桑尼亚	中国图书赠送	文化部、驻坦桑尼亚使馆	驻坦桑使馆文化处、达累斯萨拉姆大学
	5月至11月	喀麦隆	中国现代舞专家培训喀国家舞蹈团	文化部、驻喀麦隆使馆	
	10至14日	马达加斯加	武术之旅——中国武术代表团马达加斯加访演	体育总局、驻马达加斯加使馆	中国武术协会
	14至22日	纳米比亚	武术之旅——中国武术代表团纳米比亚访演	体育总局、驻纳米比亚使馆	中国武术协会
	22至25日	加蓬	武术之旅——中国武术代表团加蓬访演	体育总局、驻加蓬使馆	中国武术协会

续表

时间		举办地点	项目名称	主办单位	承办单位
5月	25至28日	莫桑比克	武术之旅——中国武术代表团莫桑比克访演	体育总局、驻莫桑比克使馆	中国武术协会
	5月至8月	南非	健身气功在非洲教学与推广	体育总局	中国健身气功协会
	5月至8月	毛里求斯	健身气功在非洲教学与推广	体育总局	中国健身气功协会
	5月至8月	贝宁	健身气功在非洲教学与推广	体育总局	中国健身气功协会
6月		肯尼亚	内罗毕中国图书展	新闻出版总署	浙江出版联合集团、内罗毕大学孔子学院
	1日至9日	津巴布韦	布拉瓦约中国电影节	文化部、驻津巴布韦使馆	津7艺影院
		塞内加尔	中国图书赠送	达喀尔大学、驻塞内使馆	达喀尔大学图书馆、驻塞内使馆文化处
		塞内加尔	"发现中国"——中国文化讲座	驻塞内使馆、达喀尔高等工商管理学院	驻塞内使馆文化处、达喀尔高等工商管理学院
	中旬	安哥拉	总统夫人慈善晚宴演出	文化部、驻安哥拉使馆	河北省文化厅（河北省杂技团、省歌舞剧院）
		毛里求斯	中国画家客座采风	文化部、驻毛里求斯使馆	毛求中国文化中心
		贝宁	中国画家客座采风	文化部、驻贝宁使馆	贝宁中国文化中心

续表

时间	举办地点	项目名称	主办单位	承办单位
6月	毛里求斯	闽文化讲座	福建省文化厅、驻毛求使馆	毛里求斯中国文化中心
	坦桑尼亚	中国图书赠送	驻坦桑尼亚使馆	驻坦桑使馆文化处、坦桑国家图书馆
	埃塞俄比亚	中国文化讲座——中国传统节日	驻埃塞俄比亚使馆	驻埃塞使馆文化处、亚的斯孔子学院
	6月 南非	南非国家艺术节天津艺术团演出	文化部、驻南非使馆、南非国家艺术节	南非国家艺术节、天津市文广局
	6月至7月 南非	《中国陕西剪纸展》	文化部、驻南非使馆、南非国家视觉艺术协会	波洛克瓦内市美术馆
	6月 坦桑尼亚	《隔洋相看——非洲画家笔下的中国》展览	"聚焦"活动组委会、驻坦桑使馆	驻坦桑使馆文化处、坦桑国家博物馆
7月	9日至29日 南非	《中国当代大学生油画展》	文化部、驻南非使馆、南非国家视觉美术协会	南非大学美术馆
	埃塞俄比亚	中国文化体验——埃塞19部委官员及外交官感知中国	驻埃塞俄比亚使馆	驻埃塞使馆文化处、亚的斯孔子学院
	中旬 喀麦隆	深圳艺术团庆祝中喀建交40周年演出	文化部、驻喀麦隆使馆	深圳市文体旅游局
	中旬 塞拉利昂	深圳艺术团庆祝中塞建交40周年演出	文化部、驻塞拉利昂使馆	深圳市文体旅游局
	7月至8月 乍得	深圳艺术团访演	文化部、驻乍得使馆	深圳市文体旅游局

续表

时间		举办地点	项目名称	主办单位	承办单位
7月		毛里求斯	毛自然历史博物馆植物标本修复培训	福建省文化厅，毛里求斯中国文化中心	福建省博物院
	7月至8月	科摩罗	中国民族歌舞艺术团访演	文化部、驻科摩罗使馆	
	7月至8月	毛里塔尼亚	中国民族歌舞艺术团访演	文化部、驻毛里塔尼亚使馆	
	7月至8月	摩洛哥	中国民族歌舞艺术团访演	文化部、驻摩洛哥使馆	
8月		贝宁	青海手工艺展销	文化部、驻贝宁使馆	
		尼日利亚	青海手工艺展销	文化部、驻尼日利亚使馆	
		喀麦隆	青海手工艺展销	文化部、驻喀麦隆使馆	
		毛里求斯	青海手工艺展销	文化部、驻毛里求斯使馆	
		毛里求斯	福建武夷旅游文化讲座	福建省文化厅，毛里求斯中国文化中心	
		坦桑尼亚	《世界摄影家看河南摄影展》	驻坦桑尼亚使馆	多多马图书馆
		刚果（金）	友谊桥—中国图书赠送活动	驻刚果（金）使馆	刚果（金）国家图书馆
	10日至9月15日	南非	《中国百年版画展》	文化部、驻南非使馆、南非国家视觉艺术协会	布鲁方丹大学美术馆
	10日至9月15日	南非	《中国刺绣展》	文化部、驻南非使馆	南非约翰STEGMANN美术馆

续表

时间		举办地点	项目名称	主办单位	承办单位
9月	上旬	毛里求斯	福建非物质文化遗产展和文化遗产保护讲座	福建省文化厅，毛里求斯中国文化中心	福建省艺术馆
		厄立特里亚	阿斯马拉中国电影周	驻厄立特里亚使馆	厄人阵党文化局
		厄立特里亚	马萨瓦中国电影周	驻厄立特里亚使馆	厄人阵党文化局
		埃塞俄比亚	国家剧院中国电影周	文化部、驻埃塞俄比亚使馆	埃塞文化旅游部、国家剧院
		南非	甘肃艺术团访演	文化部、驻南非使馆、南非活力艺术节、约堡艺术节、首都艺术节	南非活力艺术节、约堡艺术节、首都艺术节、南非国家剧院、甘肃省文化厅
		马拉维	甘肃艺术团访演	文化部、驻马拉维使馆	甘肃省文化厅
	下旬	肯尼亚	内罗毕国际书展	新闻出版总署	浙江出版联合集团
10月	上中旬	坦桑尼亚	电视连续剧《媳妇的美好时代》（斯瓦希里版）播映	广电总局、文化部、驻坦桑尼亚使馆	坦桑国家电视台、中国国际广播电台
	中旬	毛里求斯	《福建图片展》	福建省文化厅，毛里求斯中国文化中心	福建省艺术馆
		埃塞俄比亚	《国庆图片展》	文化部、驻埃塞俄比亚使馆	埃塞文化旅游部
		贝宁	海滩拾贝——中国摄影家作品首发仪式	文化部、青海省人民政府	贝宁中国文化中心、青海省文化和新闻出版厅
		刚果（金）	《中国历史文化名街》、《创新中国》系列图片展	文化部、驻刚果（金）使馆	驻刚果（金）使馆文化处、刚果（金）国家图书馆

续表

时间	举办地点	项目名称	主办单位	承办单位
11月	上旬至12月中旬 毛里求斯	中国剪纸培训	福建省文化厅，毛里求斯中国文化中心	福建省艺术馆
	毛里求斯	经济学家厉以宁讲座	驻毛里求斯使馆	毛求中国文化中心
	坦桑尼亚	《中国文物展》	国家文物局、驻坦桑使馆	坦桑尼亚国家博物馆
	埃塞俄比亚	中国知识竞赛	驻埃塞俄比亚使馆	驻埃塞使馆文化处、亚的斯孔子学院
	非洲5国	"我的中国故事"——非洲百人采访	文化部、驻非洲5国使馆	
12月	坦桑尼亚	"中非手拉手——中坦心连心"文艺庆典	文化部、驻坦桑尼亚使馆	
	埃塞俄比亚	中国日——武术表演等文化展示	驻埃塞俄比亚使馆	驻埃塞使馆文化处、亚的斯大学外语学院
	贝宁	中国民族舞培训	贝宁中国文化中心	青海省文化和新闻出版厅
	贝宁	海滩拾贝——青海民族风情歌舞演出	文化部、青海省人民政府	贝宁中国文化中心、青海省文化和新闻出版厅
	贝宁	青海饮食文化展	贝宁中国文化中心	青海省文化和新闻出版厅

续表

时间	举办地点	项目名称	主办单位	承办单位
下半年	毛里求斯	中国影视片播放	文化部、驻毛里求斯使馆、MBC电视台	驻毛里求斯使馆文化处、MBC电视台
	毛里求斯	《中国工笔画展》	文化部、驻毛里求斯使馆	毛求中国文化中心
	毛里求斯	《中国刺绣展》	文化部、驻毛里求斯使馆	毛求中国文化中心
	毛里求斯	《毛里求斯摄影家眼中的中国展》	文化部、驻毛里求斯使馆	毛求中国文化中心
	坦桑尼亚	《中国古代文明展》	中国文物交流中心	
	肯尼亚	拉姆岛水下考古合作	国家文物局	
	卢旺达	中国电影周	文化部、驻卢旺达使馆	

资料来源：http://www.culturalink.gov.cn/portal/pubinfo/109001/20110721/abc239f950cb4d64bf26497cf82a1b76.html。（整理人：周海金）

四

非洲经济相关数据

表1　　　　2011年非洲国家GDP总量及人均GDP

国家	GDP总量（十亿美元）	人均GDP（美元）
阿尔及利亚	190.709	5304
安哥拉	100.948	5144
贝宁	7.306	737
博茨瓦纳	17.57	9481
布基纳法索	9.981	664
布隆迪	2.356	279
喀麦隆	25.759	1230
佛得角	1.903	3661
中非共和国	2.165	456
乍得	9.344	392
科摩罗	0.614	903
刚果（布）	14.769	3714
刚果（金）	15.668	216
科特迪瓦	24.096	1062
吉布提	1.239	1467
厄立特里亚	2.609	475
埃及	235.719	2970
赤道几内亚	19.805	14660
埃塞俄比亚	31.256	360

续表

国家	GDP 总量（十亿美元）	人均 GDP（美元）
加蓬	16.176	10653
冈比亚	0.977	543
加纳	37.158	1528
几内亚	5.212	492
几内亚比绍	0.969	576
肯尼亚	34.796	851
莱索托	2.453	1264
利比里亚	1.154	298
利比亚	36.874	5691
马达加斯加	10.025	459
马拉维	5.673	351
马里	10.6	669
毛里塔尼亚	4.2	1290
毛里求斯	11.313	8777
摩洛哥	99.241	3083
莫桑比克	12.827	583
纳米比亚	12.461	5828
尼日尔	6.022	399
尼日利亚	238.92	1490
卢旺达	6.179	605
圣多美和普林西比	0.248	1473
塞内加尔	14.461	1076
塞舌尔	1.014	11170
塞拉利昂	2.196	366
索马里	—	—
南非	408.074	8066
苏丹	64.75	1982
斯威士兰	3.947	3358
坦桑尼亚	23.333	553
多哥	3.611	506
突尼斯	46.36	4351

续表

国家	GDP 总量（十亿美元）	人均 GDP（美元）
乌干达	16.81	478
赞比亚	19.206	1414
津巴布韦	9.323	741

资料来源：IMFDATA。（整理人：张哲）

表2　　　　　2007—2010 年非洲国家 GDP 总量　　　　单位：美元

国家	2007 年	2008 年	2009 年	2010 年
阿尔及利亚	135803556325	170989269622	140576526510	159425577394
安哥拉	60451594399	84178512502	75492890278	84390572977
贝宁	5546177809	6682744914	6638062120	6633055846
博茨瓦纳	12376435510	13473345713	11473685551	14857275330
布基纳法索	6766986321	8045823005	8140859746	8820312674
布隆迪	979785002	1168900171	1330790160	1610544922
喀麦隆	20685921877	23735512829	22185977547	22393529278
佛得角	1331215014	1550552392	1586929006	1648089240
中非共和国	1696340453	1982983855	1980151889	2013014939
乍得	7016297534	8357142857	6838983051	7587673161
科摩罗	464949228	530138455	535336308	541097513
刚果（布）	8343503640	11789245043	9579804345	11897620542
刚果（金）	9977079383	11668379642	11204139345	13145120705
科特迪瓦	19795696265	23414005259	23041807677	22780280530
吉布提	847918929	982534422	1049054417	—
厄立特里亚	1317983740	1380162602	1856715447	2117008130
埃及	130477817194	162818181818	188984088127	218894280920
赤道几内亚	12574935590	18423399315	12222203056	14006505450
埃塞俄比亚	19552720846	26642461516	31962250072	29717009196
加蓬	11570855623	14532816810	10950127946	13011421194
冈比亚	650934673	821917808	733483568	806523948
加纳	24632480407	28526922399	26169336384	31305891329
几内亚	4209331037	3778260000	4164652642	4510589866

续表

国家	2007 年	2008 年	2009 年	2010 年
几内亚比绍	690721456	846854479	834691372	878517652
肯尼亚	27173670134	30031427403	29375775194	31408632915
莱索托	1581173532	1600614923	1720263875	2132495561
利比里亚	734933279	842507278	879464613	986201594
利比亚	71803278689	93167701863	62360446571	—
马达加斯加	7342683288	9394736596	8487968572	8720543554
马拉维	3458333169	4074143554	4727486011	5106263007
马里	7146284975	8738080883	8964687644	9251388617
毛里塔尼亚	2837528881	3588611732	3027018189	3636296936
毛里求斯	7791974522	9641036888	8865125545	9728729229
摩洛哥	75226318359	88882967742	90908402631	90804562196
莫桑比克	8030015310	9891264915	9787997622	9586185528
纳米比亚	8805815603	8967523025	9182440406	12170331922
尼日尔	4290510300	5369911346	5259368130	5548814098
尼日利亚	165920866365	207117912034	168567245571	193668738107
卢旺达	3741050578	4712306077	5261963315	5627667377
圣多美和普林西比	143497349	170904225	189961808	196806610
塞内加尔	11334237877	13210074065	12790851244	12954023882
塞舌尔	1018952363	920991414	788102778	936609214
塞拉利昂	1663712059	1954828246	1856392962	1905015045
索马里	—	—	—	—
南非	286169133892	275278721836	282754441020	363703902727
苏丹	46533234127	58032057416	54633362294	62045783133
斯威士兰	2949751597	2836875999	2936025585	3645267040
坦桑尼亚	16825553272	20715098399	21368198378	23056525009
多哥	2523461504	3163383040	3156613950	3153400897
突尼斯	38933879781	44879798718	43522032141	44290845563
乌干达	11916019463	14440830267	15803499657	17010765767
赞比亚	11541428666	14640794798	12805027606	16192857209
津巴布韦	5018218226	4416000000	5836000000	7474000000

数据来源：UNDATA。（整理人：张哲）

表3　　　　　　　2007—2010 年非洲国家人均 GDP 总量　　　　单位：美元

国家	2007 年	2008 年	2009 年	2010 年
阿尔及利亚	4005	4967	4022	4495
安哥拉	3449	4667	4069	4423
贝宁	684	800	772	750
博茨瓦纳	6421	6892	5790	7403
布基纳法索	449	519	509	536
布隆迪	127	147	163	192
喀麦隆	1127	1265	1157	1143
佛得角	2756	3181	3228	3323
中非共和国	408	468	459	457
乍得	676	784	625	676
科摩罗	685	761	748	736
刚果（布）	2236	3073	2431	2943
刚果（金）	164	187	175	199
科特迪瓦	1062	1233	1191	1154
吉布提	1010	1148	1203	—
厄立特里亚	275	279	364	403
埃及	1696	2079	2371	2698
赤道几内亚	19528	27816	17944	19998
埃塞俄比亚	252	335	394	358
加蓬	8128	10020	7411	8643
冈比亚	409	502	436	467
加纳	1085	1226	1098	1283
几内亚	449	395	427	452
几内亚比绍	485	583	562	580
肯尼亚	725	781	744	775
莱索托	751	752	800	982
利比里亚	211	230	229	247
利比亚	11921	15150	9957	—
马达加斯加	387	481	422	421
马拉维	254	291	327	343

续表

国家	2007 年	2008 年	2009 年	2010 年
马里	510	604	601	602
毛里塔尼亚	883	1089	896	1051
毛里求斯	6181	7598	6951	7593
摩洛哥	2389	2793	2828	2796
莫桑比克	368	443	428	410
纳米比亚	4079	4075	4096	5330
尼日尔	308	372	351	358
尼日利亚	1129	1375	1091	1222
卢旺达	385	471	510	530
圣多美和普林西比	912	1069	1169	1190
塞内加尔	988	1121	1056	1042
塞舌尔	11983	10591	9028	10825
塞拉利昂	304	348	323	325
南非	5930	5642	5733	7275
苏丹	1153	1401	1286	1425
斯威士兰	2603	2466	2513	3073
坦桑尼亚	420	502	503	527
多哥	446	548	535	523
突尼斯	3808	4345	4169	4199
乌干达	393	461	488	509
赞比亚	957	1183	1006	1253
津巴布韦	402	355	468	595

数据来源：UNDATA。（整理人：张哲）

表4　　　　　　　2007—2010年非洲国家GDP增长率　　　　　单位:%

国家	2007年	2008年	2009年	2010年
阿尔及利亚	3	2.4	2.1	3
安哥拉	22.7	13.8	2.4	2.3
贝宁	4.6	5.1	3.8	3
博茨瓦纳	4.8	2.9	-4.9	7.2
布基纳法索	3.6	5	3.5	9.2
布隆迪	3.6	4.5	3.5	3.9
喀麦隆	3.5	2.9	2	2.6
佛得角	8.6	6.2	3.6	5.4
中非共和国	3.7	2	1.7	3.3
乍得	0.2	-0.4	-1.6	4.3
科摩罗	0.5	1	1.8	2.1
刚果（布）	-1.6	5.6	7.5	8.8
刚果（金）	6.3	6.2	2.8	7.2
科特迪瓦	1.7	2.3	3.8	3
吉布提	5.1	5.8	5	—
厄立特里亚	1.4	-9.8	3.9	2.2
埃及	7.1	7.2	4.7	5.1
赤道几内亚	21.4	10.7	5.3	0.9
埃塞俄比亚	11.5	10.8	8.8	10.1
加蓬	5.6	2.3	-1.4	5.7
冈比亚	5.2	5.4	6.2	5
加纳	6.5	8.4	4.7	6.6
几内亚	1.8	4.9	-0.3	1.9
几内亚比绍	3.2	3.2	3	3.5
肯尼亚	7	1.6	2.6	5.3
莱索托	4.5	4.7	3.1	3.3

续表

国家	2007 年	2008 年	2009 年	2010 年
利比里亚	9.4	7.1	4.6	5.5
利比亚	6	3.8	2.1	—
马达加斯加	6.2	7.1	-4.6	1.6
马拉维	5.8	8.6	7.6	7.1
马里	4.3	5	4.5	4.5
毛里塔尼亚	-5.7	3.5	-1.2	5
毛里求斯	5.9	5.5	3	4
摩洛哥	2.7	5.6	4.8	3.7
莫桑比克	7.3	6.8	6.4	7.2
纳米比亚	5.4	4.3	-0.7	4.8
尼日尔	3.4	8.7	-1.2	8.8
尼日利亚	6.4	6	7	7.9
卢旺达	5.5	11.2	4.1	7.5
圣多美和普林西比	6	5.8	4	4.5
塞内加尔	4.9	3.3	2.2	4.2
塞舌尔	9.7	-1.3	0.7	6.2
塞拉利昂	6.4	5.5	3.2	4.9
南非	5.6	3.6	-1.7	2.8
苏丹	10.2	6.8	4	4.5
斯威士兰	3.5	2.4	0.4	1.1
坦桑尼亚	7.1	7.4	6	7
多哥	2.3	2.4	3.2	3.4
突尼斯	6.3	4.5	3.1	3.7
乌干达	8.4	8.7	7.2	5.2
赞比亚	6.2	5.7	6.4	7.6
津巴布韦	0.2	-17.7	6	9
非洲	5.5	4.5	3.1	4.9
世界	6.01	4.1	0.05	4.21

数据来源：UNDATA。（整理人：张哲）

表 5　　　　　　　　2010 年非洲国家直接投资存量及流量　　　　单位：百万美元

国家	2010 年流入存量	2010 年流入流量	2010 年流出存量	2010 年流出流量
阿尔及利亚	19498	2292	1814	225
安哥拉	25028	9942	4672	1163
贝宁	849	110	63	7
博茨瓦纳	1299	-106	448	49
布基纳法索	905	37	11	0
布隆迪	86	15	2	0
喀麦隆	4828	425	245	2
佛得角	1140	111	1	1
中非共和国	369	72	43	0
乍得	4168	781	70	0
科摩罗	58	9	0	0
刚果（布）	15983	2816	0	0
刚果（金）	3994	936	0	0
科特迪瓦	6641	418	23	0
吉布提	878	26	0	0
厄立特里亚	438	55	0	0
埃及	73095	6386	5447	1175
赤道几内亚	7374	695	3	0
埃塞俄比亚	4102	184	0	0
加蓬	1438	171	663	81
冈比亚	675	37	0	0
加纳	9098	2527	0	0
几内亚	1917	303	139	0
几内亚比绍	190	9	3	0
肯尼亚	2262	133	306	17
莱索托	1129	54	2	0
利比里亚	4888	248	960	30
利比亚	19342	3834	13269	1281
马达加斯加	4452	504	6	0
马拉维	961	140	24	2

续表

国家	2010年流入存量	2010年流入流量	2010年流出存量	2010年流出流量
马里	1234	147	62	5
毛里塔尼亚	2155	13	27	5
毛里求斯	2319	430	504	129
摩洛哥	42023	1304	2745	576
莫桑比克	5489	789	3	0
纳米比亚	5290	2158	57	−11
尼日尔	2310	947	171	15
尼日利亚	60327	6099	5041	923
卢旺达	435	43	13	0
圣多美和普林西比	163	3	0	0
塞内加尔	1615	237	364	154
塞舌尔	2017	369	247	6
塞拉利昂	495	35	0	0
索马里	566	112	0	0
南非	132396	14962	81127	8544
苏丹	20743	1600	0	0
斯威士兰	902	93	60	8
坦桑尼亚	7966	700	0	0
多哥	955	41	0	0
突尼斯	31367	−91	286	55
乌干达	5853	847	0	0
赞比亚	8515	1041	3290	2010
津巴布韦	1754	105	288	15
非洲	553974	65148	122499	16467
世界	19140603	1190105	20408257	1211093
非洲占世界的百分比	2.9	5.6	0.6	1.36

资源来源：根据 UNCTAD 数据计算得出。（整理人：张哲）

表6　　　　2010年中国对非贸易额及对非直接投资存量　　　单位：亿美元

序号		进出口	出口	进口	中国对非FDI存量	非洲人均GDP（美元）
	非　洲	1269.1	599.6	699.5	130.4	
1	南非	256.48	108.03	148.46	41.5298	7275
2	安哥拉	248.17	20.04	228.13	3.5177	4423
3	苏丹	86.31	19.53	66.78	6.1336	1425
4	尼日利亚	77.67	66.96	10.70	12.1085	1222
5	埃及	69.60	60.42	9.18	3.3672	2698
6	利比亚	65.76	20.61	45.15	0.3219	—
7	阿尔及利亚	51.76	40.00	11.76	9.3726	4495
8	利比里亚	44.19	43.97	0.22	0.8167	247
9	刚果（布）	34.75	3.54	31.21	1.3588	2943
10	刚果（金）	29.61	4.74	24.87	6.3092	199
11	摩洛哥	29.35	24.85	4.50	0.5585	2796
12	赞比亚	28.50	3.02	25.48	9.4373	1253
13	贝宁	23.99	22.74	1.26	0.3933	750
14	加纳	20.56	19.33	1.23	2.0200	1283
15	肯尼亚	18.25	17.86	0.39	2.2158	775
16	坦桑尼亚	16.53	12.52	4.01	3.0751	527
17	埃塞俄比亚	14.83	12.10	2.74	3.6806	358
18	多哥	13.95	13.33	0.62	0.5811	523
19	毛里塔尼亚	12.47	2.85	9.62	0.4588	1051
20	加蓬	11.73	2.06	9.67	1.2534	8643
21	突尼斯	11.20	9.95	1.25	0.0253	4199
22	赤道几内亚	10.55	4.56	5.99	0.8625	19998
23	喀麦隆	10.02	5.41	4.61	0.5961	1143
24	乍得	8.04	3.08	4.96	0.8000	676
25	纳米比亚	7.13	2.30	4.83	0.4711	5330
26	莫桑比克	6.98	4.96	2.01	0.7524	410
27	科特迪瓦	6.59	5.48	1.11	0.3299	1154
28	津巴布韦	5.62	3.16	2.46	1.3454	595
29	塞内加尔	5.49	4.98	0.51	0.4503	1042

续表

序号		进出口	出口	进口	中国对非FDI存量	非洲人均GDP（美元）
30	马达加斯加	5.02	3.97	1.05	2.2987	421
31	几内亚	4.76	4.21	0.55	1.3641	452
32	吉布提	4.45	4.44	0.01	0.1247	452
33	博茨瓦那	4.23	3.70	0.54	1.7852	7403
34	毛里求斯	4.03	3.93	0.10	2.8329	7593
35	马里	3.00	2.30	0.70	0.4777	602
36	乌干达	2.84	2.58	0.27	1.1368	509
37	尼日尔	2.72	2.72	0.00	3.7936	358
38	冈比亚	2.02	1.87	0.15	0.0119	467
39	布基纳法索	1.69	0.48	1.21	—	536
40	留尼汪	1.29	1.29	0.00	—	—
41	马拉维	1.12	0.80	0.31	0.3240	343
42	塞拉利昂	1.09	0.98	0.11	0.4148	325
43	卢旺达	0.89	0.50	0.39	0.4163	530
44	索马里	0.74	0.72	0.02	—	—
45	莱索托	0.64	0.59	0.05	0.0888	982
46	中非	0.48	0.23	0.25	0.4654	457
47	厄立特里亚	0.40	0.39	0.01	0.1254	403
48	布隆迪	0.37	0.33	0.03	0.0651	192
49	佛得角	0.34	0.34	0.00	0.0458	3323
50	斯威士兰	0.31	0.29	0.03	—	3073
51	塞舌尔	0.15	0.15	0.00	0.1936	10852
52	科摩罗	0.13	0.13	0.00	0.0404	736
53	几内亚（比绍）	0.13	0.09	0.04	0.2700	580

资料来源：中华人民共和国商务部、中华人民共和国国家统计局、世界银行网站。（整理人：张哲）

表 7　　　　　十大非洲最重要的 ODA 受援国受援情况　　单位：百万美元

国家	2007	2008	2009	2010	占所有受援者的百分比
埃塞俄比亚	2578	3328	3820	3529	7%
坦桑尼亚	2820	2331	2934	2961	6%
苏丹	2112	2384	2289	3413	4%
莫桑比克	1778	1996	2013	2055	4%
刚果（金）	1356	1769	2354	1959	4%
乌干达	1737	1641	1786	1730	4%
尼日利亚	1956	1290	1659	2069	4%
肯尼亚	1323	1363	1778	1631	3%
加纳	1164	1305	1583	1694	3%
赞比亚	1008	1116	1269	848	3%
其他受援国	21474	25404	26125	26044	56%
所有受援国 ODA 总额	39305	43926	47609	47932	100%

资料来源：Development Aid at a Glance, Statistics by Region, Africa, 2012 edition, www.oecd.org/dac/stats/regioncharts, p. 7. （整理人：张哲）

表 8　　　　　　　非洲的十大 ODA 援助者　　　　　单位：百万美元

国家	2008	2008	2010	三年平均	占 DAC 援助额的百分比
1 美国	7202	7672	7763	7546	27%
2 法国	3370	4093	4187	3884	14%
3 英国	2594	2795	3075	2822	10%
4 德国	2703	2084	1948	2245	8%
5 日本	1571	1499	1888	1653	6%
6 加拿大	1346	1342	1532	1407	5%
7 荷兰	1516	1216	1325	1353	5%
8 西班牙	1114	1578	1245	1312	5%
9 挪威	1028	904	947	960	3%
10 瑞典	1026	914	874	938	3%
其他 DAC 国家	3841	4058	4515	4138	15%
DAC 国家总额	27313	28157	29299	28256	100%

资料来源：Development Aid at a Glance, Statistics by Region, Africa, 2012 edition, www.oecd.org/dac/stats/regioncharts, p. 4. （整理人：张哲）

表 9　　　　　　　　十大援非比例最高的 ODA 援助者

国家	2008	2009	2010	三年平均	援非所占该国总援助的比例
1. 爱尔兰	610	466	398	491	81%
2. 比利时	632	796	1211	880	77%
3. 葡萄牙	245	172	289	236	73%
4. 丹麦	917	882	4187	3884	63%
5. 法国	3370	4092	1325	1353	61%
6. 荷兰	1516	1216	860	886	61%
7. 卢森堡	137	134	127	133	55%
8. 英国	2594	2795	312	295	53%
9. 芬兰	262	311	3075	2822	52%
10. 瑞典	1026	914	874	938	52%
其他 DAC 国家	16003	16376	16638	16339	36%
DAC 国家总计	27313	28155	29299	28256	43%

资料来源：Development Aid at a Glance, Statistics by Region, 2. Africa, 2012 edition, p. 4。（整理人：胡美）

表 10　　　　　　五个最重要的 ODA 受援者的主要受援的部门

国家	社会	经济	生产	多部门交叉	一般项目援助	债务	人道主义援助	其他
刚果（金）	39%	20%	4%	2%	14%		20%	
埃塞俄比亚	53%	13%	7%	2%	8%		16%	
莫桑比克	42%	11%	8%	2%	32%		3%	1%
苏丹	35%	7%	2%	4%	1%		50%	
坦桑尼亚	40%	11%	8%	3%	36%		1%	

资料来源：Development Aid at a Glance, Statistics by Region, 2. Africa, 2012 edition, p. 10。（整理人：胡美）

表 11　　　　　　　　　　2009—2010 年非洲农业总产量

产品	2010 年非洲农业总产量 产值（1000 美元）	2010 年非洲农业总产量 产量（吨）	2009 年非洲农业总产量 产值（1000 美元）	2009 年非洲农业总产量 产量（吨）
肉类	17838613	6603528	17228243	6377581
木薯	12600661	121360638	12423557	119957677
蕃薯	9722942	46382047	9577586	45700985
牛奶	9659055	31749061	8848999	29052764
玉米	6702631	64256358	5965896	59037978
蕃茄	6369815	17236028	6790863	18375337
鸡肉	6190061	4345711	5894521	4138228
水稻	6112936	22855318	6220848	23278124
大蕉	5051998	26900250	5112404	27182328
花生	4350430	10298886	4343326	10283138
绵羊肉	4302825	1580295	4160247	1527930
土豆	3489219	23467851	2923784	20097935
蔬菜	3178332	16866458	2814965	14938179
小麦	3054697	22016718	3673077	26085906
山羊肉	2973504	1240983	2880732	1202265
橄榄	2968214	3707010	—	—
甘蔗	2930751	91074816	2963126	92042365
高粱	2925830	20949220	3108674	22271449
香蕉	2904053	10311554	3158023	11213336
咖啡豆	2840311	2735045	2801380	2697556
粟	—	—	2456423	14933220

资料来源：FAOSTAT。（整理人：张哲）

表 12　　　　　　　作物种植指数（1999—2001 = 100）

国家	2007	2008	2009
阿尔及利亚	140	140	196
安哥拉	190	190	250
贝宁	100	110	110
博茨瓦纳	120	120	120

续表

国家	2007	2008	2009
布基纳法索	109	150	144
布隆迪	108	108	108
喀麦隆	117	114	117
佛得角	100	107	107
中非共和国	106	107	110
乍得	102	118	118
科摩罗	113	113	113
刚果（布）	97	97	97
刚果（金）	111	116	116
科特迪瓦	106	110	109
埃及	125	129	136
赤道几内亚	94	92	90
埃塞俄比亚	137	146	153
加蓬	104	104	104
冈比亚	62	94	114
加纳	131	146	156
几内亚	125	133	133
几内亚比绍	122	120	120
肯尼亚	120	110	107
莱索托	71	71	72
利比里亚	115	115	115
利比亚	102	102	102
马达加斯加	115	115	115
马拉维	139	141	141
马里	122	136	162
毛里塔尼亚	105	106	116
毛里求斯	87	90	95
摩洛哥	123	142	142
莫桑比克	119	130	130
纳米比亚	140	140	140
尼日尔	154	210	210

续表

国家	2007	2008	2009
尼日利亚	124	134	134
卢旺达	128	131	132
圣多美和普林西比	111	107	110
塞内加尔	65	117	130
塞舌尔	66	61	61
塞拉利昂	205	204	204
索马里	96	96	96
南非	94	114	111
苏丹	111	107	112
斯威士兰	101	101	101
坦桑尼亚	156	155	154
多哥	106	109	109
突尼斯	130	134	119
乌干达	105	108	109
赞比亚	144	145	170
津巴布韦	63	55	55
非洲	114	120	125
世界	115	119	120

资料来源：UN DATA。（整理人：张哲）

表13　　　　　　　　农业增加值占GDP的份额　　　　　单位：%

国家	2007	2008	2009	2010
阿尔及利亚	8	7	12	—
安哥拉	8	7	10	10
贝宁	—	—	—	—
博茨瓦纳	2	2	3	3
布基纳法索	—	—	—	—
布隆迪	—	—	—	—
喀麦隆	19	—	—	—
佛得角	9	9	9	—

续表

国家	2007	2008	2009	2010
中非共和国	54	53	56	—
乍得	13	14	—	—
科摩罗	45	46	46	—
刚果（布）	42	40	43	—
刚果（金）	4	4	5	4
科特迪瓦	24	25	25	23
埃及	14	13	14	14
赤道几内亚	3	2	3	
埃塞俄比亚	46	44	51	48
加蓬	5	4	5	4
冈比亚	29	29	27	27
加纳	29	31	32	30
几内亚	25	25	17	13
几内亚比绍	—	—	—	—
肯尼亚	20	21	23	19
莱索托	8	8	8	8
利比里亚	55	61	—	—
利比亚	2	2	—	—
马达加斯加	26	25	29	
马拉维	30	30	31	
马里	37	—	—	
毛里塔尼亚	19	19	21	20
毛里求斯	5	4	4	4
摩洛哥	14	15	16	15
莫桑比克	28	30	31	32
纳米比亚	9	9	9	8
尼日尔	—	—	—	—
尼日利亚	33	—	—	—
卢旺达	36	32	34	
圣多美和普林西比	—	—	—	—
塞内加尔	13	15	17	17

续表

国家	2007	2008	2009	2010
塞舌尔	2	2	2	—
塞拉利昂	50	50	52	49
索马里	—	—	—	—
南非	3	3	3	—
苏丹	28	26	30	24
斯威士兰	7	7	7	7
坦桑尼亚	30	30	29	28
多哥	—	—	—	—
突尼斯	9	9	9	8
乌干达	24	23	25	24
赞比亚	22	19	22	9
津巴布韦	23	20	18	17
非洲	21	20	21	18
世界	13	12.8	12.9	11.8

资料来源：UN DATA。（整理人：张哲）

表14　　　　　　　　　非洲农产品进口贸易　　　　　　　单位：百万美元

年份	非洲进口总额	世界进口总额	占世界的份额（%）
1979—1981	16662	244669	6.81
1989—1991	18904	349427	5.41
1999—2001	20061	439446	4.57
2003—2005	27759	621219	4.47
2006	35522	747025	4.76
2007	46854	906887	5.17
2008	58472	1104776	5.29

资料来源：FAOSTAT。（整理人：张哲）

表15　　　　　　　　　　　非洲农产品出口贸易　　　　　　　单位：百万美元

年份	非洲出口总额	世界出口总额	占世界的份额（%）
1979—1981	12538	557244	2.25
1989—1991	12298	270285	4.55
1999—2001	13932	414167	3.36
2003—2005	19911	595537	3.34
2006	23138	721951	3.2
2007	25365	873286	2.9
2008	30789	1059857	2.9

资料来源：FAOSTAT。（整理人：张哲）

表16　　　　　　　　　　2008年非洲国家农业进出口额　　　　　　单位：百万美元

国家	农业进口额	农业出口额
阿尔及利亚	7785	76
安哥拉	2375	12
贝宁	791	450
博茨瓦纳	609	150
布基纳法索	294	273
布隆迪	49	57
喀麦隆	624	962
佛得角	194	1
中非共和国	33	23
乍得	143	87
科摩罗	55	8
刚果（布）	469	67
刚果（金）	959	57
科特迪瓦	1224	4361
埃及	8661	1823
赤道几内亚	85	3
埃塞俄比亚	1347	1352

续表

国家	农业进口额	农业出口额
加蓬	391	81
冈比亚	111	16
加纳	1311	1532
几内亚	264	58
几内亚比绍	67	96
肯尼亚	1344	2669
莱索托	138	1
利比里亚	217	97
利比亚	2266	8
马达加斯加	401	193
马拉维	266	768
马里	416	351
毛里塔尼亚	470	24
毛里求斯	746	372
摩洛哥	5157	1919
莫桑比克	616	330
纳米比亚	367	235
尼日尔	335	97
尼日利亚	3400	856
卢旺达	123	235
圣多美和普林西比	28	5
塞内加尔	1793	252
塞舌尔	90	4
塞拉利昂	211	26
索马里	518	58
南非	4896	5461
苏丹	1543	457
斯威士兰	224	256
坦桑尼亚	643	954
多哥	326	301
突尼斯	2557	1555

国家	农业进口额	农业出口额
乌干达	629	878
赞比亚	284	348
津巴布韦	627	534

资料来源：FAOSTAT。（整理人：张哲）

表17　　　　　　　　　　　2009年非洲农业总出口量

产品	数量（吨）	金额（1000美元）	单价美元/吨
可可豆	2034324	5286625	2599
烟草	419426	1500692	3578
咖啡	613984	1274938	2077
茶	507475	1210993	2386
棉花	853948	1123323	1315
橘子	2047287	1043332	510
原糖	1870192	958120	512
芝麻	682332	766664	1124
红酒	443533	739511	1667
葡萄酒	437798	652155	1490
橡胶	373753	593370	1588
可可油	111472	589528	5289
作物和牲畜产品	261885	525143	2005
玉米	1805892	519063	287
可可酱	148308	512305	3454
棕榈油	575456	499907	869
腰果	784230	487067	621
稻谷	639118	477600	747
橄榄油	165295	439576	2659
砂糖	862136	437468	507

资料来源：FAOSTAT。（整理人：张哲）

表 18　　　　　　　　　　2009 年非洲农业总进口量

产品	数量（吨）	金额（1000 美元）	单价美元/吨
小麦	29063124	8533789	294
棕榈油	3809003	3680451	966
玉米	10622041	2750058	259
稻谷	4674614	2465875	528
砂糖	3909529	1839159	470
原糖	3790140	1730654	457
作物和牲畜产品	735920	1649767	2242
豆油	1493273	1389417	930
全脂奶粉	479915	1384306	2884
大豆豆粕	2278344	1014626	445
碎米	2357883	979632	415
大豆	1180641	961492	814
小麦粉	2006116	952517	475
鸡肉	763170	910112	1193
烟草	182518	774385	4243
无骨肉	225035	757723	3367
葵花籽油	593410	709056	1195
卷烟	52644	699428	13286
茶	265252	614783	2318
麦芽酒	773005	577951	748

资料来源：FAOSTAT。（整理人：张哲）

表19　　2010年非洲农村人口数量及占总人口比例　　单位：千人,%

国家	农村人口数量	农村人口占总人口比重	参加经济活动的农业人口	参加经济活动的农业人口占总经济活动人口的比重
阿尔及利亚	11868	34	3171	21
安哥拉	7881	41	5853	69
贝宁	5339	58	1674	44
博茨瓦纳	769	39	313	42
布基纳法索	12962	80	6835	92
布隆迪	7582	89	3801	89
喀麦隆	8303	42	3635	48
佛得角	199	39	33	17
中非共和国	2751	61	1284	63
乍得	8328	72	3036	66
科摩罗	639	72	269	70
科特迪瓦	10754	50	3074	38
刚果（布）	1424	38	487	32
刚果（金）	43940	65	14593	57
埃及	48320	57	6895	25
赤道几内亚	418	60	174	65
厄立特里亚	4097	78	1538	74
埃塞俄比亚	70059	82	32430	77
加蓬	210	14	182	26
冈比亚	733	42	612	76
加纳	11808	49	6058	54
几内亚	6673	65	3964	80
几内亚比绍	1153	70	486	79
肯尼亚	31800	78	13335	71
莱索托	1524	73	352	39
利比里亚	1579	38	937	62
利比亚	1447	22	73	3
马达加斯加	14064	70	7057	70
马拉维	12590	80	5175	79

续表

国家	农村人口数量	农村人口占总人口比重	参加经济活动的农业人口	参加经济活动的农业人口占总经济活动人口的比重
马里	8881	67	2635	75
毛里塔尼亚	1971	59	724	50
毛里求斯	745	57	48	8
摩洛哥	14007	43	3049	25
莫桑比克	14410	62	8678	81
纳米比亚	1372	62	258	34
尼日尔	13242	83	4336	83
尼日利亚	79441	55	12230	25
卢旺达	8340	81	4223	89
圣多美和普林西比	62	38	32	56
塞内加尔	7344	57	3952	70
塞舌尔	38	45	29	73
塞拉利昂	3595	62	1320	60
索马里	5854	63	2447	66
南非	19338	38	1194	6
苏丹	23659	55	7065	52
斯威士兰	896	75	140	29
坦桑尼亚	33157	74	16956	76
多哥	3835	57	1449	53
突尼斯	3394	33	798	21
乌干达	29303	87	11139	75
赞比亚	8524	64	3256	63
津巴布韦	7807	62	3138	56
非洲	618429	58	216422	55
世界	3411352	49	1308138	40

资料来源：FAOSTAT。（整理人：张哲）

表 20　　　　　　　　1970—2007 年非洲各国金融危机统计表

国家	时间（年）			
	系统性银行危机	汇率危机	债务危机	债务重组
合计（次）	42	72	23	22
阿尔及利亚	1990	1988，1994		
安哥拉		1991，1996	1988	1992
贝宁	1988	1994		
博茨瓦纳		1984		
布基纳法索	1990	1994		
布隆迪	1994			
喀麦隆	1987，1995	1994	1989	1992
佛得角	1993			
中非共和国	1976，1995	1994		
乍得	1983，1992	1994		
科摩罗		1976，1983，1989，1994		
刚果（金）	1983，1991，1994	1999	1976	1989
刚果（布）	1992	1994	1986	1992
吉布提	1991			
埃及	1980	1979，1990	1984	1992
赤道新几内亚	1983	1980，1994		
厄立特里亚	1993			
埃塞俄比亚		1993		
加蓬		1994	1986，2002	1994
冈比亚		1985，2003	1986	1988
加纳	1982	1978，1983，1993，2000		
几内亚	1985，1993	1982，2005	1985	1992
几内亚比绍	1995	1980，1994		
肯尼亚	1985，1992	1993		
莱索托王国		1985		
利比里亚	1991		1980	n/a

续表

国家	时间（年）			
	系统性银行危机	汇率危机	债务危机	债务重组
利比亚		2002		
马拉维		1994	1982	1988
马里	1987	1994		
毛利塔利亚	1984	1993		
摩洛哥	1980	1981	1983	1990
莫桑比克	1987	1987	1984	1991
纳米比亚		1984		
尼日尔	1983	1994	1983	1991
尼日利亚	1991	1983，1989，1997	1983	1992
卢旺达		1991		
塞内加尔	1988	1994	1981	1996
塞拉利昂	1990	1983，1989，1998	1977	1995
南非		1984	1985	1993
苏丹		1981，1988，1994	1979	1985
斯威士兰	1995	1985		
坦桑尼亚	1987	1985，1990	1984	1992
多哥	1993	1994	1979	1997
突尼斯	1991			
乌干达	1994	1980，1988	1981	1993
赞比亚	1995	1983，1989，1996	1983	1994
津巴布韦	1995	1983，1991，1998，2003		

数据来源：Luc Laeven and Fabian Valencia, 2008。（整理人：王学军）

表 21　　2008—2010 年部分非洲国家年均汇率（兑美元）及变化

	2008	同比变化	2009	同比变化	2010	同比变化
阿尔及利亚	65	-5.80	73	12.31	74	1.37
安哥拉	75	-2.60	79	5.33	92	16.46
刚果（金）	559	8.12	810	44.90	906	11.85
埃及	5	-16.67	6	20.00	6	0.00
埃塞俄比亚	10	11.11	12	20.00	14	16.67
冈比亚	22	-12.00	27	22.73	28	3.70
肯尼亚	69	2.99	77	11.59	79	2.60
马达加斯加	1708	-8.86	1956	14.52	2090	6.85
毛里塔尼亚	238	-8.11	262	10.08	276	5.34
毛里求斯	28	-9.68	32	14.29	31	-3.13
莫桑比克	24	-7.69	28	16.67	34	21.43
纳米比亚	8	14.29	8	0.00	7	-12.50
尼日利亚	119	-5.56	149	25.21	150	0.67
塞舌尔	9	28.57	14	55.56	12	-14.29
塞拉利昂	2982	-0.10	3386	13.55	3978	17.48
南非	8	14.29	8	0.00	7	-12.50
斯威士兰	8	14.29	8	0.00	7	-12.50
坦桑尼亚	1196	-3.94	1320	10.37	1409	6.74
乌干达	1720	-0.17	2030	18.02	2178	7.29
赞比亚	3746	-6.42	5046	34.70	4797	-4.93

数据来源：世界银行非洲发展年鉴数据库。http://databank.worldbank.org/ddp/home.do?Step=2&id=4&DisplayAggregation=N&SdmxSupported=N&CNO=1147&SET_BRANDING=YES。
（整理人：王学军）

表22　　2008—2010年部分非洲国家通胀率　　　　单位：%

	2008	2009	2010
安哥拉	12	14	14
博茨瓦纳	13	8	7
布基纳法索	11	3	-1
布隆迪	24	11	6
吉布提	12	2	4
埃及	18	12	11
埃塞俄比亚	44	8	8
加纳	17	19	11
几内亚	18	5	15
肯尼亚	26	9	4
莱索托	11	7	4
毛里求斯	10	3	3
莫桑比克	10	3	13
纳米比亚	10	9	4
尼日尔	11	4	1
尼日利亚	12	12	14
卢旺达	15	10	2
塞舌尔	37	32	-2
塞拉利昂	15	9	17
南非	12	7	4
苏丹	14	11	13
斯威士兰	13	7	5
坦桑尼亚	10	12	6
乌干达	12	13	4
赞比亚	12	13	9

数据来源：世界银行非洲发展年鉴数据库。http：//databank.worldbank.org/ddp/home.do?Step=2&id=4&DisplayAggregation=N&SdmxSupported=N&CNO=1147&SET_BRANDING=YES。

（整理人：王学军）

表23　　　2006—2011年部分非洲国家旅游业对经济的贡献
埃及旅游业对经济直接贡献的真实价值

单位：十亿埃及镑	2006	2007	2008	2009	2010	2011	2012预测
1. 游客消费	79.6	88.3	88.9	79.3	84.6	59.4	62.8
2. 国内支出	54.5	57.8	62.1	68.3	69.6	69.1	65.1
3. 国内旅游消费（=1+2+政府投入）	135.2	147.1	152.0	148.7	155.4	129.8	129.4
4. 购买旅游产品	-39.0	-42.5	-43.8	-42.0	-44.7	-37.7	-37.8
5. 旅游业对GDP直接贡献（=3+4）	96.2	104.6	108.2	106.7	110.7	92.1	91.6
6. 其他的影响（间接和诱导）	34.9	37.9	39.2	38.7	40.1	33.4	33.2
7. 资本投资	27.4	33.5	36.6	31.6	32.4	31.4	29.5
8. 政府集体花费	7.6	7.5	7.8	8.5	8.8	9.1	9.7
9. 间接消费的进口货物	-1.5	-1.8	-2.3	-1.4	-4.0	-4.0	-4.2
10. 诱导消费	39.5	42.7	44.4	47.2	48.5	42.3	41.6
11. 旅游业对GDP总的贡献（=5+6+7+8+9+10）（单位：千人）	204.0	224.4	233.9	231.4	236.7	204.3	201.5
12. 旅游业对就业的直接贡献（单位：千人）	1570.3	1699.0	1702.5	1641.5	1677.6	1352.9	1361.4
13. 旅游业对就业整体的贡献	3418.7	3735.8	3770.5	3654.3	3683.0	3079.5	3073.3
14. 其他指标（出境旅游支出）	21.1	24.5	25.0	19.8	16.7	14.4	13.5

数据来源：WTTC《埃及旅游业的影响2012》

埃及旅游业对经济贡献的增长率

单位：百分比	2006	2007	2008	2009	2010	2011	2012 预测
1. 游客消费	4.3	10.9	0.7	-10.8	6.8	-29.8	5.7
2. 国内支出	6.0	6.0	7.4	10.1	1.9	-0.7	-5.8
3. 国内旅游消费（=1+2+政府投入）	5.0	8.9	3.3	-2.2	4.5	-16.6	-0.4
4. 购买旅游产品	5.3	9.0	3.5	-3.1	5.3	-16.5	-0.5
5. 旅游业对GDP直接贡献（=3+4）	4.6	8.8	3.4	-1.4	3.7	-16.8	-0.6
6、其他的影响（间接和诱导）	4.6	8.8	3.4	-1.3	3.7	-16.8	-0.6
7. 资本投资	19.7	22.1	9.3	-13.6	2.6	-3.4	-5.9
8. 政府集体花费	3.4	-0.9	3.3	9.5	3.8	3.2	6.7
9. 间接消费的进口货物	4.9	7.5	4.5	-1.8	10.1	-11.9	1.3
10. 诱导消费	6.1	8.1	4.1	6.3	2.8	-12.8	-1.7
11. 旅游业对GDP总的贡献（=5+6+7+8+9+10）（单位：千人）	6.6	10.0	4.2	-1.1	2.3	-13.7	-1.4
12. 旅游业对就业的直接贡献（单位：千人）	3.7	8.2	0.2	-3.6	2.2	-19.4	0.6
13. 旅游业对就业整体的贡献	5.5	9.3	0.9	-3.1	0.8	-16.4	-0.2
14. 其他指标（出境旅游支出）	2.6	16.0	2.1	-20.7	-15.7	-14.0	-6.0

数据来源：WTTC《埃及旅游业的影响 2012》

肯尼亚旅游业对经济直接贡献的真实价值

单位：十亿肯尼亚元	2006	2007	2008	2009	2010	2011	2012 预测
1. 游客消费	85.2	101.9	96.7	86.9	128.4	171.1	195.9
2. 国内支出	62.2	69.5	79.4	89.0	97.7	113.1	129.3
3. 国内旅游消费（=1+2+政府投入）	149.8	172.2	179.2	179.1	229.7	288.5	330.1
4. 购买旅游产品	-61.5	-71.4	-75.7	-75.3	-95.7	-120.9	-138.9
5. 旅游业对 GDP 直接贡献（=3+4）	88.3	102.8	103.5	103.9	134.0	167.6	191.2
6、其他的影响（间接和诱导）	52.8	61.4	61.9	62.1	80.1	100.2	114.2
7. 资本投资	38.6	38.2	40.0	38.0	34.8	44.4	51.9
8. 政府集体花费	17.2	19.8	21.0	22.5	24.7	29.3	33.8
9. 间接消费的进口货物	-9.4	-8.1	-7.1	-8.3	-8.5	-11.3	-13.5
10. 诱导消费	45.4	51.6	51.0	52.0	61.2	73.4	82.8
11. 旅游业对 GDP 总的贡献（=5+6+7+8+9+10）（单位：千人）	232.9	265.7	270.3	270.1	326.4	403.7	460.4
12. 旅游业对就业的直接贡献（单位：千人）	263.7	279.9	255.0	240.9	290.1	313.3	317.4
13. 旅游业对就业整体的贡献	718.9	747.8	687.6	647.1	729.5	778.4	788.0
14. 其他指标（出境旅游支出）	15.3	21.9	22.5	23.1	25.1	32.3	36.5

数据来源：WTTC《肯尼亚旅游业的影响 2012》

肯尼亚旅游业对经济贡献的增长率

单位：百分比	2006	2007	2008	2009	2010	2011	2012 预测
1. 游客消费	7.9	13.6	-15.1	-15.8	42.1	17.2	4.7
2. 国内支出	2.1	6.1	2.1	5.1	5.6	1.8	4.6
3. 国内旅游消费（=1+2+政府投入）	5.4	10.4	-8.1	-6.3	23.4	10.5	4.7
4. 购买旅游产品	6.3	11.2	-6.4	-8.1	22.3	9.1	3.5
5. 旅游业对GDP直接贡献（=3+4）	5.1	10.5	-10.0	-5.9	24.1	10.0	4.4
6、其他的影响（间接和诱导）	5.1	10.5	-10.0	-6.0	24.1	10.0	4.4
7. 资本投资	-3.5	-5.9	-6.5	-11.0	-11.9	12.4	6.8
8. 政府集体花费	7.9	9.4	-5.3	0.3	5.8	4.3	5.5
9. 间接消费的进口货物	0.7	2.4	-11.8	-1.5	14.4	10.2	5.7
10. 诱导消费	4.0	7.9	-11.5	-4.5	13.3	5.5	3.1
11. 旅游业对GDP总的贡献（=5+6+7+8+9+10）（单位：千人）	4.2	8.3	-9.0	-6.4	16.3	8.8	4.3
12. 旅游业对就业的直接贡献（单位：千人）	1.8	6.1	-8.9	-5.5	20.4	8.0	1.3
13. 旅游业对就业整体的贡献	1.0	4.0	-8.1	-5.9	12.7	6.7	1.2
14. 其他指标（出境旅游支出）	26.4	36.2	-8.2	-3.7	4.8	12.9	3.4

数据来源：WTTC《肯尼亚旅游业的影响2012》

南非旅游业对经济直接贡献的真实价值

单位：十亿南非兰特	2006	2007	2008	2009	2010	2011	2012 预测
1. 游客消费	89.6	95.9	93.1	83.4	79.7	75.0	81.9
2. 国内支出	89.0	91.0	95.1	94.4	92.7	95.5	98.6
3. 国内旅游消费（=1+2+政府投入）	178.9	187.2	188.5	178.3	172.9	170.9	181.0
4. 购买旅游产品	-96.6	-101.2	-102.6	-95.9	-91.9	-91.3	-97.0
5. 旅游业对GDP直接贡献（=3+4）	82.4	86.0	86.0	82.4	81.0	79.5	84.1
6、其他的影响（间接和诱导）	87.9	91.8	91.8	88.0	86.5	84.9	89.8
7. 资本投资	44.9	54.2	60.5	53.8	43.6	42.5	42.9
8. 政府集体花费	2.4	2.4	2.5	2.7	2.9	3.0	3.1
9. 间接消费的进口货物	-9.7	-12.8	-19.0	-10.9	-8.7	-9.2	-10.3
10. 诱导消费	51.8	54.5	52.5	55.5	53.1	51.0	52.3
11. 旅游业对GDP总的贡献（=5+6+7+8+9+10）（单位：千人）	259.7	276.1	274.3	271.6	258.4	251.8	261.8
12. 旅游业对就业的直接贡献（单位：千人）	595.8	606.9	624.9	566.4	532.3	512.8	536.7
13. 旅游业对就业整体的贡献	1380.0	1411.3	1428.4	1360.5	1246.1	1188.2	1226.2
14. 其他指标（出境旅游支出）	50.9	57.3	70.3	61.9	63.1	61.8	63.8

数据来源：WTTC《南非旅游业的影响2012》

南非旅游业对经济贡献的增长率

单位：百分比	2006	2007	2008	2009	2010	2011	2012 预测
1. 游客消费	6.6	7.0	-2.9	-10.4	-4.4	-6.0	9.3
2. 国内支出	10.4	2.2	4.5	-0.7	-1.8	2.9	3.3
3. 国内旅游消费（=1+2+政府投入）	8.5	4.6	0.7	-5.5	-3.0	-1.2	5.9
4. 购买旅游产品	8.4	4.4	-0.2	-5.7	-2.6	-1.0	5.4
5. 旅游业对GDP直接贡献（=3+4）	7.6	4.4	0.0	-4.2	-1.7	-1.8	5.7
6、其他的影响（间接和诱导）	7.6	4.4	0.0	-4.2	-1.7	-1.8	5.7
7. 资本投资	27.3	20.7	11.6	-11.1	-19.0	-2.5	0.8
8. 政府集体花费	6.2	0.7	4.0	9.9	6.2	2.1	3.9
9. 间接消费的进口货物	-6.1	10.6	13.3	-17.8	-6.0	-0.2	7.1
10. 诱导消费	10.9	5.1	-3.6	5.7	-4.4	-3.9	2.4
11. 旅游业对GDP总的贡献（=5+6+7+8+9+10）（单位：千人）	14.0	6.3	-0.7	-1.0	-4.9	-2.6	4.0
12. 旅游业对就业的直接贡献（单位：千人）	7.2	1.9	3.0	-9.4	-6.0	-3.7	4.7
13. 旅游业对就业整体的贡献	12.3	2.3	1.2	-4.8	-8.6	-4.4	3.2
14. 其他指标（出境旅游支出）	8.7	12.6	22.5	-11.9	1.9	-2.1	3.3

数据来源：WTTC《南非旅游业的影响2012》

喀麦隆旅游业对经济直接贡献的真实价值

单位：十亿喀麦隆西法	2006	2007	2008	2009	2010	2011	2012 预测
1. 游客消费	126.4	125.7	72.7	128.1	84.6	84.8	91.5
2. 国内支出	382.4	385.2	410.8	449.6	471.8	478.5	474.9
3. 国内旅游消费（=1+2+政府投入）	511.2	513.3	485.9	581.1	560.3	567.1	570.8
4. 购买旅游产品	-236.1	-239.2	-239.3	-270.0	-260.6	-264.4	-272.4
5. 旅游业对GDP直接贡献（=3+4）	275.1	274.1	246.1	311.1	299.6	302.7	298.4
6、其他的影响（间接和诱导）	164.4	163.8	147.0	185.9	179.1	180.9	178.3
7. 资本投资	67.3	65.6	64.9	58.5	49.8	48.5	52.7
8. 政府集体花费	14.7	16.0	17.3	23.2	25.2	26.5	27.6
9. 间接消费的进口货物	-24.4	-26.4	-29.2	-20.5	-20.8	-21.1	-25.5
10. 诱导消费	130.3	125.9	109.8	143.3	136.3	137.9	133.4
11. 旅游业对GDP总的贡献（=5+6+7+8+9+10）（单位：千人）	627.4	619.0	556.0	701.5	669.2	675.4	664.9
12. 旅游业对就业的直接贡献（单位：千人）	92.4	91.7	82.2	104.7	100.3	100.4	97.6
13. 旅游业对就业整体的贡献	217.8	213.8	191.5	243.7	231.4	231.3	224.4
14. 其他指标（出境旅游支出）	275.8	226.0	241.2	217.5	127.2	134.5	157.5

数据来源：WTTC《喀麦隆旅游业的影响 2012》

喀麦隆旅游业对经济贡献的增长率

单位：百分比	2006	2007	2008	2009	2010	2011	2012 预测
1. 游客消费	-3.4	-0.6	-42.1	76.1	-33.9	0.2	7.9
2. 国内支出	5.5	0.7	6.6	9.4	4.9	1.4	-0.7
3. 国内旅游消费（=1+2+政府投入）	3.1	0.5	-5.3	19.5	-3.6	1.2	0.6
4. 购买旅游产品	5.9	3.7	1.9	11.2	-4.8	2.9	-0.2
5. 旅游业对GDP直接贡献（=3+4）	0.3	-0.4	-10.2	26.4	-3.7	1.0	-1.4
6、其他的影响（间接和诱导）	0.3	-0.4	-10.2	26.4	-3.7	1.0	-1.4
7. 资本投资	-0.5	-2.5	-1.1	-9.8	-14.8	-2.6	8.5
8. 政府集体花费	-0.8	8.8	8.1	34.0	8.3	5.1	4.3
9. 间接消费的进口货物	15.8	3.2	-1.5	3.5	-1.3	1.5	5.5
10. 诱导消费	-1.5	-3.4	-12.8	30.5	-4.8	1.2	-3.3
11. 旅游业对GDP总的贡献（=5+6+7+8+9+10）（单位：千人）	-1.6	-1.3	-10.2	26.2	-4.6	0.9	-1.5
12. 旅游业对就业的直接贡献（单位：千人）	-0.1	-0.8	-10.3	27.3	-4.2	0.1	-2.8
13. 旅游业对就业整体的贡献	-2.0	-1.9	-10.4	27.3	-5.1	0.0	-3.0
14. 其他指标（出境旅游支出）	8.4	-18.0	6.7	-9.8	-41.5	5.7	17.2

数据来源：WTTC《喀麦隆旅游业的影响2012》

2010 年与 2011 年喀麦隆接待国外游客数

国外游客 来喀方式	2010 年 人次	所占比重（%）	2011 年 人次	所占比重（%）
陆路	297655	52.0	313630	51.9
空路	266969	46.6	279499	46.3
水路	8104	1.4	10923	1.8
总计	572728	100	644052	100

数据来源：喀麦隆旅游和娱乐部

尼日利亚旅游业对经济直接贡献的真实价值

单位：十亿尼日利亚奈拉	2006	2007	2008	2009	2010	2011	2012 预测
1. 游客消费	38.4	57.7	134.5	148.5	123.0	117.6	119.4
2. 国内支出	451.0	731.6	930.9	775.3	826.1	890.5	1003.1
3. 国内旅游消费（=1+2+政府投入）	490.0	789.9	1066.3	924.5	949.8	1008.8	1123.2
4. 购买旅游产品	-196.8	-309.4	-416.7	-364.2	-389.9	-410.2	-458.6
5. 旅游业对 GDP 直接贡献（=3+4）	293.1	480.6	649.6	560.3	559.9	598.6	664.6
6. 其他的影响（间接和诱导）	175.2	287.2	388.2	334.8	334.6	357.7	397.1
7. 资本投资	196.5	280.8	273.5	276.0	231.7	251.5	257.2
8. 政府集体花费	4.4	5.5	8.5	4.5	4.9	4.5	4.8
9. 间接消费的进口货物	-282.0	-239.0	-169.6	-83.3	-200.4	-220.0	-228.8

续表

单位：十亿尼日利亚奈拉	2006	2007	2008	2009	2010	2011	2012 预测
10. 诱导消费	100.4	209.9	292.1	279.7	225.1	240.1	270.0
11. 旅游业对 GDP 总的贡献（=5+6+7+8+9+10）（单位：千人）	487.5	1025.0	1442.3	1372.1	1155.8	1232.2	1365.0
12. 旅游业对就业的直接贡献（单位：千人）	486.6	774.8	1035.8	845.8	813.7	938.4	897.4
13. 旅游业对就业整体的贡献	836.8	1704.6	2370.5	2132.5	1727.7	1774.1	1895.4
14. 其他指标（出境旅游支出）	453.9	708.9	880.6	763.7	997.2	1121.4	1114.2

数据来源：WTTC《尼日利亚旅游业的影响 2012》

尼日利亚旅游业对经济贡献的增长率

单位：百分比	2006	2007	2008	2009	2010	2011	2012 预测
1. 游客消费	22.5	50.4	133.1	10.4	-17.2	-4.4	1.5
2. 国内支出	-60.8	62.2	27.2	-16.7	6.6	7.8	12.6
3. 国内旅游消费（=1+2+政府投入）	-58.6	61.2	35.0	-13.3	2.7	6.2	11.3
4. 购买旅游产品	-58.0	59.2	35.3	-14.0	4.3	5.6	11.2
5. 旅游业对 GDP 直接贡献（=3+4）	-59.2	63.9	35.2	-13.7	-0.1	6.9	11.0
6. 其他的影响（间接和诱导）	-59.2	63.9	35.2	-13.7	-0.1	6.9	11.0
7. 资本投资	148.4	42.9	-2.6	0.9	-16.1	8.5	-0.2

续表

单位：百分比	2006	2007	2008	2009	2010	2011	2012 预测
8. 政府集体花费	6.8	22.9	55.7	-47.4	8.5	-8.0	7.7
9. 间接消费的进口货物	33.1	2.3	-5.9	-32.1	49.3	8.5	5.4
10. 诱导消费	-66.0	109.1	39.1	-4.3	-19.5	6.7	12.4
11. 旅游业对GDP总的贡献（=5+6+7+8+9+10）（单位：千人）	-66.4	110.2	40.7	-4.9	-15.8	6.6	10.8
12. 旅游业对就业的直接贡献（单位：千人）	-59.1	59.2	33.7	-18.3	-3.8	3.0	7.0
13. 旅游业对就业整体的贡献	-66.3	103.7	39.1	-10.0	-19.0	2.7	6.8
14. 其他指标（出境旅游支出）	383.1	56.2	24.2	-13.3	30.6	12.4	-0.6

数据来源：WTTC《尼日利亚旅游业的影响 2012》